MYTHOLOGIE

MYTHOLOGIE

Redaktion: Roy Willis

Vorwort von Robert Walter

EVERGREEN

Originalausgabe: *World Mythology*

EVERGREEN is an imprint of
TASCHEN GmbH

Hohenzollernring 53, D-50672 Köln
www.taschen.com

Layout: Bob Gordon
Bildredaktion: Jan Croot
Karten und Illustrationen: Sue Sharples
Übersetzungen: Gabriele Gockel und Rita Seuß
(Kollektiv Druck-Reif, München)

Produktion der deutschsprachigen Ausgabe:
Textcase, Hilversum, Niederlande

Printed in Thailand

ISBN: 978-3-8228-5120-3

INHALT

VORWORT

von Robert Walter,
Direktor der Joseph Campbell-Stiftung

»Wie wär's damit, C. J.?« fragte ich und reichte meinem siebenjährigen Sohn das Märchenbuch aus dem Bücherregal. Er betrachtete den Einband. »Willst du versuchen, es zu lesen?«

»Ich weiß schon, wie es anfängt«, erklärte er, ohne das Buch aufzuschlagen.

»Wirklich? Wie denn?«

»›Es war einmal ...‹. Alle Märchen fangen so an. Warum eigentlich?«

»Weil sie von Ereignissen erzählen, die vor langer Zeit stattgefunden haben.«

»Ja, aber das gleiche passiert doch heute auch.«

»Manchmal.«

»Na gut«, nickte er und überflog die Seiten. »Aber weißt du was, Bob?«

»Was denn?«

»Manchmal ... ich meine, manche Geschichten ... haben, glaube ich, überhaupt nicht stattgefunden.«

»Schon möglich.«

»Aber das macht nichts«, fügte er rasch hinzu. »Es sind trotzdem gute Geschichten.«

* * *

Fast jeder Mensch liebt schöne Geschichten. Ganz gewiß aber jedes Kind. Unsere Selbstwahrnehmung – unsere Vorstellung davon, wer wir sind, woher wir kommen und wohin wir gehen – ist von den Geschichten geprägt, die wir erzählen. Wir sind im wesentlichen das, was wir uns selbst vor Augen halten. Zu dieser Erkenntnis gelangt auch die Erzählerfigur in einem kürzlich erschienenen Roman:

> Ich stand auf dem Felsen und sah hinunter; auf einmal begriff ich, was für eine Geschichte es war.
>
> Sie heißt: das Leben ist ein Traum.
>
> Es ist nur eine Geschichte, die wir uns selbst erzählen. Alles, was wir nicht direkt vor uns sehen, ist ein Traum, nichts als ein Traum. Und was wir im Augenblick vor uns sehen, wonach wir greifen und was wir berühren können, wird ebenfalls zum Traum werden.
>
> Das einzige, was uns festhält, damit wir nicht mit dem Wind davontreiben, sind unsere Geschichten. Sie geben uns einen Namen und einen Standort, und mit ihrer Hilfe bleiben wir »mit den Dingen in Berührung«.[1]

Geschichten befähigen uns, weiterhin »mit den Dingen in Berührung« zu bleiben. Sie waren und sind ein Fenster nach draußen, eine Art Landschaftsausschnitt, der uns sonst für immer verborgen geblieben wäre; und so paradox es klingt: gleichgültig, wie einzigartig die Perspektive ist, wie fremdartig der Ausblick – wenn wir ganz genau hinsehen, können wir etwas über uns selbst erfahren. Mein Freund und Mentor Joseph Campbell, der ein begnadeter Erzähler war und eine gut erzählte Geschichte sehr zu schätzen wußte, erklärt dazu:

> Das Erzählen von uralten Geschichten aus reiner Freude an jenem »Es war einmal« ist eine Kunst, die heute kaum mehr praktiziert wird, jedenfalls nicht in der westlichen Welt; und doch vermag uns eine gute Geschichte immer wieder in Bann zu ziehen und zu verzaubern; in unserer Phantasie werden wir in ein Niemandsland getragen, das uns doch irgendwie schon bekannt ist ... Die Faszination solcher Geschichten liegt darin, daß sie ein Leben vor uns ausbreiten, welches sich von unserem eigenen grundlegend unterscheidet und dennoch etwas in uns anspricht, dem wir bisher vielleicht keine Beachtung geschenkt haben: die Phantasie und den Traum, die zueiner Vision und weiter zu einer Art von Offenbarung führen können – wenn nicht über die Welt, so doch zumindest über uns selbst.
>
> Denn in der Vergangenheit – und in der »primitiven« Welt auch heute noch; doch leider droht diese selbst aus den verborgensten Winkeln der Erde rasch zu verschwinden – lebten die Menschen vorwiegend aus Visionen; aus den Visionen großer Lehrer wie Buddha, Mose, Zarathustra, Jesus und Mohammed oder, in weniger entwickelten Ländern, aus den Visionen der Seher oder Schamanen. Und folglich entstammen auch die gewebten Stoffe und die Kunstwerke, die diese Menschen schufen, den Visionen, die ihr Leben prägten, und vermögen auf ganz unspektakuläre Weise unser eigenes visionäres Potential zu wecken; denn sie erzählen von jenen Seiten des Lebens, die uns entweder abhanden gekommen sind oder nur darauf warten, Gestalt gewinnen zu können.[2]

Den oben zitierten Bemerkungen Campbells liegt jedoch eine wichtige Unterscheidung zugrunde: zwar kann uns beinahe jede gute Geschichte bezaubern und uns etwas lehren; doch nur einige betörende Visionen und Geschichten, die die Kraft haben, unser Leben zu formen und zu bestimmen, sind von inspirierendem oder – was weitaus häufiger der Fall ist – zerstörendem Einfluß. Nur derart machtvolle und zeitlose Geschichten verdienen es, so Campbell, »Mythen« genannt zu werden. Mythenforschung ist für Campbell also die Beschäftigung mit den Geschichten, die eine solche Macht besitzen.

Dieser Standpunkt ist allerdings nicht unangefochten; viele, wohl die meisten Menschen, begnügen sich mit der Definition von Robert Graves:

> Mythenforschung ist die Beschäftigung mit jenen religiösen und heroischen Legenden, die den Erfahrungen des Forschers so fremd sind, daß er nicht glauben kann, sie seien wahr. Daher auch der Begriff »mythisch« für »unwahrscheinlich«; und folglich lassen wir auch die gängigen europäischen Mythologien und die biblischen Geschichten – trotz ihrer starken Parallelen zu persischen, babylonischen, ägyptischen und griechischen Mythen – sowie die Heiligenlegenden außer acht.[3]

Diese Beobachtungen müssen in Betracht gezogen werden, insbesondere in einem Buch, das, wie das hier vorliegende, ähnliche Auslassungen vornimmt; aus Joseph Campbells unvoreingenommener Sicht aber sind die

Heiligenlegenden – einschließlich der Bibel – keine göttlichen Offenbarungen ewiger Wahrheiten; vielmehr sind dies alles Konstrukte der menschlichen Phantasie, wundersame Geschichten aus jenem »Es war einmal«; kurzum, es sind wunderbare Mythen:

Der konventionellen Definition entsprechend wäre Mythos »die Religion anderer Völker«; und eine Definition der Religion müßte entsprechend »mißverstandene Mythologie« lauten – wobei das Mißverständnis in der Deutung mythischer Metaphern als historischer Tatsachen liegt ...

Wie die Träume, so sind auch die Mythen Produkte der menschlichen Phantasie. Ihre Bilder stammen zwar aus der materiellen Welt und ihrer mutmaßlichen Historie, sind aber wie die Träume Ausdruck der tiefsten Hoffnungen, Sehnsüchte und Ängste, der Möglichkeiten und Konflikte, Ausdruck des menschlichen Wollens – das wiederum von den teils widerstreitenden, teils synergetisch wirkenden organischen Kräften des menschlichen Körpers gesteuert wird. Das heißt, daß jeder Mythos, ob absichtlich oder nicht, eine psychologische Symbolkraft besitzt. Seine Geschichten und Bilder dürfen deshalb nicht wörtlich, sondern müssen metaphorisch genommen werden.[4]

Für Campbell sind schließlich alle Mythen »auf Transzendenz hin durchsichtig«, d.h., als Metaphern der Psyche enthüllen sie universell gültige Grundsätze; für viele Menschen aber sind die eigenen Mythen Fakten, die der anderen hingegen Ausgeburten der Phantasie. Falls man diese Unterscheidung für rein akademisch hält: Schalten Sie doch einmal die Abendnachrichten ein oder lesen Sie die Schlagzeilen irgendeiner Tageszeitung. Wir halten uns für eine intelligente Spezies, doch tragen wir – an der Schwelle zum 21. Jahrhundert – immer noch uralte Stammesfehden aus, die aus den verkürzten Deutungen exemplarischer Erzählungen und heroischer Legenden resultieren – jener Mythen, die von Generation zu Generation weitergegeben wurden. Denn wie Campbell immer wieder betont hat, waren und sind solche gewalttätigen Auseinandersetzungen die unvermeidliche und tragische Konsequenz einer wörtlichen Lektüre mythischer Bilder und Metaphern:

Wir kennen aus der Geschichte der Menschheit zahlreiche Beispiele für blutige Kriege, die daraus entstanden, daß regional bedeutsame mythische Bilder nicht als Metaphern, sondern als Tatsachen verstanden wurden ...

Wir müssen uns fragen: Was nützt uns solche kleinliche Buchstabentreue eigentlich, außer daß es für interkulturelle und globale Entwürfe in der Welt unseres ausgehenden Jahrhunderts das Ende bedeutet? Das ganze Unglück kommt daher, daß Metaphern falsch gelesen werden, daß Denotation für Konnotation genommen wird, der Bote für die Botschaft; das Transportmittel wird mit emotionaler Bedeutung derart aufgeladen, daß Leben und Denken aus dem Gleichgewicht geraten. Die einzige allgemein anerkannte – aber ebenso irrige – Gegensteuerung besteht darin, daß man die Metaphern als Lügen zurückweist (was sie auch tatsächlich sind, wenn man sie wörtlich nimmt). Auf diese Weise wird aber zugleich das gesamte offene Buch der Seele (dies ist eine Metapher) über Bord geworfen – und damit alles, was die Menschheit über die Ziele der Fortpflanzung, der Ökonomie und des Strebens ›nach dem größtmöglichen Wohl für die größtmögliche Zahl von Menschen‹ hinaushebt.«[5]

Sie halten ein Buch über Mythen in der Hand, besser gesagt, ein Buch über Metaphern, das Handwerkszeug der Dichter und Künstler. Es enthält Stimmen und Visionen der Künstler und Mythenerzähler, die vor uns die »Sprache der Seele« gesprochen, die uns mythische Geschichten und Bilder hinterlassen haben. Lesen Sie die Seiten dieses Buches wie ein Traumtagebuch; denn dem modernen Menschen tut es not, die Symbolik des Mythen zu verinnerlichen; er muß endlich erkennen, daß die Götter und Dämonen immanent sind; er muß verstehen, daß Himmel, Hölle und andere Bereiche nicht Orte »irgendwo da draußen« und erst nach dem Tod erreichbar sind, sondern psychische Zustände in seinem Innern; er muß verstehen, daß alle mythischen Bilder Aspekte seiner eigenen unmittelbaren Erfahrung sind.

Wenn Sie also das Buch mit aufnahmebereitem Geist lesen, mit der Unschuld eines Kindes, das die ganze Welt als magisch erfährt, so werden Sie exotische Landschaften kennenlernen und unerhörte Wunder erleben; Sie werden mit den alten Göttern, den urzeitlichen Demiurgen, die heute noch in uns leben, Bekanntschaft schließen; Sie werden viel über Ihre Ahnen und Ihre Nachbarn erfahren, mehr aber noch über sich selbst; und nicht zuletzt werden Sie eine Menge unterhaltsame Geschichten über jenes »Es war einmal« hören.

ROBERT WALTER
Ostern 1993

---

[1] Tom Spanbauer, *The Man Who Fell in Love with the Moon* (New York, Atlantic Monthly Press, 1991), S. 190.

[2] Joseph Campbell, »Myths from West to East«, Aufsatz in: Alexander Eliot: *Myths* (New York, McGraw-Hill, 1976), S. 31.

[3] *New Larousse Encyclopedia of Mythology* (London, Hamlyn Publishing, 1. Aufl. 1959), S. V.

[4] Joseph Campbell, *The Inner Reaches of Outer Space: Metaphor as Myth and as Religion* (New York, Van der Marck Editions, 1985; Harper Perennial, 1988), S. 55.

[5] *The Inner Reaches of Outer Space*, a. a. O. S. 58.

EINFÜHRUNG

»Das griechische Wort *mythos* bedeutete ursprünglich einfach »Wort«, »Rede« oder »Geschichte«. Erst mit Herodot (4. Jh. v. Chr.) und seiner Geschichte des griechisch-persischen Kriegs fand die Vorstellung historischer Fakten Eingang ins antike griechische Denken. *Mythos* erhielt nun die Bedeutung »Fiktion«, ja sogar »Lüge« im Unterschied zu *logos*, dem »Wort der Wahrheit«. Von da an erkannte man auch, daß *logos* immer einen Urheber besitzt; in der jüdischen, christlichen und islamischen Tradition kann dies auch Gott sein; dagegen ist der *mythos* anonym und stammt aus einem unergründlich fernen Raum und einer fernen Zeit.

Mythentheorien

Trotz der verächtlichen Zurückweisung des mythos durch Herodot haben mythische Geschichten im Laufe der Jahrhunderte die Phantasie der Menschen immer wieder angeregt; zahlreiche Wissenschaftler und Philosophen versuchten, das Geheimnis dieser Faszination zu ergründen. Zu Beginn der Neuzeit, im Jahre 1725, behauptete Giambattista Vico in seiner *Scienza Nuova* (Neue Wissenschaft), Mythen seien keineswegs die verzerrte Wiedergabe der biblischen Geschichten, wie man zu jener Zeit in Europa glaubte; vielmehr seien sie phantasievolle Versuche, die Geheimnisse des Lebens und des Universums zu lösen, und deshalb – auf einer frühen Stufe der menschlichen Entwicklung – modernen wissenschaftlichen Theorien durchaus vergleichbar.

Später versuchte man, die Entstehung von Mythen auf eine einzige Ursache zurückzuführen. Ein bekannter Vertreter dieser Richtung im 19. Jahrhundert war der Orientalist und Religionswissenschaftler Friedrich Max Müller, demzufolge alle Mythen der indoeuropäischen Völker auf symbolische oder allegorische Erzählungen über Naturphänomene zurückzuführen sind: die Sonne, den Mond, den Himmel oder die Dämmerung, denen jeweils eine menschliche Gestalt zugeordnet wurde. Als Beispiel nennt er den griechischen Mythos von Persephone, die, von Hades, dem Herrscher der Unterwelt, entführt, zwei Drittel des Jahres in der oberen Welt leben darf und im Winter zu Hades zurückkehren muß. Müller vermutete (heute gilt dies als erwiesen), daß diese Geschichte ursprünglich auf den jahreszeitlichen Wechsel von Sommer und Winter anspielte.

Einflußreich waren auch die Untersuchungen des britischen Ethnologen J.G.Frazer, dessen 12bändiges Werk *The Golden Bough* (Der Goldene Zweig; 1911–15) unter anderem Mythen über das sakrale Königtum aus der ganzen Welt versammelte. In diesen Geschichten stand die Vorstellung im Mittelpunkt, das Wohl der Gemeinschaft hänge vom Wohl des Königs ab, der, sobald er zu alt oder zu schwach war, in einem Ritual geopfert wurde, um einem stärkeren Nachfolger Platz zu machen. Ähnlich argumentierte der deutsche Völkerkundler Walter Burkert, der im Jahr 1979 »Sündenbock«-Mythen als Zeugnis der offenbar verbreiteten Erfahrung primitiver Völker deutete, man müsse ein schwaches Mitglied der Gemeinschaft opfern, um die übrigen vor der Verfolgung durch Raubtiere zu retten.

Geist und Gesellschaft

Andere Theorien haben den Blick in das Innere des Menschen gerichtet, um die Faszination zu erklären, die Mythen bis heute ausüben; man behauptete, in ihnen würden unveränderliche Grundzüge des Geistes oder der Psyche des Menschen mitschwingen. So interpretierte etwa Sigmund Freud den Ödipus-Mythos, in dem der Held unwissentlich seinen Vater tötet und seine Mutter heiratet, als Darstellung der unbewußten Gefühle des Knaben gegenüber seinen Eltern. Eine allgemeine Mythentheorie legte Freuds Mitarbeiter und späterer Kontrahent, der Schweizer Psychoanalytiker Carl G. Jung, vor. Ihm zufolge sind die geheimnisvollen Kräfte der Mythen auf die Tatsache zurückzuführen, daß deren Hauptgestalten primitive »Archetypen« verkörpern, die auf die menschliche Psyche stets großen Einfluß ausübten, wie etwa der alte weise Mann oder die Mutter.

J. G. Frazer hatte seine Erkenntnisse noch aus Büchern bezogen, die er in der Bibliothek studierte; doch vor etwa 100 Jahren begannen die ersten Ethnologen mit Feldstudien in Stammesgesellschaften.

MYTHISCHE ZEUGNISSE

Unsere Kenntnis von Stammesmythen verdanken wir hauptsächlich Reisenden, Missionaren, Beamten der Kolonialverwaltung und, in neuerer Zeit, der ethnologischen Feldforschung. In manchen Stammesvölkern gibt es heute Schriftsteller, die alte Geschichten für eine westliche Leserschaft zusammengestellt haben; doch dabei müssen wir uns auf mit der Auswahl begnügen, die diese Autoren treffen.

Die Schriftvölker des Altertums haben uns ein reiches Erbe von Texten und Inschriften hinterlassen, die Zeugnis von ihrer Mythentradition ablegen. Doch auch hier haben wir es mit dem Endergebnis eines langen Prozesses des Auswählens und Ordnens von in erster Linie mündlichen Texten zu tun.

Die antiken Texte haben die Archäologen vor große Deutungsprobleme gestellt. Die Entzifferung der Hieroglyphen zum Beispiel wurde erst nach 1799 durch die Entdeckung des dreisprachigen Rosetta-Steins möglich, der aus der Nähe von Alexandria stammt. Ohne diesen Wissensfortschritt wären die Schätze des Tutanchamun-Grabes, das 1922 entdeckt wurde, für unser Verständnis des ägyptischen Denkens von sehr geringem Nutzen gewesen. Die Entzifferung der sogenannten Linear B-Schrift in den 50er Jahren hat uns den Zugang zu den Mythen der mykenischen Kultur Kretas ermöglicht. Die Schrift der Industal-Kultur im heutigen Pakistan und Indien hingegen konnte bis heute nicht entschlüsselt werden.

Wandmalerei aus dem Grab des ägyptischen Herrschers Horemhab (1319–1292 v. Chr.) in Theben: links von ihm der falkenköpfige Gott Horus, rechts von ihm die Kuhgöttin Hathor.

In der indischen Region Ghandara begegneten sich verschiedene Kulturen; dies beweist auch das hier abgebildete Relief, in dem sich die buddhistische Ikonographie mit griechisch-römischer Motivik vermischt: die Darstellung zeigt Herkules (Herakles) mit seiner Keule.

DIE WEITERGABE DER MYTHEN

Mythische Geschichten und Märchen »wandern« im allgemeinen leicht von einer Gemeinschaft in eine andere. Im Verlauf dieses Prozesses können sich die Mythen verändern; doch auch innerhalb einer Gruppe können bei der fortlaufenden Wiedergabe Veränderungen auftauchen.

Ein bekanntes Beispiel für diese Mobilität von Mythen ist das Sintflut-Motiv, das überall im Mittleren Osten und im östlichen Mittelmeerraum, auch in Griechenland, in Süd- und Ostasien sowie auf dem amerikanischen Kontinent zu finden ist. In ganz Afrika tauchen semitische (und biblische) Motive – wie der Turmbau zu Babel und die »Teilung des Wassers« des Roten Meers durch einen priesterlichen oder königlichen Anführer – in zahlreichen Versionen auf. Die Geschichten von Prometheus oder von Jason und dem Goldenen Vlies sind Bestandteil der Mythologie der Kaukasusvölker Georgiens und Armeniens.

Oft ist es unmöglich, den Ursprung eines weitverbreiteten mythologischen Motivs zu rekonstruieren. Leichter ist dies, wenn Dokumente die Eingliederung eines regionalen Mythos in eine bereits bestehende literarische Tradition nahelegen. Dies war zum Beispiel in Tibet der Fall, wo der Buddhismus schamanistische Elemente der einheimischen Kultur wiederaufgenommen hat.

Bacchus (hier auf einem Mosaik aus dem 1. oder 2. Jh. n. Chr.) tritt in der Mythologie, die die Römer von den Griechen übernahmen, an die Stelle des Dionysos als Gott des Weins und des Rausches.

Damit kamen sie zum erstenmal mit »lebendigen« Mythen und Mythenbildung in Berührung, was zu einem besseren Verständnis des vielgestaltigen Phänomens der Mythen führte. Einer der wichtigsten Feldforscher war Bronislaw Malinowski, dem der Nachweis gelang, daß der Ursprungsmythos der Trobriander Melanesiens sich zwar äußerlich auf eine Vergangenheit bezog, für die gegenwärtige soziale Ordnung aber von enormer Bedeutung war. Diesem Mythos zufolge waren die Vorfahren der vier Stämme der Trobriander Tiere, die am Beginn der Zeiten aus einem Loch in der Erde hervortraten – und zwar nicht gleichzeitig, sondern einer bestimmten, in allen Versionen des Mythos gleichbleibenden Ordnung folgend. Malinowski gelang der Nachweis, daß diese Ordnung exakt den bestehenden sozialen Beziehungen der vier Stämme entsprach: die tierischen Vorfahren jenes Stammes, der den höchsten sozialen Status hatte, tauchte zuerst auf, dann folgten in der Reihenfolge der Hierarchie der Stämme die anderen Tiere.

Gegensätze und Widersprüche

Daß archaische Geschichten in einem direkten Zusammenhang mit der gegenwärtigen Sozialstruktur stehen können, bedeutet jedoch nicht, daß Mythen nicht auch noch andere – mehr oder weniger große – Bedeutung haben können. In der zweiten Hälfte des 20. Jahrhunderts trat besonders der französische Ethnologe Claude Lévi-Strauss mit umfassenden Analysen der Mythen der eingeborenen Völker Nord- und Südamerikas hervor. Ihn interessierte vor allem die Frage, wie in den Erzählungen Widersprüche der menschlichen Erfahrung gelöst wurden. Diese Erfahrungen können unmittelbar und sinnlich faßbar sein (wie Leben und Tod, Hunger und Sattsein), aber auch abstrakt (wie etwa das philosophische Problem des Einen und des Vielen). Lévi-Strauss kam zu der Erkenntnis, daß die Mythen darauf abzielen, alle diese Widersprüche zu lösen, indem sie einen Aspekt des Lebens an sein Gegenteil binden; und zwar in einer Kette »binärer Oppositionen«, wie zum Beispiel Jugend und Alter, feuchte und trockene Jahreszeit, männlich und weiblich, Mensch und Tier, Kultur und Natur, Leben und Tod.

Lévi-Strauss zufolge »wirft ein Mythos ebenso viele Fragen auf wie er Antworten gibt«. In seiner Deutung von mehr als achthundert Mythen – die meisten davon in mehreren Varianten – der Völker Nord- und Südamerikas zeigte er in allen Einzelheiten, wie die »Fragen«, die die bestimmte Mythen aufwerfen, von anderen Mythen aufgegriffen werden – in einem unendlich fortschreitenden Prozeß und in unaufhörlicher Überschreitung geographischer Grenzen und Stammesbünde.

Die Methode von Lévi-Strauss wurde auch bei den Mythen Indiens, Afrikas, Australiens und Ozeaniens sowie bei den altgiechischen Mythen erfolgreich angewendet. Lévi-Strauss selbst lieferte im Jahr 1955 eine bahnbrechende Analyse des Ödipus-Mythos. Doch viele Fragen sind noch offen. Ein Forschungsbereich, den Lévi-Strauss bei seiner Beschäftigung mit den »binären Oppositionen« vernachlässigte, ist die Frage der narrativen Struktur, der Art und Weise, in der Episoden miteinander zu einer »Geschichte« verknüpft sind. In seiner Ödipus-Analyse kommt Lévi-Strauss zu dem Schluß, die Ordnung solcher Episoden sei bedeutungslos für ein Verständnis der Geschichte. Doch stimmt das wirklich?

Der russische Märchenforscher Wladimir Propp und seine Schüler behaupten im Gegenteil, die narrative Struktur sei von grundlegender Relevanz für die Bedeutung jeder Geschichte, einschließlich der »Mythen«. Propp machte insgesamt einunddreißig Episoden oder »Funktionen« aus, die das Ausgangsmaterial der russischen Volksmärchen bilden. Dazu gehören Verbot, Verletzung des Verbots, Betrug, Abreise, Erkundung, Dialog mit magischen Helfern, Auftauchen des Bösewichts, Flucht, Verfolgung und Rettung. Obwohl nur wenige der von Propp analysierten etwa einhundert Volksmärchen alle einunddreißig »Funktionen« enthalten, tauchen die Episoden in jeder Geschichte *in genau der gleichen Reihenfolge auf*. Der amerikanische Forscher Alan Dundes fand bei der Untersuchung von Geschichten der nordamerikanischen Ureinwohner heraus, daß auch hier diese Grundepisoden – allerdings zahlenmäßig weit weniger umfangreich – in einer ganz bestimmten Reihenfolge auftreten. Ähnliche Untersuchungsergebnisse liegen für Afrika vor, wo Lee Haring, ein Schüler Dundes', anhand einer exemplarischen Erzählung der Kamba in Kenia eine Sequenz von sechs Episoden entdeckte.

Mythos und Märchen

Bei der Abgrenzung von Mythos und Märchen sind die Meinungen nicht nur geteilt, es herrscht auch ein Mangel an Sachkenntnis. Übereinstimmung herrscht allein darüber, daß diese beiden Erzähltypen vieles gemeinsam haben: beide sind Gemeinschaftsprodukte, d.h. es gibt keinen »Urheber«, und beide kursieren in verschiedenen Fassungen. Doch worin besteht – wenn überhaupt – der Unterschied? Man könnte als »Mythen« jene anonymen Geschichten bezeichnen, die die Ursprünge der

Artur und die dreißig Königreiche, aus der mittelalterlichen Chronik von Peter Langtoft.

MYTHOS, GESCHICHTE UND LITERATUR

Mythos und Geschichte sind in den historischen Zeugnissen von Schriftkulturen eng miteinander verwoben. Ein berühmtes Beispiel eines bewußt konstruierten Geschichtsmythos ist die *Aeneis* des Vergil. Vergil verknüpfte die bereits existierende Geschichte von der Gründung des späteren Römischen Reichs mit der Flucht des Aeneas aus Troja (siehe S. 172 f). In ähnlicher Weise wurden in vielen Kulturen die Ursprungsmythen dazu verwendet, die Bedeutsamkeit eines Gemeinwesens zu erhöhen.

Zu Beginn der Neuzeit wird der fehlende Widerstand, der dem spanischen Eroberer Hernán Cortes 1521 durch das mächtige Aztekenreich entgegengebracht wurde, mit einem aztekischen Mythos in Verbindung gesehen, in dem von der Ankunft bärtiger weißer, gottähnlicher Fremdlinge die Rede ist. Ähnliche Mythen gab es wohl auch bei den Inka in Südamerika, und auch sie haben wahrscheinlich zum Zusammenbruch des Inkareichs im 16. Jahrhundert beigetragen. Doch ebenso wie der Mythos den Geschichtsverlauf beeinflußt, kann auch die Geschichte auf das Grundmaterial der mythenschöpfenden Phantasie Einfluß haben. Häufig wird dabei das Prinzip der Wahrscheinlichkeit bis zum äußersten strapaziert. Der Chronist William von Newburgh (um 1198) weist darauf hin, daß laut der *Histora Regum Britanniae* des Geoffrey von Monmouth der kleine Finger König Arturs dicker gewesen sei als die Lenden Alexanders des Großen. Historische Fakten über den wirklichen Artur gibt es nicht, obwohl er vielleicht mit jenem Ritter identisch ist, den Nennius als Anführer in der entscheidenden Schlacht gegen die Angelsachsen am Berg Badon (um 500 n. Chr.) erwähnt.

Welt, der menschlichen Gesellschaft und Kultur zu erklären versuchen. Da dies Themen von allgemein menschlichem Interesse sind, überrascht es auch nicht, daß ein so definierter Mythos für jedermann leicht als solcher erkennbar ist, gleichgültig, wie entlegen oder fremdartig die Kultur ist, der er entstammt.

In welchem sozialen Umfeld entstehen »Mythen« in diesem kosmologischen Sinn? Wie es scheint, tauchen solche Geschichten vor allem in zwei sehr unterschiedlichen Typen der vorwissenschaftlichen Gesellschaft auf: einerseits in jenen einfachen ungegliederten Gesellschaften von Jägern und Sammlern, d.h. in menschlichen Gemeinschaften, die stark von der Natur abhängig sind (Beispiele in diesem Band sind die Jäger und Sammler Nord- und Südamerikas, Australiens und Afrikas sowie die Inuit des Polargebiets). Andererseits finden wir umfangreiche Mythologien in jenen vorwissenschaftlichen Gesellschaften, die sich bereits weitgehend aus der Abhängigkeit von ihrer natürlichen Umgebung befreit und eine Hierarchie mit einer privilegierten intellektuellen Priesterschaft entwickelt haben (Beispiele hierfür sind das alte Indien und Griechenland, China und Japan, die Dogon, Bambara und Yoruba Westafrikas, die Inka Südamerikas, die Maya und Azteken Mesoamerikas sowie die Kelten und die germanischen Völker Nordeuropas).

Das »Volksmärchen« hingegen entsteht in einer Gesellschaft, die von der Landwirtschaft lebt und in ihrer Entwicklung zwischen einfachen Jäger- und Sammlergemeinschaften und dem in soziale Schichten gegliederten Gemeinwesen angesiedelt ist. Der Inhalt des Volksmärchens sind meist soziale Konflikte, weniger hingegen kosmologische Fragen, wie sie in Mythen behandelt werden (die anonymen und mündlich überlieferten »Volksmärchen«, Sagen und Legenden müssen vom »Kunstmärchen«, einer literarischen Schöpfung der Romantik des 19. Jahrhunderts, unterschieden werden.

Ein Volksmärchen enthält eine soziale Botschaft: es stellt zum Beispiel den Konflikt zwischen jugendlichem Überschwang und der Autorität des Alters dar. Häufig sind solche Geschichten jedoch auch ein »Echo« früherer Phasen der sozialen Entwicklung. So spiegeln etwa die slawischen Volksmärchen (viele von ihnen datieren aus einer Zeit lange vor der Herausbildung einer russischen ethnischen Identität vor etwa sieben- oder achthundert Jahren sowie vor dem ersten Auftauchen der Slawen im 5. Jahrhundert v. Chr.) von der Riesin Baba Jaga den Kult einer Göttin wider, der mit dem Tod und der Unterwelt verknüpft war. Ähnlich stehen slawische Geschichten, die von goldenen Äpfeln handeln, mit einem längst untergegangenen Sonnenkult in Verbindung oder mit noch älteren Vorstellungen von Reisen des Schamanen in die Unterwelt. Verbindungen mit dem Schamanismus finden sich auch in Geschichten über die Verwandlung menschlicher Wesen in Tiere und umgekehrt, wie sie im russischen Volksmärchen häufig vorkommen (etwa beim Werwolf).

Vereinfacht kann man sagen, daß Volksmärchen abgeschliffene Mythen sind: Geschichten, die aus mythischen Elementen bestehen und den doppelten Zweck der Unterhaltung und moralischen Belehrung über das Zusammenleben der Menschen verfolgen.

Entstehung von Mythen

Die Fortschritte der Wissenschaft bei den ethnologischen Feldstudien haben dazu geführt, daß wir heute Mythen und Volksmärchen nicht mehr als primitives Pendant gedruckter Texte beurteilen, wie es im 19. Jahrhundert der Fall war. Vielmehr haben uns Untersuchungen von Agrar- und Stammesgesellschaften überall dort, wo Mythen noch »lebendig« sind, die Dynamik und den wandelbaren Charakter mündliches Erzählens bewußt gemacht. In gewisser Weise ist jede Wiedergabe eines Mythos oder eines Volksmärchens eine Neuschöpfung. Der Augenblick der Schöpfung ist das Erzählen: eine mündliche Dichtung wird nicht für den Vortrag, sondern während des Vortrags geschaffen.

Das heißt jedoch nicht, daß die Dichtung, die Geschichte oder der Mythos völlig neu und aus dem Nichts erschaffen wird. Die Basis ist vielmehr ein Grundstock an Gedanken und Bildern, der bei zahllosen früheren Gelegenheiten des Vortrags geschaffen worden ist und im Gedächtnis des Erzählers lebendig geblieben ist; und nicht nur in *seinem* Gedächtnis, sondern in der Erinnerung all jener, die nicht nur zuhören, sondern am Geschehen teilnehmen; denn der im Vortrag geschaffene Mythos und das Volksmärchen ist nicht das Werk eines einzelnen, sondern einer ganzen Gruppe.

Die Teilnahme der »Zuhörer« an der Entstehung der Geschichte geschieht in Form von Fragen und Kommentierungen, die die Erinnerung und die Phantasie des Geschichtenerzählers anregen. Wie dies vonstatten geht, konnte ich bei den Fipa in Südwesttansania, Ostafrika, selbst erfahren.

Mythos und Legende

Doch wie verhält es sich mit der Legende, einer weiteren, häufig dem Mythos gegenübergestellten Gattung? In der Wissenschaft herrscht weitgehend

Einigkeit darüber, daß eine »Legende« eine ursprünglich literarische Geschichte ist, die auf einer angeblich historischen Figur oder einem historischen Ereignis beruht und Elemente oder Motive alter Mythen enthält, die mündlich überliefert sind. Legenden sind überall auf der Welt in Kulturen mit einer alten literarischen Tradition entstanden, etwa in China, Japan, Indien, Mesopotamien, Ägypten, Griechenland, Rom und im keltischen Britannien. Ein Beispiel aus der keltischen Tradition Irlands ist das Nationalepos *Táin Bó Cuailgne*, »Der Rinderraub von Cooley«, ein frühes literarisches Meisterwerk, das zahlreiche mythische Motive enthält. Ein anderes, berühmteres Beispiel ist der Legendenzyklus des englischen Historikers Geoffrey von Monmouth aus dem 12. Jahrhundert, der auf den Abenteuern König Arturs beruht, eines Anführers der Britannier in den Kriegen gegen die angelsächsischen Invasoren. Die Geschichten um König Artur und die Ritter der Tafelrunde enthalten zahlreiche Anspielungen auf die prähistorische keltische Mythologie, so zum Beispiel Arturs Eintritt ins Totenreich bei seiner Suche nach dem heiligen Gral. Es wird sogar vermutet, daß die Geschichte des Königs und seines Rittergefolges noch weiter zurückreicht: auffallend ähnliche Geschichten sind von den alten Skythen (im heutigen Rumänien) bekannt sowie aus den Erzählungen über die Taten von Jimmu-tenno, dem mythischen ersten Kaiser Japans (siehe S. 122).

Die drei Kategorien – Mythos, Märchen und Legende – überschneiden sich auf vielfache Weise: das Märchen wie die Legende kann mit mythischen Elementen durchsetzt sein; und dieses Buch, das sich auf Mythen konzentriert, macht ohne lange Umstände Exkurse in den Bereich des Volksmärchens (v. a. bei Japan, Rom und den Kelten).

Faszination durch Mythen

Kehren wir nun zu der Frage zurück, die wir zu Beginn dieser Einführung gestellt haben: Wie läßt sich die Faszination erklären, die Mythen heute noch ausüben?

Ein Nährboden für die Entstehung des Mythos ist jener Typus der überschaubaren Gemeinschaft, in der alle Mitglieder mehr oder weniger gleichgestellt sind und es kaum Arbeitsteilung oder eine hierarchische gesellschaftliche Gliederung gibt. Eine Art »Spezialist« in dieser Gesellschaft ist der Schamane, der Experte in der Erfoschung der unsichtbaren Welten ober- und unterhalb der menschlichen Welt, der Wissen und Weisheit zum Vorteil aller aus jenen Bereichen bezieht. Die Tätigkeit des Schamanen ähnelt in gewisser Weise dem modernen Wissenschaftler, der ebenfalls Erfahrungen sammelt, die er selbst experimentell erworben hat. Ähnlich wie der Schamane ist auch der Priester mit dem Bereich des Geistigen beschäftigt. Doch der Schamane besitzt darüber hinaus eine Art schöpferische Freiheit, die weder dem Wissenschaftler noch dem heutigen Priester eigen ist, sondern am ehesten dem Künstler zukommt. Die Welt des Mythos wurzelt in der wissenschaftlichen und religiösen Kunstfertigkeit des Schamanen, deren Hauptkennzeichen das *Spiel* ist.

Erzählungen über die Verwandlung in eine andere Gestalt (ein Beispiel sind die Geschichten der Inuit von Menschen, die sich in Polarbären verwandeln) illustrieren diesen spielerischen Aspekt. Und mit der Herausbildung eines Ensembles göttlicher Akteure mit spezialisierten Aufgabenbereichen wurde die schelmenhafte Verwandlung entweder zu deren allgemeinem Charakterzug (wie im griechischen Pantheon), oder sie konzentrierte sich auf die Gestalt des Trickster – auf Kojote oder den Raben bei den nordamerikanischen Ureinwohnern, auf Loki bei den altnordischen Gottheiten, auf Eschu oder Elegba bei den westafrikanischen Völkern. In anderen Regionen Afrikas wiederum wurde die Trickstergestalt »entschärft«, wie etwa im Fall des volkstümlichen listigen Hasen, der als Brer Rabbit in der mündlichen Überlieferung der schwarzen Amerikaner wieder auftaucht.

Das schöpferische Spiel, so meine ich, ist das Wesen der Mythenschöpfung. Wenn sie sich auch pausenlos verändern und entwickeln, so lösen sich die Mythen doch niemals ganz von ihren Wurzeln, die in der Erfahrung des Stammesschamanen liegen. Weil diese Erfahrung die Verbindungen zwischen allen Aspekten des Lebens – den sichtbaren und den unsichtbaren, den irdischen und himmlischen, menschlichen, tierischen, pflanzlichen und mineralischen – betrifft, muß auch der Mythos allumfassend, kosmisch sein. So registriert und transportiert der Mythos Sinn in der tiefsten Bedeutung des Wortes. Doch da dieser Sinn weltweit einer Tradition menschlicher Gemeinschaft entstammt, die egalitär ist (also nichthierarchisch und nichtautoritär), spielt er eher mit den Zuhörern oder Lesern, als daß er sich über sie erhebt. Dies, so meine ich, ist das Geheimnis der universellen und andauernden Faszination des Mythos.

MOTIVE, FIGUREN UND STOFFE

SCHÖPFUNG

Vom Ursprung der Welt

GÖTTLICHER PLAN

Vor seiner Entstehung existierte das Universum bereits als Gedanke im Geiste der höchsten Schöpfergottheit Amma (Gott), sagen die Dagon Westafrikas. Sie führen das Erscheinen aller Dinge auf den Plan Gottes zurück; eine ähnliche Vorstellung liegt dem hinduistischen Mythos von Brahma zugrunde, der meditierend das Universum ersann und dessen göttliche Gedanken dann materielle Gestalt annahmen.

In großen Teilen Afrikas gilt Gott als der höchste Künstler. Für die im Norden Nigerias beheimateten Tiv beispielsweise, die für ihre Holzarbeiten bekannt sind, ist Gott der Schreiner, der die Welt nach seinen Vorstellungen von einem vollkommenen Ort »schnitzte«.

Andere mythische Erzählungen beschreiben die Schöpfung weniger konkret, und einige führen den Anfang aller Dinge auf einen Zufall zurück. In den altnordischen Schöpfungsmythen begann die Welt mit der offenbar zufälligen Vermischung der gegensätzlichen Elemente Feuer und Eis in dem großen Abgrund des Chaos, der als Ginnungagap bezeichnet wird.

Das Rätsel der Entstehung der Welt ist ein zentrales Thema aller Mythen. Manchmal wird der Anfang der Dinge als vollkommene Leere oder Nichts oder auch als grenzenloser Ozean und als ungeformte, in Finsternis gehüllte Wüste beschrieben – ein Gedanke, der in den mythischen Erzählungen des Vorderen Orients, der Khoisaniden im südlichen Afrika und in vielen überlieferten Ursprungsmythen Nordamerikas und Südostasiens wiederzufinden ist. Doch am meisten verbreitet ist zweifellos die Vorstellung von der Schöpfung als eines Uruniversums in Gestalt von einem kosmischen Ei, das den Keim aller Dinge enthält.

Meist wird von einer Tat erzählt, durch die ein Prozeß der Veränderung und Entwicklung in Gang gesetzt wird. Den westafrikanischen Dogon zufolge brach die Schale des kosmischen Eis durch ein vom Schöpfergott Amma bewirktes Beben auf, und die gegensätzlichen Gottheiten des Chaos und der Ordnung traten hervor. Die Wüste des Urozeans, von dem die Cheyenne Nordamerikas erzählen, fand durch ein bescheidenes Bläßhuhn ein Ende, das aus der Tiefe des Wassers Schlamm heraufholte; dieser wiederum wurde von dem Allgeist in trockenes Land verwandelt. Eine ähnliche Geschichte von einem hilfreichen Vogel, der Schwalbe, die das erste Land erschafft, ist auf den Inseln Südostasiens verbreitet. Und im ägyptischen Mythos war der erste Schöpfungsakt vollzogen, als sich ein Stück Land aus der Urflut Nun erhob.

Dualität

In allen Mythen ist Schöpfung gleichbedeutend mit Trennung und Vielheit anstelle von Einheit und Undifferenziertheit. So ist das erste Stadium die elementarste Form der Unterscheidung: die Dualität. Das kosmische Ei der Chinesen, in dem der göttliche Urahn Pan Gu 18 000 Jahre lang wuchs, zerbarst in zwei Teile, wobei die lichte Hälfte den Himmel bildete und die dunkle Hälfte die Erde. Im Schöpfungsmythos der Maori begann die Welt, als die zwei Schöpfergestalten Rangi, der männliche Himmel, und Papa, die weibliche Erde, sich aus ihrer engen Umarmung in der Leere lösten und ihre gegensätzlichen, komplementären Positionen im Kosmos einnahmen. Dieser Gedanke findet sich auch in der Vorstellungswelt des alten Mexiko: die Schöpfung begann, als sich Ometecuhtli, der selbsterschaffene Herr der Zweiheit, in seinen männlichen und seinen

Auf dieser Steinzeichnung, gefunden auf den Osterinseln im Südpazifik (Polynesien), ist das kosmische Urei dargestellt: Ein »Vogelmensch« hält das Ei, das die Welt in sich trägt.

weiblichen Aspekt, Ometeotl und Omecihuatl, teilte und aus diesen die Götter hervorgingen. Eine interessante Variante stellt der Schöpfungsmythos der Bambara Westafrikas dar, demzufolge das kosmische Ei einen Laut ausstieß und so sein gegengeschlechtliches Ebenbild hervorbrachte. So entstanden die Urzwillinge und göttlichen Eltern der Welt.

Das Motiv einer Urzweiheit taucht auch in einigen Versionen der griechischen Schöpfungsgeschichte auf; hier sind die ersten Götter Uranos, der männliche Himmel, und Gaia, die weibliche Erde. Aus dieser Urzweiheit entsteht das figurenreiche Pantheon der Griechen.

Leben aus dem Tod

In vielen Kulturen entsteht die Schöpfung aus einem Opfertod. Bei den Chinesen ist es der kosmische Riese Pan Gu, der sein Leben hingibt, um die Welt hervorzubringen. Erschöpft von den langwierigen Bemühungen, Erde und Himmel zu trennen, legt sich Pan Gu nieder und stirbt. Dann verwandeln sich die einzelnen Teile seines riesigen Körpers in die vielgestaltigen Elemente des Himmels und der Erde.

Ähnlich erzählt ein vedischer Hymnus Indiens, wie das urzeitliche Wesen Purusha geopfert wird: seine Körperteile bilden die zahlreichen Bestandteile des Universums – auch Götter, Menschen, Tiere und Pflanzen. In der afrikanischen Sahara wird erzählt, daß die Welt ursprünglich aus den einzelnen Teilen der geopferten kosmischen Schlange Minia geformt wurde, die Gott als erste geschaffen hatte. Zur Erinnerung daran werden in dieser Region bis heute Tieropfer dargebracht.

Im assyrisch-babylonischen Mythos tötet der himmlische König Marduk die Schlange Tiamat, das weibliche Prinzip des Chaos, und teilt ihren riesigen Körper: Aus der einen Hälfte formt Marduk das Himmelsgewölbe, aus der anderen die feste Erde. In der skandinavischen Mythologie töten die drei Schöpfergottheiten den zweigeschlechtlichen Urriesen Ymir und gestalten den Kosmos. Sie formen aus seinem Körper die Erde, aus seinem Blut das Meer und aus seinem Schädel den Himmel.

Zyklische Welten

In einigen Mythologien stellt der Kampf zwischen schöpferischer Ordnung und zerstörerischem Chaos einen ständigen Kreislauf von Schöpfung und Zerstörung dar. In den Mythen der nordamerikanischen Hopi wurde die erste Welt durch Feuer vernichtet, die zweite durch Frost und die dritte durch eine Flut; die gegenwärtige vierte Welt wird ebenfalls bald zu Ende gehen. Eine ähnliche Vorstellung findet sich bei den Azteken Mittelamerikas: durch die Konflikte zwischen den verschiedenen göttlichen Nachkommen des Herrn der Zweiheit werden fünf Welten geschaffen und zerstört.

Die wohl komplexeste Beschreibung einer zyklischen Folge von Welten stammt aus dem indischen Hinduismus. Hier ruht der große Gott Vishnu auf der im Wasser des Chaos zusammengerollten kosmischen Schlange Ananta. Aus seinem Nabel wächst eine Lotusblüte; als sie sich öffnet, entsteigt ihr der Schöpfergott Brahma. Die Welt entsteht aus der Versenkung Brahmas und fällt nach einer ungeheuer langen Zeitspanne erneut ins Chaos zurück, aus dem schließlich auf die gleiche Weise ein neues Universum hervorgeht. Jedes der vier aufeinanderfolgenden Zeitalter in einem Weltzyklus ist dem vorhergehenden untergeordnet. Auch im ägyptischen Mythos wird vorausgesagt, daß das Universum am Ende ins Chaos zurücksinken und danach ein neuer Schöpfungszyklus beginnen wird.

Zeitalter

In der griechisch-römischen Überlieferung ist zwar nicht von einer Zerstörung der Welt die Rede, doch auch in ihr werden fünf aufeinanderfolgende Zeitalter und Geschlechter beschrieben. Es begann mit dem Goldenen Zeitalter, als die Menschen sich ewiger Jugend und der Freiheit von Mühsal erfreuten, und endet mit dem gegenwärtigen ehernen Zeitalter. Als dessen Schlußpunkt wird die Selbstzerstörung der Menschheit vorgestellt.

Möglicherweise ist der keltische Mythos von den fünf aufeinanderfolgenden Invasionen Irlands eine Abwandlung dieses mediterranen Mythos von den fünf Zeitaltern.

QUERVERWEISE

Schöpfungsmythen: S. 38, 62, 90, 104, 112f, 128f, 194, 222, 237f, 266f, 280f, 290f, 302f
Ordnung aus dem Chaos: S. 38, 70f, 90f, 104, 129, 194, 230, 266f, 280f
Der Urozean: S. 62, 70f, 112, 222
Das kosmische Ei: S. 38, 39, 70, 90, 104, 266, 302
Die kosmische Schlange: S. 62, 70, 72f, 74, 199, 266, 277, 280, 302f
Die Urzweiheit: S. 112f, 223, 237f
Neuschöpfung aus der Zerstörung: S. 62, 70, 90, 194, 277, 290, 294
Schöpfungszyklen: S. 41, 74, 85, 237f
Zeitalter der Menschheit: S. 131

KOSMISCHE ARCHITEKTUR

Die Struktur des Universums

SONNE UND MOND

Sowohl in Nord- als auch in Südamerika ist ein Mythos verbreitet, demzufolge eine weibliche Sonne und ein männlicher Mond als Schwester und Bruder in unerlaubter Liebe verbunden sind. Ihre inzestuösen Begegnungen, bei denen die Sonne in das Bett ihres Geliebten steigt, finden heimlich nachts statt. Doch da die Sonne in der Dunkelheit ihren Geliebten nicht sehen kann, malt sie ihm dunkle Flecken auf die Wangen, um ihn später wiedererkennen zu können. Das, so sagt der Mythos, ist die Erklärung für das entstellte Gesicht des Mondes. In anderen nordamerikanischen Mythen gilt die Sonne als männlich und ist aus dem abgeschnittenen Kopf eines Mannes entstanden; der Mond ist der Kopf einer Frau.

In Afrika heißt es, die zyklischen Veränderungen der Mondgestalt gingen zurück auf eine Zeit, als der Mond unklugerweise damit prahlte, er sei lieblicher als die Sonne. Aus Zorn zerbrach die Sonne den Mond in kleine Stücke. Seitdem hat der Mond Angst vor der Sonne und wagt nur selten, sich in seiner vollen Größe am Himmel zu zeigen.

Im Mythos ist die sichtbare Alltagswelt immer Bestandteil eines größeren Ganzen. Häufig werden die meist unsichtbaren Elemente des Universums als eine obere Welt oder als Himmel beschrieben, der der Wohnsitz höherer Wesen, von Göttern oder göttlichen Ahnen ist; hinzu kommt die von den Toten und unterirdischen Geistern bewohnte Unterwelt.

Diese Vorstellung ist in den indoeuropäischen Mythentraditionen, bei den Stammesvölkerns Asiens, Ozeaniens und Nord- und Südamerikas sowie bei den nördlichen Polarvölkern verbreitet. Häufig werden die obere und die untere Welt als spiegelbildlich oder als Ebenbilder der mittleren Welt der Menschen beschrieben, die ihren eigenen Himmel und ihre eigene Erde haben. In vielen Mythologien steht im Zentrum eine Säule oder Achse, die die drei Welten des Kosmos zusammenhält. Manchmal hat diese Mittelachse die Form eines Weltenbaums. Der bekannteste Weltenbaum ist der Yggdrasil der skandinavischen Mythologie. Andere erwähnenswerte Beispiele sind bei den Ngaju Dayak Kalimantans (des indonesischen Teils von Borneo), den Maya Mittelamerikas und den Völkern der Sahara zu finden. Auch bei den Ureinwohnern Nord- und Südamerikas taucht diese Vorstellung auf. Ein ähnlicher Gedanke liegt dem Lebensbaum zugrunde, der eine zentrale Rolle in der jüdischen Kabbala-Mystik spielt.

Komplexere Varianten dieses dreigeteilten Kosmos beschreiben sieben, acht oder neun Schichten der oberen und unteren Welten. Die Zahl Sieben findet sich in der indischen Überlieferung – und Varianten dieses kosmischen Modells sind im ganzen südlichen Asien verbreitet. Ein altnordischer Mythos spricht von neun übereinandergeschichteten Welten, zwischen denen ein ständiger Austausch stattfindet.

Diese vergoldete Sonnenscheibe aus Trundholm in Dänemark (13. Jh. v. Chr.) wurde vermutlich bei einem germanischen Himmelskult verwendet. Das Motiv des Sonnenwagens findet sich auch in der prähistorischen keltischen Kunst.

Die vier Himmelsrichtungen

Das mythische Universum hat sowohl einen horizontalen als auch einen vertikalen Aufbau. In sämtlichen Kulturen werden vier Segmente beschrieben, denen die Haupthimmelsrichtungen (Osten, Westen, Norden und Süden) entsprechen und den Raum horizontal teilen. Eine bildliche Umsetzung dieser Vorstellung ist das tibetische Mandala (siehe Abbildung rechts). Manchmal kommt eine weitere »Richtung« hinzu – der Mittelpunkt oder das »Hier« – etwa in China, im keltischen Irland sowie in Nord- und Mittelamerika. In diesen Traditionen beinhaltet das »Zentrum« auch die vertikalen Richtungen »oben« und »unten«, so daß das Universum sechs Raumdimensionen hat.

Die Elemente

In der Mythologie des östlichen Mittelmeerraums sowie Nord- und Westafrikas war das Universum aus vier elementaren Substanzen aufgebaut: Luft, Feuer, Erde und Wasser. In den meisten Überlieferungen der Sahara und Westafrikas ist den vier Himmelsrichtungen jeweils eines dieser Elemente zugeordnet: dem Osten das Feuer, dem Westen das Wasser, dem Süden die Luft und dem Norden die Erde. In den Mythen des östlichen Mittelmeerraums und der Dogon im westafrikanischen Mali ist die Luft mit dem Osten und das Feuer mit dem Süden verbunden.

Die Elemente spielen auch in der alten chinesischen Kosmologie eine Rolle. Hier werden fünf Elemente (Holz, Feuer, Erde, Metall und Wasser) aufgezählt, die jeweils einer der fünf Richtungen (»Zentrum«, Norden, Süden, Osten und Westen) entsprechen.

Die Himmelskörper

Die Himmelskörper erscheinen in den Mythen meist als Lebewesen – Götter, Menschen oder Tiere. Die Sonne wird in der Regel – wie im altägyptischen Kult des Sonnengottes – als männliche Gottheit dargestellt, doch kann die Sonne auch (wie die japanische Göttin Amaterasu) weiblich sein und der Mond männlich (siehe Randspalte gegenüberliegende Seite). Ein männlicher Mond – meist als Gemahl des Planeten Venus – taucht in den Mythen des südlichen Afrika auf. Auch in anderen Mythen sind Sonne und Mond Ehegatten oder, wie bei den nordamerikanischen Ureinwohnern, Bruder und Schwester, die in inzestuöser Liebe verbunden sind.

Sternbilder

Auch bestimmte Sterngruppen werden personifiziert. In der südlichen Hemisphäre, in den Mythen Südamerikas, Südostasiens und Australiens, gelten die Plejaden als Schwestern, deren Erscheinen am Nachthimmel den Beginn der Regenzeit ankündigt. In ganz Südafrika wird das Sternbild des Orion als Jäger mit Hund betrachtet, der das Wild verfolgt. Die Griechen setzten das Sternbild Ursa Major (Großer Bär) mit der Nymphe Kallisto gleich, die Zeus neben ihren Sohn Arkas – der »Bärenhalter« – an den Himmel setzte. Der Teil des Sternbildes, den wir Großer Bär oder Großer Wagen nennen, heißt bei den Ureinwohnern Nordamerikas Himmlischer Bär.

Das Haus als Abbild des Kosmos

In vielen Teilen der Welt sind die Häuser oder Wohnstätten bewußt nach dem mythologischen Bild des Universums gestaltet. Bei den Inselvölkern Südostasiens stellt der linke Teil des Hauses meist die Unterwelt dar, die rechte Seite die obere Welt oder den Himmel. Für die Ngaju Dayak, die vier »kosmische Richtungen« kennen, symbolisiert das Zentrum des Hauses den Lebensbaum, die vertikale Achse, welche die drei Welten miteinander verbindet. In ähnlicher Weise sind auch bei den Völkern des Amazonasregenwaldes in Südamerika die Häuser dem Kosmos nachgebildet, und das gleiche gilt für die Rundzelte und Mittelpfeiler der Nomadenstämme Sibiriens.

Die Häuser der Dogon in Mali symbolisieren den Schöpfergott Nommo in menschlicher Gestalt, die Dörfer aber sind entweder quadratisch – entsprechend den vier Himmelsrichtungen der Erde – oder in einem Oval – dem Himmel und dem kosmischen Ei entsprechend – angelegt. Diese beiden Varianten tauchen immer paarweise auf, zum Zeichen der göttlichen Zwillingschaft von Himmel und Erde.

Im tantrischen Buddhismus (der im 13. Jh. durch moslemische Invasoren in seinem Ursprungsland Indien ausgerottet wurde, sich in Tibet jedoch halten konnte) wird ein Schaubild des Kosmos, das mandala, *bei der Meditation verwendet. Dieses* mandala *stellt einen Palast der Götter dar. Der entweder »friedvolle« oder »zornerfüllte« Palast besteht aus fünf verschiedenfarbigen Lichtstrahlen oder Schädeln, aus deren Öffnungen schwarzer Rauch, gefährliche Funken und Gestank aufsteigen. In den vier Höfen des* mandala *werden die Riten der Befriedung (weiß, im Osten), des Wohlstands (gelb, im Süden), der Herrschaft (rot, im Westen) und der Zerstörung (grün, im Norden) praktiziert. Im Zentralbereich des Palastes, der blau ist wie der tiefste Raum, finden die höchsten Riten der Erleuchtung statt.*

QUERVERWEISE

Erzählungen über den Kosmos: S. 85, 108, 193 f, 208, 248, 268, 292 f
Der Weltenbaum: S. 108, 193, 208, 248
Die Schichten des Universums: S. 85, 108, 208, 218, 268, 292, 303
Zeit und Kalender: S. 74, 85, 246 f, 258, 259
Sonnenmythen: S. 46 f, 94 f, 111–117, 249, 253 f, 257, 258 f, 262, 292
Mondmythen: S. 94 f, 114, 216, 263, 257, 304
Sternmythen: S. 47, 94 f, 242, 258 f
Das Haus als Abbild des Kosmos: S. 261, 294
Reisen zwischen den Welten: S. 60, 61, 93, 99, 113, 187, 208, 248, 292, 305

MYTHEN VOM MENSCHEN

Ursachen für Leben und Tod

GOTT ALS TÖPFER
Das Motiv des Töpferns taucht in afrikanischen Schöpfungsmythen immer wieder auf. So stellen zum Beispiel in Ruanda gebärfähige Frauen vor dem Schlafengehen Wasser bereit, damit Gott den Lehm, aus dem die Menschen gemacht sind, in ihrem Schoß formen kann. Die Dinka im Süden des Sudan sagen, Gott habe den Menschen aus Schlamm gemacht – so wie die Menschen selbst Gefäße und Spielzeug daraus anfertigen.
Eine Schöpfungsgeschichte Südostasiens erzählt, wie Gott die ersten Menschen aus Erde formte und ihnen Leben einhauchte, indem er ihnen in die Fontanelle blies.

Merkwürdigerweise spielt in vielen Mythologien die Erschaffung des Menschen kaum eine Rolle. In der biblischen Genesis heißt es lediglich, Gott habe »den Menschen nach seinem Ebenbild geschaffen«. Einem griechischen Mythos zufolge wurde der erste Mann aus Lehm und die erste Frau aus Erde geformt. In der Regel sind die Mythen über die Erschaffung der Welt komplexer und differenzierter als die über den Ursprung des Menschen.

Ein Mythos der nordamerikanischen Hopi beschreibt, wie die ersten Menschen von einer weiblichen Spinne, der Schöpfergottheit, aus Erde geschaffen wurden. In der afrikanischen Mythologie erschafft Gott die Menschen meist an einem abgelegenen Ort, von dem aus sie dann in die Welt geschickt werden. Einige Geschichten lassen sie am Beginn der Zeiten vom Himmel fallen; die Herero Südafrikas sagen, die ersten Menschen stammten von einem »Lebensbaum« in der Unterwelt. Ebenfalls in Afrika beheimatet ist die Vorstellung, Gott habe ein Gefäß angefertigt, aus dem die Menschen hervortraten. Bei den Azande heißt es, die Menschen seien ursprünglich zusammen mit Sonne, Mond, Sternen, mit der Nacht und der Kälte in einem Kanu eingeschlossen gewesen; doch es sei der Sonne gelungen, die Versiegelung zum Schmelzen zu bringen, so daß die Menschen sich befreien konnten.

Wie das Unglück in die Welt kam

Unabhängig davon, ob die Welt durch einen Zufall oder nach einem genauen Plan entstand – in allen Mythologien ist sie unwägbaren Wechselfällen unterworfen. Unvorhergesehene Ereignisse werden häufig auf die Launen von Gottheiten zurückgeführt, die so menschlichen Gefühlen wie sexuellem Verlangen, Zorn oder Eifersucht unterliegen. Im ägyptischen Mythos verursachte der zerstörerische Gott Seth schwere Verwüstungen auf der Erde, als er seinen Bruder Osiris aus Neid auf dessen hohes Ansehen tötete.

Die Bosheit der griechischen Göttin Eris (»Zwist«), die beleidigt war, weil Zeus sie nicht zur Hochzeit der Nymphe Thetis geladen hatte, führt indirekt zum Trojanischen Krieg. In der Geschichte von diesem zehnjährigen Krieg sind eine Kette miteinander verwobener Ereignisse, bei denen von niederen Motiven getriebene göttliche Wesen die Hauptrolle spielen, die Ursache für großes menschliches Leid und Tod.

Eine ähnliche Botschaft vermittelt die griechische Mythologie hinsichtlich der Entstehung des Bösen in Gestalt von Krankheit und Tod. Auch hier ist das Übel in der Welt das Resultat eines langen Kampfes zwischen übernatürlichen Wesen (in diesem Fall zwischen Prometheus und Zeus). Dieser Mythos schildert die Erschaffung der ersten Frau, Pandora, durch Zeus, der sich damit an Prometheus rächen wollte. Pandora wird mit einem versiegelten Krug (der »Büchse der Pandora«) zu Prometheus' Bruder Epimetheus geschickt, der sie in die menschliche Gesellschaft einführt. Aus Neugier öffnet Pandora dort das verhängnisvolle Gefäß, so daß sich dessen unheilbringender Inhalt – unter anderem alle erdenklichen Krankheiten – in die Welt ergießt; nur die Hoffnung bleibt in dem Gefäß. In diesem Mythos erscheint Prometheus als Begründer der menschlichen Zivilisation.

Inzest und Tod

Parallelen zur Einführung des Bösen durch Pandora gibt es auch in anderen mythologischen Überlieferungen. Ein polynesischer Mythos zum Beispiel verbindet den Ursprung des Todes mit der Erschaffung der ersten Frau. Die Maori erzählen, Tane, der Gott der Wälder und Bäume, habe die erste Frau aus dem Sand der Insel Hawaiki geschaffen. Sie gebar ihm eine Tochter namens Hine-titama oder Mädchen der Morgenröte, die der Gott ebenfalls zur Frau nahm. Doch das Mädchen der Morgenröte wußte nicht, daß Tane ihr Vater war. Als sie die schockierende Wahrheit erfuhr, floh sie in die Unterwelt. Tane folgte ihr dorthin,

Die Vorstellung, die erste Frau sei aus dem ersten Mann hervorgegangen, spiegelt sich auch in der biblischen Geschichte von der Erschaffung Evas aus einer Rippe Adams wider (Szene aus einer mittelalterlichen Illustration). Zu den zahlreichen Parallelen in anderen Kulturen gehört auch der zentralafrikanische Mythos, demzufolge die erste Frau aus dem linken Knie des ersten Mannes geschaffen wurde.

doch sie sagte zu ihm, er habe »das Band der Welt durchtrennt«; sie blieb in der Unterwelt und zog auch Tanes Kinder ins Reich der Finsternis. So kamen Tod und Inzestverbot auf die Menschen.

Eine Geschichte der nordamerikanischen Shoshoni beschreibt den Ursprung des Todes in einem Gespräch zwischen Wolf, der Schöpfergottheit, und Kojote, dem Trickster. Als Wolf meint, wer sterbe, könne dadurch wieder zum Leben erweckt werden, daß man einen Pfeil unter ihm hindurchschieße, wirft Kojote ein, wenn alle am Leben blieben, gäbe es bald nicht mehr genug Platz auf der Erde. Daraufhin bewirkt Wolf, daß Kojotes Sohn als erster stirbt. Kojote, dessen eigene Logik sich nun gegen ihn richtet, muß akzeptieren, daß der Tod nicht mehr rückgängig gemacht werden kann.

Um die ökologische Notwendigkeit des Todes geht es in einem Mythos der Inuit (Eskimos), und auch hier wird er mit einer Frau in Verbindung gebracht: Lange Zeit gab es keinen Tod; die Menschen waren unsterblich und besaßen die wunderbare Kraft der Verjüngung. Doch schließlich hatte die Bevölkerung sich so stark vermehrt, daß das Land sich neigte und alle ins Meer zu stürzen drohten. Daraufhin rief eine alte Frau, die die Gefahr erkannte, mit Zauberformeln Tod und Krieg herbei. So wurde die Welt wieder angehoben, und die universelle Katastrophe blieb aus.

Die Ursachen der Krankheit

Die Heilkunde der Yoruba von Nigeria, die durch den Gott Ifa auf die Erde gelangte, beruht auf der Vorstellung, daß jeder Mensch die Auslöser für eine Krankheit in seinem Körper trägt – verschiedene Arten von »Würmern«, von denen sich die meisten in »Beuteln« an bestimmten Stellen des Körpers befinden. Sie gelten als notwendig zur Erhaltung der Gesundheit, und eine Krankheit tritt nur dann ein, wenn »Würmer« sich außergewöhnlich stark vermehren und aus ihren »Beuteln« herausplatzen. Um dies zu verhindern, muß man sich im Essen und Trinken sowie beim Geschlechtsverkehr mäßigen.

Die Mandari des südlichen Sudan schreiben das Auftreten einer Krankheit Geistern zu, die den Körper des Menschen heimsuchen, oder der Zauberkraft eines Feindes. Die von einem Himmelsgeist verursachte Krankheit äußert sich als Schmerz im Kopf oder im oberen Teil des Körpers. Die Heilung wird durch ein rituelles Opfer erreicht, bei dem die Geister beschworen werden, sich zurückzuziehen. Ähnliche Vorstellungen von Krankheit als einer Invasion oder Besessenheit durch Geister herrschen im Schamanismus der arktischen Regionen und Nordamerikas.

QUERVERWEISE

Ursprung der Menschheit: S. 38, 40, 62, 74, 91, 104, 130 f, 195, 223, 229, 248f, 254, 262 f, 267, 271, 280f, 302f, 305
Ursprung der Frau: S. 223, 254, 262, 271
Sexualität: S. 133–135, 139, 143, 162 f, 173, 249, 263, 269, 271, 281, 290, 293, 294 f
Nahrung und Ackerbau: S. 62, 201, 225, 233, 244 f, 263, 277, 293, 297, 305, 307
Ursprung des Feuers: S. 131, 223, 225, 262 f, 297, 304
Ursprung des Unglücks: S. 81, 130, 299
Ursprung des Todes: S. 224, 269, 273, 282 f, 290, 294, 297, 299

ÜBERNATÜRLICHE WESEN

Götter, Geister und Dämonen

DÄMONEN UND GEISTER
Die in Mythos und Volkskunst auftauchenden bösen Geister sind eine Projektion der tiefsten Ängste des Menschen. Die Bandbreite dieser Gestalten umfaßt halbmenschliche und nichtmenschliche Wesen, Drachen und Ungeheuer, Riesen und Riesinnen, Dämonen und Zwerge, die einen unablässigen kosmischen Kampf gegen die Götter führen, sowie Gestalten in der Art der japanischen unsichtbaren *oni*, die die Götter der Unterwelt begleiten. In den Mythen der westlichen Welt sind diese Geister meist entweder positiv oder negativ belegt, während in anderen Kulturen ambivalente oder neutrale Wesen überwiegen. Die islamischen *dschinn* beispielsweise können wohlwollend oder böse sein. Sie wurden 2000 Jahre vor der Erschaffung Adams, des ersten Menschen, aus Feuer gemacht.

Lilith, die dämonische weibliche Gottheit der jüdischen Volkskultur, ist vermutlich aus einer mesopotamischen Gestalt gleichen Namens hervorgegangen. In manchen Erzahlungen heißt es, sie habe mit Adam dämonische Nachkommen gezeugt.

In allen Mythologien sind die Hauptakteure im Drama der kosmischen Schöpfung Geistwesen von so elementarer oder furchteinflößender Bedeutung, daß sie nur als Abstraktum beschrieben werden können. Bei den Ureinwohnern Nordamerikas ist es der All-Geist oder das Große Geheimnis (zum Beispiel Wakan Tanka, die höchste Gottheit der Lakota). Die hinduistische Schöpfergottheit ist Brahma – das Absolute. Amma, der Urgott im Schöpfungsmythos der Dogon, ist »Der Erhalter«. Die Wurzel des Wortes Gott ist umstritten, vermutlich ist das Wort aber aus einem Begriff abgeleitet, welcher »Der Verehrte« bedeutet.

Zerstörer und Bewahrer

In vielen Schöpfungsgeschichten hat das abstrakte und substanzlose Wesen ein materielles und belebtes Gegenstück in Gestalt einer Riesenschlange. Dieses übernatürliche, mit dem Wasser oder dem Regenbogen oder beiden in Zusammenhang stehende Wesen taucht in den so unterschiedlichen Kulturen Australiens, Indiens, Südostasiens, Mesopotamiens, Ägyptens, Afrikas, Skandinaviens sowie Nord- und Südamerikas auf und symbolisiert ein Urchaos, das gleichzeitig die Quelle aller Energie und Materie ist. Die kosmische Schlange gilt als Ausgangspunkt des geschaffenen Lebens (in Asien, Australien und Afrika) oder als Bewahrer der Schöpfung (Für die Fon in Westafrika hat die kosmische Schlange die nie endende Aufgabe, die Welt zusammenzuhalten.) Sie kann aber auch – wie in den altnordischen und südasiatischen Mythen – die Zerstörerin der Schöpfung sein.

Mischwesen

Nach der Schlange tritt häufig ein weiteres riesenhaftes Wesen auf den Plan, nun jedoch mit erkennbar menschlichen Zügen. Ein Beispiel hierfür ist der chinesische Schöpfergott Pan Gu, der so groß wurde, daß er den Raum zwischen Erde und Himmel überspannte. Andere Mitglieder des chinesischen Pantheons sind halb Tier und halb Mensch – zum Beispiel das Schöpferpaar Fu Xi und Nü Gua, die mit einem aus Mensch und Schlange zusammengesetztem Körper dargestellt werden.

Ein anderes häufig auftauchendes Motiv in frühen Schöpfungsmythen sind Menschen mit männlichen und weiblichen Eigenschaften. Die ägyptische Schöpfergottheit Atum wird als androgynes Wesen dargestellt. Eine griechische (orphische) Schöpfungsgeschichte beschreibt das erste Wesen Phanes als zweigeschlechtlich. Altnordischen Schöpfungsmythen zufolge ging der Urriese Ymir, der sowohl männlich als auch weiblich war, aus der Vereinigung von Feuer und Eis am Beginn der Zeiten hervor.

Die Aufgabenteilung in der Götterwelt

Wenn die Welt durch göttliches Handeln Gestalt annimmt, verlieren die Wesen, die die spirituelle Kräfte verkörpern, meist ihre monströsen Eigenschaften und spalten sich – obwohl sie ihre übernatürlichen Kräfte und den entsprechenden Status behalten – in die vertrauteren Wesenheiten Tier und Mensch sowie die Geschlechter männlich und weiblich.

So führen in der griechischen Mythologie die olympischen Götter und Göttinnen nach den ersten kosmischen Umwälzungen und dem Sieg über die Titanen ein Leben, das nicht mehr ganz so unvergleichbar mit dem der Menschen ist. Wie Aristokraten in zivilisierten Gesellschaften übernehmen sie spezielle Funktionen als Schutzgottheiten der Künste und des Handwerks, der Liebe und des Krieges. Noch stärker in den Vordergrund treten diese den Göttern zugeschriebenen sozialen Aufgaben in der römischen Mythologie, bei der es sich weitgehend um eine rationalisierte Version der griechischen Mythen handelt.

In altnordischen Mythen treten nach dem Tod des androgynen Riesen Ymir Götter des Krieges, der Musik und des Handwerks sowie Göttinnen der Frucht-

barkeit auf. Bei den Maya war die oberste Schöpfergottheit Itzamna Patron der Schrift und der Gelehrsamkeit, und Ix Chel oder Herrin des Regenbogens war die göttliche Schutzherrin der Heilkunst, des Webens und der Geburt. Gottheiten mit ähnlichen Funktionen sind in den meisten Kulturen anzutreffen.

Manchmal war die Spezialisierung der Götter eher räumlicher als funktionaler Art. Besonderen Orten zugeordnete Geister spielten eine wichtige Rolle im Leben der Gemeinschaft. Im alten Japan wurde jeder Region, jedem Dorf und jedem Haus ein Geist zugeschrieben, dessen Kräfte berücksichtigt werden mußten. Außerdem wurden auch ungewöhnliche Naturphänomene wie große oder seltsam geformte Felsen, alte Bäume und Quellen mit Geistern in Verbindung gebracht. Dies gilt auch für große Teile Afrikas, Ozeaniens und Australiens sowie für das vorbuddhistische Tibet und die Mongolei.

Eine große Zahl von Gottheiten – meist weiblichen Geschlechts – sind mit der Erde, mit Geburt und Fruchtbarkeit verbunden – von Erdmüttern allgemein bis zu vielschichtigeren Gestalten wie Tlaloc und seinen weiblichen Entsprechungen in Mittelamerika.

Herren der vier Himmelsrichtungen und der drei Reiche

Bestimmten übernatürlichen Wesen wurden auch verschiedene Regionen des Kosmos zugeschrieben. In China wurde die Schöpfergottheit Fu Xi mit vier Gesichtern dargestellt, wobei jedes in eine der vier kosmischen Richtungen (Norden, Süden, Osten und Westen) blickte. Im präkolumbianischen Zentralamerika hatte jedes der vier Segmente des Universums einen eigenen Gott: der Osten unterstand dem Roten Tezcatlipoca (auch Xipe Totec, der gehäutete Gott), der Süden dem Blauen, der Westen dem Weißen (oder Quetzalcoatl, der Gefiederten Schlange) und der Norden dem Schwarzen Tezcatlipoca (dem Herrn des Nachthimmels). Eine ähnliche Zuordnung ist im Judentum zu finden, wo der Erzengel Raphael mit dem Osten, Gabriel mit dem Westen, Michael mit dem Süden und Uriel mit dem Norden in Zusammenhang gebracht wird.

Die Dreiteilung des Kosmos in eine obere, eine mittlere und eine untere Region machte spezielle Gottheiten notwendig, die jeweils die Verantwortung für einen Bereich trugen. Im ägyptischen Mythos beherrschte Osiris die Unterwelt, Geb die Erde und die Göttin Nut den Himmel. Im alten Griechenland war Hades das Pendant zu Osiris; Pan, ausgestattet mit Hörnern und Hufen, herrschte über das irdische Reich der ungezähmten Natur; Zeus war der König des Himmels und wurde mit dem Gipfel des Olymp in Verbindung gebracht.

Rama, der siebte Avatar des Gottes Vishnu in der hinduistischen Mythologie, ist hier in einer Illustration aus dem Heldenepos Ramayana (siehe S. 77) dargestellt. Rama schürt (links neben der Hütte) ein Feuer, während sein Bruder Lakshmana (rechts) vor Sita, der Frau Ramas, sitzt. Ein Avatar (das Wort bedeutet soviel wie »Herabkunft«) ist die Inkarnation einer Gottheit in Menschen- oder Tiergestalt, die ein böses Element in der Welt bekämpft. Der christliche Gedanke der Inkarnation Gottes in Christus unterscheidet sich von dieser Vorstellung insofern, als es sich dabei um eine einmaliges Ereignis in der Frühzeit der Geschichte handelt und nicht um ein Stadium im ewigen Kreislauf der Welt.

QUERVERWEISE

Götterhimmel: S. 40 f, 70, 168–171, 178, 248 f, 256 f, 294
Geburt der Götter: S. 38, 39, 64, 112–114, 128 f
Tod der Götter: S. 42, 61, 79, 195, 197, 296
Muttergöttinnen: S. 50, 171, 186, 192
Fruchtbarkeitsgottheiten: S. 58, 64 f, 67, 73, 142, 206, 244 f, 307
Streit zwischen Göttern: S. 44 f, 66, 81, 84, 91 f, 129, 294
Geister: S. 108, 201, 209, 210–213, 216–218, 226, 252 f, 260 f, 285, 286
Dämonen und Ungeheuer: S. 82 f, 121, 157, 160 f, 164, 209, 212 f, 306

KOSMISCHE KATASTROPHEN

Das Ende der Welt

ZYKLEN DER ZERSTÖRUNG

Weit im Vordergrund steht das Thema der kosmischen Katastrophe in den Mythen Mittelamerikas. Den aztekischen Überlieferungen zufolge führte der ständige Konflikt zwischen den mit den vier Richtungen des Universums verbundenen Gottheiten eine Reihe erdgeschichtlicher Umwälzungen herbei. Die erste Epoche endete damit, daß die Welt von Jaguaren verschlungen wurde, die zweite Welt wurde von einem großen Wirbelsturm vernichtet, die dritte durch ein Feuer und die vierte durch eine Flut. Die gegenwärtige ist die fünfte Welt, die dazu bestimmt ist, von Erdbeben verwüstet zu werden.

In einem von den Hopi erzählte Mythos heißt es, die erste Welt sei zur Strafe für menschliche Vergehen durch ein alles verschlingendes Feuer vernichtet worden, das von oben und unten hereinbrach. Die zweite Welt endete, als die Erdkugel auf ihrer Achse ins Schwanken geriet und alles mit Eis bedeckt wurde. Die dritte Welt endete durch eine Große Flut. Die gegenwärtige Welt ist die vierte; ihr Schicksal hängt davon ab, ob ihre Bewohner in Übereinstimmung mit den Plänen des Schöpfers leben.

Eine kosmische Katastrophe, die alles Leben vernichtet, wird im Mythos bisweilen als verdiente Strafe der Götter für die Torheit oder Schlechtigkeit der Menschen betrachtet. Ein bekanntes Beispiel hierfür ist die alttestamentliche Geschichte von Noah und der Arche: Noah und seine Frau sowie die Tiere, die sie gerettet haben, sind die einzigen Überlebenden einer großen Flut, die Gott als Strafe für die Sündhaftigkeit der Menschen jener Welt geschickt hat. Die Erzählung greift auf die assyrisch-babylonische Geschichte von einer kosmischen Flut zurück, wobei Utnapischtim der Figur Noahs entspricht und nach seinem Abenteuer unsterblich wird.

Im griechischen Mythos schickt Zeus eine große Überschwemmung, um die Menschen für die Missetaten des Titanen Prometheus zu bestrafen. Deukalion, der Sohn des Prometheus, baut eine Arche, überlebt gemeinsam mit seiner Frau Pyrrha, und die beiden gründen das Menschengeschlecht neu.

Auch in der indischen Mythologie taucht das Motiv der Arche auf. Manu, der erste Mensch, rettet einen kleinen Fisch, der von einem größeren gefressen zu werden droht. Aus Dankbarkeit warnt ihn der Fisch – er ist inzwischen zu ungeheurer Größe herangewachsen – vor einer baldigen kosmischen Flut und zeigt ihm, wie man ein Schiff baut und es mit dem »Samen aller Dinge« ausrüstet. Der Riesenfisch lenkt das beladene Schiff schließlich in sichere Gefilde. So kann nach der großen Flut neues Leben entstehen.

In einigen Geschichten von der großen Flut erweist sich die aus der Katastrophe hervorgehende neue Welt als besser denn die vorhergehende. In den Andenkulturen Südamerikas beispielsweise heißt es, der Sonnengott habe nach einer verheerenden Flut seinen Sohn Manco Capac und seine Tochter Mam Ocllo auf die Erde geschickt, um den Überlebenden die Zivilisation zu bringen.

Im Sintflutmythos der Yao Südchinas steht ein Mann im Mittelpunkt, der den für eine weltweite Überschwemmung verantwortlichen Donnergott gefangennimmt. Dieser kann jedoch mit Hilfe der Kinder des Mannes, einem Jungen und einem Mädchen, entkommen und schenkt ihnen zur Belohnung einen Zahn, den die Kinder auf seinen Rat hin einpflanzen und der zu einem riesigen Kürbis heranwächst. Da nun der Gott wieder befreit ist, kehrt auch die Flut zurück und überschwemmt bald die ganze Erde. Nun fährt der Mann in einem eigens zu diesem Zweck gebauten Boot zum Herrn des Himmels und überredet ihn, dem Donnergott Einhalt zu gebieten. Daraufhin weicht die Flut so plötzlich zurück, daß das Boot zu Boden geschmettert wird und der Mann umkommt, während die beiden Kinder in ihrem Kürbis als einzige die Flut überleben. Sie heiraten, und das Mädchen gebiert einen »Fleischklumpen«, den sie in Stücke schneiden und damit auf einer Leiter in den Himmel steigen. Eine Windbö trägt die Fleischstücke in alle vier Himmelsrichtungen, und aus ihnen entstehen die Menschen, die die Welt erneut bevölkern.

Diese Geschichte ist für die vergleichende Mythenforschung insofern interessant, als sie die wichtigsten Motive der Schöpfungsmythen aller Kulturen in sich trägt. Die Überflutung durch das Wasser gehört zu den häufigsten Merkmalen einer neu entstehenden Welt. Der Riesenkürbis erinnert an das weitverbreitete kosmische Ei, Bruder und Schwester an die urzeitlichen Eltern. Der Baum, der sie zusammenführt, entspricht der *axis mundi* oder dem Lebensbaum, der in vielen Mythologien die drei Welten miteinander verbindet. Und die Teilung des »Fleischklumpens« schließlich stellt eine Variante des Uropfers dar, das in vielen Kulturen die Erschaffung der Welt bedeutet.

Die im tropischen Regenwald Malaysias lebenden Chewong – die wie andere Völker Südostasiens die Vorstellung hegen, das Universum bestehe aus mehreren Schichten – glauben, daß ihre Welt, die Siebte Erde, immer wieder auf den Kopf gestellt wird, so daß alles im Wasser versinkt und zerstört wird. Durch das Wirken des mächtigen Schöpfergottes Tohan jedoch entstehen aus der vormals flachen, öden Unterseite der Siebten Erde viele Berge, Täler und Ebenen.

QUERVERWEISE

Die Große Flut: S. 63, 76, 91–93, 130, 280f, 305
Zyklisch wiederkehrende Katastrophen: S. 237f
Bestrafung der Menschheit: S. 63, 91–93, 130f, 223
Untergang der Götter: S. 128f, 195
Kosmische Feuer: S. 81, 92, 94f

Diese Illustration aus der Nürnberger Bibel von 1483 zeigt Noah mit Familie und allen Tieren in der Arche, die sie vor der Sintflut rettete.
Die Bedeutung des Mythos von der Großen Flut steht mit der Lage Babylons zwischen den beiden großen Flüssen Euphrat und Tigris in Zusammenhang. Diese Flüsse traten immer wieder über die Ufer und verursachten verheerende Überschwemmungen.

Neue Bäume werden gepflanzt, und neue Menschen und zahlreiche Tiere bevölkern die neu gestaltete Erde.

Neben der Geschichte von der Umkehrung der Welt gibt es bei den Chewong jedoch noch andere Versionen von der kosmischen Katastrophe. Auch die Todsünde, über Tiere zu lachen, kann zu einer Überschwemmung führen. Dieses Vergehen erregt den Zorn der Urschlange, die unter der Welt der Menschen wohnt und durch deren heftige Bewegungen der Urozean die Missetäter überflutet.

Strafe für sexuelle Vergehen

Ein Mythos der Aborigenes Nordaustraliens erzählt von einer durch zwei Schwestern herbeigeführten Flutkatastrophe, die unwissentlich Geschlechtsverkehr mit zwei Männern ihres eigenen Clans haben. Yurlunggur, halb Mensch, halb Schlange, gerät außer sich vor Zorn, verschlingt die Schwestern und bewirkt eine Flut, die die ganze Erde überschwemmt. Sobald die Flut zurückweicht, spuckt Yurlunggur die beiden Frauen und die beiden aus ihrer sündigen Vereinigung hervorgegangenen Söhne wieder aus. Der Ort, an dem Yurlunggur an Land ging, ist die erste Initiationsstätte, wo die jungen Männer lernen, zwischen Frauen, die sie heiraten können, und solchen, die sie keinesfalls heiraten dürfen, zu unterscheiden.

Auch in einem Mythos der Kuba Zentralafrikas ist das Motiv der verbotenen sexuellen Vereinigung mit einer kosmischen Katastrophe verbunden. Woot, der Gründer des Stammes, begeht Inzest mit seiner Schwester Mweel; dann verläßt er sie und verursacht damit ewigwährende Finsternis auf der Erde. Mweel aber schickt Boten in Gestalt von Morgenvögeln zu ihrem Bruder, der schließlich zu ihr zurückkehrt und eine soziale Ordnung gründet, in der die Männer nach bestimmten Regeln ihre Schwestern untereinander austauschen und auf diese Weise den Inzest verhindern. Von da an geht die Sonne wieder auf. (Das Verschwinden der Sonne findet sich als Motiv auch in einem japanischen Mythos über den Kampf zwischen dem Sturmgott Susano und der Sonnengöttin Amaterasu wieder.)

HELDEN UND TRICKSTER

Mittler des Wandels

TÄUSCHUNG UND RAFFINESSE
In einer Erzählung aus Ozeanien schmiert ein Mädchen Kokosnußöl auf den Stamm einer Bananenpflanze, um zu verhindern, daß ein Ungeheuer hinaufklettert und es sich schnappt. Das Ungeheuer fängt das Mädchen aber, indem es die Stimme seiner Schwester nachahmt, und verschlingt es. Daraufhin legt die Schwester zwei Krebsschalen unter ihre Zunge und verspottet das Ungeheuer. Erzürnt verschlingt es auch sie. Mit Hilfe der Schalen schneiden nun die beiden Schwestern den Bauch des Ungeheuers auf und gelangen wieder in die Freiheit.

Diese kunstvolle Schnitzarbeit der Maori zeigt den Kulturheros Kupe, dem im Mythos die Entdeckung Neuseelands zugeschrieben wird.

Alle Kulturen kennen mythische Helden, die im Laufe der Begründung der menschlichen Gesellschaft außergewöhnliche Taten vollbringen. Meist, wenn auch nicht immer, sind diese »Kulturheroen« männlichen Geschlechts, besitzen übernatürliche Fähigkeiten und können sogar Götter sein. Der Kulturheros der alten Griechen beispielsweise war der Titan Prometheus, der zum Wohle der Menschheit den Göttern das Feuer stahl und für dieses Vergehen von Zeus schwer bestraft wurde. Eine in Ozeanien verbreitete Geschichte erzählt von einem urzeitlichen Helden namens Sida, Sido, Sosom oder Souw, der die Völker Neuguineas die Sprache lehrte, das Meer mit Fischen füllte und dem Land die verschiedenen Gemüsesorten brachte. Dem Kulturheros verwandt ist die Trickstergestalt, die entweder schöpferische oder subversive Eigenschaften besitzt. Die schelmischen, schlauen und humorvollen, aber nie berechenbaren Trickster besitzen häufig die Fähigkeit, zwischen Menschen- und Tiergestalt hin- und herzuwechseln.

Ein weiterer wichtiger Heldentypus ist Odysseus, dessen abenteuerliche Reisen und Begegnungen mit übernatürlichen Wesen, die ihn vernichten wollen, zum Vorbild männlichen Unternehmungsgeistes, des Mutes und der Standhaftigkeit in einer feindlichen Welt wurden. Aber wie in vielen anderen Heldenerzählungen auch stehen dem Protagonisten Odysseus starke Helfer zur Seite: Odysseus und Perseus genießen den Beistand Athenes, Theseus die Hilfe Poseidons. Die Erzählungen von Heldengestalten, die mit der Gründung oder der Frühgeschichte eines Stammes oder Staates in Zusammenhang stehen, dienten der Stärkung der kollektiven Identität – erwähnenswert sind hier vor allem Aeneas, Beowulf, Cú Chulainn und Finn.

Der Raub des Feuers

Ein in den Stammesgesellschaften der südamerikanischen Amazonasregenwälder verbreiteter Mythos erzählt von den ersten Menschen, die kein Feuer hatten und rohes Fleisch aßen. Eines Tages wird ein junger Mann oder Knabe auf einem Baum im Wald ausgesetzt. Doch ein Jaguar rettet ihn und nimmt ihn mit in seine Höhle, wo der Junge zum erstenmal gebratenes Fleisch riecht und ißt. Er stiehlt ein brennendes Holzscheit und führt so das Feuer in der menschlichen Gesellschaft ein. Der Raub des Feuers als entscheidender Schritt zur Entwicklung der Gesellschaft und ihrer Zivilisation ist ein über die ganze Welt verbreitetes mythisches Motiv.

Auf den Gilbert-Inseln im Westpazifik gilt die Sonne als Ursprung des Feuers: Der Kulturheros Bue fängt die Sonne mit einer Schlinge ein und bringt so den Menschen Feuer. Ebenfalls in Ozeanien beheimatet ist Maui, der den Menschen das Feuer stahl, um es der Zauberin der Unterwelt Mahui-ike zu bringen.

Wohlwollende und böse Trickstergestalten

In den Mythen Nordamerikas werden die Kulturheroen – wie die ersten Schöpfergottheiten – meist als Tiere dargestellt. Die Cherokee erzählen eine Geschichte, in der Vögel und Schlangen vergeblich versuchen, an das Feuer heranzukommen, das die Götter in einer hohlen Platane auf einer Insel aufbewahren. Schließlich gelingt es der weiblichen Wasserspinne, ein brennendes Stück Kohle zu entwenden und es den Menschen zu bringen. Eine Erzählung der Lakota handelt von einer geheimnisvollen Kulturheroin, die die Menschen die komplizierte Symbolik der heiligen Pfeife lehrt; dann verwandelt sie sich in einen schwarzen Büffel und verschwindet für immer.

An der Pazifikküste Nordamerikas gilt der Rabe als Entdecker des Feuers. Gleichzeitig ist er eine Trickstergestalt, die die Feinde des Menschen überlistet, eine Rolle, die in anderen Teilen des Kontinents der Kojote, der Hase oder die Spinne und bei den Prärievölkern der Alte Mann oder der Alte Mann Kojote übernimmt. Diese kosmischen Schelmen haben die wichtige Aufgabe, Anspruch auf die Freiheit des menschlichen Geistes zu erheben. Sie treten für das Recht des Menschen ein, nach dem Vorbild der Götter die Welt neu zu schaffen, auch wenn ihre Unternehmungen manchmal lächerlich wirken oder gar verheerende Folgen haben.

Dieser mehrdeutige Charakter des Trickster wird in zahlreichen Mythen Ozeaniens offenkundig. Maui zum Beispiel geht zugrunde, als er in die schlafende Göttin der Unterwelt einzudringen und die Herrschaft über den Tod zu erlangen sucht: Ein Vogel, der Maui begleitet, bricht nämlich bei dem komischen Anblick in Gelächter aus und weckt damit die Göttin auf, die daraufhin den Eindringling tötet.

Anders als diese Gestalten des kosmischen Wandels benutzen die personifizierten Unholde der afrikanischen Volkskultur (der Hase, die Spinne oder die Schildkröte) ihre Erfindungsgabe häufig – und meist mit Erfolg – dazu, die Reichen und Mächtigen in ihrer Scheinwelt zu stören und zu verwirren. Ihre Absicht besteht eher darin, die soziale Ordnung zu unterminieren als die kosmische.

In Afrika ist der Schelmengott Eschu (oder Elegba) – das afrikanische Gegenstück des altnordischen Loki und des japanischen Kitsune, der ständig die Gestalt wechselt – der bekannteste Vertreter dieser subversiven Figur. Eschu ist ein Witzbold, der Gefallen daran findet, Götter und Menschen zu täuschen. Im Pantheon der alten Griechen entspricht ihm Hermes, der Trickster, Lügner und Dieb. Wie Eschu war Hermes auch der Bote der Götter.

QUERVERWEISE

Kulturheroen: S. 92, 131, 224 f, 254, 262 f, 267, 279, 284, 286, 290, 297, 304
Trickster: S. 144 f, 249, 285, 297
Krieger und Abenteurer: S. 60, 85, 105, 106, 121, 122, 147, 148, 152–155, 156, 157–161, 180–185, 295
Sieger über Ungeheuer: S. 66, 147, 149, 150 f, 156, 204 f
Reisende: S. 154 f, 160 f, 187
Staatshelden: S. 151, 172 f, 174 f, 180–185, 189
Götter als Helden: S. 106, 131
Spirituelle Helden: S. 54, 76–78, 85, 86 f, 96 f, 102 f, 107, 123, 180

In einer Episode des großen indischen Epos Mahabharata *kämpft Bhima gegen den dämonischen Rakshasa. Bhima ist der große starke Mann unter den Pandava-Brüdern und wird »Sohn des Windes« genannt.*

TIERE UND PFLANZEN

Energie, Verwandlung und Verwandtschaft

QUERVERWEISE
Tiermythen: S. 216 f, 232, 276 f
Tiere und Jäger: S. 216–219, 232, 272
Tiere in Schöpfungsmythen: S. 38, 222, 237, 267, 280, 290, 302, 303
Trickster in Tiergestalt: S. 227, 229, 276
Bären: S. 139, 218, 232
Vögel: S. 102, 135, 138, 192, 202, 208, 211, 217, 222, 225, 227, 284, 292
Eber: S. 184, 200
Stiere: S. 60, 67, 135, 162, 165, 182
Katzen und Löwen: S. 50, 108
Drachen: S. 204, 205, 208
Pferde: S. 67, 101, 159, 186, 194, 204, 209, 210
Mischwesen: S. 141, 147, 151, 164, 212, 303
Jaguare: S. 236, 261, 263
Affen: S. 77, 104, 305
Kaninchen und Hasen: S. 95, 118, 227, 276
Lachs: S. 185
Schafe: S. 109
Schlangen: S. 49, 62, 71, 72, 108, 138, 179, 199, 240 f, 277, 280f, 299, 303
Schildkröten: S. 93, 222, 303
Wölfe: S. 174, 182 f, 195

In allen Kulturen gibt es Mythen, die von Tieren mit kosmischer Bedeutung erzählen. Meist symbolisieren Vögel die obere Welt der Geister, während Riesenschlangen die Chaos erzeugenden Energien der Unterwelt repräsentieren. In Nordamerika kämpft der mächtige Donnervogel – der in den nordwestlich beheimateten Kulturen so groß ist, daß er Wale als Beute nehmen kann – unablässig mit den im Wasser wohnenden Schlangen um die Vorherrschaft auf der Erde. Ebenso verbreitet ist in Nordamerika auch die Vorstellung von einer riesigen Schildkröte, die die Welt auf ihrem Rücken trägt und ein Abbild des dreigeteilten Universums ist: ihr Rückenpanzer entspricht dem Himmel, der Bauchpanzer der Unterwelt und der Körper dem mittleren Reich der Erde. Eine ähnliche Vorstellung findet man in Südasien und in China.

Ein verblüffend ähnliches Motiv wie den Kampf des Donnervogels mit den Wasserschlangen taucht in der Mythologie des südlichen Afrikas auf. Der sagenhafte Blitzvogel beherrscht den Himmel, und die kosmische Schlange, in Zentralafrika (und auch in Australien) Regenbogenschlange genannt, regiert die Wasser der Unterwelt. Eine Steinskulptur, die einen mächtigen Raubvogel mit einer um die Füße gewundenen Schlange darstellt, schmückt die Zitadelle von Groß Simbabwe; dasselbe Motiv taucht auch in der Kunst der westafrikanischen Yoruba auf. Ein anderes Beispiel ist die Sonne in der Mythologie des alten Ägypten, die während ihrer Reise durch die Nacht gegen Apep, die Schlange des Chaos, kämpft.

Baumwesen

Das Pflanzenreich ist im Mythos unter anderem durch den Baum des Lebens oder Weltenbaum vertreten, dessen Wurzeln in die Unterwelt und dessen Zweige in den Himmel reichen. Diese Vorstellung findet in der altnordischen Mythologie in der Weltesche Yggdrasil ihren Ausdruck. Interessanterweise ist sie

Dem griechischen Mythos zufolge entsprang das geflügelte Pferd Pegasus dem Blut der Medusa, die von Perseus enthauptet worden war. Bellerophon, ein anderer Held, nahm Pegasus gefangen und versuchte, auf ihm zum Himmel zu reiten. Doch er wurde abgeworfen, und Pegasus verwandelte sich in ein Sternbild. In der Spätantike symbolisierte der Flug des Pegasus die Unsterblichkeit der menschlichen Seele.

mit den symbolischen Gegenspielern Vogel und Schlange verbunden, die auch in nordamerikanischen und afrikanischen Mythen auftauchen: in den höchsten Zweigen der Weltesche wohnt ein Adler, und an den Wurzeln nagt eine Schlange. Ein Eichhörnchen flitzt den riesigen Stamm auf und ab und tauscht Botschaften zwischen den Tieren der oberen und unteren Region des Universums aus. Eine ähnliche Vorstellung taucht bei den Ngaju Dayak Borneos auf, wo ein Nashornvogel in den höchsten Zweigen des Lebensbaums nistet, um dessen unteres Ende sich eine Wasserschlange windet.

Verwandtschaft zwischen Mensch und Tier

Viele Mythen betonen die Verwandtschaft zwischen den Menschen und anderen Lebewesen. In den Überlieferungen der nordamerikanischen Ureinwohner besitzen Tiere als Kinder von Vater Himmel und Mutter Erde meist denselben Status wie die Menschen. Häufig heißt es, in alter Zeit habe es keinen Unterschied zwischen Mensch und Tier gegeben, und jeder hätte jederzeit die Gestalt des anderen annehmen können.

Die Stämme an der Nordwestküste Amerikas glauben, ihre Ahnen seien Tiere gewesen, die sich nach der Landung am Ufer in Menschen verwandelt hätten. Die Vorstellung, die Ahnen und Schöpfer des Menschen seien Tiere gewesen, ist auch in Afrika zu finden. Den Überlieferungen der Khoisaniden zufolge war das erste Lebewesen auf der Erde die winzige Sonnenanbeterin, die das erste Menschengeschlecht schuf. Ein altägyptischer Mythos erzählt, daß die Welt durch den Schrei eines Reihers, einer Manifestation des Sonnengottes, entstand, der als Schöpfer aller Dinge gilt.

In den Mythen Mittelamerikas heißt es, jeder Mensch lebe in der mystischen Koexistenz mit einem Tier oder *nahual*, eine Vorstellung, die auch in Teilen Westafrikas verbreitet ist. In Südamerika werden ganzen Familien oder Clans mit bestimmten Tierarten in Verbindung gebracht.

In der Mythologie der Inuit und der Ureinwohner Nordamerikas wird eine vergangene Zeit beschrieben, in der Tiere und Menschen in Gemeinschaft lebten, dieselbe Sprache hatten, häufig die Gestalt wechselten und untereinander heirateten. Der Polarbär galt als das dem Menschen am nächsten stehende Tier, erkennbar in seiner menschlichen Gestalt, an seinen übergroßen Eckzähnen und seinem dem Menschen ähnlichen Nahrungsbedarf.

Verwandlungen

Metamorphosen – dies ist auch der Titel der Verserzählung des römischen Dichters Ovid – sind ein Thema, das in allen Zeiten und Kulturen Faszination hervorruft. Ein Mythos aus der reichen Tradition südostasiatischer Mythen über die Verwandlung von Menschen in Tiere und Pflanzen, eine Geschichte der Waldvölker Malaysias, erzählt, wie der Schöpfergott das Problem der Übervölkerung einfach dadurch löste, daß er die Hälfte der Menschen in Bäume verwandelte.

In der Vorstellungswelt moderner westlicher Gesellschaften spielt immer noch der Werwolf eine große Rolle. Parallelen zu Geschichten von Wolfsmenschen finden sich auch in der afrikanischen Mythologie, derzufolge sich Männer und Frauen in Raubtiere – beispielsweise Löwen, Leoparden und Hyänen – verwandeln können. In ähnlicher Weise wird den Schamanen der süd- und mittelamerikanischen Stammesvölker die Fähigkeit zugeschrieben, sich in Jaguare zu verwandeln.

Das Tier als Lebensgefährte des Menschen

Ein weiteres häufig anzutreffendes Motiv ist das Tier als Lebensgefährte. Die gälischen Volksmärchen Schottlands sind voller Geschichten von Männern und Frauen, die eigentlich Seehunde sind, sich aber mit Menschen verheiraten; oft verlassen sie sie später wieder und kehren ins Meer zurück.

Ein weitverbreiteter Mythos aus dem südlichen Afrika erzählt von dem Pythongott, der eine Menschenfrau heiratet und sie manchmal mit sich in die Gewässer der Unterwelt – das Wasser – hinunterzieht. Ein Mythos der Ureinwohner Nordamerikas erzählt von einem Jüngling, der sich plötzlich im Reich des Hirschen (ein Tier, dem die Fähigkeit zugeschrieben wurde, Menschengestalt anzunehmen) befindet: Er verwandelt sich in einen Hirschen und nimmt eine Hirschkuh zur Frau.

PFLANZEN IN MYTHOS UND RELIGION

Bäume gelten in vielen Kulturen als Verbindungsglied zwischen Himmel und Erde und werden manchmal als Wohnsitz von Geistern betrachtet. Die wichtigsten übernatürlichen, mit der Pflanzenwelt in Zusammenhang stehenden Wesen sind jedoch die Gottheiten der Kulturpflanzen, die besonders zahlreich in der mesoamerikanischen Mythologie anzutreffen sind. Auch Götter des Weins, der den Ackerbau mit dem Zustand der Ekstase verbindet, spielen eine bedeutende Rolle.

In ganz Südostasien wird das Säen, Kultivieren und Ernten von Reis mit Riten zu Ehren des »Geistes« dieses Hauptnahrungsmittels begleitet. Viele Völker dieser Region haben eine Reisgottheit meist weiblichen Geschlechts (die Reismutter). Die Lamet, ein Bergvolk aus dem Norden von Laos, kennen ein »Lebensprinzip« – klpu –, das nur den Menschen und der Reispflanze innewohnt. Der Sandelbaum, eine Schmarotzerpflanze, und seine Artverwandten werden in großen Teilen der östlichen Welt bei religiösen Praktiken verwendet.

Diese indische Bronzeskulptur aus dem 10. Jh. stellt Krishna als Jüngling dar, der auf dem Schlangendämon Kaliya tanzt. Die Schlange hat einen winzigen menschlichen Oberkörper, um den nochmals fünf Masken oder Köpfe gruppiert sind.

KÖRPER UND SEELE

Der Geist und das Leben nach dem Tod

QUERVERWEISE
Unsterblichkeit: S. 59, 60, 71, 95, 98 f, 105, 202, 272, 297, 305
Kopfjagd und Kannibalismus: S. 261, 263, 299
Schamanismus: S. 102, 107, 108 f, 208, 214, 226, 260–263
Die Welt der Geister: S 108, 252 f, 260 f
Seelen der Verstorbenen: S. 211 f, 212 f
Das Leben nach dem Tod: S. 55, 113, 146, 196
Reisen in die Unterwelt: S. 60, 61, 113, 160 f, 173, 197, 208, 249
Bestattungsriten: S. 55, 105, 200 f, 282 f

In der mythischen Vorstellung ist die sichtbare Welt des Alltags meist von einer unsichtbaren Essenz durchdrungen, die man als »Seele« oder »Geist« bezeichnen könnte. Bei Dingen von starker Präsenz wie der Sonne wird die Seelen- oder Geistsubstanz meist als besonders mächtige Gottheit betrachtet. Auch dem Mond, der Erde und markanten Punkten der Landschaft wie Bergen, Seen oder großen Bäumen wird eine Seele zugeschrieben.

Manchmal wird das unsichtbare geistige Gegenstück zur Alltagswelt als eigener Bereich dargestellt. Melanesische Mythen lassen die Ereignisse häufig in einer unterirdischen Spiegelwelt stattfinden. Die Kelten kennen eine magische, geheimnisvolle und gefährliche Jenseitswelt, in die man durch Höhlen oder Seen gelangt und die manchmal im Westen angesiedelt ist. Trotz der Gefahren, die dem Sterblichen in dieser verborgenen Welt drohen, wird sie als Ort ewiger Glückseligkeit und Jugend beschrieben.

Die menschliche Seele gilt häufig als meist unsichtbare Entsprechung des sichtbaren Körpers und wird bisweilen als »Schatten« bezeichnet. Im germanischen Volksglauben taucht immer wieder der unheimliche »Doppelgänger« auf, der völlig unerwartet und häufig weit entfernt von seinem materiellen Gegenspieler in Erscheinung tritt. In ganz Afrika ist die Vorstellung verbreitet, Wunden oder gar der Tod würden durch Hexen herbeigeführt, die die Seele oder das schattenhafte Selbst ihres Opfers unbemerkt angreifen und damit dem leiblichen Körper Schaden zufügen können oder ihn gar vernichten können.

Die Seelenreise

In vielen Kulturen wird die Reise der menschlichen Seele nach dem Tod als Abstieg in die Unterwelt, in das Reich der Toten beschrieben. In großen Teilen Afrikas glaubt man, daß die Seelen der Verstorbenen eine bestimmte Zeit in der Unterwelt verbringen, bevor sie in der oberen Welt des menschlichen Lebens wiedergeboren werden.

Auch gibt es Mythen, in denen die aus dem Körper entwichene Seele eine schreckliche Prüfung oder gar ein letztes Gericht erwartet. Im japanischen Mythos werden die für schuldig Befundenen einer der sechzehn Regionen der Hölle, Jigoku genannt, zugewiesen. Die altägyptischen Mythen zeichnen ein lebendiges Bild von der Seele, die von zweiundvierzig Richtern im Thronsaal des Osiris, des Herrn der Unterwelt, geprüft werden. Wer nicht beweisen kann, daß er ein tugendhaftes Leben geführt hat, wird von einem Ungeheuer verschlungen; die glücklichen Seelen hingegen, die die Prüfung bestehen, bei der das Herz oder Gewissen gegen die Feder der Göttin der Gerechtigkeit und Wahrheit Maat aufgewogen wird, gesellen sich zu den Göttern und kämpfen mit ihnen gegen Apep, die Schlange des Chaos.

In der griechischen Mythologie ist die Unterwelt jenseits des großen Flusses Okeanos angesiedelt, der die Erdscheibe umgibt, oder aber tief im Inneren der Erde. Um in den Hades (Hades war gleichzeitig der Name des göttlichen Herrschers über die Unterwelt) zu gelangen, mußten die Seelen der Verstorbenen von dem Fährmann Charon über den Fluß Styx gebracht werden. Dort wurden sie dann, wie in der ägyptischen Mythologie, vor ein Gericht gestellt und bestraft oder belohnt.

Oft werden die Seelen der Verstorbenen für die Reise mit Proviant ausgestattet. Bei den Griechen und Römern zum Beispiel erhielten die Toten nicht nur Geld, um die Fahrt über den Styx bezahlen zu können, sondern auch Süßwaren für Cerberus, den schreckenerregenden dreiköpfigen Hund, der den Eingang zum Hades bewachte.

Wiedergeburt

In zahlreichen Mythen folgt dem Aufenthalt der Seele im Reich der Toten die Erneuerung. In Afrika ist der Glaube verbreitet, daß die Seelen in der Sippe oder

Diese Maske aus Alaska stellt vermutlich die Reise eines Schamanen ins Reich der Geister dar. Das Gesicht in der Mitte ist die Seele des Schamanen.

dem Clan wiedergeboren werden, dem sie in ihrem vorherigen Leben angehörten. In den östlichen, von der hinduistischen und buddhistischen Philosophie beeinflußten Kulturen hängt das Schicksal der Wiedergeburt vom Verhalten des Menschen in früheren Leben ab: die Guten werden durch eine Inkarnation in höheren Kasten oder sozialen Schichten belohnt, die Bösen hingegen werden in einer niederen Klasse oder als Tiere wiedergeboren. Umgekehrt ist es auch vorstellbar, daß besonders tugendhafte Tiere als Menschen wiedergeboren werden.

Seelenfang

Manche Regenwaldvölker Südamerikas und der südostasiatischen Inseln glauben, die Seele wohne im Kopf des Menschen und man könne die Seele eines anderen fangen, indem man ihm diesen Körperteil abschneide und einem Ritual unterziehe. Auf dieser Vorstellung, die eine Fülle von Mythen hervorgebracht hat, basiert die Kopfjagd in verschiedenen Regionen. Der Kannibalismus in Südamerika ist sicherlich genauso grausam, hat jedoch den rituellen Bedeutungszusammenhang, sich auf diese Weise die wichtigsten geistigen Eigenschaften verstorbener Verwandter anzueignen.

Schamanen und Verwandlungskünstler

In allen Stammesgesellschaften sind Experten für die Erforschung der unsichtbaren Geisterwelt zuständig. Sie nutzen ihre Entdeckungen in der Regel zum Wohle der Gemeinschaft und werden als »Schamanen« bezeichnet – ein Begriff, der aus dem sibirischen Volk der Tungusen stammt. Viele Mythen sind das Ergebnis schamanistischer Reisen in die Welt der Geister, bei der die Schamanen meist Geistwesen – oft in Tiergestalt – begegnen und mit ihnen sprechen. Der Schamane, so heißt es, verläßt in einem durch halluzinogene Drogen oder durch den rhythmischen Klang einer Trommel oder Rassel herbeigeführten Trancezustand seinen Körper. Alle Schamanen erzählen davon, wie sie auf einem mystischen Pfeiler oder einer Achse auf- und absteigen, um die oberen und unteren Regionen des Kosmos zu erforschen. Häufig wird diese Achse als Baum beschrieben, der von der Unterwelt bis in den Himmel reicht. In diesen in der Alltagswelt nicht sichtbaren Regionen ist der Schamane von den Beschränkungen durch Zeit, Raum und persönliche Identität befreit. Er kann auch die Eigenschaften mächtiger Tiere annehmen. In Nordamerika und Nordasien ist dies häufig ein Adler oder Bär, in Mittel- und Südamerika der Jaguar, in Afrika der Löwe und der Leopard.

Traumreisen

Viele Stammesvölker glauben, im Traum verlasse die menschliche Seele zeitweise den Körper, wandere in andere Welten und treffe andere Seelen, zum Beispiel die der Toten. In Nordamerika und Südostasien ist die Vorstellung verbreitet, daß bei solchen Reisen die umherirrende Seele von einem Zauberer oder bösen Geist entführt werden könne; in solchen Fällen wird gewöhnlich ein Schamane herbeigerufen, der die verlorene oder entführte Seele suchen und zurückbringen soll.

Das Leben nach dem Tod

Die Geographie des Paradieses ist je nach Kultur ganz unterschiedlich ausgeprägt. Im japanischen Mythos liegt Amer über der Erde und wird von einem ruhigen Fluß, der Milchstraße, bewässert; in der Regel aber gleicht die Lanschaft eher der Erde, wenn auch die Dimensionen meist größer sind. Walhalla, der himmlische Wohnsitz der tapfersten altnordischen Krieger, bestand aus einer riesigen Halle mit nicht weniger als 540 Türen. Allmorgendlich traten die Krieger in voller Rüstung heraus und verbrachten den Tag mit Kampfspielen. Am Abend kehrten sie in die große Halle zurück, erfrischten sich bei einem Festgelage und tranken den himmlischen Met, der ihnen von den himmlischen Jungfrauen, den Walküren, gereicht wurde. In einigen Kulturen befindet sich das himmlische Reich sogar auf derselben Ebene wie die Erde. Ein slawischer Mythos erzählt von einem glückseligen Totenreich, das im Osten, jenseits des Sonnenaufgangs, liegt; die keltischen Inseln der Seligen hingegen befanden sich im Westen. Manche Mythen erzählen, man erreiche das Paradies erst nach einer gefährlichen Reise übers Meer.

In der Mythologie des alten Ägypten war Osiris der König der Unterwelt, und Könige wurden nach ihrem Tod selbst zu Osiris. Es gab bestimmte Kulte, die auf dem Glauben beruhten, man könne unsterblich werden, wenn man diesem Gott folgte. Hier ist er als Königsmumie mit überkreuzten Armen, Hirtenstab und Dreschflegel dargestellt.

DIE LEBENDEN UND DIE TOTEN

In der Vorstellung der Kelten rückt die Welt der Lebenden in den Stunden der Nacht näher an die der Toten heran. Ein in der Nacht geborener Mensch konnte Geister und Phantome sehen. Im bäuerlichen Irland sollte jeder, der sich nachts nach draußen wagte, »kleine Menschen« sehen und die eigenen verstorbenen Verwandten unter ihnen entdecken können.

Zu bestimmten Zeiten des Jahres können die Toten die Lebenden stören. In Schottland gehen beim Hallowe'en »Vogelscheuchen« genannte Jungen mit geschwärzten Gesichtern herum, die die Geister der Toten darstellen und um Gaben bitten.

Die chinesischen Buddhisten feiern das Fest der Wandernden Seelen, um die ruhelosen Toten von ihrer Qual zu befreien.

EHE UND VERWANDTSCHAFT

Mythen über die soziale Ordnung

QUERVERWEISE
Ursprung der Ehe: S. 271, 284
Ahnenwesen: S. 210, 279, 280 f, 286
Familiäre Tugenden: S. 101
Gottkönige und sakrales Königtum: S. 52, 59, 60, 91, 105, 106, 170, 270
Abstammungsmythen: S. 172 f, 174, 210, 223, 242, 253, 262, 269, 270 f, 303
Inzest: S. 151, 272, 281, 284

Eine Yoruba-Maske aus Nigeria, die bei Zeremonien verwendet wurde und Ahnengeister darstellt. Man glaubte, der Tänzer, der sie bei einer rituellen Vorführung trug, sei für die Zeit dieses Rituals von den Geistern besessen. Sowohl die Maske als auch ihr Träger scheinen zu den Geistern zu werden, die sie beschwören.

Viele Mythen unterschiedlichster Regionen handeln von elementaren sozialen Unterscheidungen – zum Beispiel zwischen Herrschern und Untertanen in Gesellschaften mit Erbkönigtum; zwischen sozialen Klassen oder Kasten; zwischen Alten und Jungen; und zwischen männlich und weiblich, insbesondere in ehelichen Beziehungen.

Männlich und weiblich

Eine der Hauptaufgaben des Kulturheros (siehe S. 28) besteht darin, eine soziale Ordnung zu errichten. In Australien und Neuguinea begründet dieser Held das Ritual der männlichen Initiation, das den höheren sozialen Status des Mannes gegenüber der Frau rechtfertigt, und teilt die möglichen Ehepartner in Kategorien ein. Hier wie auch in den Mythen Südamerikas heißt es häufig, ursprünglich hätten Frauen über die Gesellschaft geherrscht, ihre Vorherrschaft jedoch durch einen Kardinalfehler wieder verloren.

In den Schöpfungsmythen sind die Männer aufgrund ihrer körperlichen Überlegenheit häufig mit größerer Macht ausgestattet. Sowohl Eva im Alten Testament als auch Pandora in der griechischen Mythologie haben, so die Vorstellung, ihr Geschlecht in Verruf gebracht.

Die japanische Schöpfungsgeschichte unterstreicht die grundlegende Ungleichheit zwischen männlichen und weiblichen Ehepartnern und beschreibt die schlimmen Folgen, die es haben kann, wenn das Prinzip der männlichen Vorrangstellung mißachtet wird. Da Izanami, der weibliche Teil des Urpaares, in vermessener Weise ihren männlichen Gefährten Izanagi als erste grüßt, anstatt demütig abzuwarten, bis er seinen Gruß an sie gerichtet hat, ist ihr erstes Kind eine Mißgeburt, die dem Meer überlassen wird. Durch eine göttliche Weissagung auf die Ursache ihres Unglücks hingewiesen, hält sich das Paar von nun an genau an das Gesetz der männlichen Vorherrschaft und wird daher mit schönen Nachkommen belohnt.

Abstammung, Rang und Königschaft

Die Abstammungsmythen legen häufig eine Hierarche aufgrund der Reihenfolge fest, in der die verschiedenen Gruppen oder Völker erstmals auf der Erde erschienen. Nicht immer kommt denen, die zuerst auftraten, auch der höchste Rang zu: Im präkolonialen afrikanischen Staat Bunyoro (heute Uganda) beispielsweise stammte die Königsdynastie von denen ab, die als letzte ins Land gekommen waren, während die Bauern zur alteingesessenen Klasse gehörten. Diese Hierarchie spiegelt sich in einem Mythos wider, in dem der Schöpfergott Ruhanga seinen drei Söhnen nach einer Geschicklichkeitsprüfung jeweils ihren sozialen Rang zuweist.

Natürlich wird in allen Kulturen das Königtum meist auf die vornehmste Herkunft zurückgeführt: auf die göttliche Abstammung. Die japanischen Kaiser betrachteten sich als Nachkommen der Sonnengöttin Amaterasu. Mit der Abstammung von der Sonne begründeten auch die polynesischen Könige von Hawaii und die Inka-Könige in Südamerika ihre Stellung. Der göttliche König der afrikanischen Schilluk gilt als Inkarnation Nyikangs, des ersten Schilluk-Königs und Begründers des Volkes. Nach variantenreichen mythischen Erzählungen soll er aus der Vereinigung zwischen einem Himmelsgott und einer Flußgöttin hervorgegangen sein.

Die ägyptischen Pharaonen betrachteten sich als Nachkommen des göttlichen Paares Isis und Osiris. (Einzelne Pharaonen wurden auch zu Lebzeiten vergöttlicht.) Römische Kaiser wie Gaius (Caligula) gingen sogar noch weiter und behaupteten, selbst Götter oder Göttergleiche zu sein; oder sie wurden nach dem Tod zu Göttern erklärt und angebetet. Der mythische trojanische Held Aeneas wurde als Gründer der Stadt Rom verehrt und galt als Sohn der griechischen Göttin Aphrodite.

VON DER ARKTIS BIS AUSTRALIEN

ÄGYPTEN

Das Innere des imposanten Tempels, der von dem ägyptischen Pharao Ramses II. (Regierungszeit 1279–1213 v. Chr.) in Abu Simbel am Westufer des Nil, etwa 250 Kilometer südwestlich von Philae, erbaut wurde.

Das Alte Ägypten gilt gemeinhin als Land der Götter, Könige und Priester. Seine Tempel sind mit Götterbildern reich geschmückt, und in den Berichten, die uns aus der mehr als dreitausend Jahre alten Kultur erhalten sind, nimmt die Religion einen breiten Raum ein. Über die Mythen allerdings, in denen die Weltsicht der Ägypter zum Ausdruck käme, weiß man erstaunlich wenig. Schriftlich fixiert wurden die Mythen erst nach 2000 v. Chr., während es bildliche Darstellungen schon früher gab: So ließen die Könige der Zweiten Dynastie ihre Schlachten als Kampf zwischen Horus und Seth darstellen (siehe S. 44).

Den Mythen kam jedoch weniger Bedeutung zu als dem Götterkult, einer Form staatlichen Handelns, die in den nur Königen und Priestern zugänglichen Tempeln stattfand. Wenn bei den kultischen Handlungen alle Vorschriften beachtet wurden, blühte das Land. Im Zentrum des Gottesdienstes stand die tägliche Versorgung der Götterbilder in den verschiedenen Heiligtümern. Die in deren Umgebung lebenden Menschen nahmen selten daran teil, ausgenommen als Publikum bei besonderen Festlichkeiten. Die ersten Tempel waren einfache, wenig dauerhafte Schilfhütten, die von Zäunen umschlossen waren; doch als die ursprünglich unabhängigen Götter miteinander in Beziehung gesetzt wurden, wurden auch die Tempelbauten komplexer und zahlreicher.

Die Mythen entwickelten sich aus dem immer dichter werdenden Beziehungsgeflecht zwischen den Göttern. Dabei galt nicht nur eine einzige Version einer Geschichte als korrekt, vielmehr konnte deren Inhalt den jeweiligen Umständen entsprechend verändert werden. So wandelte sich die Rolle Seths (siehe S. 44 f) in der Spätzeit, als er zum Feind der Götter wurde.

OBER- UND UNTERÄGYPTEN

Die Teilung des Landes in Ober- und Unterägypten (siehe Karte) war für das politische Leben und die Religion von entscheidender Bedeutung. Das ägyptische Denken war streng dualistisch: Es gab keine Einheit ohne Teilung, und die Welt vor der Schöpfung war die Zeit, »bevor es zwei Dinge gab«. Das Land hatte keinen beide Teile umfassenden eigenen Namen, sondern es hieß »Die beiden Länder«. Die alten Götter Horus und Seth wurden jeweils mit einem Landesteil in Verbindung gebracht: Horus herrschte über Unterägypten, Seth über Oberägypten. Nechbet, die Geiergöttin von Necheb, und Wadjet, die Kobragöttin von Buto, waren die Schutzgöttinnen Ägyptens und eng mit dem Königtum verbunden. Aus Oberägypten, zu dem so wichtige Zentren wie Theben (siehe unten) gehörten, stammt der größte Teil der erhaltenen Zeugnisse der ägyptischen Mythen, doch auch Teile Unterägyptens, wie etwa die Region um Memphis, waren bedeutend.

CHRONOLOGIE

Die Daten vor 664 v. Chr. sind Annäherungswerte

Entstehung Ägyptens
3200–3000 v. Chr.
Die ersten Dynastien
3000–2550 v. Chr.
Altes Reich
2550–2150 v. Chr.
Erste Zwischenzeit
2150–1980 v. Chr.
Mittleres Reich
1980–1640 v. Chr.
Zweite Zwischenzeit
1640–1520 v. Chr.
Neues Reich
1540–1070 v. Chr.
Dritte Zwischenzeit
1070–664 v. Chr.
Spätzeit
664–332 v. Chr.
Griechisch-römische Zeit
332 v. Chr. – 395 n. Chr.

THEBEN

Theben (rechts), das heutige Luxor, war für einen kurzen Zeitraum die Hauptstadt (ca. 1520–1450 v. Chr.). Mehr als ein Jahrtausend lang das wichtigste religiöse Zentrum, befinden sich dort die größten erhaltenen Tempelbauten der alten Welt und die Gräber im Tal der Könige. Thebens Hauptgott Amun (siehe S. 39), wahrscheinlich anderen Ursprungs, verdrängte den Falkengott Mont von Armant.

REGIONALMYTHEN

Viele Gottheiten waren nur in bestimmten Regionen von Bedeutung oder waren lokale Varianten nationaler Götter. Einige Mythen liefern Erklärungen für landschaftliche Gegebenheiten wie etwa die Entstehung eines Berges. Andere, am bekanntesten sind die Mythen aus griechisch-römischer Zeit, verbreiteten sich im ganzen Land.

URSPRUNG DER MYTHEN

Nur wenige Erzählungen sind erhalten geblieben, so daß die Mythen zum großen Teil aus indirekten Zeugnissen rekonstruiert wurden. Eine der Quellen hierfür ist das religiöse Textkorpus: Bestattungstexte, Rituale und Hymnen.
Die bildlichen Darstellungen liefern zwar reichhaltiges Material, doch nur wenige zielen in unmittelbarer Manier auf mythische Begebenheiten. Die meisten stammen aus der Zeit um oder nach 1500 v. Chr. Zentrale Mythen treten bisweilen in verkleideter Form in literarischen Texten auf.

DIE ERSTEN GÖTTER

Vom Chaos zur Ordnung

Dieses Detail aus einem Papyrus des 13. Jh. v. Chr. zeigt den Benu-Vogel, der in Heliopolis als die erste Gottheit verehrt wurde. Die Griechen setzten den Benu-Vogel mit dem Phönix gleich, der alle fünfhundert Jahre aus dem Flammentod zu neuem Leben ersteht.

Bevor die Götter entstanden, gab es nur eine dunkle Urflut namens Nun, deren chaotische Kräfte bereits alle möglichen Formen des Lebens enthielten. Der Geist des Schöpfers war in diesem Urozean zwar gegenwärtig, konnte aber keine Gestalt annehmen. Die destruktiven Kräfte des Chaos waren in der großen Schlange Apep oder Apophis verkörpert.

Das Ereignis, welches den Beginn der Zeiten markierte, war das Auftauchen des ersten Landes aus dem Meer Nun. Dieser Urhügel bot Raum für die Entstehung der ersten Gottheit, die sich in Gestalt eines Vogels – eines Falken, eines Reihers oder einer gelben Bachstelze – dort niederließ. Ein anderes Bild der Schöpfung war der Urlotos, der aus dem Meer auftauchte und dem ein göttliches Kind entstieg. Die erste Gottheit war mit verschiedenen göttlichen Kräften ausgestattet: Hu (»das machtvolle Wort«), Sia (»Erkenntnis«) und Heka (»Magie«). Mit Hilfe dieser Kräfte schuf die Gottheit aus dem Chaos die Ordnung. Diese göttliche Ordnung wurde durch die Göttin Maat, die Tochter des Sonnengottes, personifiziert – das Wort Maat bedeutete auch Gerechtigkeit, Wahrheit und Harmonie. Sie war ständig der Gefahr ausgesetzt, sich wieder in das Chaos aufzulösen, aus dem sie hervorgegangen war.

Als der ersten Gottheit bewußt wurde, daß sie allein war, schuf sie Götter und Menschen nach ihrem Ebenbild sowie eine Welt, die diese bevölkern sollten. Dem Mythos zufolge entstanden die Gottheiten aus dem Schweiß des Sonnengottes, die Menschen aus seinen Tränen. Die Schöpferkraft wurde in der Regel mit der Sonne in Verbindung gebracht, doch werden auch verschiedene Gottheiten als Schöpfer genannt. Im Tempel des Sonnengottes in Heliopolis galt der Benu-Vogel (siehe links oben) als die erste Gottheit. Dargestellt als Reiher war der leuchtende Vogel eine Manifestation des Schöpfersonnengottes und brachte das erste Licht in das Dunkel des Chaos. Als er sich auf dem Urhügel niederließ, stieß er einen Schrei aus; dies war der erste Ton.

Die Achtgottheit

Im alten Ägypten wurden die Kräfte des Chaos häufig in acht Gottheiten, der Achtgottheit, personifiziert.

Die Achtgottlieit bestand aus vier Paaren, von denen jedes einen Aspekt des Urzustands repräsentierte. Nun und Naunet waren Gott und Göttin des Urozeans. Kek und Keket waren die Gottheiten der Dunkelheit. Amun und Amaunet verkörperten eine unsichtbare Kraft. Das Götterpaar Heh und Hehet stand für die Grenzenlosigkeit.

Auch wenn manchmal andere Paare in die Achtgottheit Eingang fanden, blieb es doch immer bei der Gesamtzahl acht. Sie wurden als Schlangen und Frösche, Kreaturen des Urschlamms, vorgestellt. Doch manchmal waren es auch Paviane, die die aufgehende Sonne willkommen heißen, wobei der Sonnenaufgang wohl die Weltschöpfung symbolisiert (siehe links).

Sieben Götter der Achtgottheit und der Sonnengott Re-Harachte in Gestalt eines Falken. Papyrus um 1350 v. Chr.

Die Achtgottheit wurde von den Ägyptern hauptsächlich an einem Ort namens Chmun (»Achtstadt«) verehrt, von den Griechen Hermopolis genannt (siehe Karte S. 37), der als »Insel der Flamme«, wo zum ersten Mal die Sonne aufgegangen ist, berühmt wurde. Die Achtgottheit trat zusammen, um das kosmische Ei zu formen, aus dem der Sonnengott ausgebrütet wurde. Ein Teil der Eierschale war dem Mythos zufolge in einem Tempel in Hermopolis vergraben.

Göttliche Schöpfer

Die Ägypter hatten vier wichtige Schöpfergottheiten: Amun-Re, Atum, Chnum und Ptah, die jeweils im Mittelpunkt eines Kults standen.

Amun-Re Als Mitglied der Achtgottheit wurde Amun im oberägyptischen Theben als Fruchtbarkeitsgott verehrt. Im 2. Jahrtausend v. Chr. wurde Amun ein Nationalgott, und sein Name wurde mit dem der höchsten Sonnengottheit Re zu Amun-Re – die verborgene Macht, die die Götter schuf – verbunden. Amun in Gestalt einer Schlange war das erste Wesen im Urozean, das das von den anderen Mitgliedern der Achtgottheit geformte kosmische Ei befruchtete. Einem anderen Mythos zufolge legte Amun in Gestalt einer Gans das kosmische Ei, aus dem alles Leben entstand.

Amum mit den Symbolen des Lebens und der Macht in Händen. Bronzeplatte aus der Spätzeit.

Atum Die Schöpfergottheit, die in Heliopolis verehrt wurde, tauchte zunächst aus dem Urozean in Gestalt einer Schlange auf, erwurde jedoch in der Regel als Mensch dargestellt. Als Re-Atum repräsentierte er die Abendsonne, die jede Nacht in den Schoß Nuts zurückkehren mußte, um sich zu erneuern. Wie andere Schöpfergottheiten auch war Atum sowohl männlich als auch weiblich. In einem frühen Mythos erscheint Atum allein auf dem Urhügel. Er nimmt seinen Phallus in die Hand und aus seinem Samen, entsteht das erste göttliche Paar, Schu und Tefnut (siehe S. 40 f).

Chnum Die zentrale Kultstätte des Gottes Chnum befand sich im Süden auf der Insel Elephantine. Chnum galt als Gebieter über das jährliche Ansteigen des Nils und verkörperte die lebensspendende Kraft der Überschwemmung. Sein heiliges Tier war der Widder, ein Symbol der Männlichkeit, und in der Regel wurde Chnum auch als Mensch mit dem Kopf eines Widders dargestellt. In seinem Tempel in Esna wird Chnum als »Vater der Väter und Mutter der Mütter« beschrieben. Er formte auf seiner Töpferscheibe Götter, Menschen und Tiere aus Lehm und hauchte ihnen Leben ein.

Ptah Der in Memphis verehrte Ptah war der Gott des Handwerks. Dem Mythos nach gestaltete er Götter und Könige aus wertvollen Metallen. Als geistige Energie der Schöpfung schuf er alle anderen Götter, indem er sie in seinem Herzen erdachte und ihren Namen laut aussprach.

Eine Bronzestatuette Ptahs, des Handwerker- und Schöpfergottes, aus der Spätzeit.

DIE HAND ATUMS
Der Atum-Mythos wurde manchmal so umgedeutet, daß die Schöpfung mit der sexuellen Vereinigung eines Gottes mit einer Göttin begann. Dabei wurde der weibliche Teil mit der Hand Atums gleichgesetzt. Von den Göttinnen, die den Namen »Hand« tragen konnten, waren die wichtigsten Hathor und Neith (siehe S. 50 f). In dem Fayencekopf (oben) sind Attribute von Hathor und Nut, einer weiteren Göttin, die die weibliche Schöpfungskraft verkörperte, miteinander verbunden.

DIE NEUNGOTTHEIT

Die Neun Götter von Heliopolis

Eine Fayencefigur der Göttin Nut in Gestalt einer Sau, um 600 v. Chr. In manchen Versionen der Geschichte heißt es, Nut wolle ihre Nachkommen verschlingen wie eine Sau ihre Ferkel.

Der detaillierteste ägyptische Schöpfungsbericht handelt von den Neun Göttern von Heliopolis. Der erste dieser Götter war Re-Atum, der sich auf dem Urhügel niederließ und in seinem Herzen die Vielfalt der Schöpfung entwarf. Er verursachte die erste Teilung in männliche und weibliche Geschöpfe, indem er seinen Samen in den Mund nahm und Schu, den Gott der Luft, und Tefnut, die Göttin der Feuchtigkeit, ausspie. Als sie das dunkle Nun erforschten, verlor Re-Atum sie aus den Augen. Er sandte sein göttliches Auge – eine feurige Kraft, die als die Tochter des Sonnengottes galt –, um nach ihnen zu suchen. Die Göttin kehrte mit Schu und Tefnut zurück, und aus den Tränen, die Re-Atum vor Freude über die Wiedervereinigung mit seinen Kindern weinte, entstanden die ersten Menschen.

Aus der geschlechtlichen Vereinigung von Schu und Tefnut gingen der Erdgott Geb und die Himmelsgöttin Nut hervor. Diese beiden umarmten sich so innig, daß zwischen ihnen kein Raum mehr für irgend etwas anderes blieb. Nut wurde schwanger von Geb, doch konnten ihre Kinder nicht geboren werden. Schließlich trennte ihr Vater Schu, der Luftgott, die beiden. Mit der Hilfe von acht Wesen, die als Heh-Götter bezeichnet wurden, hielt Schu die Himmelsgöttin hoch über die Erde, so daß Platz entstand für lebendige Kreaturen und die Luft, die sie zum Atmen brauchten. Nach ägyptischer Vorstellung befand sich unter der Erde noch ein zweiter Himmel.

Doch der Kosmos von Erde und Himmel war weiterhin vom Urozean umgeben. Die Himmelsgöttin hatte in manchen Darstellungen die Gestalt einer nackten Frau, die sich bogenförmig über die Erde wölbte (siehe Abbildung gegenüberliegende Seite), manchmal wurde sie als eine mit Sternen übersäte Kuh abgebildet. Dem Mythos zufolge verschlang sie jeden Abend die Sonne – daher auch die Vorstellung, sie wolle all ihre Kinder verschlingen. In diesem Fall wurde Nut als Sau dargestellt, die ihre eigenen Jungen frißt.

Die Kinder Nuts waren zwei Zwillingspaare: Osiris und Isis sowie Seth und Nephthys (siehe S. 42–45). Osiris und Isis verliebten sich im Mutterschoß ineinander, während Nephthys ihren Bruder Seth verabscheute. Als ältestes Kind von Geb und Nut war Osiris auserwählt, später die Nachfolge anzutreten und Herrscher über Ägypten zu werden.

Stammbaum der Neungottheit

(= verheiratet mit)

RE-ATUM

Schu = Tefnut

Geb = Nut

Osiris = Isis   Seth = Nephthys

Dieser Papyrus aus der Zeit um 1100 v. Chr. zeigt, wie der Luftgott Schu seine Kinder Geb, den Erdgott, und Nut, die Himmelsgöttin, voneinander trennt. Die Sonnenbarke, das Schiff, in dem die Sonne über den Himmel fährt, ist oberhalb des sternenübersäten, gebeugten Körpers von Nut zu sehen.

Re und die Bestrafung der Menschen

In einem Text auf einem der goldenen Schreine aus dem Grab des Pharaos Tutanchamun (Regierungszeit ca. 1336–1327 v. Chr.), der auch auf den Wänden späterer Königsgräber auftaucht, wird von einer Zeit berichtet, da Re, der Schöpfersonnengott, als Herrscher über Götter und Menschen auf der Erde lebte.

Als der Sonnengott alt wurde, begannen die Menschen, ein Komplott gegen ihn zu schmieden. Da rief Re sein göttliches Auge in Gestalt der Göttin Hathor herbei. Auch ließ er nach Schu, Tefnut, Geb, Nut und den acht Urgöttern der Achtgottheit (siehe S. 38) suchen.

Re fragte Nun, den ältesten dieser Urgötter, um Rat, was er mit den rebellischen Menschen tun solle. Nun und die anderen Götter rieten dem Sonnengott, sein göttliches Auge zu den Menschen zu schicken, um sie zu vernichten. Re willigte ein, und die Augengöttin Hathor verwandelte sich in Sechmet, die rasende Löwin (siehe S. 50), die einen Teil der Menschen tötete und in deren Blut watete.

Doch Re beschloß nun, die übrige Menschheit zu retten, und um Sechmet von ihrer Tötungsorgie abzubringen, befahl er seinen Hohepriestern in Heliopolis, siebentausend Fässer Bier zu brauen und das Bier rot zu färben. Als dies geschehen war, wurde das Bier auf den Boden geschüttet, so daß es aussah wie Menschenblut. Als die Augengöttin den See und darin ihr Spiegelbild sah, leckte sie das gefärbte Bier auf und wurde so betrunken, daß sie vergaß, den Rest der Menschheit zu töten. Dann wurde die blutrünstige Sechmet wieder in die schöne Hathor verwandelt. Doch obwohl die Menschheit nun vor dem Zorn der Löwengöttin sicher war, waren Plagen und Tod in die Welt gekommen.

Re aber war so traurig, daß er der Schöpfung ein Ende setzen und in den Urozean zurückkehren wollte. Nun befahl daraufhin Schu und Nut, den Sonnengott zu beschützen. Die Sonnengöttin verwandelte sich in eine Kuh und trug Re hinauf zum Firmament, wo er die Sterne und die Felder des Paradieses schuf. Re zog sich von der Herrschaft über die Welt zurück und bestimmte den Himmel zum Wohnsitz der Götter. Als Nut zu wanken begann, weil sie so hoch über der Erde war, wurde sie von Schu und den acht Heh-Göttern gestützt.

Jeden Tag wanderte nun der Sonnengott am Himmel entlang, und jede Nacht betrat er die Unterwelt. Als die Menschen sich wegen der Dunkelheit der Nacht fürchteten, schuf Re den Mond, der während seiner Abwesenheit den Himmel erleuchtete, und ernannte den Mondgott Thoth zu seinem Stellvertreter. Re warnte den Erdgott Geb vor den magischen Kräften der Chaosschlangen und bestimmte Osiris zum Herrscher über die Menschen. Dies war der Anfang einer neuen Weltordnung.

Die Ägypter glaubten nicht an eine ewige Dauer des Kosmos. Es werde eine Zeit kommen, da der Schöpfer müde sein und mit seiner gesamten Schöpfung ins Chaos zurücksinken werde. Danach, so ihre Vorstellung, würde der Schöpfungszyklus erneut beginnen.

OSIRIS

Der Erhalter der Ordnung

Dieser goldene Anhänger, datiert um 850 v. Chr. zeigt Osiris als mumifizierten König, der von seiner Gemahlin Isis und seinem Sohn Horus flankiert wird. Nach seinem Tod herrschte Osiris über die Unterwelt (Duat), zuerst als schrecklicher König, später als gerechter Richter.

Osiris wurde der erste König, und seine Gemahlin war seine Schwester Isis (siehe Stammbaum S. 40). Er wurde als Gott des Ackerbaus verehrt, der den Menschen die Geheimnisse der Feldbestellung und der Zivilisation offenbarte. Seine Herrschaft war jedoch bedroht durch die Kräfte des Chaos, zu denen auch sein Bruder Seth gehörte. Einem Mythos zufolge kam Zwietracht in die Welt, als Seth sich gewaltsam seinen Weg aus dem Schoß seiner Mutter bahnte.

Der Tod des Gottes Osiris war zwar eines der zentralen Ereignisse in der ägyptischen Mythologie, doch wurde er kaum jemals in Einzelheiten festgehalten. Lediglich zwei Stationen dieser Episode werden erwähnt: seine Ermordung und seine Zerstückelung. In den frühesten Berichten heißt es schlicht, daß Osiris am Flußufer bei Nedjet von seinem Bruder Seth gestürzt wurde. Nedjet war ein mythischer Ort, der bisweilen mit jenem Teil von Abydos gleichgesetzt wird, wo die Mysterienspiele des Osiris abgehalten wurden. In späteren Versionen des Mythos wird Osiris im Nil ertränkt, wobei Seth häufig als sein Mörder genannt wird. Um den unschuldigen Bruder anzugreifen, soll er die Gestalt eines Krokodils oder Flußpferds angenommen haben. Nach einer weiteren Version verwandelte sich Seth in einen Stier und trampelte Osisris zu Tode. Das Vorderbein des Stiers, unter dem Osiris starb, wurde später vom Gott Horus abgeschnitten und in den Himmel geworfen, wo es ein Teil der Sternenkonstellation des Großen Bären wurde. Einer anderen späten überlieferung zufolge wurde Seth ein kleines Insekt – vielleicht eine Mücke – und tötete Osiris durch einen Stich in den Fuß.

Isis nun suchte den Leichnam ihres Gatten, und mit Hilfe ihrer magischen Kräfte verhinderte sie dessen Verfall. Sie rief den schakalköpfigen Gott Anubis herbei, der den Leichnam des Osiris einbalsamierte und bandagierte – die erste Mumie. In späteren Versionen des Mythos fand Seth den göttlichen Leichnam des Osiris und zerriß ihn in Stücke, die dann an verschiedenen Orten bestattet wurden: der Kopf in Abydos, das Herz in Athribis, ein Bein auf der Insel Biga usw. Die Zerstückelung des Osiris wurde mit dem alljährlichen Mähen und Dreschen von Weizen und Gerste verglichen, und man glaubte, Osiris erstehe mit dem Keimen der neuen Saat wieder auf.

Die trauernden Göttinnen

Isis und ihre Schwester Nephthys, die Gemahlin Seths, wachten in Gestalt von Sperbern über den Leichnam ihres Bruders Osiris. Bei Bestattungen war es Sitte, daß zwei Frauen die Rollen von Isis und Nephthys übernahmen und den mumifizierten Leichnam beweinten.

Nephthys liebte Osiris, und einer späten Überlieferung zufolge hatten sie sogar einen gemeinsamen Sohn: Anubis. Die beiden Göttinnen weinten und wehklagten über den Tod des Osiris und baten seinen Geist, zu ihnen zurückzukehren. In einem Text schwört Isis: »Solange ich noch sehen kann, werde ich dich anrufen und zu den Himmelshöhen hinaufschreien. Du kommst nicht zu mir, obwohl ich deine Schwester bin, die du auf Erden liebtest.«

Osiris, der Schöpfergott Ptah und ein Bestattungsgott namens Sokar sind auf diesem Papyrus, datiert um 1100 v. Chr., als eine einzige Gottheit dargestellt. Isis und Nephthys bewachen den Thron. Die an einem Pfosten hängende Tierhaut ist ein Kennzeichen Anubis, des Schutzgottes der Mumien.

ISIS

Die treue Witwe

Schon in frühester Zeit spielt Isis, die Gemahlin des Osiris, eine wichtige Rolle in der ägyptischen Mythologie. Sie rettete den Leichnam ihres Gatten und erweckte mit Hilfe ihrer magischen Kräfte Osiris zu neuem Leben, um einen Sohn von ihm zu empfangen: In Gestalt eines Sperbers über ihm schwebend, fächelte sie ihm mit den Flügeln den Lebensodem zu. Nach einer anderen Version der Geschichte wurde Isis durch göttliches Feuer geschwängert.

Sobald sie schwanger war, floh Isis in das Schilfland des Nildeltas, um sich vor ihrem Bruder Seth zu verstecken, der, wie sie wußte, versuchen würde, ihrem Kind Schaden zuzufügen. In Chemmis in der Nähe von Buto gebar Isis den göttlichen Sohn Horus, stillte ihn im Schutz von Gottheiten wie der Skorpiongöttin Selket und wartete, bis Horus alt genug war, seinen Vater zu rächen.

Der Isiskult breitete sich allmählich über Ägypten hinaus aus. Der griechische Philosoph und Historiker Plutarch erzählte Ende des 1. oder Anfang des 2. Jahrhunderts n.Chr., Osiris sei als König von Ägypten durch die Welt gereist und habe den Menschen den Ackerbau und das Handwerk beigebracht: Seth wäre eifersüchtig auf seinen Bruder geworden und hätte mit seinen Anhängern ein Komplott geschmiedet, um den Thron an sich zu reißen. Nach den Körpermaßen des Osiris ließ er eine schöne Lade anfertigen und verkündete bei einem Fest, daß sie demjenigen gehören solle, der am besten hineinpasse. Als Osiris sich hineinlegte und feststellte, daß sie genau seiner Größe entsprach, verriegelten Seth und die anderen Verschwörer die Lade und versiegelten sie mit heißem Blei. Dann wurde der Sarg in den Nil geworfen und schwamm ins Mittelmeer hinaus, bis er an der Küste Libanons strandete (siehe unten). Isis fand den Sarg wieder, brachte ihn nach Ägypten zurück und ließ ihn nur noch allein, wenn sie Horus in Buto besuchte. Eines Nachts, als Isis fort war, begab sich Seth im Delta des Nil auf die Jagd und fand den Sarg. Er öffnete ihn, riß den Leichnam in vierzehn Stücke und verstreute sie über ganz Ägypten. Isis begrub jeden Körperteil dort, wo sie ihn fand, doch den Phallus konnte sie nirgendwo entdecken, da er von einem Fisch verschluckt worden war. Plutarch nennt dies als Hauptgrund dafür, warum die ägyptischen Priester keinen Fisch aßen.

Isis stillt ihren Sohn Horus. Votivstatue aus Gold und Bronze, Spätzeit.

Isis im Libanon

Der griechische Historiker und Philosoph Plutarch schrieb etwa 100 n. Chr. eine Neufassung der Geschichte von Isis und Osiris. Darin heißt es, Isis habe überall nach dem Leichnam ihres Gatten gesucht, als sie von Seths Betrug und der Ermordung des Osiris hörte. Von dem Gerücht geleitet, Osiris könne sich dort befinden, reiste sie bis nach Byblos im Libanon.

Der Sarg war in Byblos an Land gespült und war von den Wurzeln eines kleinen Baumes umschlungen worden. Dieser Baum wuchs in kürzester Zeit so stark und schön, daß er abgesägt und im königlichen Palast der Stadt als Säule verwendet wurde. Als Isis zum Palast kam und weinend im Hof saß, erweckte sie die Aufmerksamkeit der königlichen Dienerinnen, indem sie ihnen das Haar flocht und Parfüm auf ihre Haut tupfte, woraufhin die Königin von Byblos die Göttin zur Amme ihres jüngeren Sohnes ernannte. Isis stillte den Prinzen mit ihrem Finger statt mit ihrer Brust. Sie faßte zu dem Jungen eine tiefe Zuneigung und beschloß, ihm ewiges Leben zu schenken. Deshalb legte sie ihn in ein Feuer, um seine Sterblichkeit zu verbrennen.

Als der Prinz in den Flammen lag, verwandelte sich Isis in eine Schwalbe und flog um die Säule herum, die aus dem Baum gemacht worden war. Als die Königin von Byblos sie wehklagen hörte, eilte sie herbei, sah ihr Kind im Feuer und schrie, so daß der Zauberspruch seiner Wirkungskraft verlor. Daraufhin offenbarte Isis ihre Identität und verlangte, daß die Säule aufgeschnitten wurde. Als der Sarg mit Osiris zum Vorschein kam, stieß Isis einen fürchterlichen Schrei des Kummers aus, der den Prinz tötete.

HORUS UND SETH

Der Kampf um den Thron des Osiris

DAS AUGE DES HORUS
Das Fayence-Amulett (rechts) stellt das Auge des Horus oder *wedjat* (das »Ganze«) dar. Als Himmelsgott nahm Horus die Gestalt eines Falken an, dessen rechtes Auge die Sonne und dessen linkes Auge der Mond war. In einem schrecklichen Kampf verwundete Horus die Hoden des Seth, und Seth verletzte ein Auge des Horus – manchmal auch beide Augen. Einer anderen Version zufolge riß Seth in Gestalt eines schwarzen Ebers das Mondauge des Horus aus und verschlang es oder riß es in Stücke. (Diese Mythen spielen möglicherweise auf die Mondfinsternis oder das monatliche Zu- und Abnehmen des Mondes an.) Der Mondgott Thoth suchte in der Dunkelheit das verlorene Auge. Als er die Teile des Auges fand, fügte er sie mit Hilfe seiner Zauberkraft wieder zusammen. Das Licht des Horus-Auges konnte nun dazu dienen, Osiris in der Unterwelt wieder zum Leben zu erwecken.

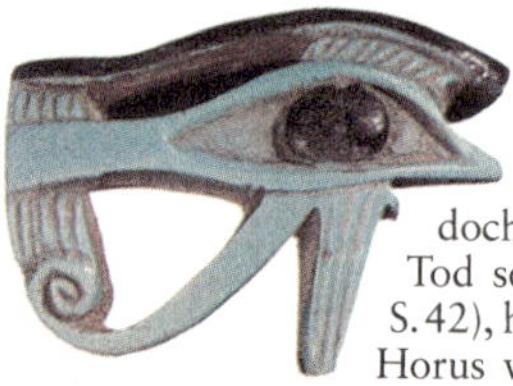

Der bisweilen heftige Streit zwischen den Göttern Horus und Seth war ein zentrales Element der ägyptischen Mythologie. Nach der ältesten Version der Geschichte sind Horus und Seth Brüder, doch gelten sie später als Neffe und Onkel. Nach dem Tod seines Bruders Osiris, dem Vater des Horus (siehe S. 42), hatte Seth sich dessen Throns bemächtigt. Daher trat Horus vor ein göttliches Tribunal unter dem Vorsitz von Geb oder Re und erklärte, nicht Seth, sondern er sei der wahre Thronerbe. Schu und Thoth gaben Horus recht. Doch der Sonnengott war erzürnt darüber, daß man nicht zuerst ihn nach seiner Meinung gefragt hatte, und weigerte sich, dem Urteil zuzustimmen. Als ihn daraufhin einer der Götter beleidigte, zog er sich zunächst schmollend zurück, befahl aber später Seth und Horus, ihre Sache vorzutragen. Seth behauptete, er verdiene es König zu sein, da er allein stark genug sei, die Barke der Sonne zu verteidigen. Einige der Neun Götter (siehe S. 40) stimmten ihm zu, doch Isis überzeugte sie vom Gegenteil, und sie änderten daraufhin ihre Meinung.

Seth weigerte sich nun, das Verfahren in Gegenwart der Isis fortzusetzen, und der Sonnengott bestimmte, der Rat der Götter solle auf einer Insel erneut zusammentreten. Als dem göttlichen Fährmann Nemti befohlen wurde, Isis nicht in seinem Boot mit hinüber zu nehmen, verkleidete sich die Göttin als altes

Horus, dargestellt als falkenköpfiger Mensch, führt die Seele des Schreibers Ani zu Osiris. Horus trägt das Gewand eines Königs und die Doppelkrone Ober- und Unterägyptens. Das Bild stammt von einem Papyrus aus dem 13. Jh. v. Chr.

Das Gefolge Seths

Die Ägypter stellten Seth als mythisches Tier dar, das halb Wildesel, halb Schwein oder Ameisenbär war. Sein Reich war die Wüste, und die meisten Wüstentiere wurden mit ihm in Verbindung gebracht; ebenso Ochsen und Esel, weil sie zum Dreschen benutzt wurden und daher auf dem Leichnam des Osiris, Seths Opfer und Vater des Horus, herumtrampelten, der in dem Getreide enthalten war. Horus verdammte diese Tiere dazu, geschlagen zu werden. Eine Reihe von Mythen aus dem nördlichen Oberägypten handeln von Auseinandersetzungen zwischen Seths menschlichem Gefolge und den Verbündeten des Horus.

Seth versuchte weiterhin, den Leichnam des Osiris zu schänden, indem er die Gestalt verschiedener Tiere annahm. Einmal verwandelte er sich in einen Panther; doch Thoth sprach Zauberformeln gegen ihn, woraufhin Seth zu Boden fiel. Anubis fesselte ihn, brandmarkte sein Fell und häutete ihn. Seths Gefolgsleute versuchten, ihn zu retten, doch Anubis enthauptete sie alle.

Seth erholte sich von seinen Verletzungen und sammelte in den Hügeln der Wüste neue Gefolgsleute um sich, doch diesmal trat Isis ihm entgegen. Als er sich in einen Stier verwandelte, nahm Isis die Gestalt eines Hundes an, an dessen Schwanzende ein Messer hing, und verfolgte ihn. Die Göttin Hathor verwandelte sich in eine Giftschlange und biß Seths Gefolgsleute. Ihr Blut färbte die Hügel rot.

Seth, der stärkste der Götter, verteidigte die Sonnenbarke gegen die Schlange Apep. Auf diesem Papyrus aus dem 11. Jh. v. Chr. steht Seth vor dem Sonnengott, um Apep mit einem Speer zu durchbohren.

Weiblein und bestach Nemti mit einem goldenen Ring. Auf der Insel verwandelte sie sich in ein schönes Mädchen, denn sie wollte, daß Seth sie begehre. Sie bat den Gott, ihr zu helfen, und sie erzählte ihm ihre Geschichte: Sie sei die Witwe eines Hirten, und ein böser Fremder habe ihrem einzigen Sohn das Vieh gestohlen. Seth erklärte empört, es sei in der Tat schlimm, wenn ein Sohn seiner Erbschaft beraubt würde. Daraufhin verwandelte sich Isis in einen Sperber, flog auf einen Baum und eröffnete Seth, er habe sich mit seinen eigenen Worten selbst verdammt.

Nun beklagte sich Seth bei den Neun Göttern, und sie bestraften Nemti, indem sie ihm die Zehen abschnitten. Dann forderte Seth den Horus zu einer Kraftprobe heraus und schlug vor, sie sollten sich beide in ein Flußpferd verwandeln und drei Monate lang unter Wasser bleiben. Horus willigte ein, doch Isis befürchtete, ihr Sohn könne den Kampf verlieren. So fertigte sie eine Harpune aus Kupfer an und schleuderte sie ins Wasser. Nachdem sie irrtümlich zunächst Horus getroffen hatte, harpunierte sie Seth, der um Gnade flehte. Isis hatte Mitleid mit ihm und ließ von ihm ab. Horus aber war darüber so zornig geworden, daß er aus dem Wasser sprang, seiner Mutter den Kopf abschnitt und damit in die Wüste floh.

Isis verwandelte sich daraufhin in eine Steinstatue und kehrte zu den Göttern zurück, wo sie jedoch von Thoth erkannt wurde. Der Sonnengott befahl den Neun Göttern, Horus zu bestrafen, und Seth riß dem schlafenden Gott die Augen aus. Die Göttin Hathor jedoch gab ihm das Augenlicht mit Hilfe der Milch einer Gazelle zurück.

Schließlich bat Horus erneut um Gerechtigkeit, und die Götter schrieben dem toten Osiris. Dieser verlangte zu wissen, warum sein Sohn um seine Erbschaft betrogen worden sei, und drohte, die Dämonen der Unterwelt ins Reich der Götter zu schicken. Daraufhin erklärte der Sonnengott Horus zum König. Seth wurde gezwungen, das Urteil anzunehmen, und Isis war voller Freude, als sie ihren Sohn schließlich doch auf dem Thron sah. Dem Seth befahl der Sonnengott, als Sturmgott bei ihm im Himmel zu leben.

SONNENMYTHEN

Der ewige Kreislauf der Erneuerung

Diese einzigartige Stele, datiert um 1000 v. Chr., zeigt eine Frau, die Re-Harachte anbetet, während sie von den Strahlen der Sonnenscheibe, Zeichen der Wohltätigkeit des Gottes, beschienen wird. Im oberen Bildteil befindet sich die Hieroglyphe für den Himmel mit einer weiteren Sonnenscheibe und zwei wedjat-Augen. An den Seiten sind die heraldischen Pflanzen Ober- und Unterägyptens zu sehen und unten rechts und links Köpfe der Bewohner oder der Kopf des Erdgottes Aker.

Die Brustplatte vom Grab des Pharaos Tutanchamun stellt den Namen des Königs dar: »Herr der sichtbaren Erscheinungen Res«; die gesamte Darstellung mit dem Skarabäus in der Mitte symbolisiert das Aufgehen der Sonne.

In fast allen Epochen der ägyptischen Geschichte hatte der Sonnengott den Rang des obersten Gottes. Die Welt war nach zwei ineinandergreifenden Prinzipien organisiert: dem Auftreten und Handeln des Schöpfers und dem täglichen Kreislauf der Sonne durch den Kosmos.

Jeden Tag bei Sonnenaufgang gebar die Himmelsgöttin den Sonnengott. Zur Mittagszeit erlangte er die Reife, und zum Abend hin alterte er. Bei Einbruch der Nacht trat er in die Unterwelt ein (siehe gegenüberliegende Seite). An jedem Tag, in jedem Monat, in jedem Jahr und bei jeder Inthronisierung eines Königs wurde die Welt neu geschaffen. Die stetige Erneuerung des Kosmos bedeutete aber auch eine ständige Bedrohung der Ordnung. Diese pessimistische Sicht kommt in den großartigen Hymnenzyklen an den Sonnengott zum Ausdruck sowie in Darstellungen von seiner Reise durch die Unterwelt. Der Gott reiste in einer Barke, begleitet von zahllosen Wesen, darunter auch der gesegnete Tote. Doch nur wenige dieser Begleiter wurden bildhaft dargestellt; es handelte sich entweder um Aspekte seines Wesens oder um Gottheiten, die Ausschau hielten und die Barke verteidigten. Die ewigen Widersacher des Gottes, angeführt von der Riesenschlange Apep, versuchten nämlich, seine Reise zu verhindern.

Wenn die Sonne aufging, brach die Schöpfung in Jubel aus, und alle Wesen unterstützten die Durchreise des Sonnengottes. Die Überlieferungen, die die Güte und das Wohlwollen des Gottes in den Mittelpunkt stellten, waren Vorläufer der monotheistischen Vorstellungen des Königs Echnaton (siehe S. 52).

Der Sonnengott, seine nächtliche Reise und die Sterne

Dem Mythos zufolge reiste der Sonnengott des Nachts durch die Unterwelt, was in riesigen »Unterweltbüchern« illustriert worden ist. Diese befanden sich in den königlichen Gräbern des Neuen Reiches, so daß der König in den Sonnenzyklus der kommenden Welt eintrete.

Die Unterweltbücher sind in die zwölf Stunden der Nacht eingeteilt. In jedem dieser Segmente steht der Sonnengott mit seiner Barke im Mittelpunkt, umringte von den Wesen, die diese Welt bevölkern. Eine Darstellung zeigt an die tausend Figuren, zu denen der gesegnete Tote, die Dämonen und Gottheiten der Region sowie alle Wesen gehören, die zu ewiger Qual verdammt sind. Während seiner Durchreise grüßt er die Wesen jeder einzelnen Stunde, die ihn willkommen heißen und von seinem Licht wiederbelebt werden. Die Beschreibungen machen die Dimensionen des Raums deutlich, die der Gott durchreist. Meist fährt die Barke durch ein Gewässer, doch an einer entscheidenden Stelle wird er von Schakalen über endlose Sanddünen gezogen.

Einige Darstellungen zeigen, wie der Sonnengott um Mitternacht in die tiefsten Regionen der Unterwelt hinabsteigt und sich mit deren Herrscher Osiris vereint. Das Bild ist sowohl mit dem Titel »Re, der in Osiris ruht« als auch mit »Osiris, der in Re ruht« versehen. Doch während Re so mit Amun verbunden werden konnte, daß daraus eine neue Gottheit namens Amun-Re entstand, waren Re und Osiris grundsätzlich verschieden. Ihre Verbindung brachte zwar den neuen Tag hervor, konnte aber nicht von Dauer sein.

Während der ganzen Nacht mußte der Sonnengott mit seinem Erzfeind, der Schlange Apep (siehe S. 45), kämpfen, doch in den letzten Stunden verwandelte er sich selbst in eine große Schlange, aus der er verjüngt hervorging, um zur Morgendämmerung wiedergeboren zu werden. Der Sonnenzyklus wurde täglich in vielen Tempeln gefeiert, nicht nur in den Sonnenheiligtümern. Der Kult wurde innerhalb des Gebäudes von Priestern vollzogen, und es drang kaum etwas davon nach außen. Wichtige Teile des Kults wurden geheimgehalten und sind nur aus Zeugnissen bekannt, die aus der Zeit um 1100 v. Chr. und später stammen. Die tiefe Bedeutung des Sonnenzyklus blieb zum großen Teil verborgen. In einem Text heißt es, der König als Oberpriester wisse »acht Dinge über den Sonnenaufgang«, darunter die »Rede der Östlichen Seelen«. Die Östlichen Seelen waren Paviane, also Tiere, die bei Sonnenaufgang schreien. Die Bedeutung dieses Geschreis kannte nur der König.

Im Verlauf des täglichen Zyklus nahm der Sonnengott vielerlei Gestalt an. Als Morgengott konnte er ein Kind sein, doch meist wurde er als Skarabäus namens Chepre dargestellt. Der Skarabäus (siehe gegenüberliegende Seite), der eine der Form der Sonne gleichende Mistkugel vor sich herschiebt, symbolisierte Erneuerung, Wiedergeburt und Verwandlung. Am Mittag trat der Sonnengott in Gestalt des Re-Harachte, »Re, Horus des Horizonts« auf, häufig dargestellt als Mensch mit Falkenkopf, gekrönt von einer Sonnenscheibe. Harachte war ein alter Gott, und die Vorstellung von einem Falken, der in einer Barke den Himmel überquert, ist seit der Ersten Dynastie bekannt. Re-Harachte war in den Mythen der häufigste Name für die Herrschaft des Gottes auf Erden. Die Abendsonne schließlich war Atum oder Re-Atum in Gestalt eines Menschen mit Doppelkrone, die sonst meist Könige tragen. Seine Nachtgestalt mit dem Kopf eines Widders war ausschließlich bildlich dargestellt und trug keinen besonderen Namen. Dennoch wurde sie auch mit »Fleisch (des Re)« betitelt, woraus hervorgeht, daß das Bild die Gegenwart des Sonnengottes anzeigen sollte, auch wenn man beide nicht direkt gleichsetzen kann.

Auch andere Götter wurden mit dem Himmel in Verbindung gebracht. Einige wichtige Gottheiten setzte man mit Sternen oder Planeten gleich: den Mond mit Thoth, Merkur mit Seth und Orion mit Osiris. Die Mythen der Achtgottheit wurden durch die vielschichtigen Bewegungen der wichtigen Himmelskörper dargestellt, insbesondere derjenigen, die die Himmelsbahn der Sonne kreuzen oder, wie etwa die Venus, die den Sonnenaufgang ankündigen.

Dieses Deckengemälde im Grab König Ramses' VI. (um 1130 v. Chr.) zeigt die Nachtreise der Sonne. Die lange Schlange symbolisiert die Sonnenbarke; der König in seiner widderköpfigen nächtlichen Verwandlung steht auf der Doppelgestalt eines betenden Menschen. Die ruhende Figur mit erhobenem Oberkörper ist Osiris, der sich in der Nacht mit Re vereint, die weibliche Gestalt rechts stellt die Himmelsgöttin Nut dar.

MYTHOS UND MAGIE

Der geheime Name Re; das Buch Thoths

Bes war eine jener furchterregend aussehenden Gottheiten, die die Menschen vor Unglück beschützen sollten. Sein Bildnis wurde häufig verwendet, insbesondere auf kleinen Gegenständen, die vielleicht als Amulette dienten oder im Haus aufbewahrt wurden. Diese kleine Platte stammt aus griechisch-römischer Zeit.

Für die Ägypter war die Magie ein Mittel, um Unheil abzuwenden, sowohl in dieser als auch in der jenseitigen Welt. Einige Zaubersprüche geben mythische Episoden vollständig wieder. Sie wurden rezitiert, wenn einem Kranken ein Heilmittel verabreicht wurde; dabei wurde der Körper des Kranken mit einem Protagonisten des Mythos identifiziert. Zauberhymnen galten Göttern, deren wahre Namen geheimblieben, da ihnen magische Kräfte zugesprochen wurden. Eine dieser Geschichten handelt davon, wie Isis den geheimsten aller Götternamen, den des Sonnengottes Re, herausfand: Re wurde alt, und manchmal floß ihm Speichel aus dem Mund. Isis wischte ihn vom Boden auf, vermischte ihn mit Lehm, formte daraus eine Schlange, hauchte ihr Leben ein und legte sie an den Rand des Weges, den der Sonnengott häufig ging.

Als Re kam, biß ihn die Schlange und verschwand. Sofort verspürte der Sonnengott einen brennenden Schmerz, und das Gift breitete sich in seinem Körper aus. Re schrie so sehr, daß die Götterneunheit herbeieilte. Ihn habe, so berichtete er den Göttern, etwas verwundet, das nicht von ihm selbst geschaffen worden sei. Isis versprach, ihn zu heilen, wenn er seinen wahren Namen offenbare. So erfuhr sie, daß er der Schöpfer sei, dessen Name bei Sonnenaufgang Chepre laute, Re zur Mittagszeit und Atum am Abend (siehe S. 47). Doch Isis beharrte darauf, daß er seinen wahren Namen noch nicht preisgegeben hätte. Und der Schmerz wurde stärker, so daß Re ihn nicht länger ertragen konnte und nannte ihr seinen wahren Namen. Nun befahl Isis dem Gift, aus Re herauszutreten, wobei sie seinen wahren Namen aussprach. Auf diese Weise heilte sie den Sonnengott und versprach, die Macht des geheimen Namens nur Horus anzuvertrauen. In dem Zauberspruch wird der Name selbst nicht genannt.

Die magische Bedeutung des Gottes Thoth

Der Mondgott Thoth, der als Pavian, Ibis oder als ibisköpfiger Mensch dargestellt wurde, stand insbesondere mit dem Geheimwissen der Magie in Verbindung. Sein wichtigstes Kultzentrum befand sich in Chmun, das von den Griechen Hermopolis genannt wurde, da sie Thoth mit Hermes gleichsetzten (siehe S. 144). Die in Schriftform überlieferte Fassung der folgenden Geschichte stammt aus der ptolemäischen Zeit.

Ein Prinz namens Satom Chaemwese erfährt, daß ein von Thoth geschriebenes magisches Buch in einem alten Grab bei Memphis vergraben ist. Als er in das Grab einbricht, stehen ihm Geister gegenüber, die ihm erzählen, Thoth habe ihr lebendiges Selbst getötet, um das zauberkräftige Buch aus einer Kiste vom Grunde des Nil zu stehlen. Unerschrocken bekämpft Satom die Geister mit Hilfe von Amuletten und nimmt das Buch Thoths an sich. Dann begegnet er einer schönen Frau namens Tabubu und ist von ihr betört. Doch bevor Satom sie lieben darf, fordert sie von ihm, daß er ihr seinen gesamten Reichtum übergibt und seine eigenen Kinder töten läßt. Er willigt ein, doch sobald die beiden sich umarmen, stellt Satom fest, daß er nackt und allein mitten auf einer Straße liegt.

Als Setna entdeckt, daß seine Kinder noch leben und wohlauf sind und die schöne Frau nur ein Phantom war, fällt er den weisen Entschluß, das Buch Thoths zurückzugeben.

Diese Statue aus dem Neuen Reich zeigt Thoth als Schutzgott der Schreiber. Er hielt die Entscheidungen der Götter schriftlich fest und galt als der Erfinder der altägyptischen Hieroglyphenschrift.

SCHLANGEN UND SKORPIONE

Die Vertreter des Chaos

Schlangen und Skorpione stellten nicht nur alltägliche Gefahren dar. Sie verkörperten auch die chaotischen Kräfte, die die Ordnung der Welt bedrohten. Wie andere als feindlich geltende Wesen auch sind sie Bewohner der Wüste. Wer von ihnen gebissen oder gestochen wurde, war außergewöhnlicher Gefahr ausgesetzt.

Einer der literarischen Texte illustriert, wie Schlangen mit den Randbereichen des Kosmos in Verbindung gebracht wurden. Er berichtet von einem Regierungsbeamten, der im Roten Meer Schiffbruch erlitt und zu einer sagenhaften Insel des Überflusses gelangte. Vor ihm tauchte eine Riesenschlange – möglicherweise mit Menschenkopf – auf, die offensichtlich ein Gott war. Der Mann erlitt einen Schock und wurde ohnmächtig. Da ergriff die Schlange ihn mit ihrem Maul und brachte ihn an einen sicheren Ort, wo der Beamte ihr berichtete, daß alle seine Reisebegleiter mit dem Schiffswrack untergegangen seien. Da erzählte ihm die Schlange, wie sie einmal nach Hause zurückgekehrt sei und habe entdecken müssen, daß ihre 74köpfige Familie durch eine Sternschnuppe zu Asche verbrannt sei, und seitdem sei sie vollkommen allein. Damals habe sie den nüchternen Schluß gezogen, daß man einen Verlust tapfer ertragen müsse. Die Zahl 74 verweist auf eine tiefere Bedeutung, nämlich auf die 74 Manifestationen des Sonnengottes, die der großen Vernichtung der Schöpfung zum Opfer gefallen sind. Der Gott in Gestalt der Schlange lebt in einer Welt jenseits der Schöpfung, und der Reisende begegnete ihm erst, als er sich aus der Zeit herausbegeben hatte.

Schlangen und Skorpionen, die in dieser Welt bezwungen werden konnten, wurden wohltätige Eigenschaften zugesprochen. Zwei Könige der Frühzeit hießen Skorpion und Schlange; doch später wurden die Kräfte dieser Kreaturen in erster Linie mit Gottheiten in Verbindung gebracht, die allesamt mit einer Schlangenhieroglyphe bezeichnet werden konnten. Die erste Skorpiongottheit war Selket, die über die Geburt wachte und die mumifizierten Leichen während der Bestattung beschützte. Einige Schlangengöttinnen wurden mit Orten in Verbindung gebracht, wo häufig Schlangen zu finden waren: die Erntegöttin Renenutet mit Feldern und Kornspeichern; Meresger, die Göttin des Berges von Theben, mit der Wüste.

Viele Zaubersprüche dienten der Heilung von Schlangen- und Skorpionwunden, die medizinisch nicht behandelt werden konnten. Einige gehen auf Mythen zurück, die von Schlangen und Skorpionen erzählten. So berichtet ein Zauberspruch davon, wie Isis aus der Werkstatt Seths floh, wo sie ein Leichentuch für Osiris weben sollte. In Begleitung von sieben Skorpionen ging sie nach Chemmis, um dort ihren Sohn Horus heimlich aufzuziehen. Als sie sich einer Siedlung näherte, sah eine reiche Frau die merkwürdige Prozession und schloß daraufhin die Tür. Isis wurde von der Frau eines Fischers aufgenommen, doch die Skorpione waren über die reiche Frau verärgert. Einer von ihnen kroch in ihr Haus, stach ihren Sohn, und durch das Gift geriet das Haus in Brand. Die reiche Frau lief wehklagend durch die Straßen, und Isis rief einen Wolkenbruch herbei, der das Feuer löschte. Sie hatte Mitleid mit dem Kind, das sie an ihren Sohn Horus erinnerte. Die Göttin heilte das Kind mit einem Zauberspruch, woraufhin die Mutter bereute, Isis die Tür verschlossen zu haben, und all ihren Besitz der Frau des Fischers schenkte.

Diese Erzählung hat einen stark moralischen Grundton, da sie in belehrender Manier sagt, daß Großzügigkeit belohnt wird und unter Armen und Ausgestoßenen eher zu finden ist als unter Reichen. Der Wolkenbruch, in einem regenarmen Land wie Ägypten ein beinahe unnatürliches Phänomen, zeigt, wie die Ordnung der Welt zerstört wird. Einige Zaubersprüche beinhalten sogar die Drohung, daß die Sonne nicht mehr aufgehen wird und die Jahreszeiten nicht mehr aufeinanderfolgen werden, sollte die gewünschte Wirkung nicht eintreten.

Das Horuskind, das von seiner Mutter Isis vor Seth und den Gefahren der Deltasümpfe bewahrt wurde (siehe S. 43), symbolisierte Schutz gegen Unglück. Stelen (mit Inschriften versehene aufrecht stehende Steintafeln) der Spätzeit wie diese zeigen einen nackten Horus, der Schlangen und andere Symbole in Händen hält und auf zwei gefährlichen Krokodilen steht. Die Oberseite dieser Stele ist mit Bildern von Gottheiten bedeckt, die Zauberkraft besitzen.

MÄCHTIGE GÖTTINNEN

Neith, Sechmet und Bastet

Die weiblichen Gottheiten der ägyptischen Mythologie flößen oft mehr Furcht ein als die männlichen und suchen den, der ihnen Widerstand entgegensetzt, mit Krieg und Zerstörung heim. Ein bemerkenswertes Beispiel hierfür ist Neith, die Große Mutter, deren wichtigste Kultstätte Sais war (siehe Karte S. 37). Sie wurde mit Krieg und Jagd in Verbindung gebracht; ihr Symbol war ein Schild mit zwei einander kreuzenden Pfeilen. Neith war aber auch eine Schöpfergottheit, die dem Nun entstieg, um Götter und Menschen zu schaffen. Als sie in das Nun spuckte, wurde aus ihrem Speichel die Chaosschlange Apep geboren. Außerdem war sie die Mutter des Krokodilgottes Sobek. Im Streit zwischen Horus und Seth (siehe S. 44) bitten die Götter Neith schriftlich um Rat; sie droht, den Himmel einstürzen zu lassen, falls ihre Entscheidung nicht akzeptiert wird.

Sechmet (»Die Mächtige«) war eine furchterregende Löwengöttin. Der Sonnengott sandte sie aus, die gegen ihn rebellierenden Menschen zu töten, und manchmal wurden ihr auch Verbrecher geopfert. Ansteckende Krankheiten galten als ihre Boten, und ihre Priester waren die Ärzte.

Andere Göttinnen waren weniger bedrohlich, obwohl ihr Einfluß ebenso stark war. Zu ihnen zählt auch die Katzengöttin Bastet, die Göttin der Liebe, der Sexualität und der Fruchtbarkeit. Ursprünglich eine Löwingöttin, wurde sie seit Mitte des 2. Jahrtausends v. Chr. als Katze dargestellt.

Die Katze und die Löwin

In diesem Mythos begibt sich das Auge des Re, das mit der Göttin Hathor gleichgesetzt wird, nach Nubien im Süden Ägyptens, um dort zu leben. Im Verlauf der Geschichte erscheint sie in zwei Tiergestalten: als Sechmet, die Löwengöttin, und als Bastet, die Katzengöttin.

Das Auge Res war mit seinem Vater zerstritten und zog sich deshalb in die ferne Nubische Wüste zurück. Daraufhin nahm Thoth Paviangestalt an und reiste der Göttin nach. (Ursprünglich war es Schu oder ein Krieger namens Anhur – »Der die in der Ferne Lebende zurückholt« –, der die Göttin überredet, doch später fiel diese Rolle Thoth zu.) Er fand sie in Gestalt der Katzengöttin und verhinderte, daß sie ihn angriff, indem er ihr eine Geschichte erzählte. Dann sprach er über ihr Heimatland Ägypten, um ihr Heimweh zu erwecken, doch sie durchschaute seine List und verwandelte sich in eine grimmige Löwengöttin. Thoth ließ nicht ab und besänftigte sie mit weiteren Geschichten, versprach ihr Opfergaben in allen Tempeln Ägyptens und konnte sie schließlich überreden, mit ihm nordwärts zu ziehen.

Als sie die Grenze erreichten, wurde die Göttin vom Volk mit Jubel empfangen. In der Nähe von Theben versuchte eine Schlange des Chaos, sie im Schlaf zu töten, doch ihr Beschützer Thoth weckte sie rechtzeitig auf. In Heliopolis versöhnte sie sich schließlich mit Re und verwandelte sich in Hathor.

Vergoldete Statuette der Löwin Sechmet aus dem Grab Tutanchamuns. Als Tochter Res trägt sie eine Sonnenscheibe auf dem Kopf. Sie wurde in Memphis als Frau Ptahs verehrt.

Bronzefigur der Katzengöttin Bastet aus der Spätzeit. Die Kätzchen symbolisieren die Fruchtbarkeit. In ihrem Tempel in Bubastis wurde alljährlich ein großes Fruchtbarkeitsfest gefeiert.

ANDERE GÖTTINNEN

Anat, Astarte, Hathor und Taweret

In dem Streit zwischen Horus und Seth (siehe S. 44) schlug Neith in einem Brief an den Götterrat vor, Seth zum Trost dafür, daß er Horus das Recht auf den Thron überließ, die beiden westsemitischen Göttinnen Anat und Astarte zu geben. Dies implizierte möglicherweise auch, daß Seth keine ägyptische Göttin heiraten konnte. Einer anderen Geschichte zufolge, die zu einem Zauberspruch gehört, fiel Seth über die Göttin Hathor her, während sie im Fluß badete, besprang sie wie ein Bock und vergewaltigte sie. Der fruchtbare Samen floß aus der Göttin auf Seths Stirn und ließ ihn krank werden, denn Hathor war die Braut der Nachtsonne und konnte nur durch göttliches Feuer geschwängert werden. Als Seths Frau Anat zu Re eilte und um Hilfe bat, entfernte Isis den göttlichen Samen und heilte Seth.

Seths zweite nichtägyptische Frau, Astarte, taucht in einem Mythos auf, in dem die ägyptischen Götter mit einem Meergott in Streit liegen. Ptah und die Neungottheit wurden gezwungen, dem Meer Tribut zu zahlen. Die Erntegöttin Renenutet brachte diesen Tribut – Silber, Gold und Lapislazuli – ans Ufer, doch das unersättliche Meer verlangte immer mehr und drohte, sämtliche Götter Ägyptens zu versklaven. Renenutet schickte nun einen Vogel als Boten zum Haus Astartes, um ihr zu sagen, auch sie solle ihren Tribut zum Meer bringen. Astarte weinte, als sie dies hörte; doch unterwegs sang sie und verspottete das Meer. Daraufhin verlangte der Meergott Astarte selbst als Gabe. Da trat die schöne Göttin vor die Neungottheit (siehe S. 40) und erhielt als Brautgeschenk Juwelen, wozu auch die Halskette Nuts und der Siegelring Gebs gehörten. Als Astarte nun zum Ufer hinabstieg, ging Seth mit ihr, um gegen das Meer zu kämpfen. Der Schluß der Geschichte ist nicht überliefert, doch höchstwahrscheinlich überwältigte der starke Seth das Meer und rettete Astarte.

NICHTÄGYPTISCHE GÖTTINNEN

Gegen Ende des 2. Jahrtausends v. Chr. wurden in den ägyptischen Pantheon syrische und palästinensische Göttinnen aufgenommen. Die wichtigsten waren:

ANAT Die Kriegsgöttin Anat wurde meist mit Schild, Speer und Streitaxt dargestellt. In Syrien war sie die Schwester und Geliebte Baals, der in Ägypten als Verkörperung Seths verehrt wurde. Im ägyptischen Mythos war Anat eine Tochter von Re. Es hieß, sie kleide sich wie ein Krieger; jedoch war sie auch eine Kuhgöttin.

ASTARTE Auch sie war eine Kriegsgöttin, ihr mesopotamisches Gegenstück heißt Ischtar (siehe S. 61). In Ägypten war Astarte eine Tochter des Sonnengottes oder eine Tochter Ptahs. Sie erschien als Waffen tragende, nackte Frau und wurde häufig auf einem Pferd sitzend dargestellt.

KUDSCHU Als Gemahlin Mins, eines ägyptischen Fruchtbarkeitsgottes, galt Kudschu manchmal als Verkörperung Hathors. Sie wurde als nackte Frau auf dem Rücken eines Löwen stehend dargestellt, mit Schlangen und Lotosblüten in der Hand.

Hathor und Taweret

Hathor, die Schutzgöttin der Liebenden, gehörte zu den vielschichtigsten ägyptischen Gottheiten. Ihr bekanntester Tempel befand sich in Dendera. Wie Taweret beschützte sie Frauen und Kinder und wurde mit Tod und Wiedergeburt in Verbindung gebracht.

Hathor stand Frauen allen bei Empfängnis und Geburt bei. Sie begrüßte die Seelen in der Unterwelt und erfrischte sie mit Speisen und Getränken. Taweret half den Toten, im Nun (siehe S. 38) wiedergeboren zu werden. Sie konnte als furchterregende Bestie, teils Flußpferd, teils Löwe und teils Krokodil, auftreten. Da Seth ebenfalls die Gestalt eines Flußpferdes annehmen konnte, galt Taweret häufig als seine Gemahlin. Als sein Bein in den Himmel geworfen wurde (siehe S. 42), verhinderte sie, daß es weiteren Schaden anrichtete.

Hathor und Taweret, hier in Gestalt einer göttlichen Kuh namens Große Flut, stehen vor dem Eingang zur Unterwelt in den Bergen Westthebens. Szene aus dem Totenbuch.

KÖNIGE UND GÖTTER

Die Göttlichkeit der Pharaonen

Hathor, die Mutter der Könige, begrüßt König Seti I. Relief in seinem Grab in Theben.

Vom Zeitpunkt seiner Thronbesteigung an spielte der ägyptische Pharao (König) die Rolle eines Gottes. Er war eine Verkörperung des Himmelsgottes Horus und der Sohn des Sonnengottes Re. Nechbet und Wadjet, die Göttinnen Ober- bzw. Unterägyptens, waren seine Beschützerinnen. Die Titel des Königs kündeten von diesen und anderen Beziehungen. Der jedem Herrscher beigegebene Thronname verwies auf die besondere Art und Weise, in der er den Sonnengott repräsentierte. So war zum Beispiel Thutmoses IV. Mencheprura, »Die Immerwährende Manifestation Res«.

Der König konnte der »Sohn« jeder bedeutenden Gottheit sein, doch bedeutete dies oft nur, daß der König der Gottheit untergeordnet war. Die Vorstellung der göttlichen Herkunft des Pharao ging so weit, daß der König an der Brust einer Göttin saugend dargestellt wurde. Darüber hinaus gab es zahlreiche Berichte über die Abstammung des Königs vom Sonnengott. So erschien der Sonnengott in der Gestalt des regierenden Königs und hatte geschlechtliche Beziehungen zur Mutter seines Nachfolgers. Diese erkannte den Gott an seinem Geruch, begrüßte ihn und wurde nach einer gemeinsamen Nacht schwanger. Der Schöpfergott Chnum (siehe S. 39) formte das Kind auf seiner Töpferscheibe. Viele Gottheiten halfen bei der Geburt. Der göttliche Vater segnete den Säugling, der von Göttinnen gestillt wurde.

Einige Könige wurden über ihre traditionelle Rolle hinaus bereits zu Lebzeiten vergöttlicht; so gibt es Darstellungen von Amenophis III., auf denen er seinem göttlichen Selbst Opfer darbringt. Andere Könige wurden erst nach ihrem Tod als Gott verehrt. Sesostris III., der im 19. Jahrhundert v.Chr. die Grenzen Ägyptens weit nach Nubien hinein ausdehnte, wurde an der Grenze als Lokalgottheit verehrt, sein Sohn Amenemhet III. in der Oase von Fayyum, wo er Kulturland gewonnen hatte.

Ruddedet und Chufu

Der Mythos von der göttlichen Herkunft des Königs war bisweilen in Berichte über realhistorische Ereignisse eingeflochten. Die folgende Geschichte, die sich auf einem Papyrus befindet, erzählt von der Geburt und dem Überleben der ersten drei Könige der Fünften Dynastie.

Ruddedet, die Frau eines Priesters, ging mit Drillingen des Gottes Re, des Herrn von Sachbu (bei Letopolis), schwanger. Chufu, der König der Vierten Dynastie (auch als Cheops bekannt), der die Große Pyramide erbauen ließ, hörte davon und wollte eingreifen, konnte jedoch Ruddedets Haus nicht erreichen. Re schickte Isis und Nephthys zusammen mit Mesechnet und Heket (die Göttinnen der Geburt) sowie Chnum, um Ruddedet vor Chufu zu schützen. Sie trafen als Musikanten verkleidet bei ihr ein, entbanden die Mutter von den drei Kindern, gaben ihnen Namen und verließen sie wieder. Als Zeichen der Königschaft ließen sie drei in einem Gerstensack versteckte Königskronen zurück. Als das Paar das Getreide verbrauchen wollte, hörte es königliche Festklänge und erkannte mit Staunen und Ehrfurcht, daß die Drillinge zu Königen bestimmt waren.

Echnaton (um 1350 v. Chr.), hier mit seiner Familie, verbot zwar die meisten alten Kulte, hielt aber daran fest, der Sohn des Sonnengottes zu sein.

Später geriet Ruddedet mit ihrem Diener in Streit, der sie aus Rache an Chufu zu verraten suchte, auf seinem Weg dorthin aber von Krokodilen gefressen wurde. Durch diesen göttlichen Eingriff – Krokodile übernahmen häufig die Aufgabe göttlicher Bestrafung – überlebten die Kinder und konnten die Nachfolge Chufus antreten.

Die Götter und das Volk

In der ägyptischen Mythologie sind Begegnungen zwischen Gottheiten und normalen Sterblichen relativ selten. Das folgende Märchen, datiert auf Ende des 2. Jahrtausends v.Chr., handelt von zwei Brüdern, auf die die Götter ein Auge geworfen haben. Die Brüder tragen Götternamen: Anubis (der Schakalgott und Bata (ein Stiergott und ein Aspekt von Seth). Die Geschichte nimmt zahlreiche andere Mythen auf.

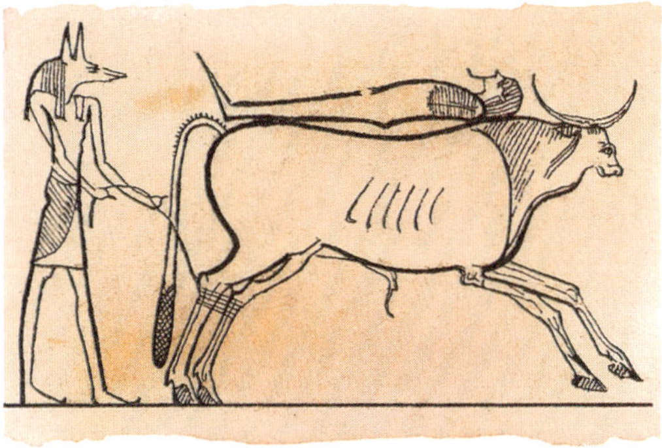

Anubis in Gestalt eines schakalköpfigen Menschen zwingt den Stier Bata, die Mumie des Osiris zu tragen. Das Bild stammt aus einem Papyrus Anfang der griechisch-römischen Zeit, welcher die Lokalmythen von Saka in Oberägypten enthält. In dieser Version sind Anubis und Bata als Feinde dargestellt.

Bata, der außergewöhnlich stark war und die Sprache der Tiere verstand, lebte mit seinem älteren Bruder Anubis zusammen. Er half Anubis bei der Feldarbeit und hütete das Vieh. Eines Tages, als die Brüder die Felder pflügten, ging ihnen die Saat aus, und Anubis schickte Bata ins Haus, um weiteren Samen zu holen. Dort traf Bata die Frau seines Bruders, die auf dem Boden saß und sich das Haar flocht. Als er sie bat, den Speicher zu öffnen und ihm Saatkorn zu geben, sagte sie, er solle es sich selber nehmen, da sie beschäftigt sei.

Bata holte drei Säcke Weizen und zwei Säcke Gerste vom Speicher. Als die Frau des Anubis sah, wie stark ihr Schwager war, versuchte sie, ihn zu verführen. Bata wies sie jedoch zurück und ging verärgert wieder aufs Feld. Aus Furcht, Bata würde seinem Bruder von ihrem Verführungsversuch erzählen, bestrich sie sich die Haut mit Fett und verstellte sich, als ob sie geschlagen worden wäre. Dann legte sie sich ins Bett und tat, als wäre sie krank. Als ihr Mann nach Hause kam, behauptete sie, Bata habe versucht, sie zu vergewaltigen, und sie geschlagen, als sie ihn zurückgestoßen habe. Anubis war wütend und schärfte einen Speer, mit dem er seinen Bruder töten wollte. Doch eine Kuh warnte Bata vor der drohenden Gefahr, und er betete zum Sonnengott, der einen Fluß voller Krokodile zwischen den beiden Brüdern entstehen ließ. Als Bata seine Unschuld beteuerte und sich kastrierte, glaubte ihm Anubis und tötete seine Frau.

Nun zog Bata ins Tal der Schirmpinie in Syrien, versteckte sein Herz in der Blüte des Baums und baute sich ein Haus. Eines Tages erhielt er Besuch von der Neungottheit (siehe S. 40), die seine Einsamkeit bedauerte. Re befahl Chnum, eine Frau für Bata zu erschaffen, eine Frau von göttlicher Schönheit. Doch die sieben Göttinnen, die das Schicksal der Menschen verkündeten, prophezeiten, daß sie durch das Messer sterben würde.

Bata war entzückt über seine Frau und wies sie an, das Haus nicht zu verlassen, während er auf der Jagd war, damit das Meer sie nicht ergriffe. Doch die Frau gehorchte ihm nicht, und das Meer riß ihr ein Haarlocke vom Kopf, die bis nach Ägypten getragen wurde, wo Wäscher des Pharao sie fanden. Sie brachten die Locke dem König, der überrascht war von deren Schönheit und Duft. Er schickte Boten in alle fremden Länder, die nach der Besitzerin suchen sollten. Als die Boten in das Tal kamen, wo Bata lebte, tötete er sie alle; nur einer entkam und berichtete dem König von dem Aufenthaltsort der Frau. Da sandte der Pharao Soldaten aus und eine alte Frau, die Batas Frau mit Juwelen locken sollte. Die Frau verriet schließlich das Geheimnis von dem Herzen ihres Gatten, und die Soldaten fällten die Pinie. Bata starb, und seine Frau wurde die erste Königin des Pharao.

Als Anubis in das Tal kam, entdeckte er die gefällte Schirmpinie und den toten Bata. Er suchte vier Jahre lang, bis er das geschrumpfte Herz seines Bruders fand und es in eine Schüssel mit Wasser legte. So kehrte Bata ins Leben zurück, verwandelte sich in einen prächtigen Stier und sagte zu Anubis, er solle ihn dem Pharao zum Geschenk geben. Am Hofe eröffnete Bata der Königin, wer er sei, und als der Pharao wieder einmal einen schönen Tag mit ihr feierte, bat sie ihn, ihr einen Wunsch zu gewähren. Als er einwilligte, sagte sie, sie wolle die Leber des Stiers essen. Der Pharao ärgerte sich darüber, seiner Frau voreilig den Wunsch gewährt zu haben, doch der Stier wurde geopfert, und die Königin bekam seine Leber. Als der Stier starb, fielen zwei Tropfen seines Bluts neben das Palasttor, und aus ihnen entstanden zwei herrliche Perseabäume. Der Pharao war hoch erfreut, aber die Königin wußte, daß die Bäume Bata waren, und verlangte sofort, daß man Möbel für sie daraus machte.

Als die Bäume gefällt wurden, verschluckte sie aus Versehen einen Splitter und wurde schwanger. Sie gebar einen Sohn, der nach dem Tod des Pharao verkündete, er sei Bata, und überall seine Geschichte erzählte. Er ließ die Königin umbringen, übernahm die Herrschaft und regierte das Land dreißig Jahre lang. Sein Nachfolger wurde Anubis.

ZAUBERPRIESTER

Setom Chaemwese und Imhotep

Der ba *war der spirituelle Aspekt eines Menschen und wurde meist als Vogel mit Menschenkopf dargestellt. Der* ba *eines Verstorbenen konnte sich in der Unterwelt frei bewegen und am Tage die Erde besuchen. Dieses Detail (rechts) stammt aus einem Papyrus aus dem 11. Jh. v. Chr.*

In den ägyptischen Erzählungen sind die menschlichen Helden meist keine Krieger, sondern Zauberer oder Vorlesepriester – Männer, die die in den Tempeln aufgewahrten Zauberbücher gelesen hatten. Auf einem Papyrus aus der Mitte des 2. Jahrtausends v.Chr. finden sich Geschichten über ihre magischen Taten. Dort heißt es, ein Vorlesepriester habe einem Krokodil aus Wachs Leben eingehaucht, das den Geliebten seiner Frau töten sollte. Ein anderer Magier von einfacher Herkunft aus einem Dorf konnte einen Löwen bändigen und einer Gans den abgeschnittenen Kopf wieder aufsetzen.

Der viel spätere Erzählzyklus über Prinz Setom Chaemwese (siehe auch Kasten S. 48) berichtet von der Rivalität zwischen ägyptischen Zauberpriestern und den Zauberern Nubiens. Der wirkliche Setom Chaemwese war ein Sohn von Ramses II. (um 1279–1213 v. Chr.). Als Hoherpriester Ptahs restaurierte er einige Pyramiden und Gräber von Gizeh. Dieses Interesse an alten Bauwerken scheint ihm seinen späteren Ruf als Magier eingetragen zu haben. Ein nubischer Stammesfürst, so wird erzählt, fordert vom Pharao, einen Mann zu finden, der einen Brief lesen kann, ohne ihn zu öffnen. Dies gelingt Setoms Sohn Si-Osire, der den Brief laut vorliest: Vor langer Zeit, so heißt es darin, machte der Zauberer eines nubischen Königs vier Wachsfiguren lebendig, die den ägyptischen König entführten und ihm fünfhundert Peitschenhiebe gaben, bevor sie ihn zum Palast zurückbrachten. Diese Demütigung wurde durch einen Ägypter namens Horus, Sohn des Panesche gerächt, indem er in gleicher Weise einen Anschlag auf den nubischen König verübte. Dann schlug er den nubischen Zauberer in einem Wettstreit und verbannte ihn für 1500 Jahre aus Ägypten. Als der Brief vorgelesen ist, erklärt der nubische Stammesfürst, er selbst sei der Zauberer, der zurückgekehrt sei, um Rache zu nehmen. Si-Osire offenbart, daß er Horus, Sohn von Panesche ist. Er bezwingt den Nubier und kehrt in die Unterwelt zurück.

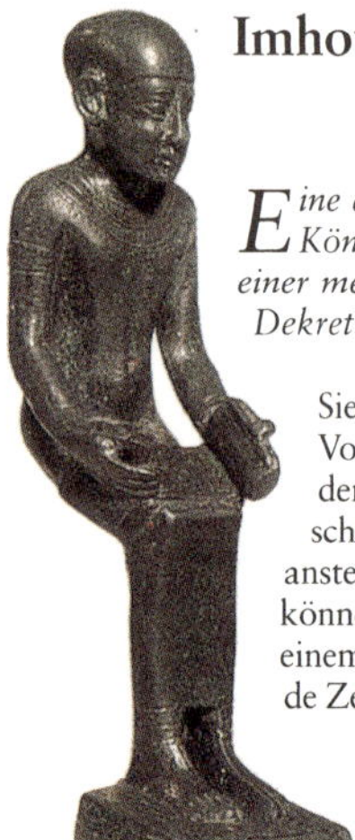

Imhotep und die sieben Hungerjahr

Eine der im Mythos auftauchenden realen Gestalten war Imhotep, Beamter und Architekt am Hofe des Königs Djoser im 27. Jahrhundert v.Chr. In der mythischen Überlieferung wurde er zum Sohn Ptahs und einer menschlichen Mutter. Die folgende Geschichte stammt aus einer Inschrift bei Assuan, angeblich ein Dekret des Königs, in Wirklichkeit aber ein Text der Priester Chnums aus dem 2. Jahrhundert v. Chr.

Sieben Jahre lang waren die Wasser des Nil nicht hoch genug gestiegen, um die Felder zu bewässern. Das Volk König Djosers war dem Hungertod nahe, so daß er den obersten Vorlesepriester Imhotep nach dem Geheimnis der Überschwemmung fragte. Imhotep eröffnete ihm, daß Hapi, der Geist der Überschwemmung, in einer Doppelhöhle unter der Insel Elephantine lebe. Wenn die Zeit käme, da der Nil ansteigt, würden die Fluten vom Stiergott Chnum beherrscht, der allein die Türen der Höhlen aufsperren könne. Darauf brachte Djoser Chnum Opfergaben dar. In jener Nacht erschien Chnum dem König in einem Traum und versprach, er werde Hapi freilassen. Eine reiche Ernte beendete die sieben Jahre währende Zeit des Hungers.

Imhotep (links) wurden auch die Erfindung der Steinarchitektur und die Urheberschaft von Weisheitsbüchern zugeschrieben. Lange nach seinem Tod verehrte man ihn als Gott der Medizin.

DAS LEBEN NACH DEM TOD

Die Seele in der Unterwelt

In dieser Szene auf einem Papyrus aus dem 14. Jh. v. Chr. führt Anubis die Seele des Schreibers Hunefer vor den Richterstuhl des Osiris. Das Herz Hunefers wird gegen das Symbol der Gerechtigkeit und Wahrheit abgewogen. Thoth hält das Ergebnis fest, und Horus übergibt Hunefer dem Osiris. Die vier Söhne des Horus stehen vor Osiris auf einer Lotosblüte; Isis und Nephthys sind hinter seinem Thron zu sehen.

In einer Episode aus dem Setom-Zyklus (siehe gegenüberliegende Seite) führt Si-Osire seinen Vater in die Unterwelt, um ihm dort das Schicksal zweier Männer vor Augen zu führen, die nach dem Tod vor das Gericht des Osiris gestellt worden waren. Der eine von beiden, böse und reich, ist zu ewiger Qual verurteilt, während der tugendhafte arme Mann alle Grabbeigaben des reichen erhalten hat und ein gesegneter Geist wurde. In diesem spät entstandenen Text ist das Totengericht ein zentrales Element der ägyptischen Religion; in der Frühzeit Ägyptens stellte es jedoch nur eine der vielen Gefahren dar, die die Seele zu bestehen hatte, bevor sie das Paradies in den Schilfrohrfeldern erreichte.

Die Ägypter stellten sich die Unterwelt als eine vollendete Landschaft mit Flüssen und Inseln, Wüsten und Feuerseen vor. Um sich den Weg dorthin zu bahnen und die Götter und Dämonen zu besänftigen oder zu überwinden, die die Unterwelt bevölkerten, mußte die Seele zum Zauberhelden werden. Vom Ende des 3. Jahrtausends v. Chr. an ließen hochrangige und begüterte Personen Zaubersprüche auf ihre Särge schreiben. Später entwickelte sich aus diesen Sprüche jener Textkorpus, der als Totenbuch bezeichnet wird; und vom 16. Jahrhundert v. Chr. an wurden reichen Ägyptern Papyrusrollen mit illustrierten Auszügen daraus mit ins Grab gegeben. Auf den Darstellungen ist zu sehen, wie der Verstorbene die Gefahren der Unterwelt meistert.

Wenn der Verstorbene den Thronraum des Osiris erreichte, mußte er vor den zweiundvierzig Richtern der Unterwelt beteuern, daß er sich keiner Vergehen schuldig gemacht hatte. Das Herz (das heißt das Gewissen) des Verstorbenen wurde auf einer Waage gegen die Feder der Göttin Maat, der Personifikation der Gerechtigkeit und Wahrheit, gewogen. Ein weibliches Ungeheuer, die Fresserin der Toten, saß neben den Waagschalen, bereit, den Toten zu verschlingen, wenn das Herz schwerer wog als die Feder. Diesem Schicksal konnte der Verstorbene jedoch entgehen, sofern er den Zauberspruch kannte, der das Herz verschloß und die Vergehen seines Besitzers nicht preisgab. Wer diese Prüfung bestanden hatte, galt als rein und wurde zu einem Geist, der sich unter den Göttern bewegen konnte. Er war damit auserwählt, sich den Millionen von Reisenden in der Sonnenbarke anzuschließen, die gegen Apep, die Schlange des Chaos, kämpften (siehe S. 45 und 47).

VORDERER ORIENT

Flachrelief aus dem Palast Sargons II. (721–705 v. Chr.) in Khorsabad. Geflügelte Schutzgeister dieser Art sind in der assyrischen Kunst häufig dargestellt.

Das Herz des alten Vorderen Orients war Mesopotamien, das durch den Euphrat im Westen und den Tigris im Osten begrenzt wird. Um das Jahr 3300 v. Chr. drang das nichtsemitische Volk der Sumerer in den südlichen Teil dieses Gebiets ein und gründete eine der ältesten uns faßbaren Hochkulturen; später wurden sie von den semitischen Akkadern vom Norden her unterworfen. Das sumerisch-akkadische Machtzentrum war die Stadt Babylon, von der sich auch die Bezeichnung Babylonien für Sumer und Akkad herleitet. Noch später wurde Babylon durch die Assyrer erobert, die sich weiter nördlich im Tigristal angesiedelt hatten und ein großes Reich gründeten. Die benachbarten Gebiete Mesopotamiens – Kleinasien, Syrien, Palästina und Persien – sind von der Kultur und Religion Mesopotamiens stark beeinflußt.

Das politische System und die Religion der Sumerer bildete in Mesopotamien die Grundlage des Lebens. Das Gemeinwesen war in Stadtstaaten organisiert, die jeweils eigene Schutzgottheiten besaßen. Das Volk hingegen hing animistischen Glaubensvorstellungen an: Die Welt galt als Ort geheimnisvoller und unberechenbarer Kräfte. In vielen Texten sind magische Formeln festgehalten, die böse Geister fernhalten sollten; außerdem gab es eine umfangreiche Omen-Literatur, mit deren Hilfe man die Zukunft vorauszusagen hoffte. Die offizielle Religion mit ihren großen Tempelbauten, ihren komplexen Kulthandlungen und ihrer Berufspriesterschaft hingegen diente den Belangen des Staates und der Gesellschaft. Die großen Götter waren Teil eines Pantheons, das den theologischen Spekulationen der Priester entstammte. Das Königtum wurde als Gabe der Götter angesehen; das Wohlergehen des Staates war eng mit dem des als heilig verehrten Königs verbunden, der bei religiösen Festen die Schlüsselrolle spielte.

Die Überlieferung der Mythen ist der Schriftform zu danken. Die meisten Mythen entstanden in den Schreibzentren von Tempeln und wurden auf Tontafeln (in der von den Sumerern entwickelten Keilschrift) festgehalten, die in Städten wie Ur, Babylon und Ninive gefunden wurden. Die Texte – anspruchsvolle literarische Werke, die von den Taten der Götter erzählen, daneben Volkslegenden über halbgöttliche Heroen – sind oft nur bruchstückhaft erhalten, ihre Interpretationen bis heute strittig.

CHRONOLOGIE	
um 2600–1850 v. Chr.	Sumerische Stadtstaaten Dritte Dynastie von Ur, um 2113–1991 v. Chr.
um 1890–900 v. Chr.	Semitische Herrscher erobern Mesopotamien Erste babylonische Dynastie, um 1894–1550 v. Chr. Regierungszeit Hammurabis von Babylon, um 1792–1750 v. Chr.
um 1740–1200 v. Chr.	Hethiter in Kleinasien Altes Königreich, um 1742–1460 v. Chr. Hethiterreich, um 1460–1200 v. Chr.
um 1500–1200 v. Chr.	Blütezeit Ugarits
um 883–612 v. Chr.	Assyrer erlangen Oberherrschaft über Mesopotamien Unter Sanherib (um 705–681 v. Chr.) wird Ninive Hauptstadt des Reiches Fall Ninives, 612 v. Chr.
um 625–539 v.Chr.	Neubabylonisches Reich Herrschaft Nebukadnezars, 605–562 v. Chr.
um 539–331 v. Chr.	Persisches Reich beherrscht Mesopotamien Eroberung Babylons (539 v. Chr.) Darius I. (552–486 v. Chr.) erbaut Persepolis Alexander der Große erobert das Persische Reich, 331 v. Chr.

BABYLON

Der Stadtplan (unten) zeigt das von Nebukadnedzar ausgebaute und restaurierte Babylon. Die Stadt besaß über fünfzig Tempel, doch ihr Mittelpunkt war der gewaltige Gebäudekomplex des Marduk-Heiligtums, Esagila – »das Haus, das den Kopf hebt«. Neben dem Marduk-Tempel umfaßte es die Etemenanki-Zikkurat, das »Haus der Fundamente von Himmel und Erde«, möglicherweise das Urbild des biblischen Turms zu Babel. Vom Esagila aus führte eine Prozessionsstraße zum Ischtar-Tor, das mit glasierten Ziegeln und Reliefdarstellungen mythischer Tiere reich geschmückt war. Mitte des Frühjahrs wurde hier das Neujahrsfest mit einer großen Prozession gefeiert. Diese wichtigste religiöse Zeremonie Mesopotamiens brachte den Triumph Marduks über die Kräfte des Chaos zum Ausdruck. Die Prozession mit dem König an der Spitze, bei der Darstellungen von Marduk und Nabu mitgetragen wurden, führte zu einem Tempel nördlich der Stadt.

ZIKKURAT

Die Zikkurat war jene Form des Tempels, wie er in den meisten größeren Städten Mesopotamiens zu finden war. Sie war ein mehrfach gestufter, aus massiven Ziegelkuben erbauter Turm, der bis zu 45 Meter hoch war. Am Fuß und auf der obersten Plattform der Zikkurat stand jeweils ein kleiner Tempel. Er stellte eine Art Leiter dar, die Himmel und Erde miteinander verband (vergleichbar Jakobs Himmelsleiter im Buch Genesis). Im oberen Tempel trat die Gottheit mit den Gläubigen in Kontakt. Nach dem griechischen Geschichtsschreiber Herodot fand dort auch das Heilige Hochzeitsritual statt.

LEGENDE ZUM STADTPLAN

Festungswall

Stadttor

Tempel

Hängende Gärten

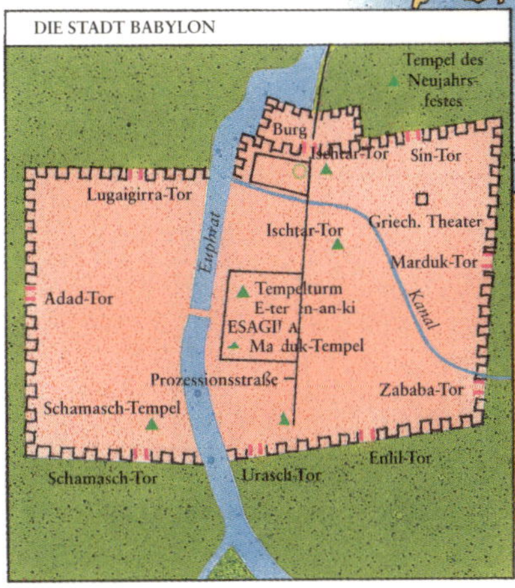

DIE GÖTTER MESOPOTAMIENS

Stelenförmige Grenzsteine, sogenannte Kuddurus, markierten Landschenkungen und Felder. Sie waren mit den Symbolen jener Gottheiten geschmückt, die den Landbesitz und seine Grenzen schützen sollten. Seit dem 12. Jh. v. Chr. wurden mesopotamische Gottheiten (rechts) in Stein gemeißelt.

OBERSTE REIHE, von links nach rechts: Die drei Astralgottheiten. Ein achteckiger Stern für Ischtar (sumerisch Inanna), die Kriegs- und Liebesgöttin, die mit dem Planeten Venus gleichgesetzt wurde; eine Mondsichel für den Mondgott Sin (Nanna); eine Sonnenscheibe für den Sonnengott Schamasch (Utu).

ZWEITE REIHE: Gehörnte, auf Sockeln stehende Kronen symbolisieren die »großen Götter«: Anu (An), den obersten Gott; Enlil, den Reichsgott der Sumerer; Ea (Enki), den Gott der Weisheit und der Gewässer.

DRITTE REIHE: Die beiden eng miteinander verbundenen Gottheiten Nabu (mit Schreibgriffel und gehörntem Drachen, der Gott der Schreibkunst und Hüter der »Schicksalstafeln«) und Marduk (mit Speerspitze und Drachen, der Gott der Magie und Schutzgott Babylons) rückten mit dem Aufstieg Babylons in den Vordergrund; Marduk wurde zum obersten Gott. Das dritte Symbol könnten Windeln sein, die für eine der großen Muttergöttinnen stehen.

Von den anderen Gottheiten seien hier drei hervorgehoben: In der VIERTEN REIHE weist der Stab mit einem doppelköpfigen Löwen auf Nergal, den Gott der Seuchen und der Unterwelt, hin. Die FÜNFTE REIHE zeigt den Skorpionmenschen, der in vielen Mythen eine Rolle spielt. Das Blitzbündel und der Stier in der UNTERSTEN REIHE symbolisierten den Wettergott Adad.

SUMER UND BABYLON

Mythen der ersten Städte

Fruchtbarkeitsgöttin, im Vorderen Orient unter verschiedenen Namen (etwa Inanna oder Ischtar) bekannt.

Die wahre Bedeutung der sumerischen Zivilisation, Religion und Mythologie wurde erst in diesem Jahrhundert erkannt. Alle Hauptcharakteristika der mesopotamischen Kultur – Stadtstaaten, Königtum, der Götterhimmel, der Tempelkult – sind Schöpfungen der Sumerer und blieben durch alle Wechselfälle der Geschichte im Grunde unverändert.

Die Keilschrifttexte der sumerischen Mythen entstanden während der Dritten Dynastie von Ur bzw. in der ihr folgenden Epoche in verschiedenen Städten der Region. Die bedeutendsten stammen aus Nippur, dem religiösen Zentrum der Sumerer; zweifellos sind die Mythen selbst weitaus älteren Ursprungs. Mit Ausnahme der ägyptischen Texte sind sie wohl die ältesten Mythen der Menschheit überhaupt.

Das kosmologische und theologische System in diesen Texten aus der Zeit der Dritten Dynastie wurde zum Grundlage des religiösen Glaubens im gesamten Vorderen Orient. Oft sind die sumerischen Mythen jedoch nicht leicht zu deuten, und es fehlt ihnen an Stimmigkeit, da sich voneinander unabhängig in den wichtigsten religiösen Zentren Mythenkreise mit eigenen Gottheiten entwickelten. Dennoch war die Mythologie der Sumerer grundsätzlich homogen und entwarf ein letztlich harmonisches Bild der Weltordnung, in der die Schöpfung und die Götter friedlich aus dem Urmeer aufstiegen, der Mensch zum Diener der Götter bestimmt war, und das Universum durch unveränderliche göttliche Gesetze, die *me*, regiert wurde, die seinen Bestand sicherten.

Dumuzi und Enkimdu

Die sumerische Geschichte von Dumuzi und Enkimdu handelt von der uralten Rivalität zwischen nomadischer und bäuerlicher Lebensweise, wie sie auch der Geschichte von Kain und Abel im Buch Genesis zugrunde liegt. Doch im Mittelpunkt dieses Mythos steht die Brautwerbung Dumuzis um die Fruchtbarkeitsgöttin Inanna und ihre Vereinigung.

Die Göttin Inanna muß unter zwei Bewerbern einen Ehemann auswählen: der eine ist der Hirte Dumuzi, der andere der Bauer Enkimdu. Der Sonnengott Utu, Inannas Bruder, drängt sie, Dumuzi zum Mann zu nehmen; anfangs ist Inanna entschlossen, Enkimdu den Vorzug zu geben, doch Dumuzi gibt nicht auf und behauptet kühn, seine Herden könnten wertvollere Produkte liefern als Enkimdu durch Ackerbau erziele. Die beiden Konkurrenten treffen am Flußufer zu einem Streitgespräch zusammen. Enkimdu gibt schnell nach und erlaubt Dumuzi, seine Herden überall auf seinem Land weiden zu lassen. Daraufhin lädt der Hirte den Bauern zu seiner Hochzeit mit der Göttin ein; der Text endet damit, daß Enkimdu verspricht, Dumuzi und Inanna Feldfrüchte als Geschenk mitzubringen.

In anderen Mythen wird Dumuzi als Inannas Gemahl und Geliebter dargestellt, und häufig steht die Liebe Inannas zu ihm im Mittelpunkt erotisch gefärbter Geschichten. Als Fruchtbarkeitsgöttin – ihr Symbol ist das sogenannte Schilfringbündel – erneuerte Inanna die Vegetation und begünstigte die Geburt von Tieren und Menschen. Dumuzi wiederum war die Verkörperung der schöpferischen Kräfte des Frühlings, und seine Ehe mit Inanna symbolisierte und bewirkte die Erneuerung des Lebens am Jahresende. Dieses Ereignis wurde in vielen Städten regelmäßig durch ein Heiliges Hochzeitsritual gefeiert; dabei übernahm der König die Rolle von Dumuzi oder Tammuz (siehe S. 61) und vollzog die geschlechtliche Vereinigung mit der Göttin, um die Fruchtbarkeit und den Wohlstand des Landes zu garantieren. Der Kult war auch außerhalb Mesopotamiens verbreitet.

Ein sumerischer Text beschreibt, wie Schulgi, ein König der Dritten Dynastie von Ur, dieses Ritual vollzog: Er betrat das Brautgemach, wo er von Inanna mit einem leidenschaftlichen Liebeslied begrüßt wurde. Nachdem der Geschlechtsakt vollzogen war, versprach die Göttin im kommenden Jahr »Glück« für den König und sein Land.

Das Universum der babylonischen Mythen ist unberechenbar und stellt die Menschen vor schwierige Fragen: Wie kann die Menschheit mit dem unvorhersehbaren Handeln der Götter zurechtkommen (das Thema der Überschwemmungsmythen)? Warum besitzt der Mensch keine Unsterblichkeit, und warum beanspruchen die Götter diese ausschließlich für sich (das Thema des Gilgamesch-Mythos)? Diese Fragen bilden auch den Grundstock der Adapa-Erzählung.

Adapa, einer der Sieben Weisen aus vorgeschichtlicher Zeit (machtvolle Wesen, die in magischen Riten beschworen wurden), war in der Stadt Eridu Priester des Ea. Einmal ließ der Südwind sein Boot beim Fischfang kentern, worauf Adapa dem Wind mit einem Fluch die Flügel brach, so daß keine Feuchtigkeit mehr ins Landesinnere dringen konnte. Adapa mußte sich vor dem Himmelsgott Anu verantworten. Doch sein Schutzgott Ea gab ihm Ratschläge, wie er Anu milde stimmen könne, und empfahl ihm, Speise und Trank, die der Gott ihm dort darbieten würde, auszuschlagen, da es das Wasser und die Nahrung des Todes sei. Dies war jedoch ein falscher Rat, denn Anu bot Adapa das Wasser und die Speise des Lebens an, die ihn unsterblich gemacht hätten. Als Adapa die Gaben ablehnte, brach Anu in Gelächter aus und schickte ihn auf die Erde zurück. Das Ende der Geschichte ist nicht erhalten, aber es könnte sein, daß Anu der Stadt Eridu und deren Priesterschaft Vorrechte verschaffte, der Menschheit als ganzer hingegen Krankheit und böse Geister schickte. Adapa jedoch konnte durch seine magischen Kräfte diese Übel beseitigen.

Ein weiterer wichtiger, wiederum nur fragmentarisch erhaltener babylonischer Mythos geht auf eine ursprünglich sumerische Quelle zurück. Der Vogelgott Zu, dessen Reich die Unterwelt war, raubte die Schicksalstafeln des Gottes Enlil, die dem, der sie besaß, die Weltherrschaft garantierten. Daraufhin bat Anu zwei Götter darum, Zu zu töten, doch angesichts der ungeheuren Macht, die Zu nun besaß, wiesen sie seine Bitte zurück. Schließlich erscheint der siegreiche Held: in babylonischen Quellen ist es Marduk, in sumerischen Lugalbanda. Einzelheiten der Niederlage Zus fehlen, doch ein zylindrischer Siegeldruck (siehe Randspalte oben rechts) legt den Schluß nahe, daß er schließlich vom Wassergott Ea bestraft wurde.

DIE VERURTEILUNG ZUS
Dieser Tonabdruck auf einem Siegelzylinder stellt wahrscheinlich Zu dar, wie er von Ea gerichtet wird, nachdem er die Schicksalstafeln gestohlen hatte. Zu taucht in den Mythen meist als Widersacher der höheren Götter auf – was auf einen Wandel im religiösen Selbstverständnis Mesopotamiens hindeutet. Möglicherweise wurden durch den Zustrom neuer Bevölkerungsgruppen alte chthonische (Erd-)Götter jüngeren Himmelsgottheiten untergeordnet.

Etana

Der akkadische Mythos von Etana spiegelt die zentrale Rolle des Königs im politischen Leben Mesopotamiens wider.

In der sumerischen Königsliste wird Etana als Herrscher von Kisch aufgeführt, als »Hirte, der zum Himmel aufstieg«. Ihm wurde von den Göttern die Aufgabe übertragen, den Menschen den Segen des Königtums zu bringen. Doch er besitzt keinen Sohn, der diese Dynastie hätte fortsetzen können (so heißt es auch in der Weissagung von Keret in der ugaritischen Mythologie, siehe S. 64); seine einzige Rettung besteht darin, in den Himmel aufzusteigen und von Ischtar, der Göttin der Geburt, das Kraut des Gebärens zu holen. Auf Anraten des Sonnengottes Schamasch bedient er sich der Hilfe eines Adlers. Er befreit den Adler aus einer Grube, in die er geraten war, weil er seine Freundin, die Schlange, verraten hatte. Etana erhebt sich auf den Schwingen des Vogels in den Himmel.

Dieses Rollsiegel stellt den Aufstieg des Hirten-Königs in den Himmel dar, dem zwei Hirten mit ihren Herden und Hunden beiwohnen.

Hier bricht der Text ab. Da jedoch die sumerische Königsliste den Namen von Etanas Sohn und Erben verzeichnet, scheint seine Suche nach den Kraut des Gebärens erfolgreich gewesen zu sein.

GILGAMESCH

Das große Epos der Sterblichkeit

Eine Tonmaske des Dämons Humbaba (sumerisch Huwawa) aus der Stadt Ur. Masken wie diese dienten zur Abwehr böser Geister, die die religiöse Welt Mesopotamiens scharenweise bevölkerten.

Die ausführlichste Version des großen Gilgamesch-Epos findet sich in einem akkadischen Text aus der Bibliothek Assurbanipals in Ninive. Gilgamesch, der »zu zwei Drittel Gott und zu einem Drittel Mensch« ist, unterdrückt seine Untertanen in Uruk. Auf Bitten der Menschen erschaffen die Götter als Gegengewicht zu Gilgamesch Enkidu, einen Wilden, dessen Körper dicht behaart ist und der mit den wilden Tieren lebt. Durch seinen Kontakt mit einer Dirne nimmt er zivilisierte Lebensformen an. Dann fordert er Gilgamesch zum Kampf heraus, aus dem sie als Freunde hervorgehen und gemeinsam heroische Taten vollbringen, etwa die Tötung Humbabas. Nachdem die beiden nach Uruk zurückgekehrt sind, fordert die Göttin Ischtar Gilgamesch auf, ihr Gemahl zu werden, doch er weist ihr Angebot verächtlich zurück. Voller Zorn schickt sie den »Himmelsstier« gegen ihn aus, den Gilgamesch mit Enkidus Hilfe tötet.

Die Götter beschließen den Tod Enkidus als Strafe für seine Beteiligung an der Tötung Humbabas und des Stiers. Enkidus Schicksal führt Gilgamesch die Wirklichkeit des Todes vor Augen, und er macht sich auf die Suche nach dem Geheimnis des ewigen Lebens. Er überquert die Wasser des Todes, um Utnapischtim aufzusuchen, der als einziger Sterblicher die Unsterblichkeit erlangt hat. Dieser berichtet ihm von einem Unsterblichkeitskraut auf dem Meeresgrund. Begleitet von Utanpischtims Fährmann entdeckt Gilgamesch die Pflanze, doch bevor er davon essen kann, wird sie von einer Schlange geraubt (deshalb besitzt die Schlange die Fähigkeit, sich zu verjüngen, indem sie ihre Haut abstreift). Schließlich kehrt Gilgamesch nach Uruk zurück und zeigt dem Fährmann seine herrliche Stadt.

Die sumerischen Textfassungen

Fünf sumerische Texte über Gilgamesch, einen sumerischen König, der später zum Gott erhoben wurde, sind erhalten geblieben. Babylonische Schreiber haben daraus ein zusammenhängendes Epos gemacht.

Der dritte dieser Texte handelt von Inanna, der Göttin der Liebe und des Krieges, die den riesigen Himmelsstier gegen Gilgamesch ausschickt, nachdem dieser sie trotz ihres L ebeswerben schroff zurückgewiesen hat (siehe oben).

Im vierten Text möchte Inanna einen Baum fällen, um daraus ein Bett und einen Thron zu machen; doch es gelingt ihr nicht, weil der Baum von Dämonen bewacht wird. Auf ihre Bitte hin vertreibt Gilgamesch die Ungeheuer; aus dem Holz des Baumes stellt die Göttin zwei Gegenstände her, *pukku* und *mukku* – vermutlich eine Ritualtrommel mit einem Schlegel. Diese fallen unglücklicherweise hinab in die Unterwelt, aus der sie Enkidu zurückholen will. Doch einmal dort, kann er nicht mehr zurückkehren. Da gräbt der Gott Enki, der Herr des Unten, der Beherrscher des Ozeans und der Fruchtbarkeit spendenden Quellen, ein Loch in die Erde, durch das der Totengeist Enkidus aufsteigen kann; dieser berichtet Gilgamesch ausführlich von dem traurigen Schicksal der Menschen in der Unterwelt.

Der letzte Text schließlich wird gewöhnlich mit »Tod des Gilgamesch« betitelt, doch bezieht er sich wohl auf Enkidus Tod. Jedenfalls handelt er von der Macht des Todes und von der Vergeblichkeit aller Hoffnungen des Menschen auf Unsterblichkeit und ewiges Leben. Dies ist die zentrale Botschaft des Gilgamesch-Epos, wie sie in seiner vollständigsten (der babylonischen) Fassung zum Ausdruck kommt.

Die Tötung des Dämons Humbaba, von der sumerische und babylonische Texte erzählen. Links: Gilgamesch mit Krone.

ISCHTAR UND TAMMUZ

Der Abstieg in die Unterwelt

Inanna oder Ischtar (in der akkadischen Form) ist die oberste Gottheit der geschlechtlichen Liebe und der Fruchtbarkeit, aber auch die Göttin des Krieges, die »Herrin der Schlachten«. Der Mythos, in dem sie im Mittelpunkt steht, erzählt von ihrem Abstieg in die Unterwelt.

Die Gründe für diesen Gang in die Unterwelt werden nicht dargelegt, doch möglicherweise will Ischtar ihren Machtbereich ausdehnen. Bevor sie aufbricht, gibt sie ihrer Botin Ninschubur die Anweisung, drei Götter zu Hilfe zu holen, falls sie nicht zurückkehre. Sie muß sieben Tore durchschreiten und an jedem einen Teil ihres Gewandes und ein Schmuckstück ablegen, bis sie schließlich, aller ihrer Machtinsignien ledig und nackt, vor ihre Schwester, die Göttin Ereschkigal, die Herrin der Unterwelt, tritt. Mit Ischtars Verschwinden hört alle Zeugung auf der Erde auf. Sie versucht, sich deren Throns zu bemächtigen, wird aber zum Tod verurteilt; ihr Leichnam wird an einem Nagel aufgehängt. Ninschubur, Unheil ahnend, begibt sich zum Gott Enki, der aus dem Schmutz seiner Fingernägel zwei geschlechtslose Wesen erschafft, denen er das Kraut und das Wasser des Lebens gibt. Ihnen gelingt es, zu Ischtar vorzudringen und sie wieder zum Leben zu erwecken; doch sie darf die Unterwelt nur verlassen, wenn sie an ihrer Stelle einen Ersatz benennt. In Begleitung von wilden Dämonen verläßt sie die Unterwelt, nachdem sie ihren Mann Dumuzi zu ihrem Stellvertreter erklärt hat. Das Gedicht endet mit der Ankündigung, daß Dumuzi die eine Hälfte des Jahres und seine Schwester Geschtinanna, die »Weinrebe des Himmels«, die andere in der Unterwelt verbringen muß.

Auf dieser Stele ist Inanna (Ischtar) als Göttin des Krieges zu sehen. Sie reitet auf einem Löwen, trägt auf jeder Schulter einen Köcher und ein Schwert an ihrer linken Hüfte. Ihr Abstieg in die Unterwelt und ihre Rückkehr versinnbildlichen Ende und Wiederkehr der Fruchtbarkeit.

Tammuz, der sterbende Gott

Dumuzi, im Hebräischen Tammuz, besitzt viele Eigenschaften. Zwar gehört er nicht zu den großen Göttern, doch genoß er im Volksglauben hohes Ansehen, und sein Kult war weit verbreitet.

Tammuz war unter anderem ein Vegetationsgott: Auf einem Relief hält er Bündel von Weinreben in der Hand, an denen Ziegen nagen; neben ihm zwei Göttinnen, aus deren Gefäßen sich die Feuchtigkeit ergießt, die für das Getreide notwendig ist. Doch wichtiger war seine Eigenschaft als sterbender Gott, als der er anderen Gottheiten ähnlichen Typs – etwa Adonis in der griechischen Mythologie – gleichgesetzt wurde.

Die jährliche Dürre der Vegetation in der heißen Jahreszeit wird durch seinen Tod und seine Gefangenschaft in der Unterwelt symbolisiert. Er steht im Zentrum zahlreicher liturgischer Texte aus Mesopotamien, in denen sein Verschwinden und die daraus folgende Öde der Natur beklagt wird. Diese Zeremonien wurden insbesondere von Frauen vollzogen – sogar in Jerusalem, wie es das prophetische Buch Ezechiel im Alten Testament bezeugt. Daß die Auferstehung des Tammuz ebenfalls rituell begangen wurde, kann nur vermutet werden. Dafür spricht die Tatsache, daß sein Aufenthalt in der Unterwelt nur ein halbes Jahr dauerte; seine Rückkehr ins Leben könnte deshalb durchaus im Mittelpunkt eines Frühlingsrituals gestanden haben. Nur im Falle von Inanna (Ischtar) besitzen wir das einzige eindeutige Beispiel für Tod und Auferstehung einer Gottheit in der mesopotamischen Literatur.

SCHÖPFUNGSMYTHEN

Enki, Marduk und die göttlichen Erlasse

Dieses Rollsiegel stellt wahrscheinlich die Tötung Tiamats durch Marduk dar. Tiamat ist ursprünglich das Salzmeer; im Mythos verkörpert sie das Urchaos, vorgestellt als drachenähnliches Ungeheuer, das überwunden werden muß, bevor das geordnete Universum geschaffen werden kann. In einem Text werden auch die hier dargestellten Waffen Marduks erwähnt: die Keule, mit der er Tiamats Kopf zerschmettert, der Blitz, den er gegen sie schleudert, und ein Netz, mit dem er sie einfängt.

Die sumerische Kosmogonie setzt sich aus einer Vielzahl kleinerer Ursprungsmythen zusammen, in denen unterschiedliche Gottheiten auftreten. Deren Taten sind nur schwer miteinander in Einklang zu bringen; eher scheint sich in ihnen die Rivalität der verschiedenen sumerischen Stadtgötter widerzuspiegeln. Der Ursprung aller Dinge war das Urmeer, personifiziert als Göttin Nammu. Sie gebar einen Sohn, den Himmelsgott An, und eine Tochter, die Erdgöttin Ki, aus deren Vereinigung die »großen Götter« entstanden. Zu diesen gehörte Enlil, der Weltordner, der auch für die Vegetation, das Vieh, landwirtschaftliche Werkzeuge und die menschliche Zivilisation zuständig ist. Der Mensch wurde geschaffen, um den Göttern zu dienen und sie mit Nahrung zu versorgen.

Die gleiche Rolle wird Enki zugeschrieben, dessen Reich Apsu ist, das unterirdische Wasser. Enki ist der Gott der Weisheit und besitzt die *me*, die in der sumerischen Religion eine zentrale Rolle spielen. *Me* sind göttliche (wahrscheinlich auf Tafeln eingeritzte) Erlasse, die alle religiösen und sozialen Institutionen bestimmen. Ihr Besitz bringt absolute Macht, und deshalb nimmt es nicht wunder, daß andere Götter die *me* an sich reißen wollen. In einem Mythos wird erzählt, daß Inanna zu diesem Zweck Enki einen Besuch abstattet. Er empfängt sie mit einem Bankett, und händigt ihr, vom Wein berauscht, die *me* aus, von denen mehr als hundert aufgelistet sind. Später will Enki die *me* wieder zurückgewinnen; doch Inanna, die sich bereits auf dem Rückweg nach Uruk befindet, wehrt seine Boten mit Zaubersprüchen ab. Dieser Mythos begründet die herausragende Rolle, die die Göttin und die Stadt Uruk bei den Sumerern spielten.

Der babylonische Schöpfungsmythos

Das babylonische Schöpfungsepos ist aus einem Guß. Im Mittelpunkt steht der babylonische Gott Marduk, in dessen Beschreibung Eigenschaften von Gottheiten älterer Mythen eingegangen sind. Dieses Epos sollte Marduks Position als größte Gottheit festigen und die Vorrangstellung seiner Stadt bekräfigen. Der Text ist ein liturgisches Gedicht von magischer Kraft; seine Rezitation war ein zentraler Bestandteil des Neujahrsfests im Frühling, der wichtigsten religiösen Zeremonie Babylons, durch das sich die Erneuerung der Schöpfung vollziehen sollte.

Anfangs gab es nichts außer Apsu, den Süßwasserozean, und Tiamat, das Salzmeer. Aus ihrer Verbindung gehen eine Reihe von Göttern hervor, an deren Spitze die großen Götter Anu und Ea stehen, die wiederum Marduk zeugen. Doch zwischen den jüngeren Göttern und den Urgottheiten kommt es zum Konflikt. Ea tötet Apsu, und Tiamat will Rache nehmen. Sie sammelt eine Horde wilder Ungeheuer um sich, darunter den Skorpionmenschen, und stellt ihren Sohn Kingu an die Spitze der Streitmacht. Ihm übergibt sie die Schicksalstafeln, die den sumerischen *me* entsprechen.

Marduk auf einer gehörnten Schlange auf dem Urmeer. Babylonisches Lapislazuli-Siegel.

Mehrere Götter versuchen vergeblich, Tiamat zu besiegen, und schließlich erwählen die Götter Marduk zu ihrem Anführer. Marduk erklärt sich unter einer Bedingung einverstanden: Er will als König der Götter anerkannt werden. Er besiegt und tötet Tiamat, teilt ihren Körper, formt aus der einen Hälfte den Himmel, aus der anderen die Erde. Kingu raubt er die Schicksalstafeln, dann tötet er ihn. Aus seinem mit Erde vermischtem Blut erschafft Marduk die Menschheit. Die Götter erbauen Marduk in Babylon einen eigenen Tempel, den Esagila.

DIE GROSSE FLUT

Zerstörung und Überleben

Der Sintflutmythos spiegelt auf drastische Weise die unberechenbaren Überschwemmungen der Flüsse Euphrat und Tigris. Die vollständigste Geschichte findet sich im Atrachasis-Epos. Die Menschen wurden geschaffen, um den Göttern zu dienen und diese von der Mühsal der Arbeit zu befreien. Doch im Laufe von zwölfhundert Jahren vermehrt sich die Menschheit so stark, daß der Lärm, den sie verursacht, den Frieden der Götter stört. Enlil will ihre Zahl verringern, indem er zuerst eine Seuche, dann zweimal eine Dürre schickt; doch seine Pläne werden jedesmal durch den weisen Enki vereitelt, der Atrachasis, den überaus weisen König von Schurupak, über Enlils Absichten informiert und ihm Gegenmaßnahmen vorschlägt. Schließlich zwingt Enlil die anderen Götter, eine große Flut zu schicken, darüber aber Stillschweigen zu bewahren. Dieses Verbot umgeht Enki, indem er nicht direkt zu Atrachasis spricht, sondern zu der reetgedeckten Hütte, in der der König lebt. Dem Rat Enkis folgend, baut er ein riesiges Boot, in das er sich mit seiner Familie und verschiedenen Tierarten flüchtet, als die Flut steigt. Nun merken die Götter, daß ohne die Menschen ihr eigenes Überleben nicht gesichert ist und sie wieder selbst arbeiten müssen, und sie beklagen, was geschehen ist. Nach sieben Tagen weicht die Flut, und Atrachasis bringt den Göttern ein Opfer dar. Nach anfänglichem Zorn akzeptiert Enlil den Fortbestand des Menschengeschlechts. Doch trifft er Vorkehrungen, um deren Vermehrung zu begrenzen und setzt eine Kaste von Priesterinnen ein, die keine Kinder bekommen dürfen; außerdem führt er die Kindersterblichkeit ein. Atrachasis wird mit dem ewigen Leben und einer Stellung unter den Göttern belohnt.

Die GROSSE FLUT IM GILGAMESCH-EPOS
Utnapischtim, der laut dem Gilgamesch-Epos (siehe S. 60) die große Flut überlebte, erzählt in allen Einzelheiten, wie er ein Boot in Form eines Würfels baute, und beschreibt die Auswirkungen der großen Flut. Als sich das Wasser endlich zurückzog, schickte er zuerst eine Taube aus, dann eine Schwalbe und schließlich einen Raben, die das Land erkunden sollten. Dann bereitete er ein Opfer, um das sich alle Götter versammelten, um »den süßen Duft« zu atmen. Diese Schilderungen binden die babylonische Geschichte stark an die biblische Sintflutgeschichte. Am Ende gibt Ea dem zornigen Enlil den Rat, er solle die Menschheit nicht vollständig vernichten, sondern sie, wenn nötig, durch wilde Tiere, Hungersnöte oder Seuchen bestrafen. Enlil ist einverstanden und belohnt Utnapischtim mit der Gabe der Unsterblichkeit.

Der sumerische Sintflutmythos

Der Sintflutmythos ist in drei Versionen überliefert, die jedoch in ihren Grundzügen von einem gemeinsamen Urtyp abstammen. Die Menschheit beleidigt die Götter tief und wird auf Anstiftung des Gottes Enlil mit einer verheerenden Sintflut bestraft. Ein Mann mit seiner Familie wird jedoch durch das Eingreifen des Gottes Enki oder Ea verschont. Sie begründen später eine neue Menschheit. Der sumerische Sintflutmythos ist nur bruchstückhaft überliefert, doch ist er zweifellos die Quelle aller späteren mesopotamischen Fassungen. Er beschreibt die Einführung der sumerischen Zivilisation, das Königtum, die Stadtstaaten und das Bewässerungssystem.

Nach einer Textlücke folgt eine Passage, in dem Enki über die Entscheidung der Götter spricht, die Menschheit trotz der Trauer der Muttergöttin Inanna durch eine Flut zu vernichten. Enki entschließt sich, den frommen König Ziusudra zu retten, und verrät ihm den Plan der Götter, indem er durch die reetgedeckte Wand seines Hauses zu ihm spricht. An dieser Stelle bricht der Text wieder ab; doch wahrscheinlich erhält Ziusudra Anweisungen zum Bau eines Boots, denn der Text fährt fort mit der Beschreibung einer siebentägigen Überschwemmung, bei der »die Sturmwinde das große Boot in der Wasserwüste« umherwarfen. Dann erscheint der Sonnengott Utu in seiner Barke und bringt das Licht zurück, und Ziusudra opfert An und Enlil – jenen Göttern, die die große Flut angeordnet hatten. Auf diese Weise besänftigt, bevölkern sie wieder die Erde, erneuern die Vegetation und gewähren Ziusudra »ewiges, gottähnliches Leben.«

Die dritte Version des Mythos befindet sich auf der elften Tafel des Gilgamesch-Epos (siehe Randspalte oben). Darin erzählt der Held Utnapischtim, wie er und seine Familie die Sintflut überlebten.

Der Sonnengott Utu zusammen mit anderen Göttern in seiner Barke, in der er nach sumerischer Vorstellung täglich den Himmel durchmaß.

UGARITISCHE MYTHEN

Königtum und Nachfolge

UGARITISCHE GOTTHEITEN
An der Spitze des ugaritischen Pantheons steht El, die höchste Autorität in allen göttlichen und menschlichen Angelegenheiten: Er ist der Schöpfer, der »Vater der Götter und Menschen«, dargestellt als betagte und anbetungswürdige Figur. Doch ist die aktivste Gestalt dieser Mythen der junge Gott Baal, der mit dem Sturmgott Hadad und dem göttlichen Prinzip der Fruchtbarkeit gleichzusetzen ist. Er wohnt auf einem Berg weit im Norden. Eng mit ihm verbunden sind zwei weibliche Gestalten: Aschera oder Astarte und Anat, beide Fruchtbarkeitsgöttinnen, wie sie überall im Vorderen Orient verbreitet sind. Aschera ist die Gemahlin Els und Göttermutter. Anat ist die Schwester Baals und seine Helferin in allen Angelegenheiten; sie besitzt einen gewalttätigen, kriegerischen Charakter. Weitere, weniger bedeutende Gottheiten sind Reschef und Horon, Götter der Seuchen, und Athar, der Venusstern, der der mesopotamischen Ischtar entspricht. In den Mythen tauchen auch zwei Widersacher Baals auf: Jam, das Meer, und Mot, die zerstörerische Kraft der Dürre und Unfruchtbarkeit.

Der Gott El nimmt, auf seinem Thron sitzend, die Gabe eines bekrönten Anbetenden entgegen, bei dem es sich möglicherweise um den König von Ugarit handelt. Diese Stele aus Ugarit bildet El mit den Attributen ab, die im Text durch die Beinamen König, Stier, Freundlichkeit, Barmherzigkeit und Heiligkeit suggeriert werden.

In den Jahren nach 1928 wurden bei Ausgrabungen in der alten Stadt Ugarit (dem heutigen Ras Schamra) in Nordsyrien zahlreiche Tafeln mit literarischen Texten entdeckt, die Aufschluß über die Religion der Kanaaniter geben, von der bis dahin relativ wenig bekannt war. Die Texte stammen aus der Zeit zwischen 1400 und 1350 v. Chr., aber die Mythen, die sie enthalten, sind sicherlich weitaus älteren Ursprungs: Sie wurden von Generationen von Sängern und Dichtern verfaßt und fanden auch in Tempelliturgien Verwendung. Die ugaritischen Mythen und Legenden haben viel gemeinsam mit denen Mesopotamiens, besitzen jedoch ein eigenes Gepräge.

Zwei dieser Texte handeln von wichtigen Aspekten des kanaanitischen Gemeinwesens. Der erste ist die Legende von König Keret. Keret trauert, weil er nacheinander sieben Frauen verloren hat und somit seine Hoffnung auf einen Erben zunichte gemacht ist. Da erscheint ihm im Traum der oberste Gott El und befiehlt ihm, ins benachbarte Königreich einzudringen und Huray, die Tochter des dortigen Königs, zu heiraten. Keret macht sich auf den Weg und verspricht, das Gewicht Hurays mehrmals mit Silber und Gold aufzuwiegen und es der Fruchtbarkeitsgöttin Aschera darzubringen, wenn er siegreich ist. Sein Feldzug ist erfolgreich, und bei seiner Rückkehr segnet ihn El und verspricht ihm, daß Huray ihm acht Söhne gebären wird, deren ältester von Aschera und Anat gestillt wird. Im Verlauf von sieben Jahren kommen sieben Söhne zur Welt. Doch Keret hat das Versprechen, das er Aschera gegeben hat, nicht erfüllt. Er wird so schwer krank, daß er nicht mehr Recht sprechen kann, und die Fruchtbarkeit der Felder nachläßt. Mit Hilfe einer Zeremonie im Palast des Baal wird der fruchtbringende Regen herbeigeführt. Keret wird gesund und kann seine Aufgaben als König wieder erfüllen; es gelingt ihm auch, einen seiner Söhne, der ihm die Herrschaft entreißen will, zurückzuschlagen. Die Geschichte gibt Aufschluß über die Funktion des Königtums im Vorderen Orient: Der König ist die heilige Gestalt, die Quelle des Segens; er bringt Ordnung und Fruchtbarkeit für sein Land und Volk; wenn er leidet, leidet auch sein Volk.

Um ähnliche Belange geht es auch in der Ahat-Legende. Der Patriarch Daniel (derselbe Name wie in der Bibel) ist kinderlos, doch Baal setzt sich bei El für ihn ein, und er bekommt einen Sohn, Ahat. Als Ahat erwachsen ist, übergibt ihm ein göttlicher Handwerker Pfeile und Bogen. Die Göttin Anat ist neidisch und versucht, Ahat zu überreden, ihr die Waffen zu überlassen. Er lehnt ab, und sie schickt ihren Helfer Jatpan, der Ahat tötet. Im Kampf wird jedoch der Bogen zerstört, so daß die Pläne Anats durchkreuzt sind. Daraufhin schickt Baal keinen Regen, und die Ernte verdorrt. Daniel sucht nach Ahats Leichnam, bestattet ihn im Familiengrab und hält sieben Jahre Trauer.

Der Schluß dieser Geschichte ist nicht erhalten, doch sind sich die Wissenschaftler einig, daß er von der Auferstehung Ahats handeln muß, von der Rückkehr der Fruchtbarkeit auf die Erde und vielleicht auch von der Wiederherstellung des Bogens. Dieser Geschichte liegt möglicherweise ein älterer Mythos zugrunde, der von der Dürre des Sommers und deren Ende erzählt – symbolisiert durch Ahats Tod und Auferstehung; der Bogen steht möglicherweise für das Sternbild des Orion, dessen Auf- und Untergang dem Anfang und Ende der trockenen Jahreszeit entspricht.

Zwei weitere Mythen dieses Zyklus sind im wesentlichen Theogonien – das heißt, Erzählungen von der Geburt der Götter. In einem wird berichtet, wie El nach dem Geschlechtsverkehr mit zwei Frauen – vielleicht Aschera und Astarte – Vater von zwei Gottheiten wird: von Schachar (»Morgenröte«) und Schalim (»Dämmerung«); von El stammen auch die anderen ugaritischen Gottheiten ab. Der zweite Mythos erzählt von den Vorbereitungen zur Hochzeit des Mondgottes Jarikh und der Mondgöttin Nikkal, in deren Verlauf die Kotharat, die göttlichen Hebammen, herbeigerufen werden, da die Geburt eines Sohnes erwartet wird.

Der Sturmgott Baal

Der wichtigste ugaritische Mythos, der aus drei lose miteinander verbundenen Episoden besteht, handelt von dem jungen Sturmgott Baal, der sich in seiner komplexen Gestalt mit dem Wettergott Hadad zu Baal-Hadad verbindet. Der Zyklus wurde wahrscheinlich anläßlich eines großen Fests im Herbst rezitiert, an dem das Ende der Zeit der Feldbestellung gefeiert und der Regen erwartet wurde (vergleichbar dem babylonischen Schöpfungsmythos, der am Neujahrsfest rezitiert wurde).

Der erste dieser Texte handelt von Baals Streit mit Jam, dem Meeresgott. Jam, der auch Nahar (»Fluß«) und »Drache«, »Schlange« und »Leviathan« genannt wurde, entspricht der mesopotamischen Urgottheit Tiamat (siehe S. 62).

Jam fordert für sich die Königsmacht; der höchste Gott El, Göttervater und Schöpfer aller Wesen, ist bereit, sie ihm zu geben, fordert jedoch von ihm, er müsse zuerst Baal besiegen. Mehrere Stellen im Text scheinen auf eine Spannung zwischen dem alten El und dem jungen Baal hinzudeuten. Mit Hilfe magischer Waffen, die ihm die göttlichen Handwerker schmieden, tritt Baal gegen Jam an, tötet ihn, verstreut seine Gebeine und erklärt sich selbst zum König. Jam repräsentiert die ungeordneten Kräfte des Chaos, die Mensch und Natur bedrohen. Indem Baal ihn besiegt, demonstriert er, daß er allein die Fluten des Himmels beherrscht und den segenbringenden Regen schicken kann, von dem der Ackerbau abhängig ist.

Die zweite Episode beginnt mit einem großen Bankett anläßlich Baals Sieg über Jam. Doch dann tritt Baal in den Hintergrund, und es folgt die Beschreibung eines blutigen Gemetzels, das Anat unter den Anbetern Baals anrichtet. Hierin spiegelt sich vielleicht die Furcht der Bevölkerung am Ende der trockenen Jahreszeit. Baal möchte Anats Macht brechen, indem er ihr verspricht, ihr das Geheimnis des Blitzes zu verraten, der die lebensnotwendigen Stürme bringt. Dann klagt Baal, daß er keinen Palast besitze wie die anderen Götter. Anat bittet El um ein Haus für Baal, doch erst Els Gemahlin Aschera gelingt es, El zu überreden. Der Bau des Palastes wird nun ausführlich beschrieben, danach folgt der Einzug Baals, der mit einem großen Fest begangen wird.

Baal oder Hadad als Sturmgott. Auf den Bergen stehend, schwingt er eine Keule, Symbol für den Donner, und eine Lanze, Symbol für den Blitzstrahl.

Hinter dieser Erzählung steht der Mythos der Gründung von Baals Tempel in Ugarit, entsprechend dem Esagila-Tempel für Marduk nach seinem Sieg über Tiamat (siehe S. 62). Als Baal schließlich seinen Palast bewohnt, fordert er den Todesgott Mot heraus, ein Ungeheuer der Urerde (ähnlich Jam, dem Ungeheuer des Urmeers), indem er sich als der Stärkste aufwirft. Damit beginnt der dritte Teil des Mythos.

Hier versucht Mot seinem Gegenspieler Baal das Königtum zu entreißen, indem er ihn zweimal zum Kampf herausfordert. Zuerst zwingt Mot Baal, sich ihm zu unterwerfen und in die Unterwelt, das »Leichenhaus der Erde«, hinabzusteigen, worauf eine schwere Dürre die Erde heimsucht. Während Baals Abwesenheit ernennt Aschera auf Els Bitte ihren Sohn Aschtar zum König. Doch der erweist sich als ungeeignet für diese Aufgabe. Unterdessen macht sich Anat auf die Suche nach Baal; sie tötet Mot, indem sie ihn mit einem Schwert in Stücke schlägt und ihn im Feuer verbrennt.

Doch scheint nur der erdverbundene Aspekt Mots betroffen gewesen zu sein, denn in einer Episode, die von Ischtars gefährlicher Reise erzählt (siehe S. 61), steigt Anat in die Unterwelt hinab und versucht, Mot zu überreden, Baal freizulassen. Schließlich kann Baal zurückkehren, insbesondere auf die Fürsprache der Sonnengöttin Schapasch hin, und seine frühere Stellung als König wieder einnehmen.

Dann fordert der Todesgott Mot Baal, den Sturmgott, zum zweitenmal heraus. Er verläßt die Unterwelt und tritt Baal von Angesicht zu Angesicht gegenüber. Es folgt ein erbitterter Kampf, der jedoch unentschieden endet. Schließlich überredet El den widerstrebenden Mot, Baal als König anzuerkennen.

Als die Verkörperung des größten Feindes des Menschen, des Todes, kann Mot nicht endgültig besiegt, sondern nur durch Baal und die Mithilfe des obersten Gottes in Schach gehalten werden. Hier berührt der Mythos die Menschheitstragödie des Todes, ein universales Thema in Mythos und Literatur, das im Gilgamesch-Epos noch eindrucksvoller dargestellt wird (siehe S. 60).

MYTHEN DER HETHITER

Drachen und verschwundene Götter

Auf diesem Basrelief (oben) aus der Hethiter-Stadt Malatya greift der Wettergott (vielleicht begleitet von seinem Sohn) eine große Schlange an und läßt Hagelkörner auf sie niederprasseln. Der Gott wird den Texten nach zuerst vom Drachen Illuyankas besiegt, gewinnt aber zuletzt doch die Oberhand. Der Mythos wurde am hethitischen Neujahrsfest rezitiert.

Das nichtsemitische Volk der Hethiter siedelte sich zu Beginn des dritten vorchristlichen Jahrtausends in Kleinasien an und schuf dort ein Reich, das sich fast über den gesamten Vorderen Orient erstreckte und bis etwa 1225 v. Chr. Bestand hatte. Die Götter der Hethiter übertrafen an Zahl die der Mesopotamier, da ihre Religion die Kulte anderer Völker, etwa des Hatti-Reichs (die früheren Bewohner Kleinasiens) und der Hurriter des nördlichen Mesopotamien übernahmen. Auch von der Religion der Babylonier wurden die Hethiter stark beeinflußt; in ihrem Pantheon tauchen mehrere babylonische Gottheiten auf.

Hethitische Mythen können in zwei Kategorien eingeteilt werden: die einen handeln von der Tötung des Drachen, die anderen vom verschwundenen Gott, von dem in dem Telepinu-Mythos erzählt wird. Wenn Telepinu, der Gott des Ackerbaus und Sohn des großen Wettergottes, sich verbirgt, entsteht eine Notzeit und das Leben der Menschen kommt zum Stillstand. Gerste und Weizen gedeihen nicht, Ochsen und Schafe tragen nicht, die Frauen empfangen keine Kinder. Auch die Götter müssen hungern; sie machen sich auf die Suche nach Telepinu. Schließlich finden sie ihn, und er kehrt auf dem Rücken eines Adlers zurück. Nun trägt die Erde wieder Früchte, und Leben entsteht. Leben und Kraft sollen besonders dem König und der Königin zuteil werden. Diese Geschichte wurde möglicherweise zur Anrufung eines Gottes verwendet, der verschwunden war, nachdem der Anrufende sich ihm entfremdet hatte.

Ullikummi und Teschub

Von herausragender Bedeutung in der hethitischen Mythologie ist der Wettergott Teschub, das hethitische Gegenstück zu Hadad. Wie Teschub diesen Rang erlangte, wird in zwei Texten erzählt, die vom Kampf zwischen den älteren und jüngeren Gottheiten um die Königsherrschaft im Himmel handeln.

Im Mittelpunkt des ersten Mythos steht Kumarbi, der Vater der Götter, der dem sumerischen Enlil gleichgesetzt werden kann. Doch Kumarbi war keineswegs der erste Gott. Vor ihm war bereits Alalu der König des Himmels, und Kumarbi wiederum wurde von Anu entthront. Daraufhin bekämpfte er Anu und biß ihm den Penis ab. Anus Sperma schwängerte Kumarbi, und aus ihm entstehen drei »schreckliche Götter«, die offenbar alle Aspekte des Wettergotts waren. An dieser Stelle bricht der Text ab; doch wahrscheinlich siegt der Wettergott letztlich über Kumarbi. Im zweiten Mythos, dem Lied Ullikummis, will sich Kumarbi an Teschub rächen, der ihn abgesetzt hat. Mit Hilfe des Meeres, des personifizierten Chaos, zeugt Kumarbi einen Sohn, Ullikummi, der auf die Schultern des mitten im Meer lebenden Riesen Upelluri gesetzt wird. Ullikummi wächst – zum Schrecken Teschubs – zu gigantischer Größe heran. Teschub ruft daraufhin die Götter zum Kampf gegen ihn zusammen. Doch das Unternehmen mißlingt, und Ullikummi zwingt Teschub zum Abdanken. Da wendet sich Teschub an den weisen Gott Ea um Hilfe, der ein Mittel empfiehlt, um Ullikummi von der ihm Macht verleihenden Kraft des Upelluri abzulenken. Ea versammelt die Götter zu neuem Kampf. Das Ende des Mythos ist nicht erhalten, doch sicherlich wird Teschub wieder als König eingesetzt, und Kumarbi und dessen Sohn werden besiegt.

Teschub, ursprünglich eine hurritische Gottheit, wird als Krieger und als Sturmgott zugleich dargestellt; er ist mit einem Schwert umgürtet, trägt eine Streitaxt, ein Blitzbündel und einen gehörnten Helm.

PERSISCHE MYTHEN

Ahura Mazda und der Kampf zwischen Gut und Böse

MITHRA
Die wohl bekannteste persische Gottheit ist Mithra, dessen Kult sich im Westen weit verbreitet hat. Ursprünglich war er die Personifizierung von *mitra* (»Vertrag«) und damit der Erhalter von Gesetz und Ordnung. Er war auch ein Kriegsgott, dargestellt auf einem von vier Pferden gezogenen goldenen Streitwagen, in dem er gegen die Dämonen und die sie Anbetenden zu Feld zieht; auch er steht eng mit der Sonne in Zusammenhang. Im Römischen Reich entwickelte sich um ihn ein Mysterienkult. Praktisch jedes Mithra-Heiligtum besaß als Zentrum eine Reliefdarstellung Mithras, der den Stier schlachtet: ein altes persisches Ritual, das Yima, der erste Mensch, eingeführt hatte. Der Mithraskult bedeutete für seine Anhänger einen Akt der Erneuerung der Schöpfung. Wenn Mithra den Stier tötete, wurde die Herrschaft Yimas über eine Welt ohne Hunger und Tod gefestigt und den Anhängern Mithras die Unsterblichkeit verheißen.

Die Religion des Alten Persien kennen wir nur aus dem – späteren – zoroastrischen Schrifttum, dem Avesta, und dem in ihm enthaltenen Hymnenkorpus, dem Yascht. Vor allem Naturmächte waren Gegenstand der Anbetung, aber auch bestimmte Ideen und soziale Institutionen wurden vergöttlicht. Der oberste Gott der Perser war Ahura Mazda (»Weiser Herr«), der allesumfassende Himmel. Ihm entgegen stand Angra Mainyu oder Ahriman, der Gott der Finsternis und der Unfruchtbarkeit. Das Leben war ein Kampf zwischen den Kräften des Guten und des Bösen. Zwischen diesen Gottheiten stand Vayu, der Gott der Luft und des Windes. Ein weiterer wichtiger Gott war Tischtrya, der Regengott, in dessen Mythos der Hauptkonflikt der Mythologie des Vorderen Orients im Kern dargestellt ist: Tischtrya steigt in Gestalt eines reichgeschmückten Schimmels mit goldenen Ohren in den kosmischen Ozean hinab; dort begegnet er Apaoscha, dem Dämon der Dürre, in Gestalt eines schwarzen Pferdes. Ihr Kampf dauert drei Tage; zuerst siegt Apaoscha, und Dürre befällt die Erde. Doch Tischtrya wendet sich um Hilfe an Ahura Mazda, der ihn mit Opfergaben stärkt. Dann besiegt er Apaoscha, und es regnet wieder. Eine andere Figur der persischen Mythologie ist die Fruchtbarkeitsgöttin Anahita, der Ursprung aller Gewässer der Erde, der Vermehrung der Menschen und des Urmeers. Der bekannte Mythos des verschwindenden Gottes taucht hier in Gestalt von Rapithwin auf, des Herrn der Mittagshitze und der Sommermonate: jedes Jahr dringt der Dämon des Winters ins Land ein, und Rapithwin zieht sich unter die Erde zurück, damit die unterirdischen Wasser nicht abkühlen.

Etwa im 6. oder 7. Jahrhundert v. Chr. verlieh der Prophet Zarathustra dem Dualismus des persischen Glaubens eine eigene Gestalt. Ahura Mazda wurde als einziger für anbetungswürdig erklärt. Die wichtigsten zoroastrischen Mythen handeln von der Schöpfung: Dabei erschafft Ahura Mazda das gesamte wohltätige Universum, einschließlich Gayomart, den Urmenschen; doch Angra Mainyu, der Anführer der Dämonenhorden, schafft sich seine eigenen bösen Nachkommen: heimtückische Tiere, Wirbelwinde, Sandstürme und Krankheiten, die den Kosmos angreifen und dessen idealen Zustand bedrohen. Der Konflikt endet schließlich mit dem Sieg des Guten über das Böse.

Unter den Achämeniden wurde Ahura Mazda zum Schutzgott des Königshauses. Babylonischer und ägyptischer Tradition folgend, wurde er mit Flügeln dargestellt, die er schützend über den König breitet.

INDIEN

Das Dreigestirn der großen Götter des klassischen hinduistischen Pantheon – (von links nach rechts) Brahma, Shiva mit seinem Reittier, dem Stier Nandin, und Vishnu – tanzend zur Musik der Gandharvas, der himmlischen Musikanten. Steinskulptur aus dem 12. Jh.

In der indischen Kultur gab es seit jeher einen intensiven Austausch zwischen den verschiedenen religiösen, sprachlichen und sozialen Gruppen. Auf diese Weise entstand eine reich strukturierte Mythologie, die der europäischen an Vielfalt und Fülle in nichts nachsteht. Unzählige Sagen und Legenden entstanden in den Regionalsprachen; doch die populärsten Mythen wurden im ganzen Land verbreitet, da sie in die überregionale Sprache, das Sanskrit, übersetzt wurden. Diese Texte sind in den *Puranas* zusammengefaßt, die vom 4. Jahrhundert an die Rolle der Sanskrit-Epen (das *Mahabharata* und das *Ramayana*) als die bedeutendsten Quellen der religiösen und mythischen Tradition übernahmen.

Grundthema aller dieser Mythen ist die Spannung zwischen Schöpfung und Zerstörung. Charakteristisch für das indische Denken ist jener sich in einem zyklischen Grundmuster ständig wiederholende Prozeß, durch den aus dem Chaos die Ordnung entsteht und das Universum wieder ins Chaos zurückfällt. Ein weiteres Hauptthema ist der Gedanke der Täuschung durch die Realität, in der die Dinge anders scheinen als sie sind. Höchst bemerkenswert ist dabei auch die Tatsache, daß die Geschichtenerzähler ihren Stoff immer wieder ganz bewußt abändern, weiterentwickeln und modifizieren und auf diese Weise Varianten desselben Mythos sowohl schaffen als auch immer wieder in Frage stellen.

Die älteste Göttergruppe des vedischen Pantheon (in dem meist dreiunddreißig Götter gezählt werden) machte mit der Weiterentwicklung der Religion zum Hinduismus der Vorstellung des *trimurti* Platz – das heißt soviel wie Dreigestalt oder Dreigestirn und bezeichnet die drei Götter Brahma, Vishnu und Shiva, wobei die beiden letzteren später in den Vordergrund treten; Brahma gilt als der Schöpfer, Vishnu als der Erhalter und Shiva als der Zerstörer des Universums. In späterer Zeit beherrschte eine Gruppe von fünf Göttern (Vishnu, Shiva, Devi, Surya und Ganesha) die mythische Vorstellungswelt.

HEILIGE STÄTTEN

HIMALAYA (»Wohnsitz des Schnees«): Im Himalaya sind die bevorzugten Aufenthaltsorte Shivas der Berg Kailasa, der mythische Berg Meru (der Nabel der Welt und Himmel von Brahma und Indra) und der Berg Mandara, der bei der Quirlung des Ozeans als Paddel diente (siehe S. 71). Die Bergkette wird häufig als Vater Parvatis (»Tochter des Berges«), der Gemahlin Shivas und Tochter Menas, personifiziert. Einem anderen Mythos zufolge waren diese Berge einst fliegende Elefanten, bis Indra sie für ihre Widerspenstigkeit bestrafte und ihnen die Flügel stutzte.

GANGA (Ganges): Die heiligste der drei großen Flußgöttinnen des Hinduismus (die beiden anderen, Yamuna und Sarasvati, vereinigen sich mit ihr nach traditioneller Vorstellung in Prayaga, dem heutigen Allahabad; einer anderen Überlieferung zufolge gibt es sieben heilige Flüsse). Ganga wurde durch Bhagiratha vom Himmel auf die Erde gebracht, wobei die Haarlocke Shivas, der gerade auf dem Berg Kailasa meditierte, die Wucht des Aufpralls abdämpfte. Da Ganga bis in die Unterwelt vordrang, heißt es, sie speise die drei Welten.
MATHURA: Die von Kamsa, dem Feind Krishnas, regierte Götter- und Königsstadt ist Krishnas Geburtsort; die Region Brindaban ist der Schauplatz von Krishnas jugendlichen Abenteuern.
AYODHYA: Königsstadt des Gottes Rama, die dieser von seinem Vater Dasharatha geerbt hatte. In dieser Stadt offenbarte sich der Vorbildcharakter der Herrschaft Ramas.
VARANASI (Benares): Auch Kashi (Stadt des Lichts) genannt. Dies ist die Stadt Shivas, hier residiert er. Diese Stadt übersteht einigen hinduistischen Überlieferungen zufolge unbeschadet die periodisch stattfindende Auflösung des Universums. Für einen frommen Hindu bedeutet der Aufenthalt in dieser Stadt die Erlösung; Benares wird auch als Ort der Feuerbestattung sehr geschätzt.

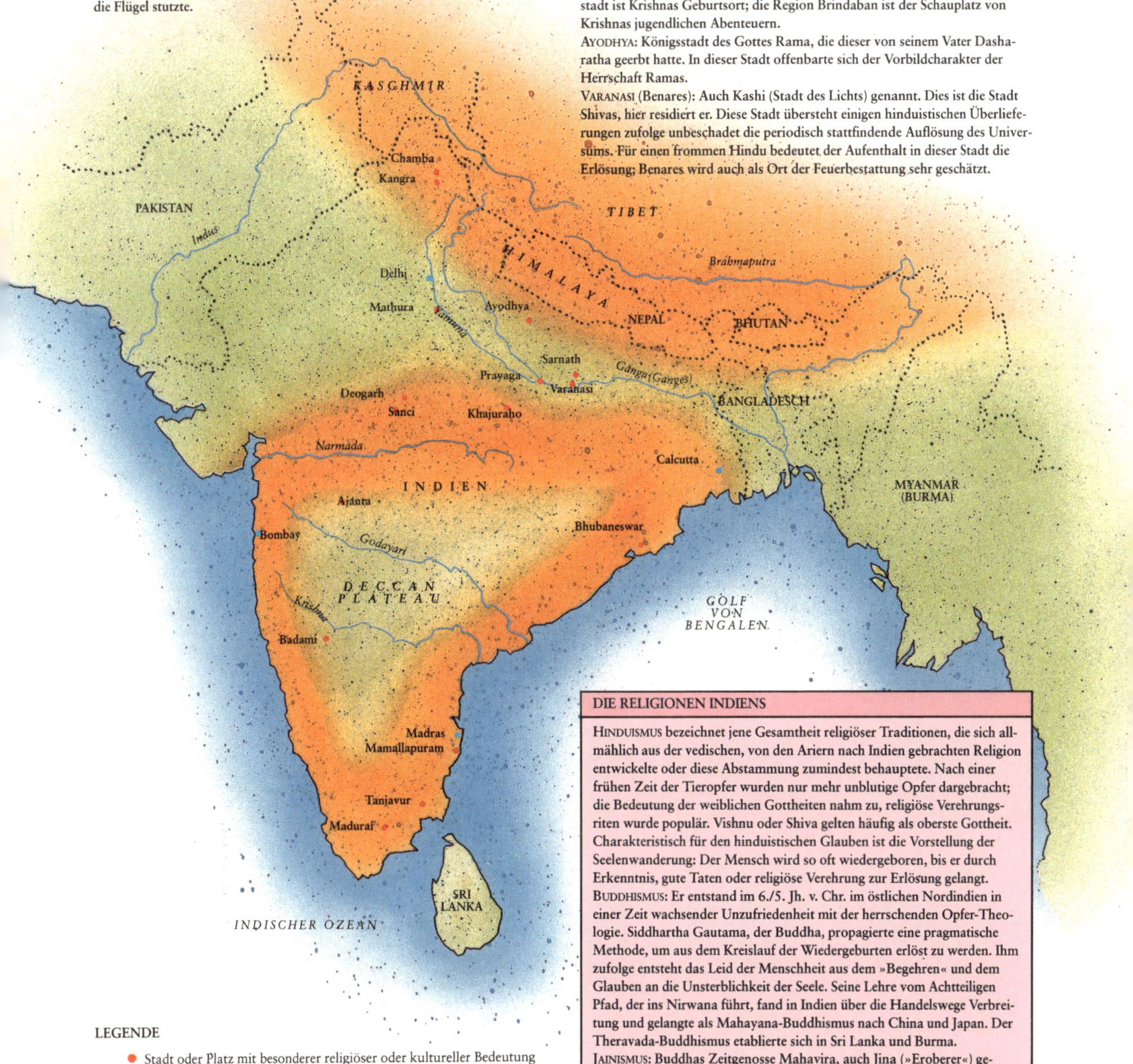

LEGENDE

- Stadt oder Platz mit besonderer religiöser oder kultureller Bedeutung
- Stadt
- Bergregion

Heutiger Ländername: **PAKISTAN**

DIE RELIGIONEN INDIENS

HINDUISMUS bezeichnet jene Gesamtheit religiöser Traditionen, die sich allmählich aus der vedischen, von den Ariern nach Indien gebrachten Religion entwickelte oder diese Abstammung zumindest behauptete. Nach einer frühen Zeit der Tieropfer wurden nur mehr unblutige Opfer dargebracht; die Bedeutung der weiblichen Gottheiten nahm zu, religiöse Verehrungsriten wurde populär. Vishnu oder Shiva gelten häufig als oberste Gottheit. Charakteristisch für den hinduistischen Glauben ist die Vorstellung der Seelenwanderung: Der Mensch wird so oft wiedergeboren, bis er durch Erkenntnis, gute Taten oder religiöse Verehrung zur Erlösung gelangt.
BUDDHISMUS: Er entstand im 6./5. Jh. v. Chr. im östlichen Nordindien in einer Zeit wachsender Unzufriedenheit mit der herrschenden Opfer-Theologie. Siddhartha Gautama, der Buddha, propagierte eine pragmatische Methode, um aus dem Kreislauf der Wiedergeburten erlöst zu werden. Ihm zufolge entsteht das Leid der Menschheit aus dem »Begehren« und dem Glauben an die Unsterblichkeit der Seele. Seine Lehre vom Achtteiligen Pfad, der ins Nirwana führt, fand in Indien über die Handelswege Verbreitung und gelangte als Mahayana-Buddhismus nach China und Japan. Der Theravada-Buddhismus etablierte sich in Sri Lanka und Burma.
JAINISMUS: Buddhas Zeitgenosse Mahavira, auch Jina (»Eroberer«) genannt, wird als letzter großer religiöser Lehrer betrachtet. Er predigte eine besonders strenge Form des religiösen Strebens und betonte unter anderem, daß die Seelen in sehr vielen Geschöpfen wohnen können, woraus sich die Vorschrift ableitet, keinem Wesen ein Leid anzutun (*ahimsa*).

DIE URSPRÜNGE DER WELT

Opfer und Konflikt

In der entwickelten hinduistischen Kosmologie durchläuft die Welt regelmäßige Zyklen der Emanation und des Zurückfließens. In diesem Gemälde aus dem 17. Jh. ruht Vishnu zwischen zwei Perioden der Emanation auf der Schlange Ananta, während Shri ihm die Füße massiert. Im oberen Teil sind (von links nach rechts) Vishnu, auf Garuda reitend (der eine Schlange im Schnabel hat), Brahma und Shiva dargestellt.

Im indischen Denken ist der Ursprung der Welt kein Schöpfungsvorgang, sondern ein Akt des Ordnens, der Schaffung von Ordnung aus dem Chaos – ein Aspekt, der allen Mythen von der Entstehung der Welt und auch den Religionen gemeinsam ist. Darüber hinaus gibt es jedoch wenige Gemeinsamkeiten. Die hinduistischen Ursprungsmythen enthalten eine Vielzahl anschaulicher Metaphern, die allen Bereichen des menschlichen Lebens entnommen sind. Besonders in der späten vedischen Literatur spielt die Metapher des Tieropfers eine große Rolle. In einer Hymne wird Vishvakarman, »dessen Werk das All ist«, besungen, der das erste Opfer, die Schöpfung, feiert. In einer anderen Hymne wird Purusha, ein kosmisches Wesen oder Urgott, geopfert und aus seinen Körperteilen entstehen alle Wesen des Universums, angefangen von den traditionellen vedischen Göttern, über Äther, Himmel und Erde bis zu Mensch und Tier. Jedoch ist nur ein Viertel von ihm in den Geschöpfen manifest geworden, drei Viertel hingegen stellen das Unsterbliche im Himmel dar. Diese Vorstellung des Opfers spiegelt sich in den Opferritualen wider, die als Wiederholung der Schöpfung verstanden werden und somit für die Aufrechterhaltung des Kosmos von grundlegender Bedeutung sind.

Von den vedischen Mythen an gibt es immer wieder Anspielungen auf den Goldenen Keim oder den Embryo, ein Weltenei, das auf den Urfluten schwamm und aus dem die erste Gottheit als Schöpfer oder Ordner der Welt hervorging. Die Analogie zur Schwangerschaft wird in mehreren Mythen ausdrücklich erwähnt. Am bekanntesten ist die Geschichte von Prajapati (»Herr der Nachkommenschaft«), der durch die Kraft seiner Askese Kinder hervorbringt, darunter eine Tochter, die Morgenröte. Doch dann entfacht seine Tochter in ihm die sexuelle Begierde, und er nähert sich ihr in blutschänderischer Absicht. Voller Scham und Schrecken verwandelt sie sich in eine Hirschkuh und flieht, worauf Prajapati sich in einen Hirsch verwandelt und seinen Samen zu Boden tropfen läßt, aus dem die ersten Menschen entstehen. Einer anderen Version zufolge paart sich Prajapati in sämtlichen Tiergestalten mit der Morgenröte und erschafft auf diese Weise »die Paare aller Kreaturen, bis hinunter zu den Ameisen«.

Ebenso finden sich Beschreibungen des Himmels und der Erde als göttliches Elternpaar. In einigen Hymnen gebiert die Göttin Aditi, »die Unendliche«, von Daksha, dem »Kenner des Ritus«, geschwängert, die sieben Hauptgötter (dem-

DAS VEDISCHE PANTHEON

Die ältesten indischen Texte sind die ursprünglich mündlich weitergegebenen vedischen Hymnen, die von etwa dem Beginn des ersten vorchristlichen Jahrtausends an in vier Sammlungen überliefert sind. Sie galten lange Zeit als zu heilig, um aufgeschrieben zu werden. Diese Sammlungen, die Lobesgesänge und Formeln zur Anrufung der Gottheiten enthalten, auf die Mythen jedoch nur am Rande anspielen, sind der älteste Teil der Veden. Sie finden ihre Fortsetzung in den *Brahmanas* (die Kommentierungen des Opferrituals enthalten, aber auch reich sind an mythischen Stoffen), den *Aranyakas* und den *Upanishaden* (spekulative Texte, die sich zur Verdeutlichung ebenfalls der Mythen bedienen).
Die (vorzugsweise männlichen) vedischen Gottheiten, die Devas, weisen sehr menschliche Eigenschaften auf. Häufig wird ihre Zahl mit dreiunddreißig angegeben, die später meist auf die drei Regionen von Himmel, Erde und Luft verteilt wurden. Ihr wichtigstes Attribut ist ihre Macht und damit ihre Fähigkeit, den Menschen zu helfen.

zufolge Adityas genannt), ebenso die Sonne, die achte Gottheit, die ursprünglich totgeboren ist. Dann erschaffen die Götter die Welt aus dem Chaos. Doch so wie Daksha der Sohn der Aditi ist, so ist Aditi die Tochter des Daksha; die beiden haben sich also gegenseitig gezeugt.

Eine der weniger bedeutenden vedischen Gottheiten ist Tvashtr, der Handwerkergott oder göttliche Bildner, der in einigen Hymnen als der Schöpfer von Himmel und Erde oder als Meister der Formen bezeichnet wird. In zwei Hymnen wird die Frage gestellt: »Was war der Wald, was war der Baum, aus dem Himmel und Erde geschaffen wurden?«; und die zweite Hymne (Vishvakarman gewidmet, der das erste Opfer feiert) fügt das Bild des Töpfers und des Schmieds hinzu, die auch an anderer Stelle auftauchen. In anderen Versionen spielt Tvashtr für die Kosmogonie nur eine zweitrangige Rolle: Er erzeugt Blitz und Donner, damit Indra Vritra töten kann – ein Akt, mit dem zugleich die Sphären von Himmel und Erde festgelegt wurden. Die Tötung Vritras durch Indra (siehe S. 72) ist ein Beispiel für die Schöpfung durch Kampf und Zwietracht und für das Bemühen, das Chaos zu personifizieren. Es ist ein Aspekt des größeren Konflikts zwischen den Devas (Götter, die den Menschen freundlich gesonnen sind) und den Asuras (den Feinden der Götter). Im Mythos von der Quirlung des Ozeans (siehe Kasten unten) verwandelt sich dieser grundlegende Konflikt in einen Wettstreit dieser beiden Gruppen, vorstellbar als eine Art Tauziehen.

SCHLANGEN IN DER MYTHOLOGIE

Schlangen – meist als Kobras dargestellt – spielen in der indischen Mythologie eine große Rolle. Vasuki, der bei der Quirlung des Ozeans als Seil dient, ist der Fürst der *nagas* oder Schlangen. An anderer Stelle heißt es, die Welt ruhe auf seinen vielen Köpfen, und wenn er sie bewegt, bebe die Erde. Er und Takshaka, ebenfalls eine Schlange, hüten mit ihren Nachkommen einen Edelstein. Ananta (»das Unendliche«) oder Shesha (»das, was bleibt«) ist die kosmische Schlange, auf deren Windungen sich Vishnu in den kosmischen Wassern zwischen zwei Weltperioden der Emanation ausruht. Alle drei gelten als Söhne Kadrus, einer Tochter Dakshas und der Urmutter aller Schlangen; ihre Schwester ist die Mutter Garudas, des himmlischen Adlers, der ihr Erzfeind ist.

Die Quirlung des Ozeans

Dieser Mythos, der zuerst in den Brahmanas *auftaucht, ist besonders in den* Puranas *beliebt. Im folgenden wird eine kondensierte Fassung vorgestellt, die aus dem* Mahabharata *(einem der beiden großen Sanskrit-Epen, entstanden zwischen dem 4. Jh. v. Chr. und dem 4. Jh. n. Chr.) beruht. Es geht in der Hauptsache um die Erlangung der* amrita, *d. h. um das Elixier der Unsterblichkeit). Entsprechend des für die indische Mythologie so charakteristischen Doppelsinns ist der Kosmos in gewisser Weise schon im Entstehen, bevor diese und andere wesentlichen Dinge sich ereignen.*

Die Götter, die sich auf dem Weltberg Meru versammelt hatten, überlegten, wie sie *amrita* gewinnen könnten. Vishnus Vorschlag lautete: »Wenn die Devas und die Asuras die Wasser des Ozeans aufwühlen, wird das Elixier durch die aufgewirbelten Fluten zum Vorschein kommen, dazu auch alle Gräser und Schätze«.

Sie bestiegen also den Berg Mandara, entwurzelten ihn und setzten ihn als Paddel auf den Rücken einer Schildkröte. Dann legten sie die Schlange Vasuki als Seil um den Berg. Die Asuras und die Danavas zogen nun an dem einen Ende Vasukis, die Devas am anderen und versetzten so den Berg Mandara in eine drehende Bewegung. Durch die Erschütterung wurden die Bäume des Berges entwurzelt und durch die Reibung in Brand gesetzt. Indra löschte das Feuer mit Wasser aus seinen Wolken, doch der Saft der Pflanzen ergoß sich in den Ozean, der sich zuerst in Milch und dann in Butter verwandelte.

Als die Götter den Berg mit letzter Kraft noch ein wenig weiterdrehten, entstiegen dem Ozean die Sonne, der Mond, die Göttin des Glücks, andere Schätze und schließlich der göttliche Arzt Dhanvantari, der das Elixier in Händen hielt. Vishnu überredete die Asuras, das Elixier herauszugeben und überreichte es den Devas, die davon tranken. Rahu, der Dämon der Verfinsterung, raubte einen Tropfen, doch ehe er ihn hinunterschlucken konnte, schlug ihm Vishnu den Kopf ab. Seither herrscht ein ständiger Zwist zwischen Rahu und dem Mond (der mit *amrita* gleichgesetzt wird). Voller Zorn traten die Asuras gegen die Devas zum Kampf an, wurden aber besiegt. Die siegreichen Götter konnten nun den Berg Mandara an seinen ursprünglichen Platz zurückbringen.

Diese Kangra-Miniatur aus dem 18. Jh. zeigt die Quirlung des Ozeans. Die Dämonen umklammern den Kopf der Schlange Vasuki, die Götter halten ihren Schwanz fest.

INDRA

Kriegsgott und Götterkönig

Indra, mit Schwertern und Elefantenstachel bewaffnet, reitet auf seinem großen weißen Elefanten Airavata, der wie ein südindischer Tempelelefant geschmückt ist. Detail aus einem Gemälde des 19. Jh. (rechts).

DIE BEINAMEN INDRAS
Viele der Beinamen dieses Gottes beziehen sich auf sein Hauptattribut, die Stärke:
SHAKRA (»der Mächtige«). Dieser Titel wird so häufig verwendet, daß er auch an die Stelle von »Indra« treten kann.
SHACHIVAT (»Besitzer der Kraft«).
SHACHIPATI (»Herr der Kraft«). Später wurde dieser Namen als »Gemahl Shachis« gedeutet und ihm so eine Gattin zugeschrieben.
SHATAKRATU (»Besitzer von hundert Kräften«). Dieser Titel wurde auch als »der, der hundert Opfer feiert« interpretiert.
Indra wird auch der »Tausendäugige« genannt, ursprünglich zum Zeichen seiner Allwissenheit. In späteren Erzählungen heißt es – gemäß der sinkenden Wertschätzung Indras – Gautama habe Indras Ehebruch mit Ahalya nicht mit dem Verlust der Hoden bestraft, sondern damit, daß auf seinem ganzen Körper weibliche Genitalien zum Vorschein kamen, was später in tausend Augen umgedeutet wurde.

Indra erfreute sich großer Beliebtheit bei den Verfassern des *Rigveda*, der ersten und am besten überlieferten vedischen Hymnensammlung. Etwa ein Viertel der Hymnen ist ihm gewidmet. Er ist der beherrschende Gott der mittleren Region des Äthers und wird, mehr noch als die meisten anderen Götter, mit menschlichen Attributen dargestellt. Er ist groß und kräftig von Gestalt, seine Arme sind stark, damit er seine Wurfkeule schwenken kann, sein Haar ist goldbraun, sein Bauch bläht sich vom berauschenden *soma*. Vor allem jedoch ist er der beste Kämpfer des vedischen Götterhimmels.

Als König der Götter ist Indra auch deren Anführer gegen die Asuras, und die vedischen Hymnen stellen ihn stets in den Mittelpunkt des mythischen Geschehens. Bereits nach seiner Geburt aus dem Himmel und der Erde, die er für immer getrennt hat, zeigt er seine Kraft. Den Geschichten über seine Geburt und seine jugendlichen Abenteuer liegt seine Rivalität mit dem dunklen Gott Varuna zugrunde, der einst der Götterkönig gewesen war, bevor Indra ihm diesen Rang streitig machte. Varuna verkörpert eher den statischen und rechtlichen Aspekt des Herrschers (symbolisiert in seiner Eigenschaft als Hüter der kosmischen Ordnung rta). Indra hingegen steht unmittelbar für die Macht als Grundlage der Königsherrschaft. Mit Indra verbunden ist insbesondere der Sieg über die Schlange Vritra (siehe Kasten, unten), doch auch von anderen Kämpfen gegen feindliche Mächte wird erzählt, sowie davon, daß er den Ariern bei ihren Kämpfen auf der Erde hilft. Manchmal wird er als Zerstörer feindlicher Mächte ganz allgemein dargestellt; etwa als Sieger über die Asuras oder die Rakshasas (feindlich gesonnene niedrige

Die Tötung der Schlange Vritra

Der Schlangendämon Vritra, der die beiden Welten umschließt, hält die Wasser gefangen und behindert ihren Lauf. Die Tötung Vritras durch Indra ist Bestandteil der vedischen Hymnen. Die folgende, leicht gekürzte Fassung stammt aus einem Hymnus des Rigveda.

Indras heroische Taten will ich verkünden, die er, der den Donnerkeil schwingt, am Anfang vollbracht hat. Er erschlug die Schlange, kanalisierte die Wassermassen und zerschmetterte die Berge. Wie muhende Kühe bahnte sich das flutende Wasser seinen Weg hinunter ins Meer. Triumphierend in seiner Männlichkeit wie ein Stier, nahm Indra das *soma* und trank den Pflanzensaft aus den drei Schalen. Der Freigebige ergriff seinen Donnerkeil und erschlug die Erstgeborene der Schlangen. Damit, o Indra, hast du die Sonne erlöst, den Himmel ausgebreitet und die Himmelslichter gefestigt. Kein Feind kann dir widerstehen. Mit seiner mächtigen Keule erschlug Indra die schulterlose Vritra. Wie ein gefällter Baum lag die Schlange zerschmettert am Boden. Über sie ergossen sich die Fluten für die Menschheit, die Wassermassen, die Vritra durch seine Kraft zurückgehalten hatte. Die Wasser strömten über Vritras Körper, der in den Fluten verschwand, und sie, die in Indra ihren übermächtigen Widersacher gefunden hatte, versank in ewiger Finsternis.

Du, tapferer Gott, hast die Kühe herausgetrieben, du hast das *soma* erlangt, du hast die sieben Ströme befreit, so daß sie fließen können.

Die Verführung Ahalyas durch Indra

Im Ramayana *(dem zweiten großen Sanskrit-Epos, das über einen ähnlich langen Zeitraum wie das* Mahabharata *entstanden ist) erzählt Vishvamitra Rama die Geschichte der Verführung Ahalyas, der Frau des großen Weisen Gautama.*

In seiner Einsiedelei übte Gautama zusammen mit seiner Frau Ahalya viele Jahre die Tugend der Enthaltsamkeit. Eines Tages, während Gautamas Abwesenheit, verkleidete sich Indra als Asket, ging zu Ahalya und forderte sie auf, sich mit ihm sexuell zu vereinigen. Obwohl die Frau trotz seiner asketischen Verkleidung den tausendäugigen Indra erkannte, stimmte sie aus Neugier seiner Bitte zu. Als Indra sie verließ, begegnete er Gautama, der gerade vom Baden zurückkehrte.

Voller Zorn schleuderte ihm Gautama seinen Fluch entgegen: »Weil du meine Gestalt angenommen hast und weil du Böses getan hast, du Narr, wirst du deine Hoden verlieren«. Augenblicklich fielen Indras Hoden ab. Dann verfluchte Gautama auch seine Frau und sagte: »Du sollst unsichtbar in dieser Einsiedelei leben, deine Nahrung soll die Luft und dein Kissen die Asche sein, bis Rama, der Sohn Dasharathas, diesen Wald besucht. Wenn du ihm Gastfreundschaft gewährt hast, wirst du vor meinen Augen deine Gestalt zurückerhalten.«

Vishvamitra erzählt weiter, wie die Götter Indras Hoden durch die eines Widders ersetzten. Dann betraten sie die Klause, wo Ahalya sich beeilte, Rama zu begrüßen, und so vom Fluch befreit wurde.

Mächte), die er mit seinem Donnerkeil auslöscht. Durch seinen Sieg über Vritra gestaltete Indra das formlose Chaos und setzte damit den Prozeß der Entfaltung der Arten und der Evolution in Gang. Durch die Tötung der Schlange trennte er das Wasser vom Land, die unteren von den oberen Regionen, und befreite die Sonne in einem Schöpfungsakt, der sich jeden Morgen wiederholt. Diese Episode macht ihn zum großen Helden, der alle Hindernisse siegreich überwindet. Einer priesterlichen Überarbeitung des Vritra-Mythos zufolge jedoch besiegt er die Schlange mit Hilfe eines Hymnus oder ähnlichem.

Die Tatsache, daß Indra dem berauschenden Getränk *soma* zuspricht, verbindet ihn mit den verwegenen arischen Kriegern, die ihn als Helden verehrten. Aus dem Saft einer nicht genauer bestimmbaren Pflanze gewonnen, war *soma* ein wichtiger Bestandteil der vedischen Opferriten. Nach dem Genuß dieses Tranks, so heißt es, ist Indras Bauch wie ein See, der zu beängstigender Größe anschwillt und die beiden Welten, Himmel und Erde, erfüllt. Der Saft gibt ihm die großartige Kraft, die Sonne aufgehen zu lassen und alle seine machtvollen Taten zu vollbringen.

Die *Veden* sind voll des Lobes für Indras Vernichtung der Schlange Vritra, der er das Rückgrat brach. Doch im späteren Hinduismus verliert die Rolle des Gottes als Musterbeispiel für das kriegerische Ethos an Bedeutung. Vritra wird hier als Brahmane betrachtet (dessen Tötung als eine abscheuliche Tat betrachtet wird), und Indra muß seine Sünde büßen. Den Dämon Namuci zu töten, gelingt ihm nur deshalb, weil er sich über die Bedingungen eines Abkommens hinwegsetzt, in dem sie sich zu gegenseitigem Nichtangriff verpflichtet hatten: Indra verbirgt seinen Donnerkeil (vajra), indem er ihn in Schaum einwickelt. Ein anderes von Indras Opfern, Trishiras (»der Dreiköpfige«) gilt als sein Halbbruder. Indra verführt Ahalya, die Frau des weisen Gautama, und wird deshalb verflucht. Der Verwandtenmord, sein Vertrags- und Ehebruch werden zum Leitmotiv der *Puranas* – Indra als dreifacher Sünder –, und folglich büßt er an Glanz, Stärke und Ansehen ein.

In der klassischen Epoche wurde Indra zum Regengott. In einigen Versionen der Quirlung des Ozeans gehört zu den Schätzen, die aus den Fluten hervorkommen, Surabhi, die Kuh des Reichtums und der Fruchtbarkeit, die Mutter aller Rinder. Im *Mahabharata* wird erzählt, daß diese Kuh eines Tages zu Indra kam, da sie über die schlechte Behandlung einer ihrer Söhne, eines Stiers, durch die Bauern bekümmert war. Er fragte, weshalb sie sich wegen eines einzigen ihrer vielen tausend Söhne solchen Kummer mache. Doch da sie nicht nachließ in ihrer Klage, ließ Indra es an jener Stelle des Ackers so heftig regnen, daß die Bauern das Pflügen aufgeben mußten: der Kriegergott im Dienste der Landwirtschaft. Auf diese Weise wird Indra mit seinem Donner, in einer weiteren Umdeutung seiner vormals martialischen Eigenschaften, zum Herrn des Regens.

In der klassischen indischen Mythologie wird Indra häufig durch jüngere Götter gedemütigt. Krishna, der sein Hirtenvolk überredet hat, Indra nicht mehr zu verehren, hebt den Berg Govardhana in die Höhe, um das Volk vor Indras Regenstürmen zu schützen. Daraufhin greift Indra, mit Pfeil und Bogen bewaffnet, Krishna an, der auf dem Vogel Garuda sitzt. Mughal-Illustration aus einer Handschrift, entstanden um 1590.

BRAHMA

Der Schöpfergott

Brahma wird manchmal als Demiurg dargestellt, der Vishnus Absichten in die Tat umsetzt: Als Vishnu auf der kosmischen Schlange in kosmischen Fluten ruht, wächst aus seinem Nabel eine sich öffnende Lotosblüte. Aus ihr geht Brahma hervor (rechts), der im Begriff ist, die Welt zu erschaffen. Die Darstellung unten zeigt den vierköpfigen Brahma, der auf seinem Berg, der Wildgans (hamsa), sitzt. Deren Flug symbolisiert das Streben der Seele nach Erlösung.

Brahma, der Schöpfer und Segenspender, taucht in der späten Mythologie häufig auf und ist meist den beiden anderen großen Göttern Vishnu und Shiva untergeordnet. In den ersten nachchristlichen Jahrhunderten scheint Brahma jedoch zeitweise als Schöpfergott im Mittelpunkt der kultischen Handlung gestanden zu haben. Am mehreren Stellen der Epen werden Schöpfungsmythen mit Brahma, auch Pitamaha, Großer Vater, genannt, in Verbindung gebracht. In der späten vedischen Zeit taucht in diesem Zusammenhang der Name Prajapati auf. Einer dieser Mythen erzählt von der Erschaffung einer hübschen jungen Frau aus seinem eigenen Körper. Brahma ist von der Schönheit seiner Tochter hingerissen, und während sie ehrerbietig um ihn herumgeht, entstehen durch den Wunsch, sie unverwandt anzublicken, viele Gesichter. Aus der Vereinigung von Vater und Tochter wird Manu geboren, der erste Mensch.

Während Brahma meditiert, gehen aus ihm sowohl die materiellen Elemente des Universums als auch die Vorstellungen hervor, mit deren Hilfe wir jene verstehen. Die Dauer des Universums wird nach der hundertjährigen Lebensspanne Brahmas berechnet. Jedes Jahr besteht aus 360 Tagen; jeder Tag dieses Menschenjahres entspricht 1000 Götterjahren. An jedem Tag Brahmas wird das Universum geschaffen; in jeder Nacht Brahmas wird es wieder vernichtet. Jeder Zyklus von Emanation und Auflösung schließt vier aufeinanderfolgende Zeitalter ein: sie verlaufen vom besten Zeitalter, dem Krita Yuga, bis zum schlechtesten, dem Kali Yuga. Doch letztlich wird Brahmas Schöpferkraft zu einer segenspendenden Kraft trivialisiert, die ausnahmslos jedem zuteil wird, der Buße und Enthaltsamkeit übt.

BRAHMA UND BRAHMAN

Die Vorstellung Brahmas als männliche Gottheit, als Personifikation des geschlechtslosen abstrakten Brahman, findet sich insbesondere in den beiden großen Sanskrit-Epen. Er ist die Verschmelzung eines Schöpfergottes mit dem unpersönlichen Brahman, wie er in den *Upanishaden* auftaucht. Dort gilt als höchstes Ziel religiösen Strebens die Vereinigung mit dem Absoluten.
In der volkstümlichen Religiosität hingegen kommt eine persönlichere Hinwendung zu dem Gott in Form religiöser Verehrung zum Ausdruck. Letztlich sank das Ansehen Brahmas gegenüber Vishnu und Shiva (womöglich, weil er in besonderem Maß verknüpft ist mit den Brahmanen, den Hütern der Tradition und des Ritus; ähnlich war Indra mit der Kriegerkaste, den *kshatriyas*, verknüpft).

Brahma als Segenspender

Die folgende Geschichte, die dem Mahabharata *entnommen ist, verdeutlicht wie viele andere Brahmas Rolle als Segenspender der Asuras.*

Drei Daitya-Brüder unterwarfen sich strenger Askese, und Brahma gewährte ihnen seinen Segen. Sie erbaten Unverwundbarkeit für immer, doch der Große Vater sagte, daß so etwas nicht möglich sei. Daraufhin machten sie ihm folgenden Vorschlag: »Wir wollen auf der Erde drei Städte erbauen und selbst in der Welt umherziehen. Nach tausend Jahren wollen wir wieder zusammenkommen und die drei Städte vereinigen. Der beste der Götter soll dann die vereinigten Städte mit einem einzigen Pfeil zerstören.« Brahma ließ sich auf diesen Vorschlag ein, und Maya, der große Asura, erbaute die Städte: eine aus Gold im Himmel, eine aus Silber in der Luft, und eine aus Eisen auf der Erde. Die drei Brüder besiegten die drei Welten und regierten viele Jahre lang. Millionen von Dämonenanführern strömten herbei, und Maya verschaffte ihnen mit seiner Zauberkraft, was immer sie begehrten. Doch die Götter waren über diesen moralischen Verfall erzürnt, und in dem Augenblick, als sich die drei Brüder vereinigten, zerstörte Shiva die dreifache Stadt mitsamt den Asuras.

VISHNU

Erhalter des Universums

Im *Rigveda* wird Vishnu, der »Weitausschreitende«, wiederholt dafür gepriesen, daß er mit drei Schritten den Kosmos durchmessen und so das bewohnbare Universum für Götter und Menschen abgesteckt hat. Er ist ein Freund und Kampfgefährte Indras und half ihm in seiner Auseinandersetzung mit Vritra und bei der Vermessung von Himmel und Erde. Vishnu ist ein wohlwollender und den Menschen niemals feindlich gesonnener Gott. Er ist bereit und in der Lage, denen, die ihn verehren, ein günstiges Schicksal zu verschaffen.

Vishnus Allgegenwart zeigt sich auch darin, daß er mit dem kosmischen Pfeiler identifiziert wird, dem Zentrum des Universums, das zu den Himmeln führt und sie stützt; im vedischen Ritual ist dies der Pfeiler, an den das Opfertier gebunden wurde. In späteren vedischen Texten werden die Taten Vishnus in einer mehr erzählerischen Form wiedergegeben – etwa, wenn er die Gestalt eines Zwerges annimmt, um die Welt von einem Dämon zu befreien (siehe S. 76). Die Geschichten über sein Wohlwollen und seine Taten gipfeln in der Vorstellung des *avatara*, des Herabstiegs des Gottes zur Erde.

Vishnus Gemahlin Shri, die Göttin des Reichtums und Glücks, auch als Lakshmi bekannt, wird häufig zu den Schätzen gerechnet, die aus dem gequirlten Ozean emporstiegen (siehe S. 71): Sie fühlt sich durch Vishnu angezogen, der das Geschehen überwacht, und er seinerseits hat aufgrund seiner Rolle Anspruch auf die liebreizende Göttin. Shri war in den späten Epen dauerhaft mit Vishnu verbunden, doch frühere Mythen erzählen, wie Indra die Gunst von Shris Anwesenheit, zugleich die Garantie für Fruchtbarkeit, verliert, erwirbt oder wiedergewinnt. In einem Mythos wird erzählt, wie sie sich neben Indra setzte, worauf er es sofort regnen ließ und die Früchte des Feldes in reicher Fülle emporsprossen.

Vishnu mit seiner Gemahlin Shri auf einem Steinrelief des 7. Jh. In den späteren Epen war Shri mit Vishnu verbunden, und als seine Gemahlin wurde sie zum Sinnbild der Treue und zum Prototyp der ihrem Ehemann stets ergebenen Gattin. In Beinamen Shris ist häufig der Lotos enthalten.

Die drei Schritte Vishnus

In diesem Lobeshymnus an Vishnu aus dem Rigveda *stehen die drei Schritte im Mittelpunkt, die in ihrer ursprünglichsten Form Vishnus Macht und Allgegenwart symbolisieren. Er, der »Durchdringer« oder »Alldurchdringer«, durchmißt die Erde, den Himmel und die Regionen jenseits des menschlichen Wissens und wächst ins Unermeßliche. Als derjenige, der mit drei Schritten die Welt durcheilt, ist er eine Manifestation des Laufs der Sonne am Himmel.*

»Erzählen will ich von Vishnus heroischen Taten. Er durchmaß mit drei Schritten die Reiche der Erde, die den oberen Wohnsitz stützten. Weit schritt er aus dabei. Für seine heldenhaften Taten wird Vishnu gepriesen, der im Gebirge umherstreift wie ein wildes Tier. In dem Raum, begrenzt durch seine drei Schritte, wohnen alle Lebewesen. Gedenken will ich Vishnus, des die Berge bewohnenden weitausholenden Stiers, der mit nur drei Schritten den unermeßlichen Raum ausmaß. Kraftvoll sind seine drei Schritte, voll süßen Honigs, er allein hat Erde, Himmel und alle Geschöpfe gleichermaßen gefördert. Möge ich auf seinen teuren Weg gelangen, wo Menschen darin aufgehen, die Götter zu ehren; denn dort, in dem göttlichen Fußstapfen Vishnus ist Nähe, eine Quelle des Honigs. Wir wollen dorthin gehen, wo du wohnst, dort gibt es vielhörnige, unermüdliche Rinder. Dort strahlt der größte Fußstapfen des starken und weitausschreitenden Stiers.«

Dieses Detail aus einem Gemälde des 19. Jh. zeigt Vishnu, der mit seiner Gemahlin Shri auf dem Himmelsvogel Garuda reitet.

VISHNUS INKARNATIONEN

Die Avatare

Verschiedene Tier- und Menschgestalten wurden als Ausdruck für das wohlwollende Wirken Vishnus auf Erden betrachtet und als seine avatara oder Inkarnationen mit ihm gleichgesetzt. Vishnus Abstiege zur Erde finden immer dann statt, wenn die Erde vom Bösen bedroht ist. Zehn *avatara* werden gezählt, obwohl sie häufig nicht genau voneinander unterschieden werden können. So nennt etwa ein Abschnitt des *Harivamsha* (ein Zusatz zum *Mahabharata*) den Lotos, der aus Vishnus Nabel kommt, anstelle der Schildkröte und dem Fisch; auch wird Dattatreya, der Arjuna Karttavirya seine hundert Arme verschafft, anstelle Buddhas genannt. Die geläufigsten zehn *avatara* sind die hier aufgelisteten (links), wie sie auch in einer Miniatur aus dem 18. Jahrhundert (unten) dargestellt werden. Die hier abgebildeten *avatara*, die um Vishnu und Shri herum gruppiert sind, entsprechen in ihrer Reihenfolge dem hier angegebenen Verzeichnis (jeweils von links nach rechts). Allerdings sind hier als die sechste Inkarnation Rama und Sita (zusammen mit Hanuman), als siebte Krishna, der zusammen mit Radha Flöte spielt, und als achte Parashurama dargestellt.

DIE ZEHN AVATARE

MATSYA, der Fisch, beschützt Manu, den ersten Menschen, während der großen Sintflut. Manu befreit einen kleinen Fisch aus dem Rachen größerer Fische, hegt und pflegt ihn, bis er zu enormer Größe anwächst, und gibt ihn dem Ozean zurück. Später warnt ihn jener Fisch vor der herannahenden Sintflut, erteilt ihm den Rat, ein Boot zu bauen und die Samen aller Lebewesen mit an Bord zu nehmen. Dann vertäut er das Boot, damit es nicht untergeht.

KURMA, die Schildkröte, trägt den Berg Mandara auf ihrem Rücken, als der Ozean gequirlt wird (siehe S. 71).

VAHARA, der Eber, tritt auf, als die Erde ins Meer stürzt. Mit seinen Hauern zieht er die Erde, dargestellt als eine schöne Frau, wieder heraus.

NARASIMHA, der Löwenmensch: In dieser Gestalt tötet Vishnu den Dämon Hiranyakashipu, dem Brahma Unverwundbarkeit gewährt hatte. Weder von Menschen noch von Göttern kann er getötet werden, weder durch scharfe Waffen noch durch stumpfe Gegenstände, weder am Tag noch in der Nacht, weder in seinem Haus noch draußen. Als Hiranyakashipu das Universum in Angst und Schrecken versetzt, verwandelt sich Vishnu in diese Gestalt, halb Mensch, halb Löwe, und entleibt den Dämon in der Dämmerung.

VAMANA, der Zwerg: Vishnu nimmt diese Gestalt an, um die Welt von Bali (einem anderen Dämon) und dessen Gefährten zu befreien. In Gestalt eines Zwergs erbittet er von Bali so viel Land, wie er in drei Schritten durchmessen kann. Als ihm diese Bitte gewährt wird, verwandelt sich Vishnu in einen Riesen und entreißt so dem Dämon die Welt.

PARASHURAMA ist ein Brahmane, der den hundertarmigen Arjuna mit seiner Axt tötet. Er vernichtet die Kriegerkaste siebenmal dreifach und schlägt seiner Mutter den Kopf ab, wie es ihm sein Vater befohlen hat.

RAMA UND KRISHNA, der siebte und achte Avatar, sind eigenständige Hauptgestalten der hinduistischen Mythologie (siehe S. 77–79).

DER BUDDHA ist die neunte Inkarnation Vishnus. Er führt die Sünder in die Irre, um sie ihrer Bestrafung zuzuführen.

KALKIN, die zehnte und zukünftige Inkarnation, in der Vishnu am Ende der Tage auftreten und ein neues Zeitalter errichten wird. Er wird als Krieger auf einem weißen Pferd erscheinen; im südindischen Volksglauben allerdings hat er schon die Gestalt eines Pferdes angenommen.

RAMA

Der Hüter der Gerechtigkeit

Rama, der »Dunkelfarbige«, ist heute eine der beiden populärsten Inkarnationen Vishnus, obwohl sich sein Kult erst sehr viel später etablierte als der Krishnas (siehe S. 78 f). Er ist der Held des Epos *Ramayana*, das Analogien zu den vedischen Mythen über den großen Gott Indra aufweist. So erhält er etwa Indras magische Waffen, darunter die vier- oder hundertkantige Wurfkeule, und bekommt Hilfe von dessen Wagenlenker; auch die Ermordung Valins erinnert an Indras hinterhältigen Sieg über Namuci (siehe S. 73). Ramas Gemahlin Sita taucht in der vedischen Literatur als göttliche »Furche« oder Tochter der Erde (geboren aus einem frisch gepflügten Feld) und Indras Frau auf.

Dasharatha, der kinderlose König Ayodhyas, bringt ein Opfer dar, um Söhne zu bekommen. Auf Bitten der Götter hin verwandelt sich Vishnu in vier Söhne Dasharathas, um Ravana, den bösen König von Lanka, zu vernichten. Rama und Bharata, zwei dieser Söhne, führen den Kampf an, die Zwillinge Lakshmana und Shatrughna schließen sich je einem ihrer Halbbrüder als treue Kampfgefährten an. Der weise Vishvamitra kommt an den Königshof und bittet um Ramas Hilfe bei einem Feldzug gegen plündernde Rakshasa, und nach dessen erfolgreichem Abschluß nimmt er Rama und Lakshmana mit an den Hof des Königs Janaka. Dann erfährt der Leser von der wunderbaren Geburt Sitas, die Janaka an Kindes statt annimmmt, und von Shivas Bogen, den kein menschliches Wesen zu spannen vermag: Doch Rama gelingt es nicht nur, den Bogen zu spannen, er bricht ihn sogar entzwei und heiratet Sita.

Später entschließt sich Dasharatha, Rama als seinen Erben einzusetzen, doch dessen Stiefmutter sorgt dafür, daß Rama für vierzehn Jahre in die Verbannung in einen Wald geschickt wird und statt seiner ihr eigener Sohn Bharata den Thron besteigt. Rama beugt sich und geht, begleitet von seiner Frau Sita und seinem Bruder Lakshmana, in die Verbannung. Obwohl Rama entschlossen ist, als Asket zu leben, übernimmt er auch hier die Rolle des Kämpfers: Er verteidigt die wehrlosen Weisen, die als Einsiedler im Wald leben. Die häßliche, doch verliebte Rakshasa-Frau Shurpanakha macht den Brüdern den Hof. Aus Zorn darüber, daß sie verschmäht wird, greift sie Sita an, worauf Lakshmana sie zur Strafe verstümmelt. Mit Hilfe ihres Bruders Ravana, den König von Lanka, nimmt sie Rache, indem sie ihn überredet, Sita zu entführen. Als Bettler verkleidet, bringt Ravana Sita nach Lanka.

Rama und Lakshmana suchen unterdessen in größter Sorge nach Sita. Dabei begegnen sie dem in Indien göttlich verehrten Affen Hanuman, dem ersten Minister des verbannten Affenkönigs Sugriva. Mit Ramas Hilfe gelingt es Sugriva, seinen widerrechtlich herrschenden Bruder Valin zu stürzen, den Rama während eines Zweikampfs der beiden Brüder tötet. Nach vielen weiteren Abenteuern entdeckt Hanuman den Ort, an dem Sita verborgen gehalten wird. (Im späteren Rama-Kult wird Hanuman zum Inbegriff der Verehrung und des Dienstes für die Götter: siehe Randspalte rechts.)

Während Rama und Sugrivas Affenvolk nach Süden ziehen, rüsten die Rakshasa zum Krieg. Im Verlauf der anschließenden Kämpfe werden die furchterregenden Krieger der Rakshasa durch Rama, Lakshmana und die Anführer des Affenvolkes getötet. Am Ende bleibt nur Ravana übrig. Sein Zweikampf mit Rama dauert lange, doch dann erhält Rama göttlichen Beistand durch Indras Streitwagen samt Wagenlenker und besiegt und tötet Ravana. Doch nun hegt Rama Zweifel an Sitas Tugendhaftigkeit und verdächtigt sie des Ehebruchs; er weist sie kaltblütig zurück. Sita muß eine Feuerprobe bestehen. Die Götter erscheinen Rama und teilen ihm mit, er sei in Wirklichkeit eine Inkarnation Vishnus, und der Gott des Feuers gibt die unschuldige und von allen Vorwürfen freigesprochene Sita ihrem glücklichen Gatten zurück. Auch Dasharatha segnet seine Söhne. Schließlich kehrt Rama heim und tritt das Thronerbe des Vaters an. Nach vierzehnjähriger Verbannung regiert Rama nun tausend Jahre lang als weiser und gerechter Herrscher.

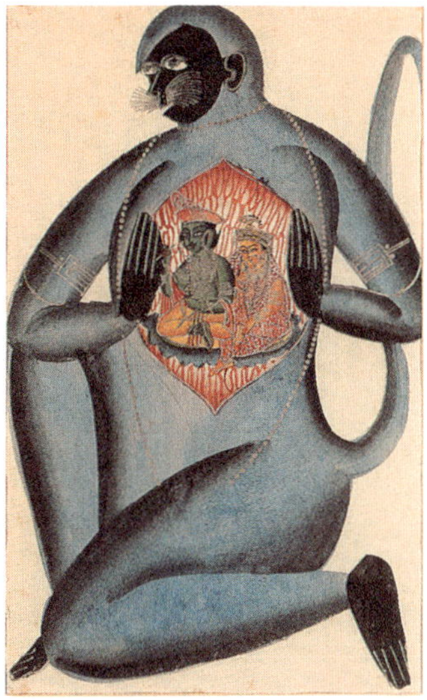

Eine Darstellung Hanumans auf einer Kalighat-Zeichnung des 19. Jh. Eine Geschichte handelt davon, wie Hanuman von Rama eine Perlenkette erhält und sie zerbeißt. Als Lakshmana dagegen protestiert, erklärt er, er habe nur sehen wollen, ob in den Perlen der Name Rama enthalten sei. Um zu zeigen, daß Rama und Sita in seinem Herzen wohnen, öffnet er seine Brust.

HANUMAN, DER TREUE HELFER

Hanuman zeigt von der ersten Begegnung an unerschütterliche Treue und Verehrung für Rama. Als Hanuman sich mit den Affen auf die Suche nach Sita macht, vertraut ihm Rama seinen Ring als Erkennungszeichen an. Später, als seine Truppen Sitas Versteck auf der Insel Lanka entdecken, macht Hanuman einen großen Sprung übers Meer, um zu ihr zu gelangen. Er zeigt Sita Ramas Ring und gibt sich ihr zu erkennen. Doch anstatt heimlich zu verschwinden, holt er zu einem Racheakt der Vernichtung aus, wobei er von Ravanas Sohn gefangengenommen wird. Ravana tötet Hanuman jedoch nicht sofort, sondern steckt nur seinen Schwanz in Brand, den Hanuman als Fackel benutzt, um Lanka endgültig zu vernichten. Als Rama und Lakshmana im Kampf verletzt werden, eilt Hanuman in den Himalaya und holt den Berg herbei, auf dem ein heilkräftiges Kraut wächst.

KRISHNA, DER BEZAUBERNDE

Der achte Avatar Vishnus

KRISHNA, DER BUTTERDIEB
In den Geschichten über Krishnas Kindheitsstreiche stehen immer wieder seine häufigen Butterdiebstähle im Mittelpunkt. Er schöpfte Butter mit der Hand aus dem Topf und verschmierte sie überall oder bot, am Boden krabbelnd, seinen Gefährten oder den beutesuchenden Affen davon an. Etwas älter geworden, stibitzte er Butter in der Nachbarschaft. Dabei benutzte er einen Stock oder stieg auf die Schultern seiner Freunde, um an die Töpfe heranzukommen, die außerhalb seiner Reichweite standen. Nach einem solchen Streich und den Beschwerden der *gopis* (Hirtinnen) band ihn seine Pflegemutter Yashoda an einem großen Reibtrog fest. Später fingen er und seine Gefährten die *gopis* ab, die Butter, Quark und Milch zum Markt trugen, und verlangten etwas davon als Preis dafür, daß sie weiterziehen durften. Die Darstellung Krishnas (oben rechts), der Butter von Yashoda stiehlt, entstammt einer jainistischen Zeichnung.

Krishna wird im *Mahabharata* als Gefährte der Heroen dargestellt, doch in dessen Anhang, dem *Harivamsha*, steht er selbst im Mittelpunkt. Die bemerkenswerteste Darstellung seiner Geschichte befindet sich im *Vishnu Purana* (aus ihm stammt auch die nachfolgende Fassung) und im *Bhagavata Purana*.

Nach einer Prophezeiung soll Devakis achtes Kind den bösen König Kamsa töten, woraufhin dieser das Kind, ein Mädchen, gefangennimmt. Doch Devakis Mann schmuggelt das Kind heimlich heraus und vertauscht es mit dem neugeborenen Sohn des Kuhhirten Nanda und seiner Frau Yashoda, die den Knaben wie ihren eigenen Sohn in Brindaban aufziehen. Als Kamsa merkt, daß er hintergangen worden ist, befiehlt er, ähnlich wie Herodes, alle Knaben töten zu lassen. Schon als Säugling erweisen sich Krishnas wundersame Fähigkeiten: Er saugt der Dämonin Putana den Lebensodem aus, entwurzelt Bäume mit Hilfe des Reibtrogs, an den Yashoda ihn gebunden hat, um seine Wildheit zu bändigen, und er tötet die Schlange Kaliya. Alle diese Taten vollbringt er zusammen mit seinem Halbbruder Balrama. Krishna zwingt seinen Pflegevater und dessen Stamm, Indra nicht mehr zu verehren, und als dieser aus Rache flutartige Regenfälle schickt, hält er den Berg Govardhana wie einen Regenschirm über die Hirten und ihre Herden; daraufhin erkennt Indra Krishna als Herrn der Rinder an. Krishna und Balarama treiben mit den jungen Frauen des Hirtenvolks (*gopis*) ihre Scherze, die sich später alle in Krishna verlieben.

Radha und Krishna

Aus den Scherzen und Streichen, die Krishna in seiner Kindheit in Brindaban den gopis *spielte, wurden in seiner späteren Jugend Liebeständeleien.*

Einmal bemächtigte sich Krishna ihrer Kleider, während sie im Fluß Yamuna badeten. Er wollte sie erst dann zurückzugeben, wenn sie nacheinander nackt aus dem Wasser stiegen und ihre Hände bittend in die Höhe streckten. Binnen kurzem verliebten sich alle Hirtinnen in den bezaubernden Krishna und ergaben sich bedingungslos seinen Forderungen. Wenn sie an Herbstabenden den Klang seiner Flöte hörten, eilten sie aus dem Haus und verließen sogar den Ehemann, um sich mit ihm im Wald am Yamuna zu treffen und den *ras*-Tanz zu tanzen: Jedes Mädchen bildete sich ein, sie allein tanze mit Krishna, und verging vor Entzücken.

Noch während des *ras* verschwand Krishna mit einer von ihnen. Untröstlich folgten die anderen *gopis* deren Fußspuren, kehrten aber schließlich zum Tanz zurück. Krishnas Lieblingsfrau war Radha, in die er schon als Kind verliebt war. Ihre leidenschaftliche Liebe zu Krishna, ob als Geliebte oder als Ehefrau (es gibt unterschiedliche Überlieferungen), und ihre tiefe Sehnsucht nach ihm, als sie sich voneinander entfremdet hatten, stehen im Mittelpunkt. Doch auch Krishna verging fast vor Sehnsucht und war sogar bereit, sich vor ihr zu demütigen, um die Sache wiedergutzumachen. Seine dunkle Hautfarbe (Krishnas Name bedeutet »schwarz«) und ihre strahlende Schönheit stellen einen reizvollen Gegensatz dar.

Radha und Krishna in einem Wäldchen am Fluß Yamuna; Kangra-Malerei um 1785 (siehe Kasten gegenüberliegende Seite). Die blühende Natur und die Vögel symbolisieren die Gefühle der Liebenden; die Bananenblätter rechts nehmen in ihrer Form die Schenkel Radhas wieder auf. Krishnas Liebesaffäre mit Radha wird als Allegorie für die persönliche Beziehung zwischen der Gottheit und den Gläubigen betrachtet.

Krishna tötet den Stierdämon Arishta, den Pferdedämon Keshin und den bis dahin unbesiegten Ringkämpfer des Königs Kamsa und schließlich diesen selbst. Er besiegt mehrmals den bösen König von Magadha, Kamsas Schwiegervater Jarasandha; er führt die Yadavas, seine Stammesbrüder, aus Mathura in die neue Stadt Dvaraka. Rukmini wird seine Frau, doch er heiratet später noch weitere Frauen. Rukmini bringt seinen Sohn Pradyumna zur Welt, der wiederum einen Sohn hat: Aniruddha. Der Dämon Bana nimmt Aniruddha gefangen, der seine Tochter liebt, und Krishna kommt seinem Enkel zu Hilfe. Der darauf folgende Kampf ist so entsetzlich, daß das Ende der Welt bevorzustehen scheint, doch Banas Verbündeter Shiva erkennt Krishna als höchste Gottheit an, die mit ihm gleichzusetzen ist. Daraufhin schont Krishna Bana und befreit seinen Enkel. Samba, ein anderer Enkel Krishnas, entführt die Tochter Duryodhanas, der daraufhin ihn gefangennimmt. Janita wird später von Balarama befreit.

Einige junge Burschen aus dem Stamm der Yadavas verkleiden Samba als Frau und fragen die Weisen, welche Kinder sie zur Welt bringen werde. Von diesem Verhalten gekränkt, belegen die Weisen »die Frau« mit einem Fluch: Sie soll einen Stößel zur Welt bringen, der die Yadavas vernichtet. Der Stößel wird zu Staub zermahlen. Doch aus dem Staub entstehen Schilfrohre. Eins dieser Schilfrohre, so groß wie eine Lanze, wird von einem Fisch verschluckt, den dann ein Jäger fängt. Später veranstalten die Yadavas zusammen mit Krishna und Balarama ein Trinkgelage. Sie geraten in Streit, ergreifen die Schilfrohre und töten einander. Balarama setzt sich unter einen Baum, um zu sterben, und Krishna ist in Gedanken versunken. Da erscheint der Jäger, der das lanzenähnliche Schilfrohr gefunden hatte, und schießt es auf Krishna ab, den er für einen Hirsch hält. Er verletzt Krishna an der Fußsohle, seiner einzigen verwundbaren Stelle. Daraufhin stirbt Krishna und nimmt wieder seine göttliche Natur an.

SHIVA

Die Verbindung von Erotik und Askese

Shiva auf seinem Stier Nandin, hier in einer Darstellung des frühen 19. Jh. Das Bild wurde im Auftrag der East India Company (der britischen Kolonialbehörde) von einem einheimischen Künstler gemalt. Eine Skulptur eines liegenden Nandin befindet sich meist gegenüber dem Hauptschrein von Shiva-Tempeln.

DER LINGA

Shiva wird in der Gestalt eines *linga*, eines göttlichen Phallus (unten), verehrt. Ein Mythos erzählt von einem Streit Vishnus mit Brahma über die Frage, wer von ihnen der größte Gott sei. Da erschien Shiva als riesige Feuersäule – als *linga*. Brahma verwandelte sich in eine Wildgans und flog hinauf, um die Spitze der Säule zu suchen, während Vishnu in Gestalt eines Ebers in die Fluten des Meeres hinabtauchte, um die Basis zu finden. Aber keiner von beiden vermochte das Ende der Säule auszumachen.

Der erotische und der asketische Aspekt Shivas verbinden sich in der Erzählung, in der er sich rußverschmiert und unerkannt in einen Pinienwald begibt, wo die Weisen sich in Askese üben. Sie argwöhnen, er sei gekommen, um ihre Frauen zu verführen, und wünschen ihm, er solle seinen Phallus verlieren. Die Kastration tritt ein, doch nur mit Shivas heimlichem Einverständnis. Daraufhin senkt sich Dunkelheit und eisige Kälte über die Welt. Alles wird erst dann wie zuvor, nachdem sie Shiva durch Aufstellen eines *linga* versöhnlich gestimmt haben.

Shiva erscheint im *trimurti*, der göttlichen Dreiheit, als der Zerstörer. Seine Ursprünge liegen im vedischen Rudra, dem »Brüllaffen«, dem »Rötlichen«, einem bösartigen Sturmgott, dem erst später der Name *shiva* (der »Glücksverheißende«) verliehen wird, um ihn zu besänftigen. Unter den zahlreichen indischen Gottheiten ist er der schreckliche Rächer und ein Seelenhirte zugleich. In ähnliche ambivalenter Weise ist er nicht nur mit Yoga und Enthaltsamkeit verknüpft (er sitzt meditierend auf dem erhabenen Berg Kailasa), sondern hat auch einen ausgesprochen erotischen Aspekt.

Shivas Frau taucht sowohl unter dem Namen Sati wie auch als Uma oder Parvati auf. Manchmal wird Shiva auch als Mann der »unzugänglichen« Durga und der schwarzen Göttin Kali betrachtet. In bildlichen Darstellungen wird er meist blaß oder aschfahl dargestellt, mit einem von jenem Gift blau gefärbten Hals, das während der Quirlung des kosmischen Ozeans auftauchte und die Menschheit zu vernichten drohte: Dies ist ein Beispiel für Shivas Eigenschaft als Beschützer. Ein weiteres ist, wie er den Fall der Flußgöttin Ganga dämpfte, die aus dem Himmel fiel, um die Welt zu läutern. Weitere Attribute Shivas sind eine Kette aus Schädeln, ein Kranz aus Schlangen, die Locken des Asketen, der zunehmende Mond und ein drittes Auge der Erleuchtung – und Zerstörung.

Shiva stört Dakshas Opfer

Shiva, der Herr des Viehs, hatte Daksha zum Schwiegervater, einen Prajapati (Herr der Nachkommenschaft), der aus Brahmas rechtem Daumen entstanden war. Die folgende Geschichte aus dem Mahabarata *handelt von einem Pferdeopfer, das Daksha gemäß vedischem Ritus darbringen will. Shivas Frau Sati ist Dakshas Tochter.*

In einer Geschichte reißt sich Shiva eine Locke aus; daraus erschafft er ein vielarmiges Ungeheuer, das sich auf Dakshas Opfergabe stürzt.

Die Götter mit Indra an der Spitze beschlossen, der Zeremonie beizuwohnen. Als Sati, Shivas Frau, sah, wie die Götter in ihren funkelnden und blinkenden Wagen herbeifuhren, fragte sie Shiva: »Erlauchter, weshalb gehst nicht auch du?« Doch Shiva erwiderte, die Götter hätten beschlossen, daß er an keinen Opfern teilnehmen solle. Darauf sagte sie: »Herr, du bist der Höchste unter allen Lebewesen. Ich bin beschämt darüber, daß dir der Anteil am Opfer verweigert wird.«

Von diesen Worten angestachelt, sammelte der Herr des Viehs seine Yoga-Kräfte, ergriff seinen mächtigen Bogen und störte die Opferzeremonie. Seine furchterregenden Knechte brüllten, brachen in schreckliches Gelächter aus, spritzten Blut ins Feuer; sie rissen die Opferpfeiler heraus und verschlangen die Opferpriester. Das Opfertier verwandelte sich daraufhin in einen Hirsch und flog in die Lüfte, doch Shiva nahm die Jagd nach ihm mit Pfeil und Bogen auf.

In der Luft nahm Shivas Zorn die Form eines Schweißtropfens auf seiner Stirn an. An der Stelle, wo dieser Tropfen auf die Erde niederfiel, brach ein riesiges Feuer aus, aus dem eine gedrungene, behaarte menschliche Gestalt mit funkelnd roten Augen und riesigen Zähnen hervortrat. Diese Feuergestalt verzehrte das Opfer, bis nur noch die Asche übrig blieb und die Götter entsetzt flohen. Dies war die Krankheit, die Kummer und Trauer brachte, wo immer sie auftauchte. Da versprach Brahma Shiva einen Anteil an den zukünftigen Opfern und bat ihn, seinen Zorn zu zügeln und die Pest, die er geschaffen hatte, unter Kontrolle zu bringen.

Daraufhin teilte Shiva die Krankheit in viele Teile, und dies ist der Grund dafür, daß jedes Wesen sein eigenes Leiden hat: der Elefant Kopfweh, der Stier wunde Hufe, die Erde Salzigkeit, das Rind Blindheit, das Pferd Husten, der Pfau einen gespaltenen Kamm, der Kuckuck Augenkrankheiten, Schluckauf der Papagei, Erschöpfungszustände der Tiger und Fieber der Mensch.

In einer anderen Darstellung endet die Opferzeremonie mit einer Schlägerei unter den Göttern, aus der sie mit gebrochenen Nasen, zertrümmerten Kiefern und gerauften Haaren hervorgehen. Shiva reißt Daksha den Kopf ab und wirft ihn ins Opferfeuer. Als sich Shivas Zorn gelegt hat, gibt er Daksha einen Ziegenkopf als Ersatz.

Laut einer weiteren Variante greift Brahma ein, nachdem Shiva mit seinem wilden Dreizack die Brust Vishnus, des Welterhalters, durchbohrt hat. Brahma gelingt es schließlich, Shiva zu überreden, sich mit Vishnu zu versöhnen, so daß die Harmonie des Kosmos wiederhergestellt ist.

DER HERR DES TANZES
Shiva ist in seiner Erscheinungsform als Nataraja, der Herr des Tanzes, der Ursprung aller Bewegung im Universum. Der kosmische Tänzer wird häufig als Skulptur (unten, südindische Bronzeskulptur aus dem 18. Jh.) dargestellt: mit vier Armen und in einem Flammenkranz – Symbol für die Schöpfung der Welt. Seine Tanzschritte sollten die Befreiung der Gläubigen von ihren Leiden durch Erleuchtung darstellen. Deshalb balanciert er auch auf dem Rücken eines Zwerges, der die Unwissenheit darstellt. Seine Gesten und die ihm beigegebenen Attribute versinnbildlichen seine Göttlichkeit: die Trommel (Schöpfung) in seiner hinteren rechten Hand, die züngelnde Flamme (Zerstörung) in seiner hinteren linken Hand, die Geste des Beschützens (vordere rechte Hand) und das erhobene Bein, das Erlösung symbolisiert.

DEVI

Die vielgestaltige Göttin

Eine vierarmige Devi als Gemahlin Sadashivas, eine Erscheinungsform Shivas, tanzt auf einer zwergenhaften Gestalt. Bronzefigur aus dem 12. Jh.

Unter dem Namen Devi (»die Göttin«) oder Mahadevi (»die große Göttin«) sind verschiedene Göttinnen des klassischen hinduistischen Pantheon zusammengefaßt. Diese vielgestaltige Göttin gilt häufig als eine der Hauptgottheiten. Entweder wird sie mit Shiva in Verbindung gebracht, wegen der Rolle Parvatis als Shivas Frau, und ist wohlwollend; oder sie ist völlig unabhängig und es stehen ihre furchterregenden Aepekte im Vordergrund. Parvati oder Uma, Shivas Frau, ist die Reinkarnation seiner ersten Frau Sati, die sich aus Scham darüber, daß Shiva von der Opferzeremonie ihres Vaters Daksha ausgeschlossen war, selbst im Feuer opferte (siehe S. 81). Als junge Frau unterwirft sie sich bewußt den strengsten Entbehrungen, um Shiva als Ehemann wiederzugewinnen, und läßt sich selbst durch die unfeinen Gewohnheiten Shivas nicht entmutigen. Ihr gemeinsames Leben wird häufig als idyllisch beschrieben: Parvati zähmt den weltabgewandten und asketischen Gott.

Durga (»die Schwerzugängliche«) ist eine Kriegsgöttin, der sich kein Freier erfolgreich nähern kann und die im Kampf unbesiegbar ist. Ihre Hauptaufgabe besteht in der Niederschlagung von Dämonen, die die Stabilität der Welt bedrohen. Manchmal heißt es, sie sei aus Vishnu hervorgegangen als Kraft des Schlafes oder als dessen Schöpferkraft; manchmal tritt sie aus Parvati hervor, wenn diese wütend ist, und schließlich gilt sie als Schöpfung der männlichen Gottheiten, deren Eigenschaften sich in ihr vereinen, damit sie sich gegen die Dämonen behaupten kann. Schrecklicher noch ist Kali, die aus Durgas Stirn entspringt, wenn sie zornig wird (siehe Kasten gegenüberliegende Seite).

Durga und der Büffeldämon

Der wichtigste Mythos über Durga erzählt von ihrer Tötung Mahishas, des Büffeldämons. Nach ihrer Unterwerfung durch Mahisha bitten die Devas Shiva und Vishnu um Hilfe. Aus dem Zorn der Götter entsteht eine Göttin.

Die Dämonen stürzen sich auf die Göttin, die sie zu Hunderten tötet, indem sie sie mit ihrer Keule erschlägt, mit ihrer Schlinge einfängt, mit dem Schwert in Stücke schlägt oder mit ihrem Dreizack durchbohrt. Mahisha jedoch greift in Gestalt eines Büffels ihre Truppen an und stürzt sich auf ihren Löwen. Erzürnt fängt Durga ihn mit ihrer Schlinge ein, worauf er sich von einem Büffel in einen Löwen verwandelt. Als sie ihm den Kopf abschlägt, nimmt er die Gestalt eines Mannes an, der ein Schwert in der Hand hält. Dann durchbohrt sie den Mann, und er verwandelt sich in einen großen Elefanten, der ihren Löwen mit seinem Rüssel ergreift; doch sie schlägt ihm den Rüssel mit dem Schwert ab. Daraufhin kehrt er zu seiner ursprünglichen Gestalt als Büffel zurück. Als er sich auf sie stürzt, wanken die Berge, doch sie wirft sich auf ihn, stellt einen Fuß auf seinen Nacken und durchbohrt ihn mit ihrem Dreizack. Mit ihrem mächtigen Schwert schlägt sie ihm dann den Kopf ab.

In dieser Skulptur aus dem 13. Jh. tötet eine achtarmige Durga den Büffel Mahisha (dargestellt als menschliche Gestalt, die auf einem Büffel steht).

Kali

Die Aufgabe Kalis (»die Schwarze« oder »die Zeit«) besteht im Kampf gegen die Dämonen, die die kosmische Ordnung bedrohen, doch von dem Blut auf dem Schlachtfeld wird sie so trunken, daß sie die ganze Welt zerstört. Häufig wird sie als ausgezehrte Hexe dargestellt, die eine Kette aus Schädeln oder Menschenköpfen um den Hals trägt und sich auf Schlachtfeldern und an Stätten der Leichenverbrennung aufhält. In einem Mythos besiegt Kali die Dämonenanführer Chanda und Munda und tötet dann den sich selbst reproduzierenden Dämon Raktabija:

Kali war schwarz und hager, mit vorstehenden Zähnen, und trug eine Kette aus Menschenköpfen um den Hals und ein Tigerfell um ihre Schultern. Mit fürchterlichem Gebrüll tötete sie die Dämonen. Dann wurde sie von Durga um Hilfe gegen den Dämonen Raktabija gebeten, der die Macht besaß, sich aus jedem Tropfen Blut, das auf den Boden fiel, immer wieder neu zu reproduzieren. Durga und die Matrikas (»kleine Mütter«, meist sieben an der Zahl) verwundeten ihn mehrmals, doch jedesmal hatten sie mit umso mehr Gegnern zu kämpfen. Voller Schadenfreude erschien daraufhin Kali und besiegte den Dämon, indem sie sein Blut auffing, seinen Körper aussaugte und die neu entstehenden kleinen Raktabijas mit ihrem weit aufgerissenen Rachen verschluckte.

Kali, einen abgeschlagenen Kopf in der Hand haltend: eine von vielen populären Darstellungen, die von Pilgern gekauft wurde.

Die Henker (die den rituellen Mord durch Erdrosseln vollzogen) rechtfertigten ihre Tätigkeit mit folgender Variante der Raktabija-Geschichte: Von der Anstrengung erschöpft, schuf sich Kali aus dem Schweiß ihrer Arme zwei Männer, denen sie jeweils ein Stück Tuch gab und befahl, an ihrer Stelle die Dämonen zu töten, ohne dabei Blut zu vergießen. Bald waren alle Dämonen erdrosselt, doch Kali befahl ihnen, die Tücher zu behalten und weiterhin – als Opfergabe für sie – zu töten.

Tieropfer sind in ganz Indien Bestandteil der Verehrung regionaler Göttinnen, doch die größten Opfer werden Kali dargebracht. In ihrem Tempel in Kalighata werden täglich Ziegen geopfert, und es gibt Hinweise auch auf frühere Menschenopfer.

Weitere furchterregende Göttinnen (Candi, Camunda, Bhairavi u.a.) werden oft als unabhängige Gottheiten betrachtet, manchmal aber auch mit Kali gleichgesetzt. Doch gibt es weitere Göttinnen, die sich jeweils speziellen Aufgaben widmen, etwa Sita (die Göttin der Blattern und – seit dem Verschwinden dieser Krankheit – anderer Hautkrankheiten), Manasa (die bengalische Göttin der Schlangen) sowie Hariti und Shashti (Göttinnen des Gebärens) oder auch Gruppen von Göttinnen. Außerdem gibt es eine Vielzahl von Dorfgöttinnen, die oft mit jener Art blutigem Tieropfer geehrt werden, das in anderen Formen des Hinduismus schon lange abgeschafft ist. Diese Göttinnen werden häufig als unabhängig und keiner Macht unterworfen betrachtet: Die Mythen über Kanyakumari (»jungfräuliche Prinzessin«) kreisen um das über sie verhängte Verbot, Shiva zu heiraten, und auf die Kraft ihrer Jungfräulichkeit. Bisweilen aber gelten diese lokalen Göttinnen als mit ihrem Dorf verheiratet. Vielen werden Büffelopfer dargebracht – ein Brauch, der an den Mythos der Tötung des Büffeldämons Mahisha durch Durga erinnert. Manchmal heilen oder bringen sie Krankheiten.

Minakshi (die »Fischäugige«), die in Madurai einen Schrein hat, soll mit drei Brüsten geboren worden sein; sie wurde von ihren königlichen Eltern als Junge erzogen, folgte später ihrem Vater auf dem Thron und unterwarf sich die ganze Welt. Eines Tages gelangt sie zum Berg Kailasa und fordert Shiva zum Kampf heraus; doch als er erscheint, fällt sie plötzlich in weibliche Zurückhaltung und Scheu zurück. So verliert sie ihre dritte Brust. Diese Vorstellung der kriegerischen Göttin, die durch Shiva besänftigt wird, spiegeln die Mythen von Parvati, die wiederum die Wildheit Shivas bändigt.

MARIYAMMAN

Eine bekannte Dorfgöttin ist Mariyamman. Angeblich war sie einst ein Brahmanenmädchen, das von einem als Brahmane verkleideten Unberührbaren umworben wurde. Sie heiratet ihn, doch als sie die Wahrheit über ihn entdeckt, tötet sie sich, verwandelt sich in eine Göttin und bestraft den Unberührbaren, indem sie ihn verbrennt.

SHIVA UND SEINE FAMILIE

Shiva, Parvati, Skanda, Ganesha

In der hinduistischen Kunst wird Shiva häufig im trauten Familienkreis dargestellt (siehe nebenstehendes Bild). Hier ist jedem Familienmitglied ein vahana *oder Berg zugeordnet, der einen Aspekt der jeweiligen Gottheit darstellt. So gehört zu Parvati der Löwe (als Zeichen für ihren Tötungsinstinkt als Durga), zu Ganesha gehört die Ratte oder die Maus (als Zeichen seiner Fähigkeit, Hindernisse zu überwinden).*

SKANDÀ UND GANESHA

Skanda gilt als Sproß der ersten Liebesbegegnung seiner Eltern. Deren sexuelle Vereinigung wird von den Göttern unterbrochen (die befürchten, daß das Kind übermäßige Kräfte besitzen werde). Shiva vergießt sein Sperma, das, zu heiß, um es zu berühren, von einer Gottheit zur anderen weitergegeben wird, bis es schließlich Ganga erreicht, bei der es sich einnistet. Skanda wird von den sechs Krittikas (der Personifikation der Plejaden) gesäugt, besiegt den Dämonen Taraka und befreit auf diese Weise die Welt. Er gilt als erster unter den Göttern und wird von Parvati an Kindes statt angenommen; als sie ihn bei ihrer ersten Begegnung anblickt, fließt Milch aus ihrer Brust.

Parvati wünscht sich ein eigenes Kind, das sie vor Nachstellungen schützen soll. Sie stellt Ganesha als Wächter vor ihre Zimmer, der jedoch auch Shiva den Zutritt verweigert, worauf dieser ihm den Kopf abschlägt. Parvati besteht darauf, ihn ins Leben zurückzuholen und Shiva setzt ihm den nächstbesten Kopf auf, den er finden kann: einen Elefantenkopf (siehe Darstellung unten).

Parvati bändigt den asketischen Shiva und führt ihn ins Familienleben ein. Häufig werden in den Texten häusliche Szenen beschrieben; so wird etwa geschildert, wie ihr gemeinsamer Sohn Skanda mit Shivas Schädelkette spielt. Verschiedene Mythen berichten auch von Gezänk zwischen Shiva und Parvati. Eine Geschichte beginnt auf spielerische Weise: Parvati hält Shiva von hinten mit den Händen die Augen zu. Doch im gleichen Augenblick verfinstert sich die Welt. Wütend darüber erschafft sich Shiva ein drittes Auge auf der Stirn. Manchmal streiten sich Shiva und Parvati beim Würfelspiel, oder Shiva verspottet Parvati wegen ihrer dunklen Haut, worauf sie Entbehrungen auf sich nimmt, damit ihre Haut goldfarben wird (in einigen Versionen entsteht aus ihrer dunklen Haut Kali). In bengalischen Mythen wird Shiva oft als kannabisrauchender Nichtstuer dargestellt und Parvati als zänkisches, wenn auch leidendes Eheweib.

JAINISTISCHE MYTHEN

Eine Antwort auf den Hinduismus

Sowohl die Kosmologie als auch die »Universalgeschichte« des Jainismus (eine komplizierte Geschichtsphilosophie) hat aus dem Hinduismus vieles übernommen, es aber selbständig weiterentwickelt und ihm ein rationalistisches Gepräge gegeben. Dennoch findet sich auch hier eine Vorliebe für gigantische Zahlen und komplizierte Entwürfe; entsprechend unzählige Gottheiten und kosmographische Details sowie ungeheuer große Zeitspannen.

Die sogenannte Universalgeschichte des Jainismus basiert auf den dreiundsechzig wichtigsten Gestalten, den Shalakapurushas – geistigen und weltlichen Führern, die auf die beiden Zyklen von Auf- und Abstieg innerhalb des Universums verteilt sind.

Jeder Zyklus besteht aus vierundzwanzig Tirthamkaras oder Erlösergestalten, zwölf Universalherrschern sowie neun Triaden über Heroen, die jeweils wiederum aus einem Baladeva, einem Vasudeva und einem Prativasudeva bestehen. Wenn auch von einigen Shalakapurushas der vergangenen und der zukünftigen Zyklenhälften die Rede ist, so gehören die Mythen, die erzählt werden, der gegenwärtigen Hälfte des Weltzyklus an, die insgesamt als eine Periode des Abstiegs angesehen wird.

Das Grundmuster der Triaden der Helden ist dem Vorbild der hinduistischen Krishna-Mythologie nachgestaltet. Der Baladeva ist immer der ältere Halbbruder von Vasudeva, und der Prativasudeva immer ein bösartiger Widersacher; auch bildhafte Darstellungen der Baladevas und Vasudevas entsprechen weitgehend der hinduistischen Ikonographie von Balarama und Krishna. Der Vasudeva, der mächtigere Krieger, tritt gegenüber dem sanfteren Baladeva zunehmend in den Vordergrund; doch wegen einer Sünde, die er im Kampf begeht, muß er in die Hölle; der Baladeva hingegen schwört der Welt ab, wird Mönch und erlangt die Erlösung.

Die jainistische Kosmologie

Das Jaina-Universum ist ein dreischichtiges Weltsystem, das meist als kosmischer Mensch dargestellt ist.

Die Unterwelt umfaßt sieben Regionen oder Ebenen, die von verschiedenen Dämonentypen bewohnt sind. Das Zentrum der mittleren Welt bildet der kreisförmige Kontinent Jambudvipa (wie in der hinduistischen Kosmologie der *Puranas*), mit dem Berg Mandara (oder Meru) als Mittelpunkt und dem Salzmeer, das diesen Kontinent umgibt. Um dieses Salzmeer herum sind wiederum sieben Kontinente und sieben Meere in konzentrischen Kreisen angeordnet. Die obere Welt beginnt über dem Gipfel des Bergs Mandara: Sie wird meist als spindelförmig dargestellt und verteilt sich auf acht Ebenen. Über diesen liegen zwei weitere Regionen, die von verschiedenen Kategorien von Göttern bewohnt sind. Noch weiter oben, an der Spitze des gesamten Systems, auf der Krone, die der kosmische Mensch auf dem Kopf trägt, befindet sich der Aufenthaltsort der erlösten Individuen. Im Gegensatz zur hinduistischen Vorstellung der vier Yugas bzw. der Perioden des zunehmenden Verfalls besteht in der Jaina-Theorie die Vorstellung von den zwei kosmischen Perioden jedes »Zeitrads« oder Zyklus: einem des Abstiegs und einem des Aufstiegs, die jeweils wiederum in sechs Zeitalter besserer oder schlechterer Lebensbedingungen aufgeteilt sind.

Die Geburt Parshvanathas, des dreiundzwanzigsten Tirthamkara oder Erlösers, hier in einer jainistischen Handschrift aus dem 15./16. Jh. Darstellungen von Parshva zeigen ihn häufig unter einem Baldachin aus Kobrahauben, da er in einem früheren Leben eine Schlange davor gerettet hatte, im Opferfeuer eines Brahmanen verbrannt zu werden. Nach seiner Wiedergeburt als dreiundzwanzigster Tirthamkara wurde er von dem als Dämon verkleideten Brahmanen angegriffen, doch von der Schlange beschützt, die nun als Prinz Dharanendra erschien.

JAINISTISCHE VERSIONEN DES HINDUISTISCHEN MYTHOS

Die offenkundige Beeinflussung durch den Krishna-Mythos ist vielleicht auf die Ausbreitung des Jainismus nach Westen in das Gebiet von Mathura zurückzuführen. Doch sobald der Mythos in den Jainismus übernommen worden war, wurde er umgestaltet – teilweise in kritischer Distanz zu hinduistischen Mythen ganz allgemein. Die Rama-Geschichte (siehe S. 77) war im Jainismus sogar noch stärker verbreitet. Die Rakshasas und die Affen wurden zu Vidyadharas, Zauberer halbgöttlichen Ursprungs; und nicht Rama, sondern Lakshmana tötet Ravana. Ravana wird als frommer Jaina dargestellt, dessen einzige Schwäche seine leidenschaftliche Liebe zu Sita ist.

DER ERLEUCHTETE

Buddhistische Mythen

Der Buddhismus ist eine Philosophie der Erlösung, weshalb es auch theoretisch keine buddhistische Mythologie geben dürfte. Doch in der Praxis haben Buddhisten in aller Welt sich die jeweiligen Mythologien ihrer Umgebung zu eigen gemacht, um ihre Sicht der Welt veranschaulichen zu können. In Indien, dem Ursprungsland des Buddhismus, waren die Anschauungen über Buddha in das Gewand der hinduistischen Mythologie gekleidet. Die hinduistischen Götter wurden zu Zuschauern und Mitagierenden der Suche Gautamas nach Wissen, die in seiner Verwandlung in Buddha, den Erleuchteten, gipfelte. Mit der Entstehung des Mahayana (»Großes Fahrzeug«) etwa zu Beginn der christlichen Zeitrechnung traten die mythologischen Elemente zunehmend in den Vordergrund. Der Bodhisattva-Kult wurde zur Grundlage einer ausgeprägten buddhistischen Mythologie, deren alte Motive und Geschichten bis heute weiterleben. In ihren Anfängen scheinen diese Bodhisattvas vor allem unterschiedliche Aspekte der Persönlichkeit Gautamas repräsentiert zu haben, doch bald entwickelten sie eine Eigenständigkeit.

Das Leben Buddhas

Zahlreichen Berichten zufolge sah Buddhas Mutter, die Königin Mahamaya, im Traum einen Bodhisattva in ihren Schoß hinabsteigen, und zwar in Gestalt eines weißen Elefanten, der eine Lotosblüte in seinem Rüssel trug. In diesem Augenblick bekundete die ganze Natur ihre Freude über dieses Ereignis.

Diesen Traum deuteten die Brahmanen als Vorhersage der Geburt eines Sohnes, der entweder ein universaler Herrscher oder ein Buddha sein würde. Seine Geburt fand unter wunderbaren Umständen statt: Er wurde aus der Hüfte seiner Mutter geboren, während sie den Zweig eines Baums umklammerte. Brahma und die anderen Götter nahmen das Kind in Empfang. Es machte sieben Schritte und erklärte, dies sei seine letzte Geburt.

Gautama wuchs in Pracht und Reichtum auf, abgeschirmt von allen unangenehmen Seiten des Lebens; er heiratete und bekam einen Sohn, Rahula (»Fußfessel«). Eines Tages enthüllten sich ihm die Mühsal des Alters, der Krankheit und des Todes, aber auch die Gelassenheit eines umherziehenden Asketen. Nachdem er sich in der Nacht heimlich von seiner Familie und seinen Verpflichtungen verabschiedet und davongeschlichen hatte, begab er sich auf die Suche nach Erleuchtung.

Buddhastatue mit einigen seiner zweiunddreißig Körperzeichen: der Erhöhung auf dem Scheitel, den langgezogenen Ohrläppchen und urna*, einem Punkt zwischen den Augen.*

Sieben Jahre, nachdem er sein Zuhause verlassen hatte, beschloß Buddha, unter einem Baum (später als Bodhibaum im heutigen Bodh Gaya lokalisiert) so lange zu meditieren, bis er das Problem des menschlichen Leidens erkannt haben würde. Die Götter im Himmel frohlockten, doch Mara, der Gott des Todes und des Verlangens, versuchte, ihn abzulenken. Neunundvierzig Tage später wurde Gautama erleuchtet – er wurde zum Buddha. Weitere sieben Wochen saß er meditierend da, und der Schlangenkönig beschützte ihn mit seinen sieben Hauben. Zuerst war er ohne Hoffnung, Menschen zu finden, die seine Wahrheit verstehen würden, doch als Brahma ihn dazu drängte zu predigen, willigte er ein. Es gelang ihm, den größten Teil seiner Familie zu bekehren. Um seine Mutter zu bekehren, stieg er sogar in den Himmel der Dreiunddreißig Götter auf.

Die früheren Leben Buddhas

Die Vollendung, zu der ein Buddha gelangt, ist das Ergebnis einer ganzen Reihe früherer Existenzen, in denen sich der Bodhisattva auf sein letztes Leben vorbereitet. Dabei konzentriert er sich auf die erforderlichen moralischen Eigenschaften, unter denen die vornehmste die Freigebigkeit ist. Viele Geschichten über Buddhas Leben sind volkstümliche Erzählungen, die zu diesem Zweck umgeformt worden sind. In einer dieser Erzählungen ist Buddha in einem früheren Leben ein Feldhase: Als er feststellt, daß er nichts besitzt, was er einem Gast anbieten kann, beschließt er, sein eigenes Fleisch anzubieten. Sakka (Indra) will seinen Entschluß auf die Probe stellen und besucht ihn in Gestalt eines Bettlers. Der Hase fordert ihn auf, ein Feuer anzuzünden, in das er sich stürzen will. Sakka kann dies gerade noch verhindern. In der folgenden Geschichte, der letzten und längsten aus dem Buch Jataka *(»Geburtsgeschichten«) der Theravada-Schriften, ist Prinz Vessantara die letzte menschliche Reinkarnation Buddhas vor seiner Wiedergeburt als Gautama (dazwischen folgt noch eine Wiedergeburt als ein Gott im Tushita-Himmel).*

Vessantara, Sohn und Erbe des Königs Sanjaya, lebte mit seiner Frau Maddi und ihren gemeinsamen Kindern in der Hauptstadt. Er war von außerordentlicher Freigebigkeit: Er besaß einen magischen weißen Elefanten, der Regen brachte, wenn es nötig war; doch er verschenkte ihn an Gesandte aus einem anderen Königreich. Die Bürger waren zornig darüber und zwangen den König, Vessantara in die Verbannung zu schicken. Maddi entschloß sich, ihrem Mann in die Verbannung zu folgen, und nahm auch die Kinder mit. Vessantara verschenkte seinen gesamten Besitz und machte sich mit seiner Familie auf eine lange Reise in ein Tal des Himalaya, wo sie sich niederließen. Bedrängt von einer jungen Frau, die Diener suchte, bat ein alter Brahmane namens Jujaka Vessantara um seine Kinder, die dieser sofort hergab. Am nächsten Morgen verkleidete sich Sakka, der fürchtete, Vessantara könnte auch seine Frau hergeben, als Brahmane, bat ihn um seine Frau und gab sie ihm dann zurück (da sie nun ein Geschenk war, konnte Vessantara nicht mehr über sie verfügen). Inzwischen trafen Jujaka und die Kinder am Hof von Sanjaya ein, der seine Enkelkinder loskaufte. Jujaka aß so viel, daß er starb. Getrieben von seinem schlechten Gewissen begab sich Sanjaya mit seinem Gefolge in den Himalaya zu Vessantara und Maddi und lud sie ein, mit ihm zurückzukehren. So waren schließlich alle wieder vereint, und Vessantara wurde König.

In dem Rundrelief auf diesem großen buddhistischen Stupa aus Amaravati ist eine Szene aus den Jataka*-Mythen dargestellt.*

Dieses ostindische Steinrelief aus dem 9./10. Jh. zeigt den Bodhisattva Avalokiteshvara, der mitleidsvoll »von oben herabschaut«. In der linken Hand hält er einen Lotos, die rechte Hand vollzieht die Geste der Gunstgewährung. In China ist er unter dem Namen Guanyin (siehe S. 96) bekannt.

BODHISATTVAS

Die Vorstellung des Bodhisattva (»der, dessen Wesen Bodhi, Erleuchtung, ist«, d.h. ein zukünftiger Buddha) ist im gesamten Buddhismus bekannt, von besonderer Bedeutung aber im Mahayana-Buddhismus. Hier steht die Bereitschaft des Bodhisattva im Mittelpunkt, seine Verdienste jedem zuteil werden zu lassen, der ihn verehrt. In der obigen Darstellung sehen wir Avalokiteshvara, den »Herrn, der von oben herabschaut« (auch Padmapani genannt), dessen hervorragendste Eigenschaft das Mitleid ist. Weitere wichtige Bodhisattvas sind Maitreya (»Wohlwollen«); Manjushri (»von freundlicher Majestät«), dessen Aufgabe die Beseitigung von Unwissenheit ist; und Vajrapani, »der, welcher einen Donnerkeil in seiner Hand hält«), der Vernichter des Bösen.

CHINA

Die Decke des Qiniandian (Gebetshalle für eine gute Ernte) an der Nordseite des Bezirks des Himmelstempels in Beijing. In dieser Halle betete der Kaiser in seiner Eigenschaft als Stellvertreter des Himmels auf Erden für eine gute Ernte.

Die chinesische Mythologie läßt sich beinahe viertausend Jahre weit zurückverfolgen; ausgedehnte Funde aus Nordchina deuten jedoch auf eine weiträumige Besiedlung bereits seit etwa 3000 v. Chr. hin. Die Xia, vermutlich ein Stammesverband, beherrschte den größten Teil dieser Region zwischen etwa 2000 bis 1500 v. Chr. Ihr Totemtier war die Schlange, die in einigen der ältesten chinesischen Mythen auftaucht. Aus ihr entwickelte sich im Laufe der Zeit der Drache, das Hauptsymbol der chinesischen Mythologie und Kultur (siehe S. 92).

Das Volk der Yin errichtete um 1500 v. Chr. die Yin- oder Shang-Dynastie. Die Yin beherrschten bereits die Herstellung von Bronzegegenständen, und ihr Emblem war der »rote Vogel«, das Smbol des Südens. Sie brachten offenbar einer Vielzahl von Gottheiten Opfer dar, darunter der Sonne, dem Mond, den Wolken, der Erde, den Bergen, Flüssen und den vier Himmelsrichtungen. Ihre oberste Gottheit war Shang Di, der als Ahnengott der Dynastie verehrt wurde. Mit den Geistern versuchte man Verbindung aufzunehmen, indem man Risse auf verbrannten »Orakelknochen« deutete und andere schamanistische Praktiken ausübte wie Gesang, Tanz und Trance.

Die Nachfolger der Yin, die Zhou, verwendeten erbliche Familiennamen, und der Ahnenkult wurde zur vorherrschenden religiösen Praxis. Jedoch blieben auch die alten Naturgottheiten bestehen, Erd-, Gott- und Flußgottheiten wurden weiterhin verehrt. Die Herrscher der Zhou-Dynastie beteten Tian (den »Himmel«; siehe S. 100) an.

Gegen Ende der Zhou-Dynastie tauchten zahlreiche neue politische Philosophien auf. Das System des Konfuzius (der latinisierte Name für Kong Fuzi oder »Meister Kong«; 551–479 v. Chr.), das sich auf das traditionelle Ritual, auf Respekt gegenüber den Eltern und Wertschätzung der Erziehung gründete, beherrschte das chinesische Leben bis zum Beginn der kommunistischen Ära. Die zweite große Schule, der Taoismus (siehe S. 98), propagierte eine Trennung von Staat und Religion sowie die Rückkehr zu ländlicher Einfachheit. An oberster Stelle stand die Harmonie des Menschen mit der Natur statt deren Unterwerfung. Yin und Yang (das weibliche und das männliche Prinzip; siehe S. 90) sollten im Gleichgewicht sein.

Die Anhänger des Konfuzianismus nahmen gegenüber traditionellen Gottheiten und Geistern meist eine agnostische Haltung ein. Der Taoismus hingegen erhielt nach dem Auftauchen des Buddhismus (siehe S. 96) einen stärker religiösen Charakter und entwickelte eine eigene Mythologie. Taoismus, Buddhismus, Konfuzianismus und ältere Glaubensüberzeugungen lebten nebeneinander im Geist des gegenseitigen Respekts und beeinflußten sich wechselseitig.

DIE FÜNF ELEMENTE UND DIE FÜNF HEILIGEN BERGE

Unerklärlicherweise hatte die Zahl fünf bei den Chinesen schon von alters her eine besondere Bedeutung. So besteht angeblich die materielle Struktur der Welt aus fünf Elementen (Holz, Feuer, Erde, Metall und Wasser), die dynamisch miteinander in Beziehung stehen. Jedem Element ist eine der fünf Jahreszeiten zugeordnet (die fünfte ist ein mystisches »Zentrum«), eine der Haupthimmelsrichtungen (die fünfte ist wiederum das »Zentrum«; siehe auch S. 21) und jeweils ein Planet:

Holz	Frühling	Osten	Jupiter
Feuer	Sommer	Süden	Mars
Erde	Zentrum	Zentrum	Saturn
Metall	Herbst	Westen	Venus
Wasser	Winter	Norden	Merkur

Schon immer wurden Berge als Gottheiten verehrt, die durch Gebete und Opfer freundlich gestimmt werden konnten. Die chinesischen Kaiser betrachteten fünf Berge als besonders heilig: Hengshan (Nördlicher und Südlicher Berg; die Pinyin-Umschrift lautet für beide gleich); Huashan (Westlicher Berg); Songshan (Mittlerer Berg); und Taishan (Östlicher Berg). Der bedeutendste von ihnen war Taishan. Er befindet sich in der Nähe von Qufu, dem Geburtsort des Konfuzius, und wurde im Laufe der Jahrhunderte mit verschiedenen Adelstiteln belegt – von Fürst bis zu Kaiser. Kein Kaiser wagte es, hier Opfer darzubringen, ehe sich seine Herrschaft nicht in besonderer Weise ausgezeichnet hatte. Neben diesen fünf Hauptbergen gibt es weitere heilige Berge der Buddhisten und Taoisten. Kunlun etwa, außerhalb des alten Reiches im Westen, war der Wohnsitz der Götter, eine Art Kolonie des Himmels.

HINWEISE ZUR AUSSPRACHE

Die in diesem Kapitel auftauchenden Namen sind entsprechend dem Standardsystem zur Wiedergabe chinesischer Wörter in Lateinschrift, das sog. Pinyin, transkribiert. Diese Umschrift beginnt seit den 70er Jahren das Wade-Giles-System abzulösen.

Pinyin	Wade-Giles	deutsche Entsprechung
c	tz'	*ts* wie in Zar
z	tz	stimmhaftes *ds*
j	ch	*dj*
zh	ch	*dsch* wie in *Dschungel*
q	ch'	zwischen *tj* und *tch*
x	hs	wie *ch* in *ich*
r	j	wie englisches *r* in *round*

Chinesische Dynastien

Xia	um 2000–um 1500 v. Chr.
Shang oder Yin	um 1500–1050 v. Chr.
Zhou	1050–221 v. Chr.
Qin	221–206 v. Chr.
Han	202 v. Chr.–220 n. Chr.
Wei, Jin; Nord-Süd-Trennung	220–581
Sui	581–618
Tang	618–907
Fünf Dynastien und Zehn Königreiche	907–960
Song	960–1279
Yuan	1276–1368
Ming	1368–1644
Qing	1644–1911

VOM CHAOS ZUR ORDNUNG

Pan Gu und Hun Dun

YIN UND YANG
Yang, was ursprünglich Sonnenschein oder Licht bedeutete, und Yin, Schatten oder Finsternis, wurden später als jene kosmischen Kräfte betrachtet, die in ihrem Zusammenwirken alle Erscheinungsformen des Universums hervorbringen. Yang steht für Männlichkeit, Aktivität, Hitze, Trockenheit, Härte; Yin hingegen für Weiblichkeit, Passivität, Kälte, Feuchtigkeit und Weichheit. Die Eigenschaften von Yin und Yang treten oft als Gegensatzpaar in Erscheinung, etwa als Leben und Tod, weiblich und männlich, gut und böse. Auf einer mehr philosophischen Ebene wurden Yin und Yang als sich gegenseitig ergänzende Kräfte angesehen. Das rote Lackbild (oben) zeigt die Symbole für Yin und Yang, um die herum die Acht Symbole der Weissagung angeordnet sind.

Der wichtigste chinesische Schöpfungsmythos beschreibt die Erschaffung der Welt durch den Urgott und Urriesen Pan Gu, dessen Kult sich bis heute bei den Minderheiten Südchinas, etwa bei den Miao, Yao und Li, erhalten hat. Er gilt als Nachkomme von Yin und Yang, den beiden Lebenskräften des Universums (siehe Illustration links; die Figur in der unteren Bildhälfte stellt wahrscheinlich Pan Gu dar). In der Finsternis eines riesigen Ureis, in dem Yin und Yang noch ungetrennt waren, entstand Pan Gu und wuchs achtzehntausend Jahre lang, dann öffnete sich das Ei. Seine leichten und reinen Bestandteile stiegen auf und bildeten den Himmel (Yang), die schweren und groben Bestandteile sanken hinunter und bildeten die Erde (Yin).

Pan Gu erhob sich. Um zu verhindern, daß Erde und Himmel sich wieder vereinigten, wuchs er immer weiter, wodurch sich der Abstand zwischen Himmel und Erde täglich um zehn Fuß vergrößerte. Nach weiteren achtzehntausend Jahren erreichten Himmel und Erde ihre endgültige Position, und Pan Gu legte sich erschöpft nieder, um sich auszuruhen. Bei seinem Tod entstanden aus seinem Atem Wind und Wolken, aus seiner Stimme der Donner, aus seinem linken Auge die Sonne, aus seinem rechten Auge der Mond, seine Haare und sein Bart wurden die Sterne am Himmel. Aus seinen andere Körperteilen entstand die Erde: Berge, Flüsse, Wege, Pflanzen, Bäume, Metalle, Edelsteine und Felsen. Sein Schweiß wurde zu Regen und Tau.

Diese Fassung des sehr alten Pan-Gu-Mythos entstand im 3. Jahrhundert n. Chr. In einer späteren Fassung wird der Wechsel von Tag und Nacht mit dem Öffnen und Schließen der Augen Pan Gus erklärt.

Der Tod des Chaos

Die allegorischen Erzählungen in den Werken der klassischen chinesischen Philosophen stellen die beste Quelle für die alte chinesische Mythologie dar. Ein Beispiel dafür ist die kurze, aber sehr bekannte Schöpfungsgeschichte, die vom Tod des Chaos handelt. Sie wird im Buch Zhuangzi *erzählt, das nach seinem Verfasser, einem Gelehrten und Philosophen des frühen Taoismus aus dem 4. Jahrhundert v. Chr., benannt ist. Zhuangzi stellte die Lehre des frühen philosophischen Taoismus inhaltlich und stilistisch sehr klar dar. Der hier wiedergegebene Schöpfungsmythos beschreibt die beiden interagierenden Prinzipien des Ur-Universums und das zwischen ihnen liegende Chaos in der anthropomorphisierten Gestalt von drei Kaisern.*

Shu, der Kaiser des Nordmeers, und Hu, der Kaiser des Südmeers, besuchten häufig Hun Dun (das »Chaos«), den Kaiser der Mitte, der sie immer auf sehr liebenswürdige Weise empfing. Eines Tages besprachen sich Shu und Hu, in welcher Form sie sich für seine Freundlichkeit und Güte dankbar erweisen könnten. Sie überlegten sich, daß sie selbst sieben Körperöffnungen haben, die sie befähigten zu sehen, zu hören, zu essen, zu schmecken, zu riechen und so weiter; Hun Dun jedoch hatte keine einzige.

So beschlossen sie, ihm zum Zeichen ihrer Dankbarkeit diese Körperöffnungen zu bohren, und zwar jeden Tag eine. Und so geschah es. Als sie nach sieben Tagen ihr Werk beendet hatten, starb Hun Dun, im selben Augenblick aber entstand aus dem Chaos die geordnete Welt.

NÜ GUA UND FU XI

Die Erschaffung des Menschen; Überschwemmungsmythen

Geschichten um die Schöpfergöttin Nü Gua und den Schöpfergott Fu Xi zählen zu den ältesten chinesischen Mythen. Die Herkunft dieser Gottheiten liegt im Dunkeln, doch beide Namen sind von Begriffen abgeleitet, die Kürbis oder Melone bedeuten – Früchte also, die auch in Fruchtbarkeits- und Ursprungsmythen anderer Kulturen auftauchen. In der Han-Dynastie wurden die beiden häufig als verheiratetes Paar dargestellt, mit Menschenköpfen und ineinander verschlungenen Schlangenschwänzen; doch wahrscheinlich waren Nü Gua und Fu Xi ursprünglich getrennte Gottheiten, deren Geschichten – ähnlich den griechischen Göttern Zeus und Hera (siehe S. 132) – erst später miteinander verknüpft wurden. Ihre gewundenen Schwänze deuten auf eine Verbindung zu dem Schlangentotem der Xia hin.

Nü Gua und Fu Xi, zugleich der erste chinesische Kulturheros, treten ab dem 4. Jahrhundert v. Chr. in einer Reihe von Mythen auf. Dabei herrschen drei Erzählstränge vor: die Erschaffung der Menschheit; deren Kämpfe gegen Naturkatastrophen; Kriege der Frühzeit. Nü Gua wurde als Schöpferin der ersten Menschen (siehe unten) und als deren Beschützerin besonders verehrt.

Ein wichtiger Mythos erzählt von der Zeit, als die Göttin auf der Erde lebte. Es kam zum Streit zwischen dem Feuergott und Beherrscher des Universums, Zhu Rong, und dem Wassergott und Entfessler der Urflut, Gong Gong, der auch als Zhu Rongs Sohn gilt. Der Feuergott regierte das Universum streng, aber weise; er sorgte dafür, daß die Sonne regelmäßig am Himmel erschien und die Menschen, die Nü Gua erschaffen hatte, gute Ausgangsbedingungen für ihr alltägliches Leben besaß. Gong Gong, eine häßliche Kreatur mit Schlangenkörper und

FU XI, DER ERSTE KAISER

Während der Han-Dynastie (202 v. Chr. bis 220 n. Chr.) füllte man die Lücken der im Dunkeln liegenden Frühgeschichte mit erfundenen Dynastien. Viele Mythen wurden zu historischen Berichten umgeschrieben und deren Schlüsselfiguren zu Kaisern umgedeutet. Fu Xi wurde zum ersten Kaiser überhaupt erklärt, zu einem der »Fünf Kaiser der Erhabenen Vorzeit«, seine Regierungszeit auf den Zeitraum zwischen 2852 und 2737 v. Chr. festgesetzt. Einem Mythos zufolge hatte er vier Gesichter (eines für jede der vier Himmelsrichtungen), die von offiziellen Geschichtsschreibern in vier Regierungsbeamte umgedeutet wurden. Fu Xi wurde zu einem Kulturheroen; die Unterweisung der Menschen in Jagd und Fischfang, in der Aufzucht von Haustieren, die erstmalige Herstellung von Musikinstrumenten und die erste chinesische Schrift, die an die Stelle geknoteter Schnüre als Mittel der Verständigung trat, wurden ihm zugeschrieben.

Das aus Lehm geformte Menschengeschlecht

Nach der Trennung von Himmel und Erde und der Erschaffung von Hügeln, Flüssen, Tieren und Pflanzen stieg Nü Gua auf die Erde herab, um auf ihr zu leben. Der folgende Mythos erzählt, wie sie aus Lehm den Menschen formte.

Nach einiger Zeit fühlte sich Nü Gua allein und spürte, daß auf der Welt noch etwas fehlte. Eines Tages sah sie in einem Teich ihr Spiegelbild, und hegte einen Plan. Sie schöpfte eine Handvoll Lehm und formte daraus ein Abbild ihrer selbst, den ersten Menschen. Als die Göttin ihn hinstellte, wurde er auf der Stelle lebendig und begann zu rufen und vor Freude zu tanzen. Glücklich über ihr Werk formte Nü Gua weitere Menschen aus Erde. Diese machten sich auf und wanderten ins Landesinnere, doch da sie weiterhin ihre Stimmen hörte, fühlte sie sich nicht mehr allein. Bald merkte die Göttin, daß sie, um die Erde zu bevölkern, mehr und schneller Menschen schaffen mußte. Deshalb tauchte sie ein Seil in den Schlamm und wirbelte es anschließend herum, so daß Erdklumpen davon abfielen. Aus jedem wurde ein Mensch. Auf diese Weise bevölkerte Nü Gua die Erde und ruhte sich dann von ihrer Arbeit aus. Später, als die Menschen alt wurden und starben, lehrte sie die Menschen, Kinder zu zeugen, und schuf so den Generationswechsel.

Einer anderen Version zufolge formte Nü Gua die Adeligen aus gelber Erde, die armen Leute aus Kot. Ihr wird auch die Erfindung der Flöte zugeschrieben.

Ein Gemälde aus dem frühen 20. Jh.: Nü Gua mit einem Schlangenkörper.

Menschenkopf und einem roten Haarschopf, beneidete Zhu Rong und wollte ihm die Macht über das Universum entreißen.

Es kam zu einem zunächst im Himmel und dann auf der Erde tobenden heftigen Kampf. Gong Gong rief alle Geschöpfe des Meeres und der Flüsse gegen den Feuergott auf den Plan; sein Diener war der neunköpfige Hsiang Yao, dessen Auswurf stinkende Sümpfe hervorbrachte; doch letztlich konnten die Geschöpfe des Meeres und der Flüsse der sengenden Sonnenhitze, die die Flüssigkeit in ihren Körpern zum Sieden brachte, nicht standhalten und sie mußten sich geschlagen geben.

Gong Gongs Enttäuschung über die Unerfüllbarkeit seiner Umsturzpläne verwandelte sich in Zorn; er stieß mit dem Kopf gegen den Unvollkommenen Berg, der als Hauptstütze des nordwestlichen Himmels diente. Als der Berg eingestürzt war, klaffte am Himmel ein riesiges Loch, und die Folge war ein Erdrutsch im südöstlichen Land. Die Welt geriet aus dem Gleichgewicht, und verheerende Naturkatastrophen suchten die Menschen heim: Die Hügel und Wälder gerieten in Brand, und die Ebenen wurden überschwemmt. Die Fluten strömten nach Südosten, wo das Land nun tiefer lag. Dies, so heißt es, sei der Grund, weshalb die großen Flüsse des Landes im großen und ganzen von Westen nach Osten fließen.

Nü Gua konnte nicht tatenlos zusehen, wie ihre Geschöpfe leiden mußten. Um das Loch im Himmel auszugleichen, schaffte sie aus einem Flußbett viele Steine herbei. Dann baute sie einen Schmelzofen, in dem sie die Steine schmolz, brachte sie in die geeignete Form, stieg damit zum Himmel auf und flickte die Lücken. Um sicherzustellen, daß der Himmel nie wieder aufbrach, tötete Nü Gua eine riesige Schildkröte und schnitt ihr alle vier Beine ab, die sie an den vier Polen des Himmels anstelle des Unvollkommenen Bergs aufstellte. Dann verbrannte sie Schilfbinsen, mit deren Asche sie die Lücken in den Ufern der Flüsse stopfte. So gelang es ihr, die Fluten zum Stillstand und die Welt in ein neues Gleichgewicht zu bringen.

Eine Bronzeschildkröte in der Verbotenen Stadt (dem Kaiserlichen Palast) in Beijing. Schildkröten waren ein Symbol für Langlebigkeit und Kraft, da sie schwere Lasten auf dem Rücken tragen können. Dem Mythos zufolge benutzte die Göttin Nü Gua die Beine einer Schildkröte, um den Himmel nach dem Zusammenbruch des Unvollkommenen Bergs (siehe rechts) zu stützen.

Yu der Große

Neben den Überschwemmungsmythen, in denen Nü Gua und Fu Xi eine Rolle spielen, gibt es zahlreiche weitere chinesische Mythen über eine Urflut; am bekanntesten ist die Geschichte von dem mythischen Kaiser der Urzeit und Kulturheoren Yu dem Großen. In der ursprünglichen Fassung war Hu ein Drache oder aber halb Mensch und halb Drache, dessen Vater Gun aus dem Himmel herabgeschickt worden war, um eine Flut einzudämmen. In der späteren Version des Mythos ist Hu ein Mensch.

Der mythische Kaiser Shun beauftragte Yu mit der Bändigung einer großen Flut. Dreizehn Jahre lang baute er unermüdlich Dämme und Befestigungen, er warf Berge auf und kämpfte so ohne Unterlaß gegen die Wasser des Chaos; seine Hände wurden wund, seine Füße schwielig. Seine Haut wurde schwarz von der Sonne, und er magerte er ab und wurde dünn wie ein Haken.

Doch seine große Mühe wurde schließlich belohnt. Mit Hilfe künstlicher Kanäle gelang es ihm, die über die Ufer getretenen Flüsse ins Meer zu lenken. Zur Anerkennung der Leistungen seines Sohnes dankte Shun ab, und Yu wurde auf diese Weise der erste Kaiser der Xia-Dynastie. Er soll in den Jahren von 2205 bis 2197 v. Chr. regiert haben; sein Grab soll sich in der Nähe des heutigen Shaoxing in der Provinz Zhejiang befinden.

Yu, der sagenhafte Begründer der Xia-Dynastie, soll anfänglich ein Drache gewesen sein, und jeder Kaiser galt als die Inkarnation dieses Tieres. Ein Drache (oben) in der Verbotenen Stadt.

Die Kürbiskinder

Mythen über Fu Xi und Nü Gua finden sich auch in der mündlichen Überlieferung der Miao und Yao Südchinas. Diese Geschichten sind lebendiger erzählt und ausführlicher geschildert als die schriftlichen Texte der bevölkerungsreicheren Han. Die im folgenden wiedergegebene gekürzte Fassung der Fu Xi- und Nü Gua-Legende wird bei den Yao in der Provinz Guizhou erzählt.

Vor langer Zeit arbeitete ein Mann an einem Sommertag auf den Feldern, als er fernes Donnergrollen vernahm. Er schickte seine beiden Kinder, einen Jungen und ein Mädchen, ins Haus und hängte einen eisernen Käfig unter den Dachvorsprung des Hauses. Schon bald begann es heftig zu regnen; der Mann nahm eine spitze Gabel, wie man sie traditionell bei der Tigerjagd verwendete, stellte sich vor dem Haus auf und öffnete die Tür des Käfigs.

Bald blitzte und donnerte es, und der Donnergott trat aus den Wolken hervor, in der Hand eine riesige Kampfaxt. Der Mann stürzte sich auf den Gott, spießte ihn mit der Gabel auf, steckte ihn in den Käfig und verriegelte die Tür. Sobald der Donnergott gefangen war, hörte der Regen auf, der Wind legte sich.

Am nächsten Morgen ging der Mann zum Markt, um Kräuter und Soße zu kaufen; denn er wollte den Gott töten und dann in die Lake einlegen. Seinen Kindern verbot er, während seiner Abwesenheit dem Donnergott etwas zu trinken zu geben. Doch sobald der Mann gegangen war, flehte der Gott so mitleiderregend um einen einzigen Tropfen Wasser, daß die Kinder ihm diesen Wunsch nicht abschlagen konnten. Im selben Augenblick wurde er so stark, daß er den Käfig sprengte. Um die Kinder für ihre Freundlichkeit zu belohnen, zog er sich einen Zahn aus, den sie im Garten in die Erde stecken sollten. Dann verschwand er. Die Kinder pflanzten den Zahn ein, der innerhalb weniger Minuten zu einer prächtigen Kürbispflanze wurde, die wiederum innerhalb weniger Stunden eine Frucht trug. Daraufhin kehrte der Regen zurück, und das Wasser auf der Erde konnte wieder ansteigen.

Als der Mann von seinen Besorgungen nach Hause zurückkam, hieß er seine Kinder in den Kürbis steigen. Er selbst baute ein Boot, mit dem er zum Himmel fuhr, um den Herrn des Himmels zu bitten, die mächtigen Fluten zu bändigen. Dieser befahl dem Wassergott, die Überschwemmung zum Stillstand zu bringen, doch die Flut wich nun so rasch zurück, daß der Mann mit seinem Boot auf die Erde prallte und sofort zerschellte. Die einzigen Überlebenden waren die beiden Kinder, da sie in ihrem Kürbis unversehrt geblieben waren.

Die ursprünglichen Namen der Kinder sind nicht bekannt, doch sie werden seither Fu Xi (»Flaschenkürbis«) genannt. Sie lebten glücklich zusammen, und als sie erwachsen geworden waren, schlug der junge Mann vor zu heiraten. Seine Schwester zögerte zunächst, da sie Geschwister waren; doch sie war bereit, ihren Bruder zu heiraten, falls er sie fangen könne. Das gelang ihm, sie heirateten, und seine Schwester änderte ihren Namen in Nü Gua, was ebenfalls soviel wie Kürbis oder Melone bedeutet.

Später gebar Nü Gua einen riesigen Fleischklumpen. Den teilten die Eltern in viele Teile und kletterten damit die Himmelsleiter hinauf. Ein Windstoß verteilte die Fleischstücke über die ganze Erde; bei ihrem Aufprall entstanden daraus Menschen. So wurde das Menschengeschlecht mit Hilfe der Kürbiskinder neu erschaffen.

Wen Zhong, der Herr des Donners. In älteren Mythen wird der Donnergott als ein scheußliches Tier beschrieben, spätere Fassungen jedoch weisen alle Naturphänomene einer himmlischen Regierung zu, die zugleich ein Spiegel der irdischen Herrschaft durch Dynastien ist.

SONNE, MOND, STERNE

Mythen der Himmelskörper

Ausschnitt aus dem oberen Teil einer Begräbnisfahne (2. Jh. v. Chr.), auf dem die Wanderung der Seele ins Reich der Unsterblichen dargestellt ist. Die große rote Scheibe ist die Sonne, die Krähe deren Seele. Als Yi, der göttliche Bogenschütze, die erste Sonne abschoß, fiel die Krähe tot vor seine Füße (siehe Text gegenüber).

Sonne, Mond und Sterne zählten zu den animistischen Hauptgottheiten des alten China, und Sonne und Mond wurden bis ins frühe 20. Jahrhundert hinein in zahlreichen Opferzeremonien und vielfältigen Ritualen verehrt. Noch heute finden sich Sonnen- und Mondaltäre, die aber nicht mehr in Gebrauch sind, in der chinesischen Hauptstadt Beijing (Peking). Die Sonne erhielt jedoch nie den Rang einer obersten Gottheit, und in der offiziellen Götterhierarchie des kaiserlichen China rangierten Sonne und Mond hinter Himmel, Erde, den kaiserlichen Ahnengöttern, hinter den Göttern des Getreides und des Bodens sowie hinter dem Philosophen Konfuzius.

Die meisten Chinesen haben eine starke emotionale Bindung an den Mond, vor allem den Vollmond, dessen runde Form die Einheit und Vollständigkeit der Familie symbolisiert. Das Herbstfest am 15. Tag des achten Monats nach dem Mondkalender – bei Vollmond – wird heute noch gefeiert. An diesem Abend finden sich die Familienmitglieder von überallher ein, und man ißt unter anderem runde »Mondkuchen«.

Sternengottheiten, von denen jede mit einem Stern oder einer Sternengruppe verknüpft ist, gab es schon früh; im taoistischen Pantheon waren sie besonders zahlreich vertreten. Unter ihnen befanden sich Gottheiten der Literatur, des langen Lebens, des Glücks. Die meisten Sternenmythen der chinesischen Religion und Volkstradition entwickelten sich vergleichsweise spät; doch ein bekannter Sternenmythos über Yi, den berühmten, mit magischen Kräften begabten göttlichen Bogenschützen, reicht mindestens bis ins 6. vorchristliche Jahrhundert zurück.

Diesem Mythos zufolge umkreisten ursprünglich zehn Sonnen die Erde. Sie lebten auf einem riesigen Baum namens Fu Sang, der an einer heißen Quelle jenseits des östlichen Horizonts wuchs; es waren Söhne Di Juns, des Herrn des Himmels, und der Göttin Xi He, die verfügt hatte, daß immer nur eine Sonne am Himmel erscheinen dürfe. Xi He geleitete die jeweils »diensthabende« Sonne in ihrem Streitwagen über den Himmel und brachte sie am Ende des Tages wieder zurück zum Baum Fu Sang.

Die Jahre vergingen gleichförmig, und es hatte den Anschein, als könne es immer so weitergehen, bis die zehn Brüder eines Tages anfingen, ihrer Pflicht überdrüssig zu werden, und gegen die von ihrer Mutter verfügte Ordnung aufbegehrten. Sie versammelten sich auf den Zweigen Fu Sangs und überlegten, wie sie sich von diesem strengen Reglement befreien könnten. Eines Tages brachen sie gleichzeitig vom Baum Fu Sang auf und erschienen ohne Ankündigung alle auf einmal am Himmel. Nun glaubten sie, so lange am Himmel bleiben zu können, wie sie wollten.

Zuerst freuten sich die Menschen auf der Erde über das Licht und die Wärme der zehn Sonnen. Doch als ihre Ernte in der glühenden Hitze verdorrte, gerieten sie in Verzweiflung und suchten nach einer Möglichkeit, die Macht der Sonnen zu brechen. Der irdische Herrscher jener Zeit war Yao, der später zusammen mit Shun und Yu (siehe S. 92) als einer der drei heiligen weisen Herrscher der Urzeit galt. Yao war ein demütiger Mann, der in einer reetgedeckten Hütte bescheiden lebte und grobes Getreide sowie Suppe aus wilden Pflanzen als Nahrung zu sich nahm. Auch er war von der Not betroffen und tief besorgt um das Wohl seines Volkes. Er bat, der Himmel möge sich einschalten, und beschwor Di Jun, die alte Ordnung wiederherzustellen und jeweils nur eine einzige Sonne am Himmel erscheinen zu lassen.

Di Jun, der Herr des Himmels, erhörte Yaos Flehen und befahl den neun überzähligen Sonnen, augenblicklich auf den Baum Fu Sang zurückzukehren. Doch die Sonnen, glücklich über die gewonnene Freiheit, gehorchten ihm nicht. Darauf schickte Di einen seiner mächtigsten Helfer, Jun Yi, auf die Erde; dieser sollte gegen seine widerspenstigen Söhne vorgehen und zugleich andere Probleme lösen, mit denen Yao zu kämpfen hatte.

Yi war als Bogenschütze berühmt, und so gab ihm Di Jun einen roten Bogen und einen Köcher mit weißen Pfeilen auf die Erde mit. Der Herr des Himmels wollte nicht, daß Yi die Sonnen verletze oder ihnen ein Leid zufüge; er sollte sie nur bedrohen, damit sie Di Juns Befehlen gehorchten. Zusammen mit seiner Frau Chang E (siehe unten) stieg Yi zur Erde hinab. Als er aber sah, wie elend es den Menschen erging und wie sehr sie unter der Dürre zu leiden hatten, wurde er sehr zornig. Er nahm einen Pfeil aus seinem Köcher und schoß ihn in den Himmel. Es folgte ein dumpfes Geräusch, dann sprühten Funken von einer der Sonnen ausgehend in alle Richtungen. Schließlich regnete es goldene Federn, und eine große Krähe mit drei Füßen, deren Brust von einem weißen Pfeil durchbohrt war, fiel vom Himmel herab und Yi vor die Füße. Es war der Geist der ersten der zehn Sonnen. (Die Sonnenkrähe gilt bisweilen als der Beweis dafür, daß schon die alten Chinesen bei ihren Himmelsbeobachtungen Sonnenflecken entdeckt haben.)

Der Tod der einen Sonne hatte keine große Wirkung auf das Klima, und deshalb schoß der himmlische Bogenschütze Yi weitere Pfeile in den Himmel, bis von den zehn Sonnen nur eine einzige Sonne übrig blieb und das Klima auf der Erde sich normalisierte. Diese Leistung machte Yi im chinesischen Volksglauben zum großen Helden.

KUHHIRTE UND WEBJUNGFRAU
Der Stern Wega im Sternbild Leier heißt bei den Chinesen Webjungfrau. Sie war die Tochter des Sonnengottes, der sie mit einem Kuhhirten (Aquila) verheiratete. Doch das glückliche Paar beschäftigte sich nur mit sich selbst und vernachlässigte seine Pflichten. Entrüstet bestrafte der Sonnengott sie, und sie mußten, getrennt voneinander, auf verschiedenen Seiten des Himmlischen Flusses (der Milchstraße) wandeln. Einmal im Jahr, am siebten Tag des siebten Monats, versammeln sich Elstern am Himmlischen Fluß und bilden eine Brücke, die die Webjungfrau überqueren kann, um sich mit dem Kuhhirten zu treffen. Wenn es aber an jenem Tag regnet, suchen die Elstern Schutz, und das glücklose Paar muß ein weiteres Jahr warten.

Chang E und der Mond

Nachdem Yi die neun Sonnen getötet hatte, war Di Jun zornig und verurteilte Yi und dessen Frau Chang E dazu, für immer als Sterbliche auf der Erde bleiben zu müssen. Yi begab sich auf die Suche nach dem Lebenselixier, das die Königinmutter des Westens besaß, eine tyrannische Gottheit, die auf dem Berg Kunlun lebte. Sie gab ihm den Saft des ewigen Lebens, der für zwei Personen ausreichte, sagte ihm aber, er solle achtgeben, daß nicht einer alles allein trinkt; denn sonst würde dieser die Welt verlassen und in höhere Regionen aufsteigen.

Yi brachte das Elixier nach Hause zu seiner Frau Chang E, die sich nach ihrem früheren sorgenfreien Leben im Himmel zurücksehnte. Als sie erfuhr, was die Göttin als Warnung gesagt hatte, faßte sie den Entschluß, alles selbst auszutrinken, um auf diese Weise in den Himmel zurückzukehren. Doch da sie Angst hatte, daß die anderen Götter ihre Untreue gegenüber dem Ehemann verurteilten, zog sie einen Astrologen zu Rate. Dieser riet ihr, zum Mond zu gehen, wo sie von den Mühen des Lebens als auch von den Anschuldigungen der Götter und Göttinnen frei sein werde. Er weissagte ihr auch, sie werde auf dem Mond wundersam verwandelt werden.

Diese Darstellung aus dem frühen 20. Jh. zeigt Chang E, die zum Mond aufsteigt, nachdem sie das Elixier der Unsterblichkeit getrunken hat. Ihr Mann Yi, der göttliche Bogenschütze, sieht ihr bestürzt nach, da sie nun für ihn verloren ist.

Eines Tages stahl Chang E das Elixier, das unter dem Dachsparren versteckt war, trank die ganze Flasche aus und stieg zum Mond auf. Sie wollte rufen, doch sie brachte nur ein Quaken heraus, da sie sich bereits in eine Kröte verwandelt hatte. Ihre einzigen Gefährten auf dem Mond waren ein Hase, der medizinische Kräuter mit einem Mörser zerstampfte, und ein alter Mann, der sich vergeblich mühte, einen Kassiabaum zu fällen.

Als Yi entdeckte, daß mit seiner Frau auch das Elixier verschwunden war, wußte er sofort, was geschehen war. Er sah ein, daß es ein Fehler gewesen war, der sterblichen Existenz entkommen zu wollen, die ihm zugesprochen war.

In einer späteren Version des Mythos verwandelt sich Chang E in ihre menschliche Gestalt zurück und lebt im Palast des Mondes, während Yi, dem sein Fehler vergeben wird, in den Himmel zurückkehren darf.

CHINESISCHER BUDDHISMUS

Amitabha und Guanyin

Im 2. Jahrhundert n.Chr. traten die ersten Chinesen zum Buddhismus über, der bald sehr populär wurde und sich schließlich – neben dem Taoismus und dem Konfuzianismus – zu einer der drei großen Glaubensrichtungen Chinas entwickelte. Der Buddhismus war in China sogar von weitaus größerer Bedeutung als in seinem Ursprungsland Indien. Gautama Sakyamuni oder Buddha (geboren etwa 560 v. Chr.; im Chinesischen heißt er Fo), der Gründer des Buddhismus, versprach nur jenen Erlösung, die den buddhistischen Vorschriften entsprechend ein Leben der Askese und des Verzichts auf weltliche Genüsse führten. Befreit von allen Bindungen, so seine Lehre, durchbrechen diese Menschen den Kreislauf von Geburt und Tod und erreichen den glückseligen Zustand des Nirwana. Dieser lange und schmerzhafte Prozeß hin zu einem mönchischen Leben schloß auch den Verzicht auf menschliche Bindungen an Familie, Freunde und Vertraute ein.

Größere Verehrung bei den Chinesen genoß allerdings Amitabha (im Chinesischen Emituofo), eine der Manifestationen Buddhas, der ein Westliches Paradies regiert. Er versprach all jenen Erlösung, die ihre Sünden bereuten und seinen Namen anriefen. Der Zustand der Glückseligkeit konnte eher durch den Glauben als durch Askese erreicht werden – ein Weg, der mehr Menschen offenstand. Nachdem sich der Buddhismus in China etabliert hatte, wurden in den Tempeln im ganzen Land zahllose Bilder des auf einer Lotosblüte thronenden Amitabhas aufgestellt.

Mythen über das Leben Buddhas verbreiteten sich auch in China, wo sie dem chinesischen Geschmack entsprechend ausgeschmückt wurden. Die Rolle der Geschichtenerzähler übernahmen Mönche, die die Mythen zum Teil niederschrieben. Eine dieser Geschichten erzählt von einem Schüler Buddhas namens Maudgalyayana – im Chinesischen mit Mulian wiedergegeben –, der in die Hölle hinabstieg, um seine Mutter zu befreien (siehe Text gegenüber). Diese Vorstellung entsprach chinesischem Denken, nicht nur, weil darin das buddhistische *karma* (die Lehre, daß gute und böse Taten sich sowohl in diesem als auch im zukünftigen Leben auswirken) zum Ausdruck kam, sondern auch die bei den Chinesen hochgeschätzte Tugend des Respekts der Kinder gegenüber ihren Eltern. Im buddhistischen Kalender zeigt das Avalambana-Fest (»Mit dem Kopf nach unten«), das in die Regenzeit fällt an, das die traditionelle Meditiationszeit der Mönche zu Ende ist. Der Name des Festes leitet sich aus einem hinduistischen Mythos ab. Darin wird von einem indischen Asketen erzählt, dem seine Vorfahren mit dem Kopf nach unten erschienen; er hatte sich aus der Welt zurückgezogen und konnte daher weder heiraten noch Nachkommen zeugen, die den Toten Opfer darbringen.

Amitabha erscheint häufig in Begleitung von Bodhisattva Guanyin, oft auch als die Göttin der Barmherzigkeit bezeichnet. Bodhisattvas waren ein Charakteristikum des Mahayana-Buddhismus, der in China und Japan besonders weit verbreitet war. Es sind Wesen, die ihren Eintritt in den Zustand des Nirwana verschieben, bis die gesamte leidende Menschheit erlöst ist. Ihr Mitleid und ihr Erlösungsversprechen brachten ein neues und menschliches Element in das religiöse Leben der Chinesen. Ursprünglich war Guanyin der männliche indische Bodhisattva Avalokiteshvara (siehe S. 87), dessen Name im Chinesischen »Hörend auf die Schreie der Welt« bedeutet. Bald nach seiner Einführung in China verkörperte Avalokiteshvara die mütterliche Tugend des Mitgefühls und änderte sein Geschlecht. Viele Geschichten wurden über Guanyin erzählt. So etwa rettete sie die heiligen Bücher eines frühen buddhistischen Pilgers, der aus Indien nach China zurückkehrte. Auf inständiges Bitten hin konnte sie die Ketten Gefangener sprengen, Schlangengift entfernen und dem Blitz seine zerstörerische Kraft nehmen. Mütter beteten zu ihr für ihre Kinder. Auf manchen Abbildungen ist sie – als Ausdruck ihrer vielfältigen Hilfsbereitschaft – mit vielen Armen zu sehen.

Holzfigur aus dem späten 13. Jh., die den Bodhisattva Guanyin darstellt. Guanyin wurde im chinesischen Buddhismus zur Göttin der Barmherzigkeit umgedeutet.

Rettich und Lauchstengel

Jedes Jahr beim buddhistischen Avalambana-Fest wurden in den Dörfern und Städten Chinas Spiele aufgeführt, in denen eine Figur namens Rettich im Mittelpunkt stand. Die Spiele erstreckten sich oft über mehrere Tage und wurden so stark variiert, daß die ursprüngliche Geschichte fast völlig verschwand; das Drama diente schließlich nur noch der reinen Unterhaltung und dem Amüsement. Hier eine Skizzierung der Geschichte nach einer Quelle aus dem 9. Jahrhundert n. Chr.

Rettich, ein frommer Schüler Buddhas, mußte eine lange Reise antreten. Bevor er aufbrach, vertraute er seiner Mutter, Frau Lauchstengel, eine bestimmte Geldsumme an für die buddhistischen Mönchen, die an ihrer Tür um Almosen bettelten. Doch seine Mutter gab den Mönchen nichts und belog ihren Sohn, als er zurückkam und sie fragte, ob sie getan hatte, was er ihr aufgetragen hatte. Zur Strafe kam Rettichs Mutter nach ihrem Tod in die Hölle, wo sie furchtbare Qualen erleiden mußte.

Im Laufe der Zeit nahm Rettich an Weisheit und Mitgefühl zu, bis er den erleuchteten oder heiligen Zustand *arhat* erreicht hatte. Er erhielt nun den neuen Namen Mulian. In jenem höchsten Zustand der Erleuchtung erfuhr er, daß seine Mutter in der Hölle war, und er beschloß, sie zu erlösen. Unterwegs begegnete er Yama (Yanluo), dem König der Hölle und Totenrichter, der ihn mit der folgenden düsteren Weissagung entmutigen wollte: »Auf dem Taishan [einem der heiligen Berge Chinas; siehe Karte S. 89] erlassene Urteile können nicht so einfach zurückgenommen werden. Sie wurden im Himmel gesprochen und von der Hölle unterzeichnet. Die Strafe der Sünder erwächst aus ihren vergangenen Taten, und niemand hat die Macht, sie daraus zu befreien.«

Mulian ließ sich jedoch davon nicht abschrecken und setzte sich mit allen Beamten in Verbindung, die mit dem Urteilsspruch, dem Protokoll und der Zuweisung von Sündern in die Hölle zu tun hatten, und er besuchte zahlreiche Abteilungen der Hölle. Schließlich erfuhr er, daß sich seine Mutter in einer der unteren Höllenregionen, der Avici-Hölle, befand. Auf den Weg dorthin traf er fünfzig stierköpfige (oder pferdeköpfige) Dämonen, jeder mit Giftzähnen wie ein Wald von Schwertern, einem Maul wie eine Schüssel voll Blut, einer Stimme wie Donner und Augen wie der Blitz. Als er den magischen Zauberstab gegen sie richtete, den er vom Buddha selbst erhalten hatte, verschwanden die Dämonen sofort.

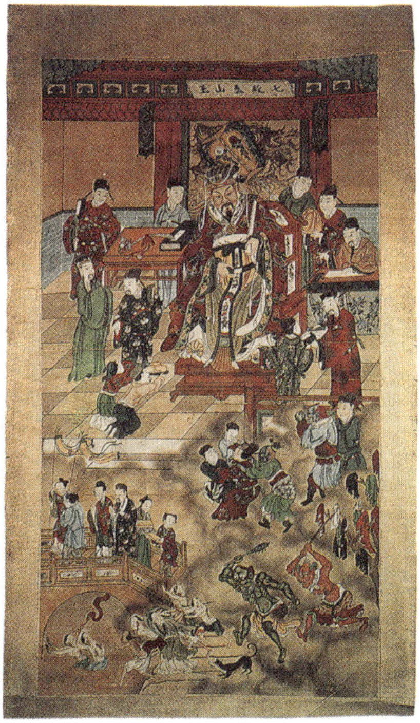

Yanluo oder Yama, der König der Hölle, an seinem Hof. Der König beobachtet die Teufel, wie sie die Seelen Verurteilter ihrer Bestrafung zuführen.

In der Avici-Hölle fragte Mulian nach seiner Mutter. Der Aufseher stieg auf einen hohen Turm, schwenkte eine schwarze Fahne, schlug eine eiserne Trommel und rief dabei: »Befindet sich hier im ersten Bezirk eine Frau Lauchstengel?« Diese Frage stellte er in allen Bezirken, bis sie schließlich im siebten Bezirk angelangten. Dort war Mulians Mutter mit neunundvierzig langen Nägeln an ein Bett festgenagelt. Doch Mulian gelang es nicht, sie zu erlösen; angesichts ihrer Sünden war dies allein dem Buddha möglich.

Deshalb begab sich Mulian zum Buddha und beschrieb ihm die beklagenswerte Lage seiner Mutter. Der Buddha hatte Erbarmen, und nach dem Avalambana-Fest am fünfzehnten Tag des siebten Monats befreite er Frau Lauchstengel aus der Hölle. Um sie zu finden, mußte Mulian auf Anweisung des Buddha durch die Straßen der Stadt wandern, in der er lebte, und betteln, bis er zum Haus eines reichen Mannes kam. Dort, so war ihm gesagt worden, würde ein schwarzer Hund aus dem Haus kommen und ihn an seiner Kutte zerren. Dieser Hund sei seine Mutter.

Mulian tat, wie Buddha ihm geheißen, und fand den Hund. Doch ihre menschliche Gestalt erhielt die Mutter erst wieder, nachdem ihr Sohn vor der Pagode Buddhas sieben Tage und sieben Nächte lang die Schriften gelesen, ein Schuldbekenntnis abgelegt, gebetet und gefastet hatte. Erst jetzt war sie erlöst.

Nach diesen Ereignissen riet Mulian seiner Mutter, sie solle gute Werke tun und dadurch einen Vorrat an Segnungen anlegen; denn die Wiedergeburt als menschliches Wesen und die Hinwendung zu guten Gedanken seien schwer zu erreichen.

TAOISTISCHE MYTHEN

Götter und Unsterbliche

Dieser Holzschnitt stellt die Unsterblichen Cao Guojiu und (mit Krücke) Li Xuan dar.

Die Unsterblichen Han Zhongli und die blaugewandete Lan Caihe als Spielmann.

Der Taoismus, eine der beiden großen Urreligionen Chinas, hat seinen Namen von dem Wort Tao (»Weg« oder »Pfad«), nach der Pinyin-Umschrift (siehe S. 89) Dao. Taoisten verstehen dies jedoch nicht als einen spirituellen Weg, dem sie folgen sollen, sondern als ein Grundprinzip der Existenz. Für die Konfuzianer besitzt jedes Phänomen und jede menschliche Institution ein eigenes Dao. Für Taoisten hingegen gibt es nur ein einziges Dao. Zur Weisheit und Erleuchtung gelangt der Mensch, wenn er Dao verstanden hat und in Harmonie mit ihm lebt.

Um 100 v. Chr. hatte sich der Taoismus bereits fest etabliert. Der Begründer des philosophischen Taoismus war der (später zum Gott erhobene) Laozi, was soviel bedeutet wie »Der Alte Meister«. Auch wenn er in späteren Überlieferungen einen Namen bekommt und Einzelheiten seines Lebenswegs hinzuerfunden wurden, weiß man nichts Genaues über ihn. Möglicherweise ist das Buch, das ihm als Verfasser zugeschrieben wird (*Dao De Jing* oder *Das Buch vom Weg und der Wirkkraft*), eine anonyme Kompilation.

Angesichts des sich machtvoll ausbreitenden Buddhismus (siehe S. 96) nahm der Taoismus, ursprünglich eine Philosophie, immer mehr den Charakter einer Religion an. Er übernahm viele der zahlreichen mystische Kulte Chinas, als deren Begründer sowohl der legendäre »Gelbe Kaiser«, der Urvater der Chinesen, wie auch Laozi galt. Er entlehnte vom Buddhismus die äußeren Zeichen – Tempel, Mönche, Bilder, Weihrauch –, und brachte ein Pantheon animistischer Gottheiten hervor, in dem auch Heroen der Vergangenheit und andere Gestalten Platz hatten. Manche Taoisten betrieben alchemistische Forschungen und suchten nach dem Elixir des langen Lebens und der Unsterblichkeit. Taoistische Schriftsteller schufen eine neue Mythologie spiritueller Wesen. Diese waren nicht Götter, sondern Menschen, die durch Befolgung taoistischer Anweisungen zur Unsterblichkeit gelangt waren und die Fähigkeit besaßen, Zaubertaten zu vollbringen und sich auf übernatürliche Weise fortzubewegen.

Taoistische Gottheiten waren vermenschlichte Planeten und Sterne, Heroen der alten Zeit (darunter auch die Schutzgeister der verschiedenen Berufe), menschliche Tugenden und Laster (Gelehrsamkeit, Handel, Raub, Unzucht, Trunkenheit) sowie Tiere wie Drachen, Tiger, Schlangen und Heuschrecken. Taoistische Priester verdienten sich ihren Lebensunterhalt hauptsächlich durch die Austreibung böser Geister, die für alle möglichen Übel und Plagen verantwortlich gemacht wurden. Ein Priester mußte deshalb das richtigen Mittel genau kennen: seien es nun Talismane, religiöse Zeremonien, Drogen oder die richtige Ausrichtung eines Gebäudes.

Im Mittelpunkt der taoistischen Mythologie stehen die Acht Unsterblichen, die in der Kunst häufig dargestellt werden. Sie sind relativ jungen Ursprungs, und Berichte über ihren Weg zur Unsterblichkeit tauchen erst seit dem 15. Jahrhundert n. Chr. auf. Doch werden einige dieser Unsterblichen bereits früher namentlich erwähnt.

Zur Unsterblichkeit gelangten diese acht Gestalten auf recht unterschiedliche Art und Weise. Der erste von ihnen war Li Xuan oder Eisenkrücke, der das Geheimnis durch Xi Wang Mu erfuhr, die Königinmutter des Westens (siehe S. 95). Da er einen Klumpfuß

Bronzefigur Laozis auf einem Büffel. Nachdem er das Dao De Jing *geschrieben hatte, soll er auf einem Wasserbüffel in westlicher Richtung davongeritten sein.*

hatte, schenkte ihm die Königin eine Eisenkrücke, die ihm auch seinen Namen verlieh. Li Xuan wiederum lehrte den Weg zur Unsterblichkeit Zhong-li Quan, der Botschafter des Himmels wurde und häufig mit einem Fächer aus Federn abgebildet wird.

Der dritte ist Lü Dongbin, vielleicht der bekannteste der Acht Unsterblichen. In einem Wirtshaus traf er einen Mann namens Han Zhongli, der gerade Wein in einem Topf erhitzte. Lü schlief ein und träumte, er sei in ein hohes Amt aufgestiegen und das Glück sei ihm fünfzig Jahre lang treu geblieben; dann sei er in Ungnade gefallen und seine Familie vernichtet worden. Als er aufwachte, merkte er, daß nur einige Minuten verstrichen waren: Er saß im Wirtshaus, und Han Zhongli stand immer noch am Feuer bei seinem Wein. Sein Traum lehrte Lü Dongbin die Eitelkeit des weltlichen Strebens zu erkennen, und er folgte Han Zhongli in die Berge, um Dao zu suchen (dessen Wesen in der Natur zu finden ist) und zur Unsterblichkeit zu gelangen. Lü Dongbin wird manchmal mit einem Schwert in der Hand dargestellt.

Han Xiang galt als Großneffe von Han Yü, einem Essayisten und Philosophen der Tang-Dynastie. Er wurde ein Schüler von Lü Dongbin, der ihn, als er die Unsterblichkeit fast erreicht hatte, mit in den Himmel nahm und ihm einen Baum zeigte, der die himmlischen Pfirsiche des ewigen Lebens trug. Als Han hinaufklettern wollte, rutschte er aus und stürzte ab; er erreichte jedoch die Unsterblichkeit kurz bevor er auf den Boden fiel. Sein Attribut ist ein Blumenstrauß.

Cao Guojiu war ein Bruder der Kaiserin Cao aus der Song-Dynastie. Enttäuscht vom Hof und der dort herrschenden Korruption ging er in die Berge und suchte das Dao. Er erreichte einen Fluß, doch da er kein Geld zur Überfahrt hatte, wollte er den Fährmann durch sein goldenes Täfelchen beeindrucken, mit dem er Zutritt zum kaiserlichen Hof hatte. Der Fährmann sagte zu ihm: »Du suchst Dao, doch du kehrst mir gegenüber den Höherstehenden heraus?« Da warf Cao beschämt das Täfelchen in den Fluß. Der Fährmann war aber der verkleidete Lü Dongbin. Er nahm Cao als seinen Schüler an und lehrte ihn Dao. Lü Dongbin wird häufig mit seinem goldenen Täfelchen in der Hand abgebildet.

Der sechste Unsterbliche ist Zhang Guo, der zur Zeit der Kaiserin Wu aus der Tang-Dynastie lebte. Häufig wird er auf einem weißen Maultier dargestellt, sowohl rückwärts als auch vorwärts reitend. Das Maultier konnte täglich Tausende von Meilen zurücklegen; wenn es nicht gebraucht wurde, konnte man es zusammenfalten und in einen Beutel stecken. Der Alte Mann Zhang Guo, wie er oft genannt wird, war bekannt für seine Geisterbeschwörung. Er sorgte auch für den Nachwuchs kinderloser oder frischvermählter Ehepaare, und sein Bild wurde oft in Brautzimmern aufgehängt. Sein Attribut sind die Pfirsiche der Unsterblichkeit und die Tasche, in der er sein Maultier trug.

Lan Caihe war ein Mädchen, aber auch ein Mann, »der nicht wußte, wie er ein Mann sein sollte«, wie es rätselhaft in einem Text heißt. Ihre Familie handelte mit medizinischen Kräutern. Als sie einmal in den Bergen Kräuter sammelte, begegnete sie einem Bettler, der in schmutzige Lumpen gehüllt und dessen Körper mit Wunden übersät war. Sie bemühte sich, seine Wunden auszuwaschen und zu verbinden. Der Bettler aber war der verkleidete Li, die Eisenkrücke, und Lans Freundlichkeit wurde ihr mit ewiger Jugend belohnt. Als Unsterbliche durchzog Lan, gehüllt in ein zerlumptes blaues Gewand, als Spielmann durchs Land und predigte den Menschen Dao. Sie (oder er) wird auch mit einem Obstkorb in der Hand dargestellt.

He Xiangu, als einziger der Unsterblichen eindeutig weiblichen Geschlechts, erhielt die Gabe der Unsterblichkeit, nachdem ein Geist ihr aufgetragen hatte, einen »Perlmuttstein« zu zermalmen und zu essen, den sie auf dem Berg, auf dem sie lebte, suchen sollte. Sie wird als Mädchen mit einer Pfirsich- oder Lotosblüte in der Hand dargestellt.

Die bekannteste Geschichte, in der alle Unsterblichen gemeinsam auftreten, handelt von einer Reise in die wunderbare Welt unter Wasser. Statt auf Wolken zu reisen – ihrem normalen Fortbewegungsmittel – beschlossen sie, ihre Zauberkräfte unter Beweis zu stellen, indem sie die Gegenstände, die sie gerade in der Hand hielten, ins Meer warfen und als Boot oder Floß benutzten. Während der Reise stahl der Sohn des Drachenkönigs des Östlichen Meers Lan Caihes Musikinstrument und nahm ihn gefangen. Daraufhin erklärten die anderen dem Drachenkönig den Krieg, besiegten ihn in einer blutigen Schlacht und konnten Lan Caihe anschließend befreien.

Lü Dongbin (links) und He Xiangu, die einzige Unsterbliche weiblichen Geschlechts.

Die Unsterblichen Zhang Guoli (Alter Mann Zhang Guo) und Han Xiang (rechts)

Der Jadekaiser und sein Hof

In alten Zeiten hatte der oberste Herrscher des Himmels verschiedene Namen, entsprechend der jeweils herrschenden Dynastie. Die Konfuzianer, die sich nach den Begründern der Zhou-Dynastie richteten, bevorzugten den unpersönlichen Namen Tian (»Himmel«), doch im Volksglauben blieb er stets eine Person. Schließlich tauchte eine Gottheit namens Yuhuang oder Jadekaiser als oberster Herrscher des Himmels auf. Seine Stellung wurde durch einen Kaiser der Song-Dynastie gestützt, der behauptete, er erhalte direkte Anweisungen von ihm. Im Kult des Jadekaisers vermischten sich taoistische und buddhistische Glaubensvorstellungen.

Der Jadekaiser lebte in einem Palast und besaß, genau wie der Kaiser, der die Erde regierte, einen großen Verwaltungsapparat. Sein Kanzler war Dongyue Dadi oder Großer Herrscher der Östlichen Gipfel; er hatte nicht weniger als fünfundsiebzig Abteilungen unter sich, an deren Spitze jeweils eine niedrige Gottheit stand. Die Frau des Kaisers war Wang Mu Niangniang oder Xi Wang Mu (Königinmutter des Westens), die auf dem Berg Kunlun (siehe auch S. 95) wohnte.

Der einzige Mensch, mit dem der Jadekaiser direkt zu tun hatte, war der Kaiser von China; für die Sterblichen unteren Ranges waren seine Beamten zuständig, die sich aus Göttern und Göttinnen, Buddhas und Bodhisattvas, verstorbenen Kaisern und Kaiserinnen, himmlischen Wesen und Unsterblichen zusammensetzten. Eine lebendige Beschreibung der himmlischen Regierung gibt der Roman *Reise nach dem Westen* aus dem 14. Jahrhundert, bekannt auch unter dem Titel *Der Affe*. Darin steigt Sun Wukong, der Affengeneral, in den Himmel auf, stiehlt die Pfirsiche der Unsterblichkeit und legt sich mit der gesamten Götterhierarchie an, ehe er von Buddha gefangengenommen wird. Der gutmütige Bodhisattva Gunayin (siehe S. 96) tritt für ihn ein und erreicht, daß er Tang Seng, einen buddhistischen Pilger, auf seiner Reise nach Indien begleiten und beschützen darf.

Als der Jadekaiser als oberster Herrscher des Himmels allgemein anerkannt war, hatten sich bereits Elemente der Hauptreligionen Chinas miteinander vermischt. So waren Taoisten etwa bereit, die buddhistischen und damit letztlich indischen Lehren von Karma und Reinkarnation zu übernehmen. Diese Gedanken waren jedoch bereits in den Glauben der chinesischen Bevölkerung – außer bei den Anhängern des Islam und anderer Religionen – eingedrungen. Es wurde deshalb wichtig, daß die himmlischen Beamten, die dem Jadekaiser dienten, die aufeinanderfolgenden Inkarnationen der auf der Erde Lebenden registrierten, um so für jeden einzelnen die Bilanz von Verdiensten und Verfehlungen zu ziehen. Diese Bilanz bestimmte die Art und Weise der nächsten Wiedergeburt. Auch Tiere mußten als mögliche Inkarnation mitbedacht werden, da besonders tugendhafte Tiere als Menschen wiedergeboren werden konnten.

Dieser Teller stellt eine Szene aus dem Roman Reise nach dem Westen *dar: Abgebildet sind Guanyin und der Affengeneral, der die Pfirsiche der Unsterblichkeit gestohlen hat.*

FAMILIENMYTHEN

Kindlicher Respekt gegenüber den Eltern und die Hausgötter

Demutsgeste eines Sohnes gegenüber seinem Vater. Illustration aus dem Buch Die vierundzwanzig Beispiele kindlicher Ehrfurcht vor den Eltern, *einer chinesischen Sammlung moralischer Geschichten aus dem 14. Jahrhundert.*

In chinesischen Familien spielt traditionell der Respekt gegenüber den Älteren, besonders gegenüber Eltern und Großeltern, eine zentrale Rolle. Darin einbezogen wurden auch jene Familienmitglieder, die bereits lange tot waren: die Familie behandelte ihre Vorfahren so, als ob sie noch am Leben wären; an ihrem Geburtstag und zu anderen Jubiläen wurden zu ihren Ehren Feste gefeiert und ihren Seelen Speiseopfer dargebracht.

Ehrfurcht gegenüber den Älteren war in der chinesischen Literatur und im chinesischen Theater ein geläufiges Thema, und Mythen, die von kindlichem Respekt gegenüber den Eltern handelten, waren Pflichtlektüre für die Jugend. Die bekannteste Sammlung solcher exemplarischer Geschichten sind *Die vierundzwanzig Beispiele kindlichen Respekts gegenüber den Eltern*, die im 14. Jahrhundert von Gui Jujing zusammengestellt wurden. Sie spielen in verschiedenen Epochen der chinesischen Geschichte, und obwohl sie zeitlich und räumlich genau fixiert sind (eine gängige Praxis der chinesischen Erzählkunst), fehlt ihnen die Glaubwürdigkeit: sie wirken äußerst künstlich und konstruiert. So wird etwa erzählt, wie ein gewisser Lao Laizi eine Narrenhose anzog und – im Alter von siebzig Jahren – wie ein Kind spielte, um seine Eltern aufzuheitern; oder von einem Sohn, der sich nackt aufs Eis legt, um es zu schmelzen und Fische für seinen Vater und seine Mutter zu fangen; oder von einem anderen Sohn, der sich ein Stück Fleisch aus dem eigenen Körper schnitt, um den kranken Eltern eine Suppe kochen zu können.

So wie jede chinesische Institution hatte auch jedes Haus seine eigenen Götter und Geister. Bilder von Wache haltenden Türgöttern wurden rechts und links der Eingangstüren aufgestellt, es gab Gottheiten für das Schlafzimmer und sogar für den Abort. Der wichtigste Hausgott war der Küchengott, dessen Pflicht es war, einmal im Jahr über das Verhalten der Familie im Himmel Bericht zu erstatten. Am dreiundzwanzigsten Tag des zwölften Monats wurde der Mund auf dem Bild des Gottes mit einem süßen Kleister bestrichen, damit die Gottheit nicht ihren Mund öffnen und Bericht erstatten konnte.

FRAU SEIDENRAUPE

Der kindliche Respekt eines Mädchens vor den Eltern gilt als der Grund für die Entstehung der Seide. In früheren Zeiten lebte einmal ein Mann, der für lange Zeit auf Geschäftsreise gehen mußte. Seine Tochter vermißte ihn sehr. Als sie eines Tages ihren Hengst striegelte, sagte sie: »Ich würde jeden heiraten, der mir meinen Vater nach Hause brächte.« Da riß sich der Hengst los und stürmte davon.

Am nächsten Tag war der Vater, der sich in einer weit entfernten Stadt aufhielt, erstaunt, als ihm den Hengst wiehernd entgegenkam. Da er befürchtete, der Familie sei etwas zugestoßen, sprang er auf das Pferd und galoppierte eilends nach Hause. Er war erleichtert, daß alles in Ordnung war, und fragte seine Tochter, weshalb ihn das Pferd geholt habe. Es müsse wohl gespürt haben, daß sie den Vater vermißt habe, erwiderte das Mädchen. Zur Belohnung gab der Vater dem Pferd in den folgenden Tagen besonders reichliches Futter. Doch das Pferd fraß nichts, und wenn das Mädchen in seine Nähe kam, wurde es sehr aufgeregt, wieherte und bäumte sich auf. Ein paar Tage später erinnerte sich das Mädchen an das, was es in Anwesenheit des Pferdes gesagt hatte, und erzählte es ihrem Vater. Wütend darüber, daß das Pferd geglaubt hatte, es könne seine Tochter heiraten, schlachtete er es und legte die Haut zum Trocknen in die Sonne.

Als das Mädchen und seine Spielkameradinnen sich über die Pferdehaut lustig machten, als ob sie lebendig wäre, bewegte sich die Haut und richtete sich auf. Sie wickelte sich um das Mädchen und lief davon. Nach einigen Tagen sah man in den Zweigen eines Baumes das Mädchen in der Pferdehaut hängen. Allmählich verwandelte es sich in eine Seidenraupe, Can Nü (Frau Seidenraupe). Als es seinen pferdeähnlichen Kopf hin- und herbewegte, trat aus seinem Mund ein dünner, glänzender, weißer Faden. Alle waren erstaunt und sagten, dies sei der dünnste und zugleich stärkste Faden, den sie jemals gesehen hatten. Später fand man heraus, daß man ihn spinnen und daraus wunderschöne Kleider weben konnte.

TIBET UND MONGOLEI

Die Göttin dPal-ldan lha-mo, die zornentbrannte Kämpferin gegen die Feinde der Religion; hier auf einem thangka *(Rollbild auf Leinwand) aus dem Potala-Palast in Lhasa. Die Wildheit in der Darstellung ist typisch tibetisch.*

Jahrhunderte bevor der Buddhismus in Tibet Einzug hielt, war der Schamanismus in Tibet und in der Mongolei die beherrschende Glaubensvorstellung. Die frühesten Mythen erzählen von der Erschaffung der Welt und den sie erhaltenden Göttern und Dämonen, die an unzähligen Orten auf der Erde, im Himmel und in unterirdischen Labyrinthen wohnen. Diese Geister wurden auf den Bergpässen mit Gaben geehrt, um einen sicheren Übergang zu erwirken. Ihre Hilfe wurde vor jeder Unternehmung angerufen, und sie wurden durch priesterliche Rituale vertrieben, wenn sie Unheil oder Krankheit verursachten.

Nur ein Schamane im Trancezustand besaß die Fähigkeit, die drei Reiche zu durchwandern und die komplizierte Funktionsweise des Universums zu verstehen. Er konnte die Ursachen von Krankheit und Unglück herausfinden, er konnte die von Geistern entführten Seelen retten. Der Schamane entschied über die Art des Opfers, das meist aus einem »Fadenkreuz« (*mdos*; Holzstäbchen, zwischen denen Fäden geflochten sind) und einer Art Lösegeld für den beleidigten oder übelwollenden Geist bestand.

In Tibet wurde die alte schamanistische Mythologie im 8. Jahrhundert durch den Buddhismus abgelöst, den König Khri Srong-de'u-btsan für die stärkste zivilisatorische Kraft hielt. Voller Bewunderung für die verfeinerte Kultur seiner buddhistischen Nachbarn schickte Khri Srong-de'u-btsan Boten nach Indien, die die gelehrtesten Männer jener Zeit zu ihm bringen sollten. Man empfahl ihm, den *tantrika* (Meister okkulter Praktiken) Padmasambhava holen zu lassen. Durch das Goldgeschenk des Königs geehrt, nahm dieser die Einladung nach Tibet an, und mit der Hilfe lokaler Geister errichtete er den ersten buddhistischen Tempel (bSam-yas).

Nach dem Vorbild der buddhistischen Kosmologie stellte der dreistöckige Zentralturm den Weltberg Sumeru dar, um den Schreine, entsprechend den kleineren Erdteilen der Welt, sowie die Gestirne Sonne und Mond angeordnet waren. In einem daneben errichteten Kloster wurden buddhistische Texte vom Sanskrit ins Tibetische übersetzt. Padmasambhava lebte mit seinen gelehrigsten und engvertrauten Schülern in einer nahegelegenen Höhle. Als die Zeit der Abreise aus Tibet kam, versprach er, jeden Monat zurückzukehren, und zwar immer am zehnten Tag des zunehmenden Monds; dann würde er alle segnen, die seinen Namen aussprachen.

CHRONOLOGIE

In prähistorischer Zeit ähnelten sich die Mythologien der umherziehenden Schamanen Tibets und der Mongolei stark. Nach dem 13. Jahrhundert, als der Buddhismus von Tibet aus in die Mongolei eindrang, näherten sich die Glaubensvorstellungen der beiden Völker weiter an. Im 16. Jahrhundert prägten die Mongolen den Begriff des »Dalai Lama«, mit dem sie rückwirkend auch zwei Generationen von Lehrern bezeichneten. Seither besitzen die Dalai Lamas von Tibet eine Schlüsselstellung in der religiösen Kultur Tibets mit der der Mongolei.

um 120 v. Chr.	Gri-gum, der letzte der vom Himmel herabgestiegenen Könige, wird von Lo-ngam getötet
433 n. Chr.	König Lha-tho-tho-ri erhält buddhistische Texte und Kultgegenstände
670–692	Tibet auf dem Höhepunkt militärischer Macht
794	Indischer Buddhismus gegenüber dem chinesischen als höherstehend erklärt
1252	Mongoleninvasion in Tibet
1270	Mongolei bekehrt sich zur Sa-skya-Richtung des tibetischen Buddhismus
1543	Verleihung des Titels »Dalai Lama« durch Altan Khan
1642	Der fünfte Dalai Lama übernimmt die Macht

ZUR AUSSPRACHE

Das Tibetische ist eine Silbenschrift. Auf den ersten Blick erscheint es beinahe unmöglich, die Aneinanderreihung der vielen komplexen Silben auszusprechen. Doch sind die meisten Präfixe und Suffixe stumm, so daß der westliche Leser sich am besten an den Vokalen jeder Silbe orientiert und sie zusammen mit dem vorausgehenden Konsonanten vokalisiert. Wenn ein Konsonant einem Vokal folgt, führt das häufig dazu, daß der Vokal in einer höheren Tonlage gesprochen wird. Die Aussprache von bya als dscha, von *pya* als *tscha* und von *phya* als *tschha* mag schwierig sein. So wird etwa der tibetische Name des buddhistischen Gottes Avalokiteshvara (so der Name in Sanskrit) sPyan-ras-gzigs geschrieben und *tschen-rä-zi* ausgesprochen. Mit der Einführung des Buddhismus aus Indien drangen auch Sanskritnamen und -begriffe ins Land, von denen viele in diesem Kapitel verwendet werden.

Padmasambhava, der den Buddhismus nach Tibet brachte, wird bis heute dort sehr verehrt. Er wohnt auf einem kupferfarbenen Berg, umgeben von seinen Anhängern.

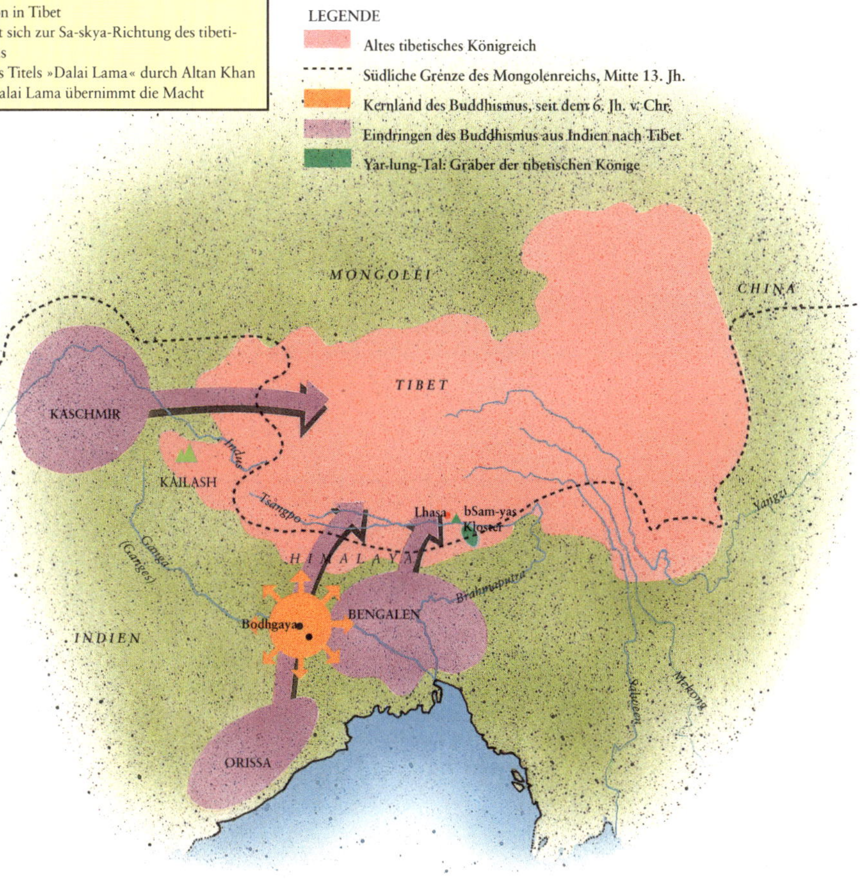

PADMASAMBHAVA UND DER ERSTE TEMPEL

Als Padmasambhava über das Gebirge und durch die Täler des Himalaya nach Tibet wanderte, soll er seinen magischen Nagel *(kila)* benutzt haben, um jene bösen Geister abzuwehren und sich zu unterwerfen, die der neuen Religion feindselig gegenüberstanden. In Tibet angekommen, fand er den neu erbauten Tempel des Königs in sehr schlechtem Zustand, da Dämonen jede Nacht das niederrissen, was man am Tag aufgebaut hatte. Deshalb rief Padmasambhava die Geister des Ortes zu Hilfe, und bald war der Tempel vollendet. Um dessen Fortbestehen zu sichern und ihn zu schützen, weihte er ihn mit Riten des magischen Nagels.

DAS GESCHENK DES KÖNIGS

König Khri Srong-lde'u-btsan gab seinem *guru* seine jüngste Braut, die Prinzessin Ye-shes mTsho-rgyal, um ihm als göttliche Gemahlin bei seinen esoterischen Riten zur Seite zu stehen. Sie blieb während des gesamten Aufenthaltes Padmasambhavas bei ihm und war verantwortlich für die Verbreitung vieler seiner wichtigsten Lehren. Sie überwachte die »verborgenen Schätze« *(gter-ma)* – religiöse Anweisungen, die zu einem späteren Zeitpunkt enthüllt werden sollten, wenn die Welt neue und unverdorbene Offenbarung benötige.

DIE BUDDHISTISCHEN LEHREN

Padmasambhava lehrte das buddhistische »Blutopfer«. Da die Schlachtung unschuldiger Tiere in der Kulthandlung verboten war, sollten Yogis statt dessen ihr eigenes Blut, das Symbol sexueller Leidenschaft, der Gottheit opfern. Ihre Knochen galten als Knochen des Zorns und ihr Fleisch als bebender Berg der Unwissenheit. Sich von der Welt lossagend, boten praktizierende Buddhisten ihren eigenen Schädel als eine mit den »Blumen« ihrer Sinnesorgane gefüllte Schale symbolisch dar und weihten auf diese Weise alle ihre Sinneserfahrungen der Gottheit

URSPRUNGSMYTHEN

Lichtglanz, Schwarze Qual und karmischer Wind

DER AFFE UND DIE RIESIN
Ein heiligmäßiger Affe begab sich einmal in den Himalaya, um das Glück der ungestörten Versenkung zu erfahren. Die Schönheit seines Wesens nahm das Herz einer weiblichen Felsengottheit gefangen, deren Verführungsversuche (rechts dargestellt; Höhle in der rechten unteren Ecke) das Keuschheitsgelübde des Affen jedoch nicht erschüttern konnten. So litt sie die Pein unerwiderter Liebe. Doch da eine enttäuschte und zornige Dämonin eine große Gefahr für die Welt darstellt und der Affe tiefes Mitleid mit ihr empfand, gab er schließlich ihrem flehentlichen Bitten nach. Aus ihrer Verbindung entstanden sechs Kinder, denen wiederum die gesamte Bevölkerung Tibets entstammt.
Als fromme Buddhisten halten die Tibeter den heiligen Bodhisattva sPyan-ras-gzigs (Avalokiteshvara) in Gestalt eines Affen und die Göttin sGrol-ma (Tara) in Gestalt eines weiblichen Felsenungeheuers *(brag srin mo)* für ihre Stammeseltern. Diese Schutzgottheiten Tibets gelten seither als Beschützer ihrer Nachkommen – insbesondere Avalokiteshvara, der wiederholt in der Gestalt des Dalai Lama seinem Volk greifbar nahe war. Die Tibeter führen die Vielfalt der menschlichen Charaktere darauf zurück, daß die ersten sechs Affenkinder jeweils einem der sechs Reiche der buddhistischen Kosmologie entstammen.

Zu einer Zeit, so heißt es in den alten Mythen, als nichts existierte, wurden zwei Lichter geboren. Eines war schwarz und hieß Schwarze Qual *(myal ba nag po)*, das andere war weiß und hieß Lichtglanz *('od zer dan)*.

Dann entstanden aus dem Chaos mehrfarbige Ströme von Licht, die sich wie ein Regenbogen teilten; aus ihren fünf Farben entstanden Härte, Flüssigkeit, Hitze, Bewegung und Raum. Diese fünf Elemente verschmolzen zu einem riesigen Ei. Dann brachte die Schwarze Qual die Finsternis der Nicht-Existenz aus diesem Ei hervor und erfüllte die Finsternis mit Seuchen, Krankheiten, Unglück, Dürre, Schmerz und allen Arten von Dämonen. Der Lichtglanz erfüllte die Welt mit dem strahlenden Licht des verheißungsvollen Werdens. Es entsandte Kraft, Wohlbefinden, Freude, Wohlstand, langes Leben und eine Schar guter Götter, die ihren Segen über die Schöpfung ausgossen. Aus der Verbindung der Götter mit den Dämonen entstanden alle möglichen Geschöpfe. Diese Kinder wiederum »trieben Zauberei« miteinander, bis die Welt sich mit ihren Nachkommen füllte. Die Geschichten über diese Wesen sind sehr stark örtlich begrenzt. Die Berge, Bäume, Felsen und Seen, aus denen die sakrale Landschaft besteht, werden entweder als Wohnsitz dieser Götter und Dämonen oder als die Götter und Dämonen selbst betrachtet.

Die buddhistische Mythologie trat allmählich an die Stelle aller dieser ursprünglichen Vorstellungen. Nun standen periodisch wiederkehrende Kreisläufe der kosmologischen Zeit im Mittelpunkt. Für den indischen Weisen gehören Geister und Dämonen zum Reich der *maya*, der Täuschung und Illusion. Nach buddhistischem Glauben ist das gegenwärtige Universum die Auswirkung des *karma* – der Taten der Bewohner eines Universums, das nun nicht mehr besteht. Im leeren Universum weht der Wind des *karma*, es steht nicht der kreative Akt eines Demiurgen am Anfang der Schöpfung. Schließlich wird dieser karmische Wind so dicht, daß er den Regen, der von oben herabfällt, auffangen kann. So entsteht ein kosmischer Ozean, aus dessen Mitte sich der Weltberg Sumeru erhebt. Wenn die äußere Hülle des Universums nach Millionen von Jahren der Evolution schließlich vollendet ist, entstehen die empfindungsfähigen Wesen, deren Schicksal es ist, in dieser Welt zu wohnen. Sie haben zuerst Körper aus Geist und bewohnen den Himmel. Doch dann nehmen sie körperliche Gestalt an und leben auf der Erde. Nach Äonen von Verfehlungen sinken sie in die tiefsten Tiefen der Hölle in den Eingeweiden der Erde, wo sie so lange bleiben, bis das Universum am Ende der Zeiten zusammenbricht.

MYTHEN ALTER KÖNIGE

Die von Himmel herabgestiegenen Herrscher

In vorgeschichtlicher Zeit wurde, so heißt es, Tibet von übermenschlichen Herrschern regiert, deren erste die schwarzen *gnod-sbyin* waren – mit Pfeil und Bogen bewaffnete Dämonen. Ihnen folgten Dämonenarten mit anderen Waffen wie Hammer und Axt, Schlinge, Schleuder und gehärtetem Stahl. Zu den regierenden Geistern gehörten die heldenhaften *ma-sang*-Brüder, die Tibet den Namen Bod verliehen, ein Name, der heute noch für Tibet verwendet wird und auf seine vorbuddhistischen Traditionen verweist.

Der erste menschliche Herrscher stieg vom Himmel herab auf einen Berg in Kong-po. Am Ende seiner Regierungszeit stieg er mit Hilfe eines *dmu*-Seils wieder in den Himmel auf und verschwand, ohne auf der Erde Spuren zu hinterlassen. Sechs seiner Nachkommen taten es ihm gleich, doch der siebte durchschnitt am Ende seines Lebens das Himmelsseil und wurde in der Erde begraben. So entstand der Kult um die Königsgräber, die bis hinein ins 9. Jahrhundert n. Chr. im Yar-lung-Tal gebaut und ständig bewacht wurden.

Nach siebenundzwanzig Generationen menschlicher Könige bestieg Lha-tho tho-ri den Thron; im Jahr 433 n. Chr., dem Jahr des Wasservogels, als er sechzig Jahre alt war, lernte er als erster König den Buddhismus kennen. Der Legende nach erschienen eines Tages am Himmel Regenbögen, und auf das Dach seines Palastes fielen buddhistische Texte und Bilder herab. Er war unfähig, die heiligen Schriften zu ergründen, doch wurde ihm prophezeit, daß ihre Bedeutung seiner Familie nach fünf Generationen enthüllt werden würde. Lha-tho tho-ri verehrte die wunderbaren Gegenstände als heilig und lebte bis zu seinem hundertzwanzigsten Lebensjahr, obwohl er nicht älter als sechzehn aussah.

Fünf Generationen später, Anfang des 7. Jahrhunderts, gab König Srongtsan Gampo, der die tibetischen Stämme einigte, ein Alphabet für die tibetische Sprache in Auftrag und führte auf diese Weise die Schreibkunst ein. Unter den fünf Frauen des Königs befanden sich zwei buddhistische Prinzessinnen aus China und Nepal, die als Teil ihrer Aussteuer wertvolle Statuen Buddhas und buddhistischer Heiliger mitbrachten: die chinesische Prinzessin hieß Wencheng, die nepalesische hieß Bhrikuti. Auf ihr Drängen hin zähmte Srongtsan Gampo das wilde tibetische Land, das als böse Riesin galt, und bereitete es auf die Übernahme der Religion dieser beiden Prinzessinnen vor. Die chinesische Königin namens Kong-jo, die die Kunst der Geomantik beherrschte, bestimmte jene Orte im Land, an denen Tempel auf dem Körper der Riesin gebaut werden sollten, damit diese unterdrückt würde.

DIE DURCHTRENNUNG DES HIMMELSSEILS
Der erste tibetische König, der am Ende seiner Regierungszeit nicht an einem Seil wieder in den Himmel hinaufstieg, war Gri-gum; sein Grab war das erste Königsgrab auf der Erde. Zornig über die Weissagung seines schamanistischen Wahrsagers, er werde durch das Schwert sterben, und entschlossen, das Gegenteil zu beweisen, forderte Gri-gum seine Minister zum Zweikampf heraus. Lo-ngam, der Hüter der Pferde des Königs, nahm die Herausforderung an. Da der König abergläubisch war, nahm er eine Herde Yaks mit in den Kampf, die Säcke mit Ruß auf ihrem Rücken schleppten. Er selbst trug einen schwarzen Turban mit einem glänzenden Spiegel; die Kadaver eines Fuchses und eines Hundes hatte er sich über die Schultern gelegt. Sobald der Kampf begann, spießten die scharfen Hörner der Yaks die rußgefüllten Säcke auf, so daß sie platzten; eine dicke schwarze Staubwolke nahm Gri-gum die Sicht. Er schwenkte wild sein Schwert und durchschlug so das magische Seil, das ihn mit dem Himmel verband; seinen Gegner traf er aber nicht. Im Stich gelassen von seinen Schutzgöttern, die sich durch die stinkenden Kadaver auf seiner Schulter belästigt fühlten, wurde Gri-gum schließlich von Lo-ngam getötet, der gezielt einen Pfeil auf das einzig Glänzende abschoß, das in der düsteren Staubwolke zu erkennen war: der glänzende Spiegel auf der Stirn des Königs. Das aus buddhistischer Zeit stammende Gemälde (oben links) zeigt den tödlichen Schuß.

DIE STATUE DES GROSSEN HERRN
Das riesige, juwelenbesetzte goldene Bildnis des zwölfjährigen Buddha, das Königin Kong-jo aus China mitbrachte, befindet sich heute noch im Ra-sa 'phrul-snang-Tempel, der in Lhasa auf einem aus dem Herzblut der Riesin entstandenen See errichtet wurde. Die Statue, bekannt als Jo-bo chen-po (»Großer Herr«), gilt als Werk eines göttlichen Künstlers aus der Zeit Buddhas und ist bis heute das am meisten verehrte Bild in ganz Tibet.

KÖNIG GESAR

Der kriegerische König

König Gesar in voller Rüstung. Die Geschichten von Gesars Abenteuern, die von Verrat, Betrug, Feigheit, Gier, Neid und anderen menschlichen Lastern erzählen, sind voller überraschender Wendungen.

Die Legenden des sagenumwobenen, ruhmreichen Königs Gesar (Gesar Khan) sind überall in der tibetisch-mongolischen Welt verbreitet, denn viele Episoden werden von umherziehenden Sängern erzählt, die die Großtaten des Helden darstellen und seinen Ruhm, seine Klugheit und seine magischen Fähigkeiten besingen. Bis heute wurden bei weitem nicht alle Legenden dieses Zyklus niedergeschrieben, dessen Umfang fünfmal so groß wie der der Bibel sein soll. Das Epos liegt in verschiedenen tibetischen und auch mongolischen Fassungen vor.

In seiner gegenwärtigen Form ist der Gesar-Zyklus vom Gedankengut und der Mythologie des Buddhismus durchdrungen, doch er enthält auch Elemente weitaus älterer, schamanistischer Gottheiten – mächtiger Berggottheiten und zahlloser kleinerer Geister jener Orte, an denen die Geschichten spielen. Diese Wesen erwählen sich Gesar für eine Mission auf Erden.

Verbittert durch erlittenes Unglück und zornig auf die Götter und alle, die sie anbeten, sterben eine alte Frau und ihre drei Söhne mit Flüchen auf den Lippen. Sie sind dazu bestimmt, in ihrem nächsten Leben dämonische Ungeheuer zu werden und stellen eine nie zuvor dagewesene Bedrohung der menschlichen Ordnung und Harmonie dar. Die Götter wählen aus ihrer Mitte Gesar, der vom Himmel herabsteigen soll, um diese Dämonen und ihre Nachkommen zu vernichten. Gesar willigt widerstrebend ein, erbittet sich jedoch die Erfüllung bestimmter »unmöglicher« Bedingungen. »Ich fordere«, sagt er, »daß mein Vater ein Gott und meine Mutter ein Schlangendämon (*klu*) sei. Ich brauche ein unsterbliches Pferd, das über den Himmel fliegen kann und die Sprachen aller Menschen und Tiere spricht. Außerdem einen prächtigen, juwelengeschmückten Sattel sowie einen Helm, Lanzen, eiserne Stiefel und ein unschlagbar machendes, aus Himmelseisen geschmiedetes Schwert, das übernatürlicher Herkunft ist; dazu Pfeil und Bogen von übernatürlicher Herkunft und starke heroische Begleiter. Ich will auch eine Frau von solcher Schönheit, daß jeder, der sie anblickt, darauf brennt, ihr zu Diensten zu stehen; und einen Onkel, dessen Kriegslist mich jede Schlacht gewinnen läßt. Schließlich bestehe ich darauf, daß jeder von euch, die ihr hier bleiben dürft, mich bewacht, mich unablässig beschützt und mir zu Hilfe eilt, wann immer ich es wünsche.« Dies alles wurde ihm gewährt, und so bleibt Gesar nichts anderes übrig, als sich auf seine Erdenreise zu begeben. Zu seinem Gefolge gehören auch dreizehn wilde Tiere. Auch sie sollen ihn vor allen Gefahren schützen.

Gesars Geburt aus einem weißen Ei mit drei augenförmigen Flecken aus der Krone, die seine Mutter auf dem Kopf trägt, erinnert an schamanistische Ursprungsmythen. Unter guten Vorzeichen gelangt der mit drei Augen Ausgestattete auf der Erde an, doch sofort wird ihm eines von seiner erschrockenen Mutter ausgerissen. Gesar, ausgesandt, um Ordnung und Harmonie wiederherzustellen, vergißt im Taumel des Sieges häufig seinen Auftrag und bittet seinen Wachengel (später als buddhistischer *dakini* gedeutet), ihn wieder auf den rechten Weg zu führen.

Obwohl magische Dinge und der Bereich des Göttlichen in den Geschichten eine große Rolle spielen, sind sie doch tief in der menschlichen Erfahrung verankert; noch heute glauben viele Tibeter, sie seien Nachkommen der Akteure jener Geschichten – ja sogar von Gesar selbst.

Nach einem bewegten Leben voller aufregender Abenteuer als grausamer und mächtiger Kriegerkönig, der jegliche Ungerechtigkeit bekämpft, ziehen sich Gesar und seine Begleiter zurück, um in den Höhlen des heiligen Bergs Margye Pongri zu meditieren und als Einsiedler zu leben. So wird er zum Beschützer der Mönche und der religiösen Einrichtungen. Drei oder mehr Jahre später, durch religiöse Riten von allen negativen Auswirkungen seiner kriegerischen und blutrünstigen Taten gereinigt, kehrt Gesar in den Himmel zurück, allerdings in dem Bewußtsein, daß er eines Tages wieder auf die Erde kommen muß; denn die Welt wird niemals ganz vom Bösen befreit sein.

DIE BÄNDIGUNG DER GÖTTER

Der buddhistische Einfluß

Unter dem Einfluß des Buddhismus wurden die chaotischen Kräfte der Natur, die in der schamanistischen Tradition gefürchtet und verehrt wurden, harmonisch in die kosmologischen Vorstellungen eingepaßt. Alte schamanistische Riten wurden von der buddhistischen Geistlichkeit übernommen und von der buddhistischen Liturgie und Symbolik stark überlagert. Mönche schmückten ihre Tempel mit archaischem Beiwerk wie dem Weissagepfeil und dem magischen Messingspiegel des Schamanen oder wertvollen feinen Felskristallen. Aus dem Besatz der alten schamanischen Gewänder wurden Theaterkostüme für die »buddhistischen« Tänze des Adlers, des Hirschen, des Schneelöwen und des Skeletts. Der Adler, auf dem der Schamane einst zu dessen Nest auf dem Weltenbaum aufstieg, wurde mit dem indischen Garuda gleichgesetzt; der Hirsch galt als der erste, der die Lehren des Buddha im Hirschpark von Varanasi vernahm; und der Schneelöwe wurde mit dem Berg buddhistischer Gottheiten, Vairocana oder Manjusri, gleichgesetzt. Die tanzenden Skelette aus der traumatischen Initiation des verwundeten Schamanen durch Selbstverstümmelung wurden die Wächter der Leichenfelder des Vajrayana-Buddhismus. Buddhistische Priester fungierten oft als weissagende Stimme ehemaliger schamanistischer Gottheiten. Sie eigneten sich den Schamanenbogen, den Schamanenpfeil und die Schamanentrommel an sowie den breiten pelzbesetzten Hut und das Gewand des »Schwarzhut-Magiers« *(zhva nag)*, das mit schamanistischen Symbolen wie dem Weltenbaum (oder dem Weltberg), mit Sonne und Mond, schlangenartigen Bändern und dem Divinationsspiegel sowie mit Knochen, Pelz und Federbesatz geschmückt ist.

Die Apotheose Padmasambhavas

Der indische Mystiker Padmasambhava, der den Buddhismus nach Tibet brachte (siehe S. 102 f), wird als »zweiter Buddha« verehrt.

Er soll als achtjähriger Knabe auf wundersame Weise aus einer Lotosblüte hervorgegangen sein. Vom König von Oddiyana aufgezogen, wurde er, nachdem er einen Minister des Königs ermordet hatte, verbannt und zu einem Leben als bußfertiger Asket auf den Leichenfeldern jenseits der menschlichen Wohnungen verurteilt. Dort hielt er Zwiesprache mit übernatürlichen Wesen *(dakini)* und gewann große spirituelle Kraft.

Geweiht durch den Vetter Buddhas, soll er mehr als tausend Jahre gelebt haben und es heißt, daß er dem buddhistischen Lebensweg in einer vorbildlichen Weise gefolgt sein.

Padmasambhava, der »Guru mit acht Namen«, ist hier in schrecklicher Maske auf einem Tiger dargestellt.

DER *KILA*

Der Kult des Vajrakila, des vergöttlichten zornentbrannten Nagels oder Keils (*kila* im Sanskrit; *phur-ba* im Tibetischen), stammt aus Indien, geriet jedoch dort in Vergessenheit und gilt heute als charakteristisch für den tibetischen Buddhismus. Der Nagel ist die Verkörperung eines mächtigen Gottes; in den Boden gestoßen, werden durch ihn alle bösen Einflüsse zurückgedrängt. Wenn der Nagel in einer heiligen Stätte in die Ecken des Raums oder vor dem Eingang in die Erde gestoßen wird, schafft er eine magische Grenze, die das Böse nicht überschreiten kann. Auf dem hier abgebildeten *kila* befindet sich ein kleiner Dämon; der *kila* wird im Ritual symbolisch eingeschlagen; manchmal werden vier kleinere Nägel zusätzlich verwendet.

MONGOLISCHE SCHAMANEN

Begegnungen mit dem Reich der Geister

DER ADLER UND DIE SCHLANGE

Als die Welt noch jung war, sandte der König aller fliegenden Kreaturen die Wespe und die Schwalbe aus, das Fleisch aller lebenden Geschöpfe zu probieren. Sie sollten ihm abends Bericht erstatten und ihm mitteilen, welches Fleisch das süßeste und als Nahrung für einen König am geeignetsten sei. Da es ein schöner Tag war, vergaß die Schwalbe ihren Auftrag, gab sich dem Genuß hin und stieg singend am hellblauen Himmel in die Lüfte. Die Wespe jedoch tat, was ihr aufgetragen war, stach jeden, dem sie begegnete, und probierte das heiße Blut ihrer Opfer. Als sich die beiden am Ende des Tages trafen, um dem König Bericht zu erstatten, fragte die Schwalbe die Wespe nach ihrem Urteil. »Ohne Zweifel«, erwiderte die Wespe, »ist das süßeste Fleisch das Menschenfleisch.« Aus Furcht, daß durch diese Aussage in der Zukunft viel Unheil angerichtet werden könnte, zog die Schwalbe mit ihrem Schnabel der Wespe die Zunge heraus. Als nun der König nach dem Urteil der Wespe fragte, konnte die arme Kreatur nur ohne Sinn und Verstand summen. »Eure Majestät«, sagte die Schwalbe, »wir haben uns entschieden, daß das für einen König am besten geeignete Fleisch das der Schlange ist.« Seit dieser Zeit fressen der Adler und der Habicht, die Nachkommen jenes Herrschers, am liebsten Schlangen.

Der Kosmos des mongolischen Schamanen ist vertikal aufgebaut: oben der blaue ewige Himmel, unten die Mutter Erde. Der Vater des Himmels herrscht über neunundneunzig Reiche *(tngri)*, von denen fünfundfünfzig nach Westen und vierundvierzig nach Osten ausgerichtet sind. Das Reich der Erdmutter besteht aus siebenundsiebzig *tngri*. Alle diese Reiche sind miteinander verbunden, sie werden zusammengehalten von einem Lebensgeflecht, in dem jedes Lebewesen im Himmel und auf der Erde eine bestimmte Rolle zu spielen hat. Das gesamte Universum ist wie ein Weltenbaum geformt, dessen Zweige sich auf allen Ebenen ausbreiten; zwischen diesen Ebenen befinden sich Durchgänge, durch die der Schamane klettern kann.

Einer der ersten Schamanen der alten Zeit war ein fünfzehnjähriger Junge namens Tarvaa, der krank war und schwach, und den man schließlich für tot hielt. Voller Abscheu über die Eile, mit der seine Verwandten ihn aus dem Haus schafften, flog Tarvaas Seele in das Reich der Geister, wo ihn der Totenrichter zur Rede stellte und ihn fragte, weshalb er so früh gekommen sei. Erfreut über den Mut des Jungen, in ein Reich zu reisen, das kein Lebender je erreicht hatte, bot der Herr der Toten dem Jungen ein Geschenk seiner Wahl an, das er mit ins Leben zurücknehmen durfte. Er wählte weder Reichtum noch Ruhm oder ein langes Leben, sondern das Wissen über alle seltsamen Dinge, die er im Reich der Geister gesehen hatte, sowie die Gabe der Rede. Als er in seinen Körper zurückkehrte, hatten ihm Krähen schon die Augen ausgehackt. Tarvaa war nun blind, doch er konnte die Zukunft vorhersehen, und er lebte lange und gut mit seinen Geschichten von Magie und Weisheit, die er vom fernen Ufer des Todes mitgebracht hatte.

Schamanen in der Nachfolge Tarvaas haben bis auf den heutigen Tag in ihre Gewänder das Wissen über Licht und Finsternis, über die oberen und unteren Gottheiten sowie über die guten und bösen Geister eingewebt. Während sie im Weltenbaum ausruhen, lernen junge Schamanen, welche Opfer nötig sind, um Harmonie und Ordnung im Gewebe des Lebens zu sichern. Wenn sie zu den Menschen zurückkehren, sind sie im Besitz des Wissens über die fünf Götter des Windes, die fünf Götter des Blitzes, die vier Götter der Himmelsrichtungen, die fünf des Horizonts, die fünf des Eingangs und die acht der Grenzen. Sie kennen die sieben Götter des Dampfes und die sieben des Donners und unzählige andere Götter. Dieses Wissen verleiht ihnen große Macht, die sie ihrem Volk zur Verfügung stellen, und sie können jeden dieser Götter mit ihrer Trommel herbeizitieren. Die frühen Schamanen waren offenbar so mächtig, daß sie auch die Seelen längst Verstorbener zurückrufen konnten; doch der Herr der Toten, voller Angst, sein Reich könne sich entvölkern, verwandelte in einem Anfall von Zorn die ursprünglich zweifellige Trommel in die später geläufige einfellige, um seine Oberherrschaft nicht zu verlieren.

Tiere spielen als Vertraute oder als Helfer eine große Rolle in der Kosmologie der Schamanen. Die Fledermaus etwa hängt sich mit dem Kopf nach unten, um den Himmel zu beobachten und die Menschen zu warnen, falls er einstürzen sollte. Das Murmeltier beobachtet die Sonne in der Hoffnung, sie einzufangen. Vor langer Zeit war dieses Tier ein Mann, der sechs der sieben Sonnen abgeschossen hat, die die Erde austrockneten und verbrannten und Hungersnot und Elend über alle Geschöpfe brachten; die siebte Sonne geht nun auf und wieder unter, um nicht von dem letzten Pfeil getroffen zu werden.

Katzen und Hunde tauchen ebenfalls häufig in schamanistischen Mythen auf. Vor langer Zeit, als die Weltmeere noch voller Schlamm und die Berge nicht höher als Hügel waren, schuf Gott den ersten Mann und die erste Frau aus Lehm. Eine Katze und einen Hund setzte er als Hüter über sie ein, während er zur Quelle der Unsterblichkeit ging, um das Wasser des ewigen Lebens zu holen. Doch während er noch unterwegs war, lenkte der Teufel die wachenden Tiere ab, indem er ihnen Milch und Fleisch anbot, und urinierte auf die neugeschaffenen

Kreaturen. Zornig darüber, daß das zarte Fell seiner Geschöpfe beschmutzt war, befahl er der Katze, das Fell abzuschlecken – und nur die Haare auf dem Kopf seiner Geschöpfe stehen zu lassen, die als einzige nicht verunreinigt waren. Mit ihrer rauhen Zunge leckte die Katze das schmutzige Fell ab, soweit es ihr möglich war, und nur unter den Armen und am Unterleib blieben Haare stehen. Was die Katze abgeleckt hatte, legte Gott auf den Hund. Dann besprenkelte er seine Geschöpfe aus Lehm mit den heiligen Wassern des ewigen Frühlings; da sie jedoch vom Teufel besudelt waren, erhielten die Menschen nicht das ewige Leben.

Die Schamanen der Burjaten sprechen am Anfang und am Ende ihrer Séance die Worte: »Wenn der Schwan aufsteigt, hört mir zu, meine Soldaten des Birkenwäldchens, hör mir zu, mein von Birken gesäumter Khudar, hör mir zu, mein von Wassern umgebener Oikhon.« Die Ufer des Flusses Khudar sind von Birkenwäldchen gesäumt, und vor langer Zeit sah auf der kleinen Insel Oikhon am Baikalsee Khori Tumed neun Schwäne aus Nordosten heranfliegen. Sie nahmen ihr gefiedertes Kleid ab und verwandelten sich in neun schöne Mädchen, die nackt im Fluß badeten. Khori Tumed stahl heimlich eines der Kleider, so daß nur acht Schwäne nach dem Bad davonfliegen konnten. Er heiratete die Zurückbleibende, und sie gebar ihm elf Söhne. Sie waren sehr glücklich miteinander, doch Khori Tumed weigerte sich, seiner Frau zu verraten, wo er ihr Schwanenkleid versteckt hatte. Eines Tages fragte sie ihn wieder: »Laß mich mein altes Kleid anprobieren. Wenn ich versuchen sollte, damit draußen umherzugehen, kannst du mich leicht fangen, und deshalb brauchst du keine Angst zu haben, daß ich davonfliege.« Er ließ sich überreden. Doch plötzlich flog sie durch den Lichtschacht ihres *yurt* (Zelt aus Tierfellen). Khori Tumed erwischte sie gerade noch an ihren Fußknöcheln und flehte sie an, wenigstens noch so lange zu bleiben, bis sie allen Söhnen Namen gegeben hatten. Damit war sie einverstanden, und aus den elf Söhnen wurden Männer. Dann ließ Khori Tumed seine Schwanenfrau gehen, und sie flog einmal um das Zelt herum und segnete ihre Sippe, bevor sie nach Nordosten davonflog.

Seit der Einführung des Buddhismus in der Mongolei im 13. Jahrhundert verloren solche schamanistischen Mythen an Bedeutung und wurden schließlich ganz vergessen. Die im mongolischen Buddhismus auftretende Gestalt des »weißen alten Mannes« besitzt alle Eigenschaften einer Schamanengottheit, die Himmel und Erde regierte. Es heißt, der alte Mann sei durch die Begegnung mit Buddha bekehrt worden; er sei nun Helfer der Priesterschaft und ein Anhänger des buddhistischen Wegs und sein magischer Stab sei bloß ein Wanderstock.

INITIATION

Die jugendliche Initiation eines Schamanen verläuft nach Selbstaussagen in folgenden Schritten: Die Geister der Vorfahren zwingen sich dem jungen Menschen auf und zerstören seine Persönlichkeit. Wenn der Körper des angehenden Schamanen zerstückelt wird, flüchtet sich sein Geist in ein Nest auf den Zweigen des Weltenbaums. Dort verweilt er, bis er wieder gesund ist und die Geister, die ihn besuchen, ihn gelehrt haben, wie er die Welt von jenem hohen Punkt auf dem Baum aus betrachten müsse.

Die Verbrennung des gelben Buches

Schafe besitzen bei den Mongolen eine besondere Bedeutung. Am Ende jeden Jahres wird der Brustknochen eines Schafes dem Feuergott dargeboten, der die Vermehrung der Herde sichern soll. Schamanen wissen, daß man aus dem Schulterblatt eines Schafes wahrsagen kann und daß diese Kraft von der Verbrennung des gelben Buches herrührt.

Das gelbe Buch der Weissagung gehörte einem König, der mit Hilfe dieses Buches bei jedem Verbrechen den Schuldigen herausfinden konnte. Der König hatte eine schöne Tochter, die er vor der Welt verborgen hielt, und alle seine Diener wußten, daß das gelbe Buch, falls sie das Geheimnis einem Fremden verraten würden, sie als Täter entlarven würde. Um das Buch zu verwirren, grub ein Mann namens Tevne eine tiefe Grube und lockte eine der Dienerinnen der Prinzessin hinein. Über dem Loch entfachte er ein Feuer und stellte einen Kessel mit Wasser darauf. Dann nahm er ein Eisenrohr, das an einem Ende mit Baumwolle umwickelt war, und führte es durch den Kessel, damit er mit der alten Frau unten sprechen konnte. Durch das Rohr verriet sie ihm, wie er die Prinzessin erkennen könne, dann ließ er sie wieder frei. Als Tevne später die Prinzessin in einer Schar ähnlich aussehender und ähnlich gekleideter Mädchen erkannte, war der König zwar zornig, doch er mußte ihm die Hand des Mädchens geben. Als er sein zauberkräftiges Buch befragte, erfuhr der König, daß der Verräter ein Gesäß aus Erde, einen Körper aus Feuer, Lungen aus Wasser und ein eisernes Rohr als Stimme hatte. Da er dieses Rätsel nicht lösen konnte, verlor er den Glauben an sein gelbes Buch und verbrannte es. Schafe leckten die Asche auf und erhielten so die Kraft der Weissagung.

JAPAN

Am Eingang zum heiligen Bezirk eines Shinto-Schreins befindet sich ein meist einfach gestaltetes torii *(Schreintor). Das hier abgebildete* torii, *das mitten im Meer steht, gehört zum Miyajima-Schrein in der Nähe Hiroshimas, der den drei göttlichen Töchtern des Sturmgottes Susano geweiht ist.*

Japan, jenseits der nordöstlichen Küste des eurasischen Festlands gelegen und durch die Meerenge von Tsushima von ihr getrennt, gehört geographisch zu Ostasien, muß aber gleichzeitig als eigenständig betrachtet werden. Japans Geschichte im strengen Sinn einer schriftlichen Überlieferung setzte, gemessen an westlichen Maßstäben, spät ein: Gewöhnlich wird das Jahr 552 n. Chr. als deren Beginn betrachtet, als der Herrscher des koreanischen Königreichs Paekche (in der Nähe des heutigen Pusan) als Zeichen seines Wohlwollens buddhistische Missionare an den japanischen Kaiserhof entsandte. Zu jener Zeit war in der japanischen Gesellschaft der Clan die wichtigste Institution. Jeder Clan *(uji)* besaß ein eigenes Gebiet und war in einfache Clanangehörige und Aristokraten gegliedert. Jedes *uji* besaß wohl auch seine eigene Mythen, in deren Mittelpunkt ein göttlicher Urahn stand.

Mit dem Beginn des 6. Jahrhunderts gewann einer dieser Clans (der Yamato-Clan, der in der Gegend Zentralhonshus ansässig war), die Oberherrscha und konnte darüber hinaus seine Ahngottheiten an di Spitze der Götterhierarchie stellen. Die kaiserliche Fa milie, die in ununterbrochener Folge bis heute regier wurde bald zum eigentlichen Zentrum der japan schen Mythen.

Die Urreligion Japans, der Shinto, gründet sich a den Kult einer Vielzahl von Gottheiten, Geistern un Objekten der Verehrung. Seine Mythologie kreist u Erzählungen über die Sonnengöttin Amaterasu und je ne Abenteuer, in deren Verlauf ihre Nachkommen da japanische Volk einigten. Mit dem Eindringen de Buddhismus begann eine Zeit des kulturellen Einflus ses, zunächst von Korea, später von China, der »Mu terzivilisation« Ostasiens. Der Buddhismus vermisch te sich auf vielfache Weise mit dem Shinto, doch m dem 17. Jahrhundert setzte eine starke Wiederbel bung des Shinto ein, die darin gipfelte, daß der Shint unter der restaurativen Meji-Regierung (1868–191 zur Staatsreligion erklärt wurde.

QUELLEN

Die wichtigste Quelle der japanischen Mythologie, das *Kojiki* (Bericht über alte Begebenheiten), enthält die älteste überlieferte kaiserliche Genealogie. Die endgültige Textfassung wurde von einem Höfling und Gelehrten namens Ono Yasumaro auf der Grundlage früherer, heute jedoch verschollener Texte im Auftrag der Kaiserin Gemmei im Jahr 711 n. Chr. zusammengestellt. Das *Kojiki*, in einer seltsamen Mischung aus altertümlichem Japanisch und Chinesisch geschrieben, beginnt mit der Erschaffung der Welt, der Götter sowie der göttlichen Vorfahren der kaiserlichen Familie und endet mit dem Tod des Kaisers Suiko im Jahr 641 n. Chr. Eine zweite wichtige Quelle ist das *Nihonshoki* (Japanische Chroniken), die von vier verschiedenen Gelehrten etwa zur selben Zeit wie das *Kojiki* zusammengestellt und im Jahr 720 n. Chr. vollendet wurde. Das *Nihonshoki*, poetischer als das *Kojiki*, ist in klassischem Chinesisch geschrieben und von chinesischen (und koreanischen) historischen und mythologischen Traditionen und dynastischen Chroniken stark beeinflußt. Aus diesem Grund ist das *Nihonshoki* im ganzen gesehen als Quelle für die Frühzeit des Mythos weniger verläßlich. Weitere Quellen sind das *Kogoshui*, die Fragmente alter Überlieferungen (807 n. Chr.), eine Anzahl von *norito* (alte shintoistische Ritualgebete), das *fudoki* (Beschreibungen der Reichsprovinzen aus dem 8. Jh.) sowie die erste große Anthologie japanischer Lyrik, das *Manyoshu* (etwa 760 n. Chr.).

CHRONOLOGIE

660 v. Chr. Der Überlieferung nach der Zeitpunkt der Thronbesteigung des ersten Kaisers Jimmu-tenno
4.–5. Jh. n. Chr. Aufstieg des Yamato-Hofs zur Zentralmacht, laut Überlieferung nach einer Invasion der Yamato aus Südwesten
552 n. Chr Erste buddhistische Missionare treffen aus dem koreanischen Königreich Paekche in Japan ein
710 n. Chr. Gründung von Nara, der ersten ständigen Hauptstadt Japans, nach dem Vorbild Changans (heute Xian), der Hauptstadt der Tang-Dynastie
712 n. Chr. Die Mythensammlung *Kojiki* wird der Kaiserin Gemmei überreicht
720 n. Chr. Vollendung der Mythensammlung *Nihonshoki*
794–1868 n. Chr. Heian (heute Kyoto) ist Hauptstadt des Kaiserreichs Japan
1192 Erste s Shogunat in Kamakuru
1600 Einigung Japans nach der Schlacht von Sekigahara
1603–1868 Tokugawa-Shogunat: eine Periode der nationalen Isolation
1868–1912 Meiji-Periode: die Wiederherstellung der kaiserlichen Macht
1872 Der Shinto wird Staatsreligion
1946 Der Kaiser verzichtet auf das Attribut der Göttlichkeit

MYTHISCHE STÄTTEN UND HEILIGE ORTE

Der Berg Takachiho Berg in Kyushu, wo Honinigi vom Himmel herabstieg (siehe S. 120).
Ise Hier befindet sich der Große Schrein von Amaterasu und der Reisgottheit; dies ist der heiligste Ort des Shinto (siehe S. 115, Randspalte).
Der Fluss Hi In der heutigen Präfektur Shimane gelegen. Susano soll in dessen Quellgebiet zur Erde herabgestiegen sein, nachdem er aus dem Himmel verbannt worden war (siehe S. 117).
Izumo-Taisha Hier befindet sich der Große Schrein von Okuninushi (manchmal auch Daikokusuma genannt), eines Nachkommens von Susano und der Beschützer der kaiserlichen Familie (siehe S. 118–120).
Kumano Ort der Begegnung des Kaisers Jimmu mit dem Geist des Bären (siehe S. 122).
Die Ebene von Kanto Schauplatz der Schlacht zwischen Yamato-takeru und den Emishi (siehe S. 122).
Meerenge von Uraga Hier opferte sich die Gemahlin von Yamato-takeru auf einer stürmischen Überfahrt einem Wassergeist, um die Wellen zu besänftigen (siehe S. 122).

SHINTO

Im Mittelpunkt des Shinto-Kults (Shinto heißt »Weg der Götter«) steht die Verehrung der *kami*, der Gottheiten, die jeder einzelnen Naturerscheinung, auch den Menschen, innewohnen. Von 1872 bis 1945 war Shinto die Staatsreligion Japans. Nach dem Zweiten Weltkrieg jedoch wurde ihm nur noch die Rolle einer einfachen Religion zuerkannt, deren Schreine oder *jinja* nur lose miteinander verbunden sind. Das wichtigste mit einem Schrein verbundene Ereignis ist das jährlich stattfindende *matsuri* oder Schreinfest. Dabei tragen junge Männer und Frauen ein Bild des regional verehrten *kami* umher; auf diese Weise werden sowohl der Ort als auch die Träger geweiht.

IZANAGI UND IZANAMI

Das erste Paar

Am Anfang, als die Erde jung war und noch nicht ihre endgültige Gestalt hatte (im *Kojiki* heißt es, sie sei wie »brodelndes Öl, träge dahinschwimmend wie eine Qualle«), entstanden im Takamagahara oder »Gefilde des Hohen Himmels« drei unsichtbare Gottheiten. Die älteste hieß Amanominakanushi-no-kami oder »Herr der Himmischen Mitte«. Ihm folgten Takamimusubi und Kamimusubi, die beide eigenständige und mächtige *kami* waren. Diese drei bildeten zusammen mit zwei weiteren niederen Gottheiten (Umashiashikabihikoji-no-kami und Amanotokotachi-no-kami) die fünf »Besonderen Himmlischen Gottheiten«. Ihnen folgten sieben Generationen »himmlischer« Götter und Göttinnen, und als letzte das erste Paar der japanischen Mythologie, Izanagi und seine Schwester und Gemahlin Izanami, deren vollständige Namen Izanagi-no-Mikoto (»Der Erhabene Erste Mann«) und Izanami-no-Mikoto (»Die Erhabene Erste Frau«) lauten.

Von den Göttern beauftragt, »diese treibende Landmasse zu vollenden und erstarren zu lassen«, beschritten Izanagi und Izanami die Schwimmende Brücke des Himmels (häufig als Regenbogen interpretiert) und durchrührten mit einer juwelengeschmückten Lanze den Ozean unter sich. Als sie die Lanze wieder herauszogen, bildete sich aus dem herabtropfenden Salzwasser die Insel Onogoro, das erste feste Land. Sogleich stiegen sie auf die neue Insel herab, errichteten einen »himmlischen« Pfeiler und erbauten einen Palast. Dann beschlossen sie,

Dieser Druck aus dem 19. Jh. zeigt Izanagi und Izanami mit der juwelengeschmückten himmlischen Lanze auf der Schwimmenden Brücke des Himmels. Sie waren das achte göttliche Paar, das nach der Erschaffung des Himmels und der Erde dem uranfänglichen Chaos entstiegen.

Nachkommen zu zeugen. Izanagi fragte seine Schwester, wie ihr Körper beschaffen sei. Sie antwortete, er sei an einer Stelle unvollständig. Daraufhin erwiderte Izanagi, sein Körper habe an einer Stelle zu viel, und er schlug vor, diese beiden Teile miteinander zu vereinigen. Das göttliche Paar ersann ein Hochzeitsritual: Sie umkreisten den himmlischen Pfeiler, Izanagi von links, seine Schwester von rechts. Bei ihrem Zusammentreffen begrüßten sie sich und vollzogen dann den Geschlechtsakt.

In der Folge gebar Izanami einen Sohn, doch ihr Erstgeborener war der mißgestaltete Hiruko (»Blutegelkind«, siehe rechte Seite), den das unglückliche Elternpaar in ein Boot aus Schilfrohr setzte und dem Meer überließ. Bei einer »großen Weissagung« sprachen die Götter Izanami die Schuld an der Geburt des Blutegelkinds zu, da sie während des Rituals der Brautwerbung zuerst geredet habe. Mit dieser Erklärung (die in Japan bis heute dazu dient, die unterschiedliche Behandlung der Geschlechter zu rechtfertigen) kehrte das Paar nach Onogoro zurück und vollzog erneut das Ritual. Diesmal ergriff Izanagi zuerst das Wort, als sie sich am Pfeiler begegneten. Nun gebar Izanami zahlreiche gesunde Nachkommen; zuerst eine Reihe von Inseln (den japanischen Archipel), dann eine Reihe von Göttern und Göttinnen, darunter die Götter des Windes, der Berge und der Bäume. Doch bei der Geburt des Feuergottes Kagutsuchi (oder Homusubi) wurden ihre Geschlechtsorgane so stark verbrannt, daß sie schwer erkrankte und starb. Noch im Todeskampf gebar Izanami weitere Gottheiten, die aus ihren Exkrementen, ihrem Urin und ihrem Erbrochenen entstanden. Izanagi war über ihren Tod untröstlich; und als er weinte, entstanden aus seinen Tränen weitere Gottheiten. Später verwandelte sich seine Trauer in Zorn, und er schlug dem Feuergott, der den Tod seiner geliebten Frau verursacht hatte, den Kopf ab. Aus den Überresten des Feuergottes entstanden jedoch weitere Gottheiten.

Dann beschloß Izanagi, Yomi, das unterweltliche Land der Toten (siehe Kasten unten), aufzusuchen, um Izanami ins Leben zurückzuholen. Als Izanami in Schatten gehüllt am Eingang zum Reich Yomi erschien, begrüßte Izanagi seine Frau freudig und bat sie, mit ihm zu den Lebenden zurückzukehren. Sie erklärte sich bereit, seine Bitte den Göttern der Unterwelt vorzutragen, doch bevor sie sich in die Finsternis zurückzog, beschwor sie ihren Gatten, ihr nicht nachzusehen. Doch Izanagi, von Sehnsucht nach der Geliebten verzehrt, brach einen Zahn aus seinem Kamm, den er in seinem linken Haarschopf trug, und entzündete diesen als Fackel. Damit betrat er das Totenreich und erkannte, daß Izanami ein verwesender, von Würmern wimmelnder Kadaver war. Von diesem Anblick entsetzt, kehrte Izanagi um und ergriff die Flucht. Izanami, erzürnt darüber, daß

DAS BLUTEGELKIND

Der Gedanke, ein mißgebildetes erstgeborenes Kind (oder ein Zwillingspaar) sei wertlos, und man sollte es aussetzen und sterben lassen, taucht in den Mythen der Völker immer wieder auf. Ähnliche Sachverhalte werden in vielen Geschichten erzählt, etwa in Zusammenhang mit Mose, Perseus (siehe S.156) sowie Romulus und Remus (siehe S.174). Möglicherweise geht die Geschichte des Blutegelkinds, das Izanagi und Izanami zeugen, auf ein altes japanisches Ritual zurück, bei dem man zur Geburt des ersten Kindes eine Tonfigur in ein Boot aus Schilfrohr setzte und es als Sündenbock ins Meer hinaustreiben ließ.

Das Reich der Finsternis: das japanische Totenreich

*Das unterirdische Totenreich wird auch als Reich der Finsternis (*Yomi-tsu-kuni*), das Wurzelland und das Land unten, bezeichnet.*

In der Beschreibung Yomis im *Kojiki* klingt vielleicht noch die Praxis der Totenbestattung in von Steinen umgrenzten, tief unter der Erde in großen Grabhügeln (*kofun*) liegenden Kammern an, die in prähistorischer Zeit in Japan üblich war. Izanagis Notbehelf, einen großen Stein quer vor den Eingang zu wälzen, entspricht möglicherweise der Verriegelung eines solchen Grabes. Der Felsblock könnte aber auch eine Metapher für die Grenze zwischen Leben und Tod sein.

Es gibt verblüffende Parallelen zwischen dieser Geschichte und zwei bekannten griechischen Mythen: der Geschichte der Persephone (siehe S.142), die wegen des Genusses von Granatapfelkernen im Hades jeden Winter in das Totenreich zurückkehren muß; und der Geschichte von Orpheus, der vergeblich versucht, seine geliebte Eurydike aus dem Totenreich zu befreien (S.165).

Ob nun Elemente dieser griechischer Mythen ins alte Japan eingedrungen sind, oder ob diese Gemeinsamkeiten auf die allgemeine mythenschöpfende Kraft des Menschen zurückzuführen sind, ist unter Wissenschaftlern umstritten. In vielen Kulturen wird dem Verzehr von Speisen der Toten eine Kraft zugeschrieben, durch die man an sie gebunden bleibt. Als Izanami ihren Gemahl am Eingang ins Totenreich begegnet, wünscht sie, er wäre schon früher gekommen, denn nun habe sie dort bereits »Speisen von Yomis Herd« gekostet. Dies mag auch ihre drastische Verwandlung von der liebenden Gattin in eine rasende Dämonin erklären.

Izanagi ihren Wunsch mißachtet hatte, schickte daraufhin die bösen »Hexen von Yomi« und mit ihnen acht Donnergottheiten sowie ein Heer von Kriegern aus, um ihn zu verfolgen. Als Izanagi den Eingang von Yomi erreichte, der in das Reich der Lebenden zurückführte, fand er drei Pfirsiche, mit denen er seine Verfolger bewarf, und zwang sie so zum Rückzug. Schließlich nahm auch Izanami, inzwischen selbst zu einem Dämon geworden, die Verfolgung auf. Doch noch ehe sie ihn erreichen konnte, verschloß Izanagi den Eingang mit einem riesigen Felsblock. Nun standen sich die beiden Auge in Auge gegenüber und »sprachen die Scheidungsformel«.

Da Izanagi sich durch seinen Besuch in Yomi befleckt fühlte, begab er sich an die Mündung eines kleinen Flusses in Hyuga (im Nordosten von Kyushu), um sich auf die seit alters her in Japan übliche Weise durch ein Bad zu reinigen. Als er seine Kleider ablegte, wurden daraus viele Gottheiten geboren, und als er sich wusch, entstanden weitere. Schließlich entstanden aus Izanagi drei der wichtigsten Gottheiten des shintoistischen Götterhimmels: Die Sonnengöttin Amaterasu-no-mikoto (wörtlich »Erhabene Person, die den Himmel erstrahlen läßt«) wurde geboren, als er sein linkes Auge wusch; Tsuki-yomi-no-mikoto (»Der Erhabene Mond«) entstand aus seinem rechten Auge; Susano-no-mikoto (»Der Erhabene ungestüme Männliche«) ging aus seiner Nase hervor. Als Izanagi diese drei edlen Kinder vor sich sah, beschloß er, sein Königreich unter sie aufzuteilen. Seine geheiligte Schnur aus Edelsteinen, das Symbol der Herrschaft, übergab er Amaterasu, und er beauftragte sie, die »Gefilde des Hohen Himmels« zu regieren. Seinem Sohn, dem Mondgott Tsuki-yomi (in der japanischen Mythologie ist der Mond, im Unterschied zu den meisten Mythologien der Welt, männlichen Geschlechts), vertraute er das Reich der Nacht an. Dem anderen Sohn, Susano, übergab er die Herrschaft über das Meer.

Amaterasu und Tsuki-yomi nahmen die ihnen übertragene Aufgabe gehorsam an. Susano jedoch war untröstlich und erhob ein lautes Wehklagen. Als Izanagi ihn nach dem Grund seines Kummers fragte, erwiderte er, er wolle nicht über das Meer herrschen, sondern statt dessen seine Mutter Izanami im Reich Yomis besuchen. Erzürnt über diese Aufsässigkeit, verbannte Izanagi seinen Sohn und zog sich zurück. Einer anderen Version des Mythos zufolge stieg er in den Himmel auf, wo er bis heute im »Jüngeren Palast der Sonne« lebt. Er wird auch in Taga (in der Präfektur Shiga, Honshu) in einem Schrein verehrt.

Die Nachkommen Izanagis

AMATERASU UND SUSANO

Der Wettstreit der Geschwistergottheiten

Als der Sturmgott Susano von seinem Vater Izanagi verbannt wurde, kündigte er an, sich von seiner Schwester, der Sonnengöttin Amaterasu, zu verabschieden. Die Göttin jedoch argwöhnte, ihr Bruder wolle sich ihres Herrschaftsbereichs bemächtigen, und rüstete sich zum Kampf, indem sie ihr langes Haar zusammenband und sich mit einem Bogen und zwei Köchern mit Pfeilen bewaffnete. Wild ihren Bogen schwingend, stampfte sie mmit aller Kraft auf den Boden und erwartete so ihren Bruder. Susano versicherte ihr, er habe keine bösen Absichten. Um seine ehrliche Gesinnung unter Beweis zu stellen, schlug er vor, in einen Wettstreit darüber zu treten, wer der mächtigste von ihnen sei, und Kinder hervorzubringen: Wer männliche Gottheiten gebäre, sei der Sieger.

Den Anfang machte die Sonnengöttin. Sie bat ihren Bruder um sein Schwert und zerbrach es in drei Teile, die sie zerkaute und in Form von drei anmutigen weiblichen Gottheiten wieder ausspuckte. Dann nahm Susano die langen *magatama*-Ketten oder Fruchtbarkeitsperlen, die Amaterasu in ihr Haar geflochten und um ihre Arme gebunden hatte und als Haarband trug. Daraus entstanden fünf männliche Gottheiten, und Susano erklärte sich zum Sieger. Amaterasu aber widersprach und meinte, die Söhne ihres Bruders seien aus ihrem Besitztum entstanden, und darum habe in Wahrheit sie den Wettstreit gewonnen. Susano jedoch feierte seinen Triumph, indem er die Deiche der göttlichen Reisfelder niederriß und die Bewässerungsgräben zuschüttete. Dann beschmutzte er mit seinen Exkrementen die Halle, in der jedes Jahr das Fest der Ersten Früchte gefeiert wurde. Schließlich zog er einem Himmelspferd das Fell ab (möglicherweise eine Anspielung auf die Sterne) und schleuderte es durch das schilfgedeckte Dach der heiligen Webhalle (siehe Kasten unten), wo Amaterasu und ihr Gefolge webten. Zu Tode erschrocken geriet eines der Mädchen ins Taumeln, stieß mit seinen Geschlechtsteilen gegen das Weberschiffchen und starb an den Verletzungen. Entsetzt ergriff Amaterasu die Flucht. Das *Nihonshoki* erzählt eine andere Version dieser Geschichte, in der Amaterasu selbst Opfer der Gewalttätigkeiten ihres Bruders wird, jedoch nur verletzt, nicht getötet wird.

DIE SONNENGÖTTIN
Die Sonnengöttin Amaterasu, die älteste Tochter Izanagis, ist eine der ältesten Gottheiten der japanischen Mythologie. Sie entsprang dem linken Auge ihres Vaters, als er sich nach seiner Rückkehr aus der Unterwelt Yomi wusch. Amaterasu wird als spirituelle Gottheit und zugleich als göttliche Ahnherrin der kaiserlichen Familie verehrt. Einst fand ihr Kult im Kaiserpalast selbst statt, bis es aus politischen Gründen zweckdienlich war, die Autorität des Kaisers von der Macht der Priesterinnen zu trennen und an einer anderen Stelle einen Schrein zu errichten. Amaterasus Hauptschrein befindet sich in Ise in der Präfektur Mie und ist der wichtigste Shinto-Schrein Japans. Das Hauptgebäude ist eine schilfgedeckte, unbemalte Halle aus Zypressenholz, die nach alter japanischer Bauweise errichtet wurde. Der Schrein wird in regelmäßigen Abständen im ursprünglichen Stil und mit frischem Holz neu erbaut: vom 7. bis zum 17. Jahrhundert alle zwanzig Jahre, seitdem alle einundzwanzig Jahre.

Die heilige Webhalle

Weder das Kojiki *noch das* Nihonshoki *äußern sich über den genauen Zweck der heiligen Webhalle; auch geben sie keine Auskunft, was Amaterasu und ihre Jungfrauen webten. Es gibt jedoch verschiedene Hypothesen.*

Amaterasu war eine Priesterkönigin; in ihrer Obhut lag die Herstellung der Kleidung für die Götter, und die Webhalle könnte ihr Arbeitsraum gewesen sein. Möglicherweise stellten sie und ihre Gehilfinnen Gewänder her, die die Priesterinnen bei den Zeremonien des Sonnenkults trugen.

Eine komplexere Auslegung besagt, daß sie den Stoff des noch immer unvollständigen Universums webten. Susanos Taten könnten somit als Angriff des Chaos gegen den Kosmos oder die Ordnung des Universums betrachtet werden. Die heilige Webhalle, in der der Schöpfungsakt vollzogen wurde, wäre der geeignete Schauplatz für die Konfrontation der göttlichen Verkörperungen von Kosmos (Amaterasu) und Chaos (Susano).

Dieser Druck aus dem 19. Jh. zeigt Amaterasu mit ihren Gehilfinnen in göttlichem Glanz.

DIE KRISE DER GÖTTER

Amaterasu entzieht der Welt die Sonne

DIE GÖTTIN DER MORGENRÖTE
Ama-no-uzume, die Göttin der Morgenröte, taucht im *Nihonshoki* als Urbild der Schamanin oder *miko* auf, die ekstatische Tänze vollführt. Mit ihrem Zauber lenkt sie den regionalen Sonnengott Sarutahiko oder »Affenprinz« ab, der versucht hatte, den Abstieg von Amaterasus Enkel Honinigi vom Himmel auf die Erde zu verhindern. Schließlich heiratete sie Sarutahiko, und ihrer Verbindung soll ein historisch bezeugtes Geschlecht von Tänzerinnen am Hof von Heian, die Sarume, entstammen.

Die Sonnengöttin Amaterasu war zu Tode erschrocken, als ihr Bruder Susano ein enthäutetes Pferd durch das Dach der heiligen Webhalle schleuderte (siehe S. 115). Ihr Rückzug in die, wie es im *Kojiki* heißt »Himmlische Felsenhöhle« (Ama-no-iwato) führte zu einer großen Verlegenheit der Götter, wie sie ähnlich in fast allen anderen Mythologien auftaucht. So wird etwa in der ägyptischen Mythologie vom zeitweiligen Triumph des bösen Gottes Seth (siehe S. 44). oder im griechischen Mythos von der Entführung der Persephone (siehe S. 142) erzählt, die jeweils großes Unheil über die Welt bringen. Das Verschwinden Amaterasus wird auch als ein symbolischer Tod und als symbolisches Begräbnis gedeutet; doch könnte es auch die Metapher für eine totale Sonnenfinsternis sein, die durch das vorangegangene furchtbare Erlebnis der Sonnengöttin heraufbeschworen wurde.

Amaterasus Verschwinden tauchte die Gefilde des Hohen Himmels und das Zentrale Land des Schilfs (das Reich der Sterblichen) in tiefes Dunkel. Die Reisfelder lagen brach, und Katastrophen kamen über Himmel und Erde. In ihrer Verzweiflung versammelten sich die »achthundert Myriaden« von Gottheiten am himmlischen Fluß, um darüber zu beratschlagen, wie Amaterasu aus ihrem Versteck hervorgelockt werden könnte (*ya*, die Zahl acht, ist in Japan eine heilige Zahl und bezeichnet ganz allgemein eine große Menge und nicht nur eine bestimmte Summe).

Omori-kane-no-kami, der weise Sohn von Takamimusubi, wurde mit der Suche nach einer Lösung beauftragt. Nachdem das Gekreische der »langanhaltend schreienden« Vögel (wahrscheinlich Hähne) nicht zum Ziel führte, dachten sich Omori-kane und die anderen Götter einen raffinierten Plan aus. Zuerst bauten sie einen magischen Spiegel, den sie an den Zweigen eines entwurzelten heiligen Sakaki-Baumes aufhängten. Dann, während einige Götter magische Gegenstände in den Händen hielten und liturgische Gebete sprachen, kletterte die schöne junge Göttin Ama-no-uzume (hier offenbar eine Göttin der Morgenröte, ähnlich der römischen Aurora, der griechischen Eos oder den Usha der indischen Veden; jedoch wird sie in keiner der alten Quellen auf ähnliche Art und Weise wie hier charakterisiert) auf einen umgestürzten Bottich und begann einen erotischen

Amaterasu tritt aus ihrer Höhle heraus und gibt damit der Welt das Sonnenlicht zurück: Triptychon, Druck aus dem 19. Jh. Diese Geschichte wurde als die Rückkehr des Frühlings nach der Dunkelheit des Winters gedeutet. Somit wäre der erotische Tanz vor der Höhle, in der sich Amaterasu versteckt hält, eine Art Fruchtbarkeitstanz. Als Hintergrund dieser Geschichte wurde jedoch auch eine Sonnenfinsternis vermutet.

Tanz aufzuführen. Ama-no-uzume wollte mit Methoden der alten *miko* oder Schamanin die Sonne wieder hervorlocken. Als sie ihre Brust entblößte und ihr Gewand bis zu den Genitalien hinunterstreifte, fiel die ganze Götterversammlung in ein schallendes Gelächter, das die Gefilde des Hohen Himmels wie ein Erdbeben erschütterte. Der Lärm drang bis zu Amaterasus Versteck vor, und, von Neugier getrieben, öffnete sie schließlich die Tür der Felsenhöhle einen Spaltbreit, streckte den Kopf aus der Höhle und rief: »Warum singt und tanzt Ama-no-uzume, und warum lachen alle achthundert Myriaden Gottheiten?« Die junge Göttin antwortete stellvertretend für alle: »Wir freuen uns, weil wir jetzt eine Gottheit haben, die über dir steht.« Während sie noch weitersprach, drehten zwei andere Götter den Spiegel in Amaterasus Blickfeld, und ein weiterer Gott, in dessen Namen das Wort für Stärke *(chikana)* enthalten ist, verbarg sich in der Nähe der Höhlentür.

Als Amaterasu ihr Spiegelbild von der Ferne entdeckte, trat sie langsam aus ihrem Versteck hervor und näherte sich dem Spiegel. Während sie selbstvergessen ihr Spiegelbild betrachtete, packte sie der Gott, der sich in ihrer Nähe verborgen hielt, an der Hand und zog sie ganz aus der Höhle. Eine andere Gottheit spannte ein magisches Seil *(shiru-kume)* quer über den Eingang mit den Worten: »Bis hierher darfst du gehen!« Daraufhin kehrte mit Amaterasu das Sonnenlicht zum Himmel und zur Erde zurück. Die Krise der Götter war damit endlich überwunden.

Anschließend versammelten sich die achthundert Myriaden Gottheiten erneut, um über das Schicksal dessen zu beraten, der die Krise verursacht hatte: des eigenwilligen und zerstörerischen Gottes Susano. Die ihm auferlegte Strafe war hart: Er mußte »tausend Tafeln mit Geschenken zur Entschädigung bereitstellen«, dann wurden ihm der Bart und die Fingernägel abgeschnitten, er wurde für immer aus dem Himmel verstoßen und mußte wieder in das Land der Schilfebene hinabsteigen.

Susano und die Göttin der Nahrung

Der Sturmgott Susano war eine beständige Quelle mutwilliger Zerstörung. Vor seiner Verbannung in das Zentrale Land des Schilfs geriet er aufgrund seines aufrührerischen Charakters mit fast allen in Konflikt, die seinen Weg kreuzten. Manchen Quellen nach war eine jener Unglücklichen die Göttin der Nahrung, Ogetsu-no-hime.

In einer Nebenhandlung, die in keiner Beziehung zur Haupterzählung steht, befiehlt Susano Ogetsu, ihm etwas zu essen zu geben. Sie aber reagierte auf seine Forderung in einer ungewöhnlichen Weise, die ihm sehr mißfiel: sie holte Nahrung aus Nase, Mund und Rektum hervor. Als Rache für die erlittene Schmach tötete er sie.

Doch der Tod Ogetsus hat im japanischen Mythos positive Folgen. Aus ihren Körperteilen sprießen die für Japan bis heute wichtigsten fünf Getreidearten: aus ihren Augen wächst Reis; aus ihren Ohren Hirse; aus ihren Genitalien Weizen; aus ihrer Nase rote Bohnen; und aus ihrem Rektum Sojabohnen.

Diese Geschichte erinnert an den alten chinesischen Mythos von Pan Gu (siehe S. 90), einem urzeitlichen Riesen, aus dessen Leib der Grundstoff der Schöpfung sowie die Nahrungsmittel entstanden: aus seiner Haut und seinen Haaren bildeten sich Pflanzen und Bäume. Es wird jedoch vermutet, daß die Geschichte Ogetsus entstand, noch bevor China im 6. Jahrhundert n. Chr. starken Einfluß auf Japan auszuüben begann. Die japanische Erzählung vom Schicksal der Göttin der Nahrung ist auch einem indonesischen Mythos verblüffend ähnlich, nach dem eine Göttin namens Hainuwele heimtückisch getötet und zerstückelt wurde. Ihre Gliedmaßen wurden anschließend begraben, und aus ihnen entstanden die wichtigsten Nahrungspflanzen (z. B. Yamswurzeln), die in jenem Teil der Welt angebaut werden. Möglicherweise gibt es eine sehr alte Verbindung zwischen Ogetsu und Hainuwele, und beide Geschichten scheinen letztlich von einem weitverbreiteten südostasiatischen Prototyp abgeleitet zu sein.

Im *Nihonshoki* ist der Mörder der Göttin der Nahrung der Mondgott Tsuki-yomi und nicht Susano. Als Tsuki-yomi der Sonnengöttin berichtete, was er getan hatte, wies sie ihn scharf zurecht und verbot ihm, ihr jemals wieder unter die Augen zu treten. Deshalb bleiben Sonne und Mond auch voneinander getrennt. Dies ist nach Meinung von Fachleuten die ältere Version der Geschichte. Demnach ersetzte der Bearbeiter des *Kojiki* Tsuki-yomi durch Susano, um den gewalttätigen Charakterzug des Sturmgottes als dominierenden erscheinen zu lassen und sein zerstörerisches Wesen herauszuarbeiten.

DER IZUMO-ZYKLUS

Susanos Abstieg zur Erde; Okuninushi und das Weiße Kaninchen

Der Sturmgott Susano mit seiner Gemahlin Kusa-nada-hime, die der Gott in einen Kamm verwandelte, um sie vor einem achtköpfigen Drachen zu schützen.

Nach seiner Verbannung aus dem Himmel begab sich Susano auf die Erde in das Land Izumo (siehe Karte S. 111). Sein erstes Abenteuer bildet eine Art Brücke zu einem eigenständigen Mythenkranz, dem Izumo-Zyklus, der in jener Region entstand. Die zentrale Gottheit des Zyklus ist Okuninushi (auch Daikokusama), der »Herr der Großen Erde«, der Nachkomme von Susano und Kusa-nada-hime, möglicherweise deren Sohn (siehe Stammbaum S. 114).

Der verstoßene Susano entdeckte am Oberlauf des Flusses Hi ein Paar hölzerne Eßstäbchen, die im Wasser dahintrieben. Er schloß daraus, daß stromaufwärts Menschen lebten, und machte sich auf, sie zu suchen. Bald begegnete er einem alten Ehepaar und ihrer schönen Tochter, die alle drei bitterlich weinten. Das Ehepaar erzählte dem Gott, daß ein Ungeheuer mit acht Schwänzen und acht Köpfen namens Yamato-no-orochi bereits sieben ihrer acht Töchter verschlungen habe und nun auch noch ihre jüngste Tochter Kusa-nada-hime (»Prinzessin der Reisfelder«) fordere. Daraufhin offenbarte der Gott, wer er sei, und versprach, den Drachen zu töten, falls er Kusanada-hime zur Frau bekäme. Als die beiden Alten sich bereit erklärten, verwandelte er die Prinzessin in einen Kamm, den er in einen seiner Haarknoten steckte. Dann hieß er die Alten acht große Fässer *sake* (Reiswein) abfüllen, sie auf acht Plattformen stellen und einen Zaun mit acht Öffnungen darum zu ziehen.

Als Yamato-no-Orochi erschien und die Fässer sah, steckte er durch jede der acht Öffnungen einen Kopf und schlürfte den Branntwein aus. Susano wartete, bis das Ungeheuer betrunken war; dann kam er aus seinem Versteck hervor und hieb es mit seinem Schwert in Stücke. Als er den mittleren Schwanzteil entzwei hieb, entdeckte er das berühmte Schwert, das später den Namen Kusanagi oder »Grasmäher« erhielt (siehe S. 122). Dann verwandelte er Kusa-nada-hime in ihre menschliche Gestalt zurück, heiratete sie und erbaute einen großen Palast in Suga in Izumo.

Die berühmteste Geschichte des Izumo-Zyklus ist die von Okuninushi und dem Weißen Kaninchen. Okuninushi hatte achtzig Brüder, die alle die schöne Yagami-hime, die Prinzessin von Inaba, heiraten wollten. Eines Tages machten sich die Brüder nach Inaba auf, wo sie um die Hand der Prinzessin anhalten wollten. Okuninushi nahmen sie als Diener mit, der die Nachhut anführte. Unterwegs begegneten die Brüder einem Kaninchen ohne Fell, das am Wegrand lag und offenbar große Schmerzen litt. Die Brüder rieten der leidenden Kreatur, es könne sein Fell zurückerhalten, wenn es in Salzwasser bade; doch dadurch wurden die Schmerzen nur noch schlimmer.

Schließlich kam Okuninushi an die Stelle, wo das Kaninchen lag, und erkundigte sich nach der Ursache seines Leidens. Es sei auf der Insel Oki gewesen, antwortete das Kaninchen, und habe sich nach Izumo aufs Festland hinüberbegeben wollen. Da es keine Brücke gegeben habe, habe es eine Krokodilherde gebeten, eine lebende Brücke über das Wasser zu bilden. Als Gegenleistung für diesen Gefallen hatte es versprochen, die dicht nebeneinander liegenden Krokodile zu zählen, während es über sie hinweglief. Dann sollte sich entscheiden, ob sie oder die Bewohner des Meeres zahlreicher seien. Doch in dem Augenblick, als es das letzte Krokodil erreicht hatte, gestand das Kaninchen, das Versprechen sei nur eine List gewesen, um ans andere Ufer zu gelangen. Erzürnt darüber, hatte das letzte Krokodil der Kette das törichte Kaninchen gepackt und ihm bei lebendigem Leib das Fell abgezogen.

Okuninushi riet dem Kaninchen, sich im reinen Wasser an der Mündung des Flusses zu waschen. Danach solle es sich auf der mit dem Blütenstaub des Kama-Grases übersäten Erde wälzen und sich damit pudern. Das Kaninchen, das in Wirklichkeit eine Gottheit war, tat, wie ihm geheißen, und bald wuchs ihm wieder sein schneeweißes Fell. Okuninushi wurde von dem dankbaren Kaninchen für seine Hilfe belohnt, indem es ihm versprach, er und nicht einer seiner Brüder würde die Hand Yo-gami-himes gewinnen. Seine achtzig Brüder aber waren

Die schweren Prüfungen Okuninushis

Nachdem Okuninushi Ya-gami-hime geheiratet hatte, trachteten die achtzig eifersüchtigen Brüder dem jungen Gott nach dem Leben. Sein Versuch, den Streit beizulegen, verstrickte ihn nur in einen noch verhängnisvolleren Konflikt mit dem mächtigen Sturmgott Susano.

Zweimal gelang es den rachsüchtigen Brüdern, Okuninushi zu töten, doch jedesmal kehrte er durch seine Mutter wieder ins Leben zurück, die mit Hilfe ihm wohlgesonnener Götter einschritt. Zuerst rollten die Brüder einen riesigen rotglühenden Felsen einen Berg hinunter. Okuninushi glaubte, es sei ein Eber, den er aufhalten solle, und fing den Felsen auf, wobei er sich tödliche Verbrennungen zuzog. Beim zweiten Versuch quetschten ihn die Brüder unter der Astgabel eines großen Baumes zu Tode. Nach diesen Erfahrungen und auf das Drängen seiner besorgten Mutter hin entschloß sich Okuninushi, die Feindseligkeiten zu beenden, indem er den in der Unterwelt lebenden Sturm- und Meeresgott Susano um Rat fragte.

Bei seiner Ankunft in Susanos Palast erblickte Okuninushi die schöne Suseri-hime, Susanos Tochter. Sie verliebten sich ineinander und heirateten. Dieses übereilte Handeln erzürnte Susano, und er entschloß sich, Okuninushi ebenfalls zu töten. Unter dem Vorwand, seinen neuen Schwiegersohn zu akzeptieren, bot er ihm einen Schlafplatz in einer Hütte an, in der unzählige Schlangen hausten. Glücklicherweise gab Okuninushis Braut ihm ein magisches Tuch, das Wunder wirkte und die Schlangen vertrieb, wenn es dreimal gegen sie in der Luft geschwenkt wurde. Als er in der folgenden Nacht auf Geheiß Susanos in eine Hütte voller Tausendfüßler und Bienen schlafen mußte, rettete ihn das Tuch erneut vor dem sicheren Tod.

Schließlich schoß sein erzürnter Schwiegervater einen Pfeil in eine grasbewachsene Ebene ab und befahl Okuninushi, ihn zurückzubringen. Der junge Gott tat, wie ihm befohlen, aber kaum hatte er sich aufgemacht, steckte Susano das Gras in Brand. Vergeblich suchte Okuninushi einen Ausweg aus dem Flammenmeer, doch dann kam ihm eine Maus zu Hilfe. Sie riet ihm, mit den Füßen fest aufzustampfen, da der Boden unter ihm hohl sei. Okuninushi befolgte diesen Rat, und unter ihm tat sich ein Hohlraum auf, in den er sich flüchten konnte, so daß das Feuer über ihn hinwegging, ohne ihm zu schaden. Inzwischen hatte die Maus sich auf die Suche gemacht und den Pfeil gefunden und übergab ihn nun Okuninushi.

Okuninushi überbrachte Susano den Pfeil, der sich von nun ab seinem Schwiegersohn gegenüber freundlicher zeigte. Doch Okuninushi war nunmehr entschlossen, sich seinem Einflußbereich zu entziehen, und er wartete auf eine günstige Gelegenheit dazu. Eines Tages wurde der Sturmgott vom Schlaf überwältigt, nachdem Okuninushi ihm die Haare gewaschen hatte. Okuninushi ergriff diese Gelegenheit und band den schlafenden Susano mit den Haaren an den Balken seines Palastes fest. Bewaffnet mit dem starken Bogen und dem mächtigen Schwert seines Schwiegervaters und mit Suseri-hime auf dem Rücken, verließ Okuninushi Susanos Palast in der Unterwelt und machte sich auf den Weg zurück in sein eigenes Land, das Land der Schilfebene.

Erst als Okuninushi schon ein Stück weit entfernt war, nahm Susano die Verfolgung des Entführers seiner Tochter auf. Als er den Fliehenden an der Grenze zwischen der Unterwelt und dem Land der Lebenden auf Rufweite nahegekommen war, entschloß sich Susano, dem glücklichen Paar nicht weiter nachzustellen. Vielmehr rief er Okuninushi den Rat zu, dessentwegen er zu ihm gekommen war: Er könne den Streit mit seinen Brüdern beenden, wenn er mit dem Bogen und dem Schwert kämpfe, die er aus dem Palast mitgenommen hatte. Damit werde er jeden anderen, der sich ihm in den Weg stellte, besiegen.

erzürnt über Okuninushis Erfolg, und die nun folgenden Kämpfe zwischen Okuninushi und seinen eifersüchtigen Brüdern bilden den Ausgangspunkt für eine Reihe weiterer Geschichten (siehe Kasten S. 119). Diese Konflikte, aus denen Okuninushi schließlich als Sieger hervorging, stürzten das Land Izumi in politische Wirren, die die kluge Amaterasu zu ihrem Vorteil auszunutzen gedachte. Um ihre Herrschaft auf dieses Gebiet auszudehnen, schickte sie einen ihrer Söhne, die sie im Wettstreit mit Susano geboren hatte, um die Lage zu erkunden. Als sie von dem Aufruhr in dem Land hörte, sandte die Sonnengöttin einen weiteren Sohn, der das Gebiet unterwerfen sollte. Als dieser Sohn nach drei Jahren immer noch nicht zurückgekehrt war, beratschlagte sie sich mit den anderen Göttern und sandte schließlich den Gott Ame-no-waka-hiko aus, der herausfinden sollte, was mit ihrem Sohn geschehen sei. Doch Ame-no-waka-hiko war ein Verräter, er heiratete Okuninushis Tochter, um das Land für sich zu gewinnen. Acht Jahre später schickte Amaterasu einen göttlichen Fasan zu ihm, der ihn nach dem Grund seiner langen Abwesenheit vom Himmel fragen sollte. Ame-no-waka-hiko schoß auf den Vogel einen Pfeil ab, der diesen durchbohrte und weiter bis zu dem Gott Takamimusubi gelangte. Dieser schoß ihn zurück, und der Pfeil tötete den Verräter im Schlaf.

Erbost ob solcher Mißerfolge, schickte Amaterasu zwei Götter aus, denen sie ihr besonderes Vertrauen schenkte: Takamimusubi und Kamimusubi. Durch sie ließ sie Okuninushi mitteilen, er solle das Land an die Sonnengöttin abtreten. Auf der Spitze ihrer umgedrehten Schwerter sitzend, die sich in den Kamm einer Welle am Strand von Inasa in Izumi gebohrt hatten, überbrachten sie die Forderung der Sonnengöttin. Okuninushi, der durch das Schauspiel sehr beeindruckt war, beriet sich mit einem seiner Söhne und willigte schließlich ein. Allerdings stellte er eine Bedingung, nämlich daß unter den in Izumo verehrten wichtigsten Göttern auch ein Platz für ihn freigehalten werde. Dem stimmte Amaterasu zu. In Izumo befindet sich der nach Ise (siehe S. 115, Randspalte) zweitwichtigste Shinto-Schrein.

Nachdem sich Okuninushi ergeben hatte, schickte Amaterasu ihren Enkel Honinigi mit drei heiligen Talismanen, Insignien der Herrschaft, auf die Erde: dem göttlichen Spiegel, der Amaterasu aus der Höhle der Finsternis hervorgelockt hatte (siehe S. 116 f), das Schwert Kusanagi, das Susano im Schwanz des Drachens gefunden hatte (siehe S. 118) und die Perlenschnur *magatama*, aus der viele Nachkommen entstanden waren (siehe S. 115). Nachbildungen dieser Talismane werden bis heute jedem Kaiser bei seiner Thronbesteigung überreicht.

FEUERLICHT UND FEUERSCHATTEN

Honinigi, der Enkel Amaterasus, hatte zwei Söhne, Honosusori (»Feuerlicht«) und Hiko-hoho-demi (»Feuerschatten«). Feuerlicht, der ältere Bruder, besaß einen Angelhaken und lebte vom Fischfang, während sein jüngerer Bruder Feuerschatten auf dem Land Tiere jagte und den Boden bebaute. Unzufrieden mit seinem Los, schlug Feuerschatten seinem Bruder vor, die Berufe zu tauschen. Doch Feuerschatten war in der neuen Rolle nicht so erfolgreich wie in der alten. Schlimmer noch, er verlor den Angelhaken und konnte ihn nicht zurückgeben, als sein Bruder ihn zurückforderte. Der glücklose ehemalige Ackerbauer bot seinem Bruder andere Haken als Ersatz an, doch Feuerschein bestand auf der Rückgabe seines eigenen. In seiner großen Verzweiflung fuhr Feuerschatten weit aufs Meer hinaus, bis er schließlich von den Wellen zum Palast des Meeresgottes Watatsumi-no-kami getragen wurde. Der Meeresgott fand nicht nur den Angelhaken im Maul einer Brasse, sondern gab dem Neuankömmling auch seine Tochter zur Frau.

Nachdem er mehrere Jahre lang geruhsam im Palast seines Schwiegervaters gelebt hatte, sehnte sich Feuerschatten nach seiner Heimat zurück. Zum Abschied schenkte ihm der Gott zwei Zauberjuwelen: mit dem einen konnte er die Flut des Meeres anschwellen, mit dem anderen abschwellen lassen. Auch veranlaßte er, daß sein Schwiegersohn auf dem Rücken eines freundlich gesonnenen Krokodils nach Hause zurückkehren konnte.

Feuerschatten gab nun seinem Bruder Feuerlicht den Angelhaken zurück, doch dieser ließ ihn nicht in Frieden, so daß schließlich Feuerschatten den Juwel, der das Meer anschwellen ließ, ins Wasser warf. Sein Bruder, von Schrecken gepackt, flehte um Verzeihung. Daraufhin warf Feuerschatten den anderen Edelstein ins Meer, woraufhin die Flut zurückging. Der dankbare Feuerlicht schwor seinem Bruder, ihm auf ewig zu dienen. Feuerschattens Enkel war der erste Kaiser Jimmu-tenno (siehe S. 122).

Dieser Druck aus dem 19. Jh. (rechts) stellt Feuerschatten bei seiner Heimkehr auf dem Rücken des Krokodils dar.

GÖTTER, HELDEN, DÄMONEN

Inari, Hachiman und die Oni

Der shintoistische Pantheon umfaßt eine Vielzahl wichtiger Gottheiten, die in den bisher vorgestellten Mythen nicht erwähnt wurden. Eine davon ist der Reisgott Inari. Eng verbunden mit Ogetsu-no-hime, der Nahrungsgöttin (siehe S.117), genießt Inari weithin eine große Verehrung, nicht nur als Garant einer reichen Ernte, sondern auch als Schutzherr des Wohlstands allgemein. Als solcher wird er insbesondere von Kaufleuten verehrt. Inaris Bote ist der Fuchs, weshalb auch in jedem Inari-Schrein der Gott von zwei dieser Tiere flankiert dargestellt wird.

In alten Zeiten galt Inari als Schutzherr der Schwertschmiede, der Händler und Reisbauern. Andere beliebte Gottheiten dieser Art sind Kamado-no-kami, der Gott des häuslichen Herdes, und Ebisu, der *kami*, der die Arbeit überwacht. Schließlich umfaßt der shintoistische Götterhimmel viele zu Göttern erhobene historische (oder quasihistorische) Persönlichkeiten. Eine der wichtigsten ist der Kaiser Ojin (gestorben um 394 n. Chr.), der aufgrund seiner Eroberungszüge Ruhm erlangte und später als Hachiman, der Gott des Krieges, verehrt wurde. In manchen Gegenden begehen heute noch junge Männer das Ritual ihres Erwachsenwerdens (im Alter von zwanzig Jahren) in einem der in Japan zahlreichen Hachiman-Schreine.

Dämonen

Wie andere traditionelle Glaubenssysteme, so hat auch Shinto seine dunklen Seiten. Wer sündigt, wird in die japanische Hölle verbannt: in ein unterirdisches Reich namens Jigoku, das aus acht Regionen des Feuers und acht Regionen des Eises besteht.

Der Herrscher von Jigoku, Emma-ho, auch als Herr der Welt der hungrigen Geister bezeichnet, richtet die Seelen der männlichen Sünder und teilt sie entsprechend ihrem Vergehen einer der sechzehn Regionen der Bestrafung zu. Emma-hos Schwester hingegen richtet die Sünderinnen. Im Verlauf des Gerichtsprozesses werden dem Sünder oder der Sünderin die Vergehen in einem riesigen Zauberspiegel vor Augen geführt. Durch die Fürsprache von *bosatsu* oder Bodhisattvas (siehe S.123) können die Seelen der Toten jedoch gerettet werden. Eine weitere Kategorie von Dämonen, die Oni, sind sowohl in Jigoku (dort quälen sie die armen Sünder) als auch auf der Erde zu finden. Diese feindseligen Kräfte sind für alle Arten von Unheil, für Krankheit und Hungersnöte verantwortlich; sie können auch Seelen rauben und von unschuldigen Menschen Besitz ergreifen. Obwohl manchen Oni die Fähigkeit zugesprochen wird, sich in Menschen und Tiere zu verwandeln, sind sie meist unsichtbar. Wahrsager (zum Beispiel *miko*, siehe S.117) und besonders begabte Menschen können solche Dämonen hin und wieder aufspüren. Manchmal werden den Oni auch gutartige, vor Krankheiten bewahrende Eigenschaften zugesprochen.

Im allgemeinen ist es unstrittig, daß der Ursprung der Oni außerhalb Japans angesiedelt werden muß, und es ist sehr wahrscheinlich, daß die Vorstellung von den Oni auf chinesischen, buddhistischen Einfluß zurückzuführen ist.

Diese Skulptur aus Elfenbein und Wurzelholz aus dem 19. Jh. zeigt zahlreiche Oni, die von zwei Kriegern überwältigt worden sind; zu sehen ist auch der Dämonenbezwinger Shoki, der mit seinem Fuß auf einem der besiegten Dämonen steht.

HELDENERZÄHLUNGEN

Die Heldentaten Jimmu-tennos und Yamato-takerus

WIE YAMATO-TAKERU ZU SEINEM NAMEN KAM
Yamato-takeru, der berühmte Name, unter dem O-usu-no-mikoto bekannt geworden ist, bedeutet »Der Tapfere der Yamato«. O-usu-no-mikotos erste Tat war die Ermordung seines älteren Bruders, da dieser dem kaiserlichen Vater nicht den gebührenden Respekt gezollt hatte. Beeindruckt von der Kühnheit seines Sohnes schickte der Kaiser ihn auf eine gefährliche Mission. Er sollte zwei mächtige kriegerische Brüder namens Kumaso töten. Als Frau verkleidet, gelang es O-usu, in den Palast der Brüder einzudringen, wo er zu einem Fest geladen wurde. Auf dem Höhepunkt der Feierlichkeiten zog O-usu blitzschnell sein Schwert heraus, das er unter den Frauenkleidern versteckt hatte und stieß es dem älteren Bruder in die Brust. Der jüngere Kumaso-Bruder floh, doch O-usu holte ihn ein und stieß ihm das Schwert ins Gesäß. Tödlich getroffen brach auch dieser zusammen, gab aber seinem Mörder noch im Sterben den Namen, unter dem er seither bekannt ist.

Jimmu-tenno begibt sich auf seine Reise nach Osten, wo er neues Land erobern will. Die vogelähnliche Gestalt ist vielleicht ein geflügeltes Wesen namens Sawo-ne-tsu-hiko, die Jimmu und seinen Bruder durch die Meerenge geleitete, welche Kyushu von Honshu trennt.

Ein Kapitel des *Kojiki* handelt vom »Zeitalter der Menschen«. Hier stehen heroische quasihistorische Gestalten und nicht Götter im Mittelpunkt. Die erste dieser Gestalten in der japanischen Mythologie ist Jimmu-tenno (oder Kamu-yamato-iware-biko), der Enkel von Feuerschatten (siehe S. 120) und Begründer der kaiserlichen Familie. Vieles deutet jedoch darauf hin, daß nicht eigentlich er der erste des Geschlechts war, sondern daß er einen älteren Bruder, Itsu-se hatte, der in einer Schlacht ums Leben kam. Denn auf ihrem Zug nach Osten suchten die Brüder nicht nur einen Ort, von dem aus sie ihr Reich am besten regieren konnten, sondern wollten auch neue Gebiete hinzugewinnen. Nachdem Jimmu seinen gefallenen Bruder begraben hatte, zog er weiter nach Osten bis ins Kumano-Gebiet (die heutige Präfektur Wakayama). Hier verzauberte eine regionale Gottheit die Eindringlinge, die daraufhin in einen tiefen Schlaf fielen.

Einer von Jimmus Gefolgsleuten sah nun im Traum ein Zauberschwert, das Amaterasu und andere Gottheiten geschickt hatten, um Jimmu das Zentrale Land der Schilfebene (Yamato) befrieden zu helfen. Als der Gefolgsmann aufwachte, fand er das Schwert und überbrachte es Jimmu. Geleitet von einer riesigen Krähe, die vom Himmel geschickt worden war, setzte die Truppe ihren Zug nach Osten fort. Als die Soldaten tiefer in das Land Honshu vordrangen, brachten die regionalen Herrscher Jimmu ihre Huldigung entgegen. Schießlich gelangte Jimmu nach Yamato, erbaute dort einen Palast, heiratete eine einheimische Prinzessin regierte von da aus sein neues Reich.

Der größte aller legendären Helden Japans ist Yamato-takeru, der ursprünglich O-usu-no-mikoto hieß. Yamato, der bereits in seiner Jugend viele Heldentaten vollbracht hatte, wurde von seinem Vater Keiko ausgeschickt, um das Land Izumo zu unterwerfen und dessen Herrscher Izumo-takeru zu töten. Dieser mächtige Kriegsherr erklärte sich zu einem Zweikampf mit Yamato-takeru bereit, bei dem die Schwerter getauscht wurden. Durch einen Trick Yamatos gelang es Izumo-takeru nicht, Yamatos Schwert zu ziehen (das Schwert, das er ihm gegeben hatte, war nur eine Attrappe), und so wurde er getötet.

Die nächste Aufgabe, die Yamato-takeru im Auftrag seines Vaters übernahm, war die Befriedung der Östlichen Barbaren oder Emishi. Bewaffnet mit den Zauberschwert Kusanagi und ausgerüstet mit einer Zaubertasche – beides Geschenke seiner Tante Yamato-hime – brach er vom Ise-Schrein aus auf. Unterwegs traf er die Prinzessin Miyazu-hime, verliebte sich in sie und versprach, sie bei seiner Rückkehr zu heiraten. Bei seiner Ankunft in Sagamu (der heutigen Provinz Kanagawa) bat ihn der dortige Stammesführer, eine aufsässige Gottheit zu töten, die in einem großen Teich inmitten einer Graslandebene lebte. Dies war jedoch nur ein Vorwand; denn sobald Yamato die Ebene betrat, setzte sie der Stammesführer in Brand. Aber das Schwert Kusanagi mähte das lodernde Gras nieder. Als Yamato-takeru seine Zaubertasche öffnete, fand er darin das Werkzeug, um Feuer zu entfachen. Yamato legte nun seinerseits ein Feuer, und konnte sich so aus der Falle retten.

Auf der langen Reise zurück in seine Heimat verursachte Yamato-takeru seinen eigenen Niedergang. Bevor er aufbrach, heiratete er Miyazu-hime und ließ bei ihr das Schwert Kusanagi zurück. Am Durchgang zu Ashigara tötete er einen Berggott, der die Gestalt eines weißen Hirschen angenommen hatte. Auf dem Berg Ibuki begegnete er einem weiteren Gott in Gestalt eines weißen Ebers und verletzte ein Tabu, indem er verkündete, er wolle das Tier töten. Aufgrund dieser Missetaten ereilte ihn bald eine tödliche Krankheit. Sterbend begab sich der Held an die Küste von Otsu bei Ise, um ein anderes Schwert zu holen, das er dort zurückgelassen hatte. Dann zog er, ein Lied von der Schönheit der Heimat singend, die ihm für immer verloren war, weiter zur Ebene von Nobo, wo er schließlich starb. Noch bevor sein Leichnam in einem vom Kaiser errichteten Mausoleum beigesetzt werden konnte, verwandelte er sich in einen riesigen weißen Vogel, der in Richtung Yamato davonflog.

BUDDHISTISCHE MYTHEN

Die drei Gestalten der Barmherzigkeit

Der Tod Buddhas, dargestellt auf einem japanischen Rollbild des 17. Jh. Im 7. und 8. Jh. breitete sich der Buddhismus in Japan rasch aus.

Shinto und Buddhismus existierten in Japan mehr als 1500 Jahre lang nebeneinander. Die Folge war, daß sich die beiden Religionen gegenseitig befruchteten, und viele shintoistische *kami* haben eine buddhistische Färbung angenommen. Durch diese synkretistische Verbindung gilt etwa der Kriegsgott Hachiman auch als ein *bosatsu*, als Verkörperung Buddhas (vom Sanskrit *bodhisattva*). Die Verschmelzung der Lehren von Buddhismus und dem Shinto wird oft als Ryobu-Shinto oder »Doppel-Shinto« bezeichnet. Jedoch gibt es auch viele *bosatsu*, die wenig oder gar nichts mit Shinto zu tun haben und deren Wurzeln nach China und letztlich ins Ursprungsland des Buddhismus, nach Nordindien, zurückreichen.

Von den großen buddhistischen Gottheiten treten in der volkstümlichen Überlieferung besonders drei hervor: Amida, Kannon und Jizo. Amida-butsu (»Buddha«), der sich von der Sanskrit-Gestalt Amitabha herleitet, ist ein Bodhisattva, der seine Erlösung (d.h. seinen Eintritt ins Nirwana) freiwillig bis zu dem Zeitpunkt verschob, da alle Menschen gerettet sind. Er ist die zentrale Figur in der Lehre des »Reinen Landes« (Jodo-shu und Jodo-shinshu). Diese Schule gründet sich auf die Überzeugung, daß die Gläubigen, die in ihrer Todesstunde Amida anrufen, im schönen »Reinen Land« wiedergeboren werden können, wo sie ohne Schmerz und Not sowie ohne Wünsche und Sehnsüchte bis zur endgültigen Erleuchtung leben.

Kannon, das Gegenstück zum chinesischen Guanyin (siehe S. 96) und zum indischen Avalokiteshvara (siehe S. 87) wird unter verschiedenen Namen vielfach verehrt. An diesen *bosatsu* wenden sich die Gläubigen, wenn sie um Gnade flehen oder einen weisen Ratschlag suchen. Er ist der Beschützer der Kinder, der Schwangeren und der toten Seelen. Eine seiner verbreitetsten Erscheinungsformen ist Senju Kannon oder »Kannon der tausend Arme«, die sich mitleidsvoll dem Betenden entgegenstrecken. In der japanischen Ikonographie wird er häufig mit einem kleinen Amida auf dem Kopf dargestellt, da er als Gefährte dieses Buddha gilt.

Jizo ist ebenfalls der Beschützer der Kinder, besonders der Seelen toter Kinder. Kleine Jizo-yas oder Jizo-Tempel sind in Japan überall zu finden. Doch Jizo ist auch der Beschützer derer, die Not leiden, und ihm wird die Fähigkeit zugeschrieben, die Seelen aus der Hölle befreien und ins Westliche Paradies zurückholen zu können.

Kannon (auf dem Handschutz eines Schwerts des späten 19. Jh.), hier auf dem Rücken eines Karpfens, wird manchmal mit tausend Armen dargestellt, manchmal auch als sitzende zweiarmige Gestalt mit einem Lotos in der Hand oder mit einem Pferdekopf und einem dritten Auge. Der Kannon-Kult kam bereits kurz nach dem Eindringen des Buddhismus von Korea nach Japan.

GRIECHENLAND

Der berühmteste griechische Tempel, der Parthenon in Athen (von Osten gesehen), wurde zwischen 447 und 438 v. Chr. von den Baumeistern Kallikrates und Iktinos unter Aufsicht des großen Bildhauers Phidias (um 490–439 v. Chr.) erbaut. Der Parthenon war der Schutzgottheit der Stadt, der Athene Parthenos (jungfräuliche Athene), geweiht.

Die Götter und Helden sind unlösbarer Bestandteil unseres heutigen Bildes vom antiken Griechenland. Und auch nachdem der Zerfall des griechischen Pantheons durch Aufklärung und Kritik besiegelt war, haben die zahlreichen von Göttern und Helden der griechischen Antike zeugenden Erzählungen, bildlichen Darstellungen und die Tempelarchitektur einen starken Einfluß auf die abendländische Kultur ausgeübt. Bis auf das sogenannten Dunkle Zeitalter und das frühe Mittelalter haben alle nachfolgenden Kulturen – angefangen von der römischen Zeit über die Renaissance bis in die Gegenwart hinein – das mythologische Erbe der Griechen hochgeschätzt und es jeweils auf ihre Zeit übertragen.

Jede Stadt der alten griechischen Welt – die sich von Süditalien bis zur Küste Kleinasiens erstreckte – hatte ihre eigenen Mythen, Helden und religiösen Feste. Dadurch wird unser Verständnis der griechischen Mythologie erschwert, denn selbst von den wichtigsten Ereignissen im Leben der Hauptgottheiten kursierten unzählige, oftmals nicht miteinander zu vereinbarende Berichte. Gleichzeitig aber gab es Riten und Feste, etwa die Olympischen Spiele, an denen alle Griechen teilnahmen, sowie bestimmte Helden wie Herakles (siehe S. 148), denen in der gesamten griechischen Welt Tempel gewidmet waren. Die Epen Homers gehörten zu den zahlreichen Geschichten und literarischen Werken, die allen Griechen der hellenischen Welt bekannt waren. Die Entwicklung eines festen Kanons allgemein bekannter Geschichten trug zur Entstehung eines griechischen Nationalgefühls bei und schuf ein Bindeglied zwischen den Stadtstaaten gegen die »Barbaren«, von denen die Griechen sich umringt sahen. Viele der heute bekanntesten griechischen Götter- und Heldensagen verdanken sich dieser Tendenz zur Entwicklung eines Mythenkanons.

▲ DER BERG OLYMP
Griechenlands höchster Berg, der als Sitz der Hauptgötter (der Olympier) verehrt wurde. Außer deren Oberhaupt Zeus waren dies: Aphrodite, Apollon, Ares, Artemis, Athene, Demeter, Dionysos, Hephaistos, Hera, Hermes, Hestia und Poseidon.

■ DELPHI
Delphi, das buchstäblich als Mittelpunkt der Welt galt, war Apollon geweiht. Das berühmte Orakel, das von allen großen Städten befragt wurde, spielt in der griechischen Mythologie und Geschichte eine große Rolle (siehe S. 138).

● ATHEN
In der klassischen Zeit war Athen, die größte und eine der mächtigsten Städte im Mittelmeerraum, die kulturelle Hauptstadt der griechischen Welt. In Athen befindet sich auch der berühmteste griechische Tempel, der Parthenon (siehe gegenüberliegende Seite). Das Kernstück des im 5. Jh. v. Chr. erbauten Tempels war eine großartige, zwölf Meter hohe Athene-Statue aus Elfenbein und Gold von Phidias, von dem auch die Zeus-Statue in Olympia stammte (siehe unten links).

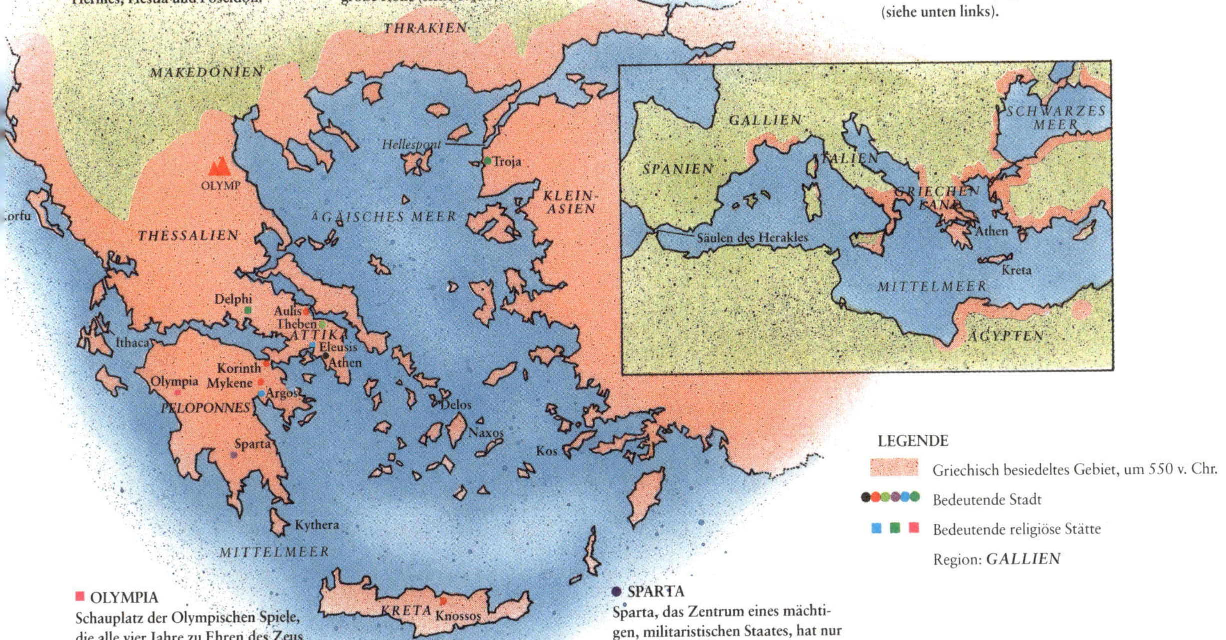

■ OLYMPIA
Schauplatz der Olympischen Spiele, die alle vier Jahre zu Ehren des Zeus stattfanden (siehe unten) und bei denen Sportler aus der gesamten griechischen Welt darum wetteiferten, es den Heroen der Mythologie gleichzutun. Die Spiele in Olympia wurden erst im Jahre 393 n. Chr. vom christlichen römischen Kaiser Theodosius I. abgeschafft.

● THEBEN
Das angeblich von Kadmos (siehe S. 130) gegründete Theben liefert den Hintergrund für Tragödien wie Sophokles' *König Ödipus* und Aischylos' *Sieben gegen Theben*. Mitte des 4. Jh. v. Chr. war es kurzzeitig die führende Macht in Griechenland.

● SPARTA
Sparta, das Zentrum eines mächtigen, militaristischen Staates, hat nur wenige Zeugnisse hinterlassen. In der Mythologie ist es die Stadt des Menelaos (siehe S. 157).

● ARGOS
Argos und seine Bewohner, die Argiver, spielen im griechischen Epos und im griechischen Drama eine zentrale Rolle.

● TROJA
Die Stadt des legendären Königs Priamos, der Königin Hekabe und ihrer Söhne, zu denen die Heroen Hektor und Paris gehörten. Ihnen wurde von Homer in seinem großen Epos über den Trojanischen Krieg, der *Ilias*, ein Denkmal gesetzt.

Eine Rekonstruktion der 12 Meter hohen Zeus-Statue aus Elfenbein und Gold, die im Zeus-Tempel in Olympia stand. Um 430 v. Chr. vollendet, war sie das Meisterwerk des Phidias.

CHRONOLOGIE *(die meisten Daten sind geschätzt)*

1600–1100 v. Chr. Mykenische oder späte griechische Bronzezeit
1400–1100 v. Chr. Minoische Zeit, benannt nach Minos, dem legendären König der Insel Kreta (siehe S. 150)
1100 v. Chr. Vermuteter Zeitpunkt des Trojanischen Krieges
800–700 v. Chr. Zeit Homers: Entwicklung der Stadtstaaten und der griechischen Schrift
750–550 v. Chr. Zeit der Expansion. Viele Städte errichten Kolonien
700–600 v. Chr. Zeit der Tyrannenherrschaft
600–400 v. Chr. Zeit der Demokratie. Athen, erster demokratischer Staat, erreicht den Höhepunkt seiner Macht unter Perikles (um 495–429 v. Chr.)
490 v. Chr. Athen und seine Verbündeten schlagen Persien
431–404 v. Chr. Peloponnesischer Krieg, Athens unterliegt Sparta
400–300 v. Chr. Alexander der Große (365–323 v. Chr.)
338 v. Chr. König Philipp von Makedonien gewinnt die Oberherrschaft über ganz Griechenland
336 v. Chr. Philipps Sohn Alexander wird Herrscher über Griechenland
330 v. Chr. Alexander erobert Persien
300–1 v. Chr. Zeit der Königreiche. Nach dem Tod Alexanders im Jahre 323 v. Chr. zerfällt sein Reich in mehrere große Herrschaftsgebiete, die, wie Griechenland selbst, schließlich von den Römern erobert werden

MYTHOS UND GESELLSCHAFT

Öffentliche und private Bräuche

DIE PANATHENÄEN
Dieses Relief (rechts) aus einem Fries im Parthenon zeigt Athener, die bei den jährlich stattfindenden Großen Panathenäen, einem Fest zu Ehren ihrer Schutzgottheit Athene, einen heiligen Stier führen. Während der Feierlichkeiten brachten führende Bürger und Repräsentanten sämtlicher zur Stadt gehörender Gebiete der Göttin Opfertiere dar. Eine große Prozession zum Parthenon, dem Haupttempel der Athene, endete mit der Darbringung eines neuen bestickten Gewandes *(peplos)* für die Athene-Statue.

Eine rotfigurige oinochoe *(Weingefäß) aus der Zeit um 450–400 v. Chr., mit der Darstellung eines Opferrituals. Opfer für die Götter als Akt der Danksagung, des Bittens oder der Sühne waren integraler Bestandteil der religiösen Praxis in Griechenland. Bei offiziellen Riten wie den Panathenäen (siehe oben) war das Tieropfer üblich, im privaten Bereich wurden häufig Gemüse, Honig oder Käse als Opfergaben dargebracht.*

Obwohl die Ursprünge der religiösen Überzeugungen des alten Griechenland im Dunklen liegen, war die Vorstellung vom griechischen Götterhimmel um das Jahr 750 v. Chr. bereits ausgebildet. Dessen Hauptfiguren spielen in den großen Epen Homers, der *Ilias* und der *Odyssee* (siehe S. 157) eine bedeutende Rolle – Werke, die vermutlich um die gleiche Zeit zusammengestellt wurden und schon eine lange literarische Überlieferung hinter sich hatten.

Die Griechen glaubten, ihr Leben und Schicksal werde von zahlreichen Gottheiten gelenkt; die wichtigsten waren die Olympier, jene Götter und Göttinnen, die auf dem Berg Olymp lebten (siehe S. 125). So stand oftmals eine Statue des Gottes Hermes am Eingang eines griechischen Hauses, und der häusliche Herd war der Hestia geweiht (siehe S. 144). Die Heroen, meist Nachkommen eines Gottes und einer menschlichen Frau, wurden als Geister verehrt, die zugunsten der Sterblichen eingreifen konnten. Ihre Tapferkeit und ihr Edelmut galten als beispielhaft, und ihre Kämpfe gegen Ungeheuer (siehe S. 147) waren beliebte Themen in Kunst und Literatur. Viele Staaten beanspruchten eine Gottheit oder einen Helden als Gründer oder Beschützer für sich und begründeten dies mit mythischen Erzählungen wie etwa dem Wettstreit zwischen Athene und Poseidon (siehe S. 136). In Adelsfamilien galt häufig ein Heros, zum Beispiel einer der Argonauten (siehe S. 154), als Stammvater.

Verschiedene positive abstrakte Eigenschaften wie »Gerechtigkeit« und »Jugend« wurden ebenfalls als Gottheiten verehrt. Andererseits fürchtete man die Kräfte der Dunkelheit wie die Furien oder die Zauberin Hekate (siehe S. 146).

Die Olympier (siehe S. 125) waren Gegenstand der beliebtesten und verbreitetsten Kulte. Die meisten Riten fanden in Heiligtümern statt, in deren Zentrum Statuen der jeweils verehrten Götten und Göttinnen standen. Vor dem Tempel brachten Priester auf einem Altar unter freiem Himmel Opfer dar, während die Betenden von einer *stoa* (überdachter Säulengang) aus zusahen. Anschließend aßen sie das gebratene Fleisch des Opfertiers. Bronze-, Marmor- und – für die weniger Wohlhabenden – Terrakottastatuen wurden als Votivgaben auf die

Stufen des Tempels gelegt. Außerhalb der Heiligtümer der Olympier wurden in zahlreichen Schreinen oder auf Altären anderen Göttern oder Halbgöttern – etwa den Heroen – Opfer dargebracht.

Die Tempel waren wichtige öffentliche Zentren der staatlichen Kultur. Auf den Friesen und Giebeln waren häufig mythische Schlachten zwischen den Kräften der Zivilisation – repräsentiert durch den Stadtstaat und die Olympier – und jenen des Chaos und der Barbarei – repräsentiert durch Riesen und Ungeheuer – dargestellt. Im 5. Jahrhundert v. Chr. besaßen die Athener zwei Institutionen zur offiziellen Pflege ihrer Mythologie: das Theater und die Rezitation. In Athen wurde das Theater als großes öffentliches Schauspiel erfunden, in dem an die 16 000 Bürger Tragödien verfolgen konnten, die meist auf Mythen und Legenden beruhten. Die Dichtung, insbesondere die Werke Homers und Hesiods, wurde von professionellen Vortragskünstlern, den Rhapsoden, öffentlich rezitiert. Bei den Großen Panathenäen (siehe Randspalte gegenüberliegende Seite) wurden die *Ilias* und die *Odyssee* vollständig vorgetragen. Aus Anlaß ihres Sieges bei den Olympischen Spielen ließen Bürger Gedichte in Auftrag geben und öffentlich rezitieren, in denen die Mythen erzählt wurden.

Bildung und Geistesleben beruhten zu einem großen Teil auf der Mythologie. Die von Homer und Hesiod erzählten Mythen waren für die literarische Bildung, für philosophische, wissenschaftliche und historische Diskussionen von zentraler Bedeutung. Homer stellte Macht, Schönheit und Unsterblichkeit der Götter in den Vordergrund und schilderte die Helden als selbstbewußte Menschen, die die Unberechenbarkeit der Götter kritisieren, während Hesiod eher das einfache Leben der Arbeit, Pflichterfüllung und Gerechtigkeit pries.

Auf griechischem Schmuck sind häufig Darstellungen von Göttern und Göttinnen zu finden. Diese Brustplatten aus Bronze aus dem 7. Jh. v. Chr., die aus Kamiros auf Rhodos stammen, sind mit Bildern der Göttin Artemis versehen.

Das Symposion

Viele Haushaltsgegenstände waren mit mythischen Szenen geschmückt, insbesondere Tassen, Krüge und Gefäße für das Symposion, das im Griechischen »zusammen trinken« hieß.

Das Symposion war für die Männer im alten Griechenland ein wichtiges gesellschaftliches Ereignis. Man traf sich, um liegend zu trinken (der Weingenuß war stark ritualisiert), Gespräche zu führen, sich zu amüsieren und politische und gesellschaftliche Bindungen zu festigen. Die Männer rezitierten Gedichte, die von Mythen handelten, und sangen Lieder berühmter Dichter. Frauen wurden nur der Musik, des Tanzes und der sexuellen Vergnügungen wegen zugelassen. Die Abbildung (oben) stammt von einer Schale und zeigt zwei nackte Frauen, die möglicherweise bei einem Symposion der Unterhaltung dienten.

Das gängige griechische Alphabet (hier nur Großbuchstaben, die bei den meisten Inschriften verwendet wurden), darunter die deutsche Transkription:

Α Β Γ Δ Ε Ζ Η Θ Ι Κ Λ Μ Ν Ξ Ο Π Ρ Σ Τ Υ Φ Ψ Χ Ω
A B G D E Z E TH I K L M N X O P R S T Y/U PH PS CH O

DIE GRIECHISCHE SPRACHE

Unsere Kenntnisse der griechischen Mythologie verdanken wir nicht zuletzt den zahlreichen Inschriften und Dokumenten, die in der alten hellenischen Welt gefunden wurden. Das Griechische gehört wie das Lateinische und das Deutsche zur indoeuropäischen Sprachfamilie. Seit etwa 3000 Jahren existiert es als Schriftsprache, und obwohl sich das moderne Griechisch von der alten Sprache deutlich unterscheidet, hat sich das Alphabet (siehe Kasten unten) seit 2500 Jahren nicht verändert. Um 950 v. Chr. entwickelte es sich aus einem semitischen (vermutlich phönizischen) Alphabet, und jahrhundertelang gab es zahlreiche regionale Varianten. Im Jahre 403 v. Chr. wurde das Ionische, eine östliche Variante, zur griechischen Standardschrift, als es zum offiziellen Alphabet von Athen wurde, dem Zentrum des griechischen Geisteslebens.

Der humorvolle Schriftzug auf dem abgebildeten Gefäß (Kasten links) ist spiegelverkehrt geschrieben, wie es allgemein üblich war: ΠΙΝΕ ΚΑΙ ΣΥ (PINE KAI SU) – »Trink auch du!«

DIE GEBURT DER GÖTTER

Der Aufstieg der Olympier

Ein monumentaler Steinkopf, der als Bildnis der Göttin Gaia, der Urgöttin der Erde, gilt.

Zahlreiche Mythen handeln von der Entstehung der Welt, doch keine Version fand allgemeine Anerkennung. Die umfassendste Geschichte, die auch die größte Verbreitung erlangte, stammt von Hesiod aus dem 8. Jahrhundert v. Chr. Seine *Theogonie* (siehe Kasten gegenüberliegende Seite) war der erste bedeutende Versuch, aus den vielen kursierenden Erzählungen eine Genealogie des griechischen Pantheons zu erstellen. Das Werk, Kosmogonie und Theogonie in einem, verfolgte die Spuren der olympischen Götter bis zur Erschaffung der Welt aus dem Chaos zurück.

Eine andere Version vom Ursprung der Welt wurde von den Orphikern erzählt, den Anhängern eines mystischen Kults, des Orphismus. Sie war abstrakter und philosophischer im Ton als Hesiods *Theogonie* und fand daher weniger Anklang beim Volk. Am Anfang steht Chronos (»Zeit«, eine orphische Umdeutung des Namens Kronos) in Begleitung von Adrasteia (»Notwendigkeit«). Von Chronos stammen Aither, Erebos und Chaos (»obere Luft«, »Dunkelheit« und »die gähnende Leere«). Chronos formt in Aither ein Ei, aus dem die zweigeschlechtliche Gottheit Phanes, der Schöpfer aller Dinge, mit goldenen Flügeln und vier Augen, hervorgeht. Phanes hat viele Namen, unter anderem auch Eros. Seine Tochter, die Nacht, wird seine Gemahlin. Die Nacht gebiert Gaia und Uranos. Als Zeus die Herrschaft übernimmt, schafft er alles neu, verschlingt Phanes und vermählt sich mit Kore (Persephone), um Zagreus-Dionysos zu zeugen.

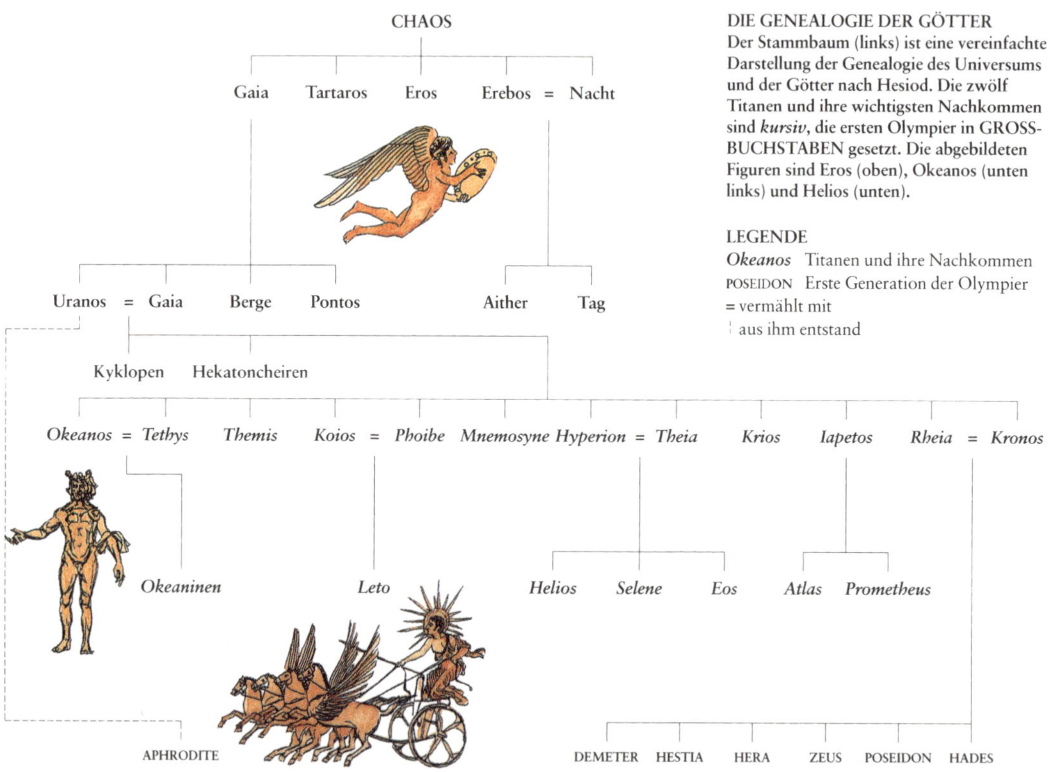

DIE GENEALOGIE DER GÖTTER

Der Stammbaum (links) ist eine vereinfachte Darstellung der Genealogie des Universums und der Götter nach Hesiod. Die zwölf Titanen und ihre wichtigsten Nachkommen sind *kursiv*, die ersten Olympier in GROSSBUCHSTABEN gesetzt. Die abgebildeten Figuren sind Eros (oben), Okeanos (unten links) und Helios (unten).

LEGENDE

Okeanos Titanen und ihre Nachkommen
POSEIDON Erste Generation der Olympier
= vermählt mit
¦ aus ihm entstand

Die Ahnen der Götter

Hesiods Theogonie *beginnt mit der einfachen Feststellung: »Zuallererst entstand das Chaos«. Doch ist keineswegs klar, ob Chaos (die gähnende Leere) als eine Gottheit gedacht wurde. Nach dem Chaos (vielleicht als dessen Nachkommen, aber auch das ist unklar) entstanden Gaia oder Ge (die Erde), Tartaros (die Unterwelt), Eros (das Verlangen), Erebos (der Schatten der Unterwelt) und Nyx (der Schatten der Erde). Dann vermählte sich die Nacht mit Erebos, um Aither (den Äther oder die helle obere Luft) und den Tag (die Helligkeit der Welt) zu zeugen.*

Ohne die geschlechtliche Vereinigung mit einem Mann gebar Gaia den Uranos (den Himmel), »auf daß er sie umfange und vollständig bedecke und fester und ewiger Sitz sei den seligen Göttern«, dann die Berge und Pontos (das Meer). Aus ihrer Vereinigung mit Uranos gingen die ersten Gottheiten hervor: zwölf mächtige Titanen (sechs männliche und sechs weibliche: als erster Okeanos, der die Welt ringförmig umgebende Strom. Auf ihn folgten Koios, Krios, Hyperion, Iapetos, Theia, Rheia, Themis, Mnemosyne, Phoibe, Thetys und schließlich Kronos); drei Kyklopen, Brontes (»Donner«), Steropes (»Blitz«) und Arges (der »Helle«); und drei Ungeheuer mit jeweils hundert Armen, die Hekatoncheiren Kottos, Briareos und Gyes. Uranos aber war entsetzt über seine Kinder und sperrte sie in die Höhlung der Erde, die daraufhin unter großen Schmerzen litt. Aus Rache überredete Gaia Kronos, den jüngsten der Titanen, seinen Vater zu kastrieren und die Macht an sich zu reißen. Aus den Blutstropfen des Uranos entstanden Giganten, Nymphen und Furien; seine Genitalien fielen ins Meer und verwandelten sich in weißen Schaum, aus dem Aphrodite geboren wurde, die Göttin des Verlangens und der geschlechtlichen Liebe.

Die Titanen bevölkerten die Welt mit Halbgöttern, indem sie sich mit Nymphen oder untereinander vereinigten: Die Nachkommen Hyperions und seiner Schwester Theia etwa waren Helios (die Sonne), Selene (der Mond) und Eos (die Morgendämmerung). Der Titan Iapetos heiratete die Okeanine Klymene und zeugte mit ihr vier Kinder, deren berühmteste Prometheus (der »Vorausdenkende«; siehe S.130f) und Atlas waren. Atlas wurde nach dem Sieg über die Titanen von Zeus dazu verdammt, das Himmelsgewölbe im äußersten Westen der Erde zu tragen (siehe S.149); von ihm hat der Atlantik seinen Namen. Ihre Brüder waren Menoitios und Epimetheus (der »zu spät Bedenkende«), der Gemahl der Pandora. Der naive und unbesonnene Epimetheus war die Antithese zu Prometheus. Kronos hatte mehrere Kinder von Rheia, fürchtete jedoch, von ihnen gestürzt zu werden, und verschlang daher die Neugeborenen. Als Rheia aber Zeus gebar, täuschte sie ihren Gatten, indem sie einen Stein wie einen Säugling einwickelte, den Kronos nun statt des Kindes verschlang. Zeus wuchs vor seinem Vater verborgen in einer Höhle am Lyktos auf der Insel Kreta auf (er wurde von der Ziege Amaltheia ernährt und von dem Honig, den die Bienen herbeitrugen) und plante Rache. Nachdem er durch List seine Position gestärkt hatte, besiegte er die Titanen in einer großen Schlacht, der Titanomachie. Metis, die Tochter des Titanen Okeanos (Ozean) gab Kronos einen Trank, worauf er die Geschwister des Zeus (Poseidon, Hades, Hera, Demeter und Hestia) wieder ausspie. Diese schlossen sich mit Zeus zusammen. Außerdem kamen ihm die Kyklopen und die Hekatoncheiren zu Hilfe, die Kronos gefangengehalten und Zeus befreit hatte.

Nach der Niederlage der Titanen wurde Zeus von wilden Riesen bedroht, die aus dem Blut des Uranos entstanden waren. In der folgenden Schlacht der Giganten, der Gigantomachie, führte Zeus die Götter zum Sieg und wurde zum obersten Gebieter über Himmel und Erde. Er erklärte den Olymp, den höchsten Berg der Welt, zum Sitz der siegreichen Götter und Göttinnen.

HESIOD, DER BAUER UND POET
Hesiod war Bauer, Rhapsode (professioneller Vortragskünstler) und maßgeblicher Autor von Schriften zur Ethik und Theologie. Er lebte um 700 v. Chr. in Askra in Böotien. Zwei seiner bedeutendsten literarischen Werke, die *Theogonie* und *Werke und Tage*, sind vollständig, andere nur bruchstückhaft erhalten geblieben, von einigen kennen wir nur den Titel. Die *Theogonie* stellt eine Zusammenfassung und Neuerzählung der wichtigsten Mythen über den Ursprung der Welt und die sie beherrschenden Götter dar. Das Lehrgedicht *Werke und Tage* ist eine Anleitung für bäuerliche Arbeiten. In dessen erstem Teil rät Hesiod seinem Bruder Perses, nach den Gesetzen der Gerechtigkeit zu leben, und erzählt ihm, um diese zu illustrieren, zahlreiche Mythen.

URSPRÜNGE DER MENSCHHEIT

Prometheus, Pandora, Deukalion, Pyrrha

Eine schwarzfigurige Schale aus Lakonien auf dem Peloponnes. Sie zeigt die Qualen, die Zeus dem Prometheus auferlegt hat. Die Leber des Prometheus, der an einen Baum (häufiger einen Felsen) gefesselt ist, wird von einem Adler herausgehackt (siehe Kasten gegenüberliegende Seite). Sein Bruder, der Titan Atlas, ist Zuschauer.

In der griechischen Mythologie gibt es mehr als nur einen Bericht über die Ursprünge der Menschheit. Dabei wird die Erschaffung der ersten Menschen der Erde (Gaia), den Titanen oder den Olympiern zugeschrieben. Weit verbreitet war auch die Vorstellung, sie entstammten dem Schoß der Erde – seien »autochthon«. Einem Mythos zufolge war der erste Mensch Pelasgus, der aus der Erde Arkadiens auf dem Peloponnes hervorging und den Stamm der Pelasger gründete, ein altes nichtgriechisches Volk, dessen Nachfahren noch im 5. Jahrhundert v. Chr. in einigen Dörfern zu finden waren.

Ein anderer Mythos erzählt, daß Zeus eine große Flut schickte, um die Menschheit zur Strafe für die Vergehen des Titanen Prometheus zu vernichten (siehe Kasten gegenüberliegende Seite). Deukalion, der Sohn des Prometheus, und seine Frau Pyrrha, die Tochter des Epimetheus und der Pandora, wurden jedoch von dem Titanen gewarnt und bauten eine Arche, in der sie die Flut überlebten. Als das Wasser zurückwich, begaben sich Deukalion und Pyrrha nach Delphi und beteten dort zur Titanin Themis, die einigen Erzählungen zufolge die Mutter des Prometheus war. Sie forderte sie auf, die Gebeine jenes Wesens, von dem sie beide abstammten, rückwärts über den Kopf zu werfen.

Das Paar war zunächst entsetzt, erkannte aber bald, daß Themis Gaia meinte und die Gebeine die Steine in der Erde waren. Die Steine, die Deukalion warf, wurden Männer und die, die Pyrrha warf, Frauen. So wurde die Menschheit aus der Erde neu geschaffen. In Athen errichtete Deukalion einen Tempel zu Ehren des Zeus, dessen Zorn sich inzwischen gelegt hatte. In einer einfacheren Variante dieses Mythos brachte das Paar nach der Flut dem Zeus ein Opfer dar; so besänftigt, gewährte er Deukalion einen Wunsch: die Wiedererschaffung des Menschengeschlechts.

Die Griechen betrachteten Deukalion als den Stammvater ihres Landes, als den ersten König und Gründer zahlreicher Städte und Tempel. Die weitere Entwicklung der Menschheit wurde im Mythos von den Zeitaltern – oder

AUS DER ERDE GEBOREN

Die Athener besaßen einen eigenen Mythos, der von einem aus der Erde geborenen Menschen erzählte. Der Gott Hephaistos versuchte, Athene zu vergewaltigen, und als diese ihn abwehrte, ejakulierte er auf ihren Schenkel. Sie wischte seinen Samen mit einem Stück Wolle ab und warf es voller Abscheu auf den Boden. Aus dieser Wolle wurde Erichthonios, ein späterer König Athens, geboren, der aufgrund seiner Verbindung mit der Erde häufig mit einem Schlangenkörper dargestellt wurde.

Die Thebaner erzählten, wie Kadmos, der Gründer Thebens, dort, wo später die Stadt entstand, eine große Schlange tötete. Die Zähne der Schlange säte er aus, und aus ihnen entstanden bewaffnete Männer, die sich gegenseitig bekämpften und töteten, bis nur noch fünf übrig blieben. Sie hießen die Spartoi (»gesäte Männer«), von denen die Adelsfamilien Thebens abstammten.

Geschlechtern – dargelegt, dessen bekannteste Version Hesiods *Werke und Tage* waren: Zur Zeit des Kronos schufen die Götter die ersten Menschen, das Goldene Geschlecht, die weder alterten noch Krankheit und Mühsal zu erleiden hatten; die Erde ernährte sie mit ihren Früchten. Sie starben – warum, wird nicht erzählt –, existierten aber als gute Geister und Wächter der Menschen weiter. Zeus und die Olympier schufen dann ein Silbernes Geschlecht, das hundert Jahre brauchte, bis es heranreifte, herrschsüchtig und gewalttätig war und die Götter nicht verehrte. Zeus ließ daher diese Menschen unter der Erde verschwinden, wo auch sie als Geister weiterexistierten.

Drei weitere Geschlechter erschuf Zeus. Das dritte, bronzene, entdeckte die Metalle und unternahm die ersten Schritte zum Aufbau einer Kultur, doch am Ende metzelten sich die Menschen gegenseitig nieder und stiegen in Schmach und Schande in die Unterwelt hinab. Dann folgte (nach Hesiod) das Geschlecht der Heroen, die von göttlichen Vätern und menschlichen Müttern abstammten: tapfere Sterbliche, ausgestattet mit übermenschlicher Kraft, die nach ihrem Tod auf die Inseln der Seligen gelangten.

Das fünfte Geschlecht schließlich war das eiserne, die Menschheit des gegenwärtigen Zeitalters, bei der das Gute immer mit dem Bösen vermischt ist und das die Mühsal erdulden muß. Dieses Geschlecht würde, so Hesiod, untergehen, wenn die Kinder mit grauen Haaren zur Welt kämen und die Menschen ihre Eltern mißachteten, Städte zerstörten und dem Bösen huldigten.

Prometheus und Pandora

Die Mythen von Prometheus und Pandora dienten als Erklärung für die Leiden der Menschheit. Die Geschichte von Pandora, die nach dem Mann erschaffen wurde und die Quelle zahlreicher menschlicher Leiden war, sollte die untergeordnete Stellung der Frau in der griechischen Gesellschaft rechtfertigen.

Obwohl Prometheus sich nicht den Titanen gegen Zeus angeschlossen hatte (siehe S.129), war er verärgert über die Niederlage seines Geschlechts. Er wollte seine Angehörigen zurückgewinnen und ergriff daher die Partei der Menschen, die zur Zeit des Kronos den Göttern gleichgestellt, nun jedoch diesen untergeordnet waren. (In einer Erzählung heißt es, Prometheus selbst habe den ersten Menschen, Phainon, aus Lehm und Wasser geschaffen.)

Zeus war erzürnt darüber, daß Prometheus das neue Geschlecht beschützte, und enthielt aus Rache den Menschen das Feuer vor, so daß sie ohne Wärme und Licht leben mußten. Doch Prometheus kam ihnen zu Hilfe, indem er Feuer aus der Schmiede des Hephaistos stahl.

Auf dieser attischen Vase im rotfigurigen Stil aus dem frühen 5. Jh. ist die Erschaffung der Pandora dargestellt. Zu sehen sind (v. l. n. r.): Zeus, Hermes, Hephaistos und Pandora.

Dann bat Zeus den Gott Hephaistos, aus Erde die erste Frau zu formen: Pandora. Nachdem Athene und die anderen Göttinnen sie mit Schönheit, Eleganz und Liebreiz geschmückt und Hermes ihr die Kunst der Täuschung beigebracht hatte, wurde sie mit einem Gefäß (»Büchse der Pandora«) als Geschenk zu Epimetheus, dem Bruder des Prometheus, geschickt. Er führte sie in die Gemeinschaft der Menschen, wo sie das Gefäß öffnete, so daß der Inhalt – Unglück und Krankheit – sich überall verbreiten konnte. Nur die Hoffnung blieb in dem Gefäß.

Nachdem er so die Menschen bestraft hatte, wandte sich Zeus dem Prometheus zu, fesselte ihn an einen Felsen und schickte einen Adler, der ihm die Leber aushackte. Doch die Leber wuchs immer wieder nach, so daß die Qualen des Titanen niemals aufhörten (siehe Abbildung gegenüberliegende Seite.) Der Todeskampf des Prometheus währte Tausende von Jahren, bis Herakles ihn befreite.

ZEUS

Der König der Götter

Eine überlebensgroße Bronzestatue, die wahrscheinlich Zeus darstellt. Sie stammt aus der Zeit um 450 v. Chr. und wurde im Meer bei Sizilien entdeckt. Ursprünglich schwang der Gott einen Donnerkeil.

Zeus kam durch Gewalt und Betrug an die Macht (siehe S.129), doch seine Herrschaft war von ewiger Dauer und unanfechtbar. Sein Reich war der Himmel (die etymologisch Wurzel des Namens bedeutet soviel wie Himmel; wahrscheinlich war er ursprünglich ein Himmelsgott), seine Brüder Poseidon und Hades wurden Beherrscher des Meeres bzw. der Unterwelt. Einem Mythos zufolge wurden die Herrschaftsgebiete durch das Los aufgeteilt, doch die Überlegenheit des Zeus stand nie in Zweifel. Er heiratete Metis (»die Klugheit«), die ihm im Kampf gegen Kronos geholfen hatte, und verschlang sie dann. Dadurch konnte ihn niemand betrügen oder in die Irre führen, obwohl er selbst durch solche Mittel an die Macht gelangt war.

Als nächste heiratete Zeus Themis (»die Satzung«) und zeugte mit ihr die Schicksalsgöttinnen, die Jahreszeiten, die gerechte Ordnung, Gerechtigkeit und Frieden. Schließlich heiratete er Hera, seine Schwester, und aus dieser Verbindung gingen Ares (der Kriegsgott), Hebe (»Jugend«), Eileithyia (die Göttin der Wehen) und einigen Erzählungen zufolge auch Hephaistos (der kunstreiche Schmiedegott) hervor. Daneben zeugte Zeus mit anderen Frauen die übrigen Götter der olympischen Ordnung, ausgenommen Aphrodite. Es gibt zahlreiche Mythen über die Beziehungen des Zeus zu menschlichen und göttlichen Frauen (teilweise auch Männern), von denen viele vor dem Hintergrund seiner ungestümen Beziehung zu Hera spielen (siehe Randspalte unten links und gegenüberliegende Seite). Nur sehr wenige Geschichten über Zeus und Hera haben nicht unmittelbar mit ihrer turbulenten Ehe zu tun, die in der griechischen Mythologie eine der Hauptquellen für Konflikte ist. In der Regel wird die Göttin als streitbare Ehegattin geschildert, die die Geliebten des Zeus und die Nachkommenschaft seiner ehebrecherischen Verbindungen eifersüchtig verfolgt. In einer Erzählung wird Zeus so wütend über Hera, daß er sie mit Ambossen an den Fußgelenken an den Berg Olymp hängt. Homer schildert immer wieder den Konflikt Heras mit Zeus, nicht selten mit sarkastischem Humor. Trotz der außerehelichen Affären des Zeus und der unvermeidlichen Eifersucht Heras symbolisierte ihre sogenannte Heilige Hochzeit die Bedeutung der Institution der Ehe in der griechischen Kultur.

Zeus war die höchste Macht auf dem Olymp. Er leitete den Rat der Götter, und auf seine Autorität und seinen Plan gründete sich der Lauf der Dinge. Eines der Sieben Weltwunder war die herrliche Zeus-Skulptur aus Gold, Elfenbein und Marmor im Tempel von Olympia (siehe S.125). Die etwa dreizehn Meter hohe Statue war ein Symbol für die furchteinflößende Macht des Gottes. Den Menschen galt Zeus als Garant der Macht von Königen und der Gesetze der Stadtstaaten. Außerdem war er der Hüter der sozialen Ordnung, und zu seinen zahlreichen Manifestationen gehörten auch Zeus Xenios (Bewahrer der »Gastfreundschaft«, der guten Beziehungen zwischen Familien und Städten), Zeus Hikesios (Beschützer der Schutzflehenden) und Zeus Horkios (Beschützer der Unverletzlichkeit des Eides). Die Symbole seiner Macht waren Donner und Blitz, wie es dem Herrn des Himmels geziemt, und der Adler, der König der Vögel. Er wurde oft mit einem Zepter, dem Zeichen königlicher Macht, oder mit einem Donnerkeil dargestellt.

Kleanthes (etwa 330–232 v. Chr.), der von 363 v. Chr. an die philosophische Schule der Stoiker anführte, betrachtete Zeus als abstraktes Prinzip, als den Äther des lebendigen Universums. In seinem wichtigsten Werk, dem *Hymnus an Zeus*, preist Kleanthes den Gott als »Herrn des Universums« und schreibt: »Nichts, weder auf Erden noch im Himmel oder im Meer, ist ohne dich entstanden.« Vor dem olympischen Zeus war ein Kult dem Zeus von Dodona, einem Ort in Epirus, geweiht. Hier befand sich eine Orakelstätte, in deren Mittelpunkt eine heilige Eiche stand. Aus ihrem Rauschen und aus dem Murmeln des darunter hervortretenden Baches vernahmen die Priesterinnen den Willen des Gottes.

HERA

Hera, die Schwester und Gattin des Zeus, war eine wichtige Figur im griechischen Pantheon, obwohl es nur wenige Geschichten gibt, die nicht mit ihrer turbulenten Ehe mit Zeus in Zusammenhang stehen. Es gab mehrere große Hera-Tempel, in denen sie hauptsächlich als Göttin der Fruchtbarkeit und der Heiligkeit der Ehe verehrt wurde. Der berühmteste Tempel war das Heraion in Argos auf dem Peloponnes.

VERBINDUNGEN DES ZEUS

Menschliche und göttliche Gattinnen

Die griechische Mythologie schrieb Zeus eine Reihe von Liebesverhältnissen mit göttlichen und menschlichen Frauen zu. Manchmal war er gezwungen – aus praktischen Gründen oder um ein Eingreifen seiner eifersüchtigen Gattin Hera zu verhindern – , eine andere Gestalt, etwa die eines Tieres, anzunehmen und sich so dem Objekt seiner Begierde zu nähern. Vor Sterblichen konnte er aber ohnehin nicht in seinem ganzen göttlichen Glanz erscheinen, denn sein Anblick bedeutete den Tod: ein Schicksal, das Semele ereilte. Im folgenden werden die bekanntesten Verbindungen des Zeus beschrieben: Die ersten drei Frauen waren Göttinnen, die anderen menschlicher Herkunft (siehe auch Grafik S. 134).

Metis

Zeus heiratete die Titanin Metis unmittelbar nach seiner Machtübernahme und schwängerte sie. Gaia und Uranos hatten Metis eine außergewöhnliche Nachkommenschaft prophezeit: die Göttin Athene, die Zeus an Weisheit gleichkäme, und einen Sohn, der König über Götter und Menschen würde. Um deren Geburt zu verhindern, verschlang Zeus Metis. Sie empfing zwar nicht den Sohn, doch wurde Athene in voller Rüstung aus dem Haupt ihres Vaters geboren.

Leto

Leto, die Tochter der Titanen Koios und Phoibe, paarte sich mit Zeus und empfing die göttlichen Zwillinge Artemis und Apollon. Artemis wurde auf Ortygia geboren, doch Leto mußte, von Schmerzen gepeinigt, weiterwandern, um einen Platz für die Geburt des Apollon zu finden. Die eifersüchtige Hera verhinderte, daß ihre Tochter Eileithyia, die Göttin der Wehen, Letos Klagen hörte. Eileithyia durfte nur bei der Geburt helfen, wenn die Bewohner der ägäischen Insel Delos erlaubten, daß die Geburt des Apollon auf ihrem Boden stattfand: So wurde Delos eines der Hauptzentren für die Verehrung des Apollon (siehe S. 138).

GANYMED

Zeus hatte nicht nur weibliche Geliebte. Ganymed, der Sohn des Königs Tros von Troja, war berühmt für seine Schönheit. Zeus war vernarrt in den jungen Mann und beschloß, ihn zu entführen. Er schickte einen Adler, der Ganymed auf den Olymp brachte, wo er Mundschenk der Götter wurde. Einer anderen Version zufolge verwandelt sich Zeus in einen Adler und holt Ganymed selbst. Die oben abgebildete Terrakottafigur, datiert auf etwa 450 v. Chr., ist eine Dachskulptur aus Olympia und stellt Zeus, den jungen Mann tragend, dar.

Die Göttin Athene wird in voller Rüstung aus dem Haupt des Zeus geboren. In einigen Versionen half der Schmiedegott Hephaistos bei der Geburt, indem er mit seiner Axt den Kopf des Gottes spaltete. Attische Amphore im schwarzfigurigen Stil, um 540 v. Chr.

Die Gemahlinnen und die Nachkommenschaft des Zeus

In dieser Aufstellung sind die Gemahlinnen des Zeus **fett**, die Nachkommen *kursiv* gedruckt.

GÖTTLICHE GEMAHLINNEN

Hera, Frau und Schwester des Zeus.
Ares, der Gott des Krieges, der sich mit Aphrodite vermählte und im Kampf gegen die Griechen auf der Seite Trojas stand (siehe S. 158).
Hebe, Göttin der Jugend, Mundschenk der Götter und himmlische Gattin des Herakles.
Eileithyia, die Göttin der Wehen; Hera befahl ihr, die Geburt jener Kinder zu verhindern, die Zeus mit anderen Geliebten gezeugt hatte.

Metis, Tochter des Okeanos und der Thetys (siehe S. 133).
Athene, die Göttin der Weisheit und der Heroen, die in voller Rüstung aus dem Haupt des Zeus geboren wurde.

Themis, Göttin der Erde und Titanin, Tochter des Uranos und der Gaia.
Die *Horen* (Jahreszeiten), *Moiren* (Schicksal), *Eunomia* (»Ordnung«), *Dike* (»Gerechtigkeit«) und *Eirene* (»Frieden«) sind weibliche Gottheiten, die über das Schicksal von Göttern und Menschen herrschten. Das Schicksal wurde in Gestalt von drei Frauen dargestellt: *Klotho,* die den Faden des Lebens sponn; *Lachesis,* die die Lebensspanne bemaß; und *Atropos,* die den Lebensfaden durchtrennte.

Eurynome, eine Nymphe, dargestellt als Frau mit Fischschwanz.
Drei Grazien, göttliche Dienerinnen der Aphrodite: *Aglaia* (»die Zierde«), *Thalia* (»die Fülle«) und *Euphrosyne* (»die Freude«).

Demeter, die Göttin des Getreides und der Felder und Schwester des Zeus. Ursprünglich eine vorgriechische Gottheit (siehe S. 142).
Persephone, die von Hades entführt und Königin der Unterwelt wurde.

Hera in voller Rüstung. Die Figur ist der Darstellung auf einer Amphore entnommen.

Mnemosyne (»Erinnerung«), eine Titanin, Tochter von Uranos und Gaia.
Die Musen, neun Gottheiten der Künste, Geschichte und Astronomie.

Leto, eine Titanin (siehe S. 133).
Apollon, der große Gott der Weissagung, der Musik, des Bogenschießens und der Heilkunst.
Artemis, Göttin der Jagd, der wilden Tiere, des Waldes, der Jungfräulichkeit, Geburt und Frauenkrankheiten.

Maia (siehe gegenüberliegende Seite), Tochter des Titanen Atlas.
Hermes, Bote der Götter.

Thetis, eine Nymphe. Es wurde prophezeit, sie werde einen Sohn gebären, der größer sei als sein Vater; deshalb gab Zeus sie dem Peleus, dem König von Thessalien, mit dem sie den großen Heroen *Achilleus* zeugte (siehe S. 158).

MENSCHLICHE GEMAHLINNEN

Io, Tochter des Inachos, des ersten Königs von Argos (siehe S. 165).
Epaphos, Herrscher über Ägypten und Afrika.

Europa, eine phönizische Prinzessin (siehe Randspalte gegenüberliegende Seite).
Minos, Besitzer des Minotauros und des Labyrinths (siehe S. 150f).
Rhadamanthys, der wie Minos in der Unterwelt Richter über die Toten wurde.

Semele, Tochter von Kadmos, dem Gründer Thebens (siehe S. 135)
Dionysos, der Olympier (siehe S. 140).

Danae, Prinzessin von Argos (siehe S. 135).
Perseus, der Heros, der die Gorgo Medusa tötete und Andromeda davor bewahrte, von einem Seeungeheuer gefressen zu werden (siehe S. 156).

Leda, Prinzessin von Sparta (siehe gegenüberliegende Seite).
Kastor und Polydeukes, Zwillinge, die Halbgötter wurden. Sie wurden Dioskuren, griechisch *Dios kouroi* (»Söhne des Zeus«) genannt.
Helena, die mit Paris durchbrannte und damit den Trojanischen Krieg verursachte.
Klytaimnestra, Gattin und Mörderin Agamemnons, des Königs von Argos und Heerführers der Griechen im Krieg gegen Troja.

Antiope, thebanische Prinzessin, der Zeus sich in Gestalt eines Satyrn näherte.
Zetheus und *Amphion,* die gemeinsam über Theben herrschten und dessen Stadtmauern bauten.

Alkmene, Königin von Tiryns (siehe S. 135).
Herakles (»Ruhm der Hera«), der größte griechische Held (siehe S. 148), der zeit seines Lebens von Hera verfolgt wurde.

Ganymed, ein schöner trojanischer Jüngling (siehe S. 133).

Maia
Maia war die Tochter des Titanen Atlas (siehe S.129) und gehörte zu den Plejaden – sieben Nymphen, die Zeus später in Sterne verwandelte. Sie lebte in einer Höhle verborgen, so daß Zeus sein Verlangen stillen konnte, ohne die Aufmerksamkeit Heras zu erwecken. Von Maia ist nur bekannt, daß sie Hermes gebar.

Alkmene
Alkmene (siehe Abbildung unten rechts) war mit Amphitryon, dem König von Tiryns, verheiratet, der wie sie von dem Heros Perseus abstammte. Als Amphitryon in den Krieg gezogen war, besuchte Zeus drei Tage vor dessen erwarteter Rückkehr Alkmene in Gestalt ihres Gatten. Der Gott verlängerte die Nacht um das Dreifache, und als Amphitryon heimkehrte, war er bestürzt, daß seine Frau kein sexuelles Verlangen zeigte. Sie wiederum war überrascht, daß ihr Mann offenbar die Freuden der vergangenen Nacht vergessen hatte. Schließlich erfuhr das Paar die Wahrheit von dem blinden, androgynen Propheten Teiresias. Alkmene brachte Zwillinge zur Welt. Der ältere, Herakles, stammte von Zeus und war der größte aller Heroen. Der jüngere, Iphikles, war ein Kind Amphitryons. Iphikles' Sohn Iolaos half später Herakles, die Lernäische Hydra zu töten (siehe S.149). Hera, die wußte, daß Herakles großer Ruhm beschieden war, versuchte, ihn vor seiner Geburt seines Erbes zu berauben, indem sie Zeus dazu verleitete, denjenigen zum Herrscher über die Menschen zu bestimmen, der an einem bestimmten Tag aus seinem Geschlecht geboren würde. Da nun aber die Möglichkeit bestand, daß dies das Kind der Menippe und des Sthenelos, eines Sohnes von Zeus, sein würde, versuchte Hera die Geburt der Kinder Alkmenes hinauszuzögern. Sie schickte Eileithyia zu Alkmene, die durch eine Zaubergebärde die Kinder zurückhalten sollte. Doch die kluge Dienerin der Alkmene lief zu ihr und rief: »Beglückwünsche meine Herrin, sie ist heil entbunden.« Eileithyia erschrak, und der Zauber war gebrochen.

Danae
Akrisios, dem König von Argos, wurde in einem Orakel prophezeit, daß er von einem Sohn seiner Tochter Danae getötet werden würde. Daher sperrte er sie in einen Turm seines Palastes. Zeus jedoch betrat den Raum in Gestalt eines Goldregens und zeugte mit ihr Perseus, den Danae vor Akrisios verbarg. Als der König nach vier Jahren die Wahrheit entdeckte, sperrte er Tochter und Enkel in eine Kiste und warf sie ins Meer. Doch Danae und Perseus wurden an Land gespült und kehrten nach zahlreichen Abenteuern (siehe S.156) nach Argos zurück. Eines Tages warf Perseus bei einem Spiel einen Diskus, welcher Akrisios tödlich traf, so daß sich die Prophezeiung des Orakels erfüllte.

Leda
Leda war mit Tyndareus, dem König von Sparta, verheiratet. Zeus näherte sich ihr in Gestalt eines Schwans, und sie gebar zwei Eier, aus denen vier Kinder hervorkamen: aus dem einen Polydeukes (besser bekannt unter seinem lateinischen Namen Pollux) und Helena, aus dem anderen Kastor und Klytaimnestra. Kastor und Polydeukes, die in den Mythen kaum jemals getrennt voneinander auftreten, gehörten zur Mannschaft des Schiffes *Argo*, die auf der Suche nach dem Goldenen Vlies war (siehe S.154). Klytaimnestra heiratete König Agamemnon von Argos, Helena dessen Bruder, König Menelaos von Sparta. Die beiden Schwestern spielen in der Geschichte vom Trojanischen Krieg und dessen Folgen eine wichtige Rolle: Helenas Seitensprung mit dem trojanischen Prinzen Paris führte zum Krieg (siehe S.157), und Klytaimnestra war für die Ermordung ihres Gatten nach seiner triumphalen Rückkehr aus der Schlacht verantwortlich (siehe S.161).

Semele
Als Sterblicher verkleidet hatte Zeus ein Liebesverhältnis mit Semele, der Tochter des Kadmos, dem Gründer von Theben. Aus Eifersucht verkleidete sich Hera als alte Frau und überredete Semele, ihren Geliebten zu bitten, er möge sich ihr in seiner ganzen Herrlichkeit zeigen. Nur widerstrebend gab Zeus der Forderung Semeles nach, denn er wußte, daß kein Sterblicher dem Anblick seines Glanzes – in seinem himmlischen Streitwagen durch Blitz und Donner brausend – standhalten konnte. Die unglückliche Semele verbrannte zu Asche, aus der Zeus jedoch ihr ungeborenes Kind Dionysos rettete (siehe S.140).

EUROPA UND DER STIER

Der Mythos von der Liaison zwischen Zeus und Europa, der schönen Tochter des Königs Agenor oder – anderen Versionen zufolge – des Königs Phoinix von Phönizien, ist vermutlich kretischen Ursprungs, wie der Ort der Handlung (Kreta) und die Verbindung mit der Geschichte von König Minos es nahelegen.

Eines Tages nahm Zeus die Gestalt eines weißen Stiers an, um sich Europa zu nähern, die auf einer Wiese nahe des Meeres mit ihren Freundinnen Blumen pflückte. Die Sanftheit und Schönheit des Tieres besiegten ihre Furcht, und sie bekam Lust, auf seinem Rücken zu sitzen. Das Tier lief zum Ufer, sprang plötzlich ins Wasser und schwamm mit der hilflosen Europa fort. Bei Gortys auf Kreta gingen sie wieder an Land, und hier verwandelte sich Zeus in einen Adler, um sich mit dem entführten Mädchen zu vereinigen. Später heiratete Europa den kretischen König Asterios, der die Nachkommen aus ihrer Verbindung mit Zeus adoptierte: Minos, Rhadamanthys und – einigen Versionen zufolge – Sarpedon. Inzwischen waren die Brüder der Europa ausgeschickt worden, ihre Schwester zu suchen, jedoch ohne Erfolg. Einer von ihnen, Kadmos, blieb in Böotien auf dem Festland und wurde der erste König von Theben (siehe S.130).

Die unten abgebildete Vase, die von Python um 330 v. Chr. bemalt wurde, zeigt Alkmene, die unfreiwillige Geliebte des Zeus, die von dem eifersüchtigen Amphitryon auf einem Scheiterhaufen geopfert werden soll, wie der Dramatiker Euripides erzählt. Im letzten Augenblick wird das Feuer durch den Eingriff der olympischen Göttinnen gelöscht.

ATHENE

Die jungfräuliche Göttin

Marmorstatue aus der Zeit um 350 v. Chr., die Athene als Friedensbringerin darstellt. Die Göttin trägt ihren Helm und ihre aigis *oder Brustplatte (mit dem Kopf der Gorgo Medusa) zur Schau, ist aber unbewaffnet.*

Eine der mächtigsten Göttinnen des griechischen Pantheon war Athene, die aufgrund ihrer Geburt – sie entsprang in voller Rüstung dem Haupt des Zeus – meist mit Helm, Speer und Schild bewaffnet dargestellt wurde. Außerdem trug sie meist ihre Ägis, eine Art Brustplatte oder Schutzschild, das mit dem Haupt der Gorgo Medusa geschmückt war: ein Geschenk des Heroen Perseus (siehe S. 156). Als Kriegsgöttin und große Ratgeberin wurde Athene von Königen verehrt und häufig mit der Gründung der Akropolis oder Zitadelle einer Stadt in Verbindung gebracht, wo sich meist auch der königliche Palast befand. Außerdem war sie die Beschützerin der Heroen. Ihr Lieblingsheros ist Odysseus, der mit seiner List, seinen weisen Ratschlägen und seiner Geschicklichkeit ihrem Charakter sehr ähnlich war. Mit ihrer Hilfe ersann er das hölzerne Pferd, durch das Troja schließlich erobert werden konnte. Auch Herakles und Perseus stand sie bei ihren Abenteuern bei.

Athene wurde als Verteidigerin der Städte, insbesondere Athens, verehrt, dessen Schutzgöttin sie war; hier befand sich auch ihr Kultzentrum. Dem Mythos zufolge stritt sie mit Poseidon um die Schutzherrschaft über die Stadt und über Attika, das Gebiet um Athen. Da schlugen die Athener vor, die beiden Olympier sollten jeweils ein praktisches Geschenk für die Stadt erfinden, und die beste Erfindung sollte mit der Schutzherrschaft über die Stadt belohnt werden. Poseidon schlug mit seinem Dreizack kräftig gegen die Akropolis, und sofort sprudelte an dieser Stelle eine Salzwasserquelle hervor (in einer anderen Erzählung entstand durch diesen Schlag das erste Pferd). Athene ihrerseits berührte mit ihrem Speer die Akropolis nur leicht, und es entstand der Olivenbaum, der Öl für Licht, zum Kochen und für die Herstellung von Parfüm spendete. Entzückt über Athenes Schöpfung erkoren die Athener (in einigen Versionen auch der erste König Kekrops) sie zu ihrer Schutzherrin. Um Poseidon zu besänftigen, der in seinem Zorn die Ebene um die Stadt überflutet hatte, sollte er ebenfalls in Athen verehrt werden. Im klassischen Altertum wurden den Besuchern der Akropolis der heilige Olivenbaum und die Stelle gezeigt, an der angeblich Poseidons Dreizack niedergefahren war.

Wie schon ihre ungewöhnliche Geburt nahelegt, wurde Athene besonders mit Eigenschaften in Verbindung gebracht, die sich auf den Kopf bezogen: Sie wetteiferte mit ihrem Vater Zeus um die Weisheit und war klug wie ihre Mutter Metis. Als Göttin der Weisheit wurde sie von Dichtern und Philosophen verehrt. Zu ihren Attributen gehörte die Eule, der weiseste der Vögel. Wie Hephaistos war sie Schutzpatronin der Handwerkskünste, etwa des Schiff- und Streitwagenbaus, sowie traditioneller häuslicher Tätigkeiten der Frauen wie Spinnen und Weben. (Trotzdem war Athene eine unverheiratete, jungfräuliche Göttin.) Ihr wurde auch die Erfindung der Töpferscheibe sowie der ersten Vasen und der Flöte zugeschrieben. Sie liebte den Klang dieses Instruments, der den klagenden Stimmen der Gorgonen nach dem Tod der Medusa nachgebildet sein soll; einer anderen Erzählung zufolge ahmte die Flöte den schrillen Ton nach, der Medusa entfuhr, als ihr die Kehle durchschnitten wurde. Eines Tages jedoch sah Athene ihr Spiegelbild, während sie auf dem Instrument spielte, und warf die Flöte aus Abscheu vor ihrem Anblick weg. Ihr Fluch galt dem, der die Flöte aufheben würde, und traf am Ende den Satyr Marsyas, der von Apollon bestraft wurde (siehe S. 138).

Immer wieder wurde Athene mit den kultischen Beinamen Pallas (der wahrscheinlich »Mädchen« bedeutet und auf ihre Jungfräulichkeit hinweist) und Tritogeneia (»geboren aus dem Triton«, einem Fluß in Kreta in der Nähe ihres angeblichen Geburtsortes) versehen und als *glaukopis* (»grauäugig«) bezeichnet. Ihr wurde der bedeutendste Tempel auf der Akropolis, der Parthenon, erbaut. Von den vielen der Athene geweihten Kulten waren die Großen Panathenäen in Athen (siehe S. 126) das berühmteste Fest. Hierbei brachten die Athener ihr im Parthenon ein heiliges Gewand *(peplos)* dar.

Eine silberne Vier-Drachmen-Münze aus Athen mit der Eule, dem Symbol für die Weisheit Athenes, und den Buchstaben »ΑΘΕ« *(ATHE), der Abkürzung für Athene und* Athenai *(Athen).*

POSEIDON

Der Gott des Meeres

Poseidon, wie Hades ein Bruder des Zeus, ist ein schrecklicher und gewalttätiger Gott, der mit zahlreichen Naturkräften in Verbindung gebracht wird. Er ist Herrscher über das Meer, insbesondere über Stürme und Unwetter. In der Regel trägt er einen Dreizack bei sich, einer Gabel ähnlich, der zum Stechen des Thunfischs verwendet wurde. Poseidon ist auch die oberste Gottheit des Erdbebens und trägt häufig den Kultnamen Enosichthon (»Erderschütterer«). Mit einem Schlag seines Dreizacks konnte er – wie etwa im Kampf der Olympier gegen die Giganten (siehe S. 129) – Erde und Berge spalten. In der bildenden Kunst wurde er ähnlich wie Zeus dargestellt, nur daß er anstatt eines Donnerkeils seinen Dreizack schwingt.

Poseidon mit seinem Dreizack und einem Fisch, gemalt von dem Künstler Oltos gegen Ende des 6. Jh. v. Chr.; Abbildung auf einem Weingefäß im rotfigurigen Stil.

Der Mythos vom Wettstreit um Athen (siehe gegenüberliegende Seite) sollte Poseidon als Gegner Athenes hervorheben. In der Odysseus-Geschichte half Athene dem Kriegshelden, doch Poseidon verdammte ihn zur Irrfahrt auf dem Meer. Einem anderen Mythos zufolge nahm Poseidon die Gestalt eines Pferdes (in manchen Erzählungen ist es ein Vogel) an, um sich in einem der Athene gewidmeten Tempel mit der Gorgo Medusa zu paaren. Die Göttin soll über dieses Sakrileg so erzürnt gewesen sein, daß sie Medusas Haar in Schlangen verwandelte. Als Perseus Medusa den Kopf abschnitt (siehe S. 156), entsprangen aus ihrem Blut die Kinder ihrer Vereinigung mit Poseidon – das geflügelte Pferd Pegasus und ein Sohn namens Chrysaor. Durch Chrysaor war Poseidon der Urvater einiger der bekanntesten Ungeheuer der griechischen Mythologie: der Echidna und ihrer Kinder Kerberos, Chimaira, Hydra und Sphinx (siehe S. 147) sowie des nemeischen Löwen.

Poseidons stürmisches Liebesleben führte zu einer Reihe weiterer Ungeheuer, Meerwesen und -gottheiten. Er war mit der Seenymphe Amphitrite – entweder eine Okeanine oder eine Nereide – verheiratet und hatte mit ihr einen Sohn namens Triton, der halb Mensch und halb Fisch war. (Sein Attribut ist die Schneckenmuschel.) Doch wie Zeus zeugte Poseidon die meisten Nachkommen in ehebrecherischen Verbindungen. Mit Gaia zeugte er Antaios, einen Riesen, den Herakles im Kampf tötete, und Charybdis, ein Seeungeheuer, das dreimal am Tag Wasser ausspie und die Schiffe in Gefahr brachte. Als Poseidon sich der Skylla, einer schönen Nymphe, näherte, ließ die eifersüchtige Amphitrite an ihrer Badestelle Zauberpflanzen ins Wasser fallen, und Skylla wurde von ihr in ein hundsköpfiges Ungeheuer verwandelt, das wie Charybdis von da an eine Gefahr für die vorbeifahrenden Schiffer darstellte.

Attribute Poseidons sind der Dreizack, der Stier (der möglicherweise für seine Aggressivität steht) und das Pferd (er soll das erste Pferd für die Athener geschaffen haben und trug deshalb den kultischen Beinamen Pferdebändiger). Er wurde in zahlreichen Tempeln überall in der alten griechischen Welt verehrt; am besten erhalten ist der Tempel am Kap Sunion im Süden Attikas, der auf einer Klippe errichtet worden ist.

Neben Poseidon gab es weitere Wassergottheiten. Pontos (das Meer) wurde im ersten Stadium der Schöpfung von Gaia erschaffen. Zwei Titanen, Okeanos (der Ozean, ein großer Fluß, der die Welt umschloß) und Tethys, zeugten die Okeaninen oder Meernymphen. Pontos und Gaia zeugten Nereus, den »Alten des Meeres«, der die Gabe der Prophezeiung besaß. Nereus vermählte sich mit Doris und zeugte mit ihr die Nereiden, fünfzig Nymphen, zu denen Thetis, die Mutter des Achilleus, und Galateia, die Geliebte des Kyklopen Polyphemos, gehörten. Seinen Rang konnte aber keine der Wassergottheiten Poseidon streitig machen.

Poseidon (rechts) und Amphitrite, Fragment einer Vase. Der Delphin steht für Delphinos aus dem Gefolge Poseidons.

APOLLON

Der strahlende Gott

Apollon, Schutzherr der Musik, der die Kithara, eine Art Leier, spielt. Stamnos *(Weinkrug) im rotfigurigen Stil, um 500 v. Chr.*

Dem Mythos zufolge war Apollon der Sohn von Leto und Zeus und der Zwillingsbruder der Göttin Artemis. Er wurde auf Delos geboren, wo auch der größte ihm gewidmete Kult gefeiert wurde; daher wird er häufig als delischer Apollon bezeichnet. Die zweite wichtige Kultstätte war Delphi (siehe Kasten unten). Da seine Großmutter die Titanin Phoibe war, wurde er oft als Phoibos (»Strahlender«) bezeichnet. Später wurde er mit Licht und Sonne in Verbindung gebracht.

Apollon war mit einer Vielzahl von Attributen ausgestattet. Meist wurde er jedoch als schöner Jüngling dargestellt. Er war der Schutzpatron der Bogenschützen, und seine Pfeile brachten den Menschen Leid und Krankheit, doch paradoxerweise war Apollon auch Schutzherr der Heilkunst und Vater des Asklepios, des bedeutendsten Arztes der Mythologie. Als Gott der Musik und der Künste wurde er oft mit einer Leier dargestellt (siehe Abbildung links). Ein Mythos erzählt, wie der Satyr Marsyas die von Athene verfluchte Flöte aufhob (siehe S. 136) und es wagte, Apollon zu einem musikalischen Wettstreit herauszufordern. Wie die meisten Olympier sah es der Gott nicht gern, wenn sein überragendes Können in Frage gestellt wurde, und als Marsyas den Kampf verlor, ließ Apollon ihm wegen seiner Frechheit bei lebendigem Leibe das Fell abziehen.

Apollon hatte viele Liebschaften, die meist tragisch endeten. Kassandra, die Tochter des Königs Priamos von Troja, erklärte sich bereit, Apollon zu lieben, der ihr daraufhin die Sehergabe verlieh. Als sie jedoch ihr Wort brach, fügte Apollon seinem Geschenk eine Klausel hinzu, derzufolge niemand ihren Prophezeiungen Glauben schenken sollte.

Delphi, das Zentrum der Welt

Einem Mythos zufolge ließ Zeus zwei Adler von den entgegengesetzten Enden der Erde losfliegen, um den exakten Mittelpunkt der Welt festzustellen. Sie trafen in Delphi aufeinander, das so eine der wichtigsten religiösen Stätten und das Zentrum der Verehrung des Apollon wurde.

Zeus kennzeichnete jene Stelle in Delphi, wo die Adler sich trafen, mit einem großen Stein, dem *omphalos* (»Nabel«), der von der Riesenschlange Python bewacht wurde. Als Apollon dort sein Heiligtum errichtete, tötete er Python und büßte dafür neun Jahre lang in Thessalien, bevor er nach Delphi zurückkehrte. Das Orakel, das er einsetzte, wurde von Städten wie von einzelnen Menschen befragt, und sowohl im Mythos als auch in der Geschichtsschreibung werden seine Prophezeiungen erwähnt. Den Tempel des Orakels bewachte eine Priesterin namens Pythia (von Python; genauso wie der häufig anzutreffende Beiname Apollons, »Pythier«), die auf einem Dreifuß sitzend den Besuchern weissagte. Man glaubte, da ihr Körper auf diese Weise über den Boden erhoben war, der Einfluß der Götter – oder aber Dampf aus einem Spalt im Boden – könne von unten in sie eindringen. Sie sprach in einem Zustand der Ekstase und der Erleuchtung, und ihre Worte mußten von Priestern in Verse oder Prosa umgesetzt werden. Die Griechen glaubten, daß ihre Weissagungen immer zutrafen, auch wenn sie zunächst häufig mißverstanden wurden.

Befragung des Orakels in Delphi. Themis (»die Satzung«) sitzt auf dem Dreifuß (links). Schale im rotfigurigen Stil, um 440 v. Chr.

Delphi war Schauplatz der Pythischen Spiele, einem großen Sportfest, das von Apollon ins Leben gerufen worden war und alle vier Jahre zu Ehren des Gottes abgehalten wurde. Die Spiele fanden im dritten Jahr der Olympiade statt, dem vierjährigen Intervall zwischen den berühmteren Spielen in Olympia zu Ehren des Zeus. Der Zeitraum zwischen den Pythischen Spielen hieß Pythiade.

ARTEMIS

Die tugendhafte Göttin der Jagd

Artemis, die Tochter des Zeus und der Leto, hat, wie auch ihr Zwillingsbruder Apollon, in der griechischen Mythologie eine Vielzahl von Funktionen; und entsprechend waren ihr sehr verschiedenartige Kulte gewidmet. Als jungfräuliche Göttin schützte sie vor allem ihre Tugendhaftigkeit und die ihrer Begleiterinnen (siehe Kasten unten). Sie war die Göttin der Jagd. Obwohl sie Tiere tötete, war sie die Beschützerin Neugeborener. Auch war sie – ebenso widersprüchlich – die Göttin der Geburt und schützte die Frauen während der Wehen, brachte den Frauen jedoch auch Tod und Krankheit.

Wie Apollon wurde Artemis mit einem Bogen dargestellt und in der Regel als junge Frau in Jagdgewändern abgebildet, manchmal mit Jungtieren; häufig auch mit sichelförmig gebogenen Hörnern. Immer wieder wurde sie mit dem Mond in Verbindung gebracht. Viele der zahlreichen Artemiskulte standen mit Wendepunkten im Leben der Frauen – Geburt, Pubertät und Tod – in Zusammenhang. Zu Beginn der Pubertät vollzogen adlige Mädchen aus Athen artemisische Initiationsriten in Brauron unweit von Athen, bei denen sie als »Bärinnen« bezeichnet wurden: Die Bärin war ein weiteres Symbol der Göttin der Jagd.

IPHIGENIE

Agamemnon, der Anführer der gegen Troja ziehenden Griechen (siehe S.157), hatte den Zorn der Artemis auf sich gezogen – entweder durch die Tötung eines Hirschen in einem heiligen Hain der Göttin oder durch die prahlerische Behauptung, er sei ein besserer Jäger als Artemis. Erzürnt brachte die Göttin den Wind zum Stillstand und verlangte, daß Iphigenie, seine jungfräuliche Tochter, geopfert werde; erst dann könne die Flotte losfahren. Agamemnon willigte ein, doch im letzten Moment wurde (einer Version zufolge) anstelle Iphigenies ein Hirsch geopfert. Iphigenie wurde nach Tauris gebracht, wo sie eine Priesterin der Artemis wurde.

Der Zorn der Artemis

Artemis war wie Athene eine jungfräuliche Göttin, und wenn Sterbliche sie erblickten oder jemand ihre Tugendhaftigkeit brechen wollte, übte sie bittere Rache. Die folgenden Mythen gehören zu den berühmtesten Geschichten, in denen ihr schrecklicher Zorn geschildert wird.

Aktaion, ein Jäger, verirrte sich im Wald und stieß unabsichtlich auf die in einem Teich badende Artemis. Artemis, erzürnt, weil sie unbekleidet gesehen worden war, verwandelte ihn in einen Hirschen, der von seinen eigenen Hunden verfolgt und in Stücke gerissen wurde.

Kallisto war eine der Nymphen, die Artemis dienten. Als sie, erschöpft von der Jagd, schlief, sah Zeus sie und nahm sie gewaltsam. Kallisto versuchte, den Verlust ihrer Keuschheit vor Artemis zu verbergen, doch nach einigen Monaten entdeckte die Göttin beim Baden, daß jene schwanger war. Zornentbrannt verjagte Artemis Kallisto und setzte sie so der Eifersucht der Hera aus. Als Kallisto einen Sohn, Arkas, gebar, entdeckte Hera die Verfehlung des Zeus und verwandelte in ihrem Zorn Kallisto in eine Bärin. Diese wurde von Arkas erschossen und in das Sternbild Ursa Major (Großer Bär) verwandelt.

Niobe, die Frau des Amphion, des Königs von Theben, war die Tochter des Tantalos (siehe S.146) und Enkelin des Titanen Atlas. Sie hatte sieben Söhne und sieben Töchter (die Niobiden) und brüstete sich damit, daß sie mit mehr Nachkommen gesegnet sei als Leto, die Mutter von Artemis und Apollon. Leto war erzürnt und befahl ihren Kindern, Niobe zu bestrafen. Artemis erschoß die sieben Mädchen und Apollon die sieben Jungen.

Artemis und ihr Bruder Apollon töten die Niobiden. Die trauernde Mutter Niobe bat Zeus, sie in eine Marmorstatue zu verwandeln, die aber weiterhin Tränen vergoß.

Orion, ein Jäger und von ungeheurer Körpergröße, machte Oinopion, dem Herrscher von Chios, einen Besuch und säuberte die Insel von wilden Tieren. Als er durch die Wälder streifte, begegnete er Artemis und versuchte, sie zu vergewaltigen. Daraufhin schuf sie aus Erde einen Skorpion, der Orion und seinen Hund tötete. Dann wurde Orion in ein Sternbild verwandelt und sein Hund in Sirius, den Hundsstern.

DIONYSOS

Der Gott des Weins und der Ekstase

PENTHEUS
Der berühmteste – tragisch endende – Gegner des Dionysos ist Pentheus, von dem auch in den *Bacchae* (»Bacchantinnen«) des Euripides erzählt wird. Pentheus, der Enkel des Königs Kadmos von Theben, entdeckt, daß alle Frauen ihr Haus verlassen haben und in ekstatischem Taumel in den Bergen umherziehen. Sie folgen einem »Östlichen Fremden«, der behauptet, er führe den neuen Kult des Dionysos ein. Pentheus läßt den Fremden gefangennehmen (der in Wirklichkeit Dionysos selbst ist), doch dieser entkommt. Pentheus ist von Dionysos besessen und geht als Frau verkleidet in die Berge, wo er über die orgiastischen Feiern der Bacchantinnen spottet. Sie fangen ihn ein und reißen ihn, angeführt von seiner eigenen Mutter Agave, in einem Anfall von Wahnsinn in Stücke. Das oben abgebildete Detail eines Trinkgefäßes aus der Zeit um 490 v. Chr. zeigt den Tod des Pentheus.

Wenn Menschen betrunken waren, auf der Bühne standen oder sich in religiöser Ekstase befanden, glaubten die Griechen, sie seien im Reich des Gottes Dionysos, des Herrschers über die Täuschung und die Ekstase. Er trat oft in Verkleidung auf, etwa als Tier (meist Löwe oder Stier) oder Mensch (männlich oder weiblich), und ist daher manchmal nur schwer zu erkennen. Obwohl er in der Schlacht gegen die Titanen kämpfte (siehe S.129), wurde Dionysos häufig als weibisch oder lächerlich dargestellt. Der Dramatiker Euripides nannte ihn »höchst freundlich und zutiefst schrecklich«.

Dionysos, auch Bakchos genannt, war der Gott des Weines. Wein war in Griechenland immer ein heiliges Getränk, und sein Genuß war ritualisiert: Wein spielte nicht nur bei den meisten religiösen Festen eine Rolle, sondern es gab auch Feste zur Weinernte und zum Öffnen neuer Fässer. Dionysos war Gegenstand eines mystischen Kults, dessen Teilnehmern ein Leben nach dem Tode mit ausgelassenen Trinkgelagen verheißen wurde. In einer zentralen Geschichte feiert der Gott selbst seine Auferstehung, woraus sich sein kultischer Beiname, »der Zweimalgeborene« erklärt. Zeus und Persephone hatten ein Kind namens Zagreus (ein anderer Name für Dionysos). Angestiftet durch die eifersüchtige Hera verschlangen die Titanen das Kind, doch Athene rettete dessen Herz und brachte es Zeus zurück. Dessen Geliebte Semele, die Tochter des Kadmos, Königs von Theben, wurde mit Dionysos schwanger. Bei ihrem Tod (siehe S.135) rettete Zeus das ungeborene Kind und nähte es in seinen Schenkel ein, aus dem es geboren wurde. Dionysos hatte also als einziger unter den Göttern des Olymp einen menschlichen Elternteil. Sein genauer Geburtsort war bereits zu Homers Zeiten umstritten, und in den verschiedenen Überlieferungen werden Drakonium auf der Insel Kos, die Insel des Ikarus, der Fluß Alpheios in Elis sowie Theben genannt.

Dionysos und die Piraten (siehe gegenüberliegende Seite); Bild auf dem Boden einer Schale. Der Gott, der um Schiffssegel und Mast Weinreben wachsen ließ, hatte die Piraten in Delphine verwandelt.

Zeus vertraute Dionysos nach seiner Geburt den Nymphen auf dem Berg Nysa an, dessen Lage unbekannt ist, der aber in manchen Quellen in Ägypten lokalisiert wird.

Obwohl Dionysos ein alteingesessener Gott war, wurde er häufig als Neuling dargestellt, der unter den Menschen umherreiste, ihnen Geschenke brachte, von ihnen Anerkennung verlangte und jene bestrafte, die ihn zurückwiesen. Auf diesen Reisen, die, wie es häufig hieß, »im Osten begannen«, sah er sich mit zahlreichen Gegnern konfrontiert. Auf der Flucht vor Lykurgos, dem König von Thrakien, sprang der Gott ins Meer, um gemeinsam mit Thetis, einer früheren Gemahlin des Zeus, zu entkommen. Lykurgos wurde mit Blindheit bestraft und von den Anhängern des Dionysos in Stücke gerissen. Als sich in Argos die Töchter des Proteus weigerten, den Gott anzuerkennen, bestrafte er sich mit Wahnsinn. In Orchomenos weigerten sich die Töchter des Minyas, die neue Gottheit zu verehren, und blieben zu Hause am Webstuhl. Dionysos nahm die Gestalt eines jungen Mädchens an, um sie zu warnen, jedoch ohne Erfolg: Auch sie wurden verrückt. In Athen wurde Dionysos zur Zeit König Pandions von Ikarios empfangen und schenkte der Stadt aus Dankbarkeit Wein. Als die Bewohner die Wirkung des Geschenks spürten, glaubten sie, sie seien vergiftet worden, und töteten Ikarios. Als Erigone, die Tochter des Königs, den Leichnam ihres Vaters fand und sich aus Verzweiflung erhängte, wurde Athen von einer Seuche heimgesucht, die erst dann ein Ende fand, als man einen Festtag zu ihrem und Ikarios' Gedenken einrichtete.

Einmal wird erzählt, wie der Gott von Piraten gefangengenommen wurde. Sie versuchten, ihn aufzuhängen, doch immer wieder lösten sich die Knoten. Als die Piraten ihn dennoch nicht freilassen wollten, verblüffte er sie durch wunderbare Taten. Er ließ köstlichen Wein um das Schiff herum fließen und Wein und Efeu über das Schiff wachsen; schließlich verwandelte er sich in einen wilden Löwen, bei dessen Anblick die Seeleute vor Schreck ins Meer sprangen, wo sie in Delphine verwandelt wurden (siehe Abbildung gegenüberliegende Seite).

In der Kunst wurde Dionysos als Jüngling, aber auch als bärtiger Erwachsener dargestellt, häufig zusammen mit Satyrn und Mänaden, seinen Begleiterinnen (siehe Kasten unten); oft hält er bei einem Gelage ein Trinkgefäß in der Hand.

Eine Trinkschale im rotfigurigen Stil aus der Zeit um 490 v. Chr. zeigt Schauspieler, die sich auf das Satyrspiel vorbereiten.

Satyrn, Mänaden und das Theater

Die männlichen Begleiter des Dionysos waren die Satyrn, Mischwesen aus Mensch und Ziegenbock mit Pferdeschwanz. Seine Begleiterinnen im Mythos wie in der Realität hießen Bakchen (»Frauen des Bakchos«) oder Mänaden (»die Rasenden«).

Satyrn gaben sich dem Wein, rauschenden Festen und der Lust hin und wurden meist nackt und im Zustand sexueller Erregung dargestellt. Häufig verfolgten sie die Mänaden, stillten ihr Verlangen aber auch mit jedem anderen Geschöpf, ja sogar mit leblosen Gegenständen. Das athenische Satyrspiel war eine unflätige Komödie, die meist im Anschluß an eine Tragödie gezeigt wurde und in der ein Chor von Männern in Satyrnkostümen auftrat. Das Stück wurde bei zwei Dionysos-Festen aufgeführt, bei der Großen Dionysia und bei den Lenaia. Zum Dionysos-Kult gehörte insbesondere die ekstatische Ausgelassenheit durch Tanz, Musik und Wein; daher der Kultname Lusios (»Befreier«) für Dionysos.

Satyrn und Mänaden vollziehen unter Einfluß des Gottes einen dionysischen Ritus. Diese Szene schmückt ein Trinkgefäß.

Die Mänaden kleideten sich in Faungewänder und waren mit Efeu bekränzt. Jede von ihnen trug einen *thyrsos*, einen Stab mit einem Pinienzapfen auf der Spitze, oder auch ein Musikinstrument. Sie versammelten sich zu einem Ritus, bei dem sie in den Bergen zur Feier des Gottes bis zur Erschöpfung tanzten und sangen. Es hieß, die Mänaden würden in Ekstase ein Opfertier mit den bloßen Händen auseinanderreißen und essen.

GÖTTINNEN DER ERDE

Demeter und Persephone

Fragment einer bemalten Marmorstatue der Kore (Persephone) aus Athen (um 510 v. Chr.). Sie hält eine Frucht – einen Apfel oder Granatapfel – in der Hand.

DIE ELEUSINISCHEN MYSTERIEN

Der berühmteste Mysterienkult der alten griechischen Welt waren die Mysterienspiele im attischen Eleusis. Den Eingeweihten wurde nach dem Tode ein besonderes Leben in der Unterwelt versprochen, und die Riten wurden jahrhundertelang erfolgreich geheimgehalten, so daß wir bis heute nicht genau wissen, was dabei geschah. Jeder, selbst Frauen und Sklaven, konnte daran teilnehmen. Das mystische Initiationsfest hatte »internationalen« Charakter, und jedes Jahr im September und Oktober wurden alle Kriege durch einen 55tägigen Waffenstillstand unterbrochen, um die Spiele durchführen zu können. Unter Gesang und anderen rituellen Handlungen zogen große Prozessionen von Athen nach Eleusis. Über einen Zeitraum von zwei Tagen wurde ein mythischen Drama von Demeter und Persephone aufgeführt, wurden geweihte Gegenstände dargebracht und Gebete gesprochen. Die Initiierten fasteten. Ein zentrales Motiv des Kults war der Fruchtbarkeitsaspekt von Demeter.

Die Göttin Demeter (»Kornmutter« oder »Mutter Erde«), Tochter des Kronos und der Rheia und Schwester von Zeus und Hades, galt als Beschützerin des Getreides und der Früchte des Bodens. Die Kulthandlungen bezogen sich auf die weibliche Fruchtbarkeit, und wahrscheinlich ist sie mit der Großen Mutter verwandt. Ihre Tochter Persephone, die häufig einfach Kore (»Mädchen«) genannt wird, galt als Königin der Unterwelt. Mutter und Tochter wurden in der Regel gemeinsam dargestellt.

In einem für die Eleusinischen Mysterienspiele – dem wichtigsten mystischen Initiationskult Griechenlands – bedeutsamen Mythos treten beide Göttinnen auf: Eines Tages pflückte Persephone mit den Okeaninen, den Töchtern von Okeanos und Tethys, Blumen auf einer Wiese. Da entführte Hades, der sich eine Gemahlin wünschte, sie in seinem Streitwagen und nahm sie mit in die Unterwelt. Sie rief Zeus um Hilfe an, doch in seinem weit entfernten Tempel hörte er sie nicht; nur Hekate, eine Göttin der Zauberei, und Helios, der Sonnengott, vernahmen ihre Schreie. Ihre Mutter Demeter, die das Echo ihrer Stimme hörte, riß sich den Kopfschmuck vom Haar und wanderte, Fackeln tragend, neun Tage lang auf der Erde, ohne zu essen und zu schlafen. Am zehnten Tag traf sie Hekate, die sie zu Helios schickte. Dieser erzählte, was geschehen war, und gab Zeus die Schuld, da er Hades erlaubt hatte, Persephone zur Frau zu nehmen. Voller Kummer und Zorn verließ Demeter den Olymp als alte kretische Frau namens Doso verkleidet.

Nach langen Wanderungen erreichte sie schließlich Eleusis und setzte sich an der Quelle Parthenion nieder, wo sie die Töchter des freundlichen Königs Keleos fanden und in den Palast brachten. Auf deren Drängen hin wurde sie als Dienerin der Königin Metaneira aufgenommen; diese erkannte sofort den hohen Rang Demeters und bot ihr einen Schemel und etwas zu trinken an. Die verkleidete Göttin wies dies jedoch zurück und blieb schweigend stehen, bis eine Dienerin namens Iambe, die Tochter Pans und Echos, sie mit ihren Scherzen zum Lachen brachte und ihren Kummer vertrieb. (Hier liegt der Ursprung der »jambischen« Dichtung, die sich durch Spott und Satire auszeichnet.) Metaneira bat Demeter, die Pflege ihres Sohnes Demophoon zu übernehmen, und die Göttin gab ihm heimlich Ambrosia, die Nahrung der Götter, und legte ihn jede Nacht ins Feuer, um ihn unsterblich wie die Götter zu machen. Eines Nachts wurde sie jedoch von Metaneira überrascht, die in ihrem Schrecken laut aufschrie. Schnell zog Demeter das Kind aus dem Feuer, gab sich als Göttin zu erkennen und erklärte Metaneira voller Zorn, daß Demophoon nun wie jeder Mensch sterben müsse. Dann befahl sie, ihr zu Ehren die Eleusinischen Mysterien zu feiern, und verließ ihre Gastgeber.

Als Demeter erneut von Trauer um Persephone ergriffen wurde, beschloß sie, die Saat in der Erde zurückzuhalten. Zeus und die anderen Götter flehten sie an, das Getreide wachsen zu lassen, doch sie drohte, die Menschen würden verhungern, wenn sie ihre Tochter nicht wiedersehen würde. Zeus gab schließlich nach und schickte Hermes in die Unterwelt, um Persephone zurückzuholen. Hades war bereit, Persephone freizugeben, gab ihr aber einen Granatapfelkern zu essen – das Symbol ehelicher Treue. Demeter war glücklich, ihre Tochter in die Arme schließen zu können und fragte sie, ob sie in der Unterwelt etwas gegessen habe, denn dann müsse sie für immer zu Hades zurückkehren. Doch nun griff Zeus erneut ein und bestimmte, daß Persephone zwei Drittel des Jahres auf dem Olymp verbringen könne und im Winter zu Hades zurückkehren müsse.

Nun feierten Mutter und Tochter ihr Wiedersehen, und die Fruchtbarkeit kehrte ins Land zurück. Auf Demeters Drängen unterwies ein anderer Sohn des Keleos, Triptolemos (der manchmal mit Demophoon in Verbindung gebracht wird), die Menschheit in der Kunst des Ackerbaus. Als er ins Land der Skythen kam, wollte ihn deren König Lynkos töten, um sich selbst als den Spender des Korns brüsten zu können. Daraufhin verwandelte Demeter ihn in einen Luchs.

ARES UND APHRODITE

Krieg, Liebe und Sexualität

Obwohl Ares, der Gott des Krieges, in der gesamten griechischen Welt verehrt wurde, gibt es nur wenige Mythen, die sich mit ihm befassen. Der Sohn von Zeus und Hera wird im allgemeinen als starker, ja brutaler Kämpfer in der Schlacht dargestellt; doch daneben tritt er in der griechischen Mythologie vor allem als Geliebter der Aphrodite auf, der großen Göttin der Liebe und des Verlangens. Der Name Aphrodite bedeutet »Schaumgeborene«: Die Griechen glaubten, sie sei an der Stelle, wo die abgeschnittenen Genitalien des Uranos niederfielen, aus dem Schaum des Meere geboren (siehe S. 129). Sie gelangte nach Kythera und Zypern, wo sie von ihren Dienerinnen, den Grazien und Horen, geschmückt und gesalbt wurde. Auch »die, die das Lachen liebt« genannt, wurde sie mit der Sexualität, der Ehe und der physischen Anziehung in Verbindung gebracht. Oft wurde die Göttin nackt und in Begleitung des Eros, dem geflügelten Gott der Lust, dargestellt.

Aphrodite war mit dem Handwerkergott Hephaistos verheiratet (siehe S. 145), hatte aber auch Liebhaber. Die Geschichte ihrer Liebesaffäre mit Ares erzählt Homer in seiner *Odyssee*. Helios, der Sonnengott, entdeckte Aphrodite und Ares zusammen und berichtete dies Hephaistos. Daraufhin fertigte der Handwerkergott ein wunderbares Netz, fein wie Gaze und so fest wie ein Diamant. Dies warf er über die beiden, als sie zusammen im Bett lagen und fesselte sie. Triumphierend rief Hephaistos die Götter herbei, die das Vergehen bezeugen sollten, doch sie lachten nur; Hermes und Apollon scherzten sogar, einmal mit Aphrodite zu schlafen, sei die Schande wert, ertappt zu werden. Ares wurde freigelassen, als er sich bereit erklärte, Hephaistos eine Buße zu zahlen, und voller Scham flohen die Liebenden von dannen.

Ein weiterer Geliebter von Aphrodite war Adonis, gerühmt wegen seiner jugendlichen Schönheit und Jagdkunst. Die Göttin warnte ihn vor den Gefahren der Jagd, aber er streifte weiter durch die Wälder, bis er schließlich von einem wilden Eber tödlich verletzt wurde. Für Adonis wurden auf dem alljährlich in Athen stattfindenden Thesmophoria-Fest rituelle Klagegesänge angestimmt.

DIE KINDER DER APHRODITE
Aus den vielen Verbindungen Aphrodites gingen zahlreiche Nachkommen hervor. Zu den wichtigsten gehören:

Aeneas, Sohn der Aphrodite und des trojanischen Prinzen Anchises, den sie verführt hatte, als er in den Bergen Vieh hütete. Aphrodite schützte Aeneas in der Schlacht von Troja; nach der Niederlage Trojas floh er und gründete Rom (siehe S. 172 f).

Eros (»Verlangen«), der geflügelte Gott, der häufig zusammen mit Aphrodite dargestellt wurde. Er wird oft als ihr Kind bezeichnet, doch für die Griechen war seine Herkunft unklar; manchmal wurde Ares als sein Vater genannt. Eros wird meist mit Pfeil und Bogen dargestellt.

Hermaphroditos, Kind des Hermes und der Aphrodite. Die Nymphe Salmakis verliebte sich in ihn, doch er wich ihr aus. Als er in die Quelle stieg, in der sie lebte, umarmte sie ihn so lange, bis sie miteinander verschmolzen. Als er starb, betete er, daß jeder, der in diese Quelle hinabtauchte, männliche und weibliche Eigenschaften haben solle: daher auch das Wort »Hermaphrodit«.

Priapos, ein bäuerlicher Gott, der Gemüse- und Obstgärten beschützte. Er wurde als häßlicher alter Mann mit einem großen erigierten Phallus dargestellt. Über Priapos kursierten zahlreiche witzige und obszöne Geschichten; als sein Vater wurden Hermes, Dionysos, Pan oder Zeus genannt.

Terrakottafigur, die die Geburt der Aphrodite darstellt. Sie steigt, von Muscheln flankiert, aus dem Meer auf. Die Figur entstand im 1. Jh. v. Chr. in Magna Graecia (»Großgriechenland«), den von Griechen besiedelten Gebieten Süditaliens.

HEIM, HERD UND FEUER

Hermes, Hestia und Hephaistos

Hermes, einen Hut mit Flügeln und Sandalen tragend, dargestellt als Begleiter der Seelen in die Unterwelt; Terrakottatafel aus Süditalien. Hermes steigt in einen Wagen, in dem Aphrodite wartet, die ihr gemeinsames Kind Hermaphroditos gebar (siehe S. 143). Der Wagen der Liebenden wird von Eros und Psyche gezogen.

Der Gott Hermes und die Göttin Hestia waren oft als Beschützer des Heims miteinander verbunden. An der Schwelle des Hauses stand eine Hermesstatue, die Glück bringen sollte, denn er war auch der Herrscher über Glücksfälle und glückliche Funde. Doch Hermes verkörperte nicht wie Hestia Stabilität und Dauer, sondern vielmehr Bewegung, Verwandlung und gegenseitigen Austausch. Dies wird auch an den vielen Sphären deutlich, in denen Hermes wirkte. Als Gegenstück des römischen Gottes Merkur war er der Götterbote und wurde meist mit geflügelten Schuhen, einem *petasos* oder Reisehut (mit oder ohne Flügel) und einem Heroldsstab, dargestellt, der auch ein Zauberstab sein konnte. Hermes war der Schutzgott der Reisenden und der Straßen, und in Attika stand seine Statue an Wegkreuzungen. Er galt auch als Psychopompos (»Seelengeleiter«), der die Seelen der Verstorbenen in die Unterwelt begleitete. Deshalb verfügte Zeus, daß Hermes Persephone aus dem Hades zurückholen sollte (siehe S. 142). Der Stab des Gottes war oft mit zwei Schlangen geschmückt, die das Erdreich und die Unterwelt symbolisierten.

Hermes war der Gott des Marktplatzes und der Schutzherr der Kaufleute – und der Diebe. Eine ähnliche Doppelrolle spielte er auch im Bereich der Sprache: Er brachte den Sterblichen das göttliche Wort, aber auch falsche und betrügerische Rede: Lügen, Meineide und Täuschungen. Wenn in einem Gespräch plötzlich Stille eintrat (d.h. wenn das Gespräch unterbrochen war), sagten die Griechen: »Hermes geht vorbei.« In seiner berühmtesten Tat zeigte sich seine rhetorische Begabung auf positive Weise: Er tötete das hundertäugige Ungeheuer Argos, indem er es mit Geschichten einlullte und dann ins Jenseits beförderte,

HERMES, DER DIEB

Der homerische *Hymnus an Hermes* schildert die Geburt des Gottes, der als Sohn des Zeus und der Maia, einer Tochter des Titanen Atlas, in der Morgendämmerung zur Welt kam. Bis zur Mittagszeit hatte er die Leier erfunden und konnte auf ihr spielen. Als Gott des glücklichen Fundes hatte er am Eingang der Höhle, in der er geboren wurde, eine Schildkröte entdeckt. Er nahm ihren Panzer, spannte ein Fell und Saiten darüber, befestigte einen Steg und stimmte sofort einen schelmischen, erotischen Hymnus auf seine Eltern an.

Noch am Abend desselben Tages stahl Hermes das Vieh des Apollon und trieb es rückwärts fort, um den Besitzer zu täuschen. (Zu diesem Zweck hatte er sich sogar spezielle Schuhe angefertigt.)

Doch Apollon holte ihn ein und führte ihn vor Zeus, der ihn bestrafen sollte. Zunächst log Hermes und versuchte, sich mit seinem Alter zu verteidigen; dann spielte er so schön auf seiner Leier, daß Apollon sich bereit erklärte, sie als Geschenk anzunehmen und dafür alle Anschuldigungen fallenzulassen. In späteren Mythen werden Apollon und Hermes häufig als Gefährten dargestellt.

was ihm den Titel Argeiophontes, »Töter des Argos«, eintrug. Auch galt er als Erfinder des Feuerschlagens und als Koch der Götter. Er wird niemals als grimmiger oder böser Gott dargestellt, vielmehr tritt er immer höflich, freundlich und gesprächig auf, ist überall beliebt und entbehrt nicht einer gewitzten Schläue.

Hestia, die jungfräuliche Göttin des Herds, wurde mit Dauerhaftigkeit und Wohlstand in Verbindung gebracht und meist als strenge Frau in sitzender Haltung und in Gewänder gehüllt dargestellt. In der mythischen Überlieferung wird sie nur selten erwähnt (sie war Tochter von Kronos und Rheia und wollte Jungfrau bleiben, obwohl Apollon und Poseidon um sie warben), doch zweifellos hatte sie große symbolische und rituelle Bedeutung. Sie wohnte der Namensgebung und Legitimierung der Kinder bei: die Kinder wurden in einem Amphidromion genannten Ritual um den Herd getragen. Jedes Haus hatte seinen Herd und damit auch ein Zentrum für die Verehrung der Hestia.

Hephaistos, das Pendant zum römischen Gott Vulcanus, war der Gott des Feuers und der Vulkane sowie göttlicher Erfinder und Konstrukteur magischer Gegenstände. Sein Name wurde in der griechischen Dichtung häufig einfach als Synonym für »Feuer« verwendet, doch meist wurde er als hinkender Schmied dargestellt, der außergewöhnliche Gegenstände anfertigte. Er ist freundlicher und weniger grimmig als die meisten anderen Olympier, wenn auch nicht weniger leidenschaftlich, wie seine versuchte Vergewaltigung der Athene zeigt (siehe S.130).

Der Kult dieses Gottes hatte seinen Ursprung in Kleinasien und den benachbarten Inseln, insbesondere auf Lemnos; eine der Hauptkultstätten befand sich auf dem Olymp in Lykien (der heutigen Südosttürkei), dem sogenannten lykischen Olymp im Unterschied zu seinem berühmteren Namensvetter. Im Mythos tritt Hephaistos manchmal als Kind von Zeus und Hera auf, doch im allgemeinen galt er als Sohn der Hera allein, die ihn ohne Vater gebar, um die mutterlose Geburt Athenes aus dem Haupt des Zeus zu rächen. In einigen Geschichten wurde Hephaistos jedoch zuerst geboren und half dann bei der Geburt Athenes (siehe Randspalte rechts). Die beiden Gottheiten wurden oft gemeinsam als Ursprung der Künste und der technischen Fertigkeiten genannt.

Da Hephaistos hinkte, war er oft Zielscheibe des Spotts für die anderen Götter des Olymp. Er war mit Aphrodite, der Göttin der geschlechtlichen Liebe, vermählt. Der Preis für diese Verbindung mit einer so begehrten Göttin war jedoch, daß er immer wieder zum Hahnrei gemacht wurde; berühmt wurde vor allem Aphrodites Ehebruch mit Ares (siehe S.143). Als Hephaistos geboren wurde, schämte sich Hera wegen der Behinderung ihres Kindes so sehr, daß sie es vom Himmel in den Ozean schleuderte, jenen großen Fluß, der die Welt umschloß. Hephaistos rächte sich, indem er Hera einen von ihm gefertigten schönen goldenen Thron schickte, der sie mit unsichtbaren Riemen fesselte, sobald sie sich darauf setzte. Nur Hephaistos konnte sie befreien, doch er weigerte sich, den Ozean zu verlassen, solange er Aphrodite nicht heiraten durfte. Alle Versuche, Hephaistos auf den Olymp zurückzubringen, scheiterten, bis Dionysos ihn betrunken machte, auf ein Maultier setzte und ihn zu den anderen Göttern führte, die bei seinem Anblick in Gelächter ausbrachen. Doch schließlich siegte der Geist der Versöhnung: Hephaistos befreite seine Mutter und erhielt dafür die Hand der Aphrodite. Die Geschichte von der Rückkehr des Hephaistos auf den Olymp zählt zu den am häufigsten erzählten Mythen über den Gott und wurde oft auf griechischen Vasen dargestellt.

Die handwerkliche Begabung des Hephaistos waren ein Ausgleich für seine körperliche Behinderung. Er fertigte nicht nur den goldenen Thron für seine Mutter Hera, sondern auch goldene Begleiterinnen, die ihm bei seiner Arbeit halfen, goldene Wachhunde für den Palast des Alkinoos (wie in der *Odyssee* berichtet wird), und zahlreiche andere magische Dinge: Statuen und Dreifüße, die sich von selbst bewegten, unverwüstliche Rüstungen und Helme. Bei seinem Sturz in den Ozean wurde er von Thetis geborgen, auf deren Bitte er einen Schild für ihren Sohn, den Heros Achilleus, schmiedete, wie ausführlich in Homers *Ilias* beschrieben wird. In vielen Geschichten befindet sich die Schmiede des Hephaistos auf dem Olymp oder in dessen Nähe, manchmal unter der Erde, insbesondere in Gebieten mit vulkanischer Aktivität. Die Kyklopen galten als seine Helfer bei der Erfüllung göttlicher Aufträge: die Donnerkeile für Zeus zu schmieden, Bogen für Artemis oder Waffen für einen Held anzufertigen.

Hephaistos wird meist mit einer kurzen Tunika dargestellt, dem Gewand der Schmiede und anderer Handwerker; so auch auf diesem Gefäß im rotfigurigen Stil aus dem 5. Jh. v. Chr., das in einem etruskischen Grab bei Vulci in Italien gefunden wurde. Der Gott (in der Mitte) hält die Axt in der Hand, mit der er soeben das Haupt des Zeus (rechts), aus dem Athene geboren wird (siehe S.136) gespalten hat. Links steht Poseidon.

DIE UNTERWELT

Das Reich des Hades

Die Unterwelt, ein in der griechischen Mythologie häufig beschriebener Ort, wurde von dem Gott Hades beherrscht (der Name wurde auch für die Unterwelt selbst verwendet). Hades war ein Bruder von Zeus und Poseidon, wurde jedoch in der Regel nicht zu den Olympiern gerechnet, weil sein Reich die Gegenwelt zum himmlischen Olymp war. In der Unterwelt wurden die Seelen der Verstorbenen gerichtet und in den finsteren Regionen des Erebos oder Tartaros bestraft. Sie umfaßte aber auch das Land der göttlichen Verstorbenen, die elysischen Gefilde oder Insel der Seligen. Eine Erzähltradition, der auch Homer folgt, verlegt den Hades in die lichtlose Region jenseits des großen Flusses Okeanos, der die Erde umschloß; als die Griechen jedoch mehr von der Welt kennenlernten, entstand eine neue Überlieferung, derzufolge sich die Unterwelt im Zentrum der Erde befand und mit dem Land der Lebenden durch unergründliche Höhlen und zum Teil unterirdisch verlaufende Flüsse wie den Acheron in Nordgriechenland verbunden war. Neben dem Acheron (Fluß des Leidens) gab es vier weitere Flüsse der Unterwelt: Styx (Fluß des Hasses), der die Unterwelt umgab, Lethe (Fluß des Vergessens), Kokytos (Fluß des Wehklagens) und Phlegethon oder Puriphlegethon (Fluß des Feuers). Charon, der Fährmann, brachte die Seelen der Toten über den Styx, einigen Erzählungen zufolge auch über die anderen Flüsse.

GESTALTEN DER UNTERWELT

Auf dieser rotfigurigen Vase sind die meisten bedeutenden Gestalten dargestellt, die mit der Unterwelt in Verbindung gebracht werden.

MEGARA, Gemahlin des Herakles, mit zwei HERAKLIDEN (links oben), wie deren Nachkommen genannt werden. Sie wurden in einem von Hera verursachten Anfall von Wahnsinn (siehe S. 148) von dem Heros getötet.

PERSEPHONE (Mitte links), Königin der Unterwelt, Gemahlin des Hades und Tochter der Demeter (siehe S. 142).

ORPHEUS, bekleidet mit Kultgewändern, seine Leier haltend (links Mitte), durch die er in die Unterwelt gelangte, wird begleitet von den ORPHIKERN, Teilnehmern der orphischen Mysterien. Der Mann, die Frau und das Kind folgen ihrem Meister Orpheus nach dem Tod an den für sie bestimmten Ort (siehe S. 165).

SISYPHOS, König von Korinth, der dem Tod ein Schnippchen schlagen wollte und auf ewig verdammt wurde, einen Felsblock den Berg hinaufzuschieben (unten links): sobald er oben war, rollte der Felsen wieder hinunter. Er wird von einer der FURIEN (Erinnyen) geschlagen. Sie waren Rachegöttinnen, die auf Erden schuldig gewordene Menschen verfolgten und bestraften.

HERMES, der Götterbote (unten Mitte), hier in seiner Rolle als Psychopompos, der die Seelen der Verstorbenen in die Unterwelt geleitet.

HADES, Bruder des Zeus und Herrscher über die Unterwelt, in seinem Tempel auf dem Thron sitzend (Mitte rechts). Hades wurde auch als Pluto bezeichnet.

ZWEI BÜSSER (rechts oben) vor einer sitzenden Furie, die eine Geißel oder ein brennendes Holzscheit in der Hand hält. Vielleicht handelt es sich um HEKATE, die Göttin der schwarzen Magie und der Zauberei.

DIE RICHTER ÜBER DIE TOTEN (rechts Mitte): Minos (der auf Erden König von Kreta gewesen war, siehe S. 150 und S. 162), Rhadamanthys und Aiakos, die Hades dabei halfen, das Leben der Menschen zu beurteilen und zu bestimmen, wie sie in der Unterwelt behandelt werden sollten.

TANTALOS, ein König in Kleinasien, der von den Göttern Ambrosia und Nektar stahl. Seine ewige Strafe bestand darin, nach Speise und Trank zu greifen, sie aber niemals zu erreichen (rechts unten): daher der Begriff »Tantalos-Qualen«.

HERAKLES, der in dieser Darstellung (unten Mitte) den dreiköpfigen Hund Kerberos, den Wächter an den Toren zur Unterwelt (siehe S. 149), wegführt. Eine Furie mit Fackeln in der Hand steht zu seiner Rechten.

HEROEN UND UNGEHEUER

Die Ausgeburten der Welt

Bemalte Schale mit einer Gorgo und den Körpern zweier ihrer Opfer.

In der griechischen Mythologie stehen die Taten starker und furchtloser Sterblicher gleich hinter denen der Götter, und diese Heroen wurden fast genauso verehrt wie die Ahnen. Sie galten häufig als Stammväter des Landes, Gründer der großen griechischen Dynastien und Schutzherrn der Städte.

Das Wort »Heros« wurde in den großen Epen Homers, der *Ilias* und der *Odyssee*, als Anrede für die Prinzen verwendet. In diesen frühesten griechischen Texten scheint das Wort eine bedeutende Persönlichkeit, einen Prinzen oder König – oft mit großem Gefolge und einer besonderen Beziehung zu den olympischen und anderen Gottheiten – zu bezeichnen, wenn es auch im weiteren Sinne für jeden freien Mann benutzt wurde. Achilleus etwa galt als Sohn der Thetis, Sarpedon als Sohn des Zeus und Odysseus als Liebling der Athene.

Für Homer (um 750 v. Chr. oder früher) waren die Heroen Gestalten der Vergangenheit, genossen jedoch keine religiöse Verehrung und erhielten nach ihrem Tode auch keinen besonderen Status. Für Hesiod hingegen (um 700 v. Chr.) waren sie eines der fünf Geschlechter aus alter Zeit (siehe S. 131). Sie wohnten unter der Erde und wurden von den Lebenden geehrt und mit Opfergaben bedacht. Im 5. Jahrhundert v. Chr. war der Heroenkult zu einer beliebten Form religiöser Verehrung geworden; es galt als großer Vorteil, einen Heroen an der Seite zu haben, und die Menschen brachten den Heroen Gaben dar in Schreinen, die meist am Ort ihres Todes oder Begräbnisses errichtet wurden. Es gab eine Vielzahl von Lokalheroen, und viele bedeutende Gestalten des Mythos wurden an bestimmten Orten als Helden verehrt; so etwa Ödipus in Kolonos, Aias in Salamis und Theseus in Athen (siehe S. 150).

Von der kultischen Verehrung eines Heroen versprach man sich dessen Hilfe in schwierigen Zeiten, und wenn man ihn beleidigte, beschwor man seinen Zorn herauf. Die Heroen repräsentierten die Macht des Guten wie des Bösen. Herakles zum Beispiel, der große Nationalheros von Hellas, der die Welt von Ungeheuern befreite, wurde von der Göttin Hera zeitweise in den Wahnsinn gestürzt und brachte die mit seiner Frau Megara gezeugten Kinder um (siehe S. 149 und Abbildung gegenüberliegende Seite). Ein weiteres Beispiel ist Ödipus, der weise und wohltätige König von Theben, der unwissentlich die schrecklichen Verbrechen des Vatermordes und des Inzests beging (siehe S. 163) Die Heroen tauchen erst mit dem Sieg über die Titanen auf, erst danach gibt es Schicksal und Menschen, die den Göttern gegenübertreten.

UNGEHEUER

Die Helden der griechischen Mythologie mußten häufig gegen Ungeheuer kämpfen. Die wichtigsten waren:

ECHIDNA, ein Geschöpf mit dem Oberkörper einer Nymphe und dem Unterleib einer Schlange, war die Mutter anderer Ungeheuer: des Kerberos, der Hydra, der Chimaira, der Sphinx und des Nemeischen Löwen.

DIE GORGONEN, drei Frauen mit Schlangenhaaren: Stheno, Euryale und Medusa, deren Anblick Menschen in Stein verwandeln konnte (siehe S. 156).

DIE SIRENEN (rechts), weibliche Wesen, oft mit Flügeln dargestellt, die mit ihrem betörenden Gesang vorbeifahrende Seeleute anlockten, um sie dann zu töten (siehe S. 161).

DIE SPHINX (rechts), wörtlich »Würgerin«, ein Wesen mit dem Gesicht einer Frau, dem Körper eines Löwen und den Flügeln eines Vogels. Sie gab den Menschen Rätsel auf und vernichtete jeden, der sie nicht lösen konnte (siehe S. 163).

DIE GRAIAI, die »Greisinnen«, drei als Greisinnen geborene Schwestern der Gorgonen, die gemeinsam nur ein Auge und einen Zahn besaßen (siehe S. 156).

DIE HYDRA (rechts), »Wasserschlange«, eine Riesenschlange (siehe S. 149) mit neun und mehr Köpfen.

KERBEROS, ein riesiger, dreiköpfiger Hund, der die Tore zur Unterwelt bewachte (siehe S. 149 und Abbildung gegenüberliegende Seite).

DIE CHIMAIRA, ein löwenartiges, feuerspeiendes Wesen mit einem Ziegenkopf auf dem Rücken und einer Schlange als Schwanz.

HERAKLES

Das Urbild des Heros

Herakles, von den Römern Herkules genannt, war der einzige Heros, der in der gesamten griechischen Welt verehrt wurde und der einzige Mensch, dem Unsterblichkeit gewährt wurde. In ihm vereinigen sich viele der in der griechischen Mythologie beschriebenen Paradoxien. Er besiegte Ungeheuer und kämpfte mit dem Tod, um einen Freund zu retten; er war aber auch Opfer seiner Leidenschaft und seiner Gier: vergewaltigte Frauen, zerstörte Städte und tötete im Wahn seine eigenen Kinder. Im späteren griechischen Schrifttum wurde Herakles ein philosophischer Held, der den Pfad der Tugend wählte und dafür auch Leiden auf sich nahm. Als solcher fand er in Eingang in christliche Traditionen.

Dem Mythos zufolge war Herakles der Sohn des Zeus und der Alkmene, die wiederum von dem Heros Perseus abstammte. Alkmene wurde unwissentlich zur Ehebrecherin (siehe S. 135), was vielleicht erklärt, warum Hera, die Gattin des Zeus, ihre Eifersucht gegen Herakles richtete und nicht gegen seine Mutter. Hera verfolgte ihn sein Leben lang, wobei sie die Ursache vieler seiner Heldentaten wurde, so auch der berühmten Zwölf Arbeiten. Daher stammt auch die verbreitete Erklärung des Namens Herakles als »Ruhm der Hera«. Sein Mut wurde bereits wenige Tage nach seiner Geburt auf die Probe gestellt, als er mit seinem Halbbruder Iphikles in eine Krippe (in einigen Erzählungen in einen Schild) gelegt wurde. Als Hera Riesenschlangen schickte, um die Kinder zu vernichten, erwürgte Herakles die Ungeheuer.

Der Held war häufig in Kämpfe verwickelt. Er tötete Kyknos, den räuberischen Sohn des Ares, der in Thrakien lebte, und König Syleus von Aulis, der Fremde zwang, in seinem Weinberg zu arbeiten, und ihnen dann die Kehle durchschnitt. Herakles kämpfte gegen die Lapithen, ein sagenumwobenes Volk in Thessalien, und gegen die Ägypter. In diesen und vielen anderen Mythen wird Herakles als der große Kämpfer beschrieben, der in der ganzen Welt Heldentaten vollbrachte. Er war an der Expedition Jasons und der Argonauten beteiligt (siehe S. 154), zu der er Hylas, seinen jungen Geliebten, mitnahm. Als Hylas jedoch zum Wasserholen ging und von Quellnymphen gefangen wurde, suchte Herakles so lange nach ihm, daß die *Argo* ohne ihn weitersegelte.

Herakles wurde oft als Sklave seiner Leidenschaften charakterisiert. In der griechischen Komödie wurde er als Trunkenbold, Vielfraß und Lüstling dargestellt, und einem Mythos zufolge soll er in einer einzigen Nacht mit den fünfzig Töchtern des Königs Thespios geschlafen haben. Seine Wollust brachte ihm schließlich auch den Tod. Herakles heiratete Deianeira, die Tochter des Königs Oineus von Ätolien, nachdem er den Flußgott Acheloos besiegt hatte. Später tötete er einen Kentauren namens Nessos, der seine neue Frau zu rauben versuchte; als der Kentaur starb, gab er Deianeira ein Zaubermittel, das ihr, so behauptete er, für immer die Liebe ihres Gatten bewahren würde. Sie beschloß, die Probe aufs Exempel zu machen, als Herakles sich in Iole, die Tochter des König Eurytos von Oichalia, verliebte, sogar deren Vater und Brüder tötete und die Stadt einnahm, um sie für sich zu gewinnen. Deianeira wollte nun seine Zuneigung zurückgewinnen, beschmierte ein Hemd mit dem Zaubermittel des Kentauren und schickte es ihrem Gatten. Aber Nessos hatte gelogen: Das Zaubermittel war in Wirklichkeit ein schreckliches Gift, welches den Körper des Herakles vernichtete. Aus Trauer brachte sich Deianeira um, doch der sterbende Herakles wurde von ihrem Sohn Hyllos zum Berg Oita gebracht, wo der Heros einen Scheiterhaufen errichten ließ.

Herakles legte sich auf den Scheiterhaufen, den Philoktetes anzündete, der einzige seiner Gefolgsleute, der bereit war, diese schreckliche Aufgabe zu übernehmen. (Zum Dank erhielt er dafür Pfeile und Bogen des Helden.) Als Herakles von den Flammen ergriffen wurde, erschien eine Wolke und trug ihn unter Blitz und Donner zum Himmel. Als er den Olymp, das Reich seines Vaters Zeus, betrat, wurde ihm Unsterblichkeit geschenkt. Er versöhnte sich mit Hera und bekam Hebe, die Göttin der Jugend, zur Frau.

Attische Vase im rotfigurigen Stil (um 5. Jh. v. Chr.) mit einer Darstellung der Apotheose des Herakles, der in einem Wagen in Begleitung der Götter auf den Olymp gefahren wird. Der Scheiterhaufen und seine Diener sind unten zu sehen.

Die Arbeiten des Herakles

Die berühmtesten Taten des Herakles wurden in der Geschichte von den Zwölf Arbeiten zusammengefaßt. Die geläufigste Version des Mythos erzählt, wie Hera Herakles in Wahnsinn versetzte und er so seine Frau und seine Kinder tötete. Vom Orakel in Delphi erfuhr er, daß er zur Buße Eurystheus, dem König von Tiryns, zwölf Jahre lang dienen müsse. Dieser stellte ihm zwölf schwierige Aufgaben. Schauplatz der ersten sechs war der Peloponnes.

Herakles würgt den Nemeischen Löwen, während Athene (rechts) zusieht. Vase im schwarzfigurigen Stil um 550 v. Chr.

1. **Der Nemeische Löwe.** Herakles wurde nach Nemea geschickt, um ein Löwenungeheuer zu töten, dessen Fell unverwundbar war. Der Heros fertigte er eine riesige Keule, mit der er auf den Löwen einschlug, bevor er ihn erwürgte und sein Fell mit dessen eigenen Klauen zerriß. Dann zog sich Herakles selbst das Löwenfell über und wurde unverwundbar.

2. **Die Lernäische Hydra.** Der Held mußte diese neunköpfige Wasserschlange töten, die in einem Sumpf bei Lerna hauste; doch jedesmal, wenn Herakles ihr einen Kopf abschlug, wuchsen an dessen Stelle zwei neue. Außerdem hatte Hera der Hydra einen großen Krebs als Hilfe geschickt, den Herakles jedoch mit einem Fuß zerquetschte. Herakles bekam Hilfe von Iolaos (dem Sohn seines Halbbruders Iphikles), der jeden enthaupteten Hals mit einer brennenden Fackel verätzte, so daß keine neuen Köpfe nachwachsen konnten. Herakles tauchte seine Pfeile in das Blut des Ungeheuers, wodurch sie tödliche Wirkung erhielten.

3. **Die Keryneische Hirschkuh.** Dieses Tier mit ehernen Hufen und Hörnern aus Gold lebte auf dem Berg Kerynea und war die heilige Hindin der Artemis: Herakles mußte sie unverletzt einfangen, um nicht den Zorn der Artemis auf sich zu ziehen. Nachdem er das Tier ein Jahr lang verfolgt hatte, fügte er ihm eine Wunde zu und brachte es Eurystheus, den er für die Verletzung verantwortlich machte. So entging er dem Zorn der Artemis.

4. Der **Erymanthische Eber.** Ein riesiger Eber wütete im Gebiet um den Berg Erymanthos, und Herakles erhielt den Auftrag, ihn lebend dem König zu bringen. Unterwegs besiegte er die Kentauren in einer Schlacht. Schließlich kehrte er mit dem Eber zurück, der jedoch den König so in Schrecken versetzte, daß er sich in ein Faß verkroch.

5. **Die Ställe des Augias.** Augias, der Sohn des Helios, besaß große Viehherden. Sie wurden in Ställen gehalten, die niemals gesäubert wurden und mit dem Mist von vielen Jahren angefüllt waren. Herakles hatte die undankbare Aufgabe, die Ställe in einem Tag zu säubern. Dies gelang ihm, indem er die Flüsse Alpheios und Peneios durch die Ställe leitete.

6. **Die Stymphalischen Vögel.** Der See Stymphalos in Arkadien war die Heimstatt der menschenfressenden Raubvögel mit ehernen Schnäbeln, Krallen und Flügeln. Herakles hatte den Befehl, sie zu verscheuchen. Er schreckte die Vögel von den Bäumen auf, indem er eine eherne Klapper schlug und sie dann mit seinem Bogen erschoß.

7. **Der Kretische Stier.** Auf der Insel Kreta lief ein riesiger Stier frei herum und versetzte die Bewohner in Angst und Schrecken. Auf Befehl des Eurystheos fing Herakles ihn ein und brachte ihn lebend nach Tiryns zurück.

8. **Die Stuten des Diomedes.** Herakles mußte Eurystheos eine Roßherde des Thrakiers Diomedes bringen, der die Tiere mit Menschenfleisch fütterte. Herakles tötete ihn und warf ihn seinen Rossen zum Fraß vor. Von diesem Augenblick an waren die Tiere zahm, und Herakles konnte sie dem Eurystheos bringen.

9. **Der Gürtel der Hippolyte.** Hippolyte, die Königin der kriegerischen Amazonen Kleinasiens, besaß einen schönen Gürtel, der den Neid der Tochter des Eurystheos erregte. Herakles schlug die Amazonen, tötete Hippolyte und nahm ihr den Gürtel ab.

10. **Das Vieh des Geryon.** Geryon, ein dreileibiger Riese, lebte weitab im Westen und hielt rotgeflecktes Vieh, das von einem Riesenhirten und dessen Hund bewacht wurde. Herakles erhielt von Helios den goldenen Becher, auf dem er den Okeanos, den Ozean, überquerte, um in das Land des Geryon zu gelangen. Er tötete diesen, den Hirten und den Hund und kehrte mit der Viehherde zu Eurystheos zurück. Die Säulen des Herakles (Straße von Gibraltar) kennzeichnen diesen westlichsten Schauplatz seiner Abenteuer.

11. **Die Äpfel der Hesperiden.** Die Hesperiden waren Nymphen im fernen Westen, Töchter des Titanen Atlas. Sie züchteten einen Baum mit goldenen Äpfeln, die Herakles dem König bringen sollte. Herakles tötete Ladon, einen Drachen, der den Baum bewachte, und stahl die Äpfel.

12. **Kerberos.** Die letzte Aufgabe des Herakles bestand darin, dem König den dreiköpfigen Hund Kerberos zu bringen, der die Tore zur Unterwelt bewachte. Der Held drang in die Unterwelt ein, kämpfte mit Kerberos und zog ihn heraus, um ihn Eurystheos zu zeigen (siehe Abbildung S. 146). Dann schickte ihn Herakles in die Unterwelt zurück.

THESEUS

Der athenische Held und Staatsmann

Eine Vase aus der Zeit um 480 v. Chr. (Rekonstruktion unten) zeigt Theseus, der auf dem Weg nach Athen gegen Skiron (links) und Prokrustes (rechts) kämpft. Die Vase, Fund aus einer Etruskersiedlung bei Cerveteri in Italien, stammt von dem Maler und Töpfer Eurphonios und wurde vermutlich von Onesimos bemalt. Diese beiden gehörten zu den besten griechischen Künstlern ihrer Zeit.

ARIADNE

Nachdem Theseus das Labyrinth von Kreta verlassen hatte, nahm er Ariadne und seine jungen Begleiter mit auf die Rückreise nach Athen. Auf der Insel Naxos ließ er Ariadne schlafend am Ufer zurück, entweder weil er sie vergaß oder, wie es häufiger heißt, in einem bewußten Akt des Verrats.
Doch die Geschichte der Ariadne nahm ein glückliches Ende. In Begleitung seines Gefolges entdeckte der Gott Dionysos das weinende Mädchen am Strand und heiratete es in einer großen Zeremonie in Anwesenheit der Götter. Später verwandelte er sie in das Sternbild Korona, das den Seeleuten bei der Orientierung half. Die unten abgebildete Schale aus Athen (ca. 390–380 v. Chr.) zeigt Dionysos und Ariadne in Begleitung des Eros, des geflügelten Gottes der Liebe.

Theseus war ein athenischer Nationalheros, doch seine ersten Lebensjahre verliefen nach einem gängigen Muster: eine ungewöhnliche Geburt, die Rückkehr in den Schoß der Familie, von der er in frühen Jahren getrennt worden war, Kämpfe gegen Ungeheuer, in denen er seine Männlichkeit unter Beweis stellte, und schließlich die Königsherrschaft. Theseus' Vater soll Aigeus, der König von Athen, gewesen sein, obwohl in einigen Berichten auch Poseidon als sein Vater genannt wird. Der kinderlos Aigeus pilgerte nach Delphi, um das Orakel zu befragen, welches ihm riet, »den Fuß des Weinschlauchs nicht eher zu lösen als in Athen«, andernfalls werde er vor Kummer sterben. Doch auf dem Rückweg nach Athen besuchte er König Pittheus von Troizen, der ihn betrunken machte und eine Nacht mit seiner Tochter Aithra verbringen ließ. Sie wurde schwanger, und als Aigeus Troizen verließ, gab er ihr die Weisung, falls das Kind ein Junge sei, solle dieser nach Athen kommen, sobald er einen bestimmten Stein heben könne. Unter diesen hatte Aigeus nämlich als Erkennungszeichen ein Schwert und ein Paar Sandalen gelegt. Das Kind war Theseus, und als er ein junger Mann war, teilte Aithra ihm seine wahre Herkunft mit. Er fand das Schwert und die Sandalen und machte sich auf nach Athen.

Unterwegs besiegte er eine Reihe von Ungeheuern und Räubern. Bei Korinth tötete er Sinis, auch Pityokamptes (»Fichtenbeuger«) genannt, der Reisende zwischen zwei heruntergezogenen Fichten festband und diese dann emporschnellen ließ, so daß die unglücklichen Opfer in zwei Teile zerrissen wurden. In Megara begegnete er Skiron, der Reisende seine Füße waschen ließ und sie, während sie sich niederknieten, ins Meer stieß, wo sie von einer Riesenschildkröte gefressen wurden. Theseus schleuderte ihn über eine Klippe ins Meer. In Eleusis besiegte er Kerkyon, der die Reisenden zum Ringkampf zwang und sie tötete. Zwischen Eleusis und Athen tötete der Heros Prokrustes, der alle Reisenden in dasselbe Bett zwängte: Denen, die zu groß waren, hieb er die Glieder ab; die, die zu klein waren, wurden auf die richtige Länge gestreckt. Schließlich kam Theseus in die Stadt seines Vaters, wo die Zauberin Medea ihn zu vergiften suchte (siehe S. 153). Dies wurde jedoch vereitelt, als Aigeus das Schwert und die Sandalen erkannte und seinen Erben willkommen hieß. Theseus' erste Heldentat im Dienste seines Vaters bestand darin, daß er einen Stier einfing (denselben, den Herakles von Kreta mitgebracht hatte; siehe S. 149), der das Gebiet um Marathon in Attika in Furcht und Schrecken versetzte. Weitere folgten. So mußte Athen an Minos, den König von Kreta, einen Tribut in Form von sieben Jungen und sieben Mädchen

Phaidra, die tragische Königin

Eine der bekanntesten Episoden des Theseus-Mythos ist die Tragödie der Phaidra, seiner zweiten Frau. Ihre Geschichte erzählte der Dramatiker Euripides in seinem berühmten Stück Hippolytos.

Nach dem Tod seiner Frau Antiope, einer Amazone (siehe unten), heiratete Theseus Phaidra, eine kretische Prinzessin, von der es hieß, sie sei die Schwester der Ariadne. Sein Sohn aus erster Ehe, Hippolytos, war nun schon erwachsen, verweigerte jedoch jeglichen Kontakt mit Aphrodite, der Göttin der geschlechtlichen Liebe, und verbrachte seine Zeit lieber in den Bergen, um Artemis zu verehren. Aphrodite war darüber erzürnt und plante seinen Sturz, indem sie veranlaßte, daß Phaidra sich heftig in ihren Stiefsohn verliebte. Phaidra versuchte, ihre schreckliche Leidenschaft zu verbergen, doch ihre Amme offenbarte es dem Hippolytos, der angewidert floh. Phaidra tötete sich, hinterließ jedoch einen Brief, in dem sie Hippolytos der Vergewaltigung beschuldigte. Theseus fand den Brief und belegte, mit der Erlaubnis seines göttlichen Vaters Poseidon, seinen Sohn mit einem Fluch. Als Hippolytos mit seinem Wagen unterwegs war, tauchte aus dem Meer ein Ungeheuer auf, so daß seine Pferde scheuten und er zu Tode geschleift wurde.

Der Leichnam des Hippolytos wurde seinem Vater gebracht, der nun von Artemis erfuhr, daß sein Sohn unschuldig war. Mit dem Einverständnis des Theseus gründete Artemis einen Kult zur Ehren des Toten.

Ein krater *(großes Gefäß, in dem Wein und Wasser vermischt wurden) mit einer Darstellung des Hippolytos, der aufgrund einer ungerechtfertigten Beschuldigung seiner Stiefmutter Phaidra von seinen eigenen Pferden zu Tode geschleift wird.*

bezahlen, und Theseus folgte den Opfern. Die Kinder sollten dem stierköpfigen Ungeheuer Minotauros zum Fraß gegeben werden, den Minos in einem von Daidalos erbauten unterirdischen Labyrinth (siehe S. 162) hielt. Doch Ariadne, die Tochter des Minos, verliebte sich in Theseus und gab ihm ein Garnknäuel, mit dessen Hilfe er den Weg aus dem Labyrinth finden konnte. Den gräßlichen Lauten des Ungeheuers folgend, drang Theseus in den dunklen Irrgarten ein und erreichte die Kinder in dem Augenblick, da das schreckliche Geschöpf sie töten wollte. Er rang mit dem Ungeheuer und erschlug es, dann führte er die Kinder aus dem Labyrinth hinaus, wo Ariadne wartete. Gemeinsam traten sie die Reise nach Griechenland an, doch unterwegs verließ Theseus Ariadne (siehe Randspalte gegenüberliegende Seite) und kehrte triumphierend nach Athen zurück; er vergaß aber die Anweisungen, die ihm sein Vater für die Rückkehr gegeben hatte: ein weißes Segel zu setzen, wenn das Unternehmen gelungen, und ein schwarzes, wenn die Mission gescheitert wäre. Als er in den Hafen von Athen einfuhr, flatterte noch das schwarze Segel am Mast. Als Ägeus dies sah, glaubte er, sein Sohn sei tot. Voller Trauer warf er sich ins Meer, das von da an Aigäis hieß. So wurde die Prophezeiung von Delphi (Aigeus werde vor Kummer sterben) erfüllt. Theseus folgte seinem Vater auf den Thron.

Nach seiner Rückkehr von Kreta kämpfte Theseus mit Herakles gegen die Amazonen (siehe S. 148). Als Beuteanteil erhielt er die Amazonin Antiope, mit der er Hippolytos zeugte (siehe Kasten oben). Später fielen die Amazonen in Attika ein, doch Theseus schlug sie erneut (Antiope starb in der Schlacht). Dieser Sieg war eine in der athenischen Kunst des 5. Jahrhunderts v. Chr. häufig dargestellte mythologische Szene; bemerkenswert ist vor allem die Darstellung im Parthenon. Theseus' nächster Feldzug begann mit der Hochzeit des Peirithoos, dem König der Lapithen in Thrakien. Als Kentauren die Hochzeitsgesellschaft angriffen, half Theseus, sie im Kampf zu besiegen. Die Schlacht ist ebenfalls im Parthenon dargestellt.

THESEUS, DER STAATSMANN

Nach Auffassung der Griechen existierte ihre Stadt Athen mit der Akropolis bereits lange vor Theseus, und es gab Berichte von früheren großen Königen wie Kekrops (der mythische Gründer der Stadt), Erechtheus und Theseus' Vater Aigeus. Doch Theseus wurde besonders verehrt, weil er die Städte und Dörfer Attikas, der Region, deren Hauptstadt Athen war, als einen Staat unter eine Herrschaft vereinigt hatte. Jede Versammlung und jeder Gerichtshof Athens galt als Teil von Theseus' Erbe. Die Legenden über ihn brachten die Ideale des demokratischen Staats zum Ausdruck; in der athenischen Mythologie war er der gute und gerechte König.

Es gibt kein Zeugnis, das auf die wirkliche Existenz eines Herrschers namens Theseus hinweist. Kimon, ein Politiker des 5. Jh. v. Chr. entdeckte große Knochen auf der Insel Skyros, wohin sich der König von Athen im Alter zurückgezogen haben soll. Die Knochen wurden Theseus zugeschrieben und in Athen mit allen einem Staatshelden gebührenden Ehren beigesetzt.

JASON

Der große Abenteurer

Die Abenteuer des Jason, eines Prinzen von Iolkos in Thessalien, waren ebenso beliebt wie die des Odysseus. Jasons Jugendjahre waren, ähnlich wie bei Theseus, durch die Trennung vom Hof geprägt, an den er dann als junger Mann zurückkehrte, um sein königliches Geburtsrecht geltend zu machen. Als Pelias, der Bruder König Aisons und Onkel Jasons, den Thron an sich riß, wurde Jason von seiner Mutter auf den Berg Pelion geschickt, wo ihm Cheiron, ein weiser Kentaur, die Kunst der Musik, der Medizin, des Jagens und des Krieges beibrachte. Als er zwanzig Jahre alt war, kehrte er nach Iolkos zurück. Unterwegs kam er an einen Fluß, wo er einer alten Frau – der Göttin Hera – begegnete, die ihn bat, sie hinüberzutragen. Bereitwillig half er ihr und erlangte so den Schutz der Göttin bei seinen späteren Abenteuern.

Als er Hera über den Fluß half, verlor Jason eine Sandale und erreichte Iolkos nur mit einem Schuh. Pelias aber war durch ein Orakel gewarnt worden, aufzupassen, wenn ein Fremder mit nur einem Schuh in die Stadt käme, und fürchtete sich, als Jason sich näherte. Voller Hinterlist erklärte er sich bereit, seinem Neffen den Thron zu überlassen, wenn der junge Mann eine scheinbar unlösbare Aufgabe bewältigen könne. Er sollte das berühmte Goldene Vlies aus Kolchis am äußersten Ende des Schwarzen Meeres holen. Jason nahm die Herausforderung an und fand nach zahlreichen Abenteuern mit seinem Schiff *Argo* (siehe S. 154 f) das Vlies.

Als der Heros mit Medea, der Tochter des Aietes, zurückkehrte, hatte Pelias Aison umgebracht. Medea half Jason, seinen Vater zu rächen, indem sie den grauenhaften Mord an Pelias beging. Viele Jahre nach dem tragischen Ende der Ehe Jasons mit Medea (siehe gegenüberliegende Seite) starb der Held, als ihm ein Stück der *Argo*, das in einen Tempel eingebaut war, auf den Kopf fiel.

Athene (rechts, in der Hand eine Eule, eins ihrer Attribute) rettet Jason aus dem Maul des Drachens, der das Goldene Vlies bewacht (siehe S. 154 f). Das Vlies hängt an einem Baum im Hintergrund; Ausschnitt aus einer Vase im rotfigurigen Stil.

Medea, die Zauberkönigin

Nach seiner Fahrt mit den Argonauten (siehe S.154f) kehrte Jason mit der Zauberin Medea, Tochter des Aites, nach Iolkos zurück. Hier und in Korinth spielte sich der letzte und tragische Teil seiner Geschichte ab, der auch die Grundlage für die Tragödie Medea des großen Dramatikers Euripides bildet.

Attischer krater *(siehe S.151), auf dem der Tod des ehernen Giganten Talos dargestellt ist. Talos versuchte zu verhindern, daß die Argonauten auf Kreta landeten. Medea (links) gab ihm einen Schlaftrunk. Während er schlief, öffnete sie die einzige Ader seines Körpers, so daß er verblutete.*

Bei der Ankunft in Iolkos planten Jason und Medea Rache für den Tod von Jasons Vater Aison, dem rechtmäßigen König, den Pelias getötet hatte. Dieser war schon sehr alt, und Medea vertraute seinen Töchtern an, sie besitze ein Zaubermittel, das ihn verjüngen würde. Um dies zu beweisen, kochte sie einen alten Widder in einem Wasserkessel, in dem sich eine Mischung von Zauberkräutern befand. Tatsächlich stieg der Widder als junges Böcklein wieder heraus. Dies überzeugte die Töchter des Pelias, und sie wollten die Prozedur an ihrem Vater wiederholen. Sie töteten den Greis und zerstückelten seinen alten Körper auf die gleiche Weise – doch Medea enthüllte ihnen, daß sie sie überlistet habe.

Obwohl der Usurpator nun beseitigt war, konnte Jason den Thron seines Vaters nicht besteigen. Vielmehr mußten er und Medea fliehen, da man überall über die Art und Weise des grausamen Mordes erzürnt war. Das Paar ging auf den Peloponnes und ließ sich in Korinth nieder, wo mehrere Kinder geboren wurden.

Viele Jahre später bot König Kreon von Korinth Jason eine attraktive politische Ehe mit seiner Tochter Kreusa an. Jason schlug Medea vor, sich scheiden zu lassen und freiwillig ins Exil zu gehen. Erzürnt über diesen Treuebruch schickte Medea Kreon und seiner Tochter, Jasons zukünftiger Braut, vergiftete Gewänder, so daß beide eines schrecklichen Todes starben.

Dann, so Euripides, schnitt sie ihren eigenen Kindern, Mermeros und Pheres, die Kehle durch, um ihren ehebrecherischen Vater zu verletzen, und floh in einem von Drachen gezogenen Wagen des Sonnengottes Helios triumphierend nach Athen. An diesem Punkt endet die Tragödie des Euripides; Jason bleibt voller Kummer in Korinth zurück.

In Athen heiratete Medea König Aigeus, den Vater des Theseus, und gebar ihm einen Sohn, Medos, der seinem Vater als König folgen sollte. Als Theseus, der rechtmäßige Erbe des Aigeus, aus Troizen in Athen eintraf (siehe S.150), erkannte ihn Medea sofort und wollte ihn töten, bevor er seinem Vater durch die Erkennungszeichen offenbaren konnte, wer er war. Medea redete dem König ein, daß der Neuankömmling, dessen Heldentaten auf dem Weg nach Athen (siehe S.150) ihn bereits berühmt gemacht hatten, ihn absetzen wolle. Gemeinsam planten sie, Theseus bei einem Festbankett zur Feier seiner erfolgreichen Jagd auf den wilden Stier von Marathon umzubringen.

Medea schüttete Gift in Theseus' Wein, doch in dem Augenblick, da der Heros trinken wollte, erkannte Aigeus seinen Sohn und schlug ihm den Weinbecher aus der Hand. Aigeus verbannte Medea und ihre Kinder aus seinem Königreich.

Einigen Quellen zufolge begab sich die Zauberin nach ihrem Tod auf die Insel der Seligen, wo sie Achilleus heiratete, den großen griechischen Helden, der im Trojanischen Krieg sterben mußte (siehe S.157–159).

In der Medea-Sage dürfte eine thessalonikische Göttin, die der Hekate nahestand, mit einer korinthischen verschmolzen sein. Von den dichterischen Fassungen der Medea-Sage in der Antike sind nur die Dramen des Euripides und Senecas d.J. überliefert, die in der europäischen Literatur Vorbild für eine Reihe bedeutender Dramen waren.

DIE ARGONAUTEN

Jasons Suche nach dem Goldenen Vlies

Dieses Terrakottarelief zeigt Athene (links), die einem Schiffsbauer, möglicherweise Argos, beim Anfertigen des Segels für die Argo *hilft.*

DIE ARGONAUTEN

Führende griechische Familien erklärten meist einen Argonauten zu ihrem Vorfahren. Fünfzig sollen es gewesen sein. Zu ihnen gehörten:

ARGOS, Erbauer der Argo
ATALANTA, Jägerin, die einzige Frau unter den Argonauten
KASTOR und POLYDEUKES, die Dioskuren (siehe S. 134)
HERAKLES (siehe S. 148 f), der zurückblieb, als er seinen Geliebten Hylas suchte
IDMON und MOPSOS, legendäre Seher
LYNKEUS, der so scharfsichtig war, daß er unter die Erde sehen konnte
MELEAGROS, Bruder der Deianeira, der Frau des Herakles (siehe S. 148)
NAUPLIOS, Vater des Palamedes, ein bekannter Zauberer in Homers *Ilias*
OILEUS, Vater des Aias (nicht zu verwechseln mit seinem größeren Namensvetter), eines Helden der *Ilias* (siehe S. 158)
ORPHEUS, der große Sänger (siehe S. 165), der für die Argonauten auf seiner Leier spielte.
PELEUS, Vater des Achilleus, eines wichtigen Helden in der Ilias und Gatten der Thetis, einer Meernymphe
PERKLYMENOS, Sohn des Poseidon. Sein Vater schenkte ihm die Fähigkeit, in einer Schlacht jede Gestalt anzunehmen
TELAMON, Vater des größeren Aias, einem der berühmtesten Helden der *Ilias*
TIPHYS, Steuermann der *Argo*
ZETES und KALAIS, geflügelte Söhne des Boreas, des Nordwindes. Sie vertrieben die Harpyien, die Phineus quälten (siehe gegenüberliegende Seite)

Seine größten Heldentaten vollbrachte Jason auf der langen Reise, die er unternahm, um auf Geheiß seines Onkels, des Usurpators Pelias, das Goldene Vlies von Kolchis zu suchen. Das Vlies stammte von einem Wundertier, einem fliegenden Widder, den Hermes dem Phrixos und der Helle geschickt hatte. Die beiden waren Kinder eines anderen Onkels von Jason, des Königs Athamas von Böotien, und wurden von ihrer Stiefmutter Ino bedroht. Sie entkamen auf dem Widder, doch Helle stürzte hinunter und ertrank an jener Stelle des Meeres, die später nach ihr Hellespont (»Meer der Helle«) genannt wurde. Phrixos jedoch erreichte Kolchis am östlichsten Ende des Schwarzen Meeres, wo er Zeus den Widder opferte und das goldene Vlies dem König Aietes übergab, der ihn gastfreundlich aufnahm. Seit dieser Zeit war das Vlies der Obhut eines schlaflosen Drachen überlassen.

Jason ließ für die Reise ein Schiff, die *Argo*, bauen, welches einigen Quellen zufolge das erste Schiff überhaupt war. Es wurde, mit Beihilfe entweder Athenes oder Heras, von Argos (siehe Abbildung links) erbaut und enthielt einen Ast aus Zeus' prophetischer Eiche in Dodona. Die *Argo* war mit fünfzig Rudern ausgestattet, eines für jeden der Argonauten, die Jason ausgesucht hatte. Zu den Argonauten gehörten viele der berühmtesten Heroen der griechischen Mythologie, so auch Herakles. Als alle Vorbereitungen getroffen waren, brachen Jason und sein Gefolge zum Land des Goldenen Vlieses auf.

Die Karte zeigt die Route der Argo, *wie sie in der bekanntesten Erzählung von deren Fahrt, der* Argonautika *des Dichters Apollonius von Rhodos (um 3. Jh. v. Chr.), beschrieben wird.*

DIE ABENTEUER DER *ARGO*

(Ortsnamen in GROSSBUCHSTABEN *sind auf der Karte unten verzeichnet)*

Als die *Argo* in LEMNOS, dem ersten Hafen, einlief, entdeckte Jason, daß es auf der Insel keine Männer gab. Die Frauen hatten alle getötet, weil sie sich Geliebte genommen hatten – mit der Begründung, ihre Frauen würden stinken. Die Argonauten, denen man sagte, die Männer seien geflohen, wurden aufgefordert, ein paar Monate zu bleiben, um die Insel wieder zu bevölkern. Jason zeugte mit Hypsipyle, der Königin der Insel, Zwillinge.

Die Argonauten fuhren weiter nach KYZIKUS, wo sie vom König willkommen geheißen wurden und Herkles das Land von Giganten befreite; der Besuch endete jedoch mit einem unerfreulichen Ereignis. Als die *Argo* Segel setzte, wurde sie nachts durch einen Sturm ans Ufer zurückgetrieben. Die KYZIKER glaubten, sie würden von Piraten angegriffen, fielen über das Schiff her und wurden von den Argonauten getötet, die ebenfalls nicht wußten, gegen wen sie kämpften. Als die Wahrheit entdeckt wurde, ordnete Jason Begräbnisfeierlichkeiten für seine Gastgeber an.

DAS LAND DER BEBRYKER wurde von Amykos, einem Sohn des Poseidon, beherrscht, der jeden Fremden zum Faustkampf herausforderte. Der stärkste Mann der Welt, Herakles (siehe S.148), war auf dem Weg von Kyzikus zurückgeblieben, doch Polydeukes nahm die Herausforderung an und tötete Amykos.

Auf der Weiterfahrt stießen die Argonauten nahe der Einfahrt zum SCHWARZEN MEER auf Phineus, einen blinden, alten Mann, der von den Harpyien gequält wurde. Die Harpyien waren Ungeheuer mit dem Gesicht einer Hexe und dem Körper eines Vogels, die sein Essen wegschnappten oder mit Kot beschmutzten. Zetes und Kalais vertrieben sie, und der dankbare Phineus gab Jason wertvolle Hinweise für die Weiterreise.

An diesem Punkt war der Weg nach Kolchis von den SYMPLEGADES, zwei riesigen beweglichen Felsen nahe der Meerenge zum SCHWARZEN MEER versperrt, die wie Zimbeln gegeneinanderschlugen, so daß kein Schiff sicher hindurchfahren konnte. Phineus riet den Argonauten, eine Taube vorauszuschicken; wenn sie hindurchkäme, würde es auch ihnen gelingen. Die Taube verlor nur eine Schwanzfeder, so daß die *Argo* – mit der Hilfe von Athene und Hera – hindurchsegelte, jedoch ihren Steuermann Tiphys verlor. Von da an blieb die Meerenge offen.

Die Argonauten fuhren den Fluß Phasis hinauf und erreichten schließlich KOLCHIS, das Land des Goldenen Vlieses. König Aietes wollte ihnen aber das Vlies nur aushändigen, wenn Jason bestimmte Aufgaben erfüllte: Er mußte die Stiere des Königs, die eherne Hufe hatten und Feuer spien, unter das Joch zwingen und ein Feld pflügen; einem Drachen die Zähne ausreißen; und die Riesen töten, die aus den gezogenen Zähnen hervorsprossen. Die Götter bewirkten, daß die Zauberin Medea, die Tochter des Aietes, sich in Jason verliebte. Sie gab ihm einen Zaubertrank, mit dessen Hilfe er die Aufgaben bewältigen konnte. Und nachdem Medea den Drachen behext hatte, der das Vlies bewachte, nahm Jason es an sich. Als die Argonauten aus Kolchis flohen, hielt Medea den sie verfolgenden Aietes und sein Gefolge auf, indem sie ihren eigenen Bruder Apsyrtos tötete, ihn zerstückelte und die Glieder aus der *Argo* warf.

Es gibt viele Erzählungen über die lange Rückreise der *Argo* nach IOLKOS. Medea verzauberte und tötete einen ehernen Riesen namens Talos, dessen einzige Schwachstelle sich an der Fessel befand, wo seine einzige Ader verlief (siehe S.153). Die *Argo* soll auch die DONAU hinaufgefahren und auf den Sandstränden der SYRTIS in LIBYEN gelandet sein. Die Heroen mußten das Schiff zwölf Tage lang auf ihren Rücken über Land tragen. Jason und Medea besuchten Kirke, die Hexe aus der *Odyssee* und Tante Medeas, die sie in einem Ritual von dem Mord an Apsyrtos reinwusch. Die Argonauten begegneten noch weiteren Ungeheuern, wie sie aus der *Odyssee* bekannt sind, bevor das Schiff schließlich nach Iolkos zurückkehrte.

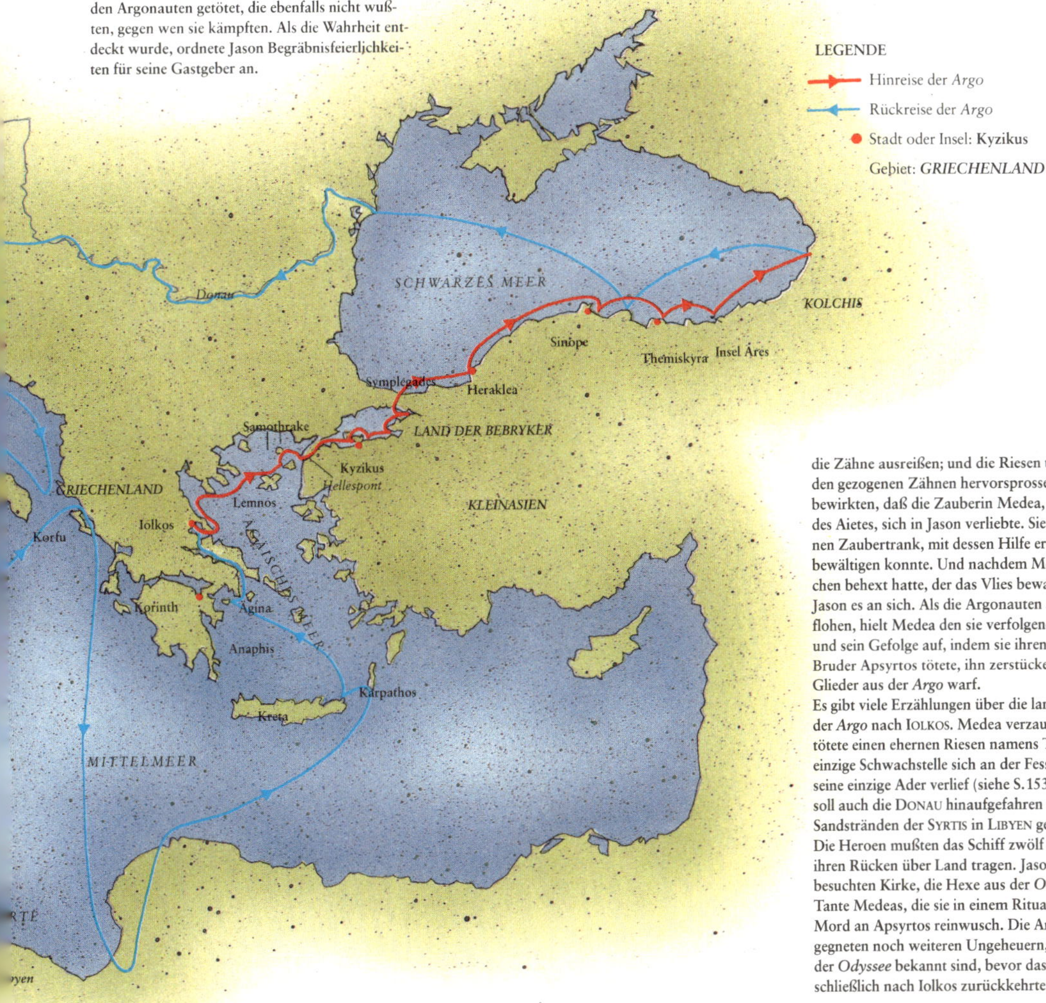

PERSEUS

Der Schlächter der Medusa

Perseus, der seine geflügelten Schuhe und seine Tarnkappe schwingt und das Haupt der Medusa fortträgt; Wasserkrug im rotfigurigen Stil aus der Zeit um 350–330 v. Chr.

Eine der in Mythos und Kunst am häufigsten dargestellten Figuren ist Perseus, der Sohn des Zeus und seiner menschlichen Geliebten Danae. Er wuchs auf Seriphos, einer ägäischen Insel, zum Mann heran. Hier herrschte Polydektes, dessen Bruder, der Fischer Diktys, Perseus und Danae gerettet hatte (siehe S. 135). Polydektes verliebte sich in Danae, doch sie wies ihn zurück. Daraufhin lud er alle Edlen von Seriphos zu einem Fest und forderte von jedem ein Pferd als Geschenk. Der arme Perseus scherzte, statt eines Pferdes könne er genauso gut eines der drei Gorgonenhäupter – schreckliche Ungeheuer mit Schlangenhaaren – bringen. Polydektes nahm ihn beim Wort und schätzte sich glücklich, den Beschützer der Danae auf aussichtslose Mission schicken zu können.

Doch die Götter Hermes und Athene kamen Perseus zu Hilfe. Der Heros wurde zunächst zu den Graien geschickt, jenen drei alten Weibern, die gemeinsam nur ein Auge und einen Zahn hatten, die ihm aber als einzige den Weg zu den Gorgonen weisen konnten. Er stahl ihnen Auge und Zahn und weigerte sich, beides zurückzugeben, bevor sie ihm die nötigen Informationen gegeben hatten. So schickten sie ihn zu Nymphen, die ihm eine Tarnkappe, geflügelte Schuhe und einen Lederbeutel mitgaben. Von Hermes erhielt er ein Sichelschwert. So flog er zu den Gorgonen. Nur eine von ihnen, Medusa, war sterblich, doch wer sie anblickte, erstarrte sofort zu Stein. Perseus sah sie in einem blanken Schild an, in dem sich ihr Gesicht widerspiegelte (einer anderen Version zufolge führte ihm Athene die Hand), schlug ihr den Kopf ab und steckte ihn in seinen Beutel. Dann flog er nach Seriphos zurück, rettete unterwegs Andromeda (siehe unten) und zeigte Polydektes und seinem Gefolge das Haupt, woraufhin diese sich in Stein verwandelten. Der Heros, der den Rest seines Lebens in Frieden und Wohlstand verbrachte, gab Athene das Haupt der Medusa, die damit ihre Feinde – buchstäblich – versteinerte.

Perseus und Andromeda

Eine der bekanntesten Episoden aus dem Leben des Perseus war die Rettung der schönen Andromeda: ein bevorzugtes Motiv der griechischen und römischen Kunst.

Kassiopeia, die Frau des Königs Kepheus von Äthiopien, prahlte damit, daß sie lieblicher sei als die Nereiden, fünfzig schöne Meernymphen, die Töchter des Nereus waren, des Alten Mannes aus dem Meer und Schutzherrn der Schiffer. Poseidon war über diese Prahlerei verärgert und schickte eine Überschwemmung sowie ein Meerungeheuer, das das Land verwüstete. Kepheus befragte ein Orakel, welches ihm mitteilte, er solle dem Ungeheuer seine Tochter Andromeda opfern, indem er sie an einen Felsen kettete. Als sie auf dem Felsen lag, flog Perseus vorüber und verliebte sich sofort in sie. Er bot sich an, das Ungeheuer zu töten, wenn er Andromeda heiraten dürfe.

Diese griechische Vase (um 250 v. Chr.) aus Süditalien zeigt Perseus, der gegen ein Ungeheuer kämpft, um Andromeda zu retten.

Kepheus nahm das Angebot des Heroen an, und Perseus setzte seine Tarnkappe auf, zog die geflügelten Schuhe an, nahm das Sichelschwert und vernichtete das Ungeheuer. Er befreite Andromeda und nahm sie zur Frau, nachdem er eine von Phineus, einem früheren Freier Andromedas, geführte Armee besiegte hatte. Andromeda gebar ihm Perses, der Kepheus' Erbe wurde.

DER TROJANISCHE KRIEG

Homers Kriegsepos

Menelaos (links), einer der griechischen Heerführer, im Zweikampf mit dem trojanischen Krieger Hektor in der Schlacht von Troja. Darstellung auf einer Vase, um 610 v. Chr.

Die *Ilias*, Homers großartige Dichtung über den Krieg zwischen den Griechen und der Stadt Troja im Nordwesten Kleinasiens, war im alten Griechenland weit verbreitet. Ihre literarische Bedeutung stand außer Frage, und sie diente als Grundstoff im hellenistischen Erziehungswesen. Den Griechen galt das Epos als historischer Bericht über ihre Vorfahren. Archäologische Funde haben gezeigt, daß Troja, das aufgrund seiner Größe und seiner Lage an der Küste unzweifelhaft von Bedeutung war, um 1100 v. Chr. tatsächlich durch Brand zerstört und verlassen wurde. Es war das Ende der Bronzezeit, und bei Homer haben die Krieger sowohl Bronze- als auch Eisenwaffen. In alter Zeit hieß Troja auch Ilion oder Ilios, woraus sich der Titel des Epos erklärt.

Die Geschichte beginnt mit Priamos und Hekabe, dem König und der Königin von Troja. Als Paris, einer ihrer fünfzig Söhne, geboren wird, träumt Hekabe, sie habe eine brennende Fackel geboren, die die Stadt zerstören werde. Das Kind wird ausgesetzt, überlebt jedoch wie durch ein Wunder und wird Schafhirt. Als junger Mann schlägt Paris seine Brüder in einem Faustkampf, wird als Sohn des Priamos erkannt und kehrt an den königlichen Hof zurück.

Inzwischen findet die Hochzeit zwischen dem sterblichen Peleus und der Meernymphe Thetis statt. Ein Orakel hatte Thetis die Geburt eines Sohnes geweissagt, der seinen Vater überragen werde: Achilleus, der beste der griechischen Krieger (siehe S. 158). Die Göttin Eris (»Zwietracht«), beleidigt, weil sie nicht zum Fest geladen ist, wirft einen goldenen Apfel unter die Gäste, auf dem »für die Schönste« geschrieben steht. Athene, Hera und Aphrodite beanspruchen jeweils die Frucht für sich, und Zeus bestimmt Paris, zu entscheiden, welche von den Göttinnen die Schönste ist. Athene verspricht Paris Weisheit und Sieg, Hera königliche Macht und Aphrodite verspricht ihm die schönste Frau der Welt. Der sinnliche Paris wählt Aphrodite, womit Troja die ewige Feindschaft der Göttinnen Hera und Athene sicher war. Der Preis, den Paris erhält, ist Helena, die Tochter der Leda und des Zeus (siehe S. 135) und die Gemahlin des Menelaos, des

DIE EPEN HOMERS

Die Geschichten vom Trojanischen Krieg und seinen Nachwirkungen wurden zum erstenmal in epischen Gedichten erzählt; die bekanntesten waren die *Ilias* und die *Odyssee*. Beide waren im alten Griechenland weitverbreitet und Gegenstand der literarischen Bildung. Als ihr Urheber gilt ein Sänger namens Homer (unten), über dessen Leben man nahezu nichts weiß, außer daß er vermutlich blind war und auf Chios geboren wurde. Schon in alter Zeit bezweifelten Wissenschaftler, daß die *Ilias* und die *Odyssee* von ein und derselben Person stammten oder jeweils von einer einzigen Person zusammengestellt worden waren. Obwohl beide Epen heute als Ergebnis einer langen mündlichen Überlieferung betrachtet werden, gelten sie immer noch als Urquell der abendländischen Literatur.

Der größte Teil der *Ilias* konzentriert sich auf nur wenige Tage des Trojanischen Krieges: den Streit zwischen Achilleus, dem größten Kämpfer der Griechen, und Agamemnon, deren Anführer. Die *Odyssee* erzählt von der Rückkehr des griechischen Helden Odysseus in seine Heimat Ithaka (siehe S. 160).

DIE HELDEN VON TROJA
Homer zufolge kämpften in Troja viele große Krieger. Zu den berühmtesten gehörten:

Auf seiten der *GRIECHEN:*
AGAMEMNON, der königliche Heerführer.
AIAS, Sohn des Oileus, bekannt als der kleinere Aias. Er vergewaltigte Kassandra, die Tochter des Priamos, bei der Plünderung der Stadt und entweihte die Altäre der Götter. Zur Strafe erlitt die griechische Flotte auf dem Heimweg Schiffbruch.
AIAS, Sohn des Telamon, der größte Krieger nach Achilleus, starrköpfig und verschlossen. Er wurde wahnsinnig, als Odysseus und nicht er nach dem Tod des Achilleus dessen Rüstung erhielt. Er versuchte, die griechischen Heerführer umzubringen, tötete statt dessen aber nur Schafe und brachte sich schließlich aus Scham um.
KALCHAS, griechischer Seher, der die Omen der Götter deutete.
DIOMEDES, ein hervorragender Krieger, obwohl er oft voreilige Ratschläge erteilte. Er verwundete zuerst Ares und dann Aphrodite auf dem Schlachtfeld.
MENELAOS, Bruder des Agamemnon; er wurde häufig als erfolglos dargestellt.
NESTOR, der älteste unter den Griechen, der weise Ratschläge gab.
ODYSSEUS, der listenreichste und klügste unter den Griechen, Beistand Agamemnons.

Auf seiten der TROJANER:
AENEAS, Sohn der Aphrodite; er entkam vor der Plünderung Trojas und wurde in der römischen Mythologie zum Gründer Roms (siehe S. 172).
GLAUKOS, ein lykischer Verbündeter Trojas, der – zum Zeichen ihrer langen gegenseitigen Gastfreundschaft – auf dem Schlachtfeld mit dem Griechen Diomedes die Rüstung austauschte.
HEKTOR, Sohn des Priamos und führender trojanischer Krieger. Sein Tod stellt den Höhepunkt der Ilias dar. Anders als die griechischen Kämpfer wird Hektor mit seiner Familie in ergreifender Weise geschildert.
PARIS, Sohn des Priamos, ein Verführer, der als sinnlich und weiblich geschildert wird. Er lebte mit Helena, deren Entführung die Ursache für den Krieg war, abseits des Königspalastes. Er hatte nur wenig Erfolg im Kampf und benutzte einen Bogen, die Waffe eines Feiglings.
PRIAMOS, König von Troja. Er kaufte den Leichnam seines Sohnes Hektor von Achilleus frei und starb, als die Stadt fiel.
SARPEDON, Sohn des Zeus, der von Patroklus getötet wurde. Zeus war versucht, seinen Sohn zu retten, doch Hera erinnerte ihn daran, daß auch Helden sterblich sein sollten.

Königs von Sparta. Paris besucht Sparta als Gast und empfängt alle Ehren, doch dann entführt er Helena mit der Hilfe Aphrodites nach Troja.

Alle griechischen Prinzen, die Freier Helenas gewesen waren, hatten geschworen, sie in der Zukunft vor Gewalttaten zu schützen. Menelaos und sein Bruder Agamemnon, der König von Argos, zitieren nun diese Prinzen herbei und stellen in Aulis eine große Expedition nach Troja zusammen, um die Entführung zu rächen. Achilleus und Odysseus widersetzen sich zunächst der Aufforderung. Achilleus lebt als Frau verkleidet auf der Insel Skyros, wird jedoch entdeckt, als eine Kriegstrompete ertönt und er als einziger nach den Waffen greift. Odysseus gibt sich, als sei er verrückt und pflügt das Ufer, doch auch er wird entlarvt, als man ihm sein eigenes Kind vor den Pflug legt. Beide Männer erklären sich schließlich bereit, an der Expedition teilzunehmen. Die Griechen versammeln sich in Aulis, doch ihre Flotte wird von der Göttin Artemis aufgehalten, die im Krieg auf der Seite Trojas steht. Agamemnon muß seine Tochter Iphigenie opfern, um günstigen Wind für die Weiterfahrt zu erhalten. Schließlich segelt die Flotte nach Kleinasien, die Krieger schlagen vor Troja ihre Zelte auf und belagern die Stadt zehn Jahre lang.

Während der Belagerung gewinnt Agamemnon Chryseis, die Tochter des Apollonpriesters Chryses, als Kriegsbeute. An diesem Punkt beginnt die *Ilias* Homers. Der Priester verlangt seine Tochter zurück, und betet, als ihm dies verweigert wird, zu Apollon, er möge die Griechen vernichten. Daraufhin wird ihr Lager von einer schrecklichen Seuche heimgesucht; doch dann wird Agamemnon gezwungen, Chryseis ihrem Vater zurückzugeben. In seinem Zorn beansprucht Agamemnon Briseis, die Beute des Kriegers Achilleus, für sich.

Empört weigert sich nun Achilleus, weiterzukämpfen und bittet die Götter um die Vernichtung der Griechen, so daß sie seinen Abschied aus dem Heer bedauern werden. Hektor, der älteste Sohn des Priamos und Anführer der Trojaner, stößt mit seinem Heer zu den Schiffen der Griechen vor, wobei zahlreiche Helden verwundet oder getötet werden.

Achilleus

Achilleus war nach der Beschreibung in Homers Ilias *ein typisch griechischer Held: stark, stolz, furchtlos, leidenschaftlich und zornig. Er war der beste, aber auch grausamste Krieger und verkörperte ebenso wie Herakles das Paradox des griechischen Heroismus.*

Achilleus (links) tötet die Amazonenkönigin Penthesilea. Eine Amphore (Vorratskrug) aus der Zeit um 540 v. Chr., gefertigt und bemalt von Exekias, einem der größten griechischen Töpfer und Maler.

Achilleus, das Kind des Peleus und der Meernymphe Thetis, wurde von Cheiron, einem weisen Kentauren, erzogen. Seine Mutter tauchte ihn als Säugling in den Styx, um seinen Körper unverwundbar und unsterblich zu machen, bis auf jene Stelle an der Ferse, an der sie ihn festhielt. Achilleus wurde vom Schicksal vor die Wahl gestellt, ein langes unbeschwertes, aber unbedeutendes Leben zu führen oder einen frühen Tod mit ewigem Ruhm zu sterben. Er wählte das letztere.

Achilleus wurde für die Griechen das Vorbild des ehrlichen, edelmütigen Mannes, der das unehrenhafte Verhalten beispielsweise eines Agamemnon nicht ertragen konnte, der ihm seine Kriegsbeute, die Trojanerin Briseis, wegnahm. In Troja bekämpfte und tötete er Penthesilea, die Amazonenkönigin, und verliebte sich in sie, als sie im Sterben lag.

Die griechischen Heroen Achilleus und Aias spielen zwischen zwei Schlachten Schach. Detail einer schwarzfigurigen Amphore aus dem 6. Jh. v. Chr. von Exekias.

Patroklus, der engste Freund des Achilleus, bittet den untätigen Krieger, ihm seine Rüstung zu leihen, damit sich die Trojaner in dem Glauben, Achilleus habe den Kampf wieder aufgenommen, zurückziehen. Widerstrebend willigt Achilleus ein, warnt aber Patroklus, vorsichtig zu sein. Dieser folgt jedoch nicht seinem Rat, schlägt zwar die Trojaner zurück, wird aber schließlich von Hektor getötet.

Achilleus' Trauer ist grenzenlos, und er kehrt aufs Schlachtfeld zurück, um seinen Freund zu rächen. Es folgt nun die berühmte Szene, in der er Hektor dreimal um die Mauern Trojas herum verfolgt und ihn schließlich im Zweikampf tötet. Patroklus erhälte ein großartiges Begräbnis, während Hektor unbestattet bleibt, weil Achilleus seinen Leichnam zurückgehalten und geschändet hat. Die erzürnten Götter zwingen Achilleus, Hektor gegen ein Lösegeld Priamos auszuhändigen (die *Ilias* endet mit dem Begräbnis Hektors). Achilleus stirbt, als Paris ihn mit seinem Pfeil in die Ferse, die einzige verwundbare Stelle seines Körpers, trifft; seine Rüstung bekommt Odysseus als der zweitbeste griechische Krieger. Bald darauf wird Paris, der Sohn des Priamos, von dem Bogenschützen Philoktetes erschossen.

Vom Zeitpunkt des Todes ihres Heerführers Hektor an ist Troja dem Untergang geweiht. Der listenreiche Odysseus entwickelt den Plan, ein riesiges hölzernes Pferd zu bauen, in dem die besten griechischen Krieger sich verstecken, während die griechische Flotte wie zum Rückzug davonsegelt. Die Trojaner glauben, das Pferd sei eine Opfergabe an die Götter, und ziehen es durchs Tor in die Stadt. In der Nacht steigen die griechischen Krieger heraus und öffnen das Stadttor für das restliche Heer, das inzwischen wieder an Land gekommen ist. Troja ist nun eingenommen; die Stadt wird geplündert und in Brand gesteckt. König Priamos und die ihm noch verbliebenen Söhne werden getötet, Königin Hekabe und mit ihr alle trojanischen Frauen werden in die Sklaverei geführt.

NACH TROJAS FALL

Odysseus und Agamemnon

Odysseus und seine Gefährten blenden den Kyklopen Polyphemos; Darstellung auf einer Amphore aus der Zeit um 530–510 v. Chr.

Mit der Plünderung Trojas waren die Abenteuer der griechischen Helden noch nicht beendet. Die Griechen kannten zahlreiche Mythen über ihre jeweilige Heimkehr, von denen am bekanntesten die *Odyssee* ist, jenes großartige Epos Homers, das nach dem Helden Odysseus (der bei den Römern Ulixes hieß) benannt ist. Es hieß, die Griechen hätten nach der Plünderung Trojas die Altäre der Stadt entweiht, so daß die Götter erzürnt waren und Stürme schickten, um die griechische Flotte auf dem Heimweg auseinanderzureißen. Viele Helden strandeten in Italien oder Afrika, bevor sie nach Griechenland zurückkehren konnten.

Nachdem die Schiffe des Odysseus und seines Gefolges von der Flotte getrennt worden sind, erreichen sie die Stadt Kikones und plündern sie. Ein weiterer Sturm lenkt die Schiffe vom Kurs ab, und sie gelangen in eine Welt voller Ungeheuer und Hexen. Zunächst kommt Odysseus in das Land der Lotosesser, die einigen seiner Gefährten Lotosblüten zum Verzehr aufnötigen geben, woraufhin sie ihr Gedächtnis verlieren und in eine Lethargie verfallen, so daß sie in die Schiffe zurückgetragen werden müssen. Dann folgt ein Abenteuer auf der Insel, die von Kyklopen bewohnt ist, einäugigen Ungeheuern, die in Höhlen leben und weder ein Gesetz noch eine soziale Ordnung kennen. Odysseus nimmt Wein mit und erkundet mit einigen seiner Gefährten die Insel; in einer Höhle findet er Spuren von Schafen. Gegen den Rat seiner Begleiter besteht er darauf, den Hirten zu suchen. Es ist der Kyklop Polyphemos, der, als er mit seiner Herde zurückkehrt, die Öffnung der Höhle mit einem riesigen Felsen versperrt. Als er die Griechen entdeckt, verspeist er zwei von ihnen roh zum Abendessen und zwei weitere zum Frühstück. Die Griechen können nicht entkommen, da nur der Kyklop den Stein fortbewegen kann. Doch Odysseus hat einen Plan. Mit dem Wein macht er den Kyklopen betrunken, und als dieser ihn nach seinem Namen fragt, antwortet er »Niemand«. Als der Kyklop betäubt daliegt, blendet ihn Odysseus mit einem glühenden Holzstock. Polyphemos schreit um Hilfe, und als andere Kyklopen kommen und fragen, wer ihm Schmerz zugefügt habe, erwidert er: »Niemand hat es getan!« So nehmen die anderen Kyklopen an, daß alles in Ordnung sei, und gehen wieder, woraufhin Odysseus jeden seiner Männer unter ein Schaf bindet und sich selbst am Bauch eines Widders festklammert. Als der blinde Kyklop am nächsten Morgen seine Schafe hinausläßt, entkommen die Griechen. Von seinem Schiff aus verhöhnt Odysseus den Kyklopen, der ihn verflucht. Der Meeresgott Poseidon, Vater des Polyphemos, läßt daraufhin Odysseus zehn Jahre lang auf dem Meer umherirren.

Als nächstes gelangen die Männer zu Aiolos, dem König der Winde. Odysseus bekommt einen Sack voller Wind, so daß seine Schiffe in Sichtweite Ithakas segeln können. Doch der Held schläft ein, und seine Männer öffnen den Sack, weil sie glauben, darin befinde sich ein Schatz. Der Wind entweicht und verursacht einen Sturm, der die Reisenden zu Aiolus zurücktreibt und von dort weiter zum Land der Laistrygonier, menschenfressenden Riesen, die alle Schiffe des Odysseus bis auf eines vernichten und die Mannschaften auffressen.

Der nächste Schauplatz der Episode ist die Insel der bezaubernden Göttin Kirke. Die Hälfte der Mannschaft nähert sich ihrem Palast im Wald, wo Wölfe, Bären und Löwen wie zahme Tiere spielen. Kirke lädt sie alle ein und reicht ihnen einen betäubenden Trunk, sie verwandelt sie in Schweine und sperrt alle in einen Stall. Der einzige von Odysseus' Leuten, der dies beobachtet hat, berichtet dem Helden von dem neuen Unglück. Mit Hilfe des Hermes und einer Zauberpflanze wird Odysseus gegen die Zauberkräfte Kirkes gefeit und zwingt sie, seine Männer zu erlösen. Danach bleibt die Mannschaft ein Jahr auf der Insel und feiert. Dann gibt Kirke Ratschläge für Odysseus' weitere Reise. Zunächst soll er in die Unterwelt fahren, und den Seher Teiresias befragen, wie er den Weg nach Hause findet. Teiresias rät Odysseus, ein Land aufzusuchen, welches das Meer nicht kennt, und Poseidon dort ein Opfer zu bringen. Es ist die Unterwelt, wo Odysseus die großen Helden und Heldinnen der Vergangenheit sowie alle

ODYSSEUS

Odysseus, eine wichtige Figur in der *Ilias* und Protagonist der *Odyssee*, tauchte in der griechischen Tragödie häufig auf und war bekannt für seine List und seinen politischen Pragmatismus. Für die Philosophen war Odysseus der Archetyp eines komplizierten und berechnenden Charakters im Gegensatz zum ehrlichen und edlen Achilleus. In einigen der zahlreichen Erzählungen über sein Leben heißt es, er sei nicht das legitime Kind des Heros Laertes, wie Homer behauptet, sondern ein unehelicher Sohn des Sisyphos, der wegen seiner Betrügereien zu ewiger Strafe in der Unterwelt verdammt wurde: Er mußte einen Felsen einen Berg hinaufschieben, der wieder hinunterrollte, sobald er die Spitze des Berges erreicht hatte (siehe S.146). Der Seher Teiresias prophezeit, daß der Tod des Odysseus aus dem Meer kommen werde. In einigen Erzählungen heißt es, Telegonos, Sohn des Odysseus und der Kirke, segle nach Ithaka und töte aus Versehen scinen Vater.

Sünder sieht, die bestraft werden. Unter ihnen befinden sich auch Achilleus und Aias, seine Gefährten aus dem Trojanischen Krieg.

Von der Unterwelt aus fährt Odysseus vorbei an der Insel der Sirenen, jener Ungeheuer mit Vogelkörpern und Frauenköpfen, die mit ihrem unwiderstehlichen Gesang die Seeleute anlocken, um sie dann zu töten. Odysseus entrinnt ihrem Zauber, indem er sich, dem Rat der Kirke folgend, am Schiffsmast festbinden läßt, während seine Männer sich die Ohren mit Wachs zustopfen.

Odysseus und sein Gefolge steuern an den Seeungeheuern Skylla und Charybdis vorbei und erreichen schließlich Thrinakia, die Insel der Sonne. Kirke hatte sie gewarnt, nicht von dem Vieh der Sonne zu essen, doch das Schiff ist in eine Flaute geraten, und die hungrige Mannschaft tötet das Vieh. Doch selbst das auf dem Spieß bratende Fleisch brüllt weiter, und die Haut der Kühe bewegt sich, als würden sie leben. Erzürnt vernichtet die Sonne das Schiff mitsamt der Mannschaft bis auf Odysseus, der den Schiffbruch überlebt und auf der Insel der Kalypso landet, einer Göttin, die ihn acht Jahre lang als unfreiwilligen Gemahl in einer Höhle hält. Schließlich wird Odysseus durch das Eingreifen der Göttin Athene befreit. Er baut ein Floß und erreicht damit das Land der Phaiaken, einen prächtigen und fruchtbaren Ort, dessen Bewohner ihn reich bewirten. Ihr König Alkinoos schickt Odysseus in einem mit Geschenken beladenen Zauberschiff in seine Heimat zurück.

Endlich nach Ithaka zurückgekehrt, muß Odysseus feststellen, daß seine Frau Penelope von Freiern belagert und sein Sohn Telemachos von Thronrivalen bedroht wird. Penelope hatte sich immer geweigert zu glauben, daß Odysseus tot sei, kann jedoch die Freier nicht mehr länger mit ihrer List in Schach halten. Unerkannt stellt Odysseus zunächst die Treue seiner Familie und der Ithaker auf die Probe. Dann werden mit Hilfe des Telemachos und seiner treuen Gefolgsleute die Freier getötet, und Odysseus ist nach zwanzig Jahren wieder mit Penelope vereint. Die *Odyssee* endet mit einem Lob auf die Heldentaten des Irrfahrers und auf die Werte der Familie. In den Augen der Griechen verlieh diese Botschaft dem Werk eine große moralische Bedeutung.

Agamemnon, König von Argos

Die Geschichte vom Schicksal des Königs Agamemnon, dem siegreichen griechischen Heerführer im Trojanischen Krieg, wurde immer wieder von griechischen Schriftstellern erzählt, so auch von dem Dramatiker Aischylos in der Orestie, *einer Trilogie.*

Nach dem Krieg kehrt Agamemnon im Triumph in seinen Palast in Argos zurück. Kassandra, die Tochter des Königs Priamos, die die Gabe der Prophetie besitzt, führt er als seine Beute und Konkubine mit sich. Doch seine Frau Klytaimnestra und ihr Geliebter Aigisthos haben einen mörderischen Plan geschmiedet. Klytaimnestra begrüßt ihren Gatten und führt ihn zum Bad. Nach dem Bad wirft sie, statt ihm ein Handtuch zu reichen, ein Netz über seinen Kopf und ermordet ihn. Kassandra wird ebenfalls von der Königin getötet.

Agamemnon kämpft unter dem Netz, das Klytaimnestra (rechts) über ihn geworfen hat; Aigisthos (links) ersticht ihn. Attischer krater *um 470 v. Chr.*

Orestes, der Sohn Agamemnons, der in der Fremde herangewachsen ist, kehrt zurück, um Rache zu nehmen. Unerkannt betritt er den Palast und tötet den Usurpator Aigisthos und Klytaimnestra (häufig gilt seine Schwester Elektra als seine Helferin).

Als Muttermörder wird Orestes von den Furien verfolgt und flieht nach Delphi, um von seiner Tat reingewaschen zu werden. Von dort zieht er weiter nach Athen, wo er vor Gericht gestellt und dank der entscheidenden Stimme der Göttin Athene freigesprochen wird. Dann kehrt er zurück und herrscht über Argos.

MISSETÄTER

Vergehen wider die natürliche Ordnung

DAIDALOS UND IKAROS
Daidalos ist wohl vor allem durch die tragische Geschichte seines Sohnes Ikaros bekannt geworden. König Minos von Kreta war so erzürnt über Daidalos, der Theseus im Kampf gegen den Minotauros (siehe rechts) beigestanden hatte, daß er ihn und Ikaros einsperrte. Um von der Insel zu entkommen, fertigte der Handwerker für sich und seinen Sohn Flügel aus Wachs und Federn an. Daidalos warnte seinen Sohn davor, der Sonne zu nahe zu kommen, doch als sie sich in die Lüfte erhoben, vergaß der Sohn die Warnung. Das Wachs an seinen Flügeln schmolz, und Ikaros stürzte ins Meer, das nach ihm benannt wurde. Daidalos erreichte Sizilien (in einigen Erzählungen das italienische Festland), wo er bis zu seinem Tode lebte.
Die obige Abbildung basiert auf einer Bronzefigur, die Ikaros mit angeschnallten Flügeln und bereit zum Abflug zeigt.

Viele griechische Mythen berichten von Missetätern und ihrer Bestrafung. Diese Geschichten wurden wahrscheinlich erzählt, um die soziale Ordnung aufrechtzuerhalten, insbesondere in der Familie, denn viele Mythen haben das Überschreiten sexueller Normen zum Thema. Fast immer sind die Protagonisten Menschen, denn die Götter und Göttinnen konnten sich im allgemeinen ungestraft Fehltritte leisten. Die Vergehen der Sterblichen hingegen wurden meist schwer bestraft – ein Paradox, dessen sich die alten Griechen sehr wohl bewußt waren. Im folgenden einige der wichtigsten Missetäter, ihre Vergehen und ihre Strafen:

Atreus und Thyestes waren die Söhne des Pelops, des Sohns des Tantalos (siehe S. 146). Als Atreus seinen Bruder daran hinderte, den Thron des Argos zu besteigen, verführte Thyestes Aerope, die Frau des Atreus. Aus Rache lud Atreus Thyestes zu einem Fest und setzte ihm seine eigenen Kinder als Speise vor. Die Kinder des Atreus waren Agamemnon und Menelaos, die Klytaimnestra bzw. Helena heirateten, die vielleicht berühmteste Ehebrecherinnen. Aigisthos, ein überlebender Sohn des Thyestes, wurde der Geliebte Klytaimnestras und stiftete sie zum Mord an ihrem Ehemann, seinem Vetter Agamemnon, an (siehe S. 161).

Daidalos, der von den Griechen als der größte Handwerker und Erfinder unter den Sterblichen verehrt wurde, war ebenfalls ein Missetäter, dem verschiedene Vergehen nachgesagt wurden. Obwohl er Mitglied des königlichen Hofes in Athen war, mußte er die Stadt verlassen, nachdem er seinen Neffen Perdix getötet hatte, seinen Konkurrenten, der nach dem Vorbild eines Fischrückgrats die Säge erfunden hatte. Als Daidalos den jungen Mann eine Klippe hianbstieß, verwandelte sich dieser in ein Rebhuhn (griechisch *perdix*). Daidalos floh nach Kreta, wo er in den Dienst des Königs Minos trat. Minos hatte Poseidon um einen Stier gebeten, den er ihm als Opfer darbringen wollte, doch der Stier war so prächtig, daß der König ihn behalten hatte. Erzürnt darüber bewirkte Poseidon, daß sich Pasiphae, die Gattin des Minos, in den Stier verliebte. Daidalos baute ein lebensgroßes Modell einer jungen Kuh, in der Pasiphae sich verstecken konnte, um ihre widernatürliche Leidenschaft zu befriedigen. Sie gebar Minotauros, ein wildes Tier, das halb Mensch und halb Stier war. Da befahl Minos dem Daidalos, ein Labyrinth als Gefängnis für das Ungeheuer zu bauen. Später gab Daidalos Ariadne den Faden, mit dessen Hilfe Theseus, nachdem er Minotauros getötetet hatte (siehe S. 150), den Weg aus dem Labyrinth wieder hinausfinden konnte.

Die Danaiden waren die fünfzig Töchter des Danaos, Sohn des Zeus und der Io (siehe S. 134). Sie wurden gezwungen, die fünfzig Söhne ihres Onkels Aigyptos zu heiraten. In der Hochzeitsnacht töteten neunundvierzig der Danaiden ihre Gatten. (Die fünfzigste, Hypermnestra, liebte ihren Mann Lynkeus; aus ihrer Verbindung gingen Perseus und Danae hervor.) Als Strafe mußten die neunundvierzig Mörderinnen in der Unterwelt auf ewige Zeiten mit einem Sieb Wasser in ein Gefäß füllen.

Tereus, König von Thrakien. Er half König Pandion von Athen, erhielt dafür dessen Tochter Prokne zur Frau und hatte mit ihr einen Sohn, Itys. Als Philomena, die zweite Tochter des Pandion, ihre Schwester besuchte, vergewaltigte Tereus sie und schnitt ihr die Zunge ab, damit sie niemandem davon erzählen konnte. Doch Philomena webte einen Teppich, der das ihr zugefügte Leid darstellte, und zeigte ihn Prokne. Aus Rache töteten die Schwestern Itys, kochten ihn und gaben ihn dem unwissenden Vater zu essen, der jedoch das Verbrechen entdeckte und die Schwestern verfolgte. Als Mörder wurden sie alle in Vögel verwandelt: Prokne z. B. in eine Schwalbe und Philomena in eine Nachtigall.

Ödipus

Ödipus war die berühmteste Figur in der griechischen Mythologie, die sexuelle Normen durchbrach. Die bekannteste Version seiner Geschichte wurde von Sophokles in dem Drama König Ödipus *erzählt. Ödipus ist auch das beste Beispiel für den griechischen Helden, der alle edlen Eigenschaften besitzt und trotzdem vom Schicksal dazu verdammt ist, Verbrechen wider die natürliche Ordnung zu begehen. Theben, der Ort der Handlung, war häufig Hintergrund der griechischen Tragödie.*

König Laios und Königin Jokaste von Theben hatten vom Orakel in Delphi erfahren, daß ihr zukünftiges Kind seinen Vater töten und mit seiner Mutter schlafen werde. Als nun Jokaste einen Sohn zur Welt brachte, durchbohrte Laios ihm die Füße, band sie zusammen und setzte das Kind in den Bergen aus. Doch ein Hirte rettete den Säugling und brachte ihn nach Korinth, wo er von König Polybos und Königin Merope adoptiert wurde, die ihm den Namen Ödipus (»Schwellfuß«) gaben.

Jahre später wurde Ödipus bei einem Fest von einem Fremden verspottet, er sei nicht der Sohn des Polybos. Die Beleidigung nagte so sehr an ihm, daß er das Orakel in Delphi befragte, das ihm weissagte, er werde seinen Vater töten und seine Mutter heiraten. In der Annahme, Polybos und Merope seien seine wirklichen Eltern, beschloß er, nach Korinth zu fliehen. Auf der Straße nach Theben erschlug er einen Fremden, der ihn beleidigt hatte; dieser Mann war sein Vater Laios. Zu dieser Zeit litt Theben unter der Sphinx, die jeden tötete, der ihr Rätsel nicht lösen konnte: »Was hat vier Beine am Morgen, zwei Beine am Mittag und drei Beine am Abend?« Ödipus gab die richtige Antwort: Es ist der Mensch, der als Säugling auf allen Vieren krabbelt, als Erwachsener aufrecht geht und im Alter einen Stock benutzt. Die Sphinx stürzte sich in den Ozean, und Ödipus wurde als der Retter der Stadt mit Jubel empfangen. Man bat ihn, Herrscher über Theben zu werden und die kürzlich verwitwete Königin zu heiraten: seine eigene Mutter Jokaste. Von ihr bekam er vier Kinder, zwei Söhne – Polyneikes und Eteokles – und zwei Töchter – Antigone und Ismene.
Unter seiner Herrschaft blühte Theben.

Viele Jahre später wurde die Stadt von Trockenheit, Hunger und Krankheit heimgesucht. Das Orakel in Delphi weissagte den Thebanern, das Elend werde erst dann enden, wenn der Mörder des Laios vertrieben sein würde. Ödipus forschte selbst nach und erfuhr die Wahrheit von dem Seher Teiresias (siehe S. 165) und dem Hirten, der ihn als Kind gerettet hatte. Ödipus blendete sich selbst und ging ins Exil; Jokaste, seine Mutter und zugleich Mutter seiner Kinder, erhängte sich.

Gemälde auf einem kylix *(flache Trinkschale) aus der Zeit um 470 v. Chr.: Ödipus, mit Reisehut und Reisekleidung auf dem Weg nach Theben, und die Sphinx.*

IXION
Eine für seine sexuellen Vergehen berüchtigte Gestalt war Ixion, der König der Lapithen, einem sagenhaften Volk von Thessalien. Er versuchte, die Göttin Hera zu vergewaltigen, die ihn aber täuschte, indem sie eine Wolke, die ihre Gestalt hatte, in ihr Bett legte. Mit ihr vereinigte sich Ixion, als er betrunken war. Zeus bestrafte ihn, indem er ihn dazu verdammte, an ein Rad gebunden zu werden, das sich auf ewig in der Unterwelt drehte. Aus der Verbindung Ixions mit der Wolke ging Kentauros hervor, der sich später ebenfalls eines sexuellen Vergehens schuldig machte, indem er mit einer Stute den ersten Kentaur zeugte (siehe S. 164). Die oben abgebildete Malerei auf einer Schale zeigt Ixions Bestrafung.

KENTAUREN, AMAZONEN

Fabelwesen

Kentauren in der Schlacht gegen die Lapithen; Darstellung auf einem Tempelfries im arkadischen Bassai auf dem Peloponnes.

Kentauren und Amazonen waren Fabelwesen, die, so glaubte man, die Normen zivilisierten Verhaltens untergruben. Häufig treten sie als Kämpfer gegen die Heroen auf, und sowohl die Kentauromachie (Schlacht der Kentauren) als auch die Amazonomachie (Schlacht der Amazonen) waren immer wiederkehrende Themen in Kunst und Mythos.

Die Kentauren, Abkömmlinge des Ixion (siehe S. 163), hatten einen menschlichen Oberkörper und den Unterleib eines Pferdes; sie wurden oft mit sexueller Freizügigkeit und Gewalt in Verbindung gebracht. Bei der Hochzeit des Peirithoos, des Königs der Lapithen, versuchten die Kentauren, die Braut zu entführen. Dies führte zu einer Schlacht, bei der Theseus den Lapithen zu Hilfe kam. Doch es gab auch kluge und freundliche Kentauren, wie etwa Cheiron, der Heroen wie Jason und Achilleus aufzog, oder Pholos, der Herakles als Gast aufnahm. (Leider nahm sein Besuch ein bitteres Ende, weil andere Kentauren ebenfalls von dem Wein kosten wollten, den Pholos ihm angeboten hatte. In einem Kampf wurden sie von dem Helden getötet. Ein anderer Kentaur, Nessos, verursachte schließlich den Tod des Herakles; siehe S. 148.)

Die Amazonen waren kriegerische Frauen aus dem Osten, die sich oft als Perserinnen kleideten (und deshalb als »Barbaren« galten); sie ritten zu Pferde, schossen und raubten und bauten kein Getreide an. Ihre Waffe war der Bogen, und einigen Überlieferungen zufolge schnitten sie sich eine Brust ab, um Pfeil und Bogen besser handhaben zu können. (In einigen Quellen wird behauptet, Amazone bedeute »Brustlose«, obwohl die Amazonen immer mit zwei Brüsten dargestellt wurden.) Es heißt, daß sie Männer als Sklaven hielten und alljährlich für einen Monat zu ihnen zurückkehrten, um sich fortzupflanzen. Knaben wurden zum Sterben ausgesetzt, während Mädchen nach dem Vorbild ihrer Mütter aufgezogen wurden. In der *Ilias* tötet Achilleus die Amazonenkönigin Penthesilea (siehe S. 158). In Athen zeigte man Besuchern die vermeintlichen Gräber der Amazonen, die in der Schlacht gegen Theseus gefallen waren.

Amazonen kämpfen gegen die Athener; Fries im Parthenon, Athen; 447–432 v. Chr.

VERWANDLUNGEN

Mythen von Metamorphosen; Orpheus

In griechischen Mythen kommt es im Handlungsverlauf häufig zu einem entscheidenden Wendepunkt, wenn eine Figur eine andere Gestalt annimmt: meist die einer Pflanze, eines Tiers oder eines anderen Geschöpfs der Natur. Zu den bekanntesten Verwandlungsmythen gehört die Geschichte von Halkyone (oder Alkyone) und ihrem Mann Keyx, die sich vermessen Hera und Zeus nannten. Deshalb verwandelten die Götter sie in Seevögel. Jeden Winter brachte Aiolos, der Gott der Winde, die Wellen zum Stillstand, so daß Halkyone, die zum Eisvogel (Halkyon) geworden war, ungestört ihre Eier ausbrüten konnte – daher der Ausdruck »(h)alkyonische Tage« für eine Zeit des Friedens und der Zufriedenheit.

Zwei Verwandlungsgeschichten kreisen um die Nymphe Echo. Berühmt ist vor allem jene, in der ihr geschwätziges Reden die Göttin Hera so lange ablenkt, das eine Liebesaffäre des Zeus von ihr unentdeckt bleibt. Zur Strafe bringt Hera Echo dadurch zum Schweigen, daß sie alle ihre Äußerungen auf die letzte Silbe dessen reduzierte, was der andere gesagt hat. Echo verliebt sich in Narkissos, den schönen Sohn des Flußgottes Kephissos, doch als sie versucht, ihn zu verführen, kann sie immer nur seine letzten Worte wiederholen. Echo vergeht vor Gram, bis von ihr nur noch der Widerhall übrigbleibt. Sie verflucht Narkissos, der später an einen Teich kommt, sein Spiegelbild sieht und sich darin verliebt. Da er es nicht besitzen kann, vergeht auch er vor Gram. Als er stirbt, verwandelt er sich in eine Narzisse.

Im zweiten Mythos wird Echo von Pan, dem Gott des Waldes und der Weiden, verfolgt, der oft mit Beinen und Hörnern einer Ziege dargestellt wurde. Sie weist ihn zurück und flieht. Doch in seinem Zorn stiftet Pan eine Gruppe von Schafhirten dazu an, die Nymphe zu zerreißen, so daß von ihr nur ihre klagende Stimme übrig bleibt, die in den Bergen widerhallt.

In dem Mythos von Io, einer Geliebten des Zeus, taucht auch Hera auf. Io, Priesterin der Hera, ist die Tochter des Flußgottes Inachos. Zeus begehrt sie und verwandelt sich in eine Wolke, um sich mit ihr zu vereinigen. Als Hera jedoch Verdacht schöpft, versucht er, seine Frau zu täuschen und verwandelt Io in eine schöne weiße Färse. Hera erbittet sich die junge Kuh als Geschenk und läßt sie von dem hundertäugigen Ungeheuer Argos bewachen. Um seine Geliebte zu befreien, bedient sich Zeus der Hilfe des listenreichen Hermes, der Argos mit Geschichten in den Schlaf lullt (siehe Abbildung oben rechts) und ihm dann den Kopf abschlägt. Doch die unbesiegbare Hera schickt eine Bremse, die Io quält. In den Wahnsinn getrieben irrt Io durch die Welt bis nach Ägypten. Dort gibt Zeus ihr mit einer zarten Berührung *(epaphein)* ihre menschliche Gestalt zurück und schwängert sie dadurch mit einem Sohn namens Epaphos, dem späteren Gründer der königlichen Familien von Ägypten und Argos sowie dem Stammvater der Danaiden (siehe S. 162).

Später streiten Zeus und Hera darum, ob der Mann oder die Frau mehr Genuß beim Liebesakt empfinde. Hera behauptet, Frauen hätten viel weniger Vergnügen daran als Männer. Sie befragen Teiresias, den einzigen, der beide Seiten kennt. Seine Antwort, daß Frauen neunmal soviel Genuß dabei hätten wie Männer, erzürnt Hera so sehr, daß sie ihn erblinden läßt. Doch seine Blindheit wird durch die Gabe der Prophetie und ein langes Leben ausgeglichen. Es ist Teiresias, der enthüllt, daß Ödipus seinen Vater getötet und seine Mutter geheiratet hat (siehe S. 163). Teiresias, der berühmte Seher der Sagen um Theben, soll laut Hesiod sieben Generationen lang gelebt haben. Auch behielt er als einziger Sterblicher im Haus des Hades seine menschlichen Sinne, obwohl sonst alle als bloße Schatten umherwandelten. Einer Erzählung zufolge beobachtet er einmal zwei ineinander verschlungene, sich paarende Schlangen. Er schlägt mit einem Stock auf sie ein, woraufhin er in eine Frau verwandelt wird. Acht Jahre später begegnet er denselben Schlangen, die sich auch diesmal paaren. Wieder schlägt er auf sie ein und wird in einen Mann zurückverwandelt.

Hermes ist bereit, den Kopf des Argos, des Wächters der Io, abzuschlagen. Der Gott hat ihn mit seinen Geschichten eingeschläfert. Vasenbemalung aus der Zeit um 470 v. Chr.

ORPHEUS UND DIE ORPHIKER

Zu den weitverbreiteten Verwandlungsmythen gehört die Geschichte von Orpheus und Eurydike, in der es dem großen Sänger gelingt, seine Geliebte aus der Unterwelt zurückzuholen, er sie jedoch sofort wieder verliert. Orpheus selbst erstand vom Tod zu ewigem Leben, jedoch in zerstückelter Form.

Der Thrakier Orpheus war der Sohn der Kalliope, der Muse der epischen Dichtung und Beredtsamkeit, und galt als der größte aller Sänger. Er war mit Eurydike verheiratet; als sie starb, war er vom Kummer gebrochen; er nahm seine Leier und drang in die Unterwelt ein. Von seinem Spiel und seinem Gesang waren die Götter der Unterwelt so entzückt, daß sie Eurydike erlaubten, auf die Erde zurückzukehren, allerdings unter einer Bedingung: Orpheus durfte sich nicht umdrehen, während er sie zurück ans Licht führte. Als er jedoch den Ausgang der Unterwelt erreichte, wurde Orpheus überwältigt von Furcht und Liebe und drehte sich nach Eurydike um. Schließlich kehrte sie für immer in die Unterwelt zurück. In seiner Trauer wies Orpheus nun alle Frauen von sich. Einige thrakische Frauen waren darüber so erbost, daß sie ihn zerstückelten; doch sein Kopf und seine Leier sangen weiter. Schließlich wurde ein Tempel über seinen Kopf gebaut, von dem Prophezeiungen ausgingen.

Orpheus galt als Begründer der mystischen Religion des Orphismus (siehe S. 128).

ROM

Das Forum Romanum war der religiöse, verwaltungstechnische und kommerzielle Mittelpunkt der Stadt. Hier befanden sich die Tempel des Janus und Saturn sowie der Tempel der Vesta, in dem das Feuer der Stadt gehütet wurde, das niemals verlöschen durfte.

Das Römische Reich umfaßte in den ersten vier Jahrhunderten v. Chr. nicht nur den größten Teil des heutigen Europa, sondern weite Gebiete darüber hinaus. In der Stadt Rom lebten eine Million Menschen, im gesamten Reich mehr als fünfzig Millionen; neben dem Lateinischen, der Sprache der Zentralverwaltung, wurden mehr als hundert verschiedene Sprachen gesprochen.

Das Wissen um die territoriale Ausdehnung der römischen Herrschaft ist unabdingbar zum Verständnis der römischen Mythologie. Ein so weiträumiges Reich konnte keine einheitliche mythologische und religiöse Tradition ausbilden. Die ägyptischen Mythen von Isis und Osiris, die griechische Mythen von Ödipus und Agamemnon, die keltischen Mythen Britanniens und Galliens (das heutige Frankreich): sie alle waren in gewissem Sinn auch *römische* Mythen, denn die Bevölkerung des Reiches bzw. von Teilen des Reiches konnte sie als ihre eigenen betrachten.

Die Römer übernahmen zahlreiche Mythen der eroberten Völker in freizügiger Weise. Dem heutigen Betrachter bietet sich daher eine Fülle offensichtlich widersprüchlicher Bilder – Tempel ursprünglich italischer Gottheiten stehen neben den griechischen oder orientalischen Gottheiten; hochrangige »römische« Priester neben den fremden, prächtigen, selbstkastrierten Priestern der Großen Mutter. So ist es kein Wunder, daß man sich in Rom darüber stritt, welches der »echte« römische Mythos und die »echte« Religion waren.

Doch auch in dieser eklektizistischen Kultur gab es eine ganze Reihe von Mythen, die als römisch im ureigenen Sinn galten. Die bekanntesten sind die Mythen über die Gründung der Stadt (Aeneas und Romulus) und über die legendären Helden der römischen Frühgeschichte. Die Römer selbst betrachteten natürlich den Mythos von der Gründung ihrer Stadt als den wichtigsten.

DIE STADT ROM

Rom galt den Bewohnern des Römischen Reiches als heilige Stadt mit heiliger Grenze, dem *pomerium*. Innerhalb dieses religiösen Bezirks hatten, so die Vorstellung, viele Ereignisse der römischen Vergangenheit stattgefunden; die Orte des Geschehens waren noch bis in die ersten nachchristlichen Jahrhunderte »bekannt« und Schauplatz von Gedenkfeiern. Viele dieser Episoden waren Teil des Mythos um Romulus, den Gründer Roms. Das Lupercal (jene Höhle, in der die Wölfin Romulus und Remus gesäugt hatte, siehe S. 174) wurde mit einer Höhle an den Hängen des Palatinhügels gleichgesetzt, in der rituelle Opfer dargebracht wurden. Eine primitive Holzhütte auf demselben Hügel, der als Wohnsitz des Romulus galt, blieb durch die gesamte Geschichte der Stadt erhalten. Und als Ursprung des *pomerium* galten trotz mehrmaliger Erweiterungen jene Furchen, die Romulus um seine neue Stadt gegraben hatte. Ein kleiner Teich im Forum – der Curtianische See – galt als die Stelle, an der Curtius, ein junger sabinischer Krieger, im Krieg zwischen Romulus und den Sabinern vom Pferd gefallen und im Sumpf beinahe ertrunken wäre. Dies sind nur einige Beispiele dafür, daß die Stadt Rom selbst als ständige Vergegenwärtigung für die mythischen Traditionen der Römer fungierte.

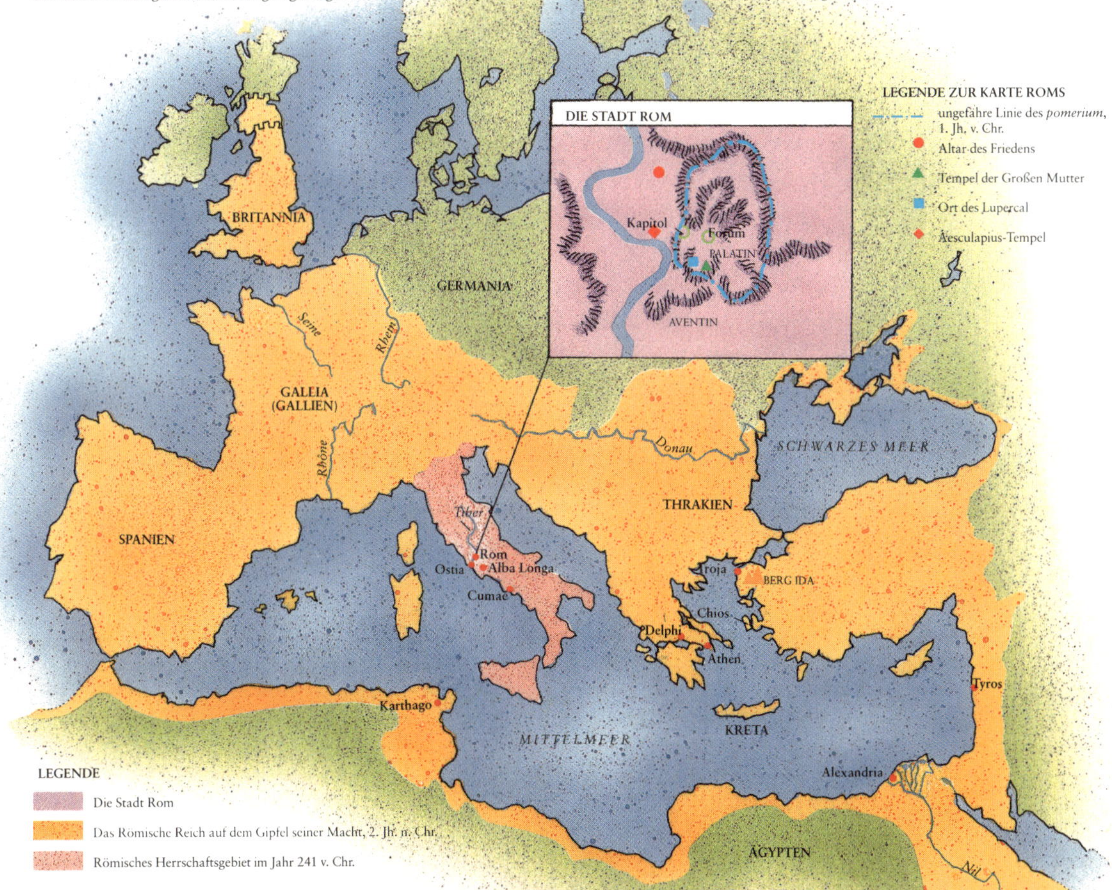

DIE GÖTTER UND DAS REICH

Nach römischem Glauben wurde das Römische Reich mit Hilfe der Götter errichtet, und die militärischen Siege waren der Lohn für die Verehrung der Götter. Neue Eroberungen brachten aber auch die Aufnahme neuer Götter – die Götter der eroberten Völker – mit sich. Anfänglich handelte es sich häufig dabei noch um Götter, die den bereits vorhandenen Stadtgottheiten ähnlich waren. Mit der weiteren Ausdehnung des Reiches begegneten die Römer jedoch fremdartigen Gottheiten, etwa der Großen Mutter (siehe S. 171), die sehr viel schwerer einzubinden waren.

CHRONOLOGIE

753–510 v. Chr.	**Zeit der Monarchie**
753 v. Chr	mythische Stadtgründung
509–31 v. Chr.	**Zeit der Republik (Rom wird von einem gewähltem Magistrat regiert)**
241 v. Chr.	Rom beherrscht den größten Teil Italiens einschließlich Sizilien
218–201 v. Chr.	Krieg gegen Hannibal
206 v. Chr.	Spanien unter römischer Herrschaft
146 v. Chr.	Griechenland und nordafrikanische Küste unter römischer Herrschaft
44–31 v. Chr.	Bürgerkriege, die mit dem Sieg des späteren Kaisers Augustus enden
Ab 31 v. Chr.	**Kaiserzeit**
31 v.Chr.–14 n. Chr.	Regierungszeit des Augustus, der das Kaisertum begründete. Augustus erobert Ägypten und Teile Germaniens; spätere Kaiser dehnen die Reichsgrenzen noch weiter aus
Mitte 3. Jh. n. Chr.	Barbareneinfälle; Krise des Reichs
284–305 n. Chr.	Kaiser Diokletian stellt die Einheit des Reiches wieder her
307–337 n. Chr.	Kaiser Konstantin; der erste römische Kaiser, der sich christlich taufen läßt
364 n. Chr.	Teilung des Römischen Reichs in Ost- und Westreich; zwei Kaiser
476 n. Chr.	Romulus Augustulus, der letzte weströmische Kaiser, wird abgesetzt

GÖTTER UND GÖTTINNEN

Das Pantheon der fremden Götter; Hausgötter und Tugenden

Venus (die der griechischen Aphrodite entspricht) galt als Tochter Jupiters, als Gemahlin des Vulcanus und als Mutter Cupidos, aber auch als Mutter des Aeneas. Auf diesem Wandgemälde aus Pompeji ist die Geburt der Venus dargestellt.

JANUS

Der Gott der Tore und der Bögen erhielt seine Macht bereits zu einem sehr frühen Zeitpunkt der römischen Religion. In der griechischen Mythologie taucht er nicht auf. Janus wird auf Münzen doppelgesichtig dargestellt (unten), da er sowohl Eingänge als auch Ausgänge bewacht.

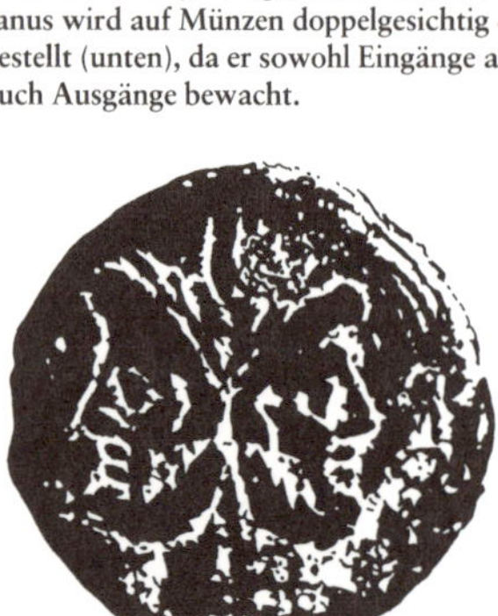

Nicht zufällig waren die größten Götter und Göttinnen des römischen Pantheon den griechischen Gottheiten sehr ähnlich. Einige stammten direkt aus der griechischen Welt (etwa Aesculapius, der Gott der Heilkunst, der dem griechischen Asklepios entspricht und im Jahr 293 v. Chr. nach einer schweren Seuche durch einen Orakelspruch nach Rom gelangte).

Andere einheimische Gottheiten wurden, als Rom seine Beziehungen zu Griechenland ausbaute, neuinterpretiert und griechischen Gottheiten angenähert (vgl. etwa Jupiter und Zeus, Venus und Aphrodite). Aus der griechischen Pallas Athene wurde bei den Etruskern (die nördlich des Tiber siedelten und ihre Blütezeit im 6. Jahrhundert v. Chr. erlebten) Minerva, die Göttin des Handwerks; später übernahmen die Römer diese Göttin von den Etruskern. Diana, eine italische Wald- und Naturgöttin, wurde der griechischen Artemis gleichgesetzt. Apollon, der griechische Gott des Lichtes und der Weisheit, gelangte ebenfalls über die Etrusker nach Rom, trat jedoch erst unter Kaiser Augustus (Anfang des 1. Jh. n. Chr.) in den Vordergrund.

Es gab keine ursprünglich römischen Mythen, in denen diese übernommenen Gottheiten eine herausragende Rolle spielten. Gelegentlich erschienen sie Menschen in Visionen oder kämpften auf der Seite der Römer (Kastor und Pollux haben nach römischer Vorstellung 496 v. Chr. in die Schlacht am Regillussee eingegriffen). Doch die meisten der Geschichten, die die Römer um ihre Gottheiten webten, waren aus Griechenland entlehnt oder wurden in Anlehnung an das griechische Vorbild erfunden. Ovid (43 v. Chr.–17 n. Chr.) kleidete in seinen Verwandlungssagen, den *Metamorphosen*, griechische Mythen in römisches Gewand. Bemerkenswert sind in diesem Zusammenhang vor allem die Geschichten über Jupiter, der seine Frau Juno (die griechische Hera) täuscht, indem er seine Geliebte Io in eine Kuh verwandelt; über die Nymphe Daphne, die sich in einen Lorbeerbaum verwandelt, um den Nachstellungen Apollons zu entkommen; und über den Jäger Aktaion, der die Göttin Diana nackt beobachtet und zur Strafe dafür in einen Hirsch verwandelt wird, den seine eigenen Hunde zu Tode hetzen.

Griechisch-römische Entsprechungen

Gottheit	Griechische Gottheit	Hauptfunktion
Jupiter	Zeus	Gott des Himmels, oberster Gott
Juno	Hera	Gemahlin Jupiters
Minerva	Athene	Göttin der Weisheit
Apollo	Apollon	Gott der Heilkunst, der Literatur und der Musik
Diana	Artemis	Göttin der Jagd
Ceres	Demeter	Göttin der Ernte
Bacchus	Dionysos	Gott des Weines
Mars	Ares	Gott des Krieges
Venus	Aphrodite	Göttin der Liebe
Neptun	Poseidon	Gott des Meeres
Merkur	Hermes	Gott des Handels; Götterbote
Vesta	Hestia	Göttin des Herdes
Liber	Dionysos	Gott des Rausches und des Weines
Saturn	Kronos	Gott der Aussaat und des Ackerbaus
Dis Pater	Hades	Gott der Unterwelt
Faunus	Pan	Waldgottheit
Cupido	Eros	Gott der Liebe; Sohn der Venus
Vulkanus	Hephaistos	Gott des Feuers und der Schmiedekunst
Aesculapius	Asklepios	Gott der Heilkunst
Castor und Pollux	Kastor und Polydeukes	Göttliche Söhne des Jupiter

Faunus, hier auf einem Wandgemälde, war eine alte italische Gottheit, deren Attribute in römischer Zeit denen des griechischen Gottes Pan angeglichen wurden.

Die Laren waren Hausgötter und wurden in Verbindung mit den Penaten (den Göttern der Vorratshaltung und des häuslichen Wohlstands) verehrt. In den Hausschreinen befanden sich oft kleine Larenstatuen mit einem Trinkhorn in der einen und einer Schale in der anderen Hand.

GRIECHISCHE UND RÖMISCHE GÖTTER IM VERGLEICH
Schon die Autoren der Antike stellten einen Unterschied zwischen griechischen und römischen Gottheiten fest. Varro (ein römischer Schriftsteller des 1. Jh. v. Chr.) bemerkte, daß seit den ersten Tagen der Stadtgründung die römischen Gottheiten im Unterschied zu den griechischen niemals in menschlicher Gestalt dargestellt wurden. Der griechische Historiker Dionysios, der etwa um dieselbe Zeit lebte, betonte die moralische Überlegenheit der römischen über die griechischen Götter. Romulus, so schrieb er, habe die moralischen Qualitäten der Götter in den Vordergrund gerückt, indem er bei der Gründung der Stadt alle alten Mythen über unehrenhafte Taten der Götter verwarf.

MENSCHEN WERDEN GÖTTER
Einige der römischen Gottheiten waren ursprünglich sterbliche Menschen. Romulus, der Gründer der Stadt, wurde nach seinem Tod zum Gott erhoben und erhielt den Namen Quirinus. Es hieß, er sei auf geheimnisvolle Weise verschwunden, sei später einem Mann aus seinem Volk erschienen und habe ihm gesagt, er sei zu den Göttern entführt worden.
Später erklärte der Senat zahlreiche verstorbene Kaiser zu Göttern, manchmal auch deren Frauen und Kinder. Kaiser Vespasian soll auf dem Totenbett gescherzt haben: »Du liebe Güte, jetzt werde ich ein Gott.« Wie alle Unsterblichen waren diese vergöttlichten Kaiser Gegenstand der Verehrung, und man weihte ihnen Tempel und Kulte. Das Sockelrelief (oben) aus Rom stellt die Vergöttlichung des Kaisers Antoninus und seiner Frau Faustina dar.

Die Götter Roms besitzen auffallend wenig Individualität. Jupiter etwa hat in Vergils *Aeneis* nicht den tyrannischen Charakter und die Lüsternheit des Zeus; Venus nicht die Sinnlichkeit und Kaltblütigkeit der Aphrodite. Mars wurde im Unterschied zu seinem griechischen Pendant, dem Kriegsgott Ares, mit der Landwirtschaft verknüpft – eine Umdeutung, die die Wertschätzung der Römer für bürgerliche Tugenden und Verantwortung für das Gemeinwohl zum Ausdruck bringt. Als Vater des Romulus, des ersten Königs von Rom, besitzt Mars auch patriotische Züge.

Besonders farblos waren die alten Schutzgottheiten von Haus, Herd und Familie, die Laren. Schreine zu Ehren der Laren, wie sie in vielen Häusern standen, waren oft mit Statuen oder Gemälden kleiner Gestalten geschmückt, die eine kurze, weite Tunika aus Hundefell trugen und ein Trinkhorn und eine Opferschale in Händen hielten (siehe S. 169). Diese Gottheiten spielen jedoch in der römischen Mythologie keine Rolle, ja sie besaßen nicht einmal eigene Namen. In ähnlicher Weise gab es auch keine Mythen über jene Götter, die Personifizierungen menschlicher Eigenschaften waren: Fides (Treue), Honos (Ehre), Spes (Hoffnung). Diese hatten eine rein emblematische Funktion und standen für die Eigenschaft, der sie ihren Namen verdankten.

Neben den Hausgöttern gab es kleinere Gottheiten, die mit menschlichen Tätigkeiten verbunden waren und dem Zweck der Veranschaulichung dienten. Für den heiligen Augustinus stellten sie besonders lohnende Objekte des Spotts dar: In seinem Angriff gegen das Heidentum zählt er eine ganze Schar jener trivialen Gottheiten auf, die die Hochzeitsnacht eines römischen Paares bewachen sollten: Domiducus (der »heimführende« Gott); Subigus (der »unterwerfende« Gott), Prema (die »niederhaltende« Göttin) usw. Solche Gottheiten wurden niemals in menschlicher Gestalt dargestellt noch waren sie jemals mythische Figuren.

Die Große Mutter

Eine der fremdartigsten Gottheiten Roms war die Große Mutter (Magna Mater), die 204 v. Chr. aus Kleinasien (der heutigen Türkei) nach Rom gelangte. Viele römische Schriftsteller beschrieben die eigenartigen Umstände, unter denen sie dorthin gebracht wurde. Der folgende Bericht stammt von Ovid, der im 1. Jahrhundert v. Chr. lebte.

Steinkopf (oben) der Großen Mutter (auch als Kybele bekannt).

In der Hoffnung auf Sieg im Kampf gegen die Karthager mit ihrem Heerführer Hannibal befragten die Römer ein lokales Orakel, das eine rätselhafte Antwort gab: »Die Mutter fehlt: Sucht die Mutter. Wenn sie eintrifft, soll sie mit reinen Händen empfangen werden.« Die Römer wandten sich daraufhin auch an das griechische Orakel von Delphi, das ihnen riet, »die Mutter der Götter zu holen, die auf dem Berg Ida zu finden ist«. Also schickten sie einen Boten zu König Attalos, auf dessen Territorium sich der Berg Ida befand, und ließen fragen, ob sie das Kultbild der Großen Mutter nach Rom bringen dürften.

Attalos lehnte dies ab, doch die Göttin sprach selbst auf wunderbare Weise und erklärte, es sei auch ihr Wunsch zu gehen. Von diesen Worten eingeschüchtert, gab der König seine Zustimmung, und es wurde ein Boot gebaut, auf das die wertvolle Fracht verladen wurde.

Die lange Reise über das Mittelmeer endete in Ostia, dem römischen Hafen an der Tibermündung. Dort hatten sich alle Bürger versammelt, um die Göttin zu begrüßen. Als man jedoch versuchte, das Boot ans Ufer zu ziehen, ließ es sich nicht bewegen, denn es war auf eine Sandbank aufgelaufen. Die Römer befürchteten nun, sie könnten die Bedingungen des Orakels nicht erfüllen. Doch dann trat Claudia Quinta vor, die aus einer vornehmen Familie stammte und zu Unrecht der Unzucht angeklagt war; man warf ihr vor, sie kleide sich allzu elegant und sei Männern gegenüber zu schlagfertig. Im Bewußtsein ihrer Unschuld watete sie in den Fluß hinein und erhob die Hände, um zur Großen Mutter zu beten. »Wenn ich zu Unrecht angeklagt bin« rief sie aus, »so lege dich, Göttin, in meine reinen Hände.« Dann zog sie das Boot mühelos an Land, und das Kultbild der Großen Mutter wurde zu seinem neuen Tempel geleitet.

Die Römer hatten gegenüber der Großen Mutter immer eine zwiespältige Haltung. Einerseits erschien ihnen ihr ekstatischer Kult mit den selbstkastrierten Priestern, der wilden Musik und dem ausgelassenen Tanz äußerst fremdartig. Andererseits jedoch war (nach der Aeneas-Legende) der Herkunftsort der Großen Mutter in der Nähe von Troja der eigentliche Ursprungsort des römischen Volkes, und deshalb wurde sie auch als »einheimische« Göttin betrachtet.

Silberplatte, die Kybele in einem von Löwen gezogenen Wagen darstellt; neben ihr der Hirtenjunge Attis, ihr »Gemahl«.

DIE GRÜNDUNG DER STADT ROM

Das Schicksal des Trojaners Aeneas

Auf diesem pompejianischen Wandgemälde ist Aeneas dargestellt, dessen verwundetes Bein behandelt wird. Er hat den Arm um seinen Sohn gelegt. Venus, seine Mutter, beobachtet das Geschehen.

Aeneas war in der griechischen Mythologie einer von vielen trojanischen Helden im Krieg gegen die Griechen. Er war der Sohn des Anchises und der Göttin Aphrodite (römisch Venus), die vor seiner Geburt prophezeit hatte, daß das Kind einmal über die Trojaner herrschen und der Stammvater einer großen Dynastie werden würde. Aeneas kam auf dem Berg Ida bei Troja zur Welt, wurde von Nymphen erzogen und mit fünf Jahren zu seinem Vater Anchises gebracht. Seit etwa dem 3. Jh. v. Chr. wurde Aeneas in Rom als der mythische Ahnherr des römischen Volkes gefeiert; die Aeneas-Geschichte steht auch im Mittelpunkt des größten lateinischen Epos, Vergils *Aeneis* (1. Jh. v. Chr.).

Als die Griechen Troja zerstörten, nahm Aeneas seinen Vater auf den Rücken, seinen Sohn Ascanius auf den Arm und floh mit den Bildnissen der Götter seiner Vorfahren aus der brennenden Stadt. Er trat eine lange und gefährliche Schiffsreise durchs Mittelmeer an (der hochbetagte Anchises starb unterwegs) und erreichte schließlich Cumae an der Küste Latiums. Dort befragte er zuerst die Sibylle, eine Priesterin des Apollon, die ihn auf seinem Weg in die Unterwelt begleitete. Nach Vergil sah er dort viele Schatten der Toten, auch den Didos, die sich wortlos von ihm abwandte. Im Totenreich traf er auch seinen Vater wieder, der ihm von der zukünftigen Macht und Größe des Volkes erzählte, das er gründen sollte, und zeigte ihm die Seelen berühmter Römer der Zukunft, die auf ihre Geburt warteten.

Von Cumae aus segelte Aeneas weiter nach Latium, wo Latinus, der König des Landes, ihm die Hand seiner Tochter Lavinia anbot. Ein Orakel hatte vorhergesagt, sie werde einen fremden Prinzen heiraten. Doch Lavinia war bereits Turnus versprochen, dem Oberhaupt des italischen Stammes der Rutuler. Teils als Folge dieser Turnus zugefügten Kränkung kam es zum Krieg, in dem sich Aeneas und Latinus mit Evander, dem König von Pallanteum (dort wurde später Rom gegründet), verbündeten. Schließlich tötete Aeneas Turnus in einem Zweikampf.

Vergils Dichtung endet mit der Niederlage des Turnus, doch es gibt zahlreiche andere Überlieferungen, in denen die Geschichte von der Gründung der Dynastie des Aeneas eine Fortsetzung findet. Manchmal ist Aeneas selbst der Gründer Roms. Gängiger jedoch ist jene Version, derzufolge Aeneas die Stadt Lavinium (benannt nach seiner Frau Lavinia) und sein Sohn Ascanius als zweite Stadt Alba Longa errichtete.

Der Sinn dieser Versionen, in denen Aeneas und Ascanius als Gründer der ersten »prärömischen« trojanischen Siedlungen Italiens auftauchten, lag zweifellos in dem Bemühen, sie mit jener anderen Gründungsgeschichte Roms in Einklang zu bringen, nach der Romulus, aus dem Königsgeschlecht von Alba Longa stammend, der Stadtgründer gewesen sei (siehe S. 174).

Aeneas wurde zur wichtigen Symbolfigur der römischen Tugenden; insbesondere der Ehrfurcht gegenüber dem Vater, die darin zum Ausdruck kommt, daß Aeneas seinen Vater rettet; weiterhin der Ausdauer und des Pflichtbewußtseins, Eigenschaften, der Aeneas' Gründung des römischen Volkes vorausgehen. Dieser Symbolwert wurde besonders zur Zeit des Kaisers Augustus (31 v. Chr. bis 14 n. Chr.) betont, dessen Familie (die Julier) behauptete, in direkter Linie von Aeneas abzustammen. In einem seiner großartigsten Bauten, dem Augustus-Forum, ließ der Kaiser Statuen des Aeneas, des Ascanius, der späteren Könige von Alba Longa sowie anderer Vorfahren aufstellen, die seine direkte Verbindung zu den Gründern Roms demonstrierten sollten.

Vergils *Aeneis* erzählt auch die Geschichte der Liebe des Aeneas zu Dido, der Königin von Karthago (siehe gegenüberliegende Seite). In früheren Versionen der Dido-Geschichte spielte Aeneas vermutlich noch keine Rolle. Indem Vergil diese beiden Persönlichkeiten verknüpfte, schuf er eine der bekanntesten römischen Legenden überhaupt.

Dido und Aeneas

Im Verlauf seiner Irrfahrten auf dem Mittelmeer wird Aeneas nach Karthago an der nordafrikanischen Küste verschlagen. Dort, so erzählt Vergil in seiner Aeneis, *verliebte er sich in Dido, die Königin von Karthago.*

Dido und Aeneas in inniger Umarmung (oben): Ausschnitt aus einem Bodenmosaik. Die Szene unten stellt den Beginn der Liebesleidenschaft während der Jagd dar.

Dido stammte aus der phönizischen Stadt Tyros. Nachdem ihr Gemahl ermordet worden war, hatte sie aus ihrer Heimat fliehen müssen und ließ die neue Stadt Karthago erbauen. Als Aeneas und seine Männer unweit dieser Stadt an die Küste gespült wurden, bereitete Dido ihnen einen überschwenglichen Empfang und verliebte sich augenblicklich in Aeneas. Durch ihre Schwester Anna in ihren Gefühlen für den Fremden bestärkt, hoffte sie auf Heirat.

Eines Tages, als sie mit Aeneas auf der Jagd war, kam ein heftiger Sturm auf, vor dem Dido und Aeneas in einer Höhle Zuflucht suchten. Während draußen der Sturm tobte, frönten sie in der Höhle der Liebe. Von da an lebten sie als Mann und Frau zusammen, und Aeneas verhielt sich so, als sei er der König von Karthago.

Als er aber durch Götterboten an seinen Auftrag erinnert wurde, in Italien ein neues Troja zu gründen, entschloß sich der Trojaner, seine Geliebte zu verlassen und seine Reise fortzusetzen. Als Dido von seinen Plänen erfuhr, stellte sie ihn zur Rede. Doch der betrübte Aeneas konnte nur vorbringen, daß die Götter ihn gezwungen hätten, und flehte sie an, ihren Abschied nicht noch schwerer zu machen.

Voller Verzweiflung beschloß Dido, den Tod zu suchen. Sie ließ ein großes Begräbnisfeuer für sich errichten, gab jedoch vor, es sei für ein Beschwörungsritual, mit dem sie Aeneas zurückholen oder wenigstens das Feuer ihrer Liebe löschen wolle. Nach einer schlaflosen Nacht stand sie auf und entdeckte, daß das Schiff des Aeneas bereits in See gestochen war. Da verfluchte sie ihn und flehte um ewige Feindschaft zwischen Karthago und den Nachkommen des Aeneas. Sie bestieg den brennenden Scheiterhaufen, nahm das Schwert ihres Geliebten und erstach sich.

Aeneas aber floh Dido nicht für immer. Bei einem Besuch in der Unterwelt begegnete er ihrem Geist und versuchte noch einmal, sein Verhalten zu rechtfertigen. Doch Dido wollte nicht mit ihm sprechen und stahl sich davon, um zum Geist ihres Gemahls zurückzukehren.

Die Legende von Dido und Aeneas war eng mit der politischen und militärischen Geschichte Roms verknüpft. Didos Beschwörung der Feindschaft zwischen Karthago und Rom lieferte eine mythische Rechtfertigung für den Krieg Roms gegen den Karthager Hannibal (218–201 v. Chr.).

ROMULUS UND DIE KÖNIGE VON ROM

Die Wölfin und die Mythen der Vergangenheit

DIE WÖLFIN UND DIE ZWILLINGE
Die von einer Wölfin gesäugten Zwillinge Romulus und Remus wurden von den Römern als Symbol ihrer stetig wachsenden Macht gedeutet. Zu Beginn des 2. Jh. v. Chr., als Rom seinen militärischen Einfluß nach Osten ausdehnte, wurde auf der fernen griechischen Insel Chios ein Denkmal für Romulus und Remus errichtet. In Rom selbst ließ Kaiser Augustus häufig ein Bildnis der Wölfin mit den Zwillingen neben dem des Aeneas aufstellen. Augustus wurde nahegelegt, den Namen Romulus als offiziellen Titel anzunehmen – doch wie es das Schicksal wollte, setzte erst der allerletzte Kaiser Romulus Augustulus diesen Vorschlag in die Tat um. Das obenstehende Mosaik aus dem römischen Britannien ist ein Zeugnis dafür, daß die große symbolische Kraft der Wölfin weite Verbreitung fand.

Der Raub der Sabinerinnen, hier in einem Fries der Basilica Aemilia auf dem Forum Romanum (Ende 1. Jh. v. Chr.). Ein anderer Ausschnitt stellt die Bestrafung der Tarpeia dar (siehe gegenüberliegende Seite).

Der Name der Stadt, Roma im Lateinischen, leitet sich von Romulus her, ihrem legendären Gründer. Er und sein Zwillingsbruder Remus waren Kinder der Rhea Silvia, die aus der Königslinie von Alba Longa stammte, und des Gottes Mars, der sie in einem heiligen Hain verführte, als sie Wasser holen wollte. Als der König, ihr Onkel Amulius, von ihrer geheimnisvollen Schwangerschaft erfuhr, kerkerte er sie ein; und als die Kinder geboren waren, setzte er sie am Ufer des Tiber aus, denn sie sollten sterben.

Eine Wölfin fand die Kinder und säugte sie solange, bis ein Hirte namens Faustulus sie entdeckte und an Kindes Statt erzog. Als sie älter waren, unternahmen Romulus und Remus räuberische Streifzüge, wobei sie einmal Hirten des Amulius angriffen, die auf dem Aventin (einem zum späteren Rom gehörenden Hügel) Schafe hüteten. Remus wurde gefangengenommen und vor Amulius gebracht; und Romulus erfuhr von Faustulus die Umstände seiner Geburt (einer Version zufolge hatte Faustulus die Aussetzung der Kinder selbst beobachtet). Daraufhin eilte Romulus und befreite Remus, tötete Amulius und setzte seinen Großvater Numitor auf dessen Thron.

Romulus und Remus beschlossen, ihre eigene Stadt zu gründen, und zwar an der Stelle, wo die Wölfin sie gerettet hatte. Doch bei der Frage des genauen Standorts kam es zum Streit zwischen den Brüdern. Romulus, der ein Zeichen von den Göttern erhalten hatte, zog eine Grenzlinie um den Bezirk, den er sich ausgewählt hatte, den Hügel Palatin; doch Remus übersprang den Grenzgraben *(pomerium)*, um zu zeigen, wie wenig dieser als Verteidigungslinie taugte. Romulus betrachtete dies als einen Frevel, tötete Remus und wurde der alleinige König der neuen Stadt.

Nun mußte Romulus die Stadt mit Menschen bevölkern. Deshalb erklärte er sie zu einem Zufluchtsort, an dem sich Verbrecher und Flüchtige aus dem ganzen Land als Bürger niederlassen und in Sicherheit leben könnten. Um Frauen zu beschaffen, wandte er eine List an. Er lud die Bevölkerung der umliegenden Gebiete ein – die sabinischen Stämme -, um mit ihnen ein religiöses Fest zu feiern; auf dem Höhepunkt der Feierlichkeiten gab er seinen Männern ein Zeichen, die heiratsfähigen Frauen zu entführen. Der Plan gelang, löste aber Zorn und Feindseligkeit bei den Latinern aus.

Um sich zu rächen, drang der sabinische König Titus Tatius mit seinem Heer in römisches Gebiet ein. Nach schweren Kämpfen, in deren Verlauf die Sabiner römische Stellungen auf den kapitolinischen Hügeln des Kapitol durchbrachen, griffen die nunmehr mit Römern verheirateten sabinischen Frauen ein und baten ihre Väter und Ehemänner, die Feindseligkeiten zu beenden. Es wurde Frieden geschlossen, und die beiden Völker vereinigten sich. Bis zu seinem Tod kurz nach dem Krieg regierte Titus Tatius gemeinsam mit Romulus. Dann wurde Romulus Herrscher über beide Völker und regierte weitere dreiunddreißig Jahre lang als erster König von Rom.

Römische Geschichtsmythen

Eine genaue Abgrenzung zwischen der Frühgeschichte Roms und den römischen Mythen ist kaum möglich. Ähnlich den englischen Geschichten über König Arthur oder König Alfred sind auch hier historische Fakten und legendenhafte Zutat unauflösbar miteinander verquickt. Viele der von den römischen Schriftstellern »Historie« genannten Erzählungen wird man nach modernen Maßstäben als »Mythos« bezeichnen. In vielen Einzelheiten sind sie mit den Mythologien anderer Völker verwandt. Frauen – ihr Verrat und ihre Tugendhaftigkeit gleichermaßen – spielen eine besonders große Rolle.

Im Konflikt zwischen Römern und Sabinern – eine Folge des Raubs der Sabinerinnen (siehe gegenüberliegende Seite) – verrät eine Römerin namens Tarpeia, Tochter des römischen Kommandanten Spurius Tarpeius bei der Verteidigung des Kapitols, die Stadt und liefert sie dem Feind aus. Nachdem sie Titus Tatius in seinem Lager gesehen hatte, verliebte sie sich in ihn und versprach, ihm die Tore der Stadt zu öffnen, falls er sie heiraten würde. Einer anderen Version zufolge war das Motiv ihres Verrats die Habgier: Sie begehrte die goldenen Armreife der Sabiner und verlangte das, »was die Sabiner an ihrem linken Arm trugen«. Titus Tatius durchbrach mit ihrer Hilfe die römische Verteidigung, belohnte aber ihren Verrat nicht. Sie wurde von den Sabinern zermalmt, die auf sie warfen, »was sie an ihrem linken Arm trugen«: jedoch nicht ihre Armbänder, sondern ihre Schilde. Ein berühmter Felsen auf dem Kapitolshügel, der »Tarpeische Felsen«, von dem Verräter und Mörder hinuntergestürzt wurden, ist nach ihr benannt.

Der letzte König von Rom, Tarquinius Superbus, der Hochmütige, kam durch die Tugend der schönen Römerin Lucretia zu Fall. Der Sohn des Königs, Sextus Tarquinius, wollte sie verführen, obwohl sie verheiratet und bekannt für ihre unerschütterliche Tugendhaftigkeit war. Während ihr Gemahl im Krieg war, betrat er ihr Haus und wurde höflich und gastfreundlich empfangen; dann zwang er sie mit dem Schwert in der Hand, ihr gefügig zu sein. Als sie sich weigerte, ersann der junge Sextus Tarquinius eine teuflische Erpressung: Er drohte, nicht nur sie, sondern einen seiner eigenen Sklaven zu töten und die beiden toten Körper so nebeneinander zu legen, daß es aussähe, sie, eine Vornehme, habe Ehebruch mit einem Sklaven begangen. Lucretia beugte sich angesichts der drohenden Scham, doch nachdem ihr Vergewaltiger fort war, rief sie ihren Vater und ihren Gemahl herbei und berichtete, was geschehen war. Obwohl die beiden sie beschworen und versicherten, sie sei unschuldig, erdolchte sie sich.

Aus Rache für ihren Tod erhoben sich ihre Verwandten gegen den König, der in die nahegelegene Stadt Caere floh. Damit war das Königtum beseitigt, und Lucretias Gemahl wurde einer der ersten Magistraten (Konsuln) der »freien republikanischen« Regierung, die an die Stelle des Königtums trat. Die Vergewaltigung der Lucretia – die den Ausschlag gab zur Erhebung der römischen Adeligen gegen den König – war der Gründungsmythos der neuen Republik, und der Titel »König« wurde von diesem Zeitpunkt an in Rom abwertend gebraucht.

Später versuchte der König von Clusium, den verbannten Tarquinius Superbus wieder an die Macht zu bringen, und belagerte die Stadt. Der Legende nach wurde er jedoch durch die heroischen Taten des Horatius Cocles besiegt, der mit zwei weiteren Verteidigern den Feind vor der Tiberbrücke aufhielt und sich dann schwimmend und in voller Rüstung in Sicherheit brachte.

Die sieben mythischen Könige Roms

Name	Regierungszeit laut Legende	Leistungen
Romulus	753–715 v. Chr.	Gründer Roms
Numa	715–673 v. Chr.	Schuf wichtige religiöse Institutionen
Tullus Hostilius	673–642 v. Chr.	Berühmter Kämpfer
Ancus Marcius	642–616 v. Chr	Erweiterte die Stadt
Tarquinius der Ältere	616–579 v. Chr.	Erbauer des Tempels für Jupiter und Minerva auf dem Kapitol; rege Bautätigkeit
Servius Tullius	579–534 v. Chr.	Konstitutionelle Reformen
Tarquinius Superbus	534–510 v. Chr.	Erweiterte das römische Territorium; Despot

Diese römische Münze zeigt Numa (links), der ein Tieropfer darbringt. Er ist ausgestattet mit priesterlichen Insignien.

WELT DER KELTEN

Luftaufnahme der Festung Dun Aonghusa auf Inishmore, einer der zu Irland gehörigen Aran-Inseln. Die drei Trockenmauern galten als Werk des mythischen Geschlechts der Fir Bholg, die nach ihrer Niederlage in der Ersten Schlacht von Magh Tuiredh hierher flohen (siehe S. 180).

Die Bezeichnung »keltisch« ist eigentlich ein linguistischer Terminus. Unter den keltischen Regionen sind jene Gebiete in Europa und Kleinasien zu verstehen, in denen zu verschiedenen Zeiten miteinander verwandte keltische Sprachen gesprochen wurden – von Irland im Westen bis zur Türkei im Osten.

Leider gibt es kein zusammenhängendes System einer keltischen Mythologie, sondern nur gewisse Ähnlichkeiten zwischen den von den Römern beschriebenen gallischen Gottheiten und den Göttern der »Inselkelten« (britsche Inseln und Irland). Und auch diese Übereinstimmungen sind nur selten eindeutig und klar.

Die Deutung der keltischen Kulte und Gottheiten durch die Römer hat in vielen Fällen die Zusammenhänge eher verdunkelt als erhellt. Wenn Julius Cäsar ein gallisches Pantheon mit scheinbar klassischer Präzision und Klarheit darstellt, so reduziert er doch nur eine Vielfalt von Gottheiten auf eine Einheitlichkeit, die von den römischen Vorstellungen geprägt ist. Darüber hinaus gibt er den gallischen Göttern auch römische Namen.

Vermutlich verehrten die Festlandskelten lokale Stammesgötter. Wo in einer gallischen Inschrift ein römischer Göttername auftaucht, ist manchmal eine lokale Gottheit gemeint, die mit einem römischen Gott gleichgesetzt wurde; manchmal handelt es sich auch um eine pankeltische Gottheit, die einen römischen Namen erhalten hat.

Dem Bericht Cäsars zufolge ist der bedeutendste keltische Gott Merkur, bei dem es sich höchstwahrscheinlich um Lugus (»der Strahlende«) bzw. den irischen Lugh handelt. Die Sonne wurde als Lebensspenderin verehrt, ihr schrieb man Fruchtbarkeit und Heilung zu, ihr Symbol war das Rad.

Da keine keltischen Mythenstoffe vom Festland erhalten sind, haben die Inselerzählungen als Quelle der mythologischen Überlieferung besondere Bedeutung. Doch es bestehen Zweifel an ihrer Genauigkeit. Wie sich herausstellte, beruht der Stoff der mittelalterlichen walisischen Geschichtensammlung *Mabinogion* zum Teil auf bekannten Volkserzählungen verschiedene Länder und kann daher nicht mit Gewißheit als mythisch betrachtet werden. Die frühen irischen Sagen weisen ohne Zweifel archaische Elemente auf, gelten inzwischen aber als literarische Fiktion, wie sie für die frühchristliche Kultur in Europa charakteristisch ist.

CHRONOLOGIE	
9. Jh. v. Chr	Ausbreitung der Kelten nördlich der Alpen bis zum Mittelmeer
6. Jh. v. Chr.	Ausbreitung der Kelten über das heutige Frankreich und die ehemalige Tschechoslowakei hinaus
um 400 v. Chr.	Eindringen der Kelten in Norditalien
387 v. Chr.	Plünderung Roms durch die Kelten
280 v. Chr.	Galatische Konföderation dringt in Kleinasien ein
279 v. Chr.	Kelten dringen in Griechenland ein und plündern das Heiligtum von Delphi
2. Jh. v. Chr.	Römer besetzen Gallien
1. Jh. v. Chr.	Römer besetzen Britannien
5. Jh. n. Chr.	Angelsachsen dringen in England ein
5.–6. Jh. n. Chr.	Britische Kelten besiedeln die Bretagne

DER GOTT LUGH IN ORTSNAMEN

Der Gott Lugh liefert ein gutes Beispiel dafür, wie Ortsnamen die Bedeutung bestimmter Gottheiten widerspiegeln. Er ist vermutlich mit dem keltischen Gott gleichzusetzen, den Cäsar als Merkur identifizierte und an die Spitze der gallischen Götterhierarchie stellte: Cäsars »Merkur« ist der »Erfinder aller Künste«, der irische Lugh »besitzt und beherrscht viele Künste«. Die walisische Entsprechung für Lugh ist Lleu, und die ältere Form beider Namen ist Lugus, die in dem zusammengesetzten Ortsnamen Lugdunon (lateinisch Lugdunum) enthalten ist. Dies ist der etymologische Ursprung der Städtenamen Laon und Lyon in Frankreich (letztere wurde von Augustus Cäsar zur Hauptstadt Galliens und zum Schauplatz der jährlichen Feierlichkeiten zu seinen Ehren erwählt), von Leiden in den Niederlanden und Liegnitz in Schlesien. Luguvalium oder Luguvallum, die römisch-britische Bezeichnung für das heutige Carlisle in Nordengland, ist von *Luguvalos* abgeleitet, was »stark wie Lugus« oder »stark in Lugus« bedeutet.

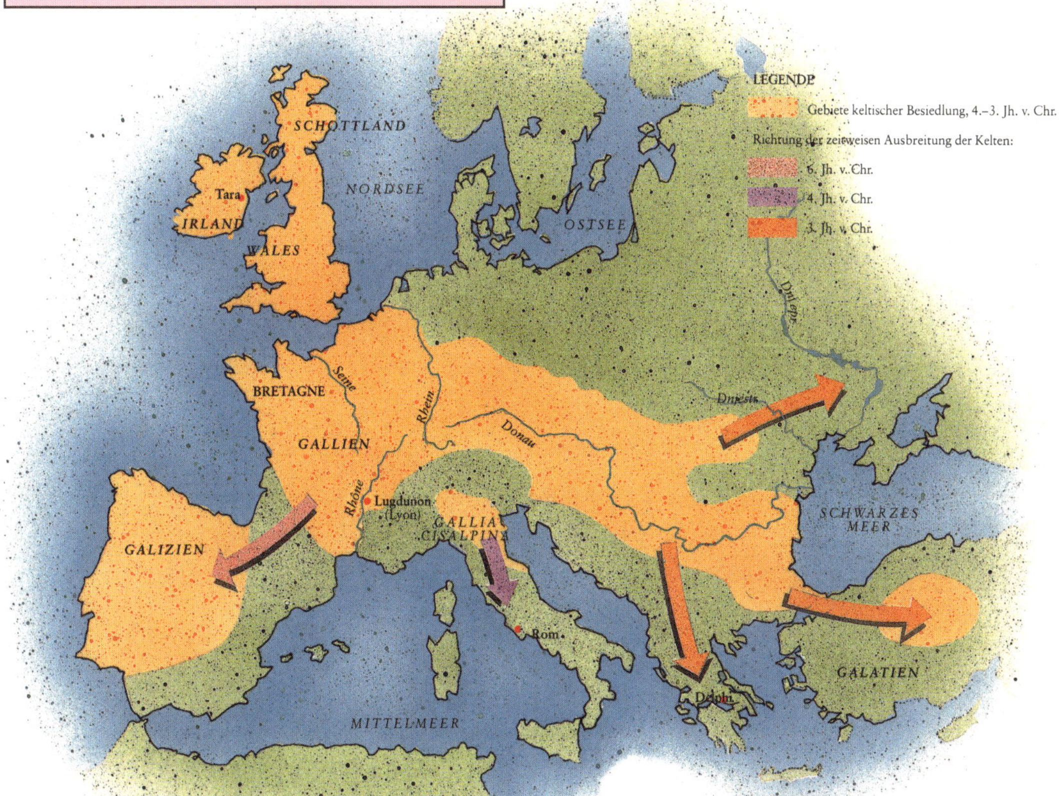

DIE KELTISCHEN SPRACHEN

Auf allen britischen Inseln wurde vor und während der römischen Besetzung bis zum Eintreffen der Angelsachsen in England im 5. Jh. n. Chr. keltisch gesprochen. Es gab zwei wichtige Sprachzweige des »Inselkeltischen«: das Goidelische (Gälische) und das Brythonische. Zum Goidelischen gehören das irische und schottische Gälisch, die bis heute erhalten sind, und das – inzwischen ausgestorbene – Manx. Diese beiden letzteren Sprachen entstanden während der irischen Kolonisation. Zum Brythonischen gehören Walisisch, Kornisch (im 18. Jh. ausgestorben) und Bretonisch, die Sprache der Bretagne. Die keltischen Sprachen des europäischen Festlands sind nur aus Zeugnissen wie Inschriften und Ortsnamen bekannt.

AUSSPRACHE

Ein Akzent bedeutet, daß ein Vokal lang ist. Im Irischen liegt die Betonung normalerweise auf der ersten, im Walisischen auf der vorletzten Silbe.

Aussprache im Irischen
c wie *k* *bh* und *mh* wie *w*
dh wie das stimmhafte *th* im Engl.
th wie das stimmlose *th* im Engl.
gh mit *a, o* oder *u* wie *g* in *Gott*, nur schwächer
gh mit *i* oder *e* – *j* wie in *jetzt*
ch nach *a, o* oder *u* – *k*
s mit *i* oder *e* – *sch*

Aussprache im Walisischen
ll wie *tl*
dd wie das *stimmhafte th* im Engl. *f* wie *w*
w (als Vokal) wie langes *u*

URSPRUNG UND AUSBREITUNG DER KELTEN

Die keltischen Gebiete erstreckten sich von Frankreich (Gallien), Iberien und Galizien im Westen bis zur Türkei (Galatien) im Osten. Die Kelten tauchen in griechischen Schriften aus dem 5. und 6. Jh. v. Chr. erstmals in historischem Zusammenhang auf. Als erster erwähnt Herodot die Keltoi im 5. Jh. v. Chr. Etwa 400 v. Chr. drangen keltische Stämme in Norditalien ein; 279 v. Chr. plünderten andere keltische Stämme das Heiligtum von Delphi; und 280 v. Chr. drang eine Konföderation von Kelten, die Galater, nach Kleinasien vor. Die ursprüngliche Heimat der Kelten war vermutlich das Gebiet zwischen dem späteren Bayern und Böhmen und westlich des Rheins.

DAS KELTISCHE PANTHEON

Ein Sammelsurium von Göttern

Der Gott mit dem Rad auf dem Kessel von Gundestrup (siehe S. 181) kann nicht genau identifiziert werden; das Rad symbolisiert wahrscheinlich die Sonne und den Kreislauf der Jahreszeiten.

DER DAGHDHA

Der Daghdha, »der Gute Gott«, ist auch »der Mächtige mit Großem Wissen«. Durch seine Vereinigung mit der Göttin des Krieges (gleichzeitig eine Erdgöttin), der er in einer typischen Situation begegnet – sie wäscht an einem Fluß den Kopf und die Glieder derjenigen, die in der Schlacht fallen werden –, sichert er sich den Sieg seines Volkes. Er herrscht über das Wetter und das Getreide, eine Funktion, die zum Vergleich mit dem römischen Gott Silvanus einlädt.
Der Daghdha besitzt zwei besondere Attribute: eine Keule, deren eines Ende tötet, während das andere die Toten zum Leben erweckt; und einen Kessel, aus dem er als Herr der jenseitigen Welt ewige Gastfreundschaft spendet.

*Keltische Göttinnen (seltener Götter) treten häufig als Dreigestalt auf. So gibt es in der irischen Mythologie eine Triade von Kriegsgöttinnen, die sowohl als eine einzige Gottheit als auch in Gestalt von drei Göttinnen dargestellt wurde, oder als drei Göttinnen namens Macha mit den Wesenszügen Prophetin, Kriegerin und mutterrechtliche Herrscherin. Auf dem europäischen Festland werden weibliche Gottheiten (*Deae matres oder Matronae*) ebenfalls in Dreigestalt gezeigt. Ähnliche Darstellungen, etwa die unten abgebildeten Muttergöttinnen, finden sich im römisch-keltischen Britannien.*

Die Druiden, die Priesterkaste der Kelten, lehrten, daß jeder Mensch vom Gott des Todes – irisch Donn, der »Dunkle« – abstamme. Der Titel »Großer Vater« hingegen ist im Irischen dem Daghdha, dem »Guten Gott«, der Fülle und Fruchtbarkeit vorbehalten. Sucellos, der »Gute Kämpfer«, hat als Gefährtin die Flußgöttin Nantosvelta an seiner Seite.

Cäsar nennt »Minerva« als gallische Schutzgottheit der Künste und des Handwerks. Deren irisches Gegenstück ist wohl Brighid, die Tochter Daghdhas. Oenghus, der Sohn Daghdhas, wird von modernen Autoren manchmal als Gott der Liebe bezeichnet, was zum Teil auf seine Rolle als Helfer der Liebenden Diarmaid und Gráinne (siehe S. 184) zurückgeführt wird.

Der irische Nuadhu Airgedlámh (das walisische Äquivalent ist Nudd Llaw Eireint) ist eine der Hauptfiguren im sogenannten mythologischen Zyklus (siehe S. 180 f). Als Urgott und König seines Volkes verliert er in der Schlacht gegen Invasoren einen Arm, den er durch eine Silberprothese ersetzen läßt: sein Beiname bedeutet »mit dem silbernen Arm« oder »mit der silbernen Hand«.

Der gallische Taranis, der »Donnerer«, von den Römern mit Jupiter gleichgesetzt, ist weitverbreitet; in Irland jedoch taucht er nicht auf.

Ogmios, der gallische Gott der Beredtsamkeit, könnte mit dem irischen Gott Oghma in Verbindung stehen, der als Erfinder des Oghma-Alphabets gilt, das aus in Holz oder Stein geritzten Strichen und Kerben besteht.

In der irischen Erzähltradition mythischer Gestalten und Begebenheiten gibt es nur wenige Gottheiten, die klar definierte Funktionen haben: Dian Cécht ist der göttliche Arzt, der seine Beschwörungsformeln über einem Brunnen sang, in den man die tödlich Verwundeten warf und dem sie geheilt wieder entstiegen. Goibhniu ist der oberste der drei Handwerkergötter neben Luchta und Creidhne; Goibhniu ist außerdem Gastgeber beim Jenseits-Fest, bei dem ein berauschendes Getränk den, der davon kostete, unsterblich machte. Manannán steht mit dem Ozean und mit der Seereise in die freudvolle Welt des Jenseits in Zusammenhang. Maponus, der in Gallien und Britannien verehrt und mit Apollon gleichgesetzt wurde, ist die Verkörperung ewiger göttlicher Jugend – das Äquivalent des irischen Oenghus.

Eine typische keltische Münze aus Gallien, 1. Jh. v. Chr., darauf vermutlich eine Gottheit.

Cernunnos, der Gott mit dem Geweih

Cernunnos, der »Gehörnte«, ist die Bezeichnung für verschiedene männliche Gottheiten mit Hirschgeweih. Es ist der Herr der Haus- und Wildtiere, Spender der Früchte, des Getreides und des Geldes, ein Gott der Fruchtbarkeit und Fülle. Er wurde auch mit Dis Pater, dem Totengott, gleichgesetzt und ist vermutlich vorkeltischen Ursprungs.

Im allgemeinen symbolisieren Hörner Aggressivität und Männlichkeit. In einer gälischen Volkserzählung essen Reisende auf einer geheimnisvollen Insel Äpfel, woraufhin ihnen sofort ein Hirschgeweih wächst. In einer schottischen Geschichtslegende heißt es von Kriegern, die sich auf eine Schlacht vorbereiten, daß 'auf ihrem Kopf Geweihe sprießen.

Die erste überlieferte Darstellung von Cernunnos ist ein Felsenrelief aus dem 4. Jahrhundert v. Chr. aus Norditalien, auf dem ein Gott mit Geweih zu sehen ist. Auf den Armen trägt er jeweils ein gewundenes Band aus wertvollem Metall, einen Torques (ein gängiges Attribut göttlicher Gestalten, das gewöhnlich als Halsband getragen wird). Neben ihm befindet sich eine Schlange mit Widderkopf und eine kleine Gestalt mit erigiertem Penis.

Der Name Cernunnos wurde nur ein einziges Mal auf einem von Seeleuten gestifteten Relief aus dem 1. Jahrhundert n.Chr. gefunden worden. Darauf ist der Gott mit Hirschohren dargestellt, und an seinem Geweih hängen Torques.

Cernunnos wird häufig in Begleitung von Tieren, zum Beispiel einem Stier, dargestellt. Ein Relief aus Reims zeigt ihn im Buddhasitz, flankiert von Merkur und Apollon; zu seinen Füßen sieht man einen Hirschen und einen Stier. Die Tiere werden aus einem großen Sack gefüttert, aus dem sich vermutlich Getreide ergießt. Andere gallische Darstellungen zeigen den Gott mit Hirschgeweih in sitzender Haltung, umwunden von zwei widderköpfigen Schlangen, die Früchte aus seinem Schoß fressen.

Bemerkenswert sind zwei britannische Darstellungen: Ein Steinrelief aus Südwestengland zeigt den Gott mit zwei großen widderköpfigen Schlangen (die seine Beine bilden), die sich neben offenen Geldbörsen, zu beiden Seiten des Gottes, aufbäumen. Eine Silbermünze aus Südengland aus der Zeit um 20 n. Chr. zeigt die Gottheit mit einem Rad zwischen den Hörnern. Da es sich hierbei um ein Sonnensymbol handelt, soll dieses Bild vermutlich Fruchtbarkeit und die Wiedergeburt der Erde im Frühjahr darstellen.

Die Verbindung mit der Schlange ist zweideutig. Sie steht für Fruchtbarkeit und neues Wachstum, ist aber auch mit der Unterwelt verbunden. In der gälischen Überlieferung taucht sie am St. Bride's Day wieder auf und markiert die Wiederkehr des Frühlings. Cernunnos mit der widderköpfigen Schlange symbolisiert daher nicht nur Männlichkeit, sondern auch Erneuerung.

Cernunnos: eindrucksvolles Detail auf dem Kessel von Gundestrup (vollständige Abbildung auf S. 181). Die Figur mit dem Geweih ist in sitzender Haltung und mit gekreuzten Beinen dargestellt, trägt einen Torque um den Hals und hält einen zweiten in der Hand; daneben eine Schlange mit Widderkopf. Die »Buddhahaltung« ist vermutlich orientalischen Ursprungs.

MYTHEN UND GÖTTER IRLANDS

Der mythologische Zyklus

DER SIEG DES LUGH BEI MAGH TUIREDH

Vor der Zweiten Schlacht von Magh Tuiredh versammeln sich die Tuatha Dé zu einem königlichen Fest in Tara, bei dem nur Ausübende der Künste Zugang haben. Ein schöner junger Krieger namens Lugh, gekleidet wie ein König, beansprucht das Recht der Teilnahme für sich, da er »alle Künste beherrscht«: er sei Konstrukteur, Harfenist, Krieger, Poet, Zauberer, Arzt und Mundschenk und besitze darüber hinaus noch viele andere Fähigkeiten. Nuadhu weist ihm den Sitz des Königs zu, und er übernimmt die Vorbereitungen für die Schlacht.
Lughs Großvater ist Balar mit dem Bösen Auge, einer der Anführer der Fomorier. Einer Prophezeiung zufolge sollte Balar durch seinen eigenen Enkel sterben; daher hatte Balar seine einzige Tochter in eine Höhle einsperren lassen, wo sie verführt wurde und Drillingen das Leben schenkte. Balar warf diese Kinder ins Meer. Eines von ihnen aber wurde von einem Schmied gerettet und aufgezogen: dies war Lugh.
Balar hat ein Auge mit einer giftigen Glut; wenn es sich öffnet, kann ein mehrtausendköpfiges Heer vernichtet werden. Sobald Lugh sieht, daß sich das Augenlid während der Schlacht öffnet, wirft er einen Schleuderstein hinein, der Balar das Auge durch den Kopf treibt. Daraufhin sterben Balars eigene Truppen durch die tödliche Glut des Auges.

DIE ZWEI SCHLACHTEN

Die Erste und die Zweite Schlacht von Magh Tuiredh sind in der irischen Mythologie getrennt überliefert, wobei jedoch die Zweite Schlacht von größerer Bedeutung ist. Bei der Geschichte von der Ersten Schlacht handelt es sich um einen späteren Text, der sich teilweise aus anderen Quellen speist.
Die Geschichten wurden im *Book of the Conquest of Ireland* (Buch der Eroberung Irlands), allgemein bekannt als *The Book of Invasions* (Buch der Invasionen), aufgenommen: ein Werk, geschrieben von Mönchen, das vorgibt, die aufeinanderfolgenden Invasionen Irlands nach der Sintflut aufzuzählen.

Die zentrale Geschichte des sogenannten mythologischen Zyklus erzählt von der Ersten und Zweiten Schlacht von Magh Tuiredh (Moytura), in der sich zwei Armeen übernatürlicher Wesen gegenüberstehen, und von der Errichtung der kosmischen und sozialen Ordnung.

Den Hintergrund bildet die Geschichte von fünf Personen, die nacheinander in das Land eindringen. Die erste ist Cessair, Tochter des Bith, eines Sohnes von Noah; sie erscheint vierzig Tage vor der Flut. Ihre gesamte Gefolgschaft kommt um – bis auf Fintan mac Bóchra, der 5500 Jahre lang lebt und als Lachs, Adler und Falke Zeuge der folgenden Ereignisse wird.

Die zweite Invasion, die 300 Jahre nach der Sintflut stattfindet, ist die des Parthalón, eines Nachkommen des Noah-Sohns Jafet. Seine Leute entwickeln den Lebensstil von Seßhaften: sie machen vier Ebenen bewohnbar, züchten Vieh, bauen Häuser und brauen Bier. Die Feinde dieses Geschlechts sind die Fomorier, Nachkommen des Ham, den sein Vater Noah verflucht hatte; aufgrund dieses Fluchs waren seine Nachkommen einarmige und einbeinige Ungeheuer. Parthalón und seine Leute werden jedoch nicht durch ihre Feinde, sondern durch eine Seuche vernichtet. Nur Tuan mac Sdairn überlebt.

Dreißig Jahre nach der Invasion Parthalóns überfällt Nemhedh das Land, dessen Nachkommen die Fomorier auf ihrem Inselstützpunkt angreifen. Dabei werden die meisten getötet, die Überlebenden aber (eine Bootsmannschaft von dreißig Männern) zerstreuen sich von Irland aus in verschiedene Richtungen: nach Britannien, auf die »nördlichen Inseln der Welt« und nach Griechenland.

Die beiden nächsten Invasionen werden von Nachkommen Nemhedhs angeführt. Von jenen, die in Griechenland zu Sklaven wurden, stammen die Fir Bholg ab, die »Männer der Beutel oder Säcke«. Diesen Namen erhielten sie, weil sie im griechischen Exil Land urbar machen mußten, indem sie Felsen mit Erde bedeckten, welche sie in Beuteln bei sich trugen. Sie haben fünf Anführer und teilen das Land unter sich auf – daher die fünf Provinzen Irlands: Ulster, Leinster, Connacht, Munster und Meath in der Mitte. Sie beherrschen das Land siebenunddreißig Jahre lang und setzen das Königtum ein. Ihr letzter König, Eochaidh mac Eirc, ist der Prototyp des guten Herrschers, und er begründet eine lange Epoche der Fruchtbarkeit und Gerechtigkeit. In seiner Regierungszeit fällt kein Regen, sondern nur Tau, und es gibt kein Jahr ohne Ernte; die Unwahrheit ist aus Irland verbannt.

Die fünfte Invasion ist die des Geschlechts der Tuatha Dé Dannan, der Nachkommen jener Menschen, die auf den »nördlichen Inseln der Welt« im Exil gewesen waren. Ihr Eindringen führt zur Ersten Schlacht von Magh Tuiredh gegen die Fir Bholg, die besiegt werden. In ihrem Exil auf den »nördlichen Inseln« haben sich die Tuatha Dé druidische Kenntnisse und heidnische Sagen sowie Teufelswissen angeeignet. Sie bringen vier Talismane nach Irland mit: den Stein von Fál, welcher schreit, wenn ein rechtmäßiger König darauf sitzt; den Speer von Lugh, der dem, der ihn hält, den Sieg verschafft; das Schwert von Nuadhu, dem niemand entrinnen kann, wenn es gezogen wird; und den Kessel von Daghdha (siehe Kasten gegenüberliegende Seite).

In der Ersten Schlacht schlägt Sreng, ein Krieger der Fir Bholg, Nuadhu, dem Anführer der Tuatha Dé Danann, den rechten Arm von der Schulter ab. Sreng wird Heerführer und schließt Frieden mit den Tuatha Dé; er überläßt ihnen ganz Irland bis auf Connacht, das er für sein eigenes Volk ausgewählt hat. Anstelle Nuadhus, der aufgrund seines körperlichen Makels nicht mehr Herrscher sein kann, wird Bres König.

Bres aber wandelt sich bald zum bösen Herrscher, der seine Untertanen unterdrückt. Selbst Daghdha wird erniedrigt; er muß Gräben ausheben und eine Festung für den König bauen. Doch nachdem Bres von einem Dichter namens

Coirbre bloßgestellt worden ist, muß er die Königschaft abtreten; er stellt eine Armee von Fomoriern gegen die Tuatha Dé zusammen. Inzwischen konstruiert der Arzt Dian Cécht einen silbernen Arm für Nuadhu, der nun als König wieder eingesetzt wird. Doch er verzichtet auf den Thron zugunsten Lughs, eines Fremden, der den Hof in Tara mit seinen Fertigkeiten in allen Künsten beeindruckt. In der nun folgenden Zweiten Schlacht ist Lugh siegreich, und die Fomorier werden bis ans Meer zurückgedrängt. Lugh schont jedoch Bres, der die Schlacht verursacht hat, und erfährt als Gegenleistung von ihm die Geheimnisse eines ertragreichen Ackerbaus. Zwei Prophezeiungen der Kriegsgöttin Morríghan runden den Mythos ab: Sie weissagt kosmische Ordnung und Gedeihen des Landes, aber auch Chaos und das Ende der Welt.

In der Chronologie *Die Eroberung Irlands* geht diesen fünf Invasionen die Ankunft der Gälen, der Söhne des Míl, voraus. Der volle Name Míl Espaine ist eine Übertragung des lateinischen *miles Hispaniae*, »Soldat Spaniens« (das lateinische Wort für Irland, *Hibernia* galt als von *Iberia*, »Spanien«, abgeleitet). Die Söhne des Míl landen am 1. Mai im Südwesten Irlands und besiegen die Tuatha Dé Danann. Anschließend ziehen sie nach Tara, wo sie den endgültigen Sieg erringen. Dann teilt der Dichter Amhairghin Irland in zwei Hälften, wobei die Tuatha Dé Danann den Teil unter der Erde erhalten und in die Berg- und Feenregionen verbannt werden.

Der erste Mai war der Tag des Beltane-Festes, eines der vier jahreszeitlichen Feste im alten Irland. Dabei wurden Viehherden durch das Feuer getrieben, um die Tiere gegen Krankheiten zu immunisieren.

Der Kessel des Daghdha

Der Kochtopf des Großen Vaters spielt eine zentrale Rolle im Jenseitsfest. Auch in der Literatur tauchen verschiedene Versionen derselben Vorstellung auf. Beim Fest des Goibhniu ist der Gott der Unterwelt der Göttliche Schmied: Wer an seinem Tisch ißt und trinkt, altert nicht und ist unsterblich. Im Kessel des Da Derga, kocht unablässig ein Mahl für die Männer Irlands. Der Kessel des Daghdha oder des Großen Vaters kann als Grundtypus betrachtet werden.

Der Kessel des Daghdha ist eine Quelle des Überflusses: »keine Gesellschaft ging jemals ungesättigt fort«. In der Geschichte von der Zweiten Schlacht von Magh Tuiredh wird von einer Demütigung des Daghdha erzählt. Während eines Waffenstillstands vor der Schlacht mit dem Daghdha bereiteten ihm die Fomorier ein riesiges Porridgemahl – eines seiner Lieblingsgerichte. Sie füllten den Kessel mit 80 Maß frischer Milch und derselben Menge Mehl und Fett, dazu Ziegen, Schafe und Schweine. Sie kochten alles und gossen es in ein Loch im Boden. Dann befahlen sie dem Daghdha, alles zu essen, da er sonst getötet werden würde. Der Gott aß und schabte auch noch den letzten Rest mit dem Finger aus. Dann schlief er ein. Als er wieder aufwachte, sah er ein schönes Mädchen, war jedoch unfähig, sie zu lieben, weil sein Bauch von dem »Porridge« ungeheuer aufgebläht war.

Der Kessel von Gundestrup, ein 36 Zentimeter hohes Silbergefäß für rituelle Feste, welches in fünf Teilen in einem Torfmoor auf Jütland gefunden wurde.

In der walisischen Literatur gibt es einen Kessel der Wiedergeburt, der insbesondere in der Geschichte von Branwen, der Tochter Llyrs, eine Rolle spielt. In diesen Kessel werden die toten Krieger geworfen. Dann wird darunter ein Feuer angezündet, und am nächsten Morgen springen die Krieger kampfbereit wie zuvor aus dem Kessel heraus; nur ihre Sprache haben sie für immer verloren.

Auch wenn in der Erzählung der Kessel irischen Ursprungs ist, handelt es sich bei dem Kessel der Wiedergeburt nicht um einen typisch irischen Gedanken. Allerdings gab es bei den Iren eine ähnliche Vorstellung von der Wiedergeburt: etwa die, daß man die Getöteten wieder zum Leben erwecken könne, indem man sie in einem mit Milch gefüllten Graben badete oder sie in einen tiefen Brunnen warf, über dem Zaubersprüche gesungen wurden.

DER HELD VON ULSTER

Erzählungen von Cú Chulainn

DER HINTERGRUND
Das Epos von *Tain Bo Cuailnge* (Der Rinderraub von Cooley) zählt die Taten der irischen Helden auf, wobei die »Männer von Irland« (Connacht) gegen die »Männer von Ulster« antreten. Die Erzählsammlung (wahrscheinlich um 700 n. Chr. entstanden) enthält einleitende Geschichten, die dem Text eine zusätzliche Dimension geben: zum Beispiel die Geschichte von Deirdre, in der erklärt wird, warum Ferghus, der Held von Ulster, auf seiten Connachts stand. Eine spätere geglättete Version des Epos schildert den Konflikt folgendermaßen: Ailill, König von Connacht, und seine Frau Medhbh streiten im Bett über einen großen Stier – den Weißgehörnten –, der ursprünglich Medhbh gehörte, sich aber der Herde des Königs angeschlossen hatte, da er nicht im Besitz einer Frau sein wollte. Sie schwört, sie werde einen anderen, ebenso guten Stier finden, doch das einzige gleichwertige Tier ist der Braune Stier von Cooley. So werden Boten mit großzügigen Gaben zu dessen Besitzer entsandt; doch diese brüsten sich damit, sie würden den Stier gewaltsam an sich reißen, falls er ihnen nicht freiwillig ausgehändigt würde. Der Krieg ist unausweichlich.

Aufgrund eines Ereignisses in seiner Jugend wurde Cú Chulainn mit Hunden in Verbindung gebracht: Er tötete den Wachhund von Culann, dem Schmied (siehe Randspalte gegenüberliegende Seite). Diese Skulptur stammt aus dem römisch-keltischen Heiligtum von Lydney in Gloucestershire, Südwestengland.

Im Krieg zwischen den Männern von Irland und den Männern von Ulster (siehe Randspalte links) wird Ferghus zum Befehlshaber der Connacht-Armee ernannt, doch seine Gefühle für das eigene Volk sind stärker, so daß er die Armee in die Irre führt und Warnungen nach Ulster schickt. Aufgrund eines alten Fluchs (wegen ihrer Grausamkeit gegen Macha, eine übernatürliche Frau) befällt die Männer von Ulster in Zeiten der Gefahr eine entkräftende Krankheit. Nur Cú Chulainn und sein menschlicher Vater Sualtamh (sein göttlicher Vater ist der Gott Lugh) sind von dem Fluch ausgenommen und können sich dem Feind entgegenstellen.

Nachdem Cú Chulainn hundert Krieger getötet hat, führt er mit der Zustimmung der irischen Königin Medhbh an einem Fluß zahlreiche Zweikämpfe, wobei er jeden Tag gegen einen anderen Krieger antritt und alle besiegt. Als er zurückkehrt, um sein eigenes Land zu verteidigen, stellt er fest, daß der Braune Stier entführt worden ist. Er tötet zwar den Krieger, der den Raubzug anführt, kann aber den Stier nicht zurückgewinnen – was den Helden in äußerste Bedrängnis bringt.

Lugh kommt Cú Chulainn zu Hilfe und heilt dessen Wunden während seines drei Tage und drei Nächte dauernden Schlafes. In der Zwischenzeit kämpfen die Männer von Ulster drei Schlachten gegen die Krieger der Medhbh und töten dreimal so viele Gegner wie ihre eigene Truppenstärke ausmacht; doch einhundertfünfzig von ihnen sterben. Als Cú Chulainn erwacht und von diesem Unglück erfährt, tötet er aus Rache hundertdreißig Könige, Frauen, Kinder und Bauern.

Schließlich fordert Medhbh Fer Diadh, Cú Chulainns Pflegebruder, auf, diesen zu bekämpfen. Drei Tage lang bleibt der Kampf unentschieden. Denn jede Nacht schickt Cú Chulainn Kräuter, die Fer Diadhs Wunden heilen sollen, und Fer Diadh schickt Cú Chulainn etwas zu essen. Am vierten Tag beschließt Cú Chulainn, an dem Fluß zu kämpfen, wo er sich bereits einen Ruf als unbesiegbarer Krieger erworben hat. Die Schlacht dauert lange, bis schließlich Cú Chulainn den *gae bolga* verlangt, jene schreckliche Waffe, die zu benutzen Scáthach, die einst beide Pflegebrüder unterwiesen hat, ihn allein gelehrt hat. Die Waffe dringt in Fer Diadhs Körper ein und bildet in der Wunde vierundzwanzig Widerhaken. Als Fer Diadh stirbt, erhebt Cú Chulainn einen Klagegesang.

Als Cú Chulainns Vater Sualtamh den Ort der Schlacht aufsucht, schickt ihn Cú Chulainn, erschöpft von seinen Wunden, zu den Männern von Ulster, um sie wachzurütteln. Conchobhar, der König von Ulster, sammelt seine Krieger und stellt sich Ferghus in einem Zweikampf. Ferghus schlägt dreimal auf Conchobhars magischen Schild ein, woraufhin diesem ein lauter Schrei entfährt. Als Cú Chulainn dies hört, erhebt er sich in kriegerischem Zorn. Ferghus, der gelobt hat, Cú Chulainn niemals im Kampf gegenüberzutreten, zieht sich mit den Männern von Leinster und Munster zurück. Cú Chulainn mischt sich in die Schlacht und besiegt die letzten Truppen. Medhbh aber schenkt er das Leben, weil sie eine Frau ist, und läßt ihre Armee über den Shannon nach Connacht ziehen.

Medhbh hat den Braunen Stier zur Sicherheit nach Connacht geschickt. Auf sein dreimaliges Brüllen hin eilt der weißgehörnte Stier herbei und kämpft mit ihm, während alle überlebenden Krieger zusehen. Der große Kampf der Stiere dauert bis in die Nacht und zieht sich über ganz Irland hin. Am Morgen sieht man, wie der Braune Stier seinen geschlagenen Rivalen auf den Hörnern trägt. Er galoppiert nach Ulster zurück und verstreut überall Fleischfetzen des weißgehörnten toten Stiers. Als er die Grenze von Cooley erreicht, bricht ihm das Herz, und er stirbt. Ailill und Medhbh schließen Frieden mit Cú Chulainn und den Männern von Ulster. Sieben Jahre lang führen sie keinen Krieg gegeneinander, und niemand wird getötet.

Der Tod des Cú Chulainn

Als mythischer Stammesheld göttlicher Herkunft ist Cú Chulainn mit magischen und geistigen Kräften ausgestattet, die ihn von gewöhnlichen Sterblichen unterscheiden. Dennoch erleidet auch er schließlich den Tod, der Gegenstand folgender Erzählung ist. Im Krieg gegen Medhbh, die Königin von Connacht, tötet Cú Chulainn einen Krieger namens Cailidín, dessen Frau drei Söhne und drei Töchter zur Welt bringt. Medhbh schickt diese Kinder nach Schottland, um die Zauberei zu erlernen, und läßt sie nach ihrer Rückkehr gegen Cú Chulainn in die Schlacht ziehen.

Als der König Conchobhar von dem geplanten Komplott gegen seinen größten Krieger erfuhr, befahl er Cú Chulainn, an seinem Hof in Emhain Mhacha bei Armagh zu bleiben, bis die Kämpfe vorüber seien. Der Held wurde dort von den Druiden von Ulster und drei Frauen, Töchtern von Königen und Adligen, bewacht; unter ihnen befand sich auch Niamh, seine Geliebte. Als man ihn zur Sicherheit in das Tal der Tauben bringen wollte, weigerte er sich, es zu betreten.

Zur gleichen Zeit stellten die Kinder Cailidíns um das Tal herum Gespensterbataillone zusammen, um Cú Chulainn glauben zu machen, das Land sei von Kriegern überfallen und der Lärm, den er vernahm, stamme von einer gewaltigen Schlacht. Außer sich vor Verzweiflung und in dem Gefühl, nicht ausreichend auf den Kampf vorbereitet zu sein, befahl er, seine Pferde vor den Wagen spannen zu lassen, doch Niamh umarmte ihn und überredete ihn, bei ihr zu bleiben. Dann befahl Conchobhar seinen Dienern, Cú Chulainn augenblicklich ins Tal der Tauben zu bringen, weil er dort die Schlachtrufe nicht hören würde. Widerstrebend folgte ihnen der Held, nachdem ihn Frauen, Dichter und Harfenisten aufgesucht hatten.

Die Kinder Cailidíns suchten ihn nun vergebens. In dem Glauben, der Druide Cathbhadh habe ihn versteckt, flogen sie durch Zauberkraft wie Vögel und suchten die ganze Provinz ab, bis sie zum Tal der Tauben kamen. Hier sahen sie Liath Macha (den Grauen) und Dubh Saingleann (den Schwarzen), die Pferde Cú Chulainns, die der Wagenlenker Laegh bewachte. Als sie auch noch Lärm und Musik hörten, begriffen sie, daß Cú Chulainn dort war.

Nun sammelten die Kinder Cailidíns harte, dornige Disteln und Bofiste sowie verwelkte Baumblätter und machten daraus bewaffnete Krieger, so daß keine Bergspitze und kein Hügel um das Tal mehr ohne Truppen war. Das ganze Land war erfüllt von wildem Kriegsgeschrei, das selbst in den Wolken des Himmels zu hören war, und vom Klang der Hörner und Trompeten.

Cú Chulainn glaubte, die Männer von Irland plünderten die ganze Provinz. Doch der Druide Cathbhadh versuchte, ihn davon zu überzeugen, daß der Lärm bloß von den Gespenstern stamme, die die Kinder Cailidíns gegen ihn herbeigerufen hatten. Dann nahm Badhbh, die Tochter Cailidíns, die Gestalt der Niamh an und bat Cú Chulainn, gegen die Männer von Irland zu kämpfen. Cathbhadh und die Frauen versuchten vergebens, ihn aufzuhalten. Denn Cú Chulainn hörte noch immer die lauten, schrecklichen Schreie und sah furchterregende Wahnbilder. Die wirkliche Niamh eröffnete ihm, Badhbh sei in ihrer Gestalt zu ihm gekommen, doch er glaubte ihr nicht und begab sich in die Schlacht.

Die Söhne Cailidíns hatten drei magische Wurfspieße angefertigt. Mit dem ersten töteten sie Cú Chulainns Wagenlenker, mit dem zweiten verwundeten sie Liath Macha, und der dritte traf Cú Chulainn selbst. Als er spürte, daß der Tod nahte, band er sich an eine Steinsäule, so daß er seinen Feinden in aufrechter Haltung gegenüberstand. Drei Tage lang wagte niemand, sich ihm zu nähern; als sich schließlich eine der Töchter Cailidíns in Gestalt einer Krähe auf dem Stein niederließ, wußten alle, daß Cú Chulainn tot war.

WIE CÚ CHULAINN ZU SEINEM NAMEN KAM

König Conchobhar lud seinen Pflegesohn Sédanta zu einem Fest von Culann, dem Schmied, ein. Doch der Knabe war mit Spielen beschäftigt und versprach, später zu kommen. Der König vergaß den Knaben, so daß dieser, als er schließlich eintraf, von Culanns Hund angegriffen wurde. Daraufhin tötete Sédanta das Tier mit bloßen Händen. Alle waren erzürnt, daß das Pflegekind des Königs bedroht worden war, doch Culann klagte, daß er nun unbewacht sei. Da bot der Knabe sich an, solange selbst zu wachen, bis ein Welpe groß und stark geworden sei. Der Druide Cathbhadh gab ihm daraufhin den Namen Cú Chulainn – das bedeutet »der Hund von Culann«.

DEIRDRE

Aufgrund der Prophezeiung, daß sie sehr schön sein, den Männern von Ulster aber Tod und Untergang bringen werde, läßt König Conchobhar Deirdre heimlich aufziehen, um sie später selbst zu heiraten. Eines Tages, als sie schon eine junge Frau ist, sieht sie, wie ihr Pflegevater draußen im Schnee ein junges Kalb häutet und ein Rabe das Blut trinkt. Da sagt sie zu ihrer Amme Lebhorcham: »Wie gerne würde ich einen Mann mit diesen drei Farben lieben – mit Haaren schwarz wie der Rabe, mit Wangen rot wie Blut und mit einem Leib weiß wie Schnee.« Lebhorcham erwidert, daß ein solcher Mann ganz in der Nähe wohne: Naoise, der Sohn von Uisneach. Sie treffen sich und fliehen gemeinsam in die Wildnis Schottlands. Conchobhar bittet sie, zurückzukehren, und schickt den großen Krieger Ferghus, der sie begleiten soll. Doch als sie in Emhain eintreffen, läßt Conchobhar Naoise (durch Eoghan) töten und Deirdre mit auf dem Rücken zusammengebundenen Händen zu sich bringen. Aufgebracht über diesen Verrat verwüsten Ferghus und sein Gefolge Ulster und stellen ihre Dienste dem feindlichen Hof Medhbhs, der Königin von Connacht, zur Verfügung.
Deirdre wird gezwungen, bei Conchobhar zu leben. Als er sie nach einem Jahr, in dem sie nicht ein einziges Mal gelacht oder ihren Kopf vom Knie gehoben hat, fragt, was sie am meisten haßt, erwidert sie: »Dich und Eoghan.« Der König aber sagt, sie müsse mit Eoghan leben, und am nächsten Tag bringen die beiden Männer sie in einem Wagen fort – »ein Schaf zwischen zwei Böcken«, wie Conchobhar sich ausdrückt. Auf der Fahrt zerschmettert Deirdre ihren Kopf an einem Felsen um ihrem Elend ein Ende zu setzen.

FINN UND SEINE KRIEGER

Die Fenischen Mythen

DIE EBERJAGD
Ein zentrales Symbol der Kelten war der Eber. Es gibt Zeugnisse für die Opferung von Ebern, und die gallische Gottheit Merkur Moccus (*moccus* ist die latinisierte Form des gallischen Wortes für »Schwein«) war vermutlich Schutzgott der Eberjäger. Das Tier spielt in der Volkserzählung von Diarmaid und Gráinne eine wichtige Rolle. Gráinne wird gegen ihren Willen mit Finn verlobt, der zu dieser Zeit bereits ein alternder Witwer ist. In der Hochzeitsnacht flieht Gráinne mit Diarmaid, den sie mit einem Zauberspruch belegt hat. Als Finn mit seinen Leuten die Flüchtenden verfolgt, zaubert Oenghus, der Gott der Liebe und Pflegevater Diarmaids, sie an einen sicheren Ort. Das Paar wandert durch Connacht und Munster, und im Laufe der Zeit verlieben sich die beiden ineinander. Sie leben glücklich zusammen bis zum Tag der großen Jagd auf den magischen Eber von Beann Ghulban (Ben Bulben) in Sligo. Der Eber war einst Diarmaids Pflegebruder gewesen, der, so wurde geweissagt, Diarmaids Tod verursachen würde. Diarmaid wird durch den Eber verwundet, und seine einzige Chance zu überleben besteht darin, Wasser aus der heilenden Hand Finns zu trinken. Zweimal kommt Finn mit dem Wasser zu ihm, erinnert sich jedoch an Gráinne und läßt es durch seine Finger rinnen. Diarmaid stirbt, und Oenghus bringt den Leichnam nach Brugh na Bóinne, der alten Grabstätte von Newgrange in Meath.
Die Abbildung oben rechts zeigt einen bronzenen Kultwagen aus dem 6. oder 7. Jahrhundert v. Chr.

Bei vielen keltischen Eberdarstellungen hat das Tier aufgerichtete Rückenborsten. In einer Version der Geschichte von Diarmaid und der Jagd auf den Eber besitzt dieser eine giftige Rückenborste, mit der Diarmaid tödlich verwundet wird.

Der Name des großen Textkorpus, der als Fenischer Sagenkreis bezeichnet wird, leitet sich von Finn (im modernen Gälisch: Fionn) und seinen Gefolgsleuten, den Feniern, her, welche einst als Kriegerkaste des 3. Jahrhunderts v. Chr. galten, inzwischen aber dem Mythos zugeschrieben werden. Finn und seine Helden traten im Spätmittelalter hervor, doch wie man heute weiß, handelt es sich hierbei um die geglättete Wiederaufnahme einer Erzähltradition, die schon in viel früherer Zeit bekannt war. In der Literatur des 8., 9. und 10. Jahrhunderts wird Finn mit Kampf, Liebeswerben und Jagd in Verbindung gebracht; außerdem gerät er überall in Irland in Konflikt mit übernatürlichen Wesen. Später wird er als Kriegsseher dargestellt. Möglicherweise ist er mit dem Gott Lugh gleichzusetzen, denn beide Namen bedeuten »der Strahlende« oder »der Leuchtende«; Lugh kämpft gegen den einäugigen Balar und Finn gegen den »Einäugigen« Goll, seinen Widersacher im Jenseits (das auch Aodh oder »Feuer« heißt). Wie aus Volkserzählungen und Balladen schottischen und irischen Ursprungs deutlich wird, spielten die Fenier (die oft als Riesen geschildert werden) Ende des 12. Jahrhunderts eine bedeutende Rolle in der gälischen Tradition.

Im großen Kompilationswerk aus dem 12. Jahrhundert mit dem Titel *The Colloquy of the Old Men* wird Finn mit dem Sohn Cumhalls gleichgesetzt, des Oberhaupts des Hauses Baoisgne, das mit Goll, dem Oberhaupt des Hauses Morna verfeindet war. Finn ist Jäger und Poet zugleich und vollbringt seine Taten jenseits der Grenzen der seßhaften Gemeinschaft. Einigen Erzählungen zufolge erlangte er die Gabe der Prophetie und ein übernatürliches Wissen, indem er das Getränk des Jenseits zu sich nahm; einer anderen Überlieferung zufolge, die sich bis heute im Volkstum erhalten hat, hat er einst mit seinem Finger den Lachs der Weisheit berührt (siehe Kasten gegenüberliegende Seite).

Finns Sohn Oisín wird von seiner Mutter, einer Hirsch-Frau aus dem Jenseits, in der Wildnis großgezogen. Der Überlieferung nach ist Oisín der Dichter der Fenier. Eines der Hauptthemen der fenischen Balladen, die vermutlich von ihm stammen, ist die Bedrohung durch die Wikinger. Die Gälen glaubten, das sagenhafte Land Lothlind (später Lochlann, »Norwegen«) sei die Heimat der Wikinger, die als Wesen aus einer anderen Welt dargestellt wurden.

Als Jäger in der Wildnis haben die Fenier eine natürliche Affinität zu Tieren. Finns Lieblingshunde Bran und Sceolang sind seine eigenen – verwandelten – Neffen (bzw. Neffe und Nichte). Einer der auffälligsten fenischen Helden ist der Unruhestifter Conán, dessen Name »Kleiner Hund« bedeutet. In der schottischen Überlieferung besitzt Finns Pflegemutter Luas Lurgann (»Schnelligkeit des Beins«) die Gewandtheit eines Hirschen.

The Colloquy of the Old Men erzählt von der Teilung Irlands: Der Adel bringt seine Vorliebe für Städte, Festungen und Schätze zum Ausdruck, während die Fenier Irlands Klippen und Meeresbuchten, die Wälder und die Wildnis, die schön gefleckten Lachse und das Wild bevorzugen. Oisín und Caílte (auch Caoilte) haben nach dieser Erzählung die anderen Mitglieder ihrer Horde um viele Jahre bis zum Auftauchen des heiligen Patrick überlebt. Sie begleiten den Heiligen auf seiner Reise durch Irland und debattieren (in späteren Versionen) über Heiden- und Christentum.

Diarmaid, dessen Ruhm sich auf seine Flucht mit Gráinne gründet, ist der schöne, junge Held der Fenier. In den Volksmärchen hat er ein »Liebesmal«: Jede Frau, die dieses Mal sah, verliebte sich unweigerlich in ihn. Bisweilen wird er als Diarmaid Donn bezeichnet, was auf eine Verbindung mit Donn, dem Gott der Toten, schließen läßt.

Conán der Kühne ist ein Bruder des großen Kriegers Goll, des Sohns von Morna, der Finns Gefolgschaft angehört und zugleich mit ihm rivalisiert. In der Literatur des 12. Jahrhunderts wird Conán als unbeherrscht und boshaft dargestellt; in spätmittelalterlichen Erzählungen hingegen erhält er komische Züge. Eine Geschichte erzählt, wie die Fenier durch einen Zauber ihrer Gegner in der Rowanbaum-Herberge, einem Haus im Jenseits, am Boden festkleben. Am Ende werden alle befreit bis auf Conán, der von seinem Sitzplatz weggerissen werden muß, wobei die Haut seiner Schenkel am Boden kleben bleibt.

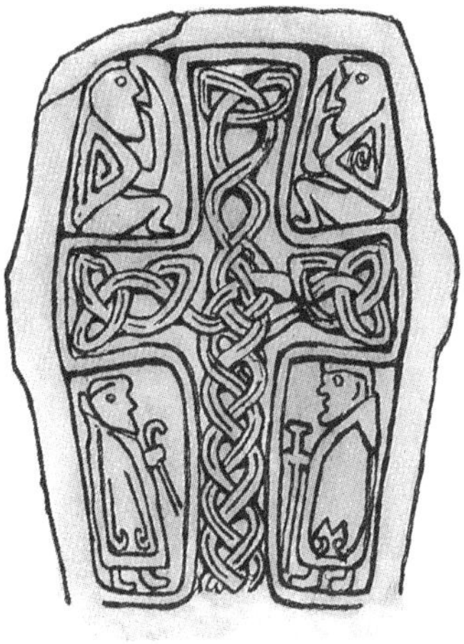

Die am Daumen saugende Gestalt auf diesem keltischen Kreuz ist vermutlich Finn. Immer wenn er auf seine magische Weisheit zurückgreifen wollte, mußte er nur seinen Finger auf den »Zahn des Wissens« legen (siehe Kasten unten).

Finn und der Lachs der Weisheit

Der eo fis, der Lachs der Weisheit, erlangte seine übernatürlichen Fähigkeiten, indem er die Nüsse von neun Haselnußbäumen aß, welche in den Brunnen von Seghais, die Quelle im Jenseits, gefallen waren. Dort nämlich lebte er und erzeugte Blasen mystischer Inspiration. Dieser Brunnen galt als Quelle der beiden großen Flüsse Irlands, des Boyne und des Shannon. Der Linn Feic, ein Teich am Boyne, galt als eine der Wohnstätten des Fisches.

Als junger Mann suchte Finn (damals hieß er noch Demhne) einen Mann namens »Finn, der Dichter« auf, der als Emanation der ewigen Weisheit des Boyne galt. Dieser hatte sieben Jahre auf den Lachs des Linn Feic gewartet, denn einer Prophezeiung zufolge sollte ihm der Genuß des Fisches grenzenloses Wissen verleihen. Der Lachs wurde gefangen und dem jungen Demhne anvertraut, der ihn kochen sollte; doch der Dichter verbot ihm, davon zu essen. Als der junge Mann den gekochten Lachs brachte, berichtete er dem Dichter, er habe zwar nichts davon gegessen, doch seinen Daumen daran verbrannt und diesen dann in den Mund gesteckt. Da sagte der Dichter, der Knabe solle von nun an Finn heißen; ihm sei es gegeben, vom Lachs zu essen. Also aß der Knabe auch das Fleisch des Fisches und erlernte die drei Fähigkeiten eines Dichters – »Wissen, das erleuchtet«, »das Kauen des Marks« und »die Zauberformel von den Spitzen« (womit vielleicht die Fingerspitzen gemeint sind). Und von da an offenbarte sich dem Helden alles, was er noch nicht wußte, sobald er den Daumen in den Mund steckte und vom Kauen des Marks (rohes oder verbotenes Fleisch) sang.

Die Tradition der Finn-Sage mit ihren vielfältigen Motiven und wunderbaren Abenteuern ist bis heute im irischen Volksbrauch lebendig geblieben. So taucht in modernen Volkserzählungen eine Variante der Geschichte vom Lachs der Weisheit auf, derzufolge der Knabe damit beauftragt wird, den Lachs zu kochen, doch darf er die Haut dabei unter keinen Umständen verletzen. Als sich auf der Haut des Fisches eine Blase bildet, drückt Finn sie hinunter und verbrennt sich dabei den Finger. Er steckt ihn in den Mund, um den Schmerz zu lindern, und augenblicklich entdeckt er, daß er die Gabe der Prophetie besitzt.

GÖTTINNEN

Mutterschaft, Krieg und Macht

DIE SCHUTZGÖTTIN DER PFERDE
Die Pferdegöttin Epona, das Göttliche Pferd, wurde in der gesamten keltischen Welt – von Britannien bis zur Donau – verehrt und als einzige gallische Gottheit auch von den Römern gefeiert; ihre Anhänger waren aber besonders in der gallischen Kavallerie der römischen Armee zu finden. Epona wurde mit Wasser, Fruchtbarkeit und Tod in Verbindung gebracht – Aspekte, die an die Muttergöttin erinnern.

Der Kult der Muttergöttin hat in der keltischen Mythologie deutliche Spuren hinterlassen. Die Göttin Danu ist die Stammutter der irischen Tuatha Dé Danann. Während in Wales die Götter von Dôn abstammen, wird Anu, die mit Danu in Verbindung gebrachte Erdgöttin, als Mutter der Götter Irlands bezeichnet.

Kriegsgöttinnen tauchen unter verschiedenen Namen auf: Morríghan, Bodhbh (oder Badhbh), Nemhain und Macha. Andere Göttinnen unterweisen Helden oder gebären sie. Scáthach, »die Düstere«, gilt als die Lehrerin Cú Chulainns. Medhbh von Connacht, die die Armeen der Männer von Irland anführt, kann mit sexueller Kraft gleichgesetzt werden, denn kein König kann in Tara herrschen, der sich nicht zuerst mit ihr vereinigt hat. Sexualität und Krieg sind auch in der Göttin Flidhais miteinander verbunden, der einzigen Partnerin, die Ferghus befriedigen konnte. Als Göttin des Mondes und der Jagd ist sie das keltische Äquivalent der römischen Diana. Diese ist auch mit den keltischen Jagdgöttinnen auf dem Festland verschmolzen, etwa mit Abnoba aus dem Schwarzwald und Arduinna, der Schutzgöttin der Wildeber aus den Ardennen. Bodhbh und Nemhain sind in gewissem Maße mit Morríghan austauschbar. Ihre Schreie verbreiteten einen solchen Schrecken, daß die Krieger, die sie vernahmen, starben. Boann, der göttliche Geist des Flusses Boyne, war die Gemahlin des Wassergottes Nechtan. Sie vereinigte sich mit Daghdha (wie Morríghan), um Oenghus, den Gott der Liebe, zu zeugen. Als sie das Verbot durchbrach, Nechtans Brunnen aufzusuchen, stieg das Wasser und verschlang sie. So entstand der Boyne, der große Fluß des irischen Mythos.

Alle diese Attribute sind im Konzept der Sovereignty (Souveränität) vereinigt. Im Mythos wird der König in einer Zeremonie mit seinem Königtum »vermählt«, wobei ihm seine Braut, die Sovereignty, ein Trankopfer reicht. Die Sovereignty von Irland kann als häßliche Hexe, Symbol des desolaten und blutigen Königtums, erscheinen. Doch wenn sie von einem rechtmäßigen Anwärter auf die Königschaft geküßt wird, verwandelt sie sich in ein schönes Mädchen, das sich als Göttin zu erkennen gibt.

Brighid und St. Bride

Die heidnische Muttergöttin Brighid, die Schutzpatronin der Schmiede, Ärzte und Dichter, war so beliebt, daß sie im Christentum als St. Bride von Kildare mit dem Attribut der Fruchtbarkeit und als Helferin in der Schlacht wiederkehrt.

Der Name Brighid hat seine Wurzel in dem keltischen Wort *brig* (»hoch«), welches häufig in Orts- und Stammesnamen wiederzufinden ist und darauf hindeutet, daß sie Göttin der Oberherrschaft war. Als Tochter Daghdhas war sie erfahren in der Dichtkunst und besaß geheimes Wissen. Ihre beiden Schwestern, die ebenfalls Brighid hießen, waren mit der Heilkunst und dem Handwerk verbunden. Wie zahlreiche andere keltische Gottheiten tritt auch Brighid dreigestaltig auf, denn die Dreiheit symbolisiert zusätzliche Kraft. So werden sie und ihre Schwestern häufig als eine Gottheit dargestellt.

Der Kult der St. Bride, in dem der Fruchtbarkeitsaspekt deutlich hervortrat, verlieh dem Namen der Göttin Dauer. Die Heilige übernahm zahlreiche Funktionen der Göttin: ihre Kühe brachten einen Milchsee hervor; die Nahrung, die sie spendete, war unerschöpflich; ein Maß voll Malz von ihr ergab Bier für sämtliche ihrer Kirchen. Sie wird am 1. Februar gefeiert, dem Tag des vorchristlichen Imbolg-Festes und der Milchabsonderung der Mutterschafe. Im Volksglauben ist die hl. Bride Beschützerin der Schafherden, Hüterin des heimischen Herds, Leiterin der Geburten und Pflegemutter Christi.

Die römisch-keltische Göttin Minerva (oben) wird mit Brighid gleichgesetzt. Beider wurde durch eine ewige Flamme gedacht.

REISEN INS JENSEITS

Conla, Mael Dúin und Bran

Die irischen Abenteuer- und Reisemythen erzählen von Reisen ins Jenseits, einen geheimnisvollen, mehrdeutigen Ort. Obgleich dort auch feindliche Kräfte wirksam sein können, handelt es sich im wesentlichen um eine Stätte ewiger Zufriedenheit, wo gefeiert und zauberhafte Musik gespielt wird, wo es weder Alter noch Tod gibt. Man gelangt durch Höhlen oder Seen in diese Welt oder aber durch zufällige Begegnungen mit deren Vertretern, die die Sterblichen in ihre Wohnungen einladen. Das Jenseits wird unter anderem als Ebene der Zwei Nebel, Land der Jugend und Land der Lebenden bezeichnet. In Reisebeschreibungen heißt es häufig das Verheißene Land des Westens, das im Meer oder jenseits der Meere liegt.

In den Abenteuern Conlas ruft ihm eine Frau, die nur er sieht, in die Ebene der Freude. Conlas Vater, Conn der Hundert Schlachten, befiehlt seinem Druiden, die unsichtbare Frau, deren Stimme alle hören können, daran zu hindern, seinen Sohn fortzulocken. Der Gesang des Druiden vertreibt sie, doch während sie entschwindet, wirft sie Conla einen Apfel zu. Dieser Apfel nährt ihn einen ganzen Monat lang. Er weist jegliche Nahrung und jegliches Getränk zurück, und der Apfel wird nicht kleiner. Eine große Sehnsucht, die Frau wiederzusehen, überkommt ihn. Als sie dann ein zweites Mal auftaucht und Conla vorschlägt, sie könnten zusammen in ihrem Glasschiff fahren, folgt er ihr. Im Kristallboot segeln sie davon und werden nie mehr gesehen.

Die Erzählung von der Reise des Mael Dúin handelt davon, wie Mael Duín den Tod seines Vaters rächt. Nachdem ihm ein Druide Anweisungen für den Bau eines Schiffes und die genaue Stärke der Mannschaft gegeben hat, unternimmt er eine Seereise. Doch das Unternehmen wird von Mael Dúins Pflegebrüdern bedroht, die hinausschwimmen und sich an das Schiff hängen. Als das Schiff die Insel erreicht, auf der der Mörder des Vaters lebt, erhebt sich ein großer Sturm und treibt alle hinaus aufs Meer. Mael Dúin und seine Mannschaft lassen sich treiben, und sie gelangen zu einunddreißig Inseln, von denen jede ihre eigenen Schrecken und Wunder besitzt. Es gibt Schwärme von Ameisen, die so groß sind wie Fohlen, ein Tier, dessen Beine so groß sind wie die eines Hundes und das sich voller Vorfreude vor den Reisenden aufbäumt, denn es ist begierig, sie und ihr Boot aufzufressen. Auf einer anderen Insel leben Dämonen, die ein Pferderennen abhalten.

Nach vielen Abenteuern gelangen die Reisenden zu einer Silbersäule, von deren Spitze sich ein weites Netz aus Silber ausbreitet. Als das Schiff durch die Maschen segelt, schneidet einer der Männer ein Stück davon ab, um es – sollten sie jemals wieder nach Hause zurückkehren – auf den Altar von Armagh zu legen. Schließlich kommen sie ins Land der Frauen. Nachdem sie dort gefeiert haben, schläft jeder von ihnen mit einer Frau. Mael Dúin schläft mit der Königin, die die Besucher einlädt, für immer bei ihr zu bleiben und sich weiterhin den Freuden hinzugeben, die sie bereits kennengelernt haben. Doch nach einiger Zeit gelingt es Mael Dúins Begleitern, ihn zum Verlassen des Landes zu überreden. Als sie die Segel setzen, wirft die Königin ihm ein Fadenknäuel zu; er fängt es auf, und sie zieht das Schiff ans Land zurück. Dies geschieht dreimal. Dann läßt Mael Dúin einen anderen das Knäuel auffangen. Als diesem ein Kamerad den Arm abschneidet, können sie fortsegeln. Nach weiteren wundersamen Begegnungen sehen sie einen Falken, der nach Südosten fliegt. Sie folgen ihm und erreichen schließlich die Heimat Irland. Sie legen das Stück aus dem Silbernetz auf den Altar von Armagh und berichten von ihren Erlebnissen.

Die Zuordnung dieser Geschichten über Reisen ins Jenseits ist in der Mythenforschung nach wie vor strittig. Einige Fachleute halten sowohl die Abenteuer als auch die Reisen für heidnische Mythen mit christlicher Einfärbung bzw. christlichen Einschüben. Andere wiederum meinen, die Reisen seien christliche Dichtungen, während die Abenteuer heidnisch seien. Doch eine zunehmende Zahl einflußreicher Wissenschaftler betrachtet beide als christliche Allegorien.

Ein goldenes Modellboot mit Mast und Rudern aus dem 1. Jh. v. Chr.; Broighter, Grafschaft Derry, Nordirland.

DIE REISE BRANS

Die *Reise Brans*, eine Prosaerzählung mit eingeschobenen Versen, gilt heute allgemein als Allegorie der Entwicklung der Seele: Zu Bran kommt eine Frau mit dem Zweig eines Baumes, den sie aus der Unterwelt mitgebracht hat; sie drängt ihn, sich an jenen magischen Ort zu begeben, und prophezeit die Geburt Christi: des Herrn ohne Anfang und ohne Ende, geboren von einer Jungfrau. Bran überquert mit sechsundzwanzig Begleitern die Ebene der Freuden, ein Paradies, in dem es keine Sünde gibt, und sie gelangen zur Insel der Fröhlichkeit, deren Bewohner nur lachen und jauchzen. Dann erreichen sie die Insel die Frauen, einen Ort freizügiger Genüsse. Als sich Nechtán, einer der Begleiter, nach der Heimat sehnt, läßt die Königin der Insel sie ziehen, warnt sie jedoch, niemals Land zu betreten. Als sie nach Irland kommen, geht Nechtán an Land und zerfällt augenblicklich zu Asche. Als Bran seinen eigenen Namen verkündet, antworten die am Ufer Versammelten: »Wir kennen ihn nicht, aber die Reise des Bran gehört zu unseren alten Geschichten.« Vom Schiff aus berichtet Bran über seine Abenteuer und segelt davon. Niemand hört mehr etwas von ihm.

GESCHICHTEN AUS WALES

Das *Mabinogion*

DER WUNDERSAME KOPF

Im Zweiten Zweig des *Mabinogion* werden die drei Mitglieder der Familie Llyrs vorgestellt: Branwen, Manawydan und der göttliche Brân. Manawydan und Brân waren offenbar in der Überlieferung als Söhne der Schwestern Belis des Großen – einer Ahnengottheit der verschiedenen Königslinien von Wales – miteinander verbunden.

Der riesenhafte Brân führt die Briten in einen Krieg gegen die Iren, die sie nur besiegen können, wenn der magische Kessel der Wiedergeburt, der sich im Besitz der Iren befindet, zerstört wird. Brân, der am Fuß verwundet ist (wie Bron, der Fischerkönig im Artusroman), befiehlt, daß die sieben Überlebenden der Schlacht ihm den Kopf abschneiden. Sie begraben den Kopf am Weißen Berg in London, um das Königreich zu schützen; und während sie sieben Jahre lang in Harlech und achtzig Jahre in Gwales in Penvro feiern, verwest der abgetrennte Kopf nicht und bleibt so »ein guter Kamerad, wie er es immer gewesen ist.«

Obwohl in mittelalterlichen walisischen Erzählungen mythische Elemente auftauchen, ist die umfangreiche Literatur aus Wales nach Ansicht vieler Wissenschaftler als Quelle der Mythologie nicht so ergiebig wir die irische Literatur. Die einzige bedeutende walisische Erzählsammlung ist das *Mabinogion*, das hauptsächlich der Unterhaltung am Hofe des walisischen Adels diente und von literarisch gebildeten und an der Vergangenheit interessierten Erzählern vorgetragen wurde. Doch müssen auch größere soziale und politische Belange Einfluß auf die Erzählweise der alten Geschichten ausgeübt haben.

Die Haupterzählung des *Mabinogion* ist nach den Vier Zweigen des Mabinogi aufgeteilt – es handelt sich um die Geschichten von Pwyll, Branwen, Manawydan und Math (der Titel *Mabinogion* stammt aus dem 19. Jahrhundert). Der Erste und der Dritte Zweig handeln von der Familie Pwylls, der Zweite Zweig von der Familie Llyrs und der Vierte Zweig von der Familie Dôns. Pryderi, der Sohn Pwylls, tritt in allen vier Zweigen auf.

Von den anderen Erzählungen gilt die Geschichte von Culhwch und Olwen im allgemeinen als die älteste der Sammlung. Als Bedingung dafür, daß Culhwch die Hand Olwens erhält, stellt ihm deren Vater, der Oberste Riese Ysbaddaden, eine Reihe unmöglich zu bewältigender Aufgaben. Culhwch sucht sich einige außergewöhnliche Männer aus, die jeweils eine magische Fähigkeit besitzen, bewältigt mit ihrer Hilfe die Aufgaben und gewinnt so das Mädchen. Im Verlauf der Erzählung tritt – vermutlich zum erstenmal in der walisischen Prosa – Artus auf. Er hilft Mabon (dem Sohn Modrons) und Culhwch bei der (sich über Irland, Südwales und Cornwall erstreckenden) Jagd auf den magischen Eber Twrch Trwyth, zwischen dessen Ohren ein wunderbarer Kamm und eine wunderbare Schere liegen.

Die Geschichten von Pwyll enthalten eine Reihe volkstümlicher Motive, die auch in anderen Ländern auftauchen; sie können daher nicht als alte keltische Mythen betrachtet werden. Doch der Name Pwyll bedeutet »Sinn« oder »Weisheit« und erinnert so an den Beinamen des irischen Daghdha, »mit großem Wissen«; der Name seiner Braut, Rhiannon, leitet sich von Rigantona – »Große« oder »Göttliche Königin« – her. Sie und ihrer beider Sohn Pryderi sind mit Modron und Mabon (»Große Mutter« und »Großer Sohn«) in Verbindung gebracht worden, und einige Wissenschaftler sehen auch eine Verbindung zwischen Rhiannon und der Pferdegöttin Epona (siehe S. 186).

Dôn, deren Familie die Hauptrolle im Vierten Zweig spielt, ist vielleicht das Äquivalent der irischen Donu (Danu), der »Mutter der Götter«. Math, der Herr von Gwynedd, kann nur leben, wenn seine Füße sich in einem jungfräulichen Schoß befinden – das heißt, wenn kein Krieg herrscht. Während der Abwesenheit Maths verführt sein Neffe Gilfaethwy mit Hilfe seines Bruders Gwydion während eines Feldzugs die Jungfrau Goewin. Bei seiner Rückkehr nimmt Math Rache, indem er die Brüder in Tiere verwandelt. Die nächste Jungfrau, die seine Füße hält, soll Arianrhod, die Tochter Dôns, sein. Sie besteht die Jungfrauenprüfung nicht und gebiert zwei Söhne, von denen sich der zweite, Gwydion, der nun wieder Mensch ist, verbirgt. Arianrhod schwört, daß dieser Sohn keinen Namen haben wird, solange sie selbst ihm keinen gibt; doch durch eine List erreicht Gwydion, daß sie ihn Lleu Llaw Gyffes, »der Strahlende mit der geschickten Hand«, nennt. Nun schwört sie, daß Lleu niemals eine menschliche Frau als Gemahlin haben wird. Daraufhin zaubern Math und Gwydion eine Frau aus Blumen namens Blodeuwedd – »Blumengestalt« – herbei. Die verräterische Blodeuwedd plant jedoch mit ihrem Geliebten Gronw Pebyr, Lleu zu töten. Er wird verwundet und fliegt in Gestalt eines Adlers davon. Gwydion sucht ihn und gibt ihm seine menschliche Gestalt zurück. Doch anstatt Blodeuwedd zu töten, weil sie Schande über Lleu gebracht hat, verwandelt er sie in einen Vogel, dem alle anderen Vögel feindlich gesonnen sind – das heißt in eine Eule (im modernen Walisisch heißt Blodeuwedd Eule).

DIE ARTUSSAGE

Artus (Arthur) und seine Ritter

Die Artussage hat ihren Ursprung in der keltischen Überlieferung, erlangte ihre ungeheure Popularität aber erst, als sie das beherrschende Thema der mittelalterlichen Literatur auf dem europäischen Festland, vor allem in Frankreich, wurde. Die englischen oder walisischen Versionen stammen von französischen ab oder sind von ihnen beeinflußt.

Das wesentliche Bindeglied zwischen keltischen Versepen und der Artussage der europäischen Literatur ist *Die Geschichte der Könige von Britannien*, die Mitte des 12. Jahrhunderts von Geoffrey von Monmouth verfaßt wurde. Welche ursprünglich walisischen Überlieferungen Geoffrey auch hinzugezogen haben mag, einen wesentlichen Teil dieser Sage bilden biblische und klassische Stoffe.

Artus war spätestens im 8. Jahrhundert eine schon bekannte Figur der walisischen Erzähltradition. Eine der ersten Erwähnungen findet er in der *Historia Britonium* von Nennius. Hier tritt er als Kriegsherr auf, der sein Land gegen sächsische Invasoren verteidigt. Ohne Frage leitet sich sein Name von Artorius, einem bekannten lateinischen Namen, ab: Die *gens Artoria* waren ein römischer Clan. Außerdem gab es im 2. Jahrhundert einen Römer namens Artorius, der in Britannien lebte. Demzufolge hat der Name Artus, wie andere lateinische Namen auch, während der römischen Besetzung Eingang in die keltischen Sprachen Britanniens gefunden.

In den meisten Artusgeschichten steht die Figur im Kontext volkstümlicher Motive und Mythen. In dem altwalisischen Gedicht *The Spoils of Annwfn* besucht Artus das Jenseits, wahrscheinlich um den magischen Kessel aus dem Totenreich, das auch die Stadt Carousal ist, zu holen; dessen Getränk ist prickelnder Wein. Meist bekämpft Artus Ungeheuer, Riesen oder magische Tiere. Im topographischen Märchengut der neueren Zeit wird er selbst als riesenhafte Gestalt dargestellt.

In all diesen Geschichten finden sich zahlreiche Parallelen zu den Erzählungen von Finn (der ebenfalls, besonders in der volkstümlichen Überlieferung, als Riese vorgestellt wird) und seinem Gefolge (siehe S.184f). Diese beiden großen Erzählzyklen bilden einen beliebten Fundus der keltischen Mythentradition.

Als Sir Bedivere, dem Todeswunsch des Königs folgend, Arturs' magisches Schwert Excalibur in den See wirft, wird es von der Herrin des Sees aufgefangen, bevor es das Wasser berührt. Die hier dargestellte Szene stammt aus einer mittelalterlichen Illustration.

Der Zauberer Merlin

Die lateinischen Schriften des Geoffrey von Monmouth bilden ein Bindeglied zwischen der Merlin-Legende der Kelten und der – späteren – Merlin-Literatur des Festlands. Geoffreys Name Merlinus leitet sich von dem walisischen Myrddin (Merddin) her.

Ursprünglich ist Myrddin ein Seher oder ein dem Wahnsinn anheimgefallener Mann, der die Gabe der Prophetie besitzt und in dem zu Britannien gehörenden Südschottland lebt. Die irische Geschichte von der Verzückung Suibhnes (Sweeney) und die schottische Erzählung von Lailoken (Llallogan) sind Abwandlungen der Myrddin-Legende, in deren Mittelpunkt der Wilde Mann aus dem Wald steht. In allen drei Geschichten hat der Protagonist durch die Schrecken einer Schlacht den Verstand verloren. Die ersten beiden Männer, und in einigen Versionen auch Myrddin haben danach eine schreckliche Vision.

Diese aus dem Norden stammende Erzählung verbreitete sich in Wales, nachdem sich dort im 5. Jahrhundert Menschen aus dem Süden Schottlands niedergelassen hatten (und wurde im 9. und 10. Jahrhundert weiterentwickelt). Geoffrey verbindet diese Geschichte mit dem Wunderkind Ambrosius, dem Helden einer anderen Legende, die Nennius (um 800 n. Chr.) erzählt. Geoffrey schreibt dem Kind, das er Merlinus Ambrosius nennt, den Sieg über die Zauberer des Königs Vortigern zu.

NORDEUROPA

Prächtiges Schnitzwerk auf einem Holzwagen, der zu der Schiffsbestattung in Oseberg (Ende 9. Jh.) in Südnorwegen gehört. In stilisierter Form sind Schlangen und Ungeheuer dargestellt.

Die Völker des germanischen Sprachraums lebten ursprünglich in Stammesverbänden, an deren Spitze Könige und Heerführer standen, in dem Gebiet zwischen Rhein, Donau und Weichsel. Als Roms Macht verfiel, ließen sich einige Stämme in Südnorwegen, Schweden sowie in Süd- und Ostengland nieder. Andere zogen ostwärts bis nach Südrußland, südwärts nach Italien und Spanien, ja sogar nach Nordafrika, errichteten jedoch keine dauerhaften Siedlungen. Die Bekehrung zum Christentum fand im angelsächsischen England und in Zentraleuropa relativ früh statt, Dänemark, Schweden und Norwegen hingegen behielten ihre alte Religion länger bei. Diese breitete sich bis nach Island aus, wo die Skandinavier einen »Freistaat« errichtet hatten. Erst im 11. Jahrhundert konnte sich das Christentum auch im Norden etablieren, und zahlreiche Berichte aus dem frühen christianisierten Island zeugen von einer blühenden Wissenschaft und großem Interesse an der skandinavischen Vergangenheit. Unsere Kenntnis der Mythen stammt hauptsächlich aus der mittelalterlichen Literatur der skandinavischen Länder, insbesondere aus dem Island der Wikingerzeit.

Die germanischen Mythen erzählen von den Konflikten zwischen Göttern und Ungeheuern. Die Götter errichteten im eigenen Reich wie in dem der Menschen eine Ordnung, begründeten Gesetz und Reichtum, Kunst und Weisheit. Ungeheuer, Frost- und Reifriesen hingegen waren bedrohlich, weil sie die Welt wieder ins Chaos zu stürzen suchten. Die Geschichten handeln von tatkräftigen, rastlosen Menschen, die an Kriege, Unsicherheit und ungünstige Wetterverhältnisse gewöhnt sind, von Kriegern, die überall einfielen und sich gegenseitig bekämpften, um neues Siedlungsgebiet zu erobern. Die Skandinavier der Wikingerzeit führten diese Tradition weiter, indem sie auf der Suche nach Ruhm und Reichtum weite Seereisen unternahmen. Die Menschen wandten sich an die Asen und Wanen, die Götter des Himmels und der Erde, die Gesetz und Ordnung fördern und Fruchtbarkeit bringen sollten. Die Götter gewährten aber auch Wissen über Vergangenheit und Zukunft, dichterische und rhetorische Inspiration, sie standen den Königen bei und sorgten für Kriegsglück sowie – nach dem Tode – für Aufnahme ins Reich der Ahnen.

CHRONOLOGIE

1. Jh. v. Chr.	Germanische Völker leben östlich des Rheins
3.–6. Jh. n. Chr.	Zeit der Expansion (Periode der Wanderungen)
5. Jh.	Ansiedelung der Angeln und Sachsen in England
597	Das Christentum gelangt nach Kent, England
8.–11. Jh.	Ausbreitung der Skandinavier (Wikingerzeitalter)
ab 955	Beginn der Christianisierung Norwegens durch Olaf Tryggvason
1000	Island nimmt das Christentum an

SKANDINAVISCHE GOTTHEITEN DER WIKINGERZEIT

BALDER, Sohn Odins, zum Sterben verdammt
FREYJA, Göttin der Fruchtbarkeit, Schwester Freyrs
FREYR, Gott der Fruchtbarkeit und der königlichen Ahnen
FRIGG, Königin des Himmels, Gemahlin Odins
HEIMDALL, Wächter über Asgard, galt als Vater der Menschheit
HÖNIR, ein stummer Gott, Gefährte Odins
LOKI, Unhold und Gefährte der Götter
NJÖRD, Gott des Meeres und der Schiffe, Vater Freyjas und Freyrs
ODIN, oberster Gott
THOR, Gott des Himmels und des Donners, Beschützer der Gesetze und der Gemeinschaft
TYR, verehrt als derjenige, der den Wolf fesselte
ULL, Gott mit Kufen und Bogen

QUELLEN DER MYTHEN

Es gibt zwar einen reichhaltigen Quellenfundus für die germanische und skandinavische Mythologie, doch das meiste davon ist fragmentarisch und verstreut.

Der größte Teil der Literatur wurde in christlichen Klöstern abgefaßt. Die als isländische Sagen bekannten Prosaerzählungen wurden lange nach der Bekehrung zum Christentum zusammengestellt, enthalten aber Hinweise auf alte Glaubensüberzeugungen und Bräuche. Es sind jedoch auch einige vorchristliche Dichtungen über Götter erhalten geblieben; so schrieb Snorri Sturluson im 13. Jahrhundert ein Buch in isländischer Sprache, die sogenannte *Jüngere Edda*, in der er den jungen Dichtern alles zu vermitteln suchte, was er über die alten Mythen in Erfahrung bringen konnte.

Aber auch andere Historiker wie der Angelsachse Beda (8. Jh.) und der Däne Saxo Grammaticus (Ende des 12. Jh.) lieferten wertvolle Zeugnisse über die altnordische Mythologie.

Neben der Literatur gibt es auch alte Kunstwerke, die Zeugnis ablegen. Zu den vorchristlichen Begräbnisstätten gehören die berühmten Schiffsbestattungen von Sutton Hoo und Oseberg (siehe Abbildung gegenüberliegende Seite): Männer und Frauen wurden in Schiffen bestattet oder verbrannt. Votivsteine und Altäre aus den römisch besetzten Gebieten zeigen sowohl lokale als auch römische Gottheiten, und auf Gedenksteinen aus der Wikingerzeit sind mythische Szenen dargestellt, insbesondere auf der Insel Gotland in der Ostsee und auf der Insel Man.

FRÜHGERMANISCHE GOTTHEITEN

DONAR, Gott des Himmels und des Donners (angelsächsisch: Thunor).
FREA, oberste Göttin, Gemahlin Wodans (angelsächsisch: Frig).
ING, Fruchtbarkeitsgott mit Wagen, den auch die Angelsachsen kannten.
NEHALENNIA, Göttin der Fruchtbarkeit und des Meeres, wurde an der Küste Hollands verehrt.
NERTHUS, Erdgöttin, wurde in Dänemark verehrt.
TEIWAS, Gott des Himmels, des Gesetzes und der Schlacht (angelsächsisch: Tiw oder Tig)
WODAN, Gott der Unterwelt, der Magie, der Inspiration, der Dichtung und der Schlacht (angelsächsisch: Woden).

FRÜHE UND VERGESSENE GÖTTER

Fragmente aus nordischen Mythen

Adler auf einem Schild, der zum Schatz der Schiffsbestattung von Sutton Hoo, Ostengland, gehörte; 7. Jh. n.Chr. Der Adler galt als Symbol des Gottes Wodan.

Zu den frühen Zeugnissen der nordeuropäischen Mythologie gehört eine Felsengravierung aus der Bronzezeit. Sie zeigt eine Figur mit einem Speer (unten links), vielleicht der spätere germanische Gott Teiwas, der mit dem römischen Kriegsgott Mars gleichgesetzt wurde, aber auch als Gesetzesbringer galt. Vielleicht war dies auch die Gottheit, die Tacitus »Gott und Herrscher über alles« nannte und die in einem heiligen Wald verehrt wurde. Wer den Wald betrat, mußte gefesselt werden – eine Vorstellung, die auch mit dem skandinavischen Tyr verbunden war. Bei diesem handelt es sich um eine spätere Form des Teiwas, den man deshalb verehrte, weil er den Wolf gefesselt hatte (siehe S. 195).

Der Donnergott Donar stand mit den großen Eichenwäldern Nordeuropas in Zusammenhang und wurde mit dem römischen Jupiter sowie mit Herkules gleichgesetzt. Sein Attribut war die Axt, ein Symbol für die Macht des Blitzes.

In der angelsächsischen Literatur finden sich Spuren von Mythen über einen jungen Gott, der vom Meer herkam und Wohltaten brachte. Das Meer wurde wie die Erde mit Fruchtbarkeit gleichgesetzt, und so war auch das Schiff eines der Hauptsymbole der Fruchtbarkeitsgötter. In Dänemark gab es eine mächtige Göttin namens Nerthus, in den Niederlanden eine Göttin der Nordsee namens Nehalennia. Außerdem wurde eine Königin des Himmels sowie eine Gefährtin der Himmelsgöttin Frea verehrt. Sowohl in germanischen als auch in keltischen Gebieten finden sich auf Steinen aus der Römerzeit Darstellungen von Begleiterinnen weiblicher Gottheiten, die als die Mütter bezeichnet wurden (häufig als Dreigestalt). Ein weiteres Symbol der Fruchtbarkeitsgötter war der Eber, der als schützender Talisman bei der Schlacht mitgeführt wurde.

Von der Frühzeit an war Wodan, der mit dem römischen Merkur gleichgesetzt wurde, eine bedeutende Gottheit. Wodan brachte Glück in der Schlacht und wurde manchmals als reitender Krieger dargestellt; doch er war eine düstere Gestalt, dessen Gefolge am Ende zu Niederlage und Tod verdammt war. Man opferte ihm Menschen, indem man sie erhängte. Obwohl er (wie Merkur) den Weg in die Unterwelt wies, wurde er auch mit dem Himmel in Verbindung gebracht und durch den Adler symbolisiert. Andere Symbole für ihn waren der Wolf und der Rabe, Wesen des Schlachtfelds. Er stand mit Weissagung, den Runensymbolen und der Ekstase in Zusammenhang und war sowohl für Krieger als auch für Dichter eine Quelle der Inspiration. Als Urahn der Könige gewährte er diesen seine Gunst, und von ihm hing ihr Erfolg ab. Wie Teiwas besaß er einen Speer und, aufgrund seiner Kenntnis der Zauberformeln für die Schlacht, die Macht zu binden und zu lösen.

WIE DIE LANGOBARDEN ZU IHREM NAMEN KAMEN

Paulus Diaconus erzählt in seiner bereits im 8. Jahrhundert auf lateinisch geschriebenen Geschichte der Langobarden einen Mythos von Wodan und seiner Gemahlin Frea. Darin heißt es, die Göttin Frea habe beschlossen, daß Wodan an Stelle der Wandalen, die er zuvor unterstützt hatte, den Stamm der Winnilen in der Schlacht begünstigen sollte. Sie riet den Winnilen, sie sollten bei Sonnenaufgang hervortreten und ihre Frauen sollten ihre langen Haare vor das Gesicht binden, so daß sie wie bärtige Männer aussahen. Dann drehte sie Wodans Bett gen Osten, so daß er beim Erwachen die Winnilen statt der Vandalen sah. Als er ausrief: »Wer sind diese Langbärtigen?«, sagte sie, nun habe er ihnen einen Namen gegeben und müsse sie also siegen lassen. So erhielten sie als Zeichen für die Gunst des Gottes den Namen Langobarden. In dieser Erzählung ist Wodan nicht der Gott der Unterwelt, sondern des Himmels.

Diese schwedische Felsenzeichnung aus der Bronzezeit zeigt eine männliche Gestalt mit Speer – wahrscheinlich einen Himmelsgott. Es gibt aber auch Hinweise darauf, es könnte sich um eine Erdgöttin handeln.

KOSMOLOGIE DER WIKINGERZEIT

Der Weltenbaum und sein Reich

Detail eines Grabsteins aus der Zeit der Wikinger, Nordengland. Auf dem Relief sind insgesamt vier Gestalten dargestellt, die einen Bogen halten – vermutlich die Zwerge, die bei der Schöpfung den Himmel tragen.

Dieser Gedenkstein aus der Zeit um 500 n. Chr. aus Sanda in Gotland (unten) ist offenbar eine frühe graphische Darstellung des Kosmos: die sich drehende Himmelsscheibe, darunter Sonne und Mond und in der Mitte der Weltenbaum. Das Schiff im unteren Teil, das auf vielen Gedenksteinen zu finden ist, stellt vermutlich die Reise der Toten aus dieser Welt dar.

Die mythologischen Dichtungen Islands beschäftigten sich ausführlich mit der Erschaffung der Welt und deren Zerstörung und Neuschöpfung. Die Erde wird als kreisförmiges Land dargestellt, das vom Meer umgeben ist. In den Tiefen des Meeres liegt die Weltenschlangè, und im Mittelpunkt des Landes steht ein mächtiger Baum, die Weltesche Yggdrasil. Die Wurzeln des Baumes reichen bis in die Unterwelt, und unter ihnen sprudelt die Quelle verborgener Weisheit hervor. Am Stamm des Baumes läuft ein flinkes Eichhörnchen auf und ab, welches Botschaften zwischen dem Adler in der Baumkrone und der an den Wurzeln nagenden Schlange hin und her trägt. Von den Zweigen ernährt sich ein Hirsch, aus dessen Hörnern mächtige Flüsse fließen; eine grasende Ziege gibt statt Milch Met für die Krieger in Odins Saal. Yggdrasil bedeutet wahrscheinlich Pferd des Ygg, das heißt des Odin. Er soll aus freien Stücken und unter großen Qualen am Baum gehangen haben, um mit diesem Opfer Macht über die Runen zu gewinnen, die jedem, der sie deuten konnte, Wissen gaben. Von Yggdrasil fallen Tautropfen zur Erde, und die Früchte des Baumes helfen bei der Kindsgeburt. Er ist der Wächterbaum der Götter, die unter seiner Krone Rat halten. Yggdrasil ist Symbol der Universalität, da er die verschiedenen Wesen miteinander verbindet und das Zentrum der neun Welten bildet. Möglicherweise bestand in älterer Zeit für die Germanen die Welt aus neun Welten, die in dem Baum übereinander gelagert waren.

Es ist kaum möglich, aus den unterschiedlichen Überlieferungen ein in sich schlüssiges kosmologisches Schema herauszukristallisieren. In Asgard, womit offenbar der Himmel gemeint ist, sollen zwei Göttergeschlechter, die Asen (Himmelsgötter) und die Wanen (Erdgötter) gewohnt haben; doch die Wanen haben auch ein Reich namens Wanaheim, welches unter der Erde liegt. Zwischen den Wurzeln Yggdrasils befindet sich Jotunheim, das Land der Riesen, sowie ein Reich der Toten, das von Hel, der Tochter des Unholds Loki (siehe S. 195), beherrscht wird. In den Dichtungen ebenfalls erwähnt werden die Welten der Elfen und Zwerge, der Helden in Odins Halle, sowie geheimnisvolle mächtige Kräfte (vielleicht die Nornen). Jotunheim liegt unterhalb von Asgard, kann jedoch nach langer, gefährlicher Reise über Land erreicht werden; über einen ähnlichen Weg ist Asgard mit dem Reich der Toten verbunden. Eine Brücke namens Bifröst, über

DIE GEWINNUNG DES ZAUBERMET
Odin sollte den inspirierende Zaubermet in den Besitz der Götter bringen. Als die Asen und Wanen, die beiden Göttergeschlechter, Frieden schlossen, spuckten alle in eine Schüssel und schufen so den weisen Riesen Kvasir. Dieser wurde später von zwei Zwergen getötet, die sein Blut mit Honig vermischten und so den Zaubermet der Inspiration herstellten. Doch der Riese Suttung, dessen Eltern ebenfalls von den Zwwergen getötet worden waren, raubte aus Rache den Met und versteckte ihn im Innern eines Berges. Odin brach auf, um ihn für die Götter zurückzuerobern. Zunächst löste er zwischen den neun Männern, die für Suttungs Bruder Baugi arbeiteten, einen tödlichen Streit aus. Dann nahm er ihren Platz ein und erbat sich als Lohn einen Becher voll Met. Suttung verwehrte ihm dies, doch Baugi half Odin, in Schlangengestalt in den Berg hineinzukriechen, wo er drei Nächte mit der Tochter des Riesen schlief und sie überredete, ihn dreimal von dem Met trinken zu lassen. Er leerte alle drei Becher in einem Zug aus, flog in Gestalt eines Adlers nach Asgard zurück und spuckte dort den Met in von den Göttern bereitgestellte Gefäße – diese Szene ist möglicherweise auf dem unten abgebildeten Gotland-Stein zu sehen.

die man nach Asgard gelangt, wird vor den Riesen bewacht: Es heißt, dies sei der Regenbogen, der Himmel und Erde miteinander verbinde, ursprünglich war er aber wohl die Milchstraße. Die Mythen zeichnen ein lebendiges Bild von dem ständigen Austausch zwischen den verschiedenen Welten, unter anderem durch gefährliche, lange Reisen.

Am Anfang war ein großer Abgrund, Ginnungagap, die Gähnende (vielleicht auch Täuschende) Kluft, die voller verborgener Kraft war. Aus Eisschichten und Feuerfunken entstand der erste androgyne Riese Ymir, aus dessen Körper die Riesen sowie der erste Mann und die erste Frau hervortraten. Der Riese wurde von einer Urkuh genährt, die die salzigen Eisblöcke leckte, bis die Söhne Bors daraus hervorkamen: drei Schöpfergottheiten, die Ymir töteten und aus seinem Körper die Erde, aus seinem Blut das Meer und aus seinem Schädel den Himmel formten. Der Himmel wurde von vier Zwergen hochgehalten, Wesen, die wie Larven in der Erde brüteten. Einer anderen Überlieferung zufolge schufen die drei Götter einen Mann und eine Frau, indem sie zwei Bäumen am Meeresufer eine mit Verstand begabte menschliche Gestalt gaben und ihnen Leben einhauchten.

Dann errichteten die Götter die Ordnung, indem sie der Sonne und dem Mond ihre Umlaufbahnen gaben, Gesetze festlegten, schöne Hallen in Asgard erbauten und Schätze aus Gold formten. Zunächst herrschte Krieg zwischen zwei Götterfamilien, den Asen und den Wanen, doch dann wurde ein Waffenstillstand geschlossen; und man braute den Met der Eingebung (siehe Randspalte links), einen der Schätze der Götter. Ein anderer Schatz, der ihnen ewige Jugend garantierte, waren die goldenen Äpfel, die von der Göttin Idun (siehe S. 202) bewacht wurden. Auch wurden Götterschätze von Zwergen geschmiedet. Odin besaß einen goldenen Ring namens Draupnir, aus dem alle neun Nächte acht weitere Ringe herausfielen, sowie einen Speer namens Gungnir, der das Kriegsglück bestimmte. Thor besaß die starke Axt Mjollnir, die Blitze verursachte, und Freyr und Freyja von den Wanen hatten einen goldenen Eber, der über den Himmel und durch die Unterwelt jagte, sowie ein magisches Schiff, das stets vom Wind begünstigt wurde.

Die Befestigung Asgards

Als die Götter ihr Reich Asgard gründeten, brauchten sie eine starke Mauer zur Umfriedung.

Ein geschickter Handwerker bot ihnen an, eine solche Mauer zu bauen, verlangte als Lohn aber die Sonne und den Mond sowie die Göttin Freyja, die er zur Frau nehmen wollte. Die Götter willigten ein, unter der Bedingung, daß das Werk in einem Winter vollendet sei und niemand ihm dabei helfe, denn sie waren davon überzeugt, daß dies die Kräfte des Handwerkers überstieg und sie daher den Lohn nicht entrichten mußten.

Doch dem Erbauer stand ein Pferd zur Seite, ein Hengst, der sehr stark und intelligent war, des Nachts Felsblöcke schleppte und zweimal so viel schaffte wie sein Herr. Als drei Tage vor Frühlingsbeginn die Mauer fast fertig war, waren die Götter entsetzt. Sie gaben Loki die Schuld, da er sie überredet hatte, der Vereinbarung zuzustimmen; und so war er es auch, der beschloß, etwas zu unternehmen. Er verwandelte sich in eine Stute und lockte das große Pferd fort, so daß die Mauer nie vollendet wurde. Der Erbauer aber wurde schrecklich wütend. Als sich schließlich herausstellte, daß er ein feindlicher Riese aus Jotunheim war, riefen die Asen (Götter des Himmels) Thor zu Hilfe, der ihn mit seinem Hammer tötete.

Das Ergebnis der Begegnung Lokis mit dem Hengst war, daß er ein graues Fohlen mit acht Beinen gebar: Dies war Sleipnir, das berühmte Roß Odins, auf dem er zwischen den Welten hin- und herritt (siehe S. 196).

Diese Abbildung auf einem Stein aus Gotland – ein Adler mit zwei Figuren – zeigt vermutlich Odin, der mit dem Zaubermet nach Asgard zurückkehrt. Der Met fließt aus dem Schnabel des Adlers, während die beiden Gestalten Gefäße in der Hand halten, um sie mit dem Getränk zu füllen.

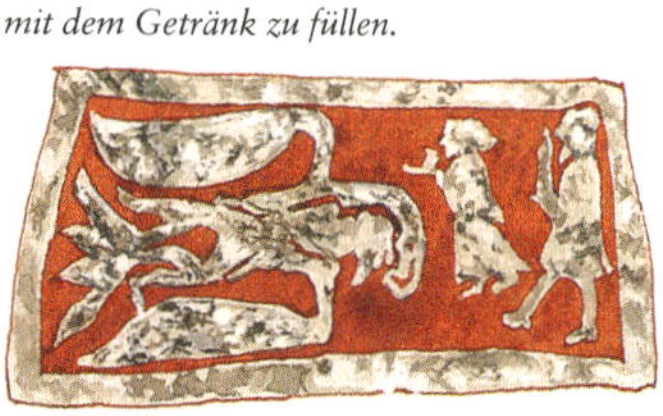

LOKI UND RAGNARÖK

Der Listige, der Wolf und die letzte große Schlacht

Herdstein aus Schaptun in Dänemark, vermutlich Loki darstellend, dessen Lippen von den Zwergen zusammengenäht wurden, weil er versucht hatte, sie zu verraten, als sie den Schatz der Götter schmiedeten (siehe S. 194).

Loki, der eine wichtige Rolle in den nordischen Mythen spielt, ist ein listiger Geist, ein Dieb und Verleumder, der die Götter beleidigt und sie durch seine Schelmenhaftigkeit in Gefahr bringt, sie aber durch seine Geschicklichkeit auch rettet. Er ist ein Gefährte Odins und Thors, gebiert jedoch die Ungeheuer, die sie zerstören, und führt durch seine Boshaftigkeit Balders Tod herbei (siehe S. 197). Nirgendwo wird klar, ob Loki ein Gott oder ein Riese ist. Mit einiger Gewißheit ist anzunehmen, daß er eine Schöpfergestalt ist, die die Zwerge veranlaßt, Schätze für die Götter herzustellen; auch brachte er selbst Odins Pferd (siehe S. 194) hervor sowie Ungeheuer, zum Beispiel die Weltenschlange und Hel, die Herrscherin über die Toten.

Eins der Ungeheuer, die Loki zeugte, war der Wolf Fenrir. Er wuchs unter den Göttern auf, und nur Tyr, der wohl dem früheren Teiwas entspricht, wagte es, ihn zu füttern. Der Wolf riß sich von jeder Kette los, bis Odin von den Zwergen ein Zauberband anfertigen ließ, das weich wie Seide, jedoch zugleich ungeheuer fest war; es bestand aus so unfaßbaren Dingen wie dem Fuß eines Berges und dem Geräusch einer laufenden Katze. Der Wolf aber schöpfte Verdacht und wollte nicht zulassen, daß man ihm das Band um den Hals legte, solange nicht einer der Götter zum Zeichen guter Absicht die Hand in sein Maul steckte. Der einzige, der dazu bereit war, war Tyr. Als das Band festgezogen wurde und den Wolf festhielt, lachten die Götter – bis auf Tyr, der seine rechte Hand verlor. Der Wolf wurde mit einem Schwert, das man ihm ins Maul schob, unschädlich gemacht und an einen riesigen Felsen gebunden, wo er bis zum Ragnarök verharrte.

Als Strafe dafür, daß er Balders Tod verursacht hatte, wurde Loki über drei Felsen gebunden, von denen er sich erst bei der letzten großen Schlacht befreien konnte, als er beim Ragnarök die Riesen zum Angriff auf Asgard zusammenschloß (siehe Randspalte rechts). In der Schlacht trafen Loki und sein Hauptfeind Heimdall, der Wächter der Götter, aufeinander und töteten sich gegenseitig nach erbittertem Kampf.

RAGNARÖK

Als Loki sich von seinen Fesseln befreit hatte, führte er die Riesen in die letzte große Schlacht gegen die Götter, den Ragnarök. Die Riesen, die die Schätze der Götter und die Göttin Freyja begehrten, drohten ständig, die Welt wieder in Chaos und Unfruchtbarkeit zu stürzen. Odin versammelte daher die größten gefallenen Helden in Walhall, damit sie den Göttern halfen. Thor schleuderte seinen Hammer gegen die Riesen und konnte sie so bis zum Ragnarök von Asgard fernhalten.

Die Dichtung *Voluspa* (Prophezeiungen der Seherin), um 1000 n. Chr. entstand, liefert eine visionsartige Beschreibung von der Erschaffung und Zerstörung der Welt. Beim Ragnarök zerschmettern die Söhne von Muspell aus der Feuerregion die Brücke Bifrost, während die Riesen mit Loki als Steuermann vom Meer her anrücken. Die Ungeheuer reißen sich los, und der Wolf Fenrir verschlingt Odin. Thor tötet die Weltschlange, stirbt jedoch an deren Gift. Der Feuerriese Surt steckt die Erde in Brand, der Himmel stürzt ein, und die Welt wird vom ansteigenden Meer überflutet. Dies ist jedoch nicht das Ende, denn die Erde ersteht neu – grün und schön; die Göttersöhne und ein menschliches Paar, das im Weltenbaum Zuflucht gesucht hatte, bevölkern Himmel und Erde neu; und eine neue und hellere Sonne kreist am Himmel. Dieses Bild der Zerstörung beruht teilweise vielleicht auf den schrecklichen Ausbrüchen des isländischen Vulkans Hekla zu Beginn des Mittelalters. Doch wo auch immer der Ursprung für diese Vorstellung liegen mag, die Zeugnisse aus Kunst und Literatur weisen darauf hin, daß Ragnarök in der Wikingerzeit die Phantasie beherrschte.

ODIN

Herrscher über Asgard

ODIN UND WALHALL
Odin versammelte Könige und Helden, die in der Schlacht gefallen waren, in seiner Totenhalle, der Walhalla, wo sie feierten und kämpften, bereit, Asgard im Falle eines Angriffs zu verteidigen. Die Walhalla hat ihren Ursprung möglicherweise in dem Grab, in dem die Toten mit ihren Ahnen feierten. Doch in der Literatur der Wikinger war das Reich der verschwundenen Toten großartiger, und der Eintritt erfolgte mit einer Zeremonie: die toten Helden wurden von Kriegsgöttinnen, den Walküren, durch die Luft zu Odins Halle in Asgard geleitet. Die Abbildung (rechts) zeigt einen Gedenkstein aus Alskog in Gotland, auf dem Odins achtbeiniges Pferd Sleipnir mit einem Reiter (entweder der Gott oder ein toter Held) zu sehen ist, der von einer Walküre mit einem Füllhorn voll Met in der Halle willkommen geheißen wird.

Die Wikinger betrachteten Odin, den Allvater, als Herrscher über Asgard, der den Speer des Teiwas geerbt hat und somit der Lenker der Schlachten ist. Sein Vorgänger Wodan war der höchste Gott der Langobarden und anderer Germanenstämme (siehe S. 192). Odin ist wie Wodan eng mit der Unterwelt und den Toten verbunden. Er war der Gott der Könige, der vielversprechenden jungen Prinzen Unterstützung gewährte und ihnen zum Zeichen seiner Gunst magische Schwerter und andere Geschenke gab, sie jedoch unbarmherzig zerstörte, wenn ihre Zeit gekommen war. Die Leichenverbrennung, die häufig notwendig war, um die Toten nach einer Schlacht zu beseitigen, war mit dem Kult Odins verbunden.

Es gibt zahlreiche Erzählungen von Odins treuen Gefolgsleuten, den Berserkern, die während der Schlacht Bären- oder Wolfsfelle trugen und in Ekstase gerieten, wodurch sie unempfindlich gegen Schmerz wurden. Odin verlieh auch Poeten und Rednern die Gabe der Ekstase, und in der isländischen Dichtung wird oft erwähnt, daß er den magischen, anregenden Met herstellte (siehe S. 194). Außerdem brachte er seinen Anhängern Reichtum, was in seinem Ring namens Draupnir symbolisiert wurde, der sich selbst vermehrte und so unendlich viel Gold hervorbrachte.

Odin war aber auch ein Gott der Magie und der Weissagung, insbesondere im militärischen Bereich. Man opferte ihm Kriegsgefangene, die erstochen oder erhängt wurden. Derartige Opfer waren häufig eine Form der Weissagung, denn man glaubte, die letzten Zuckungen des Opfers würden Auskunft über Sieg oder Niederlage geben. Odin selbst hing als Opfer am Weltenbaum, um Kenntnis der Runensymbole zu erhalten, die bei Prophezeiungen verwendet wurden. Außerdem opferte er ein Auge, um Wissen zu erlangen, und erschien als alter, einäugiger Mann mit Mantel und breitkrempigen Hut auf der Erde. Seine ständigen Begleiter waren Wölfe und Raben, die Geschöpfe des Schlachtfelds; zwei Raben brachten ihm von überallher Nachrichten von den Schlachten. Odin war ein Meister der Verwandlung, der seinen Geist in Gestalt eines Vogels oder anderen Tieres aussandte, was ihm, neben der Fähigkeit, ins Reich der Toten zu reisen, eine Ähnlichkeit mit den Schamanen der nordeurasischen Völker verleiht.

Balder, der Sohn Odins

Viele Reisen Odins beruhten auf seinem Wunsch, Wissen über die Zukunft zu erlangen. Er befragte Runen und auch den Kopf des weisen Riesen Mimir, der von den Asen getötet worden war. Er unternahm gefährliche Fahrten, um weitere wegen ihres Wissens berühmte Riesen zu treffen und befragte sogar die Toten. Von ihnen erfuhr er, daß er dazu verdammt war, von dem Wolf Fenrir verschlungen zu werden, und daß Loki ständig Komplotte gegen die Götter schmiedete (siehe S.195).

Ein gefesselter Riese: vielleicht eine Anspielung auf die Fesselung Lokis als Strafe für seine Mitschuld am Tod Balders. Detail eines Steinkreuzes aus Cumbria, England.

Zum erstenmal ernsthaft bedroht wurde Odin durch den Verlust seines Sohnes Balder, der als der schönste der Götter beschrieben und von Odin und seine Frau Frigg am meisten geliebt wurde; in der dänischen Überlieferung gilt er allerdings nicht als guter, sondern als kriegerischer Sohn Odins, der auf der Erde kämpft. Balder wurde von bösen Träumen geplagt, und Frigg versuchte, ihn zu beschützen und ließ alle geschaffenen Wesen, auch Bäume und Pflanzen und alle Gegenstände aus Metall, Holz oder Stein, schwören, ihm niemals Schaden zuzufügen. So konnten die Götter zu ihrer Unterhaltung beim Sport Waffen gegen ihn schleudern, denn sie wußten, daß er unverletzlich war. Doch Loki entdeckte, daß eine kleine Mistel Frigg nicht geschworen hatte, da diese sie für zu jung gehalten hatte. Loki machte aus der Mistel einen Wurfpfeil, gab ihn dem blinden Gott Hother und führte dessen Hand, um sicherzugehen, daß er Balder auch wirklich traf. Als der Wurfpfeil Balder durchbohrte, fiel er tot um. Odin und die anderen Gottheiten wurden von Trauer überwältigt und legten ihn auf einen Scheiterhaufen auf seinem eigenen Schiff neben den Leichnam seiner Frau Nanna, die aus Gram gestorben war, und sein Pferd.

Als Frigg nach dem Tode Balders bat, jemand möge nach Hel, ins Reich der Toten, fahren und versuchen, ihren Sohn zurückzuholen, meldete sich Hermod der Kühne, Balders Bruder, freiwillig. Neun Tage und Nächte ritt er auf Odins Pferd Sleipnir durch tiefe, dunkle Täler, bis er zur goldenen Brücke über den Widerhallenden Fluß kam, der das Totenreich begrenzte. Die Wächterin der Brücke erklärte, er könne nicht zu den Toten gehören, da die Brücke unter den Hufen seines Pferdes widerhallte, was nicht geschehen sei, als vor kurzem fünfhundert Tote sie überquert hätten. Als Hermod ihr sagte, er suche Balder, wies sie ihm den Weg nach Norden zum Tor Hels, das Sleipnir mit einem mächtigen Satz übersprang. Hermod betrat die Halle und blieb drei Nächte dort. Er bat Hel, die Herrscherin über das Reich, das ihren Namen trug, Balder mitnehmen zu dürfen, doch sie erwiderte, nur wenn alle Menschen und alle Ding auf der Welt weinen würden, könne dies geschehen.

Hermod kehrte mit dem Ring Draupnir nach Asgard zurück, der auf dem Scheiterhaufen Balders verbrannt war, mit dem er bewies, daß er seine Mission erfüllte hatte. Nun wurden Boten überallhin ausgesandt, die alle baten, ihre Liebe zu Balder zu zeigen, indem sie ihn aus Hel herausweinten. So weinten nicht nur Männer und Frauen, sondern auch Steine, Bäume und Metalle – gleichsam, als ob es nach dem Frost getaut hätte. Doch schließlich stießen sie in einer Höhle auf eine Riesin, die sich weigerte zu weinen, weil Balder ihr nicht von Nutzen gewesen sei. Man glaubte, diese Riesin sei Loki in anderer Gestalt, der aus Bösartigkeit Balders Rückkehr verhinderte.

So blieb Balder in Hel, und als Lokis Anteil daran entdeckt wurde, floh er vor dem Zorn der Götter und versteckte sich als Lachs in einem Fluß. Doch er wurde in einem von ihm selbst geschaffenen Zaubernetz gefangen, und die Götter fesselten ihn über drei Steine, wobei Schlangen Gift auf sein Gesicht träufelten. Seine treue Frau Sigyn saß mit einer Schale neben ihm und versuchte, die Gifttropfen aufzufangen, da der sich krümmende Loki jedesmal ein Erdbeben auf der Erde verursachte. Er blieb angebunden, bis er sich beim Ragnarök, der Götterdämmerung, losreißen konnte und die Riesen gegen Asgard anführte.

Balders Tod führte unausweichlich zum Ragnarök, als Odin von dem Wolf verschlungen und dann von seinem jungen Sohn Vidar gerächt wurde, der das Ungeheuer in Stücke riß. Vidar gehörte zu jenen Göttersöhnen, die nach dem Ragnarök an die Stelle ihrer Väter traten.

Silberanhänger aus der Wikingerzeit: Ein reitender Bote, der an Hermod auf seiner Reise in die Unterwelt erinnert.

THOR

Der Donnergott

Brosche aus Birka in Schweden, Wikingerzeit. Zwei Ziegen flankieren einen »Donnerstein«, einen versteinerten Seeigel. Man glaubte, daß solche Steine bei Gewitter vom Himmel herabfielen.

RITUAL UND KULT DES THOR

Thor war besonders im westlichen Norwegen und in Island verbreitet: das Derb-Komische in vielen Mythen über ihn ist vielleicht ein Zeichen für seine Beliebtheit. Als das Christentum nach Island kam, erwies sich Thor als der Gott, dessen Kult am schwierigsten auszurotten war. Ihm galten verschiedene Rituale. Ein Hammer wurde bei einer Hochzeit der Braut in den Schoß gelegt, über ein neugeborenes Kind gehalten und auf Grenzsteinen dargestellt.

Die Skandinavier trugen silberne Amulette in Form eines Hammers. Das unten abgebildete schwedische Exemplar zeigt den Gott mit Adlergesicht.

Thor, der Gott der Gemeinschaft, Beschützer derer, die das Land bestellten, und der lokalen Versammlungen, war – ähnlich wie Jupiter und Zeus – der Himmelsgott; sein Hammer war Symbol für Blitz und Donner, die seinen Weg durch den Himmel markierten, und Felsen und Berge barsten, wenn er sich näherte. Zahlreiche grausame, aber auch humorvolle Erzählungen handeln von seinen Reisen nach Jotunheim, wo er die Riesen, die Feinde der Götter, tötete. Der sehr populäre Gott wurde als übergroße, jedoch auch vertraute Gestalt dargestellt, die – ohne Pferd – kraftvoll Flüsse durchmaß oder in einem Wagen fuhr, vor den Ziegen gespannt waren. In seinem bekanntermaßen unersättlichen Appetit verschlang er diese sogar zum Abendessen, sammelte anschließend ihre Knochen ein und hauchte ihnen kraft seines Hammers wieder Leben ein. Sein roter Bart sollte vielleicht den Blitz darstellen (wegen der vielen roten Fasern, die entstehen, wenn ein Baum von einem Blitz getroffen wird). Außerdem wird von seinen glühenden Augen berichtet, von seiner ungeheuren Stärke und seinem schrecklichen Zorn. Auf Gedenksteinen ist häufig sein an einem Seil befestigter Hammer zu sehen, den er manchmal gegen seine Feinde schleuderte oder auf ihren Kopf niederfahren ließ.

In einem frühen Text wird von einem Besuch im Reich des Riesen Geirröd erzählt, zu dem ihn Loki in böser Absicht überredet hatte. Thor mußte seine ganze göttliche Stärke aufbieten, um einen wilden Fluß zu überqueren und zu verhindern, daß ihn die beiden Töchter des Riesen zermalmten; er tötete sie und ihren Vater. Ein anderer Mythos erzählt von einem berühmten Duell mit dem Riesen Hrungnir, dem es gelungen war, in Asgard einzudringen. Als der Riese einen Wetzstein gegen Thor schleuderte, drang ein Splitter davon in dessen Kopf, doch Thor vernichtete seinen Feind mit seinem Hammer. Seine Todfeindin war die Weltschlange, die er einst vom Meeresboden heraufgezogen hatte. In einer älteren Version dieses Mythos wurde Thor wohl als der Himmelsgott dargestellt, der bei der Schöpfung das Ungeheuer des Chaos überwältigte; im Zeitalter der Wikinger hingegen hieß es, Thor habe die Schlange beim Ragnarök besiegt und sei dabei durch ihr Gift getötet worden.

Thors Stärke erwies sich nur dann als unzureichend, wenn man ihn durch Zauber zu täuschen vermochte. Bei einer Reise in das geheimnisvolle Reich Utgard begegnete er einem Riesen, der so groß war, daß Thor in seinen Handschuh hineingehen konnte, als beträte er eine Halle. Der Riese befahl ihm, ein Horn voll Bier zu leeren, das sich immer wieder aus dem Meer auffüllte, und mit dem Alter zu kämpfen, das selbst den Stärksten töten kann; und schließlich sollte er eine graue Katze vom Boden aufheben, die in Wirklichkeit die Weltenschlange war. All dies waren unmöglich zu bewältigende Aufgaben, doch Thor erschreckte den hinterlistigen Riesen durch seine Kraft: Bei der Trinkprüfung sank der Meeresspiegel, und als Thor eine Pfote der Katze hochhob, wurde beinahe die Welt vernichtet (hierbei handelt es sich möglicherweise um eine andere Version jenes Mythos, in dem Thor die Schlange vom Grund des Meeres hochzieht).

Als Thors Mutter galt Fjorgyn, ein Name, der in der Dichtung für die Erde verwendet wurde. Von seiner Frau weiß man nur, daß sie wegen ihrer goldenen Haare berühmt war und daß Loki ihr diese einst abgeschnitten hatte; doch der Unhold war so entsetzt über den Zorn Thors, daß er ihr von Zwergen neues Haar aus purem Gold fertigen ließ. Dies hatte bedeutende Folgen für die Götter, denn nun entstanden ihre wertvollsten Schätze, unter anderem auch Thors Hammer (siehe S. 194).

Thor fischt nach der Weltenschlange

Ein weitverbreiteter Mythos der Wikingerzeit ist der vom Besuch Thors bei dem Meerriesen Hymir. Diese Begegnung wird in einigen der ältesten erhaltenen Dichtungen beschrieben und ist auf drei Steinreliefs des Wikingerzeitalters dargestellt. Ein aus dem 8. Jahrhundert stammender Stein aus Gotland zeigt offenbar Thor mit dem Ochsenkopf, der in dem Boot eines Riesen rudert.

Detail eines Steins aus Cumbria in Nordengland: Thor fängt beim Fischen die Weltenschlange.

Einer Erzählung zufolge ging Thor als jugendlicher Mann verkleidet zum Meer und fragte den Riesen, ob er mit ihm fischen dürfe. Hymir war zunächst nicht bereit, ihn mitzunehmen, und sagte ihm, er solle selbst einen Köder finden; daraufhin ging Thor zur Ochsenherde des Riesen, tötete das größte Tier und brachte dessen Kopf mit.

Nun brachen die beiden in dem Boot auf, und Thor ruderte mit heftigen Schlägen, bis sie die Fischgründe des Riesen erreicht hatten. Dort hängte Thor den Ochsenkopf an den Angelhaken und warf ihn ins Wasser. Die Weltenschlange in den Tiefen des Ozeans schnappte ihn, und Thor zerrte die Kreatur hinauf, bis ihr schrecklicher Kopf über den Wellen auftauchte.

Thors erstaunliche Kraft nahm noch zu, als er zog; seine Füße durchbohrten das Boot, und er stämmte sich gegen den Meeresboden. Als die Schlange Gift spuckte, erhob Thor seinen Hammer, doch der von Panik ergriffene Riese schnitt die Angelschnur durch.

Snorris *Edda* zufolge waren sich die Erzähler nicht einig, ob Thor die Schlange erschlug. So konnte sich gleichzeitig die andere Lesart verbreiten, wonach sie entkommen und ins Meer zurückgefallen sei, während Thor den Riesen über Bord warf und an Land watete.

DER RAUB DES HAMMERS

Eines Tages verlegte Thor seinen Hammer, die einzige wirksame Waffe gegen die Riesen. Loki nahm die Falkengestalt Freyjas an und flog überallhin, um ihn zu suchen, bis er schließlich mit der Nachricht zurückkehrte, daß er sich im Besitz des Riesen Thrym befinde und tief unter der Erde vergraben liege. Der Riese weigerte sich, den Hammer zurückzugeben, wenn er die Göttin Freyja nicht als Braut bekäme. Als Freyja dies hörte zerriß sie rasend vor Zorn ihren berühmten Halsschmuck. Der weise Heimdall riet Thor, er solle einen Brautschleier anlegen, sich als Freyja verkleiden und mit Loki nach Jotunheim, dem Reich der Riesen, reisen. Widerstrebend willigte Thor ein und machte sich mit Loki in seinem Wagen auf, begleitet von Donner und Blitz. Die Riesen begrüßten die Braut voller Freude, waren jedoch erstaunt über ihren enormen Appetit beim Hochzeitsfest; und als sie durch den Schleier die glühenden Augen sahen, erfaßte sie Unruhe. Der clevere Loki aber, der als Dienerin der Braut verkleidet war, beschwichtigte sie und versicherte ihnen, Freyjas ungewöhnliches Verhalten sei damit zu erklären, daß sie acht Tage und Nächte nicht geschlafen und nichts gegessen habe, so sehr habe sie sich nach der Hochzeit gesehnt. Schließlich wurde der Hammer hereingebracht und in den Schoß der Braut gelegt, um sie zu segnen. Da ergriff Thor den Hammer, zerschmetterte den Bräutigam und die Hochzeitsgäste und kehrte im Triumph mit Loki nach Asgard zurück.

FREYR UND DIE WANEN

Götter des Himmels, des Landes und des Wassers

Diese kleine phallusartige Figur (etwa 7,6 cm hoch) aus Railinge in Schweden gilt als Darstellung Freyrs.

Der wichtigste skandinavische Gott der Fruchtbarkeit und Fülle war Freyr, dessen Name »Herr« bedeutet und möglicherweise als Anrede benutzt wurde. Er gehörte zu den Wanen, einer Gruppe von Göttern und Göttinnen, die im Gegensatz zu den Asen, den Göttern des Himmels, mit den Tiefen der Erde und des Wassers verbunden waren. Der Freyr-Kult, der in der Wikingerzeit in Schweden gefeiert wurde, breitete sich allmählich nach Norwegen und Island aus. Die Islandsagen erzählen von Familien, die den Gott und eine Reihe ihm geweihter Orte verehrten. Wie Odin und Thor gab Freyr Hilfe und Rat, und Weissagungen waren ein wichtiger Bestandteil seines Kults. Die Ynglingkönige von Uppsala in Schweden wurden offenbar nach dem Tod mit ihm gleichgesetzt, und brachten, wie man glaubte, dem Land Wohlstand. Im Grabhügel Freyrs wurden Gold- und Silbergaben niedergelegt, und das Bildnis des Gottes wurde in einem Wagen in Schweden herumgefahren, um die Häuser der Bauern zu segnen. Ähnlich war dem römischen Historiker Tacitus zufolge Jahrhunderte früher die Erdgöttin Nerthus durch Dänemark gereist.

Ein Symbol der Wanen war der goldene Eber, der wie die Sonne über den Himmel und durch das Reich unter der Erde wanderte. Obwohl er kein Himmelsgott war, wohnte Freyr bei den Asen, und die Sonne spielte in seinem Kult eine bedeutende Rolle. Er war ein Gott des Friedens, doch das ihm zugehörige Ebersymbol schmückte die Helmplatten der Krieger oder diente als Helmbusch und als Schutz in der Schlacht. Die Eberhelme der Könige von Uppsala (der Yngling) galten als Landesschätze. Auch Pferde waren Freyr geweiht; es hieß, er halte einige in seinem Tempel. Außerdem besaß er ein besonderes Schiff – das Schiff war ein weiteres Wanensymbol –, mit dem er an jeden Ort reisen konnte: Es konnte alle Götter aufnehmen, paßte aber in einen Beutel, wenn es nicht benutzt wurde. Vom 7. Jahrhundert an praktizierten sowohl königliche Familien als auch das niedere Volk die Schiffsbestattung. Die Leichen wurden in Schiffen oder Booten beigesetzt oder darin verbrannt, wobei wahrscheinlich ein Zusammenhang

Das Freien um Gerd

Freyr wagte es, sich auf Odins Platz zu setzen, von dem aus er in die Welten unter sich blicken konnte. In der Unterwelt sah er die schöne Gerd und wurde von Verlangen überwältigt.

Freyr glaubte, es sei unmöglich, Gerd im Reich der feindlichen Riesen für sich zu gewinnen. Seine Mutter Skadi bat daher Skirnir (der sonst nirgendwo auftaucht), ihrem Sohn zu helfen, und gab ihm ein magisches Pferd und ein magisches Schwert. Als er die Halle Gymirs, des Vaters von Gerd, erreichte, sprang sein Pferd durch die Flammen, die das Gebäude umgaben. Er bot Gerd goldene Äpfel an sowie Odins Reichtum schaffenden Ring, doch sie weigerte sich sogar, Freyrs Frau zu werden, als sie mit dem Schwert bedroht wurde. Schließlich erklärte ihr Skirnir, sie werde den Zorn der Götter auf sich ziehen; erst da stimmte Gerd der Hochzeit zu.

Kleine Plakette aus Goldfolie, etwa 1,5 cm hoch, die vermutlich die Hochzeit zwischen Freyr und Gerd darstellt.

Die Landgeister

Man stellte sich vor, daß die Landgeister in Hügeln, Wasserfällen, Seen und Wäldern oder in großen Felsen wohnten.

Galionsfiguren und geschnitzte Pfosten in Form eines Drachen – dieser hier gehört zum Schiff der Bestattung von Oseberg – galten als Schutz gegen feindliche Kräfte. Man glaubte, daß die Landgeister sich Schiffen entgegenstellten, die mit solchen Galionsfiguren in isländische Häfen einfuhren.

Viele Erzählungen handeln von Siedlern, die im 9. Jahrhundert nach Island kamen, Kontakt mit den Geistern des neuen Landes aufnahmen und als Gegenleistung für ihre Nahrungsopfer deren Hilfe erhielten. Solche Geister halfen den Menschen beim Jagen und Fischen sowie bei der Aufzucht von Tieren und gaben in Träumen Ratschläge für die Zukunft. Ein Bauer, der einen großen Teil seines Viehs verloren hatte, ging eine Partnerschaft mit einem Landgeist ein. Da schloß sich ein merkwürdiger Ziegenbock seiner Herde an, woraufhin seine Ziegen wieder prächtig gediehen.

Zu den Landgeistern gehörten auch wohltätige Bergriesen, die Männer und Frauen vor feindlichen Wesen schützten und bei ungünstigen Wetterverhältnissen halfen. Der Glaube an solche übernatürlichen Wohltäter findet sich im Volksgut Skandinaviens und anderer europäischer Länder und hielt sich auch noch lange nach der Einführung des Christentums. Die Landgeister standen bereit, das Land gegen feindliche Angriffe zu verteidigen, und wurden zornig, wenn jemand das Gesetz brach. Es ist schwierig, diese Wesen klar von den Wanen zu unterscheiden, doch wurden wohl eher einzelne Landgeister in bestimmten Regionen verehrt und nicht von der gesamten Gemeinschaft.

mit dem Wanenkult bestand. Njörd, der Vater Freyrs, hatte in der Wikingerzeit große Bedeutung und war mit Schiffen und dem Meer verbunden. Freyrs Mutter Skadi war eine geheimnisvolle Göttin, die auf Kufen reiste und in den nördlichen Wäldern auf die Jagd ging. In einem Versfragment wird erzählt, wie die Ehe von Njörd und Skadi zerbrach, weil Njörd es nicht ertragen konnte, weit vom Meer entfernt zu sein, während Skadi nur in den Bergen glücklich war.

Freyr machte Gerd, einem schönen Mädchen der Unterwelt und Tochter eines Riesen, den Hof und gewann sie. Diese Verbindung symbolisierte wahrscheinlich die Wärme der Sonne, die in die Erde eindrang und das Korn wachsen ließ. Bei den in den Fundamenten von Häusern sowie an heiligen Stätten gefundenen kleinen Goldfolienstücken mit der Darstellung eines Mannes und einer Frau, die sich umarmen (siehe Kasten gegenüberliegende Seite) oder einen belaubten Zweig zwischen sich haben, könnte es sich möglicherweise um eine Darstellung der Ehe zwischen den beiden Wanengottheiten handeln.

Neben Freyr und Njörd gehörten auch Balder (siehe S. 197) und Heimdall, der Weiße Gott, zu den Wanen. Heimdall stand mit dem Meer in Zusammenhang; dem Mythos zufolge hatten ihn neun riesenhafte Jungfrauen, offenbar Wellen, geboren. In einer frühen Dichtung wurde er als Vater von menschlichen Kindern dargestellt. Er hieß auch der »Wächter«, da er am Brückenkopf des Regenbogens Bifröst wachte und nach Feinden der Götter Ausschau hielt. Das Herannahen von Feinden kündigte er mit dem Gjallarhorn an. Mit Freyr verbunden ist der germanische Ing, der als Gründer der Yngling-Dynastie verehrt und in einem angelsächsischen Runenlied beschrieben wurde.

Die Göttinnen, die ebenfalls einen wichtigen Bestandteil im Kreis der Wanen bilden, werden in der Regel als Töchter von Riesen der Unterwelt dargestellt. Außerdem werden in den Dichtungen neben den Asen und den Landgeistern häufig auch die Elfen genannt. Dabei handelt es sich um übernatürliche Wesen, die an bestimmte Orte gebunden waren und Bauern und Fischern halfen. Die weisen Riesen (im Gegensatz zu den Frost- und Reifriesen) wiederum stammten aus ältester Zeit, in der noch keine Himmelsgottheiten existierten.

Kein Herrscher konnte die Wanen übergehen, denn von ihrer Gunst hingen eine gute Ernte und eine erfolgreiche Herrschaft ab. Einige Erzählungen handeln von frühen Königen, die vom Volk abgesetzt oder sogar getötet wurden, wenn ihnen eine gute Ernte versagt geblieben war.

Bronzestempel für eine Helmplatte, auf der Männer mit Eberhelmen zu sehen sind. Solche Darstellungen sollten während der Schlacht den Schutz Freyrs über die Krieger beschwören.

GÖTTINNEN UND WEIBLICHE GEISTER

Freyja, die goldenen Äpfel, Walküren und Nornen

Der schwedische Anhänger aus der Wikingerzeit stellt vielleicht Freyja dar, die den wunderbaren Halsreif aus Gold namens Brisingamen trägt, der aus der Werkstatt der Zwerge stammen soll.

Die oberste Göttin der Wanen, Freyrs Schwester Freyja, deren Name »Herrin« bedeutet, wird meist unterschätzt, da in der Literatur die männlichen Götter im Vordergrund stehen. Aber Freyja war eine mächtige Gestalt, die nicht nur von Frauen (von denen es nur wenige Zeugnisse gibt), sondern auch von Königen und Helden verehrt wurde. Ihre Symbole waren dieselben wie die der Wanen: der Eber und das Schiff. Auch war sie mit dem Pferdekult verbunden, obwohl ihr Wagen von Katzen gezogen wurde. Einer Überlieferung zufolge war sie – wie es heißt, nach Sitte der Wanen – mit ihrem Bruder verheiratet. Freigebig ließ sie allen Göttern ihre Liebe zuteil werden; zu ihren Geliebten zählten aber auch irdische Herrscher, die sie unterstützte und nach dem Tod bei sich aufnahm. Jarl Hakon, der letzte heidnische Herrscher Norwegens, soll die Göttin Thorgerd verehrt haben, bei der es sich möglicherweise um Freyrs Braut Gerd handelt; beide Göttinnen könnten mit Freyja identisch sein. Wie Freyr stand Freyja mit Reichtum in Verbindung: Sie weinte Tränen aus Gold und besaß einen wunderbaren Halsreifen (siehe Abbildung links), ein Symbol der Großen Göttin aus sehr früher Zeit.

Eine andere Gestalt, die mit Freyja identisch sein könnte, ist die Göttin Gefion, die ihre vier Söhne in Ochsen verwandelte und von Schweden ein Stück Land abbrach, um die dänische Insel Seeland zu formen. Gefion und Gefn, ein anderer Name für Freyja, sind von dem Wort für »geben« abgeleitet: Freyja war eine gebende Göttin, die dem Land und dem Meer Fruchtbarkeit brachte und Helferin in der Ehe und bei der Geburt war. Im Kult wird sie mit der Bewahrung der Familie, aber auch mit sexueller Untreue und dunklem Zauber verbunden. Die Islandsagen erzählen von einem Ritual namens *seid*, bei dem eine Frau durch

Der Raub der goldenen Äpfel

Bei der Rettung der goldenen Äpfel der Unsterblichkeit spielt auch Freyja eine bedeutende, wenn auch nur kleine Rolle. Ein Riese stiehlt sie der Göttin Idun, die sie in Asgard bewacht.

Eines Tages waren Odin, Loki und Hönir gemeinsam unterwegs und brieten einen Ochsen, doch das Fleisch wollte nicht richtig gar werden. Ein großer Adler (in Wirklichkeit der Riese Thiassi), der über ihnen in einer Eiche hockte, bot ihnen unter der Bedingung seine Hilfe an, daß er an dem Mahl teilhaben dürfe. Als der Ochse endlich fertig war, schnappte sich der Vogel den größten Teil des Fleisches. Wütend schlug Loki mit einem Stock nach ihm, doch der Adler flog mit dem Stock an seinem Körper, an dessen anderen Ende Loki hing, davon. Loki wurde über den Boden gezogen, und Thiassi erklärte, er werde ihn erst dann loslassen, wenn er schwöre, ihm die Göttin Idun und die goldenen Äpfel der Unsterblichkeit zu bringen. Als Loki nach Asgard kam, gelang es ihm, die Göttin mit ihren goldenen Äpfeln – unter dem Vorwand, er könne ihr noch schönere Äpfel zeigen – in den Wald hinauszulocken. Dann stieß Thiassi in Adlergestalt herab und trug die goldenen Äpfel nach Jotunheim, in das Land der Riesen.

Die Götter, die nun der Äpfel beraubt waren, wurden alt und runzelig, und als sie entdeckten, daß Loki an dem Diebstahl beteiligt war, drohten sie, ihn zu töten, wenn er Idun nicht zurückbrächte. So nahm Loki die Falkengestalt Freyjas an und flog zu Thiassis Halle, verwandelte Idun in eine Nuß und trug sie in seinen Klauen davon. Bald darauf verfolgte ihn der Riese in seiner Adlergestalt erneut, doch als Loki Asgard erreichte, steckten die Götter einen Haufen Holzspäne in Brand, so daß Thiassis Flügel angesengt wurden, sobald der Riese die Grenze nach Asgard überflog. Er fiel zu Boden, und die Götter töteten ihn. So blieben die wertvollen Äpfel in Asgard und garantierten weiterhin die ewige Jugend der Götter.

das Land reist und von einer Hochebene aus Fragen über die Zukunft beantwortet: eine Fähigkeit, die Freyja den Göttern beigebracht haben soll. Es gibt Zeugnisse, nach denen der Göttin Priesterinnen dienten. Zu ihnen gehörte möglicherweise auch jene hochrangige Frau, die im 9. Jahrhundert mit Fruchtbarkeitssymbolen – zum Beispiel Äpfeln und Nüssen – und einem prächtigen Prozessionswagen (siehe S. 190) im Oseberg-Schiff (Südnorwegen) beigesetzt wurde. Odins Frau Frigg hat große Ähnlichkeit mit Freyja, und beide sind vielleicht aus der früheren germanischen Göttin Frea hervorgegangen. Beide konnten sich in Vögel verwandeln und werden als weinende (wohl das Schicksal ihrer Söhne und Geliebten betrauernde) Göttinnen dargestellt.

Ein später Mythos über Freyja (möglicherweise das Werk eines christlichen Erzählers) handelt davon, wie sie zu ihrem berühmten Halsreif kam. Vier Handwerkerzwerge hatten ihn gemacht, und Freyja, die ihn außerordentlich begehrte, versuchte, ihn ihnen abzukaufen. Als Preis dafür verlangten die Zwerge, daß sie mit jedem von ihnen eine Nacht verbringen sollte. Freyja willigte ein. Doch Loki erzählte es Odin, der ihm befahl, den Halsreif zu stehlen. Daraufhin drang Loki in Gestalt einer Fliege in Freyjas Gemach ein, während sie schlief; dann verwandelte er sich in einen Floh und biß sie in die Wange, so daß sie sich in ihrem Bett umdrehte und er den Verschluß öffnen und den Halsreif an sich nehmen konnte. Als Freyja entdeckte, daß das Schmuckstück nicht mehr da war, vermutete sie, Odin habe es gestohlen, und verlangte es zurück. Odin willigte ein, jedoch nur unter der Bedingung, daß sie einen Krieg zwischen zwei mächtigen Königen entfachte, von dem er selbst sich einen Vorteil erhoffte. Damit beginnt eine der großen Heroenlegenden der Wikingerzeit.

Die im frühen Nordeuropa entstandene Vorstellung von Muttergöttinnen und mit Quellen und Seen verbundenen weiblichen Gottheiten hielt sich bis in die Wikingerzeit hinein. Zum Teil wandelten sich diese Gottheiten zu Lokalgeistern, und mit Beginn des Christentums wurden einige durch die Jungfrau Maria ersetzt. Weibliche Wesen halfen auch den Frauen bei ihrer Arbeit, etwa beim Spinnen, Melken und Heilen.

Weibliche Geister, die die Wanen begleiteten, waren auch mit dem Schlachtfeld verbunden. Vor allen anderen sind hier die Walküren, die Totenwählerinnen zu nennen, die von Odin ausgesandt wurden, um den Verlauf der Schlacht zu bestimmen und die Adeligen unter den Toten nach Walhall zu bringen. In der Literatur der Wikinger werden sie als edle Frauen beschrieben, die auf einem Pferd sitzen und Speere tragen. Einer anderen Überlieferung zufolge handelt es sich um furchterregende Riesinnen, die in Träumen als Omen für ein nahendes Gemetzel erscheinen, Blut über das Land bringen, Männer in der Schlacht verschlingen oder von Raubvögeln begleitet auf Wölfen reiten. Oft werden sie in Gesellschaft von Raben dargestellt, die sich in Scharen auf dem Schlachtfeld niederlassen und die Leichen zerfleischen. Ein anderer Aspekt der Walküren bezieht sich auf ihre Rolle als Schutzgeister der Familie; diese Wesen schließen Freundschaft mit jungen Prinzen, geben ihnen einen Namen und ein Schwert, werden ihre übernatürlichen Bräute, lehren sie die Kriegskunst, beschützen sie in der Schlacht und heißen sie nach dem Tod im Hügelgrab willkommen. Es gibt zahlreiche Walkürennamen, von denen die einfachsten, wie etwa Hild, soviel wie Schlacht bedeuten. Viele dieser Namen aber sind poetische Schöpfungen, die nicht auf einem Mythos basieren.

Von einzelnen Göttinnen wie Skadi, der Frau Njörds, weiß man nur wenig. Sie war vermutlich mit Bogen und Kufen ausgestattet (siehe S. 201). Nanna (die Gattin Balders), Sif (die Gattin Thors) und Sigyn (die Gattin Lokis) sind nur namentlich bekannt. Ran, die Frau des Meergottes Äsir, von der es heißt, sie habe ertrunkene Seeleute in ihrer Halle willkommen geheißen, scheint wie ihr Mann eine Personifizierung des Meeres zu sein.

Von größerer Bedeutung sind die Nornen, jene Göttinnen oder Riesinnen, die das Schicksal der Menschen und Götter bestimmten. Sie suchten den königlichen Hof auf, um das Schicksal neugeborener Prinzen festzulegen, und standen mit dem Schicksalsbrunnen in Zusammenhang – jener Quelle unter dem Weltenbaum, der das Geheimwissen entsprang. Meist werden drei Nornen erwähnt, manchmals auch mehr. Von Bedeutung ist auch der Kult der Disir, jener Göttinnen, denen in Uppsala Opfer – auch Menschenopfer – dargebracht wurden. Ihr Hauptfest fand offenbar im Herbst statt, dem Beginn des neuen Jahres, wenn ein großes Fest für die männlichen Gottheiten abgehalten wurde.

Auf vielen gotländischen Gedenksteinen der Wikingerzeit sind Walküren dargestellt, die die Helden mit Füllhörnern voll Met begrüßen.

DIE DRACHENTÖTER

Beowulf und Sigurd

Details einer Kirchentür aus dem norwegischen Setesdale, 12. Jh., auf der dargestellt ist, wie Sigurds Schwert wieder zusammengeschmiedet und auf dem Amboß geprüft (oben rechts), der Drache getötet (oben), das Herz gebraten und Regin getötet wird.

Der Mythos eines Helden, der einen großen Drachen tötete, war fester Bestandteil der Tradition des Nordens. Von besonderer Bedeutung ist die Erzählung von dem Drachen Fafnir, der von dem jugendlichen Helden Sigurd aus dem Geschlecht der Völsungen getötet wurde. Sie war seit dem 10. Jahrhundert verbreitet.

Sigurds Vater Sigmund war einer größten Helden Odins (vielleicht war er sogar der ursprüngliche Drachentöter, da Sigurd in den frühen Quellen nicht erwähnt wird). Als Sigmund in einer Schlacht fiel, zerschmetterte Odin das wunderbare Schwert, das er ihm einst geschenkt hatte. Sigmunds Witwe Hjördis bewahrte die Teile für ihren Sohn Sigurd auf, der am Hof ihres zweiten Gatten Hjalprek aufwuchs. Sigurd wurde durch einen geschickten, aber bösen Schmied namens Regin aufgezogen, welcher ihm viele Fertigkeiten beibrachte. Als er sich eines Tages ein Pferd aussuchte, half ihm Odin, der als alter Mann verkleidet war. Und so kam er zu dem wunderbaren Roß namens Grani, welches von Odins Pferd Sleipnir abstammte. Dann erzählte ihm Regin von einem großen Schatz, der von dem Drachen Fafnir, seinem Bruder, bewacht wurde.

Die Vorgeschichte dieses Schatzes war äußerst kompliziert. Es gab nämlich einen dritten Bruder namens Otter, der von Loki getötet und seines Fells beraubt wurde, als er in seiner tierischen Gestalt am Flußufer Fisch aß. Als sich die drei Götter Odin, Liki und Hönir zufällig bei Hreidmar, dem Vater der Brüder, aufhielten, sperrte er sie ein und verlangte als Lösegeld, daß sie das Otterfell mit Gold bedeckten. Daraufhin wurde Loki beauftragt, dem Zwerg Andvari alles Gold wegzunehmen, unter anderem einen Ring, der den Reichtum vervielfältigen konnte; doch der Zwerg belegte den Ring mit einem Fluch, so daß er dem Besitzer Unheil und Zerstörung brachte. Um das Fell zu bedecken, wurde der gesamte Schatz benötigt. Dann tötete Fafnir seinen Vater Hreidmar, um das Gold an sich zu reißen, verwandelte sich in einen Drachen und bewachte so seinen Reichtum.

Regin drängte Sigurd, Fafnir zu töten, und schmiedete zwei Schwerter für ihn. Als diese jedoch entzweibrachen, gab ihm seine Mutter die Bruchstücke des Schwertes Gram, aus denen Regin eine neue Waffe mit einer scharfen Schneide schmiedete. Dann riet er Sigurd, eine Grube zu graben, sich hineinzusetzen und den Drachen von unten zu erstechen, wenn er auf dem Weg zum Wasser darüberkroch. Doch nun erschien erneut Odin in Gestalt eines alten Mannes und warnte Sigurd, er werde in dem Blut ertrinken, wenn er nicht mehrere Löcher grübe – ein Rat, der dem Helden das Leben rettete. Nachdem Sigurd Fafnir an der Schulter tödlich getroffen hatte, bat Regin Sigurd, das Herz des Drachen für ihn zu braten. Dabei verbrannte sich Sigurd den Finger und steckte ihn in den Mund. Als das Blut mit seiner Zunge in Berührung kam, konnte er die Sprache der Vögel verstehen. So erfuhr er, daß Regin die Absicht hatte, ihn zu töten. Nun schlug Sigurd Regin mit dem Schwert den Kopf ab, lud den Schatz auf Granis Rücken und ritt davon. Der Besitz des Rings aber führte schließlich durch die Machenschaften Brunhilds, die eifersüchtig auf Sigurds Frau Gudrun war, zu Sigurds Tod.

Dieselbe Geschichte wird in der späteren mittelalterlichen Erzählung von Siegfried und dem Schatz der Nibelungen wieder aufgenommen, wobei allerdings die Tötung des Drachen in den Hintergrund trat.

Ein Stein vom Friedhof der St. Paul's Cathedral in London: Kampf zwischen Löwen und Schlange. Dieser Gedenkstein für einen Skandinavier, der Mitte des 11. Jh. starb, zeigt den Einfluß der traditionellen Drachendarstellungen.

Beowulf

In dem angelsächsischen Heldenlied Beowulf, das meist auf das 8. Jahrhundert datiert wird, findet sich die lebendige Schilderung eines feurigen Drachen. Trotz des christlichen Hintergrunds der Dichtung erinnert die Darstellung der Ungeheuer, die von dem Helden Beowulf getötet werden, an vorchristliche Legenden.

Als junger Mann kam Beowulf aus dem Land der Gauten an den dänischen Hof, um dem alten König Hrothgar beizustehen, und tötete in einem Zweikampf das menschenfressende Ungeheuer Grendel, das nachts in die königliche Halle eindrang. Als Grendels Mutter ihr Kind rächen wollte, verfolgte Beowulf sie bis zu ihrem Versteck an einem See und tötete sie.

Beowulf regierte noch weitere fünfzig Jahre über die Gauten, bis sein Königreich durch einen Drachen bedroht wurde, der seit Jahrhunderten einen großen Schatz in einem Höhlengrab bewachte. Als ein Flüchtling einen wertvollen Trinkbecher daraus stahl, wurde er so zornig, daß er noch in derselben Nacht losflog, um das Königreich zu verwüsten. Mit einem großen Schild aus Eisen – als Schutz gegen das Feuer des Drachen – und einer Reihe auserwählter Krieger trat Beowulf dem Tier entgegen. Doch die Klinge seines Schwerts konnte nicht in die dicke Hornhaut eindringen, und als der Drache vorrückte, flohen alle seine Begleiter vor Schrecken, bis auf einen Getreuen, den jungen Stammeshäuptling Wiglaf. Als der Drache mit seinen Zähnen Beowulfs Hals packte, durchbohrte Wiglaf mit seinem Schwert seinen Bauch. Beowulf zog sein Messer heraus, und beide attackierten nun den Drachen, bis er tot war. Doch Beowulf war durch den giftigen Atem des Ungeheuers geschwächt worden. Sterbend vermachte er Wiglaf den Schatz, seinen Halsreif und seine Rüstung.

Der feuerspeiende Drache in Schlangengestalt und ausgestattet mit Flügeln, so daß er durch die Nacht fliegen konnte, erinnert an die Schlangenungeheuer der frühen Mythen und Legenden. Beowulf stirbt auf ähnliche Weise wie Thor, der in der letzten Schlacht beim Ragnarök die Weltenschlange tötete, dann jedoch an deren Gift zugrunde ging.

MITTEL- UND OSTEUROPA

Das zentrale Motiv dieser traditionellen Stickerei aus Nordrußland stellt die ostslawische Göttin Makosch dar, die im Mittelpunkt eines weitverbreiteten Fruchtbarkeitskults stand.

Die Slawen, zu denen Völker wie die Kaschuben im Norden und die Makedonier im Süden gehören, weisen eine Sprachenvielfalt auf, in der sich die verschiedenen kulturellen Identitäten widerspiegeln. Da die Slawen innerhalb der europäischen Völkerfamilie relativ jung sind, besitzen sie eine größtenteils gemeinsame mythologische Tradition. Dieses Erbe aber hat sich dem Einfluß der Verschriftlichung entzogen; denn die Schriftsprache kam erst im 9. und 10. Jahrhundert mit dem Christentum, das die »heidischen« Bräuche ignorierte, fehlinterpretierte oder verwarf. Die Glaubensinhalte der vorchristlichen Zeit müssen in mühevoller Kleinarbeit rekonstruiert werden. Doch dank der wirtschaftlichen Rückständigkeit und Isolation (besonders Rußlands) haben sich viele altslawische Mythen erhalten, wenn auch häufig in verzerrter Form.

Die altslawische Mythologie handelt von der meist gefährlichen Begegnung der Sterblichen mit übernatürlichen Wesen. Obwohl Namen heidnischer Gottheiten überliefert sind, ist über ihren Kult bis auf wenige Ausnahmen, darunter das Ritual der ostslawischen Fruchtbarkeitsgöttin Makosch (Abbildung oben), kaum etwas bekannt. Alte Glaubensvorstellungen, die mit Übergangsriten oder Schamanismus in Zusammenhang stehen, sind in Volkserzählungen eingegangen. Die jenseitige Welt, zu der die Schamanen Zugang hatten, erscheint als von Ungeheuern bevölkert; die Epen handeln aber auch davon, daß diese feindseligen Wesen die jenseitige Welt verlassen und die Menschen in dieser Welt bedrohen. Auch der Kult der Ahnen ist in vielen Volkserzählungen und im volkstümlichen Glauben an Hausgeister bis heute lebendig.

DIE SLAWISCHEN VÖLKER

Als ethnisch einheitliche Gruppe traten die Slawen etwa im 5. Jh. n. Chr. in Erscheinung und teilten sich im Verlauf der folgenden 200 Jahre in drei Gruppen auf, die sich – vermutlich von der östlichen Slowakei aus – in Richtung Böhmen, Polen und Deutschland ausbreiteten. Andere wanderten nach Süden durch den Balkan, wieder andere weiter nach Osten sowie nach Norden, wo sie Teile der heutigen Ukraine und Nordostrußlands besiedelten. Auch im folgenden Jahrtausend drangen sie weiter nach Osten, durch den europäischen Teil Rußlands bis nach Sibirien und Zentralasien vor.

VORCHRISTLICHE GLAUBENSVORSTELLUNGEN DER SLAWEN

In der Entwicklung der slawischen Mythologie lassen sich drei einander überschneidende Phasen unterscheiden:

Licht gegen Finsternis

Ein dualistischer Glaube an eine Welt, die von der kreativen Macht des Lichts und der zerstörerischen Kraft der Finsternis beherrscht wird, brachte die Menschheit dazu, sich in ihrem Kampf gegen das Böse der Hilfe des Guten zu bedienen. Mit Übernahme des Christentums wurden die guten Kräfte mit der Kirche gleichgesetzt; doch die bösen Kräfte in Form wiederkehrender Toter (etwa als Vampire oder Geister, die in Wäldern oder Flüssen leben) blieben im Volksglauben lebendig.

Der Kult der toten Ahnen

Jeder Haushalt wurde von toten Vorfahren beschützt, die Gesundheit und Fruchtbarkeit sicherten. Über diesen räumlich eingegrenzten Kult hinaus wurde der männliche Fruchtbarkeitsgott Rod verehrt, der von Mutter- und Tochtergottheiten, den Rozanica, begleitet wird. Zu den Ritualen, die dem Jahreszyklus von Tod und Wiedergeburt folgten, gehörten schamanistische Praktiken zur Kontaktaufnahme mit den Seelen der toten Vorfahren in der jenseitigen Welt.

Gottheiten der Naturgewalten

Anthropomorphisierte Sonnen- und Feuergottheiten bringen die Verehrung der Slawen für die Kräfte des Lichts und mehr noch des Feuers zum Ausdruck. In einer sich entwickelnden Kultur wurde aus dem Donnergott der Kriegsgott, und es entstand auch ein Schutzherr des Handels. Am meisten verbreitet waren aber Götter und Göttinnen der Fruchtbarkeit.

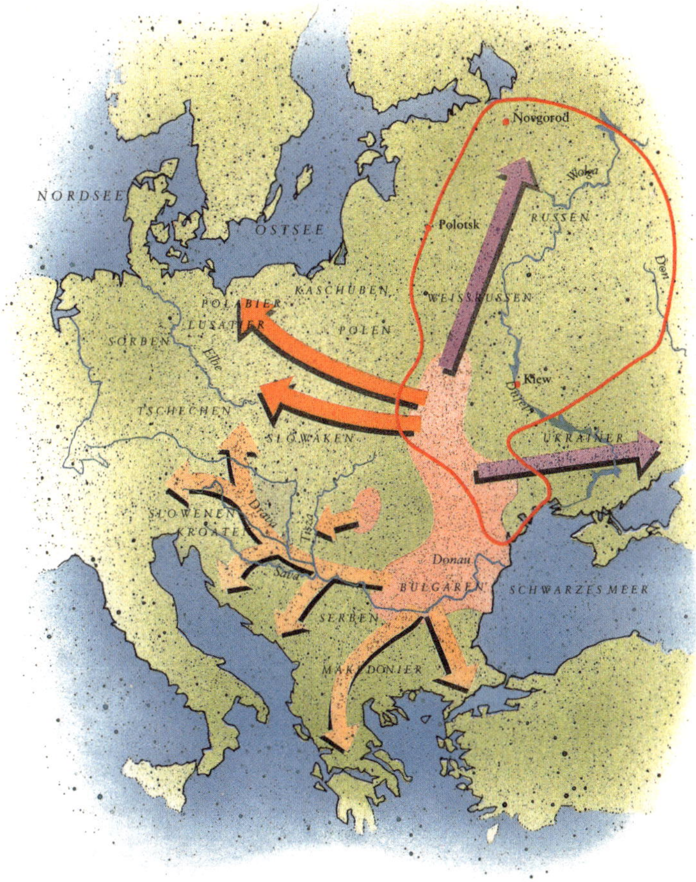

LEGENDE

- Slawisches Siedlungsgebiet, 6. Jh. n. Chr.
- Ausbreitung der Westslawen, 5.–7. Jh. n. Chr.
- Ausbreitung der Ostslawen, 6.–8. Jh. n. Chr.
- Ausbreitung der Südslawen, 7. Jh. n. Chr.
- Ostslawisches Siedlungsgebiet, 10. Jh. n. Chr.
- Volk: *RUSSEN*

DIE SLAWISCHEN SPRACHEN

In den slawischen Sprachen spiegeln sich die drei Wanderungsbewegungen nach Westen, Süden und Osten. Als die ersten schriftlichen Texte verfaßt wurden (9./10. Jh.) hatten sich bereits viele der heutigen ethnischen Gruppen, die zu den Slawen gezählt werden, herausgebildet. Im Osten prägten sich das Ukrainische und das Weißrussische als unterschiedliche Sprachen erst nach dem 13. Jahrhundert aus.

Westslawen	Südslawen	Ostslawen
Polabier	Slowenen	Weißrussen
Polen	Kroaten	Ukrainer
Kaschuben	Serben	Russen
Lusatier	Bulgaren	
Tschechen	Makedonier	
Slowaken		

DIE ALTSLAWISCHEN GOTTHEITEN

Die Namensähnlichkeiten der frühen slawischen Gottheiten mit iranischen Gottheiten legen Beziehungen zwischen den beiden Glaubensvorstellungen nahe, obwohl es auch Götter gab, die regionalen Ursprungs waren.

Svarog, verwandt mit dem Sanskrit *svarga* (Himmel). Der älteste Elementargott. Seine beiden Söhne waren Dazbog, der Gott der Sonne, und Svarozich, die Personifikation des Feuers.
Svantevit, der mit einem Ahnenkult verbundene Gott. Seine vier Köpfe symbolisieren seine große Macht. Mit Hilfe eines heiligen weißen Pferdes prophezeite er den Ausgang des Krieges. In ostslawischen Gebieten wurde Svantevit im Ahnenkult des Rod vergegenwärtigt, eines Gottes der Fruchtbarkeit, des Lichts und der Schöpfung.
Perun war ein Gott des Donners, des Blitzes und des Krieges, der im späten 10. Jahrhundert in Adelskreisen an die Stelle von Rod trat.
Veles oder Volos war ein Gott der Toten und der Beschützer der Herden und des Handels.
Makosch oder Mokosch, die große Göttin der Fruchtbarkeit, Fülle und Feuchtigkeit, scheint nur bei den Ostslawen eine Rolle gespielt zu haben (siehe Abbildung gegenüberliegende Seite).
Stribog, der Gott des Windes bei den Ostslawen, taucht in späteren russischen Vorstellungen über stürmische Winde als Fortbewegungsmittel von Dämonen auf.
Die Rozanica waren Mutter- und Tochtergottheiten der Fruchtbarkeit, deren Fest am Abschluß der Ernte gefeiert wurde. Sie waren eng mit Rod verbunden.

DIE JENSEITIGE WELT

Das dreimal zehnte Königreich

DIE RÄUBERISCHE NACHTIGALL
Der eindrucksvollste übernatürliche Feind ist die räuberische Nachtigall (oben, traditionelles Kacheldekor); sie ist halb Mensch, halb Vogel und lebt auf einem Baum an der Straße nach Kiew. Dieses Wesen kann einen heulenden Wind herbeirufen, der alles niedermäht und die Menschen tötet. Ilja von Murom, ein berühmter *bogatir* (epischer Held), brachte sein Pferd dazu, den Krach zu mißachten, erschießt die Nachtigall und bringt sie nach Kiew.

Ein Held, der sich aufmacht in die jenseitige Welt, gelangt erst nach einer langen Reise ans Ziel seiner Suche. Diese jenseitige Welt kann hinter einem undurchdringlichen Wald liegen, der nur über einen Feuerstrom zu erreichen ist, jenseits oder unter dem Meer oder über oder unter der Erde. Um dorthin zu gelangen, muß man einen steilen Berg überwinden, in eine Höhle oder ein Loch in der Erde hinabsteigen. Doch wo auch immer, das »dreimal zehnte Königreich« (wie es im ostslawonischen Volksmärchen heißt) ist eng mit der Sonne verbunden. Das Ziel aller Bemühungen des Helden ist fast immer ein goldenes Objekt (goldene Äpfel in einer bulgarischen Erzählung oder ein magischer Feuervogel mit goldenen Federn, der in einem goldenen Käfig sitzt). Paläste sind stets mit Gold und Silber geschmückt.

Das ferne goldene Königreich spiegelt die altslawische Vorstellung wider, die Erde sei eine Insel im Wasser, und unterhalb dieses Wassers liege eine andere Welt, in der die Sonne am Abend versinkt. Möglicherweise gehen diese Vorstellungen von Welten ober- und unterhalb dieser Welt auf den schamanistischen Gedanken des Weltenbaums zurück, dessen Wurzeln tief in die Erde hinunterreichen und dessen Zweige den Himmel berühren. Die Seele des in Ekstase versetzten Schamanen fliege, so glaubte man, in die obere Welt hinauf oder steige hinab, um die Seele eines Toten zu begleiten. Auf diese Weise stellt die Reise des Helden die magische Reise des Schamanen ins Totenreich dar, von der er weiser und mächtiger zurückkehrt. Einer anderen Theorie zufolge liegt der Ursprung der Reisen in die jenseitige Welt in Initiationsriten, wobei man annahm, der Initiierte müsse sterben, um dann auf einer neuen Stufe seiner Existenz wiedergeboren zu werden. Der Held muß furchtbare Gefahren bestehen, bevor er aus der jenseitigen Welt wieder auftaucht. Die Vorstellung des Todes als Reise oder Aufstieg lebt in einem in Teilen Rußlands noch heute verbreiteten Brauch weiter: man bewahrt die abgeschnittenen Fingernägel der Toten auf, damit sie sich nach dem Tod zurückverwandeln.

Drachen

Drache oder Schlange tauchen sowohl in Volksmärchen wie auch in serbischen und russischen Volksepen auf. Die sogenannte Feurige Schlange ist mit Feuer, Wasser und Bergen verbunden, die alle Grenzen zur jenseitigen Welt darstellen. Im vorchristlichen Rußland galt der Blitzstrahl als Drache, wurde aber auch mit dem Donnergott Perun in Verbindung gebracht. So wird im Volksepos *Dobrynia und der Drache* in allegorischer Form der Übertritt Rußlands zum Christentum im späten 10. Jahrhundert mit dem Sieg Dobrynias über einen Drachen gleichgesetzt; dieser steht für das Heidnische und dessen Hauptgott Perun. Der slawische Drache gilt als Entführer von Frauen – Frauen, die dem Helden nahestehen, der in die jenseitige Welt gebracht wird, oder Mädchen, die unablässig Qualen erleiden müssen. Der Drache gilt gemeinhin auch als Wächter der Brücke aus Espenholz, die über den feurigen Fluß in die jenseitige Welt führt. In beiden Fällen muß der Held den Drachen besiegen und wenn nötig auch die gefangenen Frauen und Mädchen befreien. Bevor es ihm gelingt, den Drachen zu enthaupten, muß er seine Angst besiegen und den Befürchtungen widerstehen, er werde verschlungen, und er muß einem überwältigenden Schlafbedürfnis trotzen.

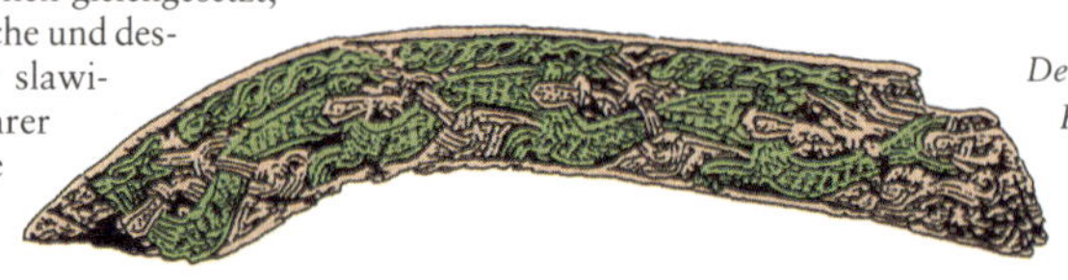

Der Drache (hier zur besseren Kenntlichmachung in Grün auf einem geschnitzten Holzbalken aus Novgorod, 11. Jh.) ist ein häufig dargestelltes Motiv.

HEXEN UND AMAZONEN

Weibliche Gestalten der volkstümlichen Mythologie

Die weitaus bekannteste mythische Gestalt der slawischen Volkserzählung ist die böse Hexe Baba Jaga. Sie besitzt Gewalt über Vögel und Tiere und ist stets in einem Stampfmörser unterwegs, den sie mit einem Stößel als Propeller antreibt; ihre Spuren verwischt sie mit einem Besen. Häufiger aber ist sie in einer Hütte anzutreffen, die inmitten eines dichten Waldes auf Hühnerbeinen steht. Um eintreten zu können, muß der Held eine Zauberformel sprechen, worauf die Tür der Hütte sichtbar wird. Die Baba Jaga, ein häßliches altes Riesenweib mit scharfen Zähnen, reicht von einer Ecke der Hütte bis in die andere, und mit ihrer langen Nase stößt sie an die Decke. Sie trägt den Namen »Knochenbein«, und der Zaun um ihre Hütte besteht aus menschlichen Gebeinen. Weitab von den Menschen bewacht sie den Zugang zur jenseitigen Welt; der Eintritt in ihre Hütte symbolisiert den Tod. Die Verbindung zu prähistorischen Initiationsriten ist offensichtlich: In vielen Kulturen wird die Verwandlung des Knaben in einen Mann in einem besonderen Gebäude außerhalb des Dorfes vollzogen und führt, wie man glaubte, vom Tod zur Wiedergeburt. Der Tag und die Nacht gehorchen den Befehlen der Baba Jaga, was auf ihre Verbindung mit einer einstmals mächtigen Göttin der jenseitigen Welt hinweist. Diese Theorie wird auch durch ihre bisweilen positive Rolle als Helferin des Helden gestützt – wohl ein Relikt aus der Zeit, bevor der Baba Jaga-Kult verfiel.

Bei den Slawen finden sich aber auch Spuren eines Glaubens an mächtige Frauen anderer Art. Eine Legende aus dem Böhmen des 11. Jahrhunderts erzählt von einer Gruppe von Amazonen, die wie Männer kämpfen und beim Geschlechtsverkehr die Initiative ergreifen. Diese kriegerischen Frauen, deren Anführerin Vlasta heißt, leben in einer Burg am Fluß Vltava. Kämpfe gegen Männer enden friedvoll mit der Heirat. In der russischen Volkserzählung sind die *polenica*, wie die Amazonen dort genannt werden, weibliche Gestalten, die allein unterwegs sind. In der Geschichte von Dobrynia und dem Drachen versucht der Held, der einer solchen Frau begegnet, sie zu überwältigen. Sie packt ihn an seine gelben Locken, so daß er vom Pferd stürzt, und steckt ihn in die Tasche. Sie läßt ihn nur unter der Bedingung frei, daß er sie heiratet; gewöhnlich werden Amazonen entweder getötet oder durch die Ehe gezähmt.

DIE BABA JAGA UND MARIA MOREVNA

Einer Legende nach begibt sich Prinz Ivan auf die Suche nach seiner Frau Maria Morevna, die von dem Ungeheuer Kaschchei entführt worden ist. Er findet sie, kann sie aber nur retten, wenn er ein Pferd erwirbt, das mindestens so schnell ist wie das seines Feindes. Von Kaschchei erfährt Maria, daß die Baba Jaga, die jenseits des Feuerflusses lebt, eine ganze Herde solcher Pferde besitzt. Durch Maria erhält Ivan die Kraft, den Fluß zu überqueren. Doch bevor die Baba Jaga ihm ein Pferd gibt, stellt sie dem Prinzen die unmöglich zu bewältigende Aufgabe, ihre Zuchtstuten drei Nächte lang zu bewachen. Jede Nacht galoppieren die Stuten auf ihren Befehl davon, werden aber von Tieren und Insekten wieder zusammengetrieben, die Ivan freundlich behandelt hat. Schließlich raten sie ihm, er solle das räudige Fohlen nehmen, das im Stall auf dem Misthaufen liegt, und sich damit davonmachen. Er tut, wie ihm geheißen, wird zwar von Baba Jaga verfolgt, doch gelingt es ihm, den Feuerfluß zu überqueren. Mit dem Füllen, das nun auf wunderbare Weise Kaschcheis Streitroß besiegt, befreit Ivan seine geliebte Frau.

Die Baba Jaga, auf einem Schwein reitend, kämpft gegen ein »Krokodil« (Holzschnitt aus dem frühen 18. Jh.). In der einen Hand hält sie den Stößel, mit dem sie sich fortbewegt, wenn sie im Stampfmörser reist.

AHNEN, HAUS- UND HERDGEISTER

Ivan der Narr und die *domovoi*

GEISTER DES BAUERNHOFS
Eng mit dem *domovoi* verbunden waren die Hofgeister, *dvorovoi*, *ovinnik* und *bannik*. Der Wirkungskreis des *dvorovoi* war auf den Bauernhof begrenzt, ansonsten aber war er dem *domovoi* sehr ähnlich. Der *ovinnik* (Geist der Dreschscheune) war den Menschen feindseliger gesonnen, was der Gefährlichkeit des Dreschplatzes entsprach. Von feindseliger Natur war auch der *bannik* (Geist des Badehauses, ein Ort der Weissagung und der Magie). Der Glaube an *domovoi* und *bannik* ist bis heute in russischen Dörfern weitverbreitet.

Zeremonien zum Gedenken an die Toten wurden von allen slawischen Völkern gefeiert (im 19. Jahrhundert allerdings nur noch bei den orthodoxen Christen). Drei- oder viermal im Jahr wurde der toten Ahnen an bestimmten Tagen gedacht, indem man an ihrem Grab aß und trank und eine Portion für den Vorfahren zurückließ.

Die Verehrung der Ahnen spiegelt sich auch in russischen Volkserzählungen in der Figur Ivans des Narren, dessen Platz im Haus der Ofen ist und den man sich sogar bisweilen rußverschmiert vorstellte. Ivan steht, weitaus mehr als seine älteren Brüder, seinen Vorfahren nahe; er wird dafür belohnt, daß er die Wünsche seines toten Vaters erfüllt. Der bei den slawischen Völkern weitverbreitete Glaube an Herdgeister zeigt sich in der Figur des *deduschka domovoi* (»großväterlicher Hausgeist«, wie er zum Beispiel in Rußland heißt). Der *domovoi* wird in der Nacht tätig und will von seiner Familie respektvoll behandelt werden; deshalb versucht man auch, ihn nicht zu stören und stellt ihm jeden Abend sein Lieblingsessen hin. Wenn die Familie dies versäumt, zerschlägt der *domovoi* Steingut und quält die Haustiere.

Meist ist er unsichtbar, doch wer ihn je zu Gesicht bekam, beschrieb ihn als graubärtigen alten Mann mit dicht behaartem Körper. Die Berührung mit ihm bedeutete Glück, wenn die Behaarung weich wie ein Pelz, jedoch Unglück oder Tod, wenn sie kalt und hart war. Neue Tiere auf dem Bauernhof wurden ihm vorgestellt, und man bemühte sich, nur solche Tiere anzuschaffen, deren Farbe ihm gefallen würde.

Der häusliche Wohlstand hing von seiner Zufriedenheit ab, und wenn etwas schiefging, mußten besondere Anstrengungen unternommen werden, um ihn zu erfreuen. Falls die Familie umzog, mußten bestimmte Rituale vollzogen werden, damit der *domovoi* mitkam. Häufig wurde er durch Kohlen aus dem alten Herdfeuer gelockt – ein weiterer Hinweis auf eine mögliche Verbindung des *domovoi* zum Ahnenkult.

Silberner Rotschimmel

Sattelschmuck aus Südrußland.

Die russische Erzählung von dem Silbernen Rotschimmel beschreibt, wie ein Wächter des Herdes und der Familientraditionen mit einem Zauberpferd belohnt wird. Die Anweisung eines alten Mannes an seine drei Söhne, nach seinem Tod drei Nächte lang sein Grab zu bewachen, wird von den beiden gutgekleideten älteren Söhnen mißachtet. An ihrer Stelle schicken sie Ivan den Narren, der seine Tage damit verbringt, schmutzig hinter dem Ofen zu liegen. Um Mitternacht des dritten Tages erscheint der tote Vater und belohnt Ivan den Narren mit dem Silbernen Rotschimmel, einem Pferd, dessen Augen Feuer sprühen und aus dessen Nüstern Rauch aufsteigt.

Als der Zar verkündet, derjenige, der auf großer Höhe seiner Tochter den Schleier wegnehmen könne, erhalte sie zur Frau, zitiert Ivan durch einen Zauberspruch den Rotschimmel herbei, klettert in dessen Ohr und verwandelt sich in einen hübschen jungen Mann. Er gewinnt den Wettbewerb und verwandelt sich unerkannt wieder in seine frühere verwahrloste Gestalt. Der Zar veranstaltet Feste, um den hübschen jungen Mann zu finden. Ivan, der im Bankettsaal hinter dem Ofen sitzt und seinen Bierkrug mit dem Brautschleier abwischt, wird schließlich erkannt und erhält – zum Ärger seiner Brüder – die verdiente Belohnung.

DIE GEISTERSEELEN DER VERSTORBENEN

Rusalka, vila und andere Besucher

Die Vorstellung von einer Seele, die sich – sowohl im Schlaf als auch im Tod – vom Körper trennen kann, ist bei allen slawischen Völkern zu finden. Diese Seelen, bei den Serben *zduhach* genannt, versammeln sich auf Bergspitzen, um gegeneinander zu kämpfen. Der Sieg einer Seele in einer solchen Schlacht bedeutet für deren schlafenden Besitzer Wohlstand; wenn er aber seine Seele verliert, wird er niemals mehr erwachen.

In Rußland können die Seelen der Verstorbenen die Gestalt der *kikimora* annehmen, eines weiblichen Wesens mit wallendem Haar, das wie der *domovoi* im Haus wohnt, jedoch Unheil bringt und deshalb nicht willkommen ist. Nach dem Tod eines Familienmitglieds wurden Türen und Fenster des Bauernhauses weit geöffnet, damit die Seele in Gestalt eines Vogels ungesehen ein- und ausfliegen konnte. Die Seelen der Ungetauften, die eines gewaltsamen Todes gestorben oder von ihren Eltern verflucht worden sind, können verschiedene Gestalt annehmen.

Ein *nava* ist die Seele eines ungetauften oder totgeborenen Kindes. Die Makedonier glauben, es nehme die Gestalt eines Vogels an, der auf der Suche nach seiner Mutter umherfliegt und Mütter bei der Niederkunft anfällt. Eine solche Seele kann befreit werden, indem man die Taufzeremonie durchführt.

Bekannter sind die *rusalkai*, die in Südrußland und in der Ukraine als Seelen Neugeborener oder ertrunkener Mädchen galten. Es hieß, Männer, die ertranken, seien vom Gesang der *rusalkai* angezogen worden: In der Gestalt schöner, mit Blattwerk bekleideter Mädchen lockten sie die jungen Burschen des Dorfes in ihre Wohnstatt unter Wasser. Im späten Frühjahr, in der Rusalnaja-Woche (der siebten Woche nach Ostern), tauchten sie aus dem Wasser auf und streiften in den Feldern und Wäldern umher, auf der Suche nach Opfern, die sie von hinten angriffen und zu Tode kitzelten. Besonders Frauen waren ihnen verhaßt, und es gibt Geschichten, in denen sie die Seelen unvorsichtiger Mädchen raubten; sie bestraften Frauen, die während der Rusalnaja-Woche Hausarbeit verrichteten. Zwar sind die russischen *rusalkai* im 19. Jahrhundert mit dem Tod verknüpft worden, doch ursprünglich standen sie wohl mit der Fruchtbarkeit in Zusammenhang, insbesondere mit dem heidnischen Rusalii-Fest, das im 11. Jahrhundert in Kiew gefeiert wurde (und mit dem römischen Rosenfest, den Rosalien).

DIE *SIRIN*
Die *sirin* ist ein Paradiesvogel mit dem Gesicht eines jungen Mädchens. Im Unterschied zu anderen mythischen Gestalten der slawischen Volksüberlieferung ist diese griechischen Ursprungs und wurde von orthodoxen Christen eingeführt. Sie ist eng verknüpft mit der griechischen Sirene (siehe S. 147) und war besonders in Rußland verbreitet, wo die Figur von christlichen und volkstümlichen Vorstellungen überlagert wurde. Wie ihr griechisches Vorbild gilt sie als Sängerin; sie lockt jedoch nicht die Schiffer an und zieht sie ins Verderben, sondern ist ein Vogel der Glückseligkeit und Schönheit, der als Belohnung für ein gutes Leben aus dem Himmel zur Erde hinabsteigt. Wer Sirins Lied hört, vergißt alles und stirbt.

Die *vila*

Wie die rusalka *so ist auch die* vila *eine ewig junge und schöne Frau mit langem blondem Haar. Auch sie wird mit den Seelen Verstorbener in Verbindung gebracht – mit Mädchen, die ungetauft gestorben sind (bei den Bulgaren) oder mit leichtfertigen Mädchen, deren Seelen zwischen Himmel und Erde schweben (bei den Polen).*

Die *vila* steht mit den Menschen in einer engen, manchmal freundschaftlichen Beziehung. In südslawischen Ländern ist sie die bekannteste mythische Gestalt, auf die Eigenschaften anderer Geister übertragen wurden, die andernorts selbständig geblieben sind. In den epischen Gesängen der Südslawen taucht die *vila* häufig auf.

So beobachtet der Held Marko eine Gruppe von *vila* beim Tanzen. Er schickt seinen Falken, der die Flügel und den Haarschmuck ihrer Anführerin Nadanojla an sich reißt, und wird dann auf dem Heimweg von der unglücklichen *vila* verfolgt. Marko heiratet sie und erklärt sie zur Schäferin. Doch als er sich eines Tages damit brüstet, daß seine Frau eine *vila* ist, nimmt sie ihre Flügel und fliegt davon. Erst als es Marko gelingt, sie wieder einzufangen, fügt sie sich in ihre Rolle als Markos Frau.

BÖSE GEISTER

Waldgeister, Werwölfe und Vampire

WERWÖLFE
Wer schon bei seiner Geburt durch ein Muttermal, einen Büschel von Wolfshaar oder eine Glückshaube auf dem Kopf gekennzeichnet war, galt als Werwolf. Die Glückshaube wurde als Amulett verwendet oder in Kleider eingenäht und galt allgemein als Glücksbringer. Bei den Serben und den Slowenen sowie im nördlichen Polen und bei den Kaschuben glaubte man, ein solcherart gekennzeichnetes Kind besitze magische Kräften, die Gabe des Zweiten Gesichts und der Verwandlung. Zwar konnten sie sich in alle möglichen Tiere verwandeln, doch bevorzugten sie den wilden und blutrünstigen Wolf, wie er in diesem Druck aus dem 16. Jh. von Lucas Cranach dargestellt ist (rechts). Im 16. Jahrhundert verbot die russische Kirche den Glauben an die Zaubermacht der Glückshaube und seine Verknüpfung mit dem Wolf.
Vorstellungen vom Werwolf kommen in den Geschichten von Vseslav, dem Prinzen von Polotsk (heute Weißrußland), zum Ausdruck. Im Gegensatz zu den anderen Prinzen der Rus, die sich im Jahre 988 zum Christentum bekehrten, blieben Vseslav und seine Familie Heiden. Historischen Quellen zufolge fiel seine Geburt – er hatte eine Glückshaube auf dem Kopf – mit einer Sonnenfinsternis zusammen. Er stammte von einer Prinzessin ab, die von einer Schlange vergewaltigt worden war und eignete sich rasch die Kunst der Magie sowie die Fertigkeiten der Jagd und des Krieges an. Als Erwachsener errang er wundersame Erfolge als Krieger, »der um Mitternacht und in blauen Nebel gehüllt, wie ein wildes Tier seine Beute verfolgte«, wie es in einem Text aus dem 12. Jahrhundert heißt.

Die *vila* (siehe S. 211) sind den Sterblichen oft wohlgesonnen, doch die anderen Geister, die nach slawischer Vorstellung außerhalb des Hauses leben, spielen im besten Fall den Menschen Streiche; im schlimmsten Fall stehen sie ihnen offen feindlich gegenüber. Die Ostslawen halten den *leski* oder Waldgeist für den gefährlichsten von allen. Er ist der Herr des Waldes sowie der Wächter und Beschützer der Tiere, die in ihm leben. Als 1859 scharenweise Eichhörnchen den Ural überquerten, wurde dies auf die Waldgeister zurückgeführt, die beim Kartenspiel gegen die Waldgeister aus dem europäischen Teil Rußlands verloren hatten und diesen zur Begleichung der Spielschulden Tiere schickten. Der *leski*, der anthropomorphe Züge trägt, erscheint häufig in Gestalt eines Bauern; er kann groß wie ein Baum oder auch winzig klein wie ein Grashalm sein. Er kann sich in verschiedene Tiere verwandeln, sich aber auch als Verwandter verkleiden, um den Menschen zu täuschen. Der Bauer, der beim Betreten des Waldes versäumt, Vorkehrungen zu treffen – indem er ein Schutzgebet spricht oder seine Kleider links herum anzieht –, wird von Unglück heimgesucht. Der *leski* führt Menschen in die Irre – oftmals an einen steilen Abhang oder in eine Schlucht – und raubt Mädchen und Kinder, besonders dann, wenn die Mutter ungeduldig ausruft: Soll dich doch der *leski* holen!«

Der Glaube an Waldgeister hat sich in entlegenen Teilen Rußlands bis heute erhalten; die Vorstellung eines bedrohlichen Wassergeistes hingegen ist in den letzten hundert Jahren nahezu verschwunden. Der *vodjanoj* oder Wasserdämon unterscheidet sich von den *rusalka* dadurch, daß er männlichen Geschlechts ist, dazu noch von häßlicher Gestalt, schmutzstarrend, zottig, mit Krallen oder auch aufgedunsen und weiß. Wer ihn kränkt, den ertränkt er. Aus einem südrussischen Dorf stammt die Geschichte von einem Bauern, der in einem tiefen Gewässer, in dem der *vodjanoj* lebte, nach Karpfen tauchte. Als er sich nach zahlreichen erfolgreichen Beutezügen damit brüstete, er werde bald den Wassergeist selbst hervorholen, ertrank er.

Im gesamten slawischen Siedlungsgebiet war seit altersher die Vorstellung von Werwölfen (siehe Randspalte gegenüberliegende Seite) verbreitet, die sich im Laufe der Zeit auch mit der Vorstellung von Vampiren verband. In serbischen und bosnischen Liedern über Zmaj Ognjeni Vuk (feuriger Drachenwolf) wird Vuk, einem despotischen Herrscher des späten 15. Jahrhunderts, die Rolle eines Werwolfs zugeschrieben. Er wurde, so heißt es in diesen Liedern, mit einem Muttermal (einem roten Fleck auf der rechten Schulter in Gestalt eines Säbels) geboren; er hat ein Wolfsfell, und sein Atem sprüht Feuer. Er wächst übernatürlich schnell und ist der einzige Krieger, der den Drachen besiegen kann (der vielleicht sein Vater ist).

Vampire

*Die Vampire sind von allen mythischen Gestalten der Slawen und ihrer Nachbarvölker die bekanntesten. Das Wort stammt vom südslawischen Wort vampir, das ähnliche Formen auch in anderen Sprachen hat (*upir, upyr, upior *usw.)*

Im 19. Jahrhundert war der Glaube an Vampire nirgends so verbreitet wie bei den Ukrainern und den Weißrussen. Doch die Westslawen (und insbesondere die Kaschuben, die an der Mündung des Flusses Vistula leben) besitzen das umfangreichste Sagengut über die Vampire. In südslawischen Ländern verquickte sich die Vorstellung von Vampiren in so hohem Maß mit der des Werwolfs, daß der moderne Name für den Vampir *vukodlak* (Wolfshaar) lautet.

Doch im Gegensatz zum Werwolf sind Vampire in erster Linie Manifestationen der wiederkehrenden unreinen Geister der Toten, die nachts aus ihren Gräbern steigen und den Menschen das Blut aussaugen. Manche Menschen, Werwölfe, Zauberer, Hexen, Sünder und Gottlose (bei den Russen auch Ketzer), werden, so heißt es, nach dem Tod zu Vampiren.

Nach der Vorstellung der Bulgaren können sich Mörder, Räuber, Prostituierte und andere soziale Außenseiter nach dem Tod in Vampire verwandeln. Auch Menschen, die keine Bösewichter sind, können sich in Vampire verwandeln, insbesondere, wenn sie ohne Begräbnisritual bestattet worden oder eines vorzeitigen Todes gestorben sind (etwa durch Selbstmord). Schließlich sind Menschen, die an einem heiligen Tag gezeugt oder geboren sind, die Totgeborenen und jene, die mit einem Buckel oder mit Zähnen zur Welt kommen, dazu bestimmt, Vampire zu werden.

Vampire verfallen nicht im Grab und sind aufgedunsen, auch kann sich der Leichnam im Sarg bewegen (die Mazedonier glauben, daß sich die Leiche eines Vampirs umdreht). Um Mitternacht besuchen sie die Menschen, um ihnen Blut auszusaugen oder Geschlechtsverkehr mit den Schlafenden zu haben – häufig mit ihren eigenen Verwandten –, die daraufhin dahinsiechen und sterben. Vampiren begegnet man auch an Wegkreuzungen oder auf Friedhöfen, wo sie ihre Opfer suchen, und häufig tragen sie ein Leichentuch über der Schulter.

Es gibt verschiedene Möglichkeiten, Vampire abzuwehren. So kann man ihnen den Seelenfrieden schenken, wenn man ihnen kleine Kreuze aus Pappelholz ins Grab legt; oder Flachs und Hirsekörner, die sie unablässig zählen müssen (wie es die Makedonier und die Kaschuben glauben). Zu den brutaleren Methoden gehört der spitze Weißdorn- oder Espenholzpflock, den man ihnen in den Körper rammt; oder auch ein Pflock oder Nagel, der ihnen in den Kopf geschlagen wird; oder man hackt ihnen den Kopf ab (bei den Westslawen), zerstückelt sie (bei den West- und Südslawen) oder verletzt ihnen die Fersen oder die Fußknöchel, so daß sie bewegungsunfähig sind, wie es in Kroatien heißt.

In entlegenen Gebieten und bei den in Kanada lebenden Kaschuben gibt es den Glauben an Vampire noch heute.

ARKTISCHE REGIONEN

Walroßjagd in Grönland: Viele Völker der Arktis glauben heute noch, daß Jagdtiere ein Geschenk des Meergeistes sind, der die Menschen durch Löcher im Eis mit Nahrung versorgt.

Die Mythologie der Arktis spiegelt die extremen Lebensbedingungen der Menschen wider, die in dieser einsamen, dünn besiedelten Landschaft leben. Die Bedrohung durch Hunger in dieser trostlosen Einöde ist ein häufiges Thema der Mythen. Da Landwirtschaft nicht möglich ist, stellen Tiere die Hauptnahrungsquelle dar und tauchen in den Mythen als Helfer auf. Da die Tiere entscheidend für das Überleben sind, wird ihnen eine Seele zugesprochen, und sie genießen entsprechend hohe Achtung: So ist es üblich, daß sich der Jäger bei dem Tier entschuldigt, das er erlegt hat. Manche Inuit werfen die Blase einer erlegten Robbe ins Wasser zurück, da sie glauben, daß das Tier wiedergeboren wird und sich dem Jäger erneut als Beute anbieten wird.

Die Jahreszeiten, Gesundheit und Fruchtbarkeit von Mensch und Tier, die Freundlichkeit und Schroffheit der Elemente gelten als Gaben der Welt der Geister. Die Aufgabe des Helfers, der den Mitgliedern der Gemeinschaft beisteht, Mißgeschick zu vermeiden, fällt dem Geistmedium oder Schamanen zu; zum Schamanen berufen sind jedoch nur sehr wenige (meist, aber nicht immer sind es Männer). Indem der Schamane in einer sich dramatisch steigernden rituellen Séance eine besondere Trommel schlägt, gerät er in Ekstase und nimmt Verbindung zur Welt der Geister auf. In diesem Trancezustand begibt sich seine Seele auf die Reise zu den Geistern, um herauszufinden, wo sich die Jagdtiere (oder auch ein verlorengegangenes Rentier oder ein gefährlicher Bär) befinden. Er will beispielsweise erfahren, welcher Geist für eine bestimmte Krankheit verantwortlich ist, oder er will die geraubte Seele eines Erkrankten zurückholen und so dessen Leben retten.

Berichte der Inuit über schamanistische Heilungen beschreiben ein Ritual unablässigen Fragens, wobei der Schamane von dem Kranken zu erfahren sucht, wodurch die Geister beleidigt wurden. Möglicherweise hat der Kranke eine verbotene Pfeife geraucht, den unantastbaren Knochen eines Tieres zerteilt oder rohes, gefrorenes Karibu-Fleisch gegessen, das für jenen Menschen tabu war. Wenn der Kranke eine Frau ist, so hat sie vielleicht ihr Haar gekämmt, nachdem sie ein Kind zur Welt gebracht hat. Der Schamane forscht in diesem Dialog mit dem Kranken nach solchen Überschreitungen, und die ganze Gemeinschaft, die im winterlichen Schneehaus versammelt ist, fordert lautstark Erlösung für den daniederliegenden Kranken.

DIE INUIT
Die Völker der Arktis Nordamerikas und Grönlands, die die Eskimosprache sprechen, sind aus einer Vielzahl sprachlicher und politischer Gruppen zusammengesetzt; die wichtigsten sind die Kalaallit, die Inuit, die Inupiat und die Yupik. Den Namen Inuit (»Mensch«), mit dem die kanadischen Gruppen sich bezeichnen, verwendet man heute häufig als Sammelbegriff für alle diese Völker. Mit Ausnahme der Inuit im südlichen Alaska und in Labrador leben alle diese Gruppen oberhalb der nördlichen Baumgrenze in nomadischen oder halbnomadischen Verbänden mit meist nur wenigen hundert Mitgliedern von der Jagd und vom Fischfang. Im Winter und im Frühjahr jagen sie an der Küste Meeressäugetiere (vor allem Robben, Walrosse und, soweit vorhanden, auch Wale); im Sommer und im Herbst ziehen sie manchmal landeinwärts; ihre Beute sind dann Karibu (das nordamerikanische Rentier), Fische und Vögel. Durch den Kontakt mit Europäern hat sich die wirtschaftlich einträgliche Pelztierjagd durchgesetzt.

DIE VÖLKER DES NORDEURASISCHEN RAUMES
Das riesige Gebiet zwischen Finnland im Westen und dem Pazifik im Osten sowie zwischen der Halbinsel Taimyr im Norden und dem Altaigebirge im Süden besteht hauptsächlich aus zwei Landschaftstypen: die praktisch unberührten Nadelwälder der Taiga und den Gürtel baumloser Tundra nahe der Küste des Nordpolarmeers. Die zahlreichen dort lebenden Völker gehören unterschiedlichen Sprachfamilien an: im Westen (Sami oder Lappländisch) der finnougrischen Sprachgruppe, an der Küste den Turksprachen oder einer der manjutungischen Sprachen. Die Sprache der Keten weist mit keiner anderen Sprache der Welt Verwandtschaft auf; die Eskimos und Aleuten wiederum sind sprachlich mit den Eskimos Alaskas, Kanadas und Grönlands verwandt. Die traditionelle nomadische Lebensweise dieser Völker hat sich durch die russische Besiedlung insbesondere nach der Oktoberrevolution 1917 tiefgreifend verändert. Alle, außer den Komi, den Kareliern und den Jakuten, drohen auszusterben.

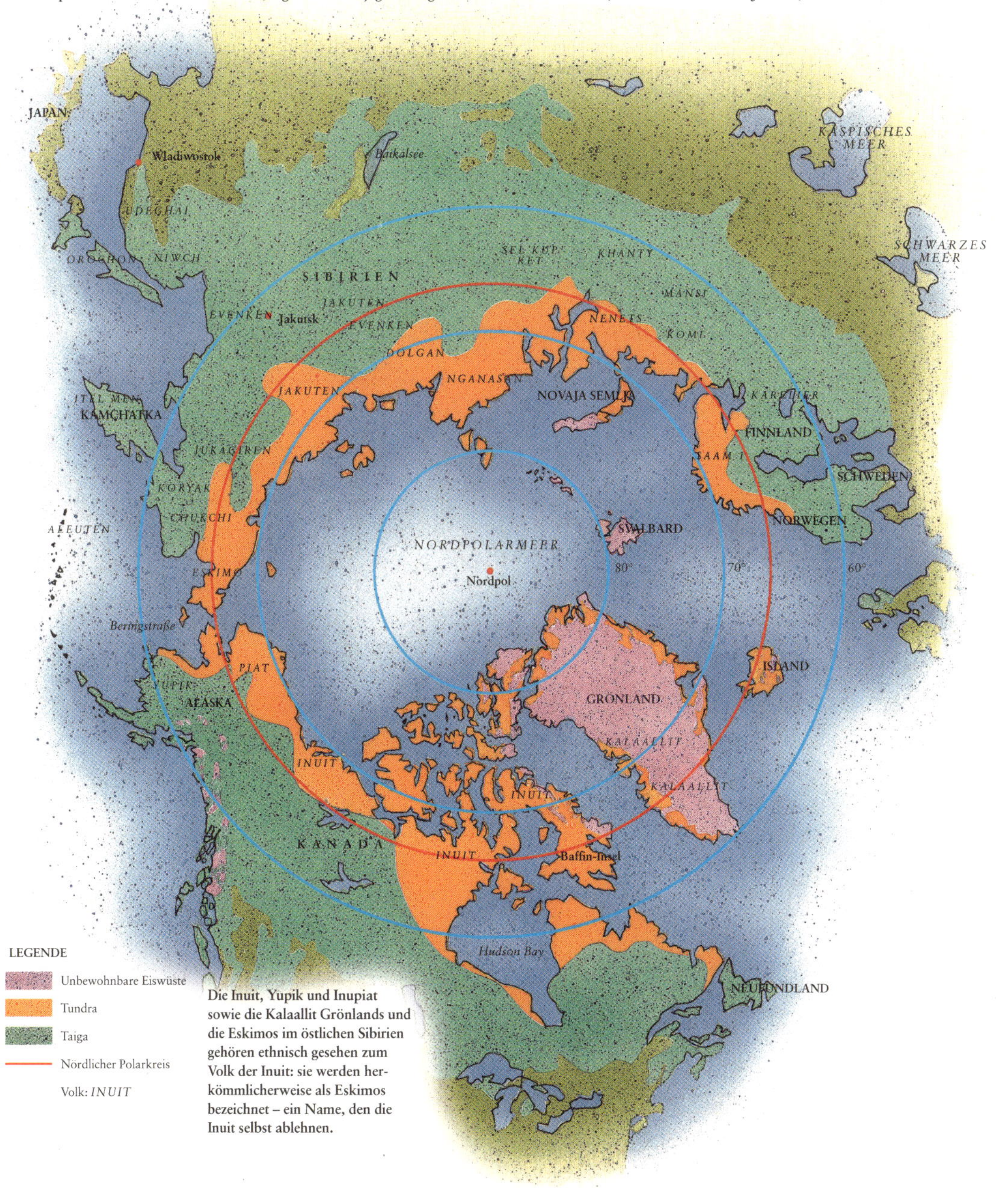

Die Inuit, Yupik und Inupiat sowie die Kalaallit Grönlands und die Eskimos im östlichen Sibirien gehören ethnisch gesehen zum Volk der Inuit: sie werden herkömmlicherweise als Eskimos bezeichnet – ein Name, den die Inuit selbst ablehnen.

MYTHEN DER INUIT

Die Geister des Meeres und des Himmels

DER MONDGEIST
Einer der wichtigsten Geister der Inuit ist der Mondgeist (Tarqeq), der für Fruchtbarkeit, für moralisch richtiges Verhalten und – wie im Fall der Inuit Alaskas – für die Beherrschung der Tierwelt von Bedeutung ist. Der Mondgeist ist männlichen Geschlechts, ein mächtiger Jäger, der im Land des Himmels wohnt. Die Abbildung rechts zeigt die Maske eines Mondgeistes aus Westalaska. Der weiße Rand um das Gesicht symbolisiert die Luft, die Ringe verweisen auf die kosmischen Sphären und die Federn auf die Sterne.

DIE SEELEN DER TIERE
Einen Grönlandwal, der ein Boot schmückt, zeigt dieses Foto. Die Inuit sind überzeugt, daß die Jagdbeute nicht vom Jäger »erlegt« wird, sondern sich selbst zur Tötung anbietet. Wenn das Tier stirbt, versichert sich der Jäger in einem Ritual, daß die Seele des Tieres in die nichtirdische Welt zurückkehrt und sich dort der Gemeinschaft der Tiere anschließt – um dann wieder als Jagdbeute ausgesandt zu werden. Beinahe überall in Alaska halten die Inuit große Feste ab, um das Erscheinen der Tiere auf der Erde zu feiern und zu beeinflussen. So etwa dauert das Blasenfest, das im Winter begangen wird, fünf Tage lang; auf seinem Höhepunkt werden die mit Luft gefüllten Blasen aller Säugetiere des Meeres, die die Jäger der Gemeinschaft im Laufe des Jahres erlegt haben, durch Eislöcher ins Meer geworfen, um die Seele der Tiere in die Welt der Geister zurückzuschicken.

Spirituelle Kräfte von mehr oder weniger großer Bedeutung beherrschen das Leben der Inuit. Am berühmtesten ist die Herrin des Meeres der kanadischen und grönländischen Inuit. Bekannt unter dem Namen Sedna (auch: Nuliajuk), ist dieser weibliche Meeresgeist auch die Herrin aller Tiere, die dem Menschen Nahrung liefern. Sie lebt auf dem Meeresgrund und sendet von dort die für die Jagd bestimmten Tiere. Auch die Schamanen hegen Respekt vor ihr. Ein weiterer wichtiger Geist ist der Geist der Luft, der Beherrscher des Universums, häufig als Sila (»Wetter«, »Klugheit«) bezeichnet. Dieser Geist, der praktisch von allen Inuit verehrt wird, ist Herr über Regen, Schnee, Wind und Wasser; sein Reich befindet sich oberhalb der Erde. Obwohl er als eine Person gedacht wird, tritt der Luftgeist niemals in körperlicher Form auf. Der Mondgeist Tarqeq ist die dritte große spirituelle Kraft.

Alle drei Geister sind dem Menschen grundsätzlich wohlgesonnen, werden aber dennoch – insbesondere der weibliche Meeresgeist, auch »die Schreckliche dort unten« genannt – als bedrohlich empfunden; denn jedes Vergehen des Menschen bestrafen sie mit schlechtem Wetter, mit Mißerfolg bei der Jagd und mit Krankheit. Um von solchem Unheil verschont zu bleiben, beschwören die Menschen diese Geister mit magischen Formeln, tragen Masken und Amulette (insbesondere Gliedmaßen von Tieren) und rufen ihre Schamanen zu Hilfe, die in besonderen Ritualen das Unheil abwenden oder vertreiben.

Unter der Vielzahl der anderen, geringeren Geister, die gleichermaßen wohlwollend wie böse sein können, sind die interessantesten die »Hilfsgeister« – Geister von Tieren, Gegenständen oder Toten, die dem Schamanen während seiner langen Lehrzeit begegnen; ein solcher Hilfsgeist, der vom Schamanen während seiner Ekstase Besitz ergreift, hilft ihm, seine Aufgabe zu bewältigen.

Der Glaube der Inuit, daß es Sphären im Himmel und unter der Oberfläche der Welt gibt, die jeweils das Reich eines Hauptgeistes sind, erleichtert ihnen die Vorstellung der »Seele« und der Wiedergeburt. Von großer Bedeutung ist die

Vorstellung, daß auch die Tiere eine Seele haben (siehe Randspalte links), weshalb der Jäger seiner Beute auch besondere Ehre erweist. Das spirituelle Wesen des Menschen ist jedoch vielschichtiger. Nach dem Tod tritt ein Teil dieses Wesens – möglicherweise für immer – entweder in die Unterwelt ein oder ins Land des Himmels, je nachdem, wie dieser Mensch gestorben ist. Ein weiterer Teil, der im Namen der Person verkörpert ist, wird in einem Verwandten wiedergeboren: Wenn ein Neugeborenes den Namen eines kürzlich Verstorbenen erhält, so werden damit bestimmte Charaktereigenschaften von dem Vorfahren auf das Kind übertragen.

Heutzutage bekennen sich praktisch alle Inuit zum christlichen Glauben, den sie ihren traditionellen Vorstellungen angepaßt haben. In den Mythen der Inuit gibt es zwar keinen allmächtigen Schöpfergott, doch haben die Inuit den christlichen Gott mit den wichtigsten spirituellen Kräften ausgestattet; und die Kräfte der Schamanen sind auf die Missionare übergegangen. In Teilen Südwestalaskas bekennen sich Inuit zum russisch-orthodoxen Glauben und feiern an Weihnachten eine Zeremonie, die sie Selaviq nennen. Dieses Ritual, das für die Inuit sowohl christliche als auch traditionelle Bedeutung besitzt, beginnt und endet mit einer Meßfeier. Die gesamte Zeremonie kann bis zu zehn Tage dauern; wichtiger Teil ist eine Prozession, die von Haus zu Haus führt. Dabei werden Sterne vorausgetragen, die die Geburt Christi ankündigen, und es werden Hymnen gesungen und Geschenke verteilt.

Prozessionen von Haus zu Haus waren bei diesen Völkern Alaskas immer schon von großer Bedeutung. Zur geistigen Vorbereitung der Gemeinschaft auf das Blasen-Fest (siehe Randspalte gegenüber) wurden Knaben von Haus zu Haus geführt. Die Verteilung von Geschenken beim Selaviq-Fest ist eine moderne Abwandlung des traditionellen Verteilens von Essen unter den Inuit und spiegelt den ethischen Grundsatz der Freigebigkeit wider.

DER RABE

Der Rabenvater, eine Schlüsselfigur in der Mythologie der Inuit Alaskas (wie auch der benachbarten Indianer und sibirischer Stammesverbände), ist die einzige Manifestation eines personalen Schöpfers bei den Inuit.
Der Rabe, der einst vom Himmel auf die Erde herabstieg, schuf zuerst trockenen Boden, dann einen Mann und verschiedene Tier- und Pflanzenarten; schließlich schuf er eine Frau als Gefährtin des Mannes. Auch in menschlicher Gestalt – als Lehrer – tritt der Rabe auf. Nachdem er Mann und Frau erschaffen hatte, lehrte er sie den Umgang mit Tieren, die Erziehung der Kinder, das Feuerentfachen und so fort.
Eine interessante Einzelheit des Mythos besteht darin, daß der Mann aus einem Weinstock entstanden ist, den der Rabe geschaffen hat. Aus diesem Weinstock entstehen später weitere Menschen – eine einfache Erklärung für die Evolution.
Nach diesen »Anfangszeiten« übte der Rabe nur noch eine beschränkte Macht aus. An seinem Aufenthaltsort im Himmel kann er milde gestimmt werden und schickt dann gutes Wetter. Falls jemand einen Raben tötet, muß man mit schlechtem Wetter rechnen.

Der Ursprung der Göttin des Meeres

Ein Mythos der kanadischen Inuit erzählt vom Ursprung des Meeresgeistes, der als weiblich vorgestellt wird, und vom Ursprung der Tiere des Meeres.

Die Geschichte beginnt mit der Beschreibung eines jungen Mädchens, das von seinem Vater gezwungen wird, einen Hund zu heiraten. Die Ehe geht zwar anfangs gut, doch das ändert sich nach der Geburt der Kinder. Der Vater ertränkt den Hund, und die Kinder schwören Rache: Als dies fehlschlägt, werden sie weggeschickt. Da erscheint ein Vogel (eine Sturmschwalbe) in Gestalt eines häßlichen Mannes, und das Mädchen begleitet ihn als seine Frau in einem Kajak und fährt auf und davon. Dem Vater gelingt es zwar, seine Tochter ins Boot zu zerren, doch der Vogel folgt ihnen und entfesselt einen heftigen Sturm, so daß ihr Boot zu kentern droht. Der entsetzte Vater weiß sich keinen anderen Rat als seine Tochter aufzugeben und sie dem Vogel entgegenzuwerfen, doch sie klammert sich am Bootsrand fest. Daraufhin hackt ihr der Vater die Finger ab, und sie gleitet ins Meer. Auf diese Weise entstanden die Tiere des Meeres: die kleineren Robben aus den Fingerspitzen des Mädchens, die Bartrobben aus ihren Mittelfingern, die Walrosse aus ihren Handgelenken.

Das Mädchen selbst sank auf den Meeresgrund hinab; dort verwandelte es sich in den großen Meeresgeist, und die Tiere (wohl auch die Landtiere) versammelten sich um ihn. Nun gesellte sich auch sein Vater hinzu, der ins Meer hinausgespült wurde, sowie sein erster Mann, der Hund.

Der Hund übernimmt die Rolle des Beschützers, der Vater jedoch bleibt der jähzornige Quälgeist jener Menschen, die gegen die Gesetze des Lebens verstoßen. In Ostgrönland wird die Meeresgöttin »Muttes des Meeres« genannt.

Die Robbe entstand aus den abgeschlagenen Fingern der jungen Frau, die sich in den Meeresgeist verwandelt hat. Dieser Vorratskasten ist mit einem auf dem Rücken liegenden Seehund verziert. Das Gesicht auf dem Deckel gilt als die Seele des Seehunds.

SIBIRISCHE MYTHEN

Tiere, Bäume und Schamanen

Alle sibirischen Völker lebten ursprünglich von der Jagd und vom Fischfang, viele auch von der Rentierzucht. Die Jakuten und die Burjaten brachten bei ihrer Einwanderung aus dem Süden Pferde- und Rinderhaltung mit sowie zentralasiatische Mythen.

In der Jagd wird die besondere Beziehung des Menschen zu den Tieren am deutlichsten. Nach sibirischer Vorstellung bieten sich die Tiere freiwillig dem Jäger an, der ihnen deshalb auch respektvoll begegnet. Tiere sind ihren Jägern gleichwertig; in den Mythen verwandeln sie sich häufig in Menschen oder heiraten sie. So wird etwa dem Braunbären, der als der Herr des Waldes verehrt wird, eine große spirituelle Kraft zugeschrieben, die gefährlich werden, die man sich aber auch als heilende Kraft zunutze machen kann. Heute noch werden Verletzungen geheilt, indem der verletzte Körperteil mit einer Bärentatze berührt oder mit Bärenfett eingerieben wird. Eine Bärenjagd ist mit Tabus belegt, und in vielen Gegenden muß die Seele eines erlegten Bären durch ein besonderes Ritual besänftigt werden. So werden etwa die Augen des Bären zugenäht, damit er den Jäger nicht verfolgen kann.

Ein tungusischer Schamane in Ritualbekleidung mit einer Schamanentrommel in der Hand. Jedes Detail seiner Tracht hat eine bestimmte rituelle Bedeutung.

Die Jukagiren erzählen Heldentaten von einem ihrer Vorfahren, der halb Mensch, halb Bär war. Einer Version der Geschichte zufolge suchte ein Mann Schutz in der Höhle einer Bärin, die im darauffolgenden Frühling ein Kind zur Welt brachte. Dieses Kind wollte das Dorf seines menschlichen Vaters sehen, konnte es dort aber nicht aushalten und floh in den Wald zurück. Der Bärenmensch besiegte eine Reihe magischer Feinde unterhalb der Erde, wo er schließlich eine Frau fand. Später kehrte er, auf einem Adler reitend, noch einmal in die Welt der Menschen zurück und brachte auch für seinen Bruder eine Braut mit.

In den Mythen tauchen jedoch nicht nur lebende Tiere auf. Bei den Evenken ist der Mammut, dessen Überreste häufig im Boden gefunden werden, einer der Herren der unteren Welt. Mit seinen Stoßzähnen sammelte er Erde aus dem Wasser und schuf so das feste Land. Wo der Mammut gegangen ist, sind Flüsse entstanden, wo er sich niedergelegt hat, Seen.

Überall in Sibirien war der Glaube an verschiedene Welten – meist drei, fünf oder sieben übereinandergeschichtet – weit verbreitet. Die Welt der Menschen ist die mittlere. Die obere Welt ist in der Regel das Reich der guten, die untere Welt das der bösen Geister. Man stellte sich vor, daß diese Welten durch einen Baum verbunden sind, der in der unteren Welt verwurzelt ist und dessen Zweige in die obere Welt ragen. Während der Trance klettert oder schwebt der Schamane in jene anderen Welten, um dort zu verhandeln oder mit den Geistern zu kämpfen. Dabei klettert er manchmal die Kerben eines Baumstumpfes hinauf, wobei er immer wieder innehält, um von seiner Reise durch die verschiedenen Ebenen und von seinen Begegnungen mit den Geistern zu singen.

Dieser Baum taucht in den Mythen immer wieder auf. Die Niwch erzählen von zwei Monden und zwei Sonnen, durch die die Welt nachts zu kalt und tagsüber zu heiß wurde. Außer zwei Meisenbrüdern blieb niemand am Leben. Diese Brüder gelangten an einen großen Lärchenbaum, der bis in den Himmel reichte, und sie aßen von dem, was ein alter Mann, der Herr dieses Baumes, zurückgelassen hatte. Zwei weibliche Vögel, ein silberner und ein goldener, tauchten auf und forderten die Meisenbrüder zum Kampf heraus. Der goldene Vogel stieg in den Himmel auf, und einer der Brüder folgte ihm. Da verwandelte sich der Vogel nacheinander in einen Bären, eine Robbe, einen Fisch und einen Menschen; der Verfolger verwandelte sich ebenfalls in diese Tiere und fing ihn jedesmal ein. In seiner menschlichen Gestalt war der Vogel die Tochter eines alten Mannes, bei dem der Held (einer der Meisenbrüder, nun ebenfalls in menschlicher Gestalt) um die Hand des Mädchens anhielt. Der alte Mann stimmte zu unter der Bedingung, daß der Held zuerst die zweite Sonne und den zweiten Mond tötete. Dabei kam ihm der Herr des Meeres zu Hilfe, der ihn in einen eisernen Kessel steckte und ihn kochte; dann kratzte er die Überreste zusammen und setzte daraus einen neuen – eisernen – Menschen zusammen. Ausgerüstet mit einem eisernen Bogen und einem fliegenden Pferd, durchbohrte er mit einem Pfeil die zweite Sonne und den zweiten Mond, und die Erde wurde wieder bewohnbar.

Dieser Vorgang des Kochens und der Neuschöpfung eines Menschen ist ein eindeutiger Hinweis auf eine schamanistische Initiation. Der zum Schamanen Berufene wird von den Geistern in einem Kessel gekocht und dann Stück für Stück zu einem neuen Menschen zusammengesetzt, der mit schamanistischen Kräften begabt ist. Die Kraft des Eisens ist so stark, daß der Schamane nur den Schmied fürchten muß, da dieser stärker ist als er selbst.

Auch in sibirischen Ursprungsmythen findet sich diese Geschichte der Evenken; hier wird die Abfolge von Tag und Nacht auf einen mächtigen Elch zurückgeführt, der in der oberen Welt lebt. Eines Tages verließ der Elch den Wald und begab sich auf einen Hügel; er spießte die Sonne mit seinem Geweih auf und nahm sie mit in den Wald. Die Menschen der mittleren Welt mußten nun in Finsternis leben. Ein Held namens Main legte sich geflügelte Kufen an und stieg damit in die obere Welt, um den Elch zu verfolgen. Um Mitternacht hatte er ihn eingeholt und erschoß ihn mit einem Pfeil. Da kehrte das Tageslicht in die mittlere Welt zurück. Doch Main ging nicht wieder in seine Welt, sondern verwandelte sich in einen Geist, der die Sonne bewachte. Seither wiederholt sich dieser Vorgang in der mittleren Welt Tag für Tag: abends spießt der Elch die Sonne mit seinem Geweih auf, und nachts entreißt sie ihm Main und gibt sie am Morgen den Menschen zurück.

Ein aus Holz geschnitzter doppelköpfiger Vogel, der die Fähigkeit des Schamanen darstellt, in die obere Welt zu reisen.

Der Schamane und der Polizeihauptmann

Der Schamane war an einen bestimmten Stamm oder Clan gebunden, dessen Territorium er beschützte. Er trug auch Sorge dafür, daß die Seelen der Stammesmitglieder wiedergeboren wurden. Kriege zwischen Clans führten häufig zu außergewöhnlichen magischen Wettkämpfen zwischen rivalisierenden Schamanen. Nach der russischen Oktoberrevolution 1917 wurden die Schamanen von den Kommunisten verfolgt; ältere Mythen über Konflikte zwischen rivalisierenden Schamanen wurden umgedeutet und dienten nun zur Beschreibung des Kampfes zwischen dem Schamanen und dem Kommissar, der ihn verhaftet hatte. Die folgende Geschichte, die bei den Jakuten erzählt wird, gehört in diese Kategorie modernisierter Mythen.

Ein junger Polizeihauptmann bedrohte einen Schamanen mit seinem Revolver. Der Schamane warnte ihn und sagte, er solle nicht mit dem Revolver herumfuchteln: »Mein Sohn, du wirst dir selbst ein Leid zufügen!« Daraufhin schoß sich der Polizist den Daumen ab. Wütend warf er den Schamanen ins Gefängnis, doch dieser entkam. Er wurde in immer sicherere Zellen eingesperrt, doch jedesmal gelang es dem Gefangenen zu entkommen, und er trat durch den Haupteingang wieder ein.

Schließlich wurde der Schamane zu harter Waldarbeit verurteilt; er mußte Bäume fällen. Im Sommer besuchte ihn eine Untersuchungskommission, die feststellen mußte, daß die Axt wie von Zauberhand bewegt durch die Waldlichtung fegte, Bäume fällte und das Holz in ordentlichen Stößen zusammenlegte.

Als der Winter kam und die Behörden erneut auftauchten, waren der Schamane und das Brennholz verschwunden. Das Holz hatte sich wieder zu lebenden Bäumen zusammengesetzt, als ob nichts geschehen wäre.

In jüngerer Zeit sind Kinder von Schamanen Dichter geworden oder haben den Beruf des Chirurgen ergriffen, was als ein Fortwirken der Schamanenkräfte gedeutet wird. In nachkommunistischer Zeit gibt es Bestrebungen, den Schamanismus wiederzubeleben.

Dieser eiserne Kopfschmuck eines Schamanen mit einem Rentiergeweih wurde von einem Schmied hergestellt, nachdem der Schamane seine Kraft unter Beweis gestellt hatte. Das Rentier wurde mit der oberen Welt in Verbindung gebracht.

NORDAMERIKA

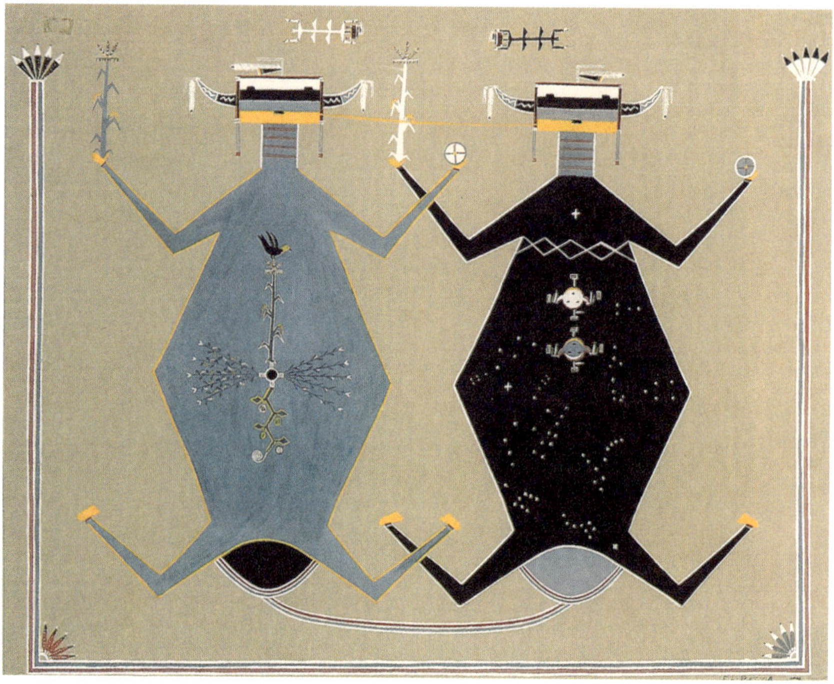

Diese Reproduktion einer Sandmalerei der Navajo stellt Mutter Erde (links) und Vater Himmel dar, zwei der meistverbreiteten Schöpfergottheiten der amerikanischen Ureinwohner (siehe S. 222).

Seit ihrer Ankunft auf dem amerikanischen Kontinent – die Schätzungen schwanken zwischen 12 000 und 60 000 v. Chr. – haben die Ureinwohner Nordamerikas eine umfangreiche »mündliche« Kultur entwickelt; vieles davon ist in den Reservaten, in denen rund die Hälfte der Ureinwohner Nordamerikas heute lebt, noch erhalten geblieben. Ursprünglich war ihnen – je nach Gebiet – ein breites Spektrum sozialer Organisationsformen eigen: von nomadischen, von der Jagd lebenden Stammesverbänden bis hin zu seßhaften, Ackerbau treibenden Stämmen.

Bei den nordamerikanischen Ureinwohner durchdringt die Religion alle Bereiche ihres Lebens und ihrer natürlichen Umwelt. Die Mythen gelten als heilig; sie erfassen die kosmische und soziale Ordnung sowie die Beziehung zwischen Menschen und Göttern. Neben den Schöpfungsmythen sind jene Mythen von großer spiritueller Bedeutung, die die Grundstrukturen des Universums und den Ursprung des Menschen, des Todes, der Maispflanze und der Jagd erklären; in der Regel werden solche Mythen nur unter bestimmten Bedingungen oder zu bestimmten Zeiten des Jahres erzählt.

Gleichermaßen bedeutsam sind die »Institutionsmythen«, die von der Entstehung der sozialen Einrichtungen und der menschlichen Kultur erzählen; im Mittelpunkt steht dabei meist ein urzeitlicher Kulturheros, der seinen menschlichen Nachfahren die ersten Anweisungen gab.

»Rituelle« Mythen wiederum bilden die Grundlage religiöser Zeremonien, etwa bei den Hopi, die Teile des Ursprungsmythos nachvollziehen (siehe S. 223). Solche Mythen haben insbesondere für seßhafte Agrargemeinschaften hohen Bedeutungswert. Mythen, die zum Zweck der Unterhaltung und der moralischen Belehrung erzählt werden – meist spielen dabei Trickster eine zentrale Rolle (siehe S. 227) –, erlauben hingegen dem Erzähler die Freiheit der Variation.

SPRACHEN UND VÖLKER

Vor der Ankunft der Europäer gab es in Nordamerika rund 300 Sprachen. Davon haben etwa 200 überlebt, die von einer dreiviertel Million Menschen gesprochen werden. Neben Navajo mit etwa 160 000 Sprechern gibt es gefährdete Sprachen wie Chinookan mit nur noch etwa 30 Sprechern. Die Karte zeigt die großen Kulturregionen Nordamerikas (die nicht exakt den geographischen Räumen entsprechen) und die historischen Gebiete einiger der vielen indigenen Völker Nordamerikas. Seit dem 19. Jahrhundert leben die meisten Ureinwohner Amerikas in Reservaten; die größten sind ebenfalls auf der Karte verzeichnet.

CHRONOLOGIE

vor 60 000–12 000 Jahren Die ersten Menschen gelangen über die Land- oder Eisbrücke aus Nordostasien nach Nordamerika
vor 10 000–8000 Jahren Die ersten Kulturen entstehen
um 1000–1300 n. Chr. Sprecher der athapaskischen Sprachen (Apache, Navajo) ziehen von Kanada aus nach Südwesten
um 1600–1750 Völker wie die Cheyenne und Dakota ziehen in die Plains. Die von den Spaniern eingeführten Pferde revolutionieren Krieg und Jagd
1830–40 Die USA treiben die östlich des Mississippi lebenden Ureinwohner nach Westen
1890 Das Massaker der US-Kavallerie an 200 Dakota am Wounded Knee (South Dakota) beendet den Widerstand gegen die Expansion der Weißen

DER NORDWESTEN

Die Völker der Nordwestküste lebten in großen Holzhäusern in Dorfgemeinschaften. Durch das milde Klima und die reichen Nahrungsquellen (v. a. Lachs) blieb genügend Muße zur Entwicklung zahlreicher zeremonieller Aktivitäten. Jeder Stamm führt sich auf ein mythisches Tier zurück, das auf Totempfählen und anderen Artefakten dargestellt wurde. Rabe, Donnervogel und Kannibalengeist sind in dieser Region weitverbreitete bedeutende Mythengestalten.

DIE PLAINS

Die klassische Kultur der Plains, der großen Ebenen, die von ehemals nomadisierenden Büffeljägern bewohnt sind, entwickelte sich nach Einführung des Pferdes und dem Zustrom von Völkern aus den Waldregionen. Von großer Bedeutung sind persönliche Beziehungen zu den Geistern; außerdem erzählen die Mythen von Elementargöttern und einem höchsten Wesen. Daneben sind Tiermythen und Mythen über Institutionen wie die der heiligen Pfeife (siehe S. 231) hervorzuheben.

DER SÜDWESTEN

Diese wüstenhafte Kulturlandschaft wird von den Pueblo-Völkern bewohnt, die nach ihrer Siedlungsweise in Dörfern (spanisch: pueblos) benannt sind. Ihre religiösen Vorstellungen beruhen auf der »Entstehungs«-Mythologie (siehe S. 223) und ihrer agrarischen Lebensweise; maskierte Darsteller mythischer Geister sind für die religiöse Praxis der Pueblos bedeutend. Die Navajo und Apache kamen um 1400 n. Chr. in dieses Gebiet und übernahmen Elemente der regionalen Mythologie.

DIE WALDREGIONEN UND DER SÜDOSTEN

Der Norden und Osten Nordamerikas ist eine von dichten Wäldern bewachsene Seen- und Flußlandschaft. Die hier entstandene Mythologie handelt dementsprechend von Waldgeistern, Dämonen und Ungeheuern, von Elementargöttern und einem höchsten Wesen und teilt die Welt in eine obere und eine untere. Unter dem Druck der Kolonisatoren wanderten Völker der Waldregionen weiter zu den Plains, behielten jedoch ihre Mythologie bei.

SCHÖPFUNGSMYTHEN

Der Große Geist und der Erdtaucher

Diese 1913 gefundene Maske (rechts) stellt einen Schöpferahnen dar, der in den Mythen der Bella Coola im Nordwesten als Adler auf die Erde gelangt.

Trotz der enormen kulturellen Vielfalt bei den Völkern Nordamerikas gibt es relativ wenige Mythentypen, die von der Erschaffung der Welt erzählen. Meist wird die Entstehung oder zumindest der Entwurf der Welt einer obersten Gottheit, dem »Großen Geist«, zugeschrieben. Dieses Wesen, bei den Algonkin der nordöstlichen Waldregionen als Gitchi Manitu und bei den Lakota der Plains als Wakan Tanka bekannt (*wakan* heißt soviel wie »Geist«, siehe S. 230), genießt große Verehrung, ist aber allzu konturenlos und passiv, um als profilierte Persönlichkeit gelten zu können. Seine Rolle beschränkt sich meist darauf, präziser umrissene Gottheiten zu erschaffen, etwa Mutter Erde und Vater Himmel, die Sonne oder den Mond, die ihrerseits weitere Schöpfungsakte vollbringen, während sich der oberste Gott in den Himmel zurückzieht.

In den meisten Schöpfungsgeschichten befinden sich unter den Göttern auch zahlreiche Tiere mit wichtigen Funktionen. So gilt etwa im Westen die Spinne als die Schöpferin eines Gewebes, aus dem schließlich die Erde entstanden ist. Bei weitem der bekannteste Schöpfungsmythos jedoch ist der des Erdtauchers, eines bescheidenen Wesens, das auf den Grund des Urmeeres taucht und Schlamm heraufholt, aus dem die Erde entsteht.

Die Waldlandstämme glauben, die Welt ruhe auf dem Rücken einer Schildkröte (siehe Randspalte links). Ähnlich den Sintflutmythen, die ebenfalls in einigen Versionen der Schöpfungsgeschichte vorkommen, hat auch dieser Mythos auffällige Parallelen in Europa und Asien; möglicherweise ist er von dort nach Osten gewandert: eine Annahme, die von nicht wenigen Wissenschaftlern vertreten wird.

DER ERDTAUCHER

Die Schildkröte – hier auf einem Cheyenne-Schild aus dem 19. Jh. (rechts) – spielt in den Mythen vom Erdtaucher bei vielen Völkern eine Rolle. Der Mythos der Cheyenne enthält alle wesentlichen Elemente dieser Geschichte. Maheo, der »Allgeist«, schuf das Große Wasser sowie alle Lebewesen im Wasser sowie die Wasservögel. Die Vögel wurden es müde zu fliegen und tauchten unter, um Land zu finden; was aber nur dem Bläßhuhn gelang. Als es auftauchte, trug es im Schnabel einen Klumpen Erde, den es in Maheos Hand fallen ließ. Als Maheo den Klumpen in seiner Handfläche rollte, wurde er größer und größer, bis schließlich nur noch Großmutter Schildkröte ihn tragen konnte. Auf ihrem gepanzerten Rücken wuchs der Erdklumpen noch weiter, und auf diese Weise entstand das Land.

DIE URSPRÜNGE DER MENSCHHEIT

Die ersten Vorfahren des Menschen

Die Erschaffung der ersten Menschen wird meist einer oder mehreren Gottheiten zugeschrieben, die auch an der Erschaffung der Welt beteiligt sind. So erzählen etwa die Pawnee, wie die Urgottheit Tirawa (»Bogen des Himmels«) den Gottheiten Sonne und Mond befohlen hat, sich zu vereinigen und den ersten Mann zu zeugen; dem Morgen- und dem Abendstern wiederum wurde die Aufgabe zuteil, die erste Frau zu zeugen. Bei einigen Völkern des Südwestens gilt die oberste Gottheit als Schöpferin von Mutter Erde und Vater Himmel (siehe S. 220), die ihrerseits die ersten Lebewesen, somit auch die Menschen, zeugten. Die Hopi erzählen von Zwillingsgottheiten, die die Tiere schufen, dann aus Lehm Menschen formten und diese durch einen rituellen Gesang zum Leben erweckten.

Nach den Irokesen und den Huronen der Waldregionen war die Urahnin der Menschen Ataensic, die von den auf die Erde herabgestiegenen Himmelsmenschen abstammte. Auch die Navajo glauben, am Anfang der Menschheit stehe eine Urmutter. Die »Entstehungs«-Mythen der Pueblos und einiger Völker der Plains gehören zu den ausgeprägtesten Erzählungen von der Ankunft der Menschen in der gegenwärtigen Welt. Diese Mythen, in denen sich die Bedürfnisse einer agrarischen Gesellschaftsform spiegeln, stellen die Erde als fruchtbare Mutter dar, als allmächtige Ernährerin, die Menschen, Tiere und Pflanzen hervorbringt (etwa bei den Hopi, rechts). Die Geschichten enthalten auch moralische Belehrungen, da die Menschen aufgrund ihres Fehlverhaltens häufig innerhalb der Weltenhierarchie aufsteigen mußten. In einigen Versionen ist dieses Fehlverhalten die Ursache für die Zerstörung der niederen Welten, die nur wenige Menschen überleben. Je nach dem Ort, an dem die Mythen erzählt werden, werden die Menschen auf ihrer Reise nach oben von der Maismutter oder der Spinnenfrau (Gottheiten der Erde) oder von Zwillingsgottheiten begleitet und manchmal auch in Gesellschaft von einer Heldengestalt gesehen wird.

DIE VIER WELTEN

Der Entstehungsmythos der Hopi Arizonas erzählt von vier Welten nach der Erschaffung der Welt: neben dieser Welt gab es drei unterirdische Welten. Die ersten Geschöpfe lebten in der untersten Welt. Als diese im Laufe der Zeit übervölkert und schmutzig wurde, kamen aus dem Himmel Zwillingsbrüder, die alle Pflanzen der Welt mitbrachten. Sie hofften, daß eine dieser Pflanzen so groß und stark sei, daß an ihr alle Geschöpfe in die darüberliegende Welt hinaufklettern könnten. Das Schilfrohr erwies sich als am besten geeignet. Als nach einiger Zeit auch die zweite unterirdische Welt bevölkert war, kletterten die Geschöpfe am Schilfrohr hinauf in die dritte. Dort fanden die Geschwistergottheiten das Feuer, das es den Menschen ermöglichte, Häuser zu bauen und sich fortzubewegen. Doch es kam eine Zeit des Bösen, und die Menschen kletterten hinauf in die vierte, die jetzige Welt.

Der Sonnentanz

Die Rolle der Sonne als Schöpfergottheit und als Quelle der Kraft fand ehemals Ausdruck im Sonnentanz, dem wichtigsten Ritual in den Plains. Bei einigen Völkern lebt es bis heute in veränderten Form weiter.

Jedes Jahr, meist im Frühsommer, versammelte sich der Stamm, um seinen Glauben in Zeremonien, Gesängen und anderen Kulthandlungen zu praktizieren. Im Mittelpunkt der Feierlichkeiten stand der Sonnentanz, bei dem jeder Teilnehmer, der spirituelle Kraft schöpfen wollte, vor allen Stammesmitgliedern einen rituellen Tanz vollführen mußte. Der ganze Stamm versammelte sich in einem weiten Kreis um einen in die Erde getriebenen Pfahl, der symbolisch die Welt über der Erde mit der Welt unter der Erde verband. Um diesen Pfahl herum wurde oft tagelang getanzt, häufig bis die Tänzer in Trance verfielen oder auch vor Erschöpfung zusammenbrachen. Manchmal fügten sich die Tanzenden selbst Verletzungen zu, da das Herausreißen von Fleischfetzen aus dem eigenen Körper und die Erfahrung körperlichen Schmerzes eine Befreiung von den Banden der Unwissenheit darstellte.

Der Sonnentanz der Lakota, auf Bisonhaut gezeichnet. Das Kreuz verweist auf die christliche Umdeutung des Rituals: Die meisten Lakota sind heute Christen.

GÖTTER UND HELDEN

Gestalter und Beherrscher der Welt

DER URSPRUNG DES TODES

Mythen über den Ursprung des Todes erzählen oft von einem Streitgespräch zwischen zwei Wesen; so auch in der folgenden Geschichte, überliefert von den in den westlichen Plains lebenden Shoshoni:

In alten Zeiten waren die wichtigsten Gestalten Wolf und Kojote, der immer den Wünschen des Wolfs zuwider handelte. Der Wolf meinte, ein Toter könne ins Leben zurückgeholt werden, indem man einen Pfeil ins Erdreich unterhalb der Stelle abschieße, wo er begraben liegt. Kojote erwiderte, es sei kein guter Einfall, die Menschen ins Leben zurückzuholen, da es sonst zu viele würden. Der Wolf war damit einverstanden, doch wünschte er sich insgeheim, Kojotes Sohn solle als erster sterben, was dann auch eintrat. Da erinnerte Kojote den Wolf an seinen Vorschlag, wie man einen Menschen lebendig machen könne. Doch der Wolf erwiderte, Kojote selbst habe gesagt, der Mensch müsse sterben. Seit dieser Zeit blieb es dabei.

Maske der Kwakiutl, die die Sonne in Gestalt eines Adlergesichts darstellt. Solche Masken wurden häufig bei rituellen Tänzen verwendet.

Während der Große Geist über die gesamte Schöpfung herrscht, liegt – den Vorstellungen der nordamerikanischen Ureinwohner zufolge – die Aufrechterhaltung der Schöpfung in den Händen mächtiger Gottheiten und Kulturheroen, die die Welt dem Chaos entrissen und den Menschen die Werkzeuge und Fähigkeiten übermittelten, um ihr Überleben zu sichern. Der Ursprung von Sternen und Planeten, von Jahreszeiten, Tod, Feuer und Mais wird meist auf personifizierte göttliche oder übermenschliche Wesen zurückgeführt, etwa auf Kojote im Südwesten, auf Nanabush, Gluskap, den Großen Hasen, Wisakedjak (als Anglizismus »Whiskey Jack«) in der Waldregion und auf den Raben im Nordwesten. Diese Kulturheroen können jedoch auch bösartige Trickster sein (siehe S. 227).

Mythen über den Ursprung und die Ordnung des Himmels, die überall in Nordamerika verbreitet sind, wurden häufig in andere Mythen eingefügt. So ist etwa von einem planlosen Verstreuen der Sterne durch einen Kulturheros oder einen Trickster die Rede; für die Tsimshian an der Nordwestküste sind die Himmelskörper von einem machtgierigen Häuptling eifersüchtig gehütet worden, bevor sie der Rabe raubte und in den Himmel warf; doch ist auch von einem systematischen und sorgfältigen Ordnen des Himmels die Rede. Bei den Pawnee schrieb der oberste Geist Tirawa jedem Himmelskörper eine feste Position und einen eigenen Machtbereich zu. Der männliche Shakuru (die Sonne) wurde in den Osten geschickt, von wo aus er jeden Tag aufsteigt, um Licht und Wärme zu spenden, und die weibliche Pah (der Mond) wandert nach Westen, um nachts zu leuchten. Ähnlich wurden dem Morgenstern, dem Abendstern, einem Todesstern und vier den Himmel stützenden Sternen jeweils ihre Position zugewiesen.

Die Spinne spielt bei der Erschaffung der Welt oftmals eine bedeutende Rolle (siehe S.222); so wird sie im Cherokee-Mythos über den Raub des Feuers als Kulturheros dargestellt: Am Anfang gab es kein Feuer, bis der Donnergott den Blitz beauftragte, in einer hohlen Platane auf einer Insel Feuer zu legen. Die Wasserspinne spann einen Faden in Form eines Schälchens, das sie auf ihrem Rücken befestigte. Dann kroch sie zu dem Baum, legte ein glühendes Stück Kohle in die Schale und brachte so den anderen Lebewesen das Feuer.

Die meisten Geschichten über den Ursprung des Todes gehen von der Vorstellung aus, daß der Raum auf der Erde begrenzt ist und der Tod Platz schafft für neues Leben (siehe gegenüberliegende Seite). Es gibt nur wenige Mythen über das Leben nach dem Tod; im Zentrum des Interesses der Ureinwohner Amerikas stand das diesseitige Leben. Das Leben nach dem Tod stellt man sich allgemein ähnlich dem jetzigen vor, nur soll es dort mehr Jagdwild geben. Das bekannteste Motiv für ihr Bild von Jenseits sind die »Ewigen Jagdgründe« der Stämme in den Plains.

Die Kräfte der Natur sind den Elementargöttern und -geistern unterworfen, denen die verschiedenen Machtbereiche des Großen Geistes zugeordnet sind: Sonne, Erde, Sommer, Winter, Regen, Blitz, die vier Winde. Zu den mächtigsten Gewalten zählt der Donner (siehe Kasten unten). Viele Stämme der Plains kennen Erd-, Feuer-, Wasser- oder Luftgeister (der Donner ist ein Luftgeist). Die Stämme der Waldregionen unterscheiden zwischen Geistern, die über und solchen, die unter der Erde und den Gewässern (etwa der Donnervogel) leben. Die Geister der Unterwelt, an deren Spitze die drachenähnlichen Gottheiten stehen (meist in Gestalt eines Panthers oder einer gehörnten Schlange) gelten als bösartig. Die Pueblo wiederum unterscheiden zwischen Elementargöttern und Ahnengeistern, den *kachinas*, die zwischen den Menschen und den Göttern vermitteln und in den Ritualen durch maskierte Tänzer dargestellt werden.

Der Donnervogel

Der Geist des Donners, so heißt es, manifestiert sich in Gestalt des Donnervogels auf der Erde. Aus dem Schnabel oder den Augen dieses großen adlergleichen Vogels schießen Blitze hervor, mit seinen Schwingen erzeugt er Donnergrollen. Ihm werden ungeheure, sowohl schöpferische als zerstörerische Kräfte zugeschrieben.

Der Donnervogel ist einer der mächtigsten Geister der oberen Welt. Im Aufblitzen seiner Augen und im Schlagen seiner Flügel erzeugt er Blitz und Donner. Bei den Lakota ist der Donnervogel Wakinyan ein Hilfsgott und verkörpert das oberste Wesen. Für die Irokesen nimmt er als der Donnergeist Hino, der Wächter des Himmels, menschliche Gestalt an. An der Nordwestküste zählt der Donnervogel zu den Hauptgöttern des Himmels, der sogar Wale als Beute nehmen kann. Die Völker im Westens glaubten, daß es in jedem der vier Weltteile einen Donnervogel gebe, die Geister der vier Winde. Die Donnervögel sind, so heißt es, in einen unablässigen Kampf mit den bösen Geistern oder Schlangen der Unterwelt verstrickt, etwa mit dem Panther, der unter dem Wasser haust. Der Zusammenprall der Geister aus Ober- und Unterwelt gilt als die Ursache für heftige Naturphänomene wie Erdbeben, Überschwemmungen, Orkane und andere große Unwetter.

Bei den Ureinwohnern Nordamerikas besitzt alles, was vom Blitz des Donnervogels getroffen wird, eine besondere spirituelle Kraft, die verehrt oder auch gemieden werden kann.

Maske des Donnervogels der Haida (oben und unten). Wenn sie geöffnet wird, kommt ein menschliches Gesicht zum Vorschein, das auf die enge Verwandtschaft zwischen Tier und Mensch verweist. In Urzeiten, so heißt es, waren sie nicht voneinander zu unterscheiden und konnten beliebig ihre Gestalt wechseln (siehe S.232).

DIE HERKUNFT DER MAISPFLANZE
Mais ist das wichtigste Grundnahrungsmittel der amerikanischen Ureinwohner, und über dessen Ursprung existieren zahlreiche Mythen. Im Maismythos der Mikasuki in Florida verschmelzen zwei weitverbreitete Motive: die Rolle zweier Brüder oder Helden und die Erschaffung des einen aus einem anderen. Zwei Brüder lebten bei ihrer Großmutter, und als sie eines Tages des Fleisches überdrüssig waren, fragten sie, ob es nicht etwas Neues zu essen gebe. Von da an setzte die Großmutter den Brüdern, wenn sie von der Jagd nach Hause kamen, Mais vor, der ihnen vorzüglich schmeckte. Da die Großmutter nicht verraten wollte, woher sie den Mais hatte, ging ihr der jüngere Bruder heimlich ins Vorratshaus nach. Zu seinem Entsetzen sah er, wie sie Mais von ihrem eigenen Körper abrieb. An diesem Abend wollten die Brüder keinen Mais essen; und die alte Frau, die daraus ersah, daß sie ihr Geheimnis kannten, erklärte, sie müsse nun die Brüder für immer verlassen, würde aber in einer Maispflanze weiterleben, die aus ihrem Grab wachse.

SCHAMANEN

Visionen und Schutzgeister

Diese Tierhaut für eine Trommel (unten) ist mit dem Bildnis eines gehörnten Schamanengeistes versehen. Der Künstler gehört zum Stamm der Assiniboin, die im amerikanisch-kanadischen Grenzgebiet westlich des Winnipeg-Sees leben.

Bei den meisten nordamerikanischen Ureinwohnern ist der direkte Kontakt mit der Welt der Götter und Geister von zentraler Bedeutung. Diese Begegnung kommt durch Fasten und Gebet an einem abgeschiedenen Ort zustande, wobei die Vision eines Schutzgeistes meist in Gestalt eines Tieres, eines Vogels oder eines der Naturelemente erstrebt wird. Zwar können viele Menschen aus der Begegnung mit Schutzgeistern und aus visionären Erfahrungen Kraft schöpfen, doch sind nur die stärksten unter ihnen – diejenigen, die auf spontane Weise Visionen erleben – zum Schamanen berufen, zum Zauberpriester, der zwischen den Menschen und der sakralen Welt vermittelt (die mit weniger visionären Kräften Begabten heißen »Medizinmann«). Der Weg zum Schamanen – meist sind es Männer – führt über eine Krankheit im Knabenalter; es folgt ein visionärer Tod und die Wiedergeburt; im Verlauf dieses Prozesses begegnet der Schamane Geistern und erwirbt heiliges Wissen (siehe Kasten unten).

Die Beziehung zwischen einem Schamanen und der spirituellen Welt hat beinahe den Charakter einer persönlichen Religion, und die Geschichte der ersten Begegnung mit den Geistern ist der persönliche Mythos des Schamanen. Die Kraft dieses Mythos verleiht dem Schamanen Glaubwürdigkeit bei seinem Stamm, zu dessen Wohl er seine Fähigkeiten einsetzt – etwa um Jagdwild aufzuspüren, verlorene Gegenstände wiederzufinden und vor allem, um Kranke zu behandeln. Schamanen können sich willentlich in einen Zustand der Trance versetzen und in die heilige Welt, ins Reich der Toten, aufsteigen. Die sichtbare Verkörperung der Geister ist der »Medizinbeutel« des Schamanen mit seinen Artefakten von spiritueller Bedeutung, die bei den Heilungsritualen verwendet werden. Symbole der Geister werden auch auf Gewändern und rituellen oder persönlichen Gegenständen dargestellt.

Ein Schamane wird berufen

In dieser kurzen Geschichte erzählt ein Schamane der Kwakiutl in British Columbia seinen persönlichen Mythos, die visionäre Begegnung, durch die ihm die schamanistischen Kräfte zuwuchsen.

»Alle waren wir an Pocken erkrankt. Ich glaubte, ich sei tot. Ich wachte auf, weil so viele Wölfe heulend und winselnd ins Zelt eingedrungen waren. Zwei von ihnen leckten mich ab, spuckten Schaum, den sie über meinen ganzen Körper zu verteilen suchten, um allen Grind und alle Wunden von mir zu nehmen. Es wurde Abend, und die beiden Wölfe blieben bei mir. Ich kroch in einen Unterschlupf aus Fichtenholz, dort lag ich die ganze Nacht. Ich fror. Die Wölfe legten sich rechts und links von mir nieder und als es Morgen wurde, leckten sie mich erneut. Harpooner-Body, eine Gestalt aus einem früheren Traum, erbrach Schaum und preßte seine Nase gegen meine Brust. Auf diese Weise übertrug er magische Kräfte auf mich, und in einem Traum lachte er und sagte: »Freund, hüte die schamanistischen Kräfte gut, die du jetzt besitzt. Jetzt kannst du die Kranken heilen und jene in deinem Stamm krank machen, die du sterben lassen willst.«

Ein »Seelenfänger«, wie ihn ein Schamane verwendet, um die Seele eines Kranken zu »befreien«; gefertigt aus Knochen und Schildpatt von einem Künstler aus dem Stamm der Tlingit im Nordwesten.

TRICKSTER

Amüsante Schelme und böswillige Unholde

Die übermenschlichen Kulturheroen der nordamerikanischen Mythologie (siehe S. 224) können auch als Trickster auftreten, die auf listige Weise heimlich Feuer stehlen, Ungeheuer überlisten oder Streiche spielen. Vielfach gibt es eigene Sammlungen solcher Trickster-Mythen, die sehr populär sind und der Phantasie des Erzählers großen Spielraum lassen. So wurde z. B. der Hase, eine der vielen Trickstergestalten im Südosten, mit den Hasentrickstern der westafrikanischen Sklaven vermischt und ging als Brer Rabbit in die moderne amerikanische Volkstradition ein.

Da der Trickster gewöhnlich mit dem Kulturheros identisch ist, trägt er auch dessen Namen: Großer Hase, Nanabush, Gluskap in den Waldregionen, Hase im Südosten, Kojote in den Plains und im Westen, Spinne in Teilen der Plains sowie Rabe, Eichelhäher oder Nerz an der Nordwestküste. Trotz seiner vielen Verkleidungen weist er überall ähnliche Züge auf, und in weit auseinanderliegenden Regionen werden die gleichen Geschichten über ihn erzählt. Er ist ein listiger Spaßvogel und ein Tolpatsch, der sich durch seinen Unfug selbst ein Bein stellt, sich verletzt oder sogar stirbt und dann wieder aufersteht, ohne aus den schlechten Erfahrungen etwas gelernt zu haben. Die Taten des Tricksters dienen dazu, auf unterhaltsame Weise die Verbindlichkeit sozialer Normen zu betonen. Viele Trickster-Mythen sind allerdings äußerst vulgär (siehe Randspalte unten).

Manchmal verschmilzt der Kulturheros mit dem Trickster, wie etwa im Mythos von dem Raben, der die Himmelskörper raubte (siehe S. 224). In einem Mythos der Algonkin wird erzählt, wie Gluskap den Sommer in die Eiswüste des Nordens brachte. Der Tricksterheros wanderte von dem Land des eisigen Winters nach Süden, wo er die schöne Herrscherin der kleinen Menschen, den Sommer, raubte. Er brachte sie zum *tipi* (Zelt aus Bisonleder) des Winters, der durch die Wärme dahinschmolz. Dann ließ Gluskap sie nach Hause zurückkehren.

Kiste aus hellgrauem Schiefer (Argillit) mit Darstellungen menschlicher und tierischer Trickstergestalten. Der Künstler gehört zum Stamm der Haida.

DER RABE

Die Gestalt des Raben als Trickster oder Kulturheros spielt in der Mythologie des Nordwestens und entlang der Pazifikküste eine große Rolle. Manche Völker, etwa die Tlingit im südlichen Alaska, unterscheiden zwei Raben, den Kulturheros und den Trickster. Dieser Messergriff aus Walknochen (Mitte 19. Jh., oben), der von den Haida aus Alaska stammt, stellt den Kopf des Raben dar; der Rabe ist auch auf Totempfählen und Masken zu finden, die bei den langen Ritualen im Winter verwendet werden.

DIE SCHMERZLICHE LEKTION DES GROSSEN HASEN

Die Winnebago von Wisconsin erzählen folgende Geschichte, die die Tolpatschigkeit des Tricksters (hier des Großen Hasen) und die Grobheit vieler Trickster-Geschichten verdeutlicht.

Der Große Hase tötete einige Enten, die er ins Feuer legte, um sie zu braten und später zu essen; dann legte er sich nieder und schlief ein, befahl aber seinem After, Wache zu halten. Doch Füchse schlichen sich heran und raubten den Braten; als nun der Hase aufwachte und sah, daß alles gestohlen war, wandte er sich wütend an seinen After: »Habe ich dir nicht gesagt, daß du aufpassen sollst! Ich will dir eine Lektion erteilen!« Dann nahm er einen brennenden Holzscheit, und als er diesen an seinen After hielt, schrie er vor Schmerz laut auf.

Über seine eigene Dummheit klagend, hoppelte der Hase davon; unterwegs fand er ein Stück Fett, und er aß es. Es schmeckte ihm, doch bald merkte er, daß er seine eigenen Eingeweiden verzehrte, die aus seinem verbrannten After gefallen waren. »Man nennt mich zu Recht einen Narren!« rief er aus und befestigte die Eingeweide wieder an ihrem Platz. Dabei benutzte er einen Faden, den er so fest band, daß sein After faltig und schrumpelig wurde, wie es beim Menschen heute noch der Fall ist.

MYTHEN DER NAVAJO

Heilungszeremonien und Kojote-Geschichten

Zwei sich überkreuzende Schlangen; Detail einer Sandmalerei der Navajo. Das Zeichen der Schlange verbindet sich mit Erde und Fruchtbarkeit, die für Ackerbauvölker in Wüstenregionen von großer Bedeutung sind.

DIE YEI-GOTTHEITEN

In der Mythologie der Navajo spielt eine Gruppe von Göttern namens Yei eine wichtige Rolle bei der Erschaffung der Welt. Die Masken, die bei Heilungszeremonien verwendet werden und diese Götter darstellen, sind aus Hirschfell hergestellt; damit das Fell der Tiere nicht beschädigt wurde, wurden diese Tiere durch Maispollen erstickt. Die Masken werden während der Nachtgesangszeremonie getragen, bei der die jungen Navajo in das Geheimnis der Yei eingeweiht werden. Die Masken werden geweiht und zum »Leben erweckt«, indem man sie mit Maismehl »füttert« und Rauch auf sie bläst. Der Sprechende Gott ist der oberste der Yei, die sich entweder einzeln (bei Zeremonien) oder in Gruppen (bei Tänzen außerhalb des Zeremonienhauses) manifestieren.

RITUELLE SANDMALEREI

Diese Nachbildung einer Sandmalerei der Navajo (rechts) stellt eines von etwa 600 Mustern dar, die bei Heilungszeremonien verwendet werden. Die »Malereien«, mit farbigem Pulver aus Kohle und Pollen auf sauberen Sand aufgetragen, stellen stilisierte mythologische Szenen dar. Die Teilnehmer des Rituals betreten dieses Bild von Osten her (in der Abbildung links); ist die Zeremonie beendet, wird das Bild weggewischt. Jede Heilungszeremonie ist mit einem eigenen Mythos verknüpft. Da im Laufe der Jahrhunderte die Zeremonien verlorengegangen sind, sind auch viele der Mythen verschwunden.

Die Navajo in Arizona, New Mexico, und in Teilen Utahs gehören mit 160 000 Menschen heute zu den größten nordamerikanischen Eingeborenenvölkern. Wie ihre Vettern und nächsten Nachbarn, die Apache, wanderten sie vor 1300 aus Kanada ein. Die Navajo besitzen neben Jagdmythen, die vor jener Migrationszeit entstanden sind und jetzt allmählich in Vergessenheit geraten, Mythen, die den Einfluß der agrarischen Pueblo, etwa der Hopi, verraten, von denen sie den Schöpfungs- bzw. Entstehungsmythos und die Symbolik (siehe S. 223) übernahmen. In den verschiedenen vom Entstehungsmythos abgeleiteten Zeremonialmythen wird beschrieben, wie eine oder mehrere heroische Gestalten verletzt werden oder sich verirren und sich deshalb zu den Göttern aufmachen, von denen sie sich Heilung erhoffen. Nach ihrer Heilung und im Besitz der Heilungszeremonie kehren sie nach Hause zurück, geben ihr Wissen an ihren Stamm weiter und entschwinden wieder zu den Göttern.

Ein charakteristischer Zeremonialmythos erzählt von einem Zwillingspaar, Söhnen eines Navajo-Mädchens und der Yei-Gottheit, die als Sprechender Gott (siehe Randspalte links) bekannt ist. Die Knaben unternahmen weite Wanderungen, und eines Tages werden sie von einem Steinschlag überrascht. Der eine Knabe wird blind, der andere zum Krüppel. Da sie ihrer armen Familie zur Last fallen, bittet man sie schließlich, von zu Hause wegzugehen. Daraufhin begeben sie sich auf die Suche nach den Göttern. Der Sprechende Gott hilft ihnen und enthüllt ihnen, daß er ihr Vater ist, worauf die Götter die Knaben als Verwandte willkommen heißen und im Schwitzhaus (einer Art Sauna) ein Heilungszeremoniell für sie veranstalten. Als die Heilkräfte zu wirken beginnen, jubeln die Knaben vor Freude und brechen damit ein Tabu, demzufolge im Schwitzhaus nicht gesprochen werden darf. Nun wird die Heilung unwirksam gemacht, und die Kinder bleiben blind und lahm. Durch ein Geschenk versöhnt, heilen die Götter die Kinder schließlich doch und verleihen ihnen die Schönheit ihrer anderen Brüder. Die Zwillinge kehren nach Hause zurück und geben die Heilungszeremonie weiter, bevor sie zu Schutzgeistern des Gewitters und der Tiere werden.

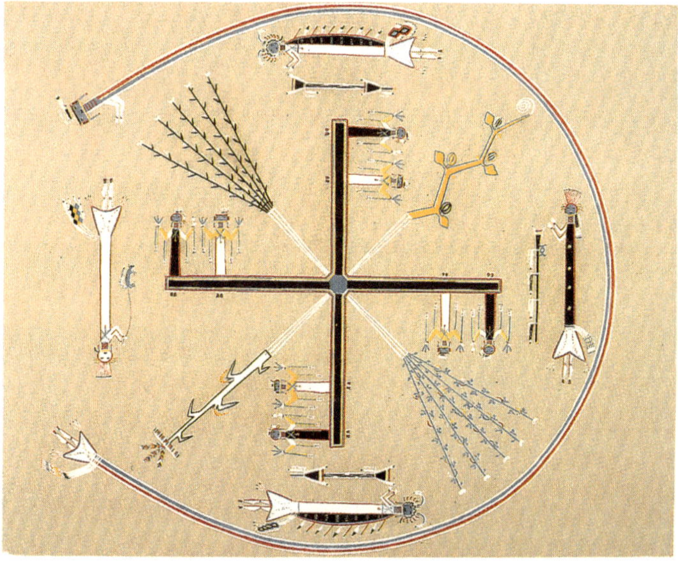

Kojote und der Riese

Kojote zählt zu den bekanntesten mythologischen Gestalten der nordamerikanischen Ureinwohner. Im Südwesten, im Westen und in den Central Plains übernimmt er u.a. die Rolle des Schöpfers, des Kulturheros, des Tricksters, Zauberers und Liebhabers. Seine wichtigsten Rollen als Geist und als Trickster spiegelt der Kojote, der Steppenwolf, der von Alaska bis nach Costa Rica verbreitet ist. Er ist raffiniert und schnell und frißt fast alle Tiere und Pflanzen. Zu seinen Tricks gehört es, sich tot zu stellen, um Aasfresser anzulocken, die er dann packt und frißt. Bei den Miwok an der kalifornischen Küste ist er das höchste Wesen und der Schöpfer aller Dinge, bei den Maidu in Zentralkalifornien ist er dagegen der göttliche Gegenspieler. Seine Schläue kommt in dem folgenden Navajo-Mythos zum Ausdruck:

Vor langer Zeit gab es auf der Erde Riesen, die besonders gerne kleine Kinder fingen und fraßen. Eines Tages durchstreifte Kojote ein felsiges Gebiet, als er einem der Riesen begegnete und beschloß, ihm für seine Grausamkeit eine Lektion zu erteilen. Er bat das Ungeheuer, das sehr dumm war, ihm beim Bau einer Hütte für ein Schwitzbad zu helfen, und versprach ihm, durch das Schwitzbad werde er so flink wie Kojote selbst werden.

Als der dunkle Raum voller Dampf war, sagte Kojote, er wolle ein Wunder vollbringen und sich selbst ein Bein brechen, das er dann wieder zusammenflicke. Er nahm einen Stein und schlug damit auf einen Hirschknochen, den er zuvor heimlich in die Hütte gelegt hatte. Der Knochen barst mit einem krachenden Geräusch entzwei. Kojote spuckte auf den zersplitterten Knochen und sprach: »Bein, werde ganz!« Der Riese betastete das gesunde Bein Kojotes und war erstaunt, daß es unversehrt war. Kojote bot dem Riesen an, das Wunder auch an seinem Bein zu vollbringen, womit dieser einverstanden war; als er ihm sein Bein zertrümmerte, heulte der Riese vor Schmerz auf.

Dann sagte Kojote, um das gebrochene Bein zu heilen, müsse er nur noch darauf spucken. Der Riese spuckte und spuckte so lange, bis sein Mund ganz trocken war, doch der Schmerz wurde immer unerträglicher, und das Bein heilte nicht. Da flehte der Riese um Hilfe. »Du mußt nur weiterspucken!« meinte Kojote beruhigend. Dann verließ er die Hütte und überließ den Kinderfresser seinem Schmerz.

Andere Mythen wiederum schreiben Kojote große Schöpferkraft zu. So gibt es etwa im Entstehungsmythos der Pueblo, wie ihn die Navajo erzählen, drei Schöpfergestalten: den Ersten Mann, die Erste Frau und Kojote. In diesem Mythos wird erzählt, wie Kojote nach dem Auftauchen der Schöpfergestalten aus vier unterirdischen Welten in diese Welt Samen aus der vierten Welt mitnahm. Diese verteilte er an die neu entstandenen Stämme.

Der Kojote war in der Mythologie des Südwestens lange Zeit sehr populär. Die Abbildung stammt von einem Teller, der um 1050–1200 von Künstlern der Mogollonkultur hergestellt wurde. Diese Kultur erlebte ihre Blütezeit zwischen 200 v. Chr. und 1200 n. Chr. Eigens gefertigte Löcher in Tellern dienten dazu, die Geister der dargestellten Figuren entweichen zu lassen.

DIE KOJOTEZEREMONIE

Der Kojote ist der Schutzgeist der »Kojotezeremonie«, einer der Heilungsrituale der Navajo, in denen durch Masken verkörperte Gottheiten auftauchen. Die Zeremonie wird durchgeführt, wenn einer aus dem Stamm von der »Kojotekrankheit« befallen ist, die durch die Tötung eines Kojoten oder durch den Anblick seines Kadavers ausgelöst werden kann. Im Ritual übernimmt der Kranke, auf einer Sandmalerei sitzend, welche Szenen aus einem Zeremonialmythos darstellt, die Rolle des Helden aus dem jeweiligen Mythos. Er »begegnet« Kojote, der in Gestalt eines maskierten Darstellers gegenwärtig ist. Durch diese Zeremonie wird die harmonische Beziehung des Kranken zu Kojote und der Welt und damit auch seine Gesundheit wiederhergestellt.

MYTHEN DER PLAINS

Wakan Tanka und die heilige Pfeife

DER SCHÖPFUNGSMYTHOS DER LAKOTA

Der Geist des Obersten Wesens Wakan Tanka (Großes Geheimnis) ist in Inyan (Felsen), dem ersten Gott, anwesend. Es gab nichts außer Han (Schwärze der Finsternis). Inyan wollte seine Macht zeigen, doch es gab nichts, wo er sie hätte ausüben können; also schuf er aus seinem Blut die Göttin Maka (die Erde) und die blauen Wasser. Aus den Wassern wurde die große blaue Kuppel Skan (der Himmel) geschaffen, dessen Enden die Grenzen der Erde bilden. Skan schuf mit seiner Energie aus Han die irdische Dunkelheit; aus Inyan, den Wassern und aus sich selbst schuf er Wi (die Sonne). Er befahl Wi zu scheinen, und die Welt erwärmte sich.
Die vier Götter Skan, Inyan, Maka und Wi versammelten sich, und Skan, der mächtigste von ihnen, begann zu sprechen: »Wir sind zwar vier, doch wir haben einen Ursprung, Wakan Tanka, den keiner, nicht einmal die Götter, begreifen kann. Er ist der Gott der Götter.«

Die Stämme der Plains hatten unsere Vorstellung von der Lebensweise der nordamerikanischen Ureinwohner in hohem Maß geprägt. Die Behausungen dieser kriegerischen Nomaden waren Lager aus *tipis* genannten Zelten, und sie lebten von der Großwildjagd, besonders der Jagd auf riesige Büffelherden, die durch die weiten Steppen von Kanada bis ins südliche Texas wanderten. Diese Lebensweise, die in den zweihundert Jahren nach Einführung der Pferde durch die Spanier um 1600 ihren Höhepunkt erlebte, endete im 19. Jahrhundert, als die europäischen Siedler unaufhaltsam nach Westen vordrangen und die Büffel beinahe ausrotteten.

Die Mythologie der Plains ähnelt jener der Waldregionen, da viele Völker, z.B. die Cheyenne, durch die ersten europäischen Kolonisatoren nach Westen abgedrängt wurden. Wie im Waldland, so ist auch in den Plains der Glaube an einen allmächtigen Großen Geist weitverbreitet. Bei den Lakota heißt er Wakan Tanka, bei den Pawnee Tirawa. Die in seiner Figur gebündelten universalen Kräfte manifestieren sich in einer Reihe von Elementargottheiten: Von besonderer Bedeutung sind Sonne, Mond, Morgenstern, Wind und Donnervogel (siehe auch S. 224f).

In der Mythologie der Plains spiegelt sich auch die gleichförmige, von einem weiten Himmel überwölbte Landschaft. Der Macht der Sonne wurde im Sonnentanz (siehe S. 223) Ausdruck verliehen. Besonders mächtig ist der Morgenstern, den man sich als jungen, für das Leben auf der Erde verantwortlichen Mann vorstellt.

Viele Mythen beschreiben Begegnungen menschlicher Vorfahren mit Geistern, die wichtige Hinweise für die Jagd und das Überleben weitergaben. Einige Geschichten erzählen vom Ursprung zeremonieller Gegenstände, etwa der »Medizinbeutel« und der heiligen Pfeifen (siehe Kasten gegenüber). Weit verbreitet sind auch Geschichten über Trickster, etwa den Alten Mann Kojote oder – bei den Lakota – über die Spinne (Inktomi).

Die Aspekte Wakan Tankas

Wakan Tanka, das »Große Geheimnis«, die Weltgottheit, ist das oberste Wesen der Lakota. Ihr Schöpfungsmythos erzählt, wie die Oberen Götter (siehe untenstehende Graphik), allesamt Aspekte Wakan Tankas, aus Einsamkeit andere Manifestationen des Gottes schufen. Im Gebet verwendeten die Lakota den Begriff »Vater«, wenn sie die einzelnen Aspekte anrufen wollten. Die höchste Gottheit trägt den Namen »Großvater«.

Die Oberen Götter erschufen zuerst die verbündeten Götter (Mond, Wind, Fallender Stern und Donnervogel); dann die untergeordneten Götter: Zweibeinige (die Menschen und die Bären, die als Verwandte des Menschen gelten), Büffel, Vier Winde und Wirbelwind. Die vierte Gruppe, die Gottgleichen, hat mit der Seele zu tun, mit heiligen Wesenheiten und spirituellen Kräften: *Nagi* (Schatten oder Seele des Toten), *Nagila* (das Schattenhafte), *Niya* (Leben oder Atem) und *Sicun* (spirituelle Kraft). Diese vier Gruppen der vier Aspekte oder *Tob Tob* (»Vier-Vier«) bilden zusammen die Weltgottheit Wakan Tanka, die sich in ihren sechzehn Aspekten manifestiert, jedoch selbst unermeßlich größer ist als die Summe ihrer Aspekte.

WAKAN TANKA

Obere Götter	Verbündete Götter	Untergeordnete Götter	Gottgleiche
Sonne	Mond	Zweibeinige	Nagi
Himmel	Wind	Büffel	Nagila
Erde	Fallender Stern	Vier Winde	Niya
Felsen	Donnervogel	Wirbelwind	Sicun

Die heilige Pfeife

Das Rauchen einer heiligen Pfeife gehört zu den bekanntesten und ältesten Ritualen der indigenen Völker Nordamerikas. Gemeinsames Rauchen bestätigt die Bande zwischen Familien und Stämmen; die Pfeife selbst, die häufig mit Federn und bestimmten Mustern verziert ist, welche die persönlichen Geister und Visionen ihres Besitzers darstellen, symbolisiert die Schöpfung. Der folgende Mythos erklärt den Ursprung der heiligen Pfeife der Lakota. Anders als bei dem heiligen Stein glaubt man, daß diese Pfeife heute noch existiert. Sehr wenige Menschen außer den Lakota haben sie je gesehen.

Eines Wintermorgens vor langer Zeit kam eine geheimnisvolle und wunderschöne Frau, in weißes Wildleder gekleidet und mit einem Bündel auf dem Rücken, auf zwei Lakota-Jäger zu. Der eine begehrte sie und verwandelte sich augenblicklich in ein Skelett. Die Frau sagte: »Ich möchte mit deinem Häuptling sprechen. Geh zu ihm und sage, er soll ein großes *tipi* herrichten.« Der Jäger gehorchte.

Als die Frau dann das Zelt betrat, übergab sie dem Häuptling das Bündel mit den Worten: »Ich bin die Weiße Büffelfrau. Dies hier ist heilig, und kein unreiner Mann sollte es jemals zu Gesicht bekommen. Damit wirst du von nun an im Winter deine Stimmen an Wakan Tanka schicken.« Sie nahm eine Pfeife und einen kleinen runden Stein aus dem Bündel und legte beides auf den Boden. Dann fuhr sie fort, indem sie die Pfeife mit dem Stiel nach oben hielt: »Mit dieser heiligen Pfeife wirst du auf der Erde wandeln; denn die Erde ist deine Großmutter und deine Mutter, und sie ist heilig. Der Pfeifenkopf ist aus rotem Stein; er stellt die Erde dar. In den Stein gehauen ist eine Büffelkuh, das Zeichen für die vierbeinigen Tiere. Der Pfeifenstiel ist aus Holz geschnitzt, ein Zeichen für alles, was wächst. Die zwölf Federn der Pfeife stammen von dem Gefleckten Adler und stellen die Geschöpfe der Luft dar. Die sieben Kreise des Steins stellen die sieben Rituale dar, bei denen die Pfeife verwendet wird [siehe Randspalte rechts].« Dann erklärte die Büffelfrau noch das erste Ritual und kündigte an, sie werde gehen, eines Tages aber zurückkehren, wenn die anderen Rituale enthüllt worden seien. Als sie verschwand, verwandelte sich die Büffelfrau zuerst in eine junge rotbraune Büffelkuh, dann in einen schwarzen Büffel, der sich in alle vier Teile des Universums verneigte und dann hinter den Hügeln verschwand.

Diese heilige Pfeife aus Schiefer (19. Jh.) wurde von einem Mitglied der Santee (östliche Sioux) gefertigt. Sie stellt einen Mann und eine Frau dar sowie ein Pferd, alle drei vermutlich Geister, die beim Pfeifenritual eine Rolle spielten.

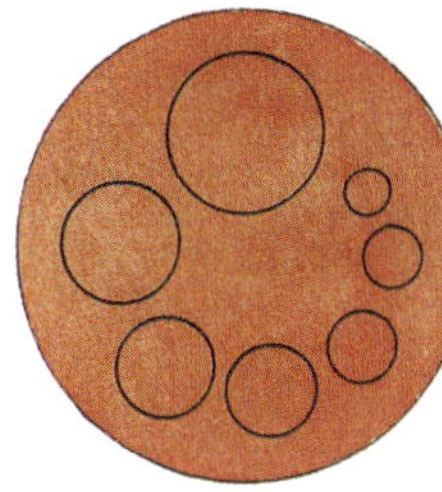

DAS PFEIFENRITUAL DER LAKOTA
Im Pfeifenmythos der Lakota wird von einem runden Stein der Weißen Büffelfrau erzählt, in den sieben Kreise eingeschrieben waren (Rekonstruktion siehe oben): eine Verkörperung der sieben Pfeifenrituale. Das erste, das Festhalten und Loslassen der Seele, dient dazu, die Seele eines Toten ein paar Jahre »festzuhalten«, bis sie wirklich erlöst ist und in die spirituelle Welt zurückkehren kann. Das zweite Ritual ist das Schwitzhaus, ein Reinigungsritual, das vor jedem anderen größeren Ritus vollzogen werden muß. Das dritte, der Ruf nach einer Vision, schreibt die Abfolge fest, an die sich jeder halten muß, der sich allein auf die Suche nach einer heiligen Vision begibt.
Das vierte Ritual ist die gemeinschaftliche Neuschöpfungszeremonie, der Sonnentanz (siehe S. 223); das fünfte ist das Knüpfen verwandtschaftlicher Beziehungen, wobei sich zwei Freunde in einem heiligen Bündnis zusammenschließen; das sechste beinhaltet die Pubertätszeremonie der Mädchen; und das letzte schließlich heißt »Ballwerfen«, ein Spiel, in dem Wakan Tanka und das Erlangen der Weisheit dargestellt wird.

TIERMYTHEN

Die Verwandten des Menschen

Stellwand eines Hauses der Tlingit in Gestalt eines kauernden Bären. Die ovale Öffnung bildete den Zugang zu dem heiligen Raum im hinteren Teil des Hauses, in dem Häuptling Shakes in Wrangell in Alaska lebte.

TOTEMPFÄHLE

Darstellungen mythischer Wesen haben besonders an der Nordwestküste eine starke Ausdruckskraft erreicht; dies zeigt sich insbesondere bei den Totempfählen, deren geschnitzte Figuren jene Tierwesen darstellen, die den Stamm gründeten und ihm seine Kraft verliehen. Totempfähle sind heraldische Embleme, die den sozialen Rang, Reichtum oder Besitz demonstrieren. »Gedenkpfähle« werden am Seeufer in der Nähe von Dörfern errichtet, damit jeder sie sieht, der von Wasser herkommt: Der Erbe des Häuptlings vollzieht im Aufstellen einen Teil jener Vorgänge, durch die der Titel und die Vorrechte des Häuptlings auf ihn übergehen. Ein anderer Typus ist der »Begräbnispfahl«, der entlang des Grabes eines verstorbenen Häuptlings aufgestellt wird. Außerdem gibt es den »Türpfahl« des Hauses, der vor dem Versammlungshaus des Stammes aufgestellt wird und Stammessymbole trägt. Er hat eine große Öffnung, das Tor, das den Zugang zur übernatürlichen Welt symbolisiert. Die Abbildung (unten) zeigt die Spitze eines Totempfahls aus Alert Bay in British Columbia. Die aus Holz geschnitzte farbige Figur stellt einen der vielen Adlerahnen dar.

Tiere spielen in der Mythologie der amerikanischen Ureinwohner als enge Verwandte des Menschen eine bedeutende Rolle. In alten Zeiten, so heißt es, vor jenem Bruch, der sie auf ihre jetzige Identität festlegte, waren Menschen und Tiere ununterscheidbar und konnten sich beliebig in die jeweils andere Gestalt verwandeln. Die Stämme an der Nordostküste glauben, ihre Vorfahren seien als Tiere an die Strände gekommen, hätten menschliche Gestalt angenommen und die verschiedenen Stämme gegründet. Zahlreiche Mythen, die von der Heirat zwischen Mensch und Tier erzählen, beschreiben, wie es zur Trennung dieser beiden Gattungen kam.

Am nächsten steht dem Menschen der Bär, der manchmal auf zwei Beinen geht und ein dem Menschen ähnliches, wenn auch weitaus größeres Skelett besitzt. In vielen Mythen werden Bären als Menschen betrachtet, die nur in der Öffentlichkeit eine Bärentracht tragen. Ein Mythos des Nordwestens erzählt von Rhpisunt, der Tochter eines Häuptlings, der eines Tages beim Beerensuchen zwei junge Männer begegneten. Diese führten sie zu einem Haus im Dorf, welches das Haus der Bärenmenschen war. Drinnen saß der Bärenhäuptling, und überall hingen Bärengewänder. Rhpisunt heiratete den Sohn des Häuptlings und brachte Bärenzwillinge zur Welt.

Als Rhpisunts Brüder die Höhle entdeckten, in der sie und ihre neue Familie lebten, nahm sie ihre Zwillinge und kehrte mit ihren Brüdern in das Dorf ihres Vaters zurück. Dort legten die Zwillinge ihre Bärenkleider ab und wurden hübsche Knaben, die später erfolgreiche Jäger wurden. Als Rhpisunt alt wurde und starb, kehrten ihre Söhne zu den Bären zurück. Rhpisunts Nachkommen hatten immer dann Erfolg bei der Jagd, wenn sie die Bären an ihre Verwandtschaft mit Rhpisunt erinnerten.

Die Jagd und die Tötung von Tieren vollzieht sich in Übereinstimmung mit zahlreichen Ritualen und Mythen. Jeder Stamm hat einen Herrn oder eine Herrin der Tiere, die die Macht besitzt, erlegtes Wild zurückzuhalten, wenn das entsprechende Ritual nicht genau vollzogen worden ist. Tiere gelten als wichtige Quelle spiritueller Macht, und die Schamanen der amerikanischen Ureinwohner betrachten Tiere häufig als ihre Helfer, die ihre Kraft bei der visionären Begegnung auf den Schamanen übertragen (siehe Kasten S. 226).

Das befreite Jagdwild

Viele Geschichten handeln von der Befreiung des Jagdwilds vor dem Auftauchen des Menschen. Im folgenden wird die Version der Navajo wiedergegeben, die in erster Linie von der Jagd lebten, bevor sie von Kanada aus nach Südwesten wanderten (siehe S. 228).

Ehe die Menschen erschaffen wurden, traf sich das Heilige Volk im Schwitzhaus und besprach sich, wie man das verschwundene Jagdwild wiederfinden könne. Da betrat eine geheimnisvolle schwarze Gestalt die Hütte, die niemand kannte. Zwei Mitglieder des Heiligen Volks beobachteten sie heimlich und sahen, wie sie das Kleid einer Krähe anlegte und wegflog.

Nun griffen die Versammelten zu einer List, um die Jagdtiere aufzuspüren. Sie verwandelten einen aus ihrer Mitte in einen Welpen, den die schwarze Krähe mitnehmen und zu einem Ort namens »Grenzhügel« bringen sollte, dem Aufenthaltsort des Schwarzen Gottes, dessen Eigentum das Jagdwild war. Der Torhüter des Schwarzes Gottes hieß Porcupine, und er besaß einen türkisfarbenen Stab, mit dem er die Glut des Feuers rüttelte und das Tor öffnete. Der Welpe schlug ihn nieder und öffnete mit dem türkisfarbenen Zauberstab das Tor.

Drinnen entdeckte er dann das gesamte Jagdwild, das die Krähe, die in Wirklichkeit der Schwarze Gott war, zusammengetrieben und gefangengehalten hatte. Als die Tiere das geöffnete Tor sahen, entflohen sie sogleich ins Freie.

Der Mythos erzählt weiter, wie der Welpe die vier Hirsche, die als erste durchs Tor schlüpften, zwischen ihren Beinen berührte, um Gerüche zu schaffen. Als die anderen Tiere kamen, ließ der Welpe den Wind um ihre Nasen wehen, um ihre Wahrnehmung für diese Gerüche zu schärfen. Daher soll die Fähigkeit der Tiere stammen, alles, was sich nähert, zu wittern, bevor sie es sehen.

Das stilisierte Tiermuster auf dieser Decke der Tlingit stellt vermutlich eine Krähe dar, die in der Mythologie der amerikanischen Ureinwohner eine große Rolle spielt. Die Decke stammt aus dem Besitz des englischen Seefahrers James Cook (18. Jh.).

MITTELAMERIKA

Die oben abgeflachte, gestufte Pyramide ist die verbreitetste Form der Sakralarchitektur in Mesoamerika. In einigen Kulturen symbolisierte die Pyramide den Himmel, den man sich aus mehreren Schichten bestehend vorstellte, die jeweils von einer Gottheit bewohnt waren. Das Foto zeigt eine Tolteken-Maya-Pyramide in Chichen Itza in Yucatan.

Historiker und Ethnologen bezeichnen jenen Teil Zentralamerikas (im wesentlichen Mexiko) als »Mesoamerika«, der vor der spanischen Eroberung zu Beginn des 16. Jahrhunderts eine Hochultur entwickelt hatte. Trotz der verschiedenen Völker, Sprachen und Kunststile weist dieses Gebiet eine überraschend einheitliche Kultur und Religion auf. Ein Beispiel hierfür ist ein komplexes Kalendersystem, das auf einem 260tägigen Sakralzyklus und einem aus 365 Tagen bestehenden Sonnenjahr beruht. Ebenso weit verbreitet waren umfassende astronomische Kenntnisse, eine Hieroglypenschrift, ein Ballspiel ähnlich dem Basketball, das auf einem speziellen umfriedeten Spielfeld mit einem harten Gummiball gespielt wurde, sowie ein Pantheon von bemerkenswerter Komplexität, zu dem Götter des Windes, des Regens und des Getreides gehörten.

Mesoamerika stellt ein Mosaik kontrastreicher Landschaften dar, von den Wüsten des Nordens bis zu den Regenwäldern im Süden. Es gab entweder zu viel oder zu wenig Regen; trockene Flußbetten konnten sich über Nacht in reißende Ströme verwandeln, und Erdbeben erschütterten das Land. Diese Unbeständigkeit erklärt vielleicht den aztekischen Mythos von den fünf Sonnen: Jede Sonne war eine kosmische Welt oder eine kosmische Zeitspanne, und jede dieser Zeitspannen endete mit einer erdgeschichtlichen Katastrophe (siehe S. 237f).

Die Azteken waren nicht die ersten, die die Götter mit Menschenopfern zu besänftigen suchten. Die Religion der Tolteken (deren Hauptstadt Tula gegen Ende des 11. Jahrhunderts gegründet wurde) war ähnlich blutrünstig, wie die *Chacmool*-Skulpturen zeigen – hockende Figuren, die Schalen für die Opfergaben halten (im Mittelpunkt des Fotos oben). Die Praktiken der Azteken sind jedoch am besten dokumentiert. Um dem Gott Huitzilopochtli, der Sonne, bei seinem täglichen Kampf gegen die Mächte der Nacht zu helfen, war es notwendig, ihn mit Menschenherzen und Menschenblut zu füttern. Der Bedarf an Menschenopfern wurde durch die Gefangenen der zahlreichen Kriegszüge gedeckt.

In gewissem Sinne haben die Azteken auch ihr Pantheon »erbeutet«, indem sie Götter früherer Völker, etwa den Regengott Tlaloc und den Feuergott Huehueteotl, übernahmen. Huitzilopochtli aber war der Stammesgott der Azteken und anderswo unbekannt.

TENOCHTITLAN
Tenochtitlan war das Zentrum des Huitzilopochtli-Kults: eine von Kanälen durchzogene Inselstadt im Texcoco-See, die mehr als 13 km² groß und durch Dämme mit dem Festland verbunden war. Sie war das Zentrum des Aztekenreiches, bis es 1521 von den Spaniern zerstört wurde, die angesichts der prachtvollen Anlage der Stadt erstaunt waren. Auf der Hauptpyramide befanden sich die den Göttern Huitzilopochtli und Tlaloc geweihten Heiligtümer.

DIE STADT DER GÖTTER
Teotihuacan (»Stadt der Götter«), im mexikanischen Hochland gelegen, war vor der spanischen Eroberung vermutlich die größte Stadt der neuen Welt. Ihre Blütezeit erlebte sie zwischen der Zeitenwende bis zu ihrer Zerstörung um 650. Danach diente sie den Azteken auch weiterhin als heiliger Ort. Der von der Sonnen- und Mondpyramide beherrschte weiträumige Komplex mit der Straße der Toten gehört heute zu den berühmtesten archäologischen Sehenswürdigkeiten. Hier sollen sich die Götter versammelt und die Welt zum fünftenmal erschaffen haben. Gut erhalten ist bis heute der Tempel für Quetzalcoatl mit den in Stein gehauenen Köpfen von gefiederten Schlangen, die sich mit Köpfen des Regengottes Tlaloc abwechseln.

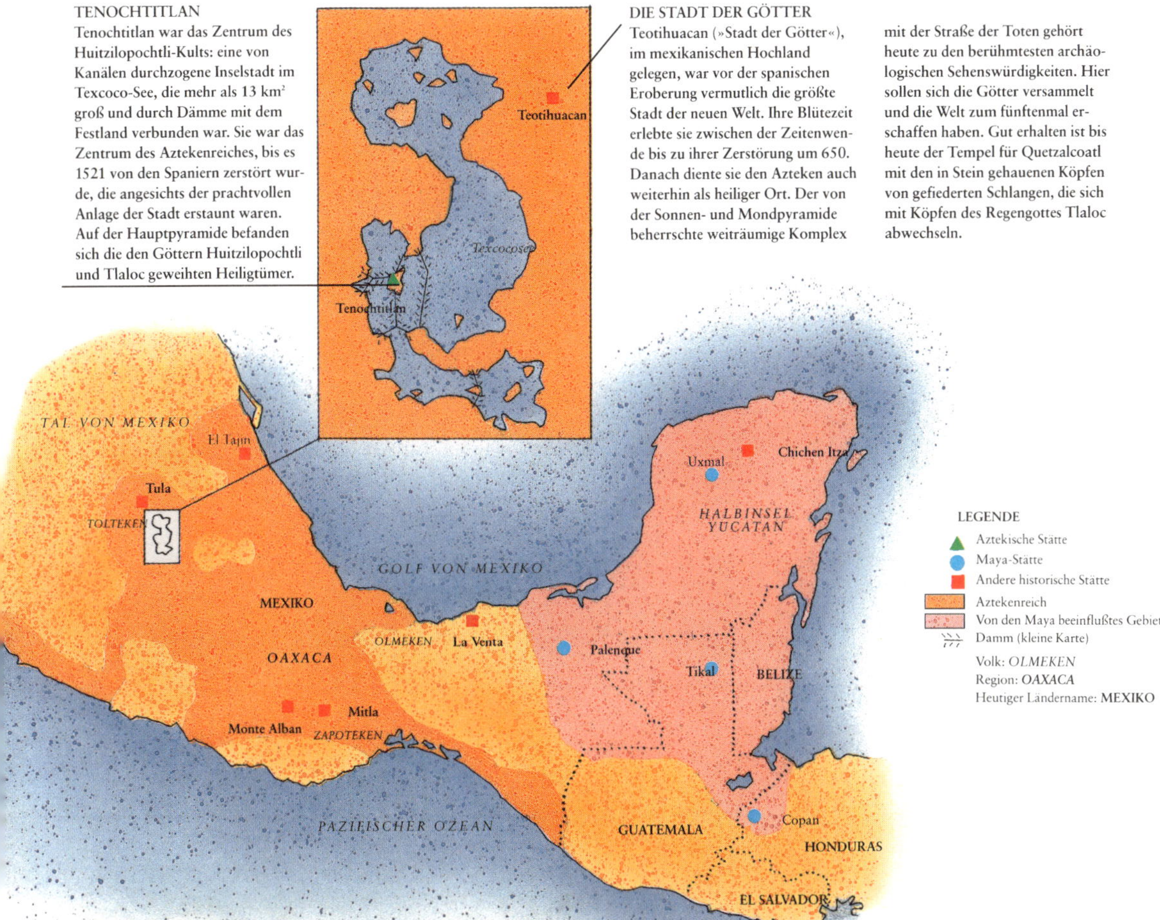

DIE WICHTIGSTEN KULTUREN MESOAMERIKAS

Volk	Blütezeit	Hauptzentrum
Olmeken	um 1500–400 v. Chr.	San Lorenzo, La Venta
Zapoteken	um 300–600 n. Chr.	Monte Alban, Mitla
Maya	um 300–900 n. Chr.	Tikal, Palenque, Copan
Tolteken	um 900–1180 n. Chr.	Tula
Azteken	um 1325–1521 n. Chr.	Tenochtitlan

AUSSPRACHE

Die meisten mesoamerikanischen Völker der Hochlandregionen sprachen das sogenannte Nahuatl; die Betonung liegt in der Regel auf der vorletzten Silbe. Die Maya besaßen eine eigene Sprache.

qua, quo (Etzalqualitzli) wie *kw*
que, qui (Quetzalcoatl) wie *k*
tl wie in *Atlas*
x (Xipe Totec) wie *sch*
z stimmloses *s*
cht (Tenochtitlan) wie *scht*

DIE GÖTTER DER AZTEKEN
Die Azteken verehrten die Götter sowohl im privaten Kreis (jedes Haus hatte einen Altar) als auch in der Gemeinschaft bei heiligen Festen. Jeder Gott war mit einem bestimmten Punkt des Erdkreises oder mit der Zentralachse einer scheibenförmigen, von Wasser umgebenen Welt verbunden. Zu den Hauptgöttern gehörten:
CHALCHIUHTLICUE (Jadekleid). Verwandte des Wassergottes Tlaloc, Göttin der Flüsse und Seen.
CHICOMECOATL (Göttin der Erhaltung). Eine Fruchtbarkeitsgöttin.
COATLICUE (Schlangenkleid). Erdgöttin und Mutter Huitzilopochtlis.
HUEHEUTEOTL (Alter Gott). Gott des Feuers, älteste Gottheit.
HUITZILOPOCHTLI (Kolibri des Südens). Stammgott der Azteken, Krieger- und Sonnengott (siehe S. 242 f).
MICHLANTECUHTLI (Herr der Toten). Herrschte mit Mictlancihuatl über die Unterwelt Mictlan.
QUETZALCOATL (Gefiederte Schlange). Eine der vier Schöpfergottheiten. Gott des Morgen- und des Abendsterns. Als Ehecatl auch Gott des Windes (siehe S. 240 f).
TEZCATLIPOCA (Rauchender Spiegel). Eine der vier Schöpfergottheiten. Wurde mit dem Nachthimmel, dem Mond und den Kräften des Bösen und der Zerstörung in Zusammenhang gebracht und häufig als Jaguar dargestellt (siehe S. 239).
TLALOC (Der die Dinge wachsen läßt). Gott des Wassers und des Regens, dem die vier Tlaoques zur Seite standen. Bei den Maya Chac, bei den Zapoteken Cocijo (siehe S. 244 f) genannt.
XIPE TOTEC (Gehäuteter Herr). Gott der Saat, des Frühlings und der Schmuckhersteller. Ihm zu Ehren wurden die Opfer gehäutet und die Häute von Priestern während des Ritus getragen.

DIE ALTEN GÖTTER

Der Jaguar und die Feuergottheit

Diese Votivaxt aus Jade dokumentiert die Vorliebe der Olmeken für anthropomorphe Darstellungen des Jaguars. Erkennbar ist ein übernatürliches Zwitterwesen: halb Mensch, halb Katze.

Die ersten in der Kunst dargestellten mesoamerikanischen Gottheiten stammen aus der olmekischen Kultur, die im Sumpfgebiet des östlichen Mexiko zwischen 1500 und 400 v. Chr. ihre Blütezeit erlebte. Bildnisse aus Stein, Keramik und Jade sowie Höhlenzeichnungen zeugen von der hochentwickelten olmekischen Gesellschaft, dem schöpferischen Talent der Handwerker und der großen Bedeutung der Priester und Herrscher.

Spätere religiöse Traditionen Mesoamerikas haben viel von den Olmeken übernommen, was vielleicht am deutlichsten anhand der häufig wiederkehrenden Darstellungen des Jaguars sichtbar wird. »Wer-Jaguare« tauchen in den Mythen sowohl Zentral- als auch Südamerikas auf und zeugen von Schamanen, die sich auf magische Weise in Katzen verwandelten. Solche Jaguar-Schamanen waren besonders gefürchtet als mächtige Zauberer, die die gefährlichen Kräfte der Geisterwelt heraufbeschworen – eine alte und weitverbreitete Vorstellung, die eine tiefgreifende und dauerhafte Wirkung auf die religiösen Glaubensanschauungen Mesoamerikas hatte. Olmekische »Wer-Jaguare« wurden häufig zähnefletschend und mit offenem Maul dargestellt. Der mit Königswürde, Fruchtbarkeit und der Erde in Zusammenhang stehende Jaguar taucht in der Maya- und Zapotekenkunst sowie in der Kunst von Teotihuacan auf und kehrt auf äußerst imposante Weise in der Jaguar-Manifestation Tezcatlipocas, der höchsten aztekischen Gottheit (siehe S. 239), wieder. Doch auch andere Wesen prägten die Vorstellungswelt der Olmeken: Vögel, Krokodile, Schlangen und anthropomorphe Gestalten tauchen immer wieder in ihren Kunstwerken auf. Einige von ihnen sind seltsame Zwitter, bei denen Aspekte des Jaguars mit einem Vogel oder einer Schlange verbunden sind.

Früher glaubte man fälschlicherweise, die Olmeken hätten nur eine einzige Gottheit – einen Regengott – verehrt. Zu den vielen mesoamerikanischen Göttern, die später im olmekischen Pantheon entdeckt wurden, gehören die prototypischen Formen Tlalocs (der Regengottheit), ein Maisgott, Quetzalcoatl (die gefiederte Schlange, eine weitere zweigestaltige Tiergottheit), Tezcatlipoca und eine Feuergottheit, die später als Huehueteotl oder Xiuhtecuhtli (siehe Kasten unten) bezeichnet wurde. Dieser Gott findet sich in ganz Mesoamerika unter verschiedenen Namen wieder.

Huehueteotl

Der Feuergott Huehueteotl galt bei den Azteken als der Alte Gott und der erste Freund der Menschen.

Anläßlich eines bestimmten aztekischen Festes jagten Knaben kleine in Feuchtgebieten lebende Tiere wie Schlangen, Eidechsen, Frösche sowie Libellenlarven, um sie alten Männern zu bringen, die als Wächter des Feuergottes aufgestellt waren. Als Gegengabe erhielten sie von den Priestern etwas zu essen.

Zu diesem Anlaß wurde der Gott in seinem jugendlichen Aspekt, mit Türkisen und Quetzalfedern, gezeigt. Gegen Ende des Monats war er gealtert und müde und wurde mit Gold, Schwarz und Rot, den Farben der Glut, geschmückt.

Charakteristische Darstellung Huehueteotls als zahnloser, gebeugter alter Mann mit einer Kohlenpfanne auf dem Kopf, wie sie in der Kunst um 500 v. Chr. häufig zu finden ist.

SCHÖPFUNG UND ZERSTÖRUNG

Der Mythos von den Sonnen

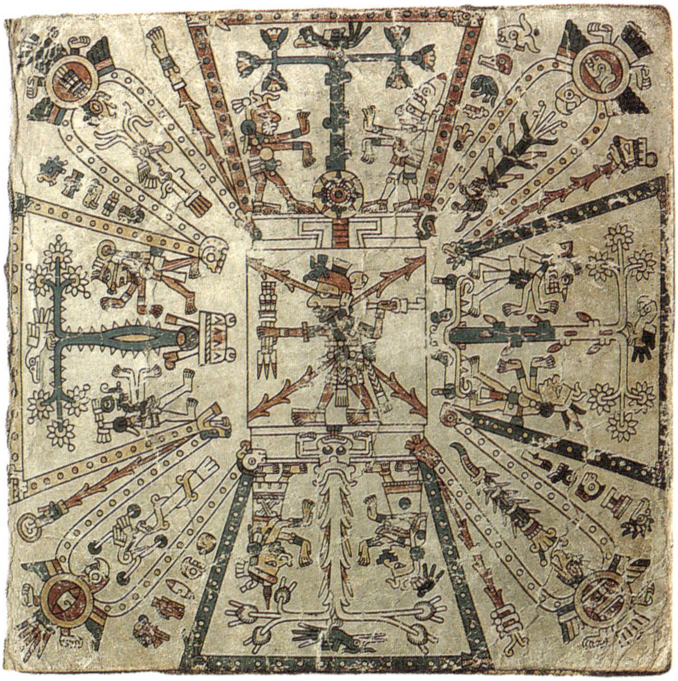

In der mesoamerikanischen Kosmologie bestand das Universum aus fünf Teilen - den vier Himmelsrichtungen und dem Zentrum. Eine Seite aus dem mixtekischen Codex Fejervary-Mayer *illustriert diese Weltsicht, in der den verschiedenen Richtungen die Nachkommen Ometecuhtlis zugeordnet werden. Jede Hauptrichtung hat eine besondere symbolische Bedeutung. So galt beispielsweise der Osten (oben) als die strahlende Region der Fruchtbarkeit und des Lebens, deren heilige Farbe Rot war; der Norden hingegen symbolisierte eine kalte, dunkle Region, die mit den Toten in Zusammenhang stand. Im Zentrum steht hier der Gott Xiuhtecuhtli.*

Am Anfang war Ometecuhtli, selbsterschaffener Herr der Zweiheit, der auch in seinem männlichen beziehungsweise weiblichen Aspekt als Ometeoth und Omecihuatl auftrat. Die Nachkommen dieses kosmischen Paares waren die vier Tezcatlipocas. Der Rote Tezcatlipoca, auch Xipe Totec (der gehäutete Gott) genannt, war mit dem Osten, der Blaue Tezcatlipoca oder Huitzilopochth mit dem Süden, der Weiße Tezcatlipoca oder Quetzalcoatl mit dem Westen und der Schwarze Tezcatlipoca (Herr des Nachthimmels) mit dem Norden verbunden. Zu diesen vier kamen noch der Regengott Tlaloc und seine Gemahlin Chalchiuhtlicue, die Göttin des Wassers, hinzu.

Der kosmische Kampf der Götter um die Oberherrschaft führte zur Erschaffung und Zerstörung von fünf aufeinanderfolgenden Welten oder »Sonnen«, die jeweils durch eine bestimmte erdgeschichtliche Katastrophe charakterisiert sind, in deren Verlauf sie verschlungen werden. Die erste Sonne wurde von Tezcatlipoca regiert und hieß »Vier-Jaguar«. Nach 676 Jahren stieß Quetzalcoatl Tezcatlipoca ins Wasser, woraufhin die Erde von Jaguaren verschlungen wurde. Nun herrschte Quetzalcoatl über die zweite Sonne, »Vier-Wind«, deren Zeit endete, als Tezcatlipoca Rache nahm und Quetzalcoatl stürzte, der daraufhin von einem großen Wirbelsturm davongetragen wurde. Die dritte Sonne, »Vier-Regen«, wurde vom Feuer beherrscht und vom Regengott Tlaloc regiert. Seine Herrschaft endete, als Quetzalcoatl einen Feuerregen schickte, der die Erde verschlang. Dann kam die vierte Sonne, »Vier-Wasser«, die mit der Wassergöttin Chalchiuhtlicue gleichgesetzt wurde. Diese wiederum hörte auf zu existieren, als die Welt von einer Flut überschwemmt wurde und die Menschen sich in Fische verwandelten. Nach diesen unvollkommenen Welten entstand die wunderbarste aller Schöpfungen: die fünfte Sonne (siehe S. 238).

OMETECUHTLI

Der Gedanke der Dualität durchdrang die gesamte Vorstellungswelt der Azteken. Als Personifikation dieser Dualität galt Ometecuhtli (unten), das kosmische Urwesen mit der Doppelnatur, das vom »Nabel der Welt« aus alles Leben erhält. Ometecuhtli hatte männliche und weibliche Aspekte (Ometeotl und Omecihuatl) und war Vater und Mutter der vier Tezcatlipocas zugleich.

Die fünfte Sonne

Die Katastrophen, die die vorhergehenden vier Sonnen verschlangen (siehe S. 237) hinterließen in der kosmischen Ordnung eine Leere. Durch die Erschaffung und Erhaltung der fünften Sonne (des gegenwärtigen Zeitalters) boten die Götter den Völkern Mesoamerikas eine letzte flüchtige Lebenschance.

Die fünfte Sonne entstand in Teotihuacan, als sich der Gott Nanahuatzin in ein züngelndes Feuer stürzte und auf mystische Weise in die aufgehende Sonne verwandelt wurde. Da er jedoch bewegungslos war, opferten die anderen Götter ihr Blut, um Energie für seine Bewegung am Himmel zu erzeugen. Daher heißt die Zeit der fünften Welt »Vier-Bewegung«. Ihre Entstehung war ein mythisches Vorbild für die aztekische Vorstellung, das Universum könne nur durch Opfer aufrechterhalten werden. Doch auch dieses Zugeständnis der Götter garantierte keine Ewigkeit, denn am Ende sollte die fünfte Sonne durch Erdbeben zerstört werden.

Das Zeichen »Vier-Bewegung« symbolisierte das menschliche Opfer, das die Religion der Azteken durchdrang und in dem großen aztekischen Kalenderstein – einer Steinscheibe mit einem Durchmesser von etwa vier Metern – zum Ausdruck kam. In dessen Mitte befindet sich das Gesicht des Sonnengottes Tonatiuh, das von dem Zeichen »Vier-Bewegung« umschlossen wird. Das prächtige Relief, das 1790 in der Nähe des Templo Mayor im Zentrum der Stadt Mexiko gefunden wurde, stellt die Hauptelemente der fünften Schöpfung dar. Tonatiuh galt bei den Azteken als eine Manifestation ihres Stammes- und Kriegsgottes Huitzilopochtli (siehe S. 242). Die komplexe Symbolik des Kalenders zeigt, daß die Azteken den Mythos manipulierten, um Krieg und Menschenopfer zu rechtfertigen und diese Aspekte des Lebens kosmologisch zu deuten. Das Gesicht Tonatiuhs wird beidseitig von zwei Riesenklauen flankiert, die nach Menschenherzen als Nahrung greifen. Die Zunge der Gottheit stellt den Feuerstein für das Opfer oder das Obsidianmesser dar, mit dem die aztekischen Priester den Opfern das Herz herausschnitten. Nach aztekischem Glauben enthielt menschliches Blut eine wertvolle Flüssigkeit, *chalchihuatl*, die als die einzig den Göttern angemessene Nahrung galt. Um das Bildnis des Sonnengottes sind vier von einem Kasten umrahmte Gestalten angeordnet, die die vorhergehenden Sonnen darstellen und dem Jaguar, dem Wind, dem Feuer und dem Wasser geweiht sind. Diese wiederum sind umgeben von den Glyphen (Emblemen) der zwanzig Tageszeichen des rituellen Kalenders *tonalpohualli* und symbolischen Darstellungen von Tezcatlipoca, Quetzalcoatl und Tlaloc.

In dem Kalenderstein, der möglicherweise auch als Opferstein benutzt worden ist, kommt die spezifisch aztekische Auffassung von Leben und Tod im gefährdeten Universum zum Ausdruck, das nur dadurch aufrechterhalten werden kann, daß die Götter stets mit Menschenblut versorgt werden.

Der Kalenderstein, ein Meisterwerk der Bildhauerkunst, diente nicht als Kalender, sondern der Veranschaulichung der aztekischen Kosmogonie und des fünften Weltzeitalters.

TEZCATLIPOCA

Herr des rauchenden Spiegels

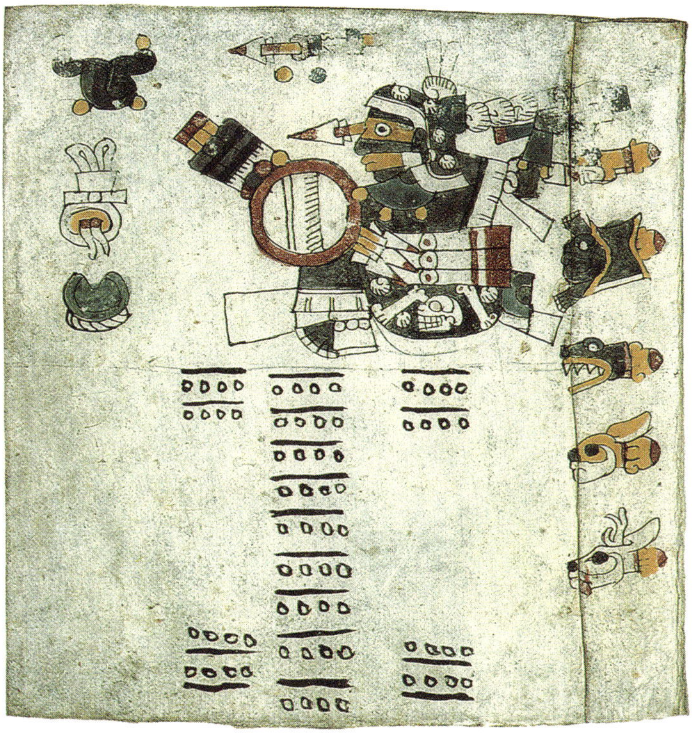

Diese Abbildung aus einer Handschrift zeigt die dunkle Seite des Gottes Tezcatlipoca. Schädel und Knochen weisen auf seine Verbindung zu den Toten hin. Der Gott ist in der Gestalt eines Kriegers dargestellt und von Kalendersymbolen umgeben.

Tezcatlipoca, dessen Name »Herr des rauchenden Spiegels« bedeutet, gilt weithin als der oberste Gott des mesoamerikanischen Pantheons. Alle anderen Schöpfergottheiten waren lediglich Aspekte dieses allmächtigen und allwissenden Wesens.

Sein Kult gelangte gegen Ende des 10. Jahrhunderts n. Chr. mit den Tolteken nach Zentralmexiko. Im Mythos heißt es, er habe den tugendhaften toltekischen Gott Quetzalcoatl, die Gefiederte Schlange, verführt, indem er ihm die Freuden des Trinkens und der Fleischeslust beibrachte. In der Zeit der Azteken besaß Tezcatlipoca bereits mehr Formen und Namen als jede andere Gottheit. So wird er als Yaotl (Krieger) und Yoalli Ehecatl (Nachtwind) mit Tod, Krieg und dem Reich der Finsternis in Verbindung gebracht. Man glaubte, er tauche nachts an Wegkreuzungen auf und fordere die Krieger heraus.

Die Azteken verehrten ihn als Schutzherrn der Königswürde und der Zauberer. Seine besondere Stellung spiegelt sich auch in seiner symbolischen Verknüpfung mit dem Jaguar wider, insbesondere in seiner Manifestation als Tepeyollotli, der Jaguar als »Herz des Berges«. Als unsichtbarer, immer gegenwärtiger Gott war Tezcatlipoca Herr der Schatten, der mit seinem magischen Spiegel die Zukunft bestimmen und in die Herzen der Menschen blicken konnte. Die Azteken fürchteten und schätzten seine Launenhaftigkeit, denn er brachte Elend und Tod, spendete aber auch Reichtum, Tapferkeit und Glück. Der Beiname, den sie ihm gaben, spricht für sich: Titlacauan – »Wir sind seine Sklaven«. Tezcatlipoca herrschte in der ersten Schöpfungsperiode (siehe S. 237), die durch den kosmischen Kampf mit Quetzalcoatl ihr Ende in einer erdgeschichtlichen Katastrophe fand.

Tezcatlipoca kann – wie sein Alter ego, der Jaguar – auch in der Dunkelheit sehen. Die Augen dieses verzierten Schädels bestehen aus poliertem Stein, und entsprechen dem alles sehenden Spiegel des Gottes.

QUETZALCOATL

Die gefiederte Schlange

Dieser in Stein gehauene Kopf Quetzalcoatls als gefiederte Schlange befindet sich an einer Wand des dem Gott geweihten Tempels in Teotihuacan, der Stadt der Götter. Er entstammt einer Zeit, da Quetzalcoatl noch mit Fruchtbarkeit in Verbindung gebracht wurde; daher wechseln in diesem Tempel Köpfe der gefiederten Schlange mit Köpfen des Regengottes Tlaloc. Blaue, rote, gelbe und grüne Farbspuren lassen erkennen, daß solche Skulpturen ursprünglich in leuchtenden Farben bemalt waren.

SCHLANGENDARSTELLUNGEN
Die zusammengerollte oder sich windende Schlange ist das häufigste Tiermotiv in der Kunst der Azteken. Neben der gefiederten Schlange gibt es zahlreiche Darstellungen von Feuerschlangen, den *Xiuhcoatl*, die Huitzilopochtli halfen, seinen Bruder und seine Schwester zu besiegen (siehe S. 242). Die Abbildung unten zeigt die Skulptur einer Schlange, deren Körper von Federn bedeckt ist und aus deren halbgeöffnetem Maul eine gespaltene Zunge heraushängt. Die gefiederte Schlange wurde auch mit dem Schwanz einer Klapperschlange dargestellt.

Quetzalcoatl (der Name bedeutet »gefiederte Schlange«, aber auch »Edelsteinzwilling«) war ein bedeutender Gott im aztekischen Pantheon, dessen Ursprünge in älteren mesoamerikanischen Kulturen lagen. Als einer der vier Schöpfergottheiten hat er eine Schlüsselrolle im Mythos von den fünf Sonnen (siehe S. 237) inne. Er taucht auch in verschiedenen anderen Gestalten auf, vor allem als Windgott Ehecatl, als wohltätiger Gott des Lernens und des Handwerks, als Gott der Zwillinge und – am bekanntesten – als gefiederte Schlange.

Die Vorstellung von der gefiederten Schlange läßt sich bis zur Kultur von Teotihuacan, der großen Stadt auf der zentralmexikanischen Hochebene (3.–8. Jahrhundert n. Chr.), zurückverfolgen. Damals galt Quetzalcoatl wahrscheinlich als Vegetationsgott, der eng mit dem Regengott Tlaloc verbunden war. Die Tolteken (9.–12. Jahrhundert) sahen in ihm den Gott des Morgen- und Abendsterns und verehrten ihn in ihrer Hauptstadt Tula.

Die Azteken übernahmen Quetzalcoatl und verehrten ihn als Schutzherrn der Priester, als Erfinder des Kalenders und als Beschützer der Handwerker. Mit seinem Zwillingsbruder, dem hundsköpfigen Gott Xolotl, soll er in die Unterwelt (Mictlan) eingedrungen sein und dort die Knochen eines Mannes und einer Frau aufgesammelt haben, die bei den vier kosmischen Katastrophen umgekommen waren. Als er vor dem Zorn des Totengottes floh, ließ er sie jedoch fallen, so daß sie zerbarsten. Er hob die Stücke wieder auf und entkam mit ihnen zur Erdgöttin

Ehecatl, der Windgott

Ehecatl stand mit den vier Himmelsrichtungen in Zusammenhang, da der Wind in alle Richtungen bläst. Seine Tempel waren auf zylinderförmigen Sockeln erbaut, um dem Wind weniger Widerstand zu bieten. Auf anderen Darstellungen zeigt sich Ehecatl auch manchmal mit zwei vorstehenden Masken, durch die der Wind blies.

Nach der Vernichtung der vierten Sonne versammelten sich die Götter in Teotihuacan. Hier sprangen Nanahuatzin und Tecciztecatl in das Opferfeuer und verwandelten sich in Sonne und Mond. Doch sie waren bewegungslos, bis Ehecatl sie heftig anblies. Zuerst bewegte sich nur die Sonne, doch als die Sonne unterging, bewegte sich auch der Mond.

Diese auf dem Codex Magliabechiano *beruhende Zeichnung zeigt Quetzalcoatl als Ehecatl mit der Riesenmuschel, der Trompetenmaske und dem Kolibri, dessen grünschillernde Schwanzfedern berühmt waren.*

Cihuacoatl (Schlangenfrau), die sie zermahlte und einem Gericht beimischte. Quetzalcoatl träufelte Blut von seinem Penis darüber, und auf diese Weise wurde die Menschheit neu geschaffen.

Der mythische Quetzalcoatl läßt sich nur schwer von dem realen toltekischen Priesterkönig Topiltzin-Quetzalcoatl trennen, der ebenfalls mit der gefiederten Schlange in Zusammenhang gebracht wurde. Die Vermischung beider kommt in einer Geschichte zum Ausdruck, in der von der Rivalität mit Tezcatlipoca, dem Gott der Nacht und des Nordens, erzählt wird.

Während Quetzalcoatl von seinen Untertanen friedliche Opfer wünschte (Jade, Vögel, Schlangen, Schmetterlinge), verlangte Tezcatlipoca blutrünstigere Zeremonien. Es kam zu einer Auseinandersetzung zwischen den beiden, in deren Folge Quetzalcoatl im Jahre 987 n. Chr. aus Tula vertrieben wurde. Er begab sich mit seinem Gefolge zum Golf von Mexiko, opferte sich auf einem Scheiterhaufen und wurde als der Planet Venus wiedergeboren.

Einer anderen Version zufolge besteigt Quetzalcoatl ein Schlangenfloß und verschwindet am östlichen Horizont. Es hieß, er werde eines Tages zurückkommen – eine Prophezeiung, die der spanische Eroberer Hernán Cortés für sich nutzen konnte. Als er im Jahre 1519 in Mexiko landete, glaubte der Aztekenherrscher Moctezuma II., Quetzalcoatl sei heimgekehrt, um sein Königreich wieder in Besitz zu nehmen.

QUETZALCOATL ALS VENUS
Im Mythos von der gefiederten Schlange wandert Quetzalcoatl hinab zum »göttlichen Wasser« (zum Golf von Mexiko), fastet dort vier Tage lang und legt dann seine schönsten Gewänder an. Als er sich auf dem Scheiterhaufen opfert, fliegen Vögel aus den Flammen hervor, und aus deren Mitte steigt sein Herz hinauf zum Himmel. Dort verwandelt es sich in Venus, den Morgenstern. Als Venus symbolisierte der Gott Tod und Auferstehung.

HUITZILOPOCHTLI

Der Sonnen- und Kriegsgott

DER SIEG ÜBER MOND UND STERNE
Auf dem Coatepec (dem Schlangenhügel) bei Tula wurde Coatlicue (Schlangenrock) von einem Ball aus Daunen, der vom Himmel herabkam, geschwängert und empfing Huitzilopochtli. Nachdem dieser gewarnt worden war, daß seine Schwester Coyolxauhqui und seine vierhundert Brüder die Absicht hätten, seine Mutter zu töten, sprang er in vollendeter Gestalt und blau bemalt aus dem Mutterschoß und schwenkte seine flammende Feuerschlange *xiuhcoatl*. Nachdem er Coyolxauhqui den Kopf abgeschlagen und ihren Körper den Berg hinuntergeworfen hatte, vertrieb er seine Brüder. Das oben abgebildete Relief zeigt die zerstückelte Coyolxauhqui an der Treppe zum Schrein Huitzilopochtlis im Templo Mayor in Tenochtitlan.
Das oben geschilderte Ereignis wird meist symbolisch gedeutet: Huitzilopochtli als Sonne besiegte den Mond Coyolxauhqui sowie die Sterne, seine vierhundert Brüder, und schuf so die fünfte »Sonne« bzw. Welt.

Huitzilopochtli (»der Kolibri des Südens«) war eine rein aztekische Gottheit, die keine Vorläufer in anderen mesoamerikanischen Kulturen hatte. Als Kriegs- und Sonnengott war er die oberste Gottheit von Tenochtitlan, der prächtigen Hauptstadt der Azteken. In den Bilderhandschriften wird seine Göttlichkeit durch blau gefärbte Gliedmaßen, Kolibrifedern auf seinem linken Bein, Pfeile mit nach unten gerichteter Feder an der Spitze und einem schlangenförmigen *atl-atl* oder Speerwerfer dargestellt. Krieg und Tod, mit denen er im Ritual in Zusammenhang gebracht wurde, spiegeln sich in seinem Namen wider: Kolibris galten als die Seelen gefallener Krieger, die das Sonnenbild ihres Herrn auf seiner täglichen Reise durch den Himmel begleiteten.

Wie bei Quetzalcoatl sind auch bei diesem Gott in den verschiedenen Erzählungen über seine Herkunft Mythos und Geschichte miteinander verwoben. Es ist unklar, ob Huitzilopochtli ursprünglich als Gott betrachtet wurde, oder ob er eine Heldengestalt war, die später vergöttlicht wurde. Meist heißt es, er habe die Wanderung des Aztekenvolkes aus seinem angestammten Gebiet bei Aztlan im Nordwesten Mexikos veranlaßt und angeführt. Die Ereignisse um die Geburt des Gottes in Coatepec (siehe Randspalte links) können als eine Art mythischer Wiedergeburt betrachtet werden – die Verwandlung eines Menschen in eine prophetische, allmächtige und göttliche Leitfigur.

Bei ihrer langen Wanderung nach Süden in das Tal von Mexiko wurden die Azteken von vier Priesterfürsten angeführt, die ein großes Götterbild Huitzilopochtlis vor sich hertrugen. Dieses magische Bildnis weissagte zukünftige Ereignisse, riet den Aztken, sich Mexica zu nennen, und teilte ihnen insgeheim den einzuschlagenden Weg mit. Den Wanderungsmythen zufolge beeinflußte Huitzilopochtli seine Anhänger durch das Versprechen, sie würden alle Völker besiegen und Herren der Welt werden; man würde ihnen Tribut in Form von Edelsteinen, Quetzalfedern, Korallen und Gold zahlen.

Daß die Azteken Huitzilopochtli denselben Status zuschrieben wie anderen, älteren Schöpfergottheiten, kommt u.a. darin zum Ausdruck, daß man ihn den blauen Tezcatlipoca nannte, dessen heilige Richtung der »Süden« war.

Die Gründung Tenochtitlans

Im 12. Jahrhundert begaben sich die Vorfahren der Azteken im Zuge einer allgemeinen Wanderungsbewegung nach dem Zusammenbruch der Toltekenherrschaft nach Süden. Ein historisierender Mythos beschreibt die einzelnen Stadien dieser Wanderung, so auch die Führung durch Huitzilopochtli, den sie in einem Medizinbeutel vor sich hertrugen. In schwierigen Augenblicken gab er ihnen mit hoher, zirpender Stimme Rat und Anweisungen.

Einen Tiefpunkt hatten die Azteken erreicht, als sie sich nach 200jähriger Reise ohne Hoffnung und ohne Ziel auf einer sumpfigen Insel im Texcoco-See wiederfanden. Da sahen sie einen riesigen Adler, der auf einer Kaktuspflanze mit roten Früchten (ein Symbol des menschlichen Herzens) hockte. Der Adler war ein Enblem der Sonne und damit Huitzilopochtlis, der diesen Moment wählte, um seinem Volk zu verkünden: »Mexica, hier soll es sein!« Dies war der Ort, an dem Tenochtitlan (»Ort der Kaktusfrucht«) errichtet wurde.

Opfer im Großen Tempel

Huitzilopochtlis Rolle als Verkörperung der aztekischen Opferideologie wurde durch den Herrscher Ahuitzotl auf unheimliche Weise umgesetzt, als dieser dem Gott im Jahre 1486 den Templo Mayor (Großen Tempel) in der Inselstadt Tenochtitlan widmete und bei dieser Gelegenheit möglicherweise an die 60000 Menschen hinrichten ließ.

Huitzilopochtli wurde als kosmologischer Krieger mit dem Sonnengott Tonatiuh gleichgesetzt und stand im Mittelpunkt des aztekischen Opferkults. Die Azteken betrachteten sich als sein auserwähltes Volk, dessen göttlicher Auftrag darin bestand, Kriege zu führen und das Blut der Gefangenen Tonatiuh zu opfern, um so die fünfte Sonne in Bewegung zu halten.

Das Heiligtum Huitzilopochtlis auf dem Templo Mayor war mit weißen Schädeln auf rotem Grund verziert. Hier wurde zahllosen Opfern das Herz mit einem Feuerstein oder einem Obsidianmesser herausgeschnitten. Die Herzen wurden der Sonne dargeboten und im *quauhxicalli* (»Adlervase«) verbrannt. Dann wurden die leblosen Körper auf das Bildnis Coyolxauhquis geworfen – eine Wiederholung des heldenhaften Sieges Huitzilopochtlis in Coatepec (siehe Randspalte gegenüberliegende Seite).

Die Krieger, die ihr Leben in der Schlacht oder auf dem Opferaltar ließen, wurden *quauhteca* (»Gefährten des Adlers«) genannt. Die Azteken glaubten, diese Krieger gehörten nach ihrem Tod für vier Jahre zum strahlenden Gefolge der Sonne und lebten anschließend für immer in den Körpern der Kolibris.

Die Bedeutung des Blutes für die Azteken zeigt wird auch daran deutlich erkennbar, daß die Priester zur Buße selbst immer wieder Blutopfer brachten, indem sie sich mit Widerhaken versehene Schnüre durch Zunge und Ohren zogen. Huitzilopochtlis Hoherpriester Quetzalcoatl Totec Tlamacacazqui (Gefiederte Schlange, Priester Unseres Herrn) und der Hohepriester Tlalocs hatten die Führung der aztekischen Priesterschaft inne und überwachten die Rituale.

Eine spanische Darstellung der Menschenopfer aus dem Codex Magliabechiano, *Mitte des 16. Jh. Das Opfer wird über einen Stein gelegt, um ihm das Herz leichter herausschneiden zu können.*

FRUCHTBARKEITSGÖTTER

Die aztekischen Götter des Regens und des Getreides

Detail einer Illustration aus dem Codex Borbonicus, *das den Tempelritus beim Ochpaniztlifest zeigt. Ein Priester, der den hohen, mit Bannern versehenen Kopfschmuck der Maisgöttin Chicomecoatl trägt, wird von Priestern mit dem Kopfschmuck des Gottes Tlaloc begleitet.*

Allein durch ihre Vielzahl hatten die Götter der Feuchtigkeit, des Ackerbaus und der Fruchtbarkeit im aztekischen Pantheon eine beherrschende Stellung inne. In einem Gebiet mit unberechenbaren Regenfällen kam es nur allzu häufig vor, daß das Getreide verdorrte, bevor es richtig sprießen konnte. Zur Regierungszeit Moctezumas I. wurde drei Jahre hintereinander die Ernte durch späte Regenfälle und Herbstfröste vernichtet, so daß eine Hungersnot drohte. Vor diesem Hintergrund ist es nicht überraschend, daß die Azteken eine Vielzahl von spirituellen Praktiken kannten, die mit dem Ackerbau in Zusammenhang standen.

Der wichtigste Fruchtbarkeitsgott war Tlaloc, eine alte Regengottheit (siehe Kasten gegenüberliegende Seite), der unter verschiedenen Namen – als Cocijo bei den Zapoteken und als Chac bei den Maya – in ganz Mesoamerika verehrt wurde. Als Herr des Regens stand Tlaloc an der Spitze einer Reihe von verwandten Fruchtbarkeitsgöttern, denen die meisten Opferriten gewidmet waren, während in der Mythologie Hauptgötter wie Huitzilopochtli und Tezcatlipoca vorherrschten. Wie ein Faden, der das komplexe Gewebe der Glaubensanschauungen der Azteken zusammenhielt, gab es überall Symbole für Blut, Wasser, Menschenopfer und Fruchtbarkeit. Maiskolben und Ähren von den Feldern, die im Haus als Götter verehrt wurden, dienten neben Quetzalfedern auch als ritueller Kriegsschmuck.

Chalchiuhtlicue, die Frau Tlalocs, die den Vorsitz über die vierte »Sonne« innehatte, galt als Schwester der Tlaloque, der Helfer des Regengottes. Ihre Beinamen »Herrin des Jadekleides« und »Herrin des Meeres und der Seen« bringen ihre besonderen Eigenschaften zum Ausdruck. Sie besaß die Macht, Orkane und Wirbelstürme heraufzubeschwören, und konnte den Tod durch Ertrinken herbeiführen. Meist wurde sie mit einem Halsband aus Edelsteinen und einem mit Muscheln geschmückten blauen Kleid dargestellt; ihre Ohren sind mit Türkismosaiken bedeckt.

Eng mit ihr verbunden waren die beiden Maisgötter Chicomecoatl (der weibliche Aspekt) und Centeotl (der männliche Aspekt). Chicomecoatl repräsentierte die Ernährung im allgemeinen, während Centeotl insbesondere mit Mais in Verbindung stand, wie sein Name, »Herr des Maiskolbens«, beweist. Die andere Gottheit, die mit diesen beiden in Beziehung stand, hieß Xilonen, die Göttin der zarten jungen Maisähre.

Xipe Totec, der gehäutete Gott des Frühjahrs, der Saat und der Pflanzen wurde, wie hier, meist mit der Haut eines ihm dargebrachten Opfers dargestellt. In dieser Gestalt symbolisierte er das neue, aus dem alten hervorgehende Leben. In der aztekischen Mythologie wurde Xipe Totec auch mit dem Roten Tezcatlipoca gleichgesetzt, dem Herrscher über die erste »Sonne«, die in einer erdgeschichtlichen Katastrophe endete und somit den Weg freigab für die folgenden Schöpfungen.

Die kosmologische Verbindung zwischen Fruchtbarkeit und Menschenopfer kommt in der Gestalt des Xipe Totec – »dem enthäuteten Herrn« – deutlich zum Ausdruck. Den Gott der Vegetation und der Erneuerung im Frühling ehrte man beim Tlacaxipeualitztli-Fest: Die ihm geweihten Opfer wurden enthäutet, und ihre Häute von den Priestern des Gottes angelegt. Für die Azteken symbolisierte dies die Erneuerung des pflanzlichen Lebens, denn die getrocknete Menschenhaut, die von einem Priester getragen wurde, galt als Sinnbild der Hülse, die eine lebende Pflanze einhüllte. In voraztekischer Zeit war Xipe Totec ein Gott der Zapoteken und Yopi-Völker. Bei den Zapoteken galt er als Vegetationsgott, der mit Quetzalcoatl in Zusammenhang gebracht wurde.

Weitere Götter, die als Manifestationen der Fruchtbarkeit betrachtet wurden, waren Xochiquetzal, die Göttin der Blumen (ursprünglich Gemahlin Tlalocs, später jedoch von Tezcatlipoca entführt), und Xochipilli, der Prinz der Blumen und ein Symbol für den Sommer. Hinzu kamen die Tlaloques – weniger bedeutende Gottheiten, welche das Paradies Tlalocan bevölkerten. Sie kündigten den Regen an, indem sie durch das Zerschmettern ihrer Wassergefäße den Donner ertönen ließen. Eine dieser Gottheiten, Opochtli, galt als Erfinder der Fischernetze und des Fischspeers. Ein anderer, Napatecuhtli, schuf Binsen und Schilf; ihm wurde daher die Erfindung der Mattenherstellung zugeschrieben.

Ebenfalls mit Fruchtbarkeit in Zusammenhang stand eine Reihe kleiner Getreidegötter, die insgesamt als die »Vierhundert Kaninchen« (Centzon Totochtin) bezeichnet wurden. Zu ihnen gehörten Ometochtli (Gott eines gegorenen Getränks namens *octli*) und Tepoztecatl, der Gott der Trunkenheit.

Tlaloc, der Regengott

Eine mixtekische Darstellung Tlalocs mit den charakteristischen Glotzaugen.

Darstellungen von Tlaloc gab es spätestens seit der Kultur von Teotihuacan (3. – 8. Jahrhundert), doch erst in der Aztekenzeit, also vom 14. bis zum 16. Jahrhundert, erhielt er seine große Bedeutung. Sein Kult breitete sich über ganz Mexiko aus. Er war Todesbringer und Spender der Fruchtbarkeit des Feldes gleichermaßen, und der Regen, den er schickte, konnte das Land befruchten, aber auch verwüsten. Tlaloc wurde mit den Bergen in Verbindung gebracht, wo sich die Regenwolken sammelten, wo Nebelschwaden hingen und die Flüsse entsprangen. Der Gott hielt vier große Krüge (jeweils die heiligen Weltrichtungen darstellend). Aus dem Krug des Ostens spendete er fruchtbringenden Regen, aus den drei anderen Krankheit, Frost und Trockenheit.

Tlaloc spielte vor allem im Kult – weniger im Mythos – eine herausragende Rolle und wurde als oberster Gott vor allem bei den rituellen Festen in den Monaten Atlcahualo und Tozoztontli geehrt, bei denen man auf den Berggipfeln junge Kinder opferte. Wenn die Opfer weinten, so galt dies als besonders gutes Zeichen, denn die Tränen symbolisierten bereits Regen und Feuchtigkeit.

Auf den hohen Status des Gottes weist auch sein Schrein hin, der neben dem des aztekischen Kriegs- und Sonnengottes Huitzilopochtli (siehe S. 242 f) auf dem heiligen Hügel des Templo Mayor stand. Tlalocs Heiligtum war weiß und blau bemalt, das des Kriegsgottes weiß und rot. Ihre Hohepriester galten als gleichrangig.

Als Herr der Fruchtbarkeit gab Tlaloc dem aztekischen Himmel seinen Namen – Tlalocan, den sich die Azteken als irdisches Paradies mit einer Überfülle an Nahrung, Wasser und Blumen vorstellten. Nur wer durch Tlalocs Hand, also durch Ertrinken oder durch Blitzschlag, zu Tode gekommen war, durfte in dieses Paradies eintreten. Normalerweise verbrannten die Azteken ihre Toten, doch wer in dieser Weise oder aufgrund bestimmter, mit Wasser in Zusammenhang stehender Krankheiten (wie beispielsweise der Wassersucht), gestorben war, wurde mit einem Stück getrocknetem Holz am Körper bestattet, in dem Glauben, daß daraus in Tlalocan unzählige Blätter und Blüten hervorsprießen würden.

Ein in Stein gehauenes Symbol für Tlaloc mit vier Riesenzähnen, das an Chac erinnert, den Maya-Gott des Regens, mit dem er vieles gemeinsam hat.

GÖTTER DES HEILIGEN KALENDERS

Heilige Zyklen und Sonnenkreisläufe

DIE ZEREMONIE DES NEUFEUERS
Das Ende des alten 52jährigen und der Beginn des neuen Zyklus wurde bei den Azteken mit der Zeremonie des neuen Feuers (rechts) begangen. In den letzten Stunden des alten Jahres wurden alle Feuer gelöscht, Bildnisse der Götter ins Wasser geworfen und Kinder und Frauen versteckt. Bekleidet mit Gewändern, die die Götter verkörperten, stiegen die Priester auf den »Hügel des Sterns« oberhalb von Ixtapalapa und warteten, bis die Plejaden den Zenit überschritten. Dies war der Zeitpunkt, an dem die Welt zerstört zu werden drohte. Um diese Katastrophe abzuwenden, wurde ein Opfer dargebracht, indem man einem Menschen vornehmer Herkunft das Herz herausschnitt. In der Brusthöhle des Opfers entfachte man dann mit einem Reibholz ein neues Feuer und damit einen neuen 52jährigen Zyklus. An diesem Feuer entzündete Fackeln wurden zum Templo Mayor in Tenochtitlan gebracht. Von hier aus trug man die Fackeln zu den Tempeln und Städten am Ufer des alten Sees, der die Hauptstadt auf der Insel umgab.

Detail eines Kalenders aus dem Codex Borbonicus; *den einzelnen Stunden des Tages sind Götter und mit diesen verbundene heilige Vögel zugeordnet.*

Die Völker Mittelamerikas verliehen den Göttern, Zeichen und Zahlen, die das Vergehen der Zeit markierten, rituelle Bedeutung.

Der Sonnenkalender, von den Maya Haab, von den Azteken Xihuitl genannt, umfaßte achtzehn Monate zu je zwanzig Tagen, zu denen fünf Unglückstage hinzukamen, so daß es insgesamt 365 waren. Mit Hilfe dieses Kalenders wurden die Jahre gezählt. Für die Azteken waren die Jahre durch Zahlen von 1 bis 13 in Kombination mit vier der zwanzig Tageszeichen (Haus, Kaninchen, Rohr und Feuerstein gekennzeichnet – also Eins Rohrjahr usw. Erst nach 52 (13 x 4) Jahren wiederholten sich die Zeitangaben.

Parallel zum Sonnenjahr und damit verzahnt war der heilige Kalender Tzolkin (bei den Maya) oder Tonalpohualli (bei den Azteken). Dieser umfaßte 260 Tage oder zwanzig »Wochen« zu je dreizehn Tagen. Jede dieser »Wochen« wurde von einer oder mehreren Gottheiten beherrscht, und auch jedem Tag war ein Gott bzw. eine Göttin zugeordneet (siehe Tabelle gegenüberliegende Seite). So begann bei den Azteken die erste Woche des Zyklus mit »Eins Krokodil« und endete nach dreizehn Tagen mit »Dreizehn Rohr«; die zweite Woche begann mit »Eins Jaguar« und endete mit »Dreizehn Tod«. Wenn 260 Tage verstrichen waren, kehrte das erste Zeichen wieder und der Zyklus wiederholte sich. Die Bedeutung des Tonalpohualli lag in dessen Gebrauch für die Weissagung: Das Schicksal eines Menschen hing von den guten oder schlechten Eigenschaften ab, die seinem Geburtstag zugeschrieben wurden. So war beispielsweise »Sieben Regen« ein günstiger Tag, »Zwei Kaninchen« hingegen ein Unglückstag. Sowohl bei den Maya als auch bei den Azteken ging aus der Verzahnung der beiden Kalender ein »Kalenderrad« von 52 Jahren hervor. Zeit und Schicksal des einzelnen wie der Gesellschaft wurden als zyklisch aufgefaßt: Am Ende jeder 52jährigen Periode wurden die Zeit und die Welt in der »Zeremonie des Neuen Feuers« wiedergeboren. Auf der Abbildung aus dem *Codex Borbonicus* (oben) schüren vier Priester das neue Feuer mit Rohrbündeln aus den alten Jahren. Das neue Feuer und damit der neue Zyklus von 52 Jahren wurde in allen Tempeln gefeiert.

DIE GÖTTER DES HEILIGEN KALENDERS DER AZTEKEN *(Tonalpohualli)*

Tag	*Symbol*	*Gott*
1	Krokodil *(cipactli)*	Tonacatecuhtli, Herr der Erhaltung
2	Wind *(ehecatls)*	Quetzalcoatl, die Gefiederte Schlange
3	Haus *(calli)*	Tepeyollotli, das Herz des Berges
4	Eidechse *(cuetzepalin)*	Hueyhuecoyotl, der Alte Koyote
5	Schlange *(coatl)*	Chalchiuhtlicue, die Göttin des Wassers
6	Tod *(miquiztli)*	Tecciztecatl, der Mondgott
7	Hirsch *(mazatl)*	Tlaloc, der Regengott
8	Kaninchen *(tochtli)*	Mayahuel, die Göttin des Pulque
9	Wasser *(atl)*	Xiuhtecuhtli, der Feuergott
10	Hund *(itzcuintli)*	Mictlantecuhtli, Herr der Unterwelt
11	Affe *(ozomatli)*	Xochipilli, Prinz der Blumen
12	Gras *(malinalli)*	Patecatl, Gott der Heilkunst
13	Rohr *(acatl)*	Tezcatlipoca, Herr des rauchenden Spiegels
14	Jaguar *(ocelotl)*	Tlazolteotl, Göttin der Liebe und des Schmutzes
15	Adler *(cuauhtli)*	Xipe Totec, der gehäutete Herr
16	Geier *(cozcaquauhtli)*	Itzpapalotl, der Obsidianschmetterling
17	Bewegung *(ollin)*	Xolotl
18	Reibstein *(tecpatl)*	Tezcatlipoca, Herr des rauchenden Spiegels
19	Regen *(quiauitl)*	Chantico, Göttin des Herdes
20	Blume *(xochitl)*	Xochiquetzal, Göttin der Blumen

Der Kalender der Maya

Wie zwei Zahnräder griffen die 260 Tage des rituellen Kalenders und die 365 Tage des Sonnenkalenders ineinander und bildeten das »Kalenderrad«. Die Abbildung zeigt den Kalender der Maya, bei dem jeder von insgesamt 18 980 Tagen (das sind 52 Jahre) ein einzelnes Datum zugeschrieben wurde.

Diese doppelte Kalender bildete ein komplexes System für die Zeitmessung und die Weissagung: Jeder Tag und jeder Monat hatte seine eigene Schutzgottheit, die Einfluß auf Menschen und Ereignisse ausübte. Der Sonnenkalender bestand aus 18 Monaten zu jeweils 20 Tagen, zuzüglich fünf Unglückstagen (*uayeb*). Am letzten (20.) Tag jedes Sonnenmonats war der Einfluß des nächsten Monats bereits spürbar. Daher bezeichneten die Maya den »Tag 20« entweder als letzten Tag des laufenden Monats oder als »Inthronisierung« des nächsten Monats. So ging zum Beispiel die »Inthronisierung von Pop« dem Tag »Eins Pop« voraus, und de 20. Tag des Pop war die »Inthronisierung von Uo«.

Zusätzlich zur Messung der zyklischen Zeit besaßen die Maya eine »Lange Zählung« von Jahren, bei der sie ein Datum von einem mythischen Beginn an linear festlegten – 4 Ahau 8 Cumku zum Beispiel entsprach dem Jahr 3113 v. Chr. Diese Festlegung der historischen Zeit beruhte auf Einheiten von 360tägigen Jahren oder *tuns*. Der zyklische Kalender war von den Maya aus früherer Zeit übernommen worden. Möglicherweise entwickelte sich bereits in prähistorischer Zeit ein am Ackerbau orientierter Kalender auf der Grundlage der Zahl 20 – entsprechend der Anzahl der menschlichen Finger und Zehen. Sicher aber ist, daß zur Zeit der Olmeken die Priester in einem 260tägigen Zyklus lebten, den die Maya übernahmen und verfeinerten. Vielleicht spiegeln die 260 Tage eine wichtige Zeitspanne im Leben der Maya wider. Die durchschnittliche Zeit der Schwangerschaft beträgt beim Menschen 266 Tage, etwa genauso lange wie der Zyklus der Feldbestellung in Yucatan. So beruht der Kalender vielleicht auf Fruchtbarkeitszyklen.

Der rituelle Kalender: das äußere Rad hat 20 Tagesnamen, das innere 13 Tageszahlen.

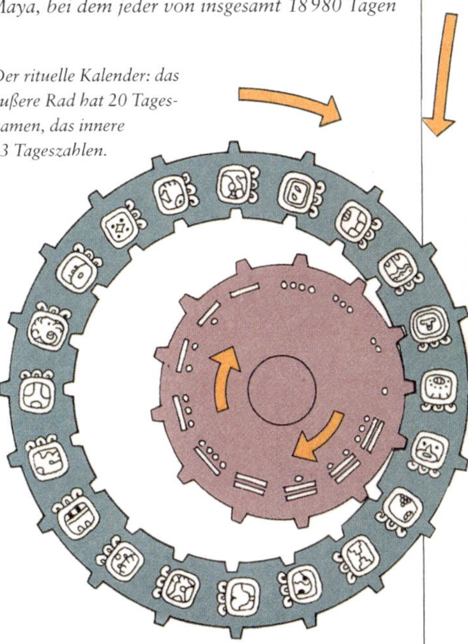

Der Sonnenkalender: 18 Monate je 20 Tage.

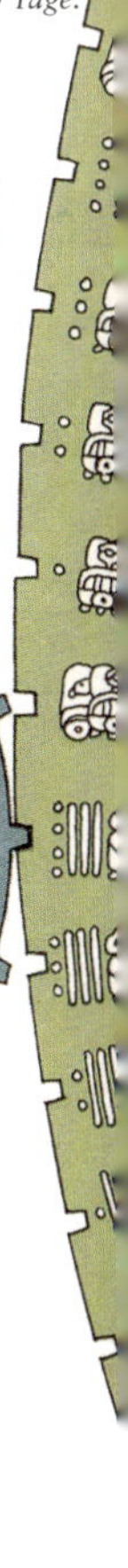

GÖTTER DER MAYA

Die drei Ebenen des Kosmos

DAS PANTHEON DER MAYA
Im *Ritual der Bacab*, einem aus dem 18. Jahrhundert stammenden Dokument, werden nicht weniger als 166 Gottheiten aufgezählt, und in den erhaltenen präkolumbianischen Handschriften der Maya werden dreißig genannt. Dennoch haben wir kein klares Bild vom Pantheon der Maya, da die diesen Gottheiten beigegebenen Namen, Zeichen und Attribute in der klassischen, nachklassischen und kolonialen Zeit der Maya-Kultur variieren. Diese Seite aus dem *Codex Tro-Cortesianus* (rechts) zeigt zahlreiche Götter und Würdenträger.

Das Pantheon der Maya ist nahezu unübersichtlich, da jede Gottheit in vielerlei Gestalt und mit verschiedenen Namen auftreten konnte. Jedem Gott war durch eine Farbe eine Himmelsrichtung zugeordnet, viele hatten ein andersgeschlechtliches Pendant, und einige besaßen auch Manifestationen in der Unterwelt. Das von ihnen bevölkerte Universum bestand aus drei Ebenen – einer neunschichtigen Unterwelt (Xibalba), einer von Menschen bewohnten mittleren Welt und einer himmlischen Welt, die von den vier Himmelsträgern, den Bacab, getragen wurde. Alle drei Ebenen waren durch die *axis mundi* – einen großen Ceibabaum – miteinander verbunden, auf der die Seelen der Toten und die Götter hin- und herreisen konnten.

Itzamna, der Herr des Himmels und oberster Gott im Pantheon der Maya, als zahnloser alter Mann mit Hakennase. Er wurde auch als Riesenschlange des Himmels dargestellt.

Wie in vielen mittelamerikanischen Kulturen, so herrschte auch bei den Maya die Vorstellung, daß die natürliche Welt mit geistiger Essenz durchtränkt sei. Götter oder Geister, so glaubte man, manifestierten sich in Bergen, Flüssen und im Himmel, aber auch in Blut, Mais und der beliebten Wasserlilie. Doch die meisten Gottheiten waren am ehesten in ihrer anthropomorphen oder zoomorphen Gestalt erkennbar. Der Hauptgott im Pantheon der Maya war Itzamna (»Leguan-Haus«). Als höchste Schöpfergottheit war er Patron des Schreibens und Lernens; er wird meist als alter Mann mit Adlernase dargestellt. Seine Gemahlin war Ix Chel (»Herrin des Regenbogens«), Göttin der Medizin, des Webens und der Geburt; möglicherweise war sie auch die Mondgöttin. Der Sonnengott Ahau Kin konnte in jugendlicher wie in greisenhafter Gestalt auftreten; zwischen Sonnenuntergang und Sonnenaufgang reiste er als Jaguargott durch die Unterwelt. Zu den anderen übernatürlichen Bewohnern der Unterwelt gehörten der Gott L, meist mit einem prächtigen Kopfschmuck aus den Federn des Muan-Vogels dargestellt, und der Gott N oder Pauahtun, der häufig mit einer Muschel oder mit Schildpatt in Verbindung gebracht wurde. Von Bedeutung waren außerdem Gucumatz oder Kukulkan, das Gegenstück zu Quetzalcoatl, der gefiederten Schlange (siehe S. 240 f); die Maisgottheit Ah Mun; und der Gott K, der an seiner Stirn einen rauchenden Spiegel trug. Die vier wohltätigen Regengötter oder Chacs kündigten durch Blitz und Donner ihr Erscheinen an.

Die Maya glaubten, vor dem gegenwärtigen Universum hätten eine Reihe anderer Welten bestanden. Unter den Göttern fanden lange Debatten über das passende Material für die Erschaffung des Menschen statt; die ersten aus Erde geformten Menschen wurden vernichtet, weil sie keinen Geist besaßen. Das nächste Menschengeschlecht war aus Holz, wurde aber ebenfalls vernichtet (durch eine Flut oder indem es von Dämonen gefressen wurde), da diese Menschen keine Seele hatten und undankbar gegenüber ihren Schöpfern waren.

Das letzte Geschlecht, die Vorfahren der Maya, wurde aus weißem und gelbem Mais gemacht. Da diese Maismenschen göttlichen Geist besaßen, beschlossen die Götter, »ihnen die Augen auszuschlagen, damit sie den Drang verspürten, sich fortzupflanzen.

Ein Maya-Mythos erzählt von der Werbung der Sonne um den Mond. Der Sonnengott verliebt sich in ein webendes Mädchen, das er dadurch zu beeindrucken sucht, daß er jeden Tag einen Hirschen vor ihre Hütte trägt. Ihr Großvater will die Beziehung der beiden zerstören, doch Sonne verwandelt sich in einen Kolibri, der zwischen den Tabakblüten im Garten des Mädchen herumschwirrt. Indem sie ihren Großvater bittet, den Vogel zu erschießen, zwingt sie Sonne, wieder menschliche Gestalt anzunehmen. Sie selbst verwandelt sich in den Mond, und sie machen sich gemeinsam auf und davon.

Als sie in einem Kanu fliehen, schickt der Regengott ein Gewitter auf die Liebenden hernieder. Sonne verwandelt sich in eine Schildkröte, Mond in einen Krebs, der aber stirbt. Mit Hilfe von Libellen sammelt Sonne die Überreste in dreizehn hohlen Holzscheiten. Dreizehn Tage später haben sich zwölf der Scheite geöffnet, und aus ihnen schlüpfen giftige Schlangen und Insekten, die seitdem die Erde bevölkern und Krankheit und Tod bringen. Im dreizehnten Scheit befindet sich Mond. Ein Hirsch stellt sich auf das Scheit und formt mit seinem Huf eine Vagina. Sonne schläft mit seiner Frau und vollzieht so den ersten Geschlechtsakt. Einer anderen Überlieferung zufolge werden Sonne und Mond wegen Monds Fleischeslust von der Erde zum Himmel gebracht. Das Mondlicht ist nach dieser Lesart weniger hell als das Sonnenlicht, weil Sonne zur Strafe für Monds Untreue ihr ein Auge geblendet hatte.

In der Bildhauerkunst der Maya ist der Maisgott Ah Mun meist dargestellt mit einem Maiskolben, der aus seinem Kopf sprießt.

Die Heldenzwillinge und das Ballspiel

Die mythische Erzählung von den Heldenzwillingen wurde im Popol Vuh – dem heiligen Buch der Quiché-Maya – festgehalten.

Erzürnt über das unaufhörliche Ballspiel der Zwillinge Hunahpu und Xbalanque forderten die Herren der Unterwelt das Brüderpaar auf, in ihrem eigenen unterirdischen Reich gegen sie anzutreten. Durch einen Zauber gelangten sie sicher durch das Haus der Messer; dann zündeten sie Feuer an, um das Haus der Kälte zu überwinden. Im Haus des Jaguars zähmten sie die Tiere, indem sie sie mit Knochen fütterten, um nicht selbst gefressen zu werden. Sie überwanden auch das Haus des Feuers, doch im Haus der Fledermäuse wurde Hunahpu von einem dieser Wesen der Kopf abgeschlagen. Daraufhin überredete Xbalanque, der die Tiere bezauberte, eine Schildkröte, so zu tun, als sei sie der Kopf seines Zwillingsbruders. So spielten die Brüder nun Ball mit den Göttern, wobei Hunahpus Kopf über dem Hof hing. Die Götter warfen den Ball dagegen, doch der Kopf hüpfte davon, und aus dem Loch schoß ein Kaninchen hervor. Die Götter waren verwirrt und erlaubten Xbalanque, den Schildkrötenkopf gegen den echten einzutauschen. Schließlich überlisteten die Zwillinge die Götter, indem sie ihnen zeigten, daß sie sich in Stücke schneiden und wieder zusammensetzen konnten. Als die Götter baten, sie möchten diesen Trick auch an ihnen vollführen, zerstückelten die Zwillinge sie, setzten sie aber nicht wieder zusammen. Dies war der endgültige Sieg der Heldenzwillinge. Sie wurden als Sonne und Mond wiedergeboren. Der Mythos spiegelt den Glauben wider, daß ein Maya-Herrscher bei seinem Tod auf die Begegnung mit den Göttern vorbereitet sein und in der Lage sein sollte, sie zu überlisten, um als Himmelskörper wiedergeboren zu werden.

Bei den »Stirnbandzwillingen« handelt es sich vermutlich um eine frühere Manifestation der Heldenzwillinge. Sie werden häufig mit Blasrohren schießend dargestellt.

SÜDAMERIKA

Die einzigartig gelegene Inka-Stadt Machu Picchu in den Anden gehört zu den beeindruckendsten architektonischen Leistungen der präkolumbianischen Völker Südamerikas und zu den besterhaltenen, da sie von den Spaniern unentdeckt geblieben war.

Zwar gab es in präkolumbianischer Zeit entlang der gesamten Andenkette entwickelte Gesellschaften, doch das Zentrum südamerikanischer Kultur befand sich in den Zentralanden in Peru, im angrenzenden Küstenbereich und im Norden Boliviens. Später besiedelten die indianischen Stämme Südamerikas den gesamten Kontinent – vom Hochland über das Amazonasgebiet bis in den südlichsten Teil Feuerlands. Sowohl für die prähistorischen als auch die jüngeren Indiovölker Südamerikas war die Natur der Brennpunkt ihrer Vorstellungen von Göttern und Geistern: Viele Mythen handeln von Göttern, die die zerklüftete Landschaft der Anden schufen, von Geistern, die die Berge bewohnten oder verkörperten, Regen brachten und über die Fruchtbarkeit des Landes bestimmten.

Die Ballung alter Kulturen in den Zentralanden ist zum Teil auf die geographischen Bedingungen zurückzuführen: Das relativ kleine Gebiet umfaßt so unterschiedliche Landschaftstypen wie die Pazifikküste, die Hochanden und den Amazonas-Regenwald und ermöglichte wirtschaftliche Spezialisierung und Handelskontakte. Von Beginn an beeinflußten die Mythen und Glaubensanschauungen der Amazonasvölker die technologisch höher entwickelten Nachbarn des Hochlands. Dieser Einfluß schlug sich in erster Linie in der Kunst der Kulturen vor der Inka-Zeit nieder, in der immer wieder Tiere des Regenwaldes und anthropomorphe Wesen auftauchen.

Trotz ihrer Unterschiede besaßen die Andenkulturen viele Gemeinsamkeiten, etwa die Verehrung der Ahnen und den Glauben an eine beseelte Landschaft sowie eine hochentwickelte Gold-, Silber- und Textilkunst, und all dies war von tiefer religiöser Bedeutung. Zwar bildete keine südamerikanische Kultur ein Schriftsystem aus, doch geben ethnographische Untersuchungen über die jüngeren Indiovölker sowie historische Dokumente über die Inka-Kultur Auskunft über die Mythen Südamerikas.

DAS INKA-REICH
Zur Zeit der spanischen Eroberung im Jahre 1532 herrschten die Inka über ein Reich, das sich entlang der Anden und der Pazifikküste von der nördlichen Grenze des heutigen Ecuador im Norden bis nach Zentralchile im Süden erstreckte. Cuzco wurde im 12. Jh. als Hauptstadt der Inka errichtet. Der Herrscher regierte mit Hilfe einer aristokratischen Beamtenschaft, die körperliche Arbeiten von der Bevölkerung verrichten ließ. Das ausgedehnte Straßensystem des Reiches, das nur militärischen und verwaltungstechnischen Zwecken diente, erleichterte die Eroberung durch die Spanier. Die heutigen Nachkommen der Inka sind die Quechua sprechenden Andenvölker, die gegenwärtig fast die Hälfte der peruanischen Bevölkerung ausmachen; sie praktizieren einen mit dem Glauben an verschiedene Eingeborenengötter und -geister vermischten Katholizismus.

CUZCO
Die große Stadt Cuzco in den südlichen peruanischen Anden spielte eine wichtige Rolle im Reich der Inka. Der Herrscher Pachacuti errichtete hier den großen Coricancha-Tempel, das Zentrum des Staatskultes um den Sonnengott Inti. Angelegt in der Form eines großen Pumas, so einigen Erzählungen zufolge, war Cuzco das physische und kosmologische Zentrum des Inka-Reiches Tawantinsuyu – des »Landes der vier Viertel« – und das Zentrum der politischen und religiösen Aktivitäten. Vom Zeremonienplatz, der von den Palästen früherer Herrscher umgeben war, verliefen vier große Straßen in die vier Teile des Reiches.

RELIGIONEN DER VÖLKER DES REGENWALDES
Die Stammeskulturen Südamerikas haben eine Vielfalt von Glaubensanschauungen und Sozialsystemen ausgebildet, die in Hunderten von Sprachen zum Ausdruck gebracht werden. Das Leben im tropischen Regenwald ist abhängig von magischen Praktiken und Vorkehrungen. So sollen beispielsweise das Durchlöchern der Lippen und Ohrläppchen, das Nasenstöckchen sowie die Körperbemalung Gesundheit und Fruchtbarkeit gewährleisten. Sowohl Schamanen als auch normale Stammesangehörige verwenden bei den Riten Drogen; in einigen Kulturen sind Halluzinogene allerdings den Schamanen vorbehalten. Fast alle Stämme kennen einen Schöpfergott, der sich nach der Erschaffung des Kosmos und des Menschen von den irdischen Angelegenheiten zurückzieht.
Soziale Institutionen, Ackerbau und ähnliches sind häufig das Geschenk eines oder mehrerer Kulturheroen (manchmal der Sonne und des Mondes, die als Brüder dargestellt werden).

CHRONOLOGIE: KULTUREN SÜDAMERIKAS

Volk	kulturelle Hochblüte	Hauptzentrum
Chavin	um 800–200 v. Chr.	Chavin de Huantar
Mochica	um 1-750 n. Chr.	Moche
Nazca	um 1-650 n. Chr.	Cahuachi
Tiwanaku	um 200-1000	Tiwanaku
Chimu	um 1000–1475	Chan Chan
Inka	1438–1532	Cuzco

ALTE RELIGIONEN

Geister, Opfer und Wallfahrten

KUNST UND MYTHOLOGIE DER CHAVIN
Der Einfluß der Mythen und Symbole des Amazonasgebiets auf die Kunst der Hochlandkultur der Chavin zeigt sich in den zahlreichen naturalistischen und anthropomorphen Lebewesen des tropischen Regenwaldes, wie dem Jaguar, dem Kaiman und der Harpyie. Die Abbildung zeigt eine Jaguarskulptur aus dem Alten Tempel; charakteristisch sind die dicken Lippen und die Reißzähne.

Die religiösen Anschauungen und Mythen der südamerikanischen Kulturen wiesen schon immer viele Gemeinsamkeiten auf. Pflanzen, Tieren, Flüssen und Bergen wurden übernatürliche Eigenschaften zugeschrieben. Trotz lokaler und regionaler Unterschiede (beispielsweise bei den Feuerritualen einiger Kulturen) waren die Verehrung einer höchsten Schöpfergottheit, der Ahnen und halbgöttlichen Herrscher sowie Menschenopfer (insbesondere die Kopfjagd) und Wallfahrten überall verbreitet.

Diese alten Kulturen brachten ihre religiösen und mythischen Anschauungen in Textil-, Gold-, Silber-, Keramik- und Steinarbeiten zum Ausdruck. Eine der in dieser Hinsicht einflußreichsten Kulturen entwickelte sich in Chavin de Huantar in den Anden (800–200 v. Chr.). Mythische Wesen mit Reißzähnen beherrschten den hochentwickelten Chavin-Kunststil, wie zum Beispiel der »Lächelnde Gott«. Die übernatürlichen Gestalten der Chavin-Kunst hatten eine dauerhafte Wirkung auf zahlreiche spätere Kulturen und können als Prototypen späterer mythischer Wesen wie Ai apaec, die Gottheit mit den Reißzähnen der Mochica-Kultur an der trockenen Nordküste Perus, oder des in Lavastein gehauenen »Weinenden Gottes« am Sonnentor im heiligen Zentrum von Tiwanaku betrachtet werden (siehe S. 254). Tiwanaku, das um 500 n. Chr. entstand, war zur Zeit der Inka bereits verfallen. Doch die Mythen und Kulturen jener Stämme, die unter die Herrschaft des Inka-Reiches fielen, wurden den Glaubensanschauungen der neuen Machthaber einverleibt, und der Weinende Gott wurde mit dem Schöpfergott Viracocha gleichgesetzt, der eine zentrale Rolle in der Mythologie der Inka spielte (siehe Kasten S. 257).

Pilgerreisen zu Bergen, Quellen und Heiligtümern spielten offenbar schon in prähistorischer Zeit – und bis heute – eine wichtige Rolle. Der bekannteste alte Wallfahrtsort war das Heiligtum von Pachacamac an der peruanischen Küste. Eine Priesterschaft organisierte die Verehrung einer Erd- und Schöpfergottheit, und die Besucher schmückten den Tempel mit Gold, brachten Menschen- und Tieropfer dar und erhielten als Gegenleistung Orakelweissagungen. Pachacamac galt bei den Küstenvölkern als oberster Gott. Sein Einfluß war so groß, daß die Inka bei ihrer Eroberung seine Bedeutung anerkannten und sein Heiligtum neben dem Tempel für den Sonnengott Inti bestehen ließen.

Ein Gefäß der peruanischen Mochica-Kultur, auf dem eine Gottheit mit Reißzähnen im Kampf gegen ein Meerungeheuer dargestellt ist – möglicherweise ein Hinweis auf die Bedeutung, die die Lebewesen des pazifischen Ozeans im Alltagsleben wie im übernatürlichen Glauben der Küstenstämme einnahmen.

MYTHEN DER ANDEN

Die Inka und ihre Vorgänger

Die Andenkette, die von schneebedeckten Bergspitzen, Vulkanen, reißenden Strömen und hohem Punagras beherrscht wird, beherbergte eine Vielzahl verschiedener präkolumbianischer Kulturen. Diese atemberaubende Landschaft war von spirituellen Mächten durchdrungen: die hohen Gipfel wurden als Sitz von Göttern und Geistern betrachtet, Flüssen, Seen, Höhlen und dem Regen wurde mythische Bedeutung verliehen – eine Tradition, die bis heute fortlebt. Die höchsten Gipfel wie der Ausangate werden als Apu oder »Herr« verehrt, der Einfluß auf die Fruchtbarkeit der Tiere und der Felder ausübt. Bis heute sind in großen Teilen der Anden Pilgerreisen zu den wichtigsten Bergen, die auf die präkolumbianische Zeit zurückgehen, Bestandteil der traditionellen Religion. Dieser Aspekt der Andenkultur steht auch mit den *huacas*, den über die Landschaft verstreuten heiligen Orten, in Zusammenhang, an denen vor und während der Inka-Zeit den Lokalgottheiten Gaben dargebracht wurden (siehe S. 257 Randspalte) und bis heute dargebracht werden.

Die alten Andengesellschaften besaßen jeweils verschiedene lokale Ursprungsmythen. Die Herrschaft der Inka jedoch führte zu politischen und religiösen Angleichungen, die sich in der Neugestaltung lokaler Mythen widerspiegelten und der neuen, imperialistischen Inka-Ideologie und der Vorherrschaft der Schöpfergottheit Viracocha entsprachen.

Für die Inka und ihre Vorgänger lag der Ort des mythischen Ursprungs südöstlich von Cuzco in der Nähe des Titicaca-Sees. Einer Mythenversion zufolge schuf Viracocha an dieser Stelle zunächst die Welt der Dunkelheit.

Der Ursprungsmythos der Inka

Die mythischen Ahnen der Inka kamen aus drei Höhlen in Pacariqtambo (»Ort des Ursprungs«) bei Cuzco. Es waren drei Brüder und drei Schwestern, die Decken und Kleider aus feiner Wolle trugen und goldene Gefäße bei sich hatten.

Einer der Brüder, Ayar Cachi, zog sich den Zorn seiner Geschwister zu, indem er Kraftakte vollführte und mit seiner Steinschleuder die Landschaft formte. Voller Neid auf sein überragendes Können brachten ihn seine Brüder dazu, nach Pacariqtambo zurückzukehren, um einen goldenen Becher und das heilige Lama zu holen, und verriegelten hinter ihm die Höhle. Ayar Cachi konnte jedoch entkommen, erschien seinen Brüdern und sagte ihnen, sie sollten von nun an zum Zeichen ihrer Königswürde goldene Ohrringe tragen; er werde auf dem Gipfel eines Berges namens Huanacauri wohnen. Als seine Brüder und Schwestern sich dorthin begaben, erschien ihnen Ayar Cachi erneut, doch er und einer seiner beiden Brüder verwandelten sich in Stein. Der dritte Bruder, der sich Manco Capac nannte, gründete nun an jener Stelle, wo später der Sonnentempel Coricancha errichtet wurde, die Stadt Cuzco (in einigen Versionen mit Hilfe eines goldenen Stabs).

Alle Varianten dieses oft erzählten Mythos begründen die Vorrechte der herrschenden Inkadynastie – so die Schwesterehe des Herrschers und die prächtige Ausstaffierung des Adels – sowie die Ursprünge der Heiligtümer und der Pilgerreisen zu heiligen Bergen.

Eine spanische Darstellung (Teil eines Phantasiewappens) der drei Höhlen von Pacariqtambo, aus denen die Vorfahren der Inka hervorkamen; um 1560.

DAS SONNENTOR
In der großen, vor den Inka entstandenen Stadt Tiwanaku am Südufer des Titicaca-Sees befindet sich das monolithische »Sonnentor«, in das eine anthropomorphe Gestalt mit »weinenden Augen« (siehe Detail oben) gehauen ist. Sie trägt einen Kopfschmuck aus Sonnenstrahlen, hält zwei Stäbe mit Kondorköpfen in den Händen und ist von Reihen kleinerer geflügelter Figuren umgeben, die ebenfalls Stäbe halten. Die Bedeutung Tiwanakus für die Schöpfungsmythen der Inka läßt darauf schließen, daß die Figur eine frühere Manifestation des Schöpfergottes Viracocha darstellt.

Diese war von Riesen bewohnt, die er aus Stein geformt hatte. Doch diese ersten Menschen gehorchten ihrem Schöpfer nicht und wurden bestraft, entweder indem sie – bespielsweise in Tiwanaku oder Pukara – in Stein zurückverwandelt oder aber von einer großen, von Viracocha geschickten Flut verschlungen wurden. Die einzigen Überlebenden waren ein Mann und eine Frau, die auf magische Weise zum Wohnsitz des Gottes in Tiwanaku getragen wurden. Dann formte Viracocha Menschen aus Lehm, malte ihnen Kleider auf, um die verschiedenen Völker kenntlich zu machen, und gab ihnen jeweils eigene Sitten, Sprachen und Lieder sowie die Saat für jene Pflanzen, die sie kultivieren sollten.

Nachdem er ihnen Leben eingehaucht hatte, befahl er den Menschen, in die Erde hinabzusteigen und aus Höhlen, Seen und Hügeln hervorzutreten; dann errichtete jedes Volk an dem Ort, an dem es in die Welt zurückgekehrt war, ein Heiligtum zu Ehren des Gottes. Um Licht in die Welt zu bringen, befahl Viracocha nun der Sonne, dem Mond und den Sternen, sich aus der Insel der Sonne im Titicaca-See zu erheben und zum Himmel emporzusteigen. Als die Sonne zum Himmel wanderte, weissagte Viracocha den Inka und ihrem Anführer Manco Capac, daß sie viele Völker erobern und beherrschen würden. Schließlich schenkte er Manco Capac einen Kopfschmuck und eine Streitaxt als königliche Insignie und Waffe. Der neue König nun führte seine Brüder und Schwestern in die Erde hinab, aus der sie in der Höhle von Pacariqtambo hervortraten (siehe Kasten S. 253). Dieser zentrale Schöpfungsmythos stellt nicht nur eine Neuformulierung der Glaubensanschauungen alter Andenkulturen dar, sondern ist vermutlich vom Christentum beeinflußt. Die Geschichten von der großen Flut, dem ersten Mann und der ersten Frau sowie die Beschreibung Viracochas als weißen Mann und Heldengestalt lassen auf die Versuche der katholischen Priesterschaft schließen, den heidnischen Glauben der Eingeborenen zu unterdrücken.

Einem zeitgenössischen Mythos der bei Cuzco lebenden Gemeinschaft von Q'ero zufolge gab es eine Zeit vor der Sonne, in der die Welt von starken Urmenschen bewohnt war. Die Schöpfergottheit Roal bot diesen Menschen ihre Macht an, doch sie erwiderten, daß sie sie nicht benötigten. Um sie zu bestrafen, schuf Roal die Sonne, die die Urmenschen blendete und austrocknete. Doch sie starben nicht und kommen manchmal bei Sonnenuntergang oder Neumond aus ihrem Versteck hervor. Die Apus (Berggeister) schufen dann einen Mann und eine Frau, Inkari und Collari. Inkari sollte einen goldenen Stab werfen und dort, wo dieser senkrecht niederfiel, eine Stadt gründen. Nachdem der erste Wurf gänzlich mißglückt war, traf der Stab beim zweiten Mal in einem schrägen Winkel auf den Boden. Doch Inkari setzte sich über das Gebot hinweg und baute hier die Stadt Q'ero, woraufhin die Apus so verärgert waren, daß sie die Urmenschen wieder zum Leben erweckten. Diese versuchten, Inkari mit großen Steinblöcken zu töten. Er flüchtete sich eine Zeitlang zum Titicaca-Gebiet, und nach seiner Rückkehr warf er den Stab erneut. Diesmal fiel er senkrecht, und er erbaute Cuzco. Dann schickte Inkari seinen ältesten Sohn nach Q'ero, um den Ort zu bevölkern. Seine übrigen Nachkommen wurden die ersten Inka. Inkari selbst reiste mit Collari durchs Land, gab sein Wissen an die Menschen weiter und verschwand.

In der Mythologie der Gemeinschaft von Q'ero ist der Mensch gemeinsam mit den anderen Elementen des Kosmos in eine Ordnung eingefügt, deren Störung Chaos zur Folge hat – wie etwa durch die spanische Eroberung. Doch Inkari wird eines Tages wiederkehren und die alte Ordnung wiederherstellen.

El Dorado

In diesem aus Gold gefertigten Kunstwerk vom Stamm der Muisca aus dem Gebiet um den Guatavita-See ist die rituelle Bedeutung der El-Dorado-Legende eingefangen. Es diente eigentlich als Votivgabe oder tunjo *und zeigt einen Häuptling oder Schamanen auf einem goldenen Floß, der von kleineren Figuren begleitet wird. Diese führen Behälter mit Kürbisflaschen und Kalk, Schöpflöffel, Rasseln und Masken bei sich.*

Eines der langlebigen Motive der südamerikanischen Mythologie ist die Legende von El Dorado – ein Name, der die Vorstellungskraft des Abendländers beflügelt, obwohl er schlicht »Der Vergoldete Mann« bedeutet.

In vielen präkolumbianischen Kulturen, so zum Beispiel bei den Mochica, den Chimu, vor allem aber bei den Inka, galt das Gold als heilig, zum einen wegen seines unvergänglichen Glanzes, aber auch wegen seines in Ritus und Mythologie hergestellten Zusammenhangs mit der Sonne, der Geisterwelt und der Fruchtbarkeit. Auch die Gold- und Silberschätze der Inka in Peru erregten die Phantasie und die Gier der spanischen Eroberer. Gonzalo Pizarro, der Bruder des Eroberers von Peru, entsandte eine Expedition unter Francisco de Orellana in das Land des Königs, dessen Reichtum so groß war, daß er jeden Tag mit edlen Harzölen eingerieben wurde, damit der Goldstaub auf seinem Körper haften blieb.

Doch die El-Dorado-Legende hat ihren eigentlichen Ursprung in den kolumbianischen Häuptlingsstämmen im Norden Perus, wo Goldschmiedekunst verschiedener Stilrichtungen entdeckt wurde. Über diese altkolumbianischen Gesellschaften vermerkte der Spanier Juan de Castellanos im Jahre 1589, das Gold, für das diese Menschen leben und sterben würden, verleihe ihnen den Lebensatem.

Die El-Dorado-Legende hat historisch gesehen ihre Wurzeln in jenen Riten der südamerikanischen Indios, die ursprünglich am Guatavita-See im kolumbianischen Hochland praktiziert wurden. Sie entstammt einer Zeremonie anläßlich der Machtübernahme eines neuen Herrschers, der nach einer Zeit der Zurückgezogenheit und Askese in einer Höhle zum See pilgerte, um der Hauptgottheit Gaben darzubringen. Bei seiner Ankunft am See wurde dem zukünftigen Herrscher aller Schmuck abgenommen, und statt dessen bedeckte man seinen Körper mit einem klebrigen Öl und glänzendem, feinem Goldstaub. So vorbereitet, begab er sich auf den See, begleitet von reich mit Gold ausstaffierten Dienern (vier untergebenen Häuptlinge). Auch das Schiff war prächtig geschmückt, und aus vier Schalen stieg Weihrauch empor. Die Luft war erfüllt vom Klang der Flöten und Trompeten sowie vom Gesang am Ufer. Sobald sie die Mitte des Sees erreicht hatten, verstummte die Musik, und der neue Machthaber und seine Begleiter warfen alles Gold ins Wasser. Dann kehrten sie zum Ufer zurück, wo der neue Herrscher formell begrüßt wurde.

Die Europäer, die dieser Zeremonie beiwohnten, waren sehr beeindruckt. »Er ging ganz mit Gold eingepudert umher, so ungezwungen und frei, als ob es Salz wäre«, schrieb Gonzalo Fernandez de Oviedo Mitte des 16. Jahrhunderts.

Auf einer Steingravierung von 1599 sind zwei Männer zu sehen, die einen Muisca-Häuptling für die Zeremonie zur Machtübernahme vorbereiten. Einer der beiden streicht Harz auf den Körper des Häuptlings, während der andere mit einem Rohr Goldstaub daraufbläst. Das Bild ist deutlich europäisch geprägt, da der Künstler (Theodor de Bry) niemals in Amerika war und sich nur durch Berichte anregen ließ. Es symbolisiert auf beeindruckende Weise die Suggestivkraft, mit der die Mythen und Rituale der südamerikanischen Indios in die Vorstellungswelt der Europäer einwirkten, und die Faszination, die zu allen Zeiten vom Gold ausging.

Dieses goldene Bildnis einer sitzenden Gestalt im klassischen Quimbaya-Stil diente einem Häuptling oder Schamanen als Kalkbehälter. Mit einem Schöpflöffel wurde der Kalk zum Mund geführt und so die in Trance versetzende Cocamasse aktiviert, die bei wichtigen Gelegenheiten gelutscht oder gekaut wurde.

DAS PANTHEON DER INKA

Viracocha, Inti, Mama Kilya, Ilyap'a

Präkolumbianische Sonnenmaske. Die Inka und ihre Vorläufer verehrten die Sonnengottheit in besonderer Weise. Eine Sonnenfinsternis, so glaubte man, war auf den Zorn des Sonnengottes zurückzuführen.

Der höchste Rang in der Inka-Religion kam einer Reihe mächtiger Himmelsgötter zu, deren wichtigster – wenn auch ein wenig entrückt – Viracocha war (siehe Kasten gegenüberliegende Seite). Für den Alltag bedeutender waren jedoch die drei Hauptgottheiten Inti (Sonnengott), Mama Kilya (Mondgöttin) und Ilyap'a (Donner- und Wettergott). Diese und andere Gottheiten spielten ihre mythologische Rolle in einer von übernatürlichen Mächten und göttlichem Geist erfüllten Landschaft.

Als göttlicher Urahn der königlichen Familie war Inti eine ausschließlich bei den Inka bekannte Gottheit und stand im Mittelpunkt zahlreicher Staatskulte; der Herrscher galt als »Sohn der Sonne«, und Inti wurde meist als große goldene, von Strahlen umgebene Scheibe mit einem menschlichen Gesicht dargestellt. Das Zentrum seiner Verehrung war der große Sonnentempel Coricancha in Cuzco, wo Intis glänzendes Sonnenbildnis von den reich geschmückten Mumien verstorbener Herrscher flankiert und von Mauern umgeben war, die mit heiligem Gold – dem »Schweiß der Sonne« – bedeckt waren. Die mythologische Verbindung zwischen Gold und der Gedankenwelt der Inka kam insbesondere im Garten des Coricancha-Tempels zum Ausdruck, wo Kunstschmiede alle ihnen bekannten Lebewesen – vom Schmetterling bis hin zum Lama – aus Gold und Silber formten.

Trotz der Dominanz der Sonnenverehrung als offizieller Staatsreligion war Inti nicht die einzige im Coricancha-Tempelbezirk verehrte Hauptgottheit. Bedeutend war auch Ilyap'a, an den Gebete um fruchtbringenden Regen gerichtet

SONNENJUNGFRAUEN

Eine besondere Stellung in der Inka-Religion nahmen die *acllas*, die »auserwählten Frauen«, ein, die auch als »Sonnenjungfrauen« bezeichnet wurden. Unter der Aufsicht von älteren Frauen, den Mama Cunas, übten die jungen Mädchen den Inti-Kult aus und dienten in der königlichen Familie. Sie lebten vom achten Lebensjahr an in Klöstern (*acllahuasi*), bereiteten Kleidung, Speisen und Maisbier für Staatszeremonien und bewachten das heilige Feuer für Inti Raymi, das zur Sonnenwende im Juni abgehaltene Sonnenfest. Die *acllas* waren außerdem Konkubinen des Herrschers und gelegentlich auch fremder Würdenträger, mit denen der König politische Bündnisse schließen wollte.

wurden. Nach der Vorstellung der Inka zog Ilyap'a Regen aus dem Himmel, insbesondere aus der Milchstraße, die als durch den Nachthimmel fließender Fluß betrachtet wurde (siehe S. 258 f). Der Regen wurde in einem Krug der Schwester Ilyap'as aufbewahrt und nur dann ausgegossen, wenn Ilyap'a das Gefäß mit einer Steinschleuder in der Form eines Blitzstrahls zerschmetterte. Der Donner war das Krachen der Schleuder, der Blitz das Aufleuchten seines Gewandes, wenn er sich bewegte.

Mama Kilya, Göttin des Mondes und Gemahlin und Schwester Intis, wurde überall als Mutter des Inka-Geschlechts verehrt. Ihr wurde das Vergehen der Zeit zugeschrieben und damit auch die Herrschaft über die religiösen Feste des rituellen Kalenders. Die Inka glaubten, bei einer Mondfinsternis versuche eine große Schlange oder ein Berglöwe, Mama Kilyas himmlisches Bild zu verschlingen, und machten deshalb soviel Lärm wie möglich, um das Tier zu vertreiben. Das Bildnis Mama Kilyas im Coricancha-Tempel war von den Mumien früherer Inkaköniginnen (*coyas*) flankiert, der Schrein selbst war mit Silber – der Farbe des Mondes am Nachthimmel – bedeckt.

Zu den weniger bedeutenden Göttern der Inka-Religion zählten Cuichu, der Regenbogen, und eine Gruppe übernatürlicher weiblicher Wesen. Vor allem Pacha Mama, die Erdmutter, wurde als Fruchtbarkeitsgöttin von der Landbevölkerung hoch verehrt. Im Volksglauben vermischte sich dieser Kult mit der Verehrung der christlichen Jungfrau Maria. Daneben wurden auch Bäumen, Quellen und Sternbildern numinose Kräfte zugesprochen.

Diese Zeichnung aus dem frühen 17. Jh. zeigt Inka, die der Mumie eines Ahnen ein Kind opfern. Im Text wird die Berghöhle als huaca *oder heiliger Ort (siehe unten) bezeichnet.*

Viracocha, der höchste Schöpfer

Viracocha war die allgegenwärtige, wenn auch unfaßbare Schöpfergottheit, die das Universum beseelte, indem sie Menschen, Tieren, Pflanzen und niedrigeren Göttern Leben gab. Als entrücktes, übernatürliches Wesen übertrug Viracocha die Aufgaben des Alltags tatkräftigeren Gottheiten wie Inti und Ilyap'a. Sein Bildnis befand sich im Heiligtum von Cuzco, wo die spanischen Eroberer ihn zum ersten Mal sahen – eine goldene Statue etwa von der Größe eines zehnjährigen Knaben, die einen bärtigen weißen Mann mit einem langen Gewand darstellt.

Für die Inka hatte diese Gottheit keinen Namen, sie kannten lediglich eine Reihe von Titeln, die sich auf seinen Urzustand bezogen. Ilya-Tiqsi Wiraqoca Pacayacaciq (»Alte Gründung, Herr, Lehrer der Welt«) war der geläufigste Titel, woraus im Spanischen Viracocha wurde. Als Urquell göttlicher Macht war Viracocha auch ein Kulturheros, der nach der Erschaffung der Welt (siehe S. 253 f) sein Herrschaftsgebiet durchreiste und die Menschen lehrte, wie sie leben und die Landschaft gestalten sollten. In den Mythen über seine magischen Reisen wird erzählt, wie er von Manta in Ecuador aus – auf einem Floß oder auf seinem Mantel (diese Variante geht vermutlich auf christliche Einflüsse zurück) – den Pazifischen Ozean überquert. Als im Jahre 1532 die Spanier an der Küste Perus landeten, wurden sie als die zurückkehrenden Gesandten der Schöpfergottheit betrachtet und als *Viracochas* bezeichnet – ein Ausdruck der Ehrerbietung, der in der Quechua-Sprache bis heute gebräuchlich ist.

Bei den Opferriten, die nur zu äußerst wichtigen Gelegenheiten wie der Krönung eines Herrschers praktiziert wurden, opferte man Viracocha und anderen Hauptgottheiten auch Menschen. Kinderopfer, sogenannte *capacochas*, waren besonders geschätzt, und die Inka-Priester sprachen vorher ein Gebet zu Viracocha. Auf den schneebedeckten Gipfeln und Vulkanen der Anden – dem mythischen Wohnsitz von Göttern und Geistern – wurden aufgrund der niedrigen Temperatur konservierte Leichname von Opfern gefunden, darunter viele Leichname von Kindern.

HUACAS: HEILIGE ORTE

In der religiösen Gedankenwelt der Inka waren *huacas* besondere Plätze in der Andenlandschaft, die von mythischer Bedeutung und von übernatürlichen Kräften durchdrungen waren. Meist handelte es sich um Steine und Quellen, zuweilen auch um Berge, Höhlen und Ahnengräber. Von besonderer Wichtigkeit waren *apachetas* – Steinpfeiler, die an der höchsten Stelle der Bergpässe oder an Kreuzungen standen. Hier brachten die Reisenden den Lokalgottheiten Gaben in Form von Cocabohnen, Kleidungsstücken oder Steinen dar. Die Beziehung der *huacas* zum Mythos wird in der Legende von den Steinen deutlich, die sich für kurze Zeit in Menschen verwandelten, um dem Inka-Herrscher Pachacuti zum Sieg über seine Feinde zu verhelfen.

DER HEILIGE HIMMEL

Tierkreiszeichen und heilige Linien

Der »Pflock der Sonne« oder intihuatana *in Machu Picchu. Priester banden mit einer Kordel die Sonne symbolisch an den Pfeiler, um ihr Verschwinden zu verhindern.*

Die göttliche Macht, die nach Auffassung der Inka den Himmelsphänomenen zukam, schlug sich in einem komplexen Zusammenhang von Vorstellungen nieder, die das irdische Geschehen mit dem Nachthimmel in Beziehung setzten und astronomischen Ereignissen spirituelle und mythische Bedeutungen unterlegten. Dies spiegelt sich zum Teil in der Rolle der Hauptgottheiten Inti, Mama Kilya und Ilyap'a als Himmelswesen (Sonnengott, Mondgöttin sowie Donner- und Wettergott) wider. Doch auch der Milchstraße kam große Bedeutung zu, und die Sterne wurden als niedrigere Gottheiten und Schutzgötter für bestimmte irdische Tätigkeiten betrachtet.

In dieser Hinsicht kam den als Collca (»Getreidespeicher«) bezeichneten Plejaden eine Vorrangstellung zu, die sie als himmlische Wächter der Saat und des Ackerbaus innehatten. Neben anderen Sternbildern waren sie Bestandteil eines siderischen Kalenders. Die Plejaden hatten außerdem große Bedeutung für die Tätigkeiten bei Ackerbau und Viehzucht. Die als Orqo-Cilay (»das vielfarbige Lama«) bezeichnete Sternengruppe galt als Beschützer der königlichen Lamaherden, und Chaska-Qoylor (»der zottige Stern«) wurde mit dem Morgenstern Venus gleichgesetzt.

Obwohl die Inka keineswegs als Astronomen im modernen Sinne bezeichnet werden können, führten sie genaue Beobachtungen des Sonnenauf- und -untergangs durch und setzten sie mit den einzelnen Phasen und Bewegungen des Mondes in Beziehung. Die Priesterastronomen der Inka beobachteten die Bewegungen der Sonne, um die Daten der beiden wichtigsten in Cuzco abgehaltenen rituellen Feste – die Sonnenwenden im Dezember und im Juni – festzulegen.

DER INKA-KALENDER

Wie bei anderen alten Kulturen war der Kalender auch bei den Inka ein religiöses und politisches Instrument, dessen sakraler Charakter aus der mythischen Tradition abgeleitet wurde. In Entsprechung zum ersten Erscheinen der Plejaden vor Sonnenaufgang begann der siderische Mondkalender in der Nacht vom 8. auf den 9. Juni und endete in der Nacht vom 3. auf den 4. Mai. Im Monat Ayrihua (April) fanden Zeremonien zu Ehren der königlichen Insignien statt. Dabei brachte man ein reinweißes, in ein rotes Gewand gekleidetes Lama dazu, Cocabohnen zu essen und *chica* (Maisbier) zu trinken – ein Symbol für das Erscheinen des ersten Lamas auf der Erde nach der großen Flut.

Zur Wintersonnenwende fand eines der bedeutendsten Feste, das große königliche Capac-Raymi-Fest, statt, in dessen Mittelpunkt die Initiationsriten für die Knaben königlicher Abstammung standen. Zu diesem wichtigen Zeitpunkt wurde der Sonnenuntergang vom Coricancha-Tempel (Sonnentempel) in Cuzco aus beobachtet.

Im Glaubensgefüge der Inka standen Mythos, Religion, Astronomie, Architektur und das einzigartige *ceque*-System (siehe Randspalte rechts) in engem Zusammenhang. So beobachteten die Inka zum Beispiel den Sonnenuntergang am 26. April vom selben Ort aus wie das Verschwinden der Plejaden um den 15. April – nämlich vom Ushnuo, dem Zentralplatz in Cuzco. Der Sonnenuntergang war zwischen zwei auf einem nahegelegenen Berg im Westen der Stadt errichteten Säulen zu sehen. Die beiden Säulen galten als *huaca*, als heiliger Ort auf einer *ceque*, einer Linie, an der entlang (unterhalb des Horizonts) eine heilige Quelle namens Catachillay – die Plejaden – verlief.

Am deutlichsten kommen die astronomischen Vorstellungen der Inka wohl in ihrem Bild von der Milchstraße und den benachbarten »dunklen Wolken« zum Ausdruck, die aus opaken interstellaren Staubflecken (siehe Kasten unten) bestehen. Zu solchen Konstellationen gehören beispielsweise Yacana (das Lama) und Yutu-yutu (der Tinamou, ein rebhuhnartiger Vogel). Dem Mythos zufolge trinkt das himmlische Lama nach seinem Verschwinden um Mitternacht Wasser von der Erde und verhindert so die gefürchtete Flut. Die Lamas gehörten zu den am meisten verehrten heiligen Tieren und wurden bei Neumond auf Berggipfeln geopfert. Die seltenen schwarzen Lamas ließ man nach einem besonderen Ritus im Oktober hungern, damit sie weinten und auf diese Weise von den Göttern Regen erflehten.

HEILIGE LINIEN

Die *ceques* – gerade, vom Coricancha-Tempel ausgehende »Linien« – stellten eine Besonderheit in Mythologie, Astronomie und Religion der Inka dar. Auf jeder Linie befanden sich *huacas*, und es gab im Umkreis von Cuzco 41 *ceques* mit 328 *huacas*. Im Jahre 1551 bezeichnete der spanische Chronist Juan de Betanzos das sechste *huaca* auf dem sechsten *ceque* von Antisuyu als »Haus des Pumas«, wo der Mumie der Gemahlin des Inka-Herrschers Yupanqui Kinder als Opfer dargebracht wurden.

Der Himmel über Misminay

In Misminay, einem 25 km von Cuzco entfernten Andendorf, in dem Quechua gesprochen wird, spielen Tierkreiszeichen und die Milchstraße bis heute eine große Rolle im mythologischen und kosmologischen Denken. Der Ort ist ein Beispiel dafür, wie sich bestimmte Elemente der Inka-Kultur bis heute erhalten haben.

In Misminay gilt der Vilcanota-Fluß nicht nur als irdische Widerspiegelung der Milchstraße oder Mayu, sondern ist auch wesentlicher Bestandteil des ständigen Wasserkreislaufs zwischen Himmel und Erde.

Die Milchstraße, um die sich die Himmelskugel dreht, bewegt sich in 24 Stunden so, daß sie zwei sich kreuzende Achsen zu bilden scheint, die den Himmel in vier Segmente teilen. Ein Viertel heißt *suyu*. Zusammen ergeben die vier Viertel ein Himmelsnetz, das es den Einwohnern von Misminay ermöglicht, astronomische Phänomene am Himmel auszumachen und zu bestimmen.

Dieser viergeteilte Himmel ist Bestandteil eines größeren Ganzen und hat sein Gegenstück in der Vierteilung Misminays. Das Dorf ist durch zwei große Fußwege und die beiden parallel dazu verlaufenden Hauptbewässerungskanäle in Viertel eingeteilt. Diese Fußwege und Kanäle kreuzen sich an einer Kapelle namens Crucero (das Kreuz), und denselben Namen trägt auch jener Himmelspunkt, an dem sich die beiden Achsen treffen.

Im Jahre 1571 schrieb der spanische Chronist Polo de Ondegardo, im Denken der Inka hätten alle Säugetiere und Vögel ihre Entsprechungen am Himmel und diese seien für die Fortpflanzung und Erhaltung ihrer Gegenstücke auf Erden zuständig.

Dies gilt auch für Misminay: Charakteristisch für die Astronomie in Misminay – und ein Rückgriff auf den alten Inka-Glauben – sind die »dunklen Wolken«, Sternenkonstellationen wie »Erwachsenes Lama«, »Babylama«, »Fuchs«, »Kröte«, »Tinamou« und »Schlange«. Diese Sternbilder werden insgesamt als Pachatira bezeichnet, da sie mit der Erdmutter Pachamama – die aber weder weiblich noch männlich ist – und der Fruchtbarkeit der Erde in Verbindung gebracht werden.

Wenn daher Ende zum Beispiel November und im Dezember vor der Morgendämmerung Centaurus Alpha und Beta (»die Augen des Lamas«) aufsteigen, bringen auf der Erde die Lamas ihre Jungen zur Welt.

»Dunkle Wolken« stehen auch mit der Regenzeit und mit dem Wetter allgemein in Zusammenhang. Das Sternbild der Schlange beispielsweise erscheint in der Regenzeit am Himmel, in der Trockenzeit hingegen befindet es sich »unter der Erde« (also unterhalb des Horizonts). Im Denken der Quechua korrespondiert dies mit den Regenbögen (die als vielfarbige Schlangen gesehen werden), die nach einem Regen aus dem Boden auftauchen.

GEISTERWELTEN

Das verwandelte Universum

Der zeremonielle Tanz eines Volkes im Gebiet des Xingu-Flusses in Brasilien. Die Völker des tropischen Regenwaldes vollziehen aufwendige Pubertäts-, Fruchtbarkeits- und Bestattungsriten. Die Initiationsriten für Männer können sehr schmerzhaft sein: In Guyana und Französisch-Guyana beispielsweise müssen sich die Knaben den Bissen und Stichen giftiger Ameisen und Hornissen aussetzen. In einigen Gesellschaften wird den Mädchen das Haar ausgerissen, dessen Nachwachsen den Übergang zur Erwachsenen symbolisiert.

Das Amazonasbecken mit seinen riesigen Ausmaßen beherbergt eine außerordentlich große Vielzahl indianischer Gesellschaften, die sich technisch gesehen auf niedrigem Niveau befinden, deren Sozial-, Wirtschafts-, Riten- und Mythensysteme aber von einer tiefen Kenntnis der Umwelt zeugen. Außerdem sind diese Gesellschaften im Hinblick auf Menschlichkeit und Lebensführung hoch entwickelt. Obwohl sie alle von der Jagd, dem Sammeln von Früchten, von Fischfang und Gartenbau leben, besitzen diese Kulturen keine gemeinsamen Gottheiten oder Glaubensanschauungen. Dennoch weisen die lokalen Mythen insofern eine Einheitlichkeit auf, als die Mythen einer Gruppe Weiterentwicklungen derjenigen einer anderen Gruppe zu sein scheinen und die allen gemeinsamen Belange in einer allgemeinen Logik zum Ausdruck kommt.

Für die Menschen der westlichen Industriegesellschaften ist das Universum der südamerikanischen Idianer eine »magische« Welt, teils wegen der merkwürdig handelnden, mächtigen und mehrdeutigen Geister, teils auch wegen der Schamanen, die im Sinne ihrer Gemeinschaft mit diesen in Kontakt treten (siehe Kasten gegenüberliegende Seite). In diesem Denken, in dem sich Menschen in Tiere und Tiere in Menschen verwandeln, sind die Grenzen zwischen Mensch und Tier, Natürlichem und Übernatürlichem nicht nur durchlässig, sondern sie können auch ständig neu festgelegt werden.

Die Mythen der südamerikanischen Indianer beschreiben eine Welt des Wandels, in der das Leben der Gemeinschaft als Folge einer kontrollierten Vermischung sonst feindlicher und Gefahren in sich bergender Wesen – Männer und

Frauen, Sippe und Verwandtschaft, Jaguare und Menschen – betrachtet wird. In Urzeiten war die Weltordnung genau umgekehrt, Männer menstruierten, Jaguare besaßen Feuer und jagten mit Pfeil und Bogen. Die Mythen erzählen, wie diese Verhältnisse sich wandelten und die gegenwärtige Weltordnung errichtet wurde. Zur Aufrechterhaltung der Gesellschaft und zur Verhinderung von Chaos und Katastrophe muß man sich an die Verhaltensregeln und Riten halten, die von den Vorfahren in den Mythen festgelegt wurden.

Die Art und Weise, wie bei den Völkern des tropischen Regenwaldes die Kultstätten konstruiert sind, hat eine tiefe symbolische Bedeutung. Viele von ihnen stellen das kosmische und soziale Universum der Stämme im kleinen dar. Die Rundhäuser der venezolanischen Yekuana beispielsweise sind Nachahmungen des von einer Inkarnation des Sonnengottes Wanadi errichteten Urgebäudes. Die Details sind eine Widerspiegelung der Himmelssphäre und der mythischen Weltkarte. So verbindet der Pfosten in der Mitte des Hauses (an dessen oberem Ende sich ein Specht mit karmesinroter Haube, die Inkarnation Wanadis in Tiergestalt, befindet), die Unterwelt der verlorenen Seelen mit der Erde der Menschen und dem darüber gespannten Himmelsbogen; die beiden Querbalken sind nach Norden und Süden ausgerichtet und symbolisieren die Milchstraße am Nachthimmel; der Haupteingang weist nach Osten, so daß die aufgehende Sonne zur Zeit der Tag- und Nachtgleiche auf den Pfosten in der Mitte des Hauses scheint.

KOPFJAGD UND SEELENFANG

Bei einigen Indiostämmen Südamerikas galt die Kopfjagd als eine Tätigkeit von übernatürlicher, ritueller Bedeutung. Bei den Jivaro Ecuadors, wo sie bis in die sechziger Jahre dieses Jahrhunderts praktiziert wurde, war sie das Privileg eines auserwählten Kreises gefürchteter Krieger, die sich im Handwerk des Tötens bereits einen Ruf erworben hatten. Nach den Vorstellungen der Jivaro waren Töten und Kopfjagd eng mit dem Besitz zweier Seelen – Arutam und Muisak – verbunden. Während Arutam dazu befähigte, sich einer Kopfjagdexpedition anzuschließen, war es die Aufgabe Muisaks, den Tod ihres Besitzers zu rächen. Doch wenn der Kopf eines Leichnams schrumpfte, wurde Muisak unweigerlich in ihn hineingezogen und besaß nicht mehr die Kraft, aus ihm zu entweichen.

Die Schamanen Südamerikas

In der Sicht der Völker des tropischen Regenwaldes hat jedes Geschehen seine Ursache oder Auswirkung in der Geisterwelt. Allmächtige Geister sind auf gefährliche Weise doppeldeutig, und der Schamane übernimmt als Vermittler zwischen dieser und der übernatürlichen Welt eine Schlüsselrolle.

Kraft seiner Fähigkeit, gefährliche Geister umzustimmen und sich gewogen zu machen, fungiert der Schamane als Zauberer, Heiler und Wahrsager; er schafft Gerechtigkeit und hält den Moralkodex aufrecht. Seinen Kontakt mit der Geisterwelt stellt er häufig in nächtlichen Seancen her. Schamanen, die sich mit einem Jaguar – dem größten und kräftigsten Raubtier Südamerikas – identifizieren oder in einen solchen verwandeln, werden besonders gefürchtet und respektiert. Sie bekleiden sich mit Jaguarhäuten, tragen Halsketten aus Jaguarzähnen und knurren sogar manchmal wie ein Jaguar bei den Zeremonien, in denen sie die Zukunft voraussagen, auf magische Weise Krankheiten heilen, den Jagderfolg sichern oder feindlichen Dörfern als »übernatürliche Krieger« Krankheit und Tod schicken.

Ein Schamane in den kolumbianischen Anden. Die Visionen des Schamanen treten meist durch die Einnahme halluzinogener Pflanzensubstanzen ein.

Halluzinatorische Visionen, wie sie durch *ayahuasca* oder das Einziehen von *vihoo* durch die Nase erreicht werden, sind das Tor des Schamanen zur Geisterwelt und ermöglichen ihm, die wahre Natur der Dinge zu sehen und zu verstehen, Ereignisse zu erklären und Ratschläge zum Handeln zu erteilen. Im nordwestlichen Amazonasgebiet wurden Drogen für die Zeremonien als Medizin oder Sperma des Jaguars bezeichnet und nicht selten in ausgehöhlten Jaguarknochen aufbewahrt.

Die visionäre Suche des Schamanen ist häufig mit symbolischer Bedeutung aufgeladen und stellt die urzeitlichen Aktivitäten der Ahnengeister dar.

In einigen Gesellschaften bleiben die Kräfte des Schamanen über seinen Tod hinaus wirksam und schützen seine Gemeinschaft weiterhin vor bösen Geistern und den Schamanen anderer Dörfer. Doch bei den meisten Stämmen war es üblich, einen Nachfolger zu erwählen.

Häufig verwandelt sich jedoch die Seele eines verstorbenen Schamanen in sein gefährliches Alter ego, den Jaguar, und wird gefürchtet. Ein nachts in der Nähe eines Dorfes oder eines Friedhofes umherstreifender Jaguar gilt als verwandeltes Wesen des toten Schamanen.

DER AHNENWALD

Ursprungsmythen der Regenwaldvölker

Diese Männer aus dem Stamm der Kamiura im Gebiet des brasilianischen Xingu-Flusses spielen in einem heiligen Ritual Flöte (ihre Musik gilt als Stimmen der Geister). Der gelbe Kopfschmuck symbolisiert die Sonne als Quelle für die männliche Potenz.

Die Mythen der Regenwaldvölker Südamerikas handeln hauptsächlich vom Ursprung der Menschheit und der Kultur im Gegensatz zur Natur. Daher sind die einzelnen Mythen meist sehr vielschichtig und schließen eine Vielzahl von Themen wie den Ursprung des Gartenbaus und die Beziehungen zwischen Sippe und Eingeheirateten sowie die Begriffe Wissen und Unwissenheit ein.

Der Ursprung der Menschen ist das Thema zahlreicher Mythen, in denen Tiere, Steine und Lehm eine gleichermaßen wichtige Rolle spielen können. Den kolumbianischen Chibcha zufolge schufen Sonne und Mond den ersten Menschen aus Lehm und die erste Frau aus Schilfrohr. Die Stämme der weiter südlich gelegenen Choco-Region erzählen von einem ersten Menschengeschlecht, das von den Göttern vernichtet wurde, weil es Kannibalen waren, von einer zweiten Generation von Menschen, die in Tiere verwandelt wurde, und einer dritten, die aus Lehm geformt war. Viele Völker, so beispielsweise die Warao am Orinoco und die Toba des Gran Chaco, glauben, daß die Menschen einst im Himmel wohnten, jedoch zur Erde hinabstiegen, um Wild zu stehlen, daraufhin in eine Falle gelockt wurden und für immer hier bleiben mußten.

Der Charakter der indianischen Mythen Südamerikas als Sozialkodex kommt besonders deutlich in Erzählungen über die Unterschiede zwischen Mann und Frau zum Ausdruck. Die Frauen werden meist mit natürlicher Fruchtbarkeit, Chaos und Unwissenheit in Verbindung gebracht, Männer hingegen mit kultureller Produktivität, Ordnung und heiligem Wissen. In einem in verschiedenen Varianten vom Amazonas bis hinunter nach Feuerland verbreiteten Mythos heißt es, daß die Welt ursprünglich von Frauen beherrscht wurde. Den im brasilianischen Amazonasgebiet lebenden Tupi zufolge war Sonne so erzürnt über die Art, wie die Frauen regierten, daß »er« die Ordnung umkehrte und sich eine vollkommene Frau als Gefährtin nahm. Zuerst ließ er eine Jungfrau namens Ceucy durch den Saft eines Cucurabaums schwanger werden, und sie gebar ein Kind mit dem Namen Jurupari. Dieses Kind entriß den Frauen die Herrschaft, gab sie in die Hände der Männer und befahl diesen, den Alleinbesitz von Wissen und Macht regelmäßig mit Festen zu begehen; alle Frauen sollten unter Androhung der Todesstrafe von diesen Festen ausgeschlossen werden. Um ein Beispiel zu setzen, veranlaßte Jurupari den Tod seiner eigenen Mutter. Den Tupi zufolge wandert er immer noch herum auf der Suche nach einer vollkommenen Frau, die es wert ist, die Gemahlin von Sonne zu sein.

In der Kosmologie der Amazonasvölker ist das Feuer ein ständig wiederkehrendes Motiv. Ungezähmt besitzt es ungeheure Zerstörungskraft, und einige Mythen erzählen von ganzen Regionen und zahlreichen Gemeinschaften, die durch Brände verwüstet wurden. Feuer wird aber auch mit Sexualität, Geburt und dem Menstruationszyklus in Verbindung gebracht. Die Aneignung des Feuers als entscheidender Schritt bei der Entwicklung der Gesellschaft gelingt in manchen Mythen erst durch eine List; in diesem Fall ist damit der Verlust der Unschuld verbunden.

Den Kayapo Zentralbrasiliens zufolge besaßen die Menschen anfangs kein Feuer, aßen daher ihr Gemüse roh und erwärmten das Fleisch auf Felsen in der Sonne. Eines Tages entdeckten ein Mann und sein jüngerer Schwager Botoque hoch oben auf einer Klippe ein Papageiennest. Botoque kletterte auf einer behelfsmäßigen Leiter hinauf und warf zwei Eier zu seinem Gefährten hinunter. Die Eier verwandelten sich jedoch in Steine und zerschmetterten die Hand des Mannes. Daraufhin wurde er so wütend, daß er die Leiter wegstieß und Botoque oben auf der Klippe festsaß.

Nach mehreren Tagen sah Botoque einen Jaguar mit Pfeil und Bogen und allen möglichen Wildtieren. Der Jaguar sprang Botoques Schatten an, doch als er den Irrtum bemerkte, sprach er mit dem jungen Mann, versprach ihm, ihn nicht zu fressen und ihn als Sohn und Jagdgefährten aufzunehmen. Dann stellte er ihm eine neue Leiter hin, auf der Botoque hinabsteigen konnte.

Die Welt der Yanomami

Die Yanomami Südvenezuelas versuchen bis heute, ihre Traditionen und Glaubensüberzeugungen vor fremden Einflüssen zu bewahren.

Die Yanomami, die sich als das »wilde Volk« verstehen, glauben, das Blut Periboriwas (des Mondgeistes) habe sich über die Erde ergossen und sich in Verbindung mit der Erde in Menschen verwandelt. So aus Blut geboren, betrachten sich die Yanomami als von Natur aus böse und führen ständig Krieg gegeneinander.

Doch einer der Nachkommen Periboriwas zeugte auch fügsamere Männer und Frauen. Einer der vier Yanomami-Gruppen zufolge ist der Ursprung aller Dinge eine wohlwollende Schöpfergottheit namens Omam. Anfangs bestand die Welt aus zwei Schichten, doch gegenwärtig sind es drei. Die dritte Welt entstand, als die obere Schicht abgenutzt war, so daß ein großer Brocken von ihr herunterfiel, auf dem sich zwei Menschen befanden: einer von ihnen war Omam.

Die Yanomami wenden Gewalt nach strengen Regeln an, die mit ihrem mythischen Ursprung aus dem Blut des Mondgeistes in Zusammenhang stehen.

Eines Tages zog Omam beim Fischen eine Frau aus dem Fluß, die statt der Genitalien nur ein Loch hatte, das so groß wie der Anus eines Kolibris war. Mit Piranhazähnen formte Omam ihre Geschlechtsorgane und zeugte viele Kinder mit ihr – die Vorfahren der Yanomami.

Andere Völker so die Vorstellung der Yanomami, wurden aus Flußnebel oder Schaum geformt, und ein großer Vogel sorgte dafür, daß Menschen verschiedener Hautfarbe entstanden.

Trotz der feindseligen Haltung seiner Frau nahm der Jaguar Botoque mit in sein Haus, wo dieser zum erstenmal ein Feuer sah und gebratenes Fleisch aß. Doch als der Jaguar auf die Jagd ging, wies seine Frau Botoques Bitte um gebratenes Tapirfleisch zurück und drohte ihm mit ihren Klauen, so daß er auf einen Baum floh. Obwohl der Jaguar nach seiner Rückkehr seine Frau schalt, beachtete sie seine Warnungen, den Jungen in Ruhe zu lassen, nicht. Schließlich zeigte der Jaguar Botoque, wie man Pfeil und Bogen macht, damit er sich verteidigen konnte. Als ihn die Frau nun erneut bedrohte, tötete der Junge sie mit einem Pfeil, sammelte gebratene Fleischstücke auf, nahm seine Waffen und ein wenig von der Glutasche und kehrte in sein Dorf zurück.

Als die Männer des Dorfes dies alles sahen, gingen sie zum Haus des Jaguars und stahlen dort nicht nur Feuer, sondern auch gebratenes Fleisch, Baumwollschnur und Pfeile und Bögen. Der Jaguar war erzürnt über die Undankbarkeit seines Adoptivsohnes, ißt seitdem rohe Speisen und jagt mit seinen Klauen und Reißzähnen, während die Menschen gebratenes Fleisch essen und mit Pfeil und Bogen jagen.

Das verlorene Feuer des Jaguars aber sieht man heute noch in seinen spiegelartigen Augen. In manchen Erzählungen heißt es, der Gebieter über das Feuer habe versucht, den Dieb um die Früchte seines Tat zu bringen, und starke Regenfälle hervorgerufen. Doch die Vögel nahmen die Glut unter ihre Flügel und verhinderten so, daß sie erlosch. In anderen Versionen dieses Mythos wiederum pickten Vögel die im Wald umherfliegenden Funken des gestohlenen Feuers auf, um eine Feuersbrunst im Dschungel zu verhindern. Dabei verbrannten sich einige von ihnen, woraus sich die flammenden Farben der Schnäbel, Beine und Füße bei einigen Vogelarten erklären lassen.Den Barasana Kolumbiens zufolge erhält Yurupary oder der Maniokstock Anaconda das Feuer aus der Unterwelt. Anaconda benutzt das Feuer, um seinen Bruder Macaw zu ermorden. Doch er selbst verbrennt, und sein verkohlter Leichnam wird zur Nahrung für die ersten Kulturpflanzen, die im Maniokgarten gezüchtet werden.

KANNIBALISMUS UND MACHT

Der Kannibalismus, der in verschiedenen Varianten historisch belegt ist, war in ganz Südamerika ein Bestandteil der rituellen Praktiken. Er war eng mit der Vorstellung von Krieg, Tod und Wiedergeburt verbunden und hatte nur wenig damit zu tun, daß man Menschen als Nahrung verspeiste. Vielmehr ging es dabei um soziale Identität, Verwandtschaft und die Übertragung von Bestandteilen der Seele von einer Person auf eine andere.

Als »Exokannibalismus« bezeichnet man das tatsächliche oder symbolische Verspeisen des Fleisches der Feinde als Ausdruck martialischer Wildheit und als äußerste Demütigung und Rache. Diese Kannibalenstämme waren sehr gefürchtet, da man glaubte, ihre Krieger seien von einem bösen Jaguargeist besessen, der sie ermutige, ihr Opfer zu mißhandeln und anschließend zu verschlingen. Der »Endokannibalismus« hingegen verfolgte höhere Ziele: Die Knochen eines Toten wurden zu Pulver vermahlen und dem Maniokbier beigegeben, das anschließend von den Angehörigen getrunken wurde. Man glaubte, daß die Knochen des Toten wesentliche Bestandteile seines Geistes beinhalteten und daß dieser im Leben derjenigen fortwirkte, die an der rituellen Verspeisung des Toten teilnahmen.

AFRIKA

Groß Simbabwe, von dem auch der Name des Landes Simbabwe abgeleitet ist, gilt als das monumentalste Bauwerk der afrikanischen Subsahara. Vermutlich begannen im 8. Jh. die Shona mit dem Bau. Wie bei den meisten dieser königlichen Anlagen, die in ganz Südafrika zu finden sind, steht die ovale Form der Großen Anlage (oben) vermutlich mit dem Mythos vom kosmischen Ei (siehe S. 266) in Zusammenhang. Simbabwe bedeutet »Steinwohnung« oder »Steinhof«.

Der afrikanische Kontinent birgt eine ungeheure Vielfalt von Kulturen, und seine Völker sprechen mehr als 1000 Sprachen, von denen viele bisher nur unzureichend erfaßt oder untersucht wurden. Dennoch weisen die afrikanischen Mythologien auch viele Gemeinsamkeiten auf. Mythen von einer kosmischen Schlange (siehe S. 277) oder einem großen Turm (siehe S. 273) werden von der Sahara bis zum Kap erzählt; ebenfalls weit verbreitet sind die Vorstellung von einem entrückten, meist geschlechtslosen Schöpfergott und das Zwillingsmotiv.

In jeder afrikanischen Stammesreligion gibt es einen Mythos, der von den Ursprüngen und den frühen Wanderungen seines Volkes erzählt. Darin spiegeln sich die großen innerkontinentalen Wanderungsbewegungen wider, die bis in die Kolonialzeit hinein die afrikanische Geschichte prägten. Die Khoisaniden zum Beispiel (ein Name, der die Khoi oder »Hottentotten« Südwestafrikas und die San oder »Buschleute« der Kalahari-Wüste bezeichnet) scheinen die Nachfahren eines Volkes zu sein, das in der einst fruchtbaren Sahara lebte, bevor diese vor 7000 Jahren weitgehend zur Wüste wurde. Vor etwa 2000 Jahren begannen die Vorfahren der heute Bantu sprechenden Völker, vom Hochland Kameruns nach Südosten zu wandern; erst im 17. Jahrhundert gelangten sie zum Kap. Die Bantu-Sprachen gehören zur Familie der mehr als 890 Niger-Kongo-Sprachen. Die Völkerwanderungen und damit die Ausbreitung der Sprachfamilien sind einer der Gründe für die Einheitlichkeit der afrikanischen Mythologie. Mit der Verbreitung von Islam und Christentum sowie aufgrund der modernen Lebensbedingungen haben die indigenen Religionen Afrikas zwar an Bedeutung verloren, doch halten gleichzeitig auch viele Völker, etwa die Yoruba, an ihrem Glauben und den dazugehörigen Mythen fest.

VÖLKER, SPRACHEN UND MYTHEN

Auf der Karte sind die wichtigsten indigenen Sprachfamilien des afrikanischen Festlands (siehe Legende) und einige der zahlreichen Völker des Kontinents verzeichnet. Die Hauptflüsse und geographische Besonderheiten dienen der Orientierung, hingegen wurde auf die Einzeichnung der gegenwärtigen politischen Grenzen verzichtet. Im folgenden werden die Mythologien der wichtigsten Sprachgebiete in ihren Grundzügen dargestellt.

HAMITO-SEMITISCHE SPRACHEN

In der Mythologie dieses größtenteils muslimischen Gebiets sind zahlreiche präislamische Elemente erhalten geblieben, so auch die Vorstellung von einer kosmischen Schlange, deren Körper als Material für das Universum dient (siehe S. 266), sowie von der Teilung der Welt in eine obere Götterregion, eine mittlere Region für die Menschen und eine Unterwelt verstorbener Geister.

NILO-SAHARISCHE SPRACHEN

Die nilo-saharische Mythologie zeugt von geringem Interesse am Ursprung der Welt oder dem Schicksal der Seelen nach dem Tod. Sie handelt hauptsächlich von den Ursprüngen der Klans und Sippen, die häufig mit Tieren in Verbindung gebracht werden. So führt beispielsweise ein Mythos der Nuer einen Klan bis auf eine Frau zurück, die Zwillinge – einen menschlichen Sohn und ein wildes Tier – zur Welt bringt.

NIGER-KONGO-(BANTU-)SPRACHEN

Die Mythologie der Bantu-Völker beschäftigt sich – wie die des Nil-Sahara-Gebiets – weniger mit der Erschaffung des Universums, die meist einem Hohen Gott zugeschrieben wird, der sich später von der Welt zurückzog; zentral ist hier der Ursprung der Gesellschaftsordnung, insbesondere des Königtums, und dessen Verhältnis zu anderen Institutionen der Macht wie beispielsweise der Priesterschaft. Die Mythen bringen diese Institutionen mit natürlichen Phänomenen wie Sonne, Mond und Regenbogen in Verbindung (siehe S. 271) aber auch mit Tieren wie etwa dem Löwen. Viele Völker praktizieren bis heute einen komplizierten Ahnenkult.

NIGER-KONGO- (NICHT-BANTU-) SPRACHEN

Die umfassende und äußerst differenzierte Mythologie der Dogon, Bambara und Yoruba, also jener Teile des Niger-Kongo-Gebiets, in denen keine Bantu-Sprachen gesprochen werden, kann mit der Mythologie Indiens und Mesoamerikas durchaus konkurrieren (siehe S. 266). Im Mittelpunkt dieser Kosmologien steht die Vorstellung, daß alles Leben von einer Dualität beseelt ist, deren vollkommenstes Symbol die Beziehung zwischen gegengeschlechtlichen Zwillingen darstellt.

KHOISAN-SPRACHEN

Die Bezeichnung Khoisaniden verbindet die praktisch ausgestorbenen Khoi oder »Hottentotten« mit den San oder »Buschleuten«. Die bruchstückhaften Überreste der Mythologie dieser Völker weisen auf eine phantasiereiche Weltsicht hin, die in Geschichten von personifizierten wilden Lebewesen zum Ausdruck kommt. Das wichtigste Tier ist die Sonnenanbeterin (siehe S. 276).

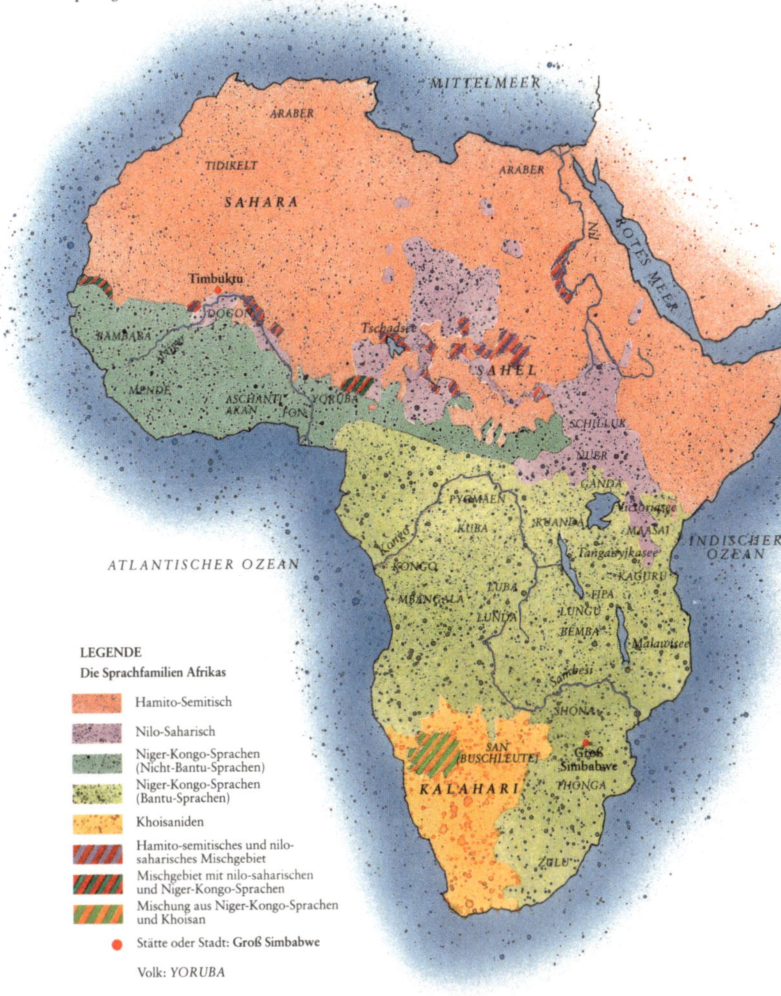

CHRONOLOGIE

vor 20000 Jahren Mongolenvölker wandern nach Nordostafrika und in die Sahara

vor 10000 Jahren Vorfahren der negriden Völker tauchen im westlichen Sudan auf

vor 7000 Jahren Vorfahren der Khoi und San wandern durch die östlichen Savannengebiete bis Südafrika

vor 2000 Jahren Vorfahren der Bantu sprechenden Völker wandern vom Hochland Kameruns durch den tropischen Regenwald in die Savanne des Schaba-Gebietes im Südosten Zaires

vor 1000 Jahren Sekundäre Aufsplitterung der Bantu-Völker vom Südosten Zaires in die Subsahara, vermutlich im Zusammenhang mit der Ausbreitung der Eisenherstellung

URSPRÜNGE DER WELT

Die Schöpfungsmythen Afrikas

Die Spiralen auf dieser Messingschachtel, die bei den Aschanti von Ghana zur Aufbewahrung von Goldstaub dient, symbolisieren die Vibrationen des kosmischen Eis zu Beginn der Schöpfung.

DAS KOSMISCHE EI

Die Dogon in Mali glauben, am Ursprung der Schöpfung stehe ein Wesen namens Amma, ein Ei. Es vibrierte siebenmal, dann brach es entzwei, und es entschlüpfte ihm ein Nommo-Schöpfergeist. Dieser fiel auf die Erde hinab, und es folgten ihm ein weiblicher Zwilling und vier weitere Nommo-Paare. Sie schufen Himmel und Erde, Tag und Nacht und die menschliche Gesellschaft. Die Vorstellung von einem »kosmischen Ei« ist in ganz Afrika verbreitet.

Die Höhlenmalerei der Dogon (rechts) stellt vermutlich einen zur Erde fallenden Nommo dar. Zwei Nommos (mit erhobenen Armen) zieren den Hocker (unten). Der Sockel des Stuhls stellt die Erde, der Sitz den Himmel dar.

Die afrikanischen Völker haben ganz unterschiedliche Auffassungen vom Ursprung der Welt; so glauben die Akan in Ghana, daß das Universum von Nyame, einer mit dem Mond gleichgesetzten Muttergöttin, geschaffen wurde; weit verbreitet ist die Vorstellung von einer häufig mit dem Regenbogen gleichgesetzten Riesenschlange als Ursprung des Kosmos. In Südafrika heißt diese Urschlange allgemein Chinaweji, die große Python. Von Südalgerien bis Timbuktu gilt die Riesenschlange Minia als erstes Geschöpf im Universum, aus dessen Körper die Welt und alles Leben geformt wurde (siehe S. 277).

Sowohl die Dogon in Mali als auch die Lungu in Sambia sprechen im Zusammenhang mit der Schöpfung von den Schwingungen eines »kosmischen Eis« (siehe Randspalte links). In der Dogon-Mythologie ist der Ursprung der Welt der Keim des Universums, ein Stern, den sie mit dem in ihrer Sprache geläufigen Wort für *Digitaria exilis*, den Samen der kleinsten kultivierten Getreideart, bezeichnen. Dieser Stern ist der »Zwillingsbruder« des Hundssterns Sirius und der kleinste und schwerste aller Sterne; er hat eine solch große Dichte, daß alle Menschen der Erde zusammen nicht einmal einen kleinen Teil davon hochheben könnten. Er umkreist in fünfzig Jahren einmal den Sirius und erhält auf diese Weise die gesamte Schöpfung des Alls. Tatsächlich hat die moderne Astronomie entdeckt, daß Sirius von einem Planeten namens Sirius B begleitet wird, der nur mit den stärksten Teleskopen sichtbar ist. Er umkreist Sirius einmal in 50 Jahren und ist von extremer Dichte – eine Sternart, die die Astronomen als »kollabierten weißen Zwerg« bezeichnen. Dies hat den amerikanischen Wissenschaftler Roger Temple zu der Behauptung veranlaßt, der Dogon-Mythos stelle einen Rest

jenes Wissens dar, das von intelligenten Wesen aus dem Planetensystem des Sirius stamme. Der amerikanische Astronom und Kosmologe Carl Sagan hingegen vermutet, daß die Erzählung der Dogon durch Informationen beeinflußt ist, die durch westliche Wissenschaftler nach Mali gelangten, bevor der Mythos in den 30er Jahren erstmals von einem französischen Ethnologen aufgezeichnet wurde.

Einer der umfangreichsten Schöpfungsmythen wird von den Bambara, den unmittelbaren Nachbarn der Dogon, erzählt. Am Anfang brachte die Leere *fu* das Wissen *gla gla zo* hervor. Dieses Wissen – das erfüllt war von seiner Leere, wie auch die Leere erfüllt war von sich selbst – war die urzeitliche Schöpferkraft des Universums, die einen mystischen Prozeß der Entfesselung und Zurücknahme von Energie in Gang setzte. Dieser wiederum führte zur Erschaffung des menschlichen Bewußtseins, der »Saat« oder dem Prinzip des Universums. (Jeder Mensch ist aufgrund des Zwillingsprinzips, das die ganze Schöpfung beherrscht, in körperlicher wie in geistiger Hinsich männlich und weiblich zugleich). Dann schuf der Geist Pemba die Erde, und der Geist Faro schuf den Himmel, und beide begründeten die vier Himmelsrichtungen im All. Dann entstand das Leben auf der Erde. Faro brachte Zwillinge in der Wüste hervor, und das erste Gras wuchs. Wenig später waren die ersten Gewässer und mit ihnen ein Fisch da, der Faro und seine Kinder zum Meer trug, wo er alle Tiere des Wassers schuf. Faro gab allen Geschöpfen und Dingen auf der Erde einen Namen, legte die Jahreszeiten fest und ersetzte die urzeitliche Dunkelheit durch den Wechsel von Tag und Nacht. Dann ordnete er alle Lebewesen. Auch die Menschen wurden benannt und klassifiziert, die Völker und Stämme wurden nach den Eigenschaften ihres Blutes eingeteilt, in das Faro ihr Schicksal einschrieb. Dann kehrte er zum Himmel zurück.

Viele afrikanische Mythen beschäftigen sich nicht lange mit Spekulationen über die Erschaffung des Kosmos, sondern beginnen mit dem Auftreten des Menschen in einem schon bestehenden Universum. Die Fipa im Südwesten Tansanias und die Tutsi in Ruanda erzählen von halbgöttlichen Ahnen, die am Beginn der Zeiten vom Himmel fielen und die Menschheit begründeten; die Hirten-Maasai Tansanias und Kenias glauben, daß Erde und Himmel am Anfang durch ein Seil miteinander verbunden waren, über das der Hohe Gott Vieh für die Menschen nach unten schickte. Die westafrikanischen Yoruba stellen sich vor, die Erde sei ursprünglich Wasser und Sumpfland gewesen, bis ein Gott vom Himmel herabgestiegen sei und den Boden festgemacht habe. Dann wurden im Himmel die Menschen geschaffen und über ein Spinnennetz auf die Erde geschickt.

DER SCHÖPFUNGSMYTHOS DER SAN

In der folgenden Geschichte, die von den San, Jägern und Sammlern der Kalahari, stammt, wird die Schöpfung einem Wesen namens Dxui zugeschrieben:

»Dxui war Dxui, der erste Geist der Schöpfung. Zahlreich waren seine Werke. Als die Sonne aufging, war Dxui eine Blume, und am Abend war er ein Mensch. Wenn der Tag kam, war er eine andere Blume, und bei Sonnenuntergang war er wieder ein Mensch. Am folgenden Tag war er ein Baum, der reichlich Früchte trug. Als die Sonne erneut unterging, war er Dxui, ein Mensch. Als Dxui erwachte, sah er zum erstenmal die Sonne und stellte fest, daß er allein war. Dann wurde er ein Baum, der nicht nur Früchte trug, sondern auch mit Dornen übersät war. Es erschien die erste Frau und versuchte, die Früchte zu pflücken, doch der Baum verschwand, und die Frau schrie, legte sich auf den Boden und starb.

Dxui wurde eine Fliege, dann Wasser, dann eine andere Blume, ein Vogel, dann der Schlingenleger, der den Vogel fing, und schließlich der, der in aufaß. Wieder wurde er ein Mensch und wurde von anderen Menschen gejagt; deshalb verwandelte sich Dxui in einen großen Vogel und flog zu seinem Vater und seiner Mutter. Als sein Vater ihn erkannte, wurde Dxui ein Mensch. Er starb und wurde eine Eidechse, das älteste aller Geschöpfe.«

Der himmlische Schmied

In der afrikanischen Mythologie spielt ein göttlicher Schmied bei der Vorbereitung des Universums für den Menschen oft eine entscheidende Rolle. Meist steigt er vom Himmel herab.

Die Fon im westafrikanischen Benin erzählen, daß der älteste Sohn Mawu-Lisas, des göttlichen Schöpferzwillingspaares, der Schmied Lu war. Er wurde von Lisa, dem männlichen Zwilling, in Gestalt eines ehernen Zeremonienschwerts auf die Erde gebracht. Dann wurde Gu damit beauftragt, die Erde für die Menschen bewohnbar zu machen, eine Aufgabe, die er bis heute nicht vollendet hat. Gu brachte den Menschen die Bearbeitung von Eisen bei und zeigte ihnen, wie man Werkzeuge macht, damit sie sich Nahrung beschaffen, ihre Blöße bedecken und Hütten bauen konnten.

Diese Reitergestalt aus Schmiedeeisen ist eine Arbeit der Dogon und stellt vermutlich den Schmied dar, der das Feuer stahl.

Amma, der Schöpfergott der Dogon (siehe Randspalte gegenüberliegende Seite) schuf den ersten Geist eines Schmieds aus der Plazenta eines Nommo-Wesens. Doch dieser Geist besaß kein Feuer, und so stahl er den himmlischen Nommo-Zwillingen ein Stück von der Sonne und kam über einen Himmelsbogen auf die Erde herab. Andere Mythen der Sahararegion erzählen, wie der erste Schmied aus dem Schädel der himmlischen Antilope Bintu eine Hacke machte und damit zur Erde herabstieg, um dem soeben erschaffenen Menschengeschlecht zu zeigen, wie man Land kultiviert.

DIE VERKEHRTE WELT

Das Reich der Lebenden und der Toten

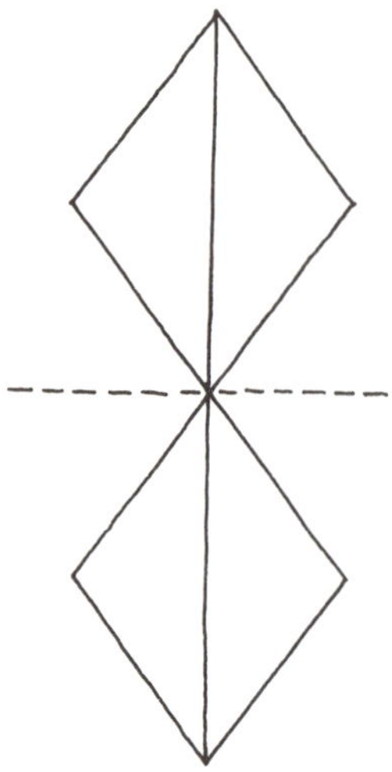

Ein Oasenbewohner im Tidikeltgebiet in Südalgerien zeichnete diese Darstellung der oberen und unteren Welt bzw. des kosmischen Baumes in seinen drei Manifestationen. Die Rauten stehen vermutlich für die vier Himmelsrichtungen jeder Welt.

Das neugeschaffene Universum besteht meist aus zwei Teilen: einem oberen Bereich für die Lebenden und einer Unterwelt für die Toten. Für die Völker an den südlichen Ufern des Tanganjikasees ist die Welt der Toten die umgekehrte Form der Welt der Lebenden; dort schlafen die Menschen am Tag und kommen nachts beim Mondlicht hervor; in die Totenwelt gelangt man durch den Bau eines Stachelschweins. In der Sahara und den Sahelgebieten Nordafrikas stellen die obere beziehungsweise untere Region des Universums die einander entgegengesetzten Aspekte eines »kosmischen Baumes« dar, der in der oberen Welt die Form eines Weinstocks und in der unteren Welt die eines Feigenbaums hat. Auf der Erde, die sich zwischen Himmel und Unterwelt befindet, erscheint er als Granatapfelbaum. In den Oasen der Sahara pflanzt man entsprechend den drei Ebenen des kosmischen Baumes einen Weinstock im Osten für den Himmel, einen Granatapfelbaum in der Mitte des bebauten Landes für die Erde und einen Feigenbaum an dessen westlichem Rand für die Unterwelt.

In anderen Teilen Afrikas wird die Welt der Toten zwar als Himmelswelt – und nicht als Unterwelt – vorgestellt, doch auch sie ähnelt der Welt der Lebenden. Die Thonga Mosambiks erzählen von einem Mädchen, das auf dem Weg zum Fluß seinen Topf zerbrach. Als es aufschrie, sah es ein vom Himmel herabhängendes Seil, es kletterte daran hinauf und entdeckte ein Dorf, in dem die Toten lebten. Eine alte Frau sagte ihm, es solle weitergehen und den Rat einer Ameise befolgen, die in das Ohr der jungen Besucherin gekrochen war. Als sie ins nächste Dorf kam, gaben ihr die Ältesten Arbeit. Da ihnen gefiel, was sie zustande brachte, zeigten sie ihr Säuglinge, die teils in rote, teils in weiße Tücher gewickelt waren. Die Ameise riet ihr, ein weißes zu nehmen, und als die junge Frau nach Hause zurückkehrte, wurde sie von ihrer Familie freudig empfangen. Ihre Schwester war jedoch neidisch und stieg ebenfalls in den Himmel hinauf, um sich ein Kind zu holen. Sie war jedoch grob zu der alten Frau und hörte nicht auf die Ameise. Sie wählte ein rotes Kind und wurde augenblicklich in ein Skelett verwandelt. Ihre weißen Knochen fielen zur Erde hinab.

Der Kosmos der Kongo-Völker

In der Vorstellung der Kongo-Völker Westzaires besteht das Universum aus zwei Regionen, die durch einen Ozean voneinander getrennt sind. Die obere Region, die Welt der Lebenden, gleicht wie die Unterwelt, die Welt der Toten, einem Berg, doch die eine ist das Spiegelbild der anderen.

Der Himmel ist weiß, die Erde darunter jedoch wegen des Bösen und des Ungehorsams gegen den Hohen Gott schwarz. Zwischen Himmel und Erde verläuft der Regenbogen, der durch die Farbe Rot dargestellt wird. Unter der schwarzen Erde befindet sich die ebenfalls rote Wasserschwelle, der Ursprung allen Lebens, und darunter die weiße Unterwelt. Wie das Universum, so sind auch der Wechsel zwischen Nacht und Tag sowie die Stationen des menschlichen Lebens rot, weiß und schwarz. Die Morgenröte ist wie die Geburt, die weiße Mittagssonne ist Reife und Gerechtigkeit, und der Sonnenuntergang kündigt die Schwärze des Todes an.

Diese Maske aus Holz und Raffiabast der Pende in Zaire stellt vermutlich die Sonne und Tag und Nacht dar.

TOD UND SEXUALITÄT

Der Verlust der Unsterblichkeit

Viele afrikanische Völker glauben, es habe ursprünglich keinen Tod gegeben, und führen ihn auf die Vergehen von Menschen oder Tieren zurück. Die Nuer-Hirten im Südsudan erzählen von einem Seil, das Himmel und Erde verband; wer alt geworden war, kletterte hinauf und wurde vom Hohen Gott verjüngt, bevor er auf die Erde zurückkehrte. Doch eines Tages stiegen eine Hyäne und ein Webervogel in den Himmel hinauf, und der Hohe Gott befahl, diese Besucher streng zu bewachen und nicht zur Erde zurückkehren zu lassen, wo sie gewiß nur Unheil anrichten würden. Eines Nachts aber entkamen sie, und als sie die Erde erreichten, schnitt die Hyäne das Seil durch. Das Seil wurde in den Himmel gezogen, und die Menschen konnten nicht mehr hinaufsteigen. Seitdem müssen sie sterben, wenn sie alt werden.

Auch die Kuba von Zaire erzählen in einer Version ihres Schöpfungsmythos vom Ursprung des Todes. Der Schöpfergott Mboom, das »Urgewässer«, hatte neun Kinder, die alle Woot hießen und abwechselnd bei der Erschaffung der Welt halfen. Woot, der Erfinder aller kratzenden Dinge wie Fische und Dornen, stritt mit Woot, dem Messerschleifer, der die ersten scharfen Klingen machte. Der Tod kam in die Welt, als Woot, der Erfinder aller kratzenden Dinge, von einer geschärften Klinge getötet wurde.

Bei den Ganda, die am Nordufer des Victoriasees leben, heißt es, daß Kintu, ein eingewanderter Fremdling, der die Königsdynastie von Buganda gründete, in den Himmel stieg, um eine Frau zu finden. Der Hohe Gott gab Kintu seine Tochter Nambi, riet seinem frischgebackenen Schwiegersohn jedoch, mit seiner Frau sofort zur Erde zurückzueilen, andernfalls würde Nambis Bruder Walumbe, was soviel wie Tod bedeutet, sie begleiten. Kintu brach wie gefordert mit Nambi auf, doch unterwegs bemerkte sie, daß sie das Kornfutter für die Hühner vergessen hatte, die ihnen der Hohe Gott geschenkt hatte. Vergeblich versuchte Kintu, sie von der Rückkehr abzuhalten, und als Nambi mit dem Futter Kintu wieder einholte, folgte ihr Bruder ihr und gesellte sich zu den beiden. Seit jener Zeit sind alle Menschen auf Erden sterblich.

Auch in einem Mythos der Dinka, einem von der Viehzucht lebenden Stamm im Südsudan, wird die Sterblichkeit der Menschen auf eine Frau zurückgeführt. Am Anfang gab der Hohe Gott einem Paar namens Garang und Abuk jeden Tag ein Hirsekorn, und dies genügte ihnen. Doch in ihrer Gier beschloß Abuk, mehr Korn anzupflanzen, und streifte dabei mit dem Ende ihrer Hacke den Hohen Gott. Dieser war so erzürnt, daß er sich in jene Menschenferne zurückzog, in der er bis heute lebt; er schickte eine Drossel, die das Seil zwischen Himmel und Erde für immer durchtrennte.

Seit jener Zeit müssen die Menschen hart arbeiten, um sich Nahrung zu beschaffen, und sind vor allem Krankheit und Tod unterworfen.

Bei den Zulu wird erzählt, einst habe »der sehr Alte« (Gott) zum Chamäleon gesagt: »Geh! Verkünde den Menschen, daß sie nicht sterben!« Das Chamäleon machte sich auf den Weg, doch es war sehr langsam. Der daraufhin verärgerte Gott schickte nun die Eidechse mit der Todeskunde, die als erste bei den Menschen eintraf. So traf die Menschen das Schicksal der Sterblichkeit.

Ein hölzerner, geschnitzter Yoruba-Schrein mit einer erotischen Szene zum Thema Fruchtbarkeit; nördliches Yorubaland, Nigeria.

DER URSPRUNG DER SEXUALITÄT

Eine in vielen Varianten auftauchende Geschichte erzählt, wie der Hohe Gott ursprünglich Menschen ohne Geschlechtsorgane schuf. Sie lebten eine Zeitlang glücklich zusammen, wurden dann aber unzufrieden und fragten den Hohen Gott, ob er ihnen nicht eine andere Art von Menschen schicken könne. So sandte der Gott die männlichen und weiblichen Geschlechtsorgane, die zunächst wie Menschen umhergingen. Eines Tages teilten sich die echten Menschen in zwei Lager, um die alltäglichen Arbeiten besser verrichten zu können. Sie forderten die Geschlechtsorgane auf, sich auf die beiden Lager zu verteilen, und die männlichen Geschlechtsorgane gingen in das eine, die weiblichen in das andere Lager. Von nun an waren die beiden Gruppen Männer und Frauen, die sahen, daß sie sich unterschieden, und seither existieren Spannung und Konflikt zwischen ihnen.

Eine bemalte hölzerne Geistermaske von einem Kunsthandwerker der Dan aus Liberia. Die charakteristischen Schlitzaugen sollen die begrenzte Macht, die von der Welt der toten Geister ausgeht, veranschaulichen.

MYTHEN VOM KÖNIGTUM

Die göttliche Abstammung irdischer Herrscher

FARBEN DES LEBENS UND DER GESELLSCHAFT
Die Farben Rot, Weiß und Schwarz haben für viele afrikanische Völker eine elementare Bedeutung – beispielsweise als Symbole für das Universum (siehe Kasten S. 268). Auf dem oben abgebildeten Worfelkorb aus Nordsambia haben die Farben eine doppelte Bedeutung. Zum einen erinnern sie an den mythischen Ursprung der Gemeinschaft der Lungu: Rot steht für das Königtum, Weiß für spirituelle Macht und für die Priesterschaft und Schwarz für die gewöhnlichen Menschen. Zum anderen symbolisiert Rot die erste Menstruation, Weiß den Samen und Schwarz das Schamhaar. Solche Worfelkörbe werden heiratsfähigen jungen Frauen nach der rituellen Initiation geschenkt.

Zu den wichtigsten afrikanischen Mythen gehören jene, die von der göttlichen Abstammung königlicher Herrscher handeln. Die Zulu Südafrikas beispielsweise erzählen von dem Sohn des Hohen Gottes, der aus dem Himmel vertrieben wurde, weil er die weiße Lieblingskuh des Gottes gestohlen hatte. Er wurde durch ein Loch im Himmel hinausgeworfen und stieg an einer magischen Nabelschnur, die um seine Hüften gebunden war, zur Erde hinab. Nach einem Monat bekam der Gott Mitleid mit seinem Sohn und schickte ihm eine Frau; dann zog er die Schnur hinauf und schloß das Himmelsloch. Dieser junge Mann wurde der erste König der Zulu. Aufgrund ihrer göttlichen Abstammung wird den Zulu-Herrschern Gewalt über den Regen zugeschrieben.

Auch in der Mythologie der Yoruba gibt es einen Zusammenhang zwischen dem Königtum und dem Wetter. Shango, der größte Kriegerkönig der Yoruba, wurde zum Donner- und Regengott, nachdem er sich an einem Baum erhängt hatte und zum Himmel aufgestiegen war. Seine Frau war ein See namens Oja, aus dem nach dem Tode Shangos der Niger entstand.

Eine ähnliche Geschichte über den Ursprung des Königtums ist aus dem ostafrikanischen Ruanda überliefert. Die Frau von Nkuba, dem Blitz und Herrn des Himmels, war unfruchtbar. Eines Tages, als ihr Mann fortgegangen war, stahl sie eine seiner Kühe und tötete sie, nahm das Herz heraus und versteckte es in einem Topf. Neun Monate lang ernährte sie das Herz mit Milch, dann erschien in dem Topf ein Knabe. Das Kind wurde Kigwa genannt und wuchs im Himmel heran, bis es schließlich auf die Erde herabfiel und der erste König von Ruanda wurde.

In vielen Fällen sind die Mythen über den Ursprung der Könige zugleich Mythen über den Ursprung des Menschen. Der *reth* (König) der Schilluk im Südsudan wurde im Mythos und bei königlichen Riten mit Nyikang, dem Ahnen des Königsgeschlechts und Begründer des Volkes der Schilluk, gleichgesetzt. Nyikangs Vater war der Sohn eines göttlichen Wesens, seine Mutter Nyakaya war ein Krokodil. Nyikang mußte seine Heimat verlassen, nachdem er sich mit seinem Halbbruder zerstritten hatte. Auf seiner Reise besiegte er im

Wie überall, so symbolisiert der Löwe auch in Afrika königliche Macht. Als König der Tiere taucht er in vielen Mythen auf, obwohl er häufig von kleineren und schlaueren Lebewesen wie beispielsweise dem Hasen überlistet wird. Diese geschnitzte Holzfigur stammt aus dem königlichen Palast der Fon in Benin (ehemals Dahomey), Westafrika.

Kampf die Sonne und teilte das Wasser des Weißen Nils, so daß er mit seinem Gefolge ans andere Ufer gelangte. Die Ehrenbezeichnungen für Nyikang und alle folgenden Könige der Schilluk – die als seine Inkarnationen betrachtet werden – beziehen sich auf seine Verbindung zum Himmel, zum Fluß und zur Erde, dem Universum der Schilluk. Er ist Gott, Halbgott und Mensch, von dessen Wohlbefinden das Land abhängt. In vorkolonialer Zeit (und es heißt, auch heute noch), wurde er rituell getötet, wenn seine körperlichen Kräfte nachließen, um den Weg für einen stärkeren Nachfolger zu ebnen.

Auch im Mythos über den König Mwetsi wird von einem rituellen Königsmord erzählt. Alle vier Jahre, so glaubte man, wurde im Mittelalter der *mambo* (König) von Monomotapa in Simbabwe in einem Ritual getötet. Der erste von Mwari, dem Hohen Gott, geschaffene Mensch lebte anfangs unter dem Wasser. Er hieß Mwetsi (Mond) und wollte lieber auf der Erde leben, die zu jener Zeit eine einzige Wüste war. Als Mwetsi jammerte, schickte ihm Mwari eine Frau, den Morgenstern, die Gras, Sträucher und Bäume gebar. Die Bäume wuchsen, bis sie den Himmel berührten und es zu regnen begann. In diesem Zustand der Fülle baute Mwetsi ein Haus, fertigte Hacken an und kultivierte das Land. Doch nach zwei Jahren nahm ihm Mwari Morgenstern weg, und Mwetsi klagte acht Tage lang, bis Mwari ihm eine neue Frau, den Abendstern, brachte, ihn jedoch warnte, er gehe einer Katastrophe entgegen. Am Abend rief ihn Abendstern zu sich ins Bett, und nach ihrer Vereinigung gebar sie Hühner, Schafe, Ziegen, Kühe und Antilopen und schließlich Knaben und Mädchen, die in einem Tag erwachsen waren. Am Abend des vierten Tages kam ein heftiger Sturm auf, und Abendstern warnte ihren Mann, daß sein Leben bedroht sei. Er schlief aber dennoch mit ihr, und am nächsten Tag gebar sie Löwen, Leoparden, Schlangen und Skorpione. Am Abend des fünften Tages weigerte sich Abendstern, sich zu ihrem Gatten zu legen und schlug ihm vor, an ihrer Statt seine Töchter zu nehmen. So geschah es. Und seine Töchter gebaren am nächsten Morgen Kinder, die am Abend schon erwachsen waren.

So wurde Mwetsi König über ein großes Volk, und Abendstern legte sich zu einer Schlange und wurde unfruchtbar. Als Mwetsi sich nun erneut zu ihr legte, biß ihn die Schlange, und er wurde krank. Da das Wohlergehen des Landes von dem Wohl Mwetsis abhing, hörte es auf zu regnen, die Flüsse und Seen trockneten aus, und der Tod suchte die Menschen heim. Um ihrem Leid ein Ende zu

DIE GEDÄCHTNISSTÜTZE EINES MYTHENERZÄHLERS

Am Königshof der Luba ist eine Gruppe von älteren Männern mit dem Erzählen und der Aufzeichnung der Mythen über den Regenbogenkönig und der Geschichte der Luba-Könige (siehe Kasten unten und S. 272) beauftragt. Dabei benutzen sie ein merkwürdiges Gerät, *lukasa* oder »lange Hand« genannt, um die Grundzüge der Geschichten aufzuzeichnen. Es besteht aus einem Brett, das mit bunten Perlen verziert ist und in das symbolische Muster eingeritzt sind. Eine blaue Perle etwa steht für Mbidi Kiluwe, eine große rote, von kleineren gelben umgebene Perle für Nkongolo und sein Gefolge. Das *lukasa* ruft dem Erzähler die Etappen der Geschichte in Erinnerung.

Kalala Ilunga und der Regenbogenkönig

Die Luba von Zaire halten Kalala Ilunga für den Gründer einer ihrer Königreiche. Er verbrachte seine ersten Lebensjahre am Hof des Regenbogenkönigs Nkongolo, der in vielen Mythen des zentralen Savannengebietes auftaucht.

Eines Tages kam ein Prinz aus dem Osten, Mbidi Kiluwe, zur Jagd ins Land Nkongolos, der alles tat, um seinen Gast zufriedenzustellen. Er überließ ihm seine Zwillingsschwestern, und beide wurden schwanger. Bulanda gebar einen Sohn namens Kalala Ilunga, und Mabela bekam Zwillinge, einen Jungen und ein Mädchen. Nkolongo erklärte Kalala Ilunga zu seinem eigenen Sohn, und Mbidi Kiluwe mußte nach Hause zurückkehren. Der Junge wuchs zum besten Läufer und Tänzer des Landes heran. Doch Nkongolo mißgönnte ihm seinen Ruhm und beschloß, ihn zu töten. Er ließ eine Grube unter der Tanzfläche ausheben und mit spitzen Pfählen füllen und forderte Kalala zu einem Tanzwettbewerb auf. Kalala jedoch, gewarnt durch seinen Trommler, floh über den Lualaba-Fluß zu seinem richtigen Vater. Mbidi gab ihm eine Armee, um Nkongolo zu besiegen, und dieser floh mit seinen Schwestern zum Berg Kaii im Westen. Doch die Schwestern verrieten ihn an Kalalas Soldaten, die ihm den Kopf abschnitten. Nkongolos Geist lebt als Schlange weiter, die manchmal als schillernder Regenbogen erscheint.

Ein hölzerner Halsschmuck der Luba in Form der Zwillingsschwestern. Zwillinge spielen eine wichtige Rolle in der Geschichte von Kalala Ilunga, aber auch in zahlreichen anderen Mythen.

Eine Maske, die den Ahnenhelden Woot darstellt und bei Initiationsriten der Kuba verwendet wird. Nur Männer königlicher Abstammung dürfen die mit Perlen und Muscheln verzierte Maske tragen.

setzen, beschlossen Mwetsis Kinder, ihren Vater zu töten. Sie erwürgten und begruben ihn – es war ein ritueller Vatermord – und wählten dann einen neuen König.

Auch bei den Kuba von Zaire waren die ersten beiden Götter Könige. Mboom und Ngaan herrschten jeweils über eine Hälfte der Welt, die in Finsternis lag und von Wasser bedeckt war. Doch sie stritten sich und verließen den Ort, den sie geschaffen hatten. Mboom stieg in den Himmel hinauf, und Ngaan sank ins Wasser. Eines Tages erbrach Mboom die Sonne, den Mond und die Sterne. Das Meer trocknete aus, so daß Land zum Vorschein kam. Mboom spie als nächstes Tiere aus und schließlich Menschen. Unter ihnen befand sich Woot, der Urahn der Kuba-Könige und des Kuba-Volkes, der mit den anderen Menschen und den Tieren in einem Dorf friedlich zusammenlebte; alle sprachen dieselbe Sprache. Dann verliebte sich Woot in seine Schwester Mweel. Er führte sie in den Wald, und aus ihrer Verbindung ging Nyimi Lele hervor, der den benachbarten Stamm der Lele gründete.

Als die Menschen von Woots Inzest erfuhren, gerieten sie in Zorn und vertrieben ihn aus dem Dorf. Aus Rache verfluchte er sie, und die Hirse verfaulte, die Tiere wurden wild, und die Sonne ging nicht mehr auf. Daraufhin schickte Mweel Boten zu ihm, die um Vergebung baten, und Woot ließ die Morgenvögel die Sonne zurückrufen.

Er selbst aber ging mit seinem Gefolge ins Exil. Unterwegs schuf er die Landschaften, Pflanzen und Tiere aller Art und hinterließ noch zahlreiche weitere Söhne, die die verschiedenen Stämme gründeten. Woot jedoch hegte noch immer Groll gegen die Menschen und verdrehte ihnen die Zunge. Seit dieser Zeit, so heißt es, sprechen die Menschen verschiedene Sprachen.

Chibinda Ilunga

In einem Mythos der Mbangala in Angola wird die Geschichte der durch Kalala Ilanga gegründeten Luba-Dynastie (siehe S. 271) fortgesetzt. Die Hauptfigur Chibinda Ilunga gehört zu den am höchsten verehrten mythischen Gestalten dieser Region.

Einst kam ein junger Prinz in das Königreich Lunda, ein Jäger namens Chibinda Ilunga, der Enkel Mbidi Kiluwes, des Ahnen der Könige *von Luba*. Sein Gesicht war strahlend weiß wie der Mond. Dieser Prinz hatte das Land Luba verlassen, weil der König, neidisch auf sein Jagdglück, ihn beleidigt und behauptet hatte, er habe nie einen Krieg geführt.

Eines Tages wurde Jueji, die Königin von Lunda, von der Urschlange Chinawezi, der Mutter aller Dinge (siehe S. 266 und 277), zu einem Fluß im Wald geschickt, wo sie dem Jäger und Prinzen begegnete. Sofort war sie von ihm bezaubert und bat ihn, bei ihr zu bleiben. Sie heirateten, und eines Tages trat Lueji vor die Ältesten und erklärte ihnen, daß von nun an Chibinda Ilunga an ihrer Stelle die Herrschaft übernehmen werde. Der Prinz erklärte vor dem Ältestenrat, er sei Jäger und werde niemals Menschenblut vergießen, sondern nur das Blut von Tieren.

Nachdem Lueji ihm ihren königlichen Armreif als Zeichen der Macht überreicht hatte, begann ihre Menstruation, und sie zog sich zurück. Dies dauerte lange und wurde als Nkula (»der Baum mit rotem Saft«) bezeichnet – zugleich der Name für ein Ritual, das seither bei Frauen vollzogen wird, die Menstruationsstörungen haben. Wegen des lang anhaltenden Blutflusses konnte Lueji keine Kinder gebären. Schließlich gab sie Chibinda Ilunga, dem Jäger, der niemals Menschenblut vergießen wollte, eine andere Frau namens Kamonga, die fruchtbar war. Aus ihrer Verbindung gingen viele Kinder hervor.

TURMMYTHEN

Die törichte Eitelkeit des Menschen

Im südlichen Afrika, von Mosambik bis Angola, gibt es unzählige Geschichten über den Bau und die Zerstörung riesiger Türme, die meist vor den Gefahren übertriebenen Ehrgeizes warnen sollen. Die Luba in der zairischen Provinz Kasai erzählen, wie die Menschen am Beginn der Zeiten im selben Dorf lebten wie der Hohe Gott. Doch dann schickte der Schöpfer, müde geworden von ihren lärmenden Streitereien, seine Nachbarn zur Erde, wo sie Hunger und Kälte erleiden mußten und Krankheit und Tod kennenlernten. Ein Wahrsager riet ihnen, in den Himmel zurückzukehren, um wieder unsterblich zu werden, und so bauten sie einen riesigen Turm aus Holz. Nach vielen Monaten kamen die Erbauer zum Himmel, schlugen eine Trommel und spielten Flöte, um den auf der Erde Zurückgebliebenen von ihrem Erfolg zu künden und sie aufzufordern, ihnen zu folgen. Doch die Menschen auf der Erde konnten sie nicht hören. Der Hohe Gott aber war erzürnt über den Lärm, zerstörte den Turm und tötete die musizierenden Turmbauer.

Ein Turmmythos ist auch Bestandteil der bei den Luba erzählten Geschichte vom Kampf zwischen dem grausamen und despotischen Regenbogenkönig Nkongolo und Prinz Kalala Ilunga (siehe S. 271). Nkongolo unternahm mehrere Versuche, die Macht über Kalala zurückzugewinnen, nachdem dieser der Fallgrube entronnen war, die der König für ihn gegraben hatte. Zuerst schickte er Männer in Booten über den Lualaba-Fluß, die den flüchtenden Prinzen entführen sollten, doch das Wasser stieg, und sie ertranken, bevor sie das Ufer erreichten. Dann versuchte Nkongolo, einen Steindamm über den Fluß zu bauen, doch der Stein widerstand seinem eisernen Werkzeug. Schließlich ließ der König einen großen Turm bauen, von dem aus er das Land seines Feindes überblicken konnte. Dann befahl er dem Wahrsager Majibu und einem Mann namens Mungedi, hinaufzusteigen und den Geflüchteten zurückzurufen. Doch Majibu, der magische Kräfte besaß, sprang in die Luft und landete auf der anderen Seite des Flusses, wo er sich Prinz Kalala anschloß und ihm im Krieg gegen Nkongolo zum Erfolg verhalf. Der Turm brach zusammen und begrub Mungedi und viele andere Gefolgsleute des Regenbogenkönigs unter sich.

DER TURM VON CHITIMUKULU
Dem Ursprungsmythos der Bemba in Sambia zufolge versuchte deren erster König Chitimukulu mit seinen beiden Brüdern, in der königlichen Stadt ihrer Mutter Mumbi Mukasa, einer Nichte des Hohen Gottes, einen hohen Turm zu erbauen. Er stürzte jedoch ein und begrub viele Menschen unter sich. So befahl ihr Vater Mukulumpe, die drei zu töten. Chitimukulu und seine Brüder flohen in das heutige Sambia.

Der kegelförmige Turm in der Mitte ragt aus den Ruinen von Groß Simbabwe heraus. Das über neun Meter hohe Bauwerk steht wie zahlreiche ähnliche Türme im südlichen Afrika mit den weitverbreiteten Turmmythen in Zusammenhang.

ESCHU, DER SCHELMISCHE GOTT

Der listige Mittler zwischen Himmel und Erde

Diese Figuren eines Yoruba-Schreins aus dem 19. Jh. stellen den beliebten Trickstergott Eschu in verschiedener Gestalt dar.

DAS LIED VON ESCHU

Es gibt zahlreiche lustige Lieder über den Schelmengott Eschu mit zum Teil gewollt absurden Texten. Das folgende Beispiel stammt von den Yoruba:
»Eschu schlief im Haus, doch das Haus war zu klein für ihn.
Eschu schlief auf der Veranda, doch die Veranda war zu klein für ihn.
Eschu schlief in einer Nußschale – so konnte er sich wenigstens ausstrecken.
Eschu wanderte durch ein Erdnußfeld – nur sein Haarschopf war zu sehen.
Nur wegen seiner übermäßigen Größe konnte man ihn überhaupt sehen.
Gestern hat er einen Stein geworfen, heute tötet er einen Vogel.
Wenn er sich hinlegt, berührt sein Kopf das Dach.
Aufrecht stehend kann er nicht in den Kochtopf gucken.
Eschu macht aus wahr falsch und aus falsch wahr.«

Die bekannteste Trickstergestalt der afrikanischen Mythologie ist der Eschu der Yoruba beziehungsweise Elegba in Benin (im folgenden wird nur der Name Eschu verwendet). Auf ihn werden alle Streitigkeiten zwischen den Menschen und zwischen Menschen und Göttern zurückgeführt. Dieser listenreichste aller Götter gilt als heimatloser, umherwandernder Geist, der sich auf Marktplätzen, an Kreuzungen und Türschwellen der Häuser aufhält. Außerdem ist er zur Stelle, wo immer Veränderung und Wandel bevorsteht.

In einem Mythos verleitet Eschu die Sonne und den Mond, ihre Häuser zu tauschen und so die Ordnung der Welt zu verkehren. Doch die bekannteste Geschichte handelt davon, wie er eine lebenslange Freundschaft zwischen zwei Männern zerstört. Diese Männer bebauen aneinandergrenzende Felder, und ihre Freundschaft ist so eng, daß man sie immer zusammen sieht, ja sie kleiden sich sogar gleich. Eschu setzt sich nun einen Hut auf, der auf der einen Seite weiß und auf der anderen schwarz ist, und geht den Weg entlang, der die beiden Höfe trennt. Er steckt seine Pfeife an den Hinterkopf und schwingt seinen Haarzopf über die Schulter, so daß er an seinem Rücken herabhängt. Nachdem der Gott vorübergegangen ist, geraten die beiden Freunde in einen erbitterten Streit über die Richtung, in der der Fremde gegangen ist, und über die Farbe seines Hutes. Schließlich wird sogar der König darauf aufmerksam und zitiert die beiden Männer zu sich.

Sie bezichtigen sich gegenseitig der Lüge, doch dann tritt Eschu auf und erklärt dem König, daß keiner der beiden ein Lügner, beide jedoch Dummköpfe seien. Als er von seiner List erzählt, wird der König zornig und schickt seine Männer hinter ihm her. Doch der Gott läuft allen davon und steckt bei seiner Flucht viele Häuser in Brand. Als die Bewohner mit ihrer Habe herauskommen, bietet er ihnen an, darauf aufzupassen, gibt jedoch die Bündel an Passanten weiter. So werden die Besitztümer der Opfer des Feuers in alle Winde verstreut.

In einer anderen Geschichte erzählt Eschu dem Hohen Gott, daß Diebe seinen Yamsgarten plündern wollen. In der Nacht kriecht er in das Haus des Hohen Gottes, nimmt dessen Sandalen, geht mit ihnen in den Garten und stiehlt alle Yams. Da es am Tag zuvor geregnet hat, hinterläßt er deutlich sichtbare Fußspuren. Am Morgen berichtet Eschu von dem Diebstahl und erklärt, an den Fußabdrücken könne man den Dieb leicht erkennen. So werden alle Leute zusammengerufen, doch keiner hat so große Füße. Als Eschu den Verdacht äußert, der Hohe Gott selbst habe vielleicht die Yams im Schlaf genommen, leugnet dieser es ab. Doch der Fuß des Hohen Gottes paßt genau zu den Abdrücken. Er wirft Eschu vor, ihn hintergangen zu haben, und zur Strafe zieht er sich aus der Welt zurück. Eschu aber muß jeden Abend zum Himmel kommen und ihm von dem Geschehen unten auf der Erde berichten. So wurde Eschu zum Boten und Mittler zwischen den Menschen und dem Hohen Gott.

Eschu und Ifa

Nach den Erzählungen der Yoruba kam Ifa auf die Erde, um die Menschen in die Geheimnisse der Heilkunst und Weissagung einzuweihen. Ifa ist Orakel (siehe Randspalte rechts) und Gott, um den verschiedene andere Götter bzw. göttliche Aspekte gruppiert sind. Der folgende Mythos zeigt, wie der Trickster Eschu und der Gott der Ordnung und Kontrolle Ifa gemeinsam auf der Welt wirken.

Eschu und Ifa reisten durch die Welt. Eschu prahlte, eines Tages werde er seinen Gefährten ins Verderben stürzen. Doch Ifa lachte nur und sagte: »Wenn du dich verwandelst, verwandle auch ich mich, und wenn ich sterbe, stirbst du auch, denn so ist es im Himmel bestimmt worden.«

Eines Abends machte sich Eschu heimlich auf den Weg und stahl aus einem Haus in der Umgebung einen Hahn, schnitt ihm den Kopf ab und versteckte ihn in seinem Mantel. Dann kehrte er zu Ifa zurück und rief: »Wach auf! Der Tod ist nahe!« Schon kamen die Dorfbewohner, die wütend über den Verlust des Hahns waren. Ifa und Eschu flohen, doch ließ Eschu heimlich Blut von dem toten Hahn auf die Erde tropfen, um ihren Weg zu markieren. Ifa blickte sich um und sah, daß die Dorfbewohner Beile und Keulen schwangen. Da kletterte Eschu auf einen hohen Baumwollbaum, Ifa verwandelte sich in einen Vogel, flog hinauf und hockte sich neben den Trickstergott, der nun meinte: »Habe ich es dir nicht gesagt? Habe ich dir nicht den Tod gebracht?« Ifa erwiderte: »Was auch immer mir geschehen mag, es geschieht auch dir!«

Die Dorfbewohner fällten den mächtigen Baum und liefen zu der Stelle, wo sie die beiden vermuteten. Doch statt Ifa und Eschu fanden sie nur einen großen Stein und einen Teich mit klarem, kaltem Wasser. Als sie den Stein anblickten, wurden ihre Köpfe schwer und heiß, und nur wenn sie sich dem Teich zuwandten, verschwand die schreckliche Hitze.

Der Häuptling des Dorfes erkannte, daß ein Wunder geschehen war, warf sich zu Boden und rief voll Ehrfurcht: »Wir, die wir von der Welt sind, beugen uns nieder und verehren euch!«

Wann immer Menschen Ifa ein Opfer darbringen, müssen sie zuerst Eschu davon kosten lassen, um zu gewährleisten, daß ihre Opfergabe angenommen wird.

Ein Stab oder Zapfen, der beim Ifa-Orakel verwendet wurde (siehe Randspalte rechts).

DAS IFA-ORAKEL
Die bekannteste afrikanische Form der Wahrsagung ist das Ifa-Orakel der Yoruba. Hierbei nimmt der Wahrsager 16 Palmnüsse von einem Baum, der nicht zur Herstellung von Palmwein verwendet wurde. Er (Wahrsager sind immer männlich) sitzt vor einer Wahrsagetafel und legt in jede Hand acht Nüsse. Diese schüttelt er nun durcheinander und läßt sie nach und nach in die rechte Hand fallen, bis sich nur noch ein oder zwei Nüsse in der linken Hand befinden. Wenn es nur eine Nuß ist, werden zwei Markierungen in den Staub der Wahrsageschale gezeichnet, bei zwei Nüssen eine Markierung. Diese Prozedur wird wiederholt, bis acht Markierungen auf dem runden Wahrsagebrett sind, welche als *odu* bezeichnet werden, als Figur, die den Wahrsager auf eine Reihe von symbolischen Erzählungen verweist. Diese nun erzählt er dem Fragenden aus dem Gedächtnis, bis dieser intuitiv jene Geschichte erkennt, deren Botschaft auf ihn zutrifft. Es soll 256 (also 16 mal 16) Kombinationen im Ifa-Orakel geben. Ein in den Grundzügen ähnliches, jedoch weniger differenziertes Orakel kennt man in Südafrika: man wirft vier geschnitzte Elfenbein- oder Knochenstücke, wobei sich 16 verschiedene Kombinationen ergeben können, die jeweils eine symbolische Bedeutung haben.
Die Fon von Benin haben das Ifa-Orakel unter dem Namen Fa übernommen. Sie glauben, das Schicksal jedes Menschen sei von dem Hohen Schöpfergott Mawu festgelegt und könne im Fa-Orakel enthüllt werden. Doch durch List und Strategie kann Elegba den strengen, von Mawu aufgestellten Gesetzen der Welt ausweichen, und daher müssen dem Hohen Gott und dem Schelmengot die gleichen Opfer dargebracht werden.

Holzschale mit Sockel in Form einer knienden Figur, in der bei der Ifa-Weissagung die Palmnüsse lagen.

TIERMYTHEN

Trickster, Erfinder und Umgestalter

Der Hase – hier Bestandteil einer Yoruba-Maske – gehört zu den meistverbreiteten Schelmengestalten afrikanischer Mythen.

Eine besondere Bedeutung in der afrikanischen Mythologie kommt Tieren zu, die in verschiedensten Gestalten und Rollen auftauchen. Wohl zu den bekanntesten gehört eine Tricksterfigur, die in West- und Zentralafrika als Spinne und in der Savannenregion Ost- und Südafrikas als Hase auftritt. Diese Unholde sind im Gegensatz zu göttlichen Wesen wie Eschu (siehe S. 274) relativ unbedeutend und besitzen an sich keine große Macht; doch mit ihrer Schläue überlisten sie kräftigere Tiere wie den Löwen, die Hyäne oder den Elefanten.

In einer bei den Zande in Zentralafrika erzählten Geschichte begegnet die Spinne Ture einem menschenfressenden Ungeheuer, das mit einem doppelseitigen Gong die Menschen in die Falle lockt. Um sein Vertrauen zu erwecken, bietet Ture ihm an, in den Gong zu klettern, läßt aber einen Arm heraushängen, so daß das Ungeheuer ihn nicht schließen kann. »Zeig mir, wie man es richtig macht«, bittet Ture. Als das Ungeheuer hineinkriecht, schlägt Ture den Gong zu und tötet es.

In einem anderen, auf dem ganzen Kontinent bekannten Mythos, beschließt Hase (eine Trickstergestalt, die mit den westafrikanischen Sklaven nach Amerika kam und dort als Brer Rabbit bekannt wurde) zu heiraten, ist aber zu faul, das Hirsefeld zu bestellen, um eine Frau zu ernähren. Er denkt sich eine bessere Methode aus, um die Arbeit zu erledigen, geht mit einem langen Seil in den Busch und sucht das Flußpferd.

»Mein Onkel«, sagt der Hase, »ich möchte dir dieses Seil umbinden und prüfen, ob ich dich von der Stelle ziehen kann. Wenn du siehst, daß das Seil sich bewegt, mußt du nur wie verrückt ziehen!« Das Flußpferd antwortet: »In Ordnung, wenn du es willst, mache ich es. Aber du wirst bestimmt erschöpft sein, wenn es zum Tauziehen kommt, und dann wird es dir leid tun!« Hase bindet das Seil um den Hals des Flußpferds und geht mit dem anderen Ende in der Hand

Die Überbringer des Feuers

In Afrika wird oft Tieren das Verdienst zugeschrieben, Feuer auf die Erde gebracht zu haben. Bei den Pygmäen ist es ein Hund oder die Schimpansen, und die Ila in Sambia sagen, eine Wespe habe das Feuer vom Hohen Gott auf die Erde gebracht. Die San (Buschleute), von denen der folgende Mythos stammt, erzählen, die Sonnenanbeterin, ein Tier, das in weiten Teilen Afrikas als heilig gilt, habe das Feuer gestohlen.

Eines Tages stellte die Sonnenanbeterin fest, daß es an der Stelle, an der der Vogel Strauß fraß, immer gut roch. Sie versteckte sich und konnte beobachten, wie der Strauß seine Speise auf einem Feuer briet und dieses nach dem Essen sorgfältig unter seinen Flügel versteckte.

Die Sonnenanbeterin ersann eine List, ging zu dem Strauß und sagte: »Ich habe einen wunderbaren Baum mit köstlichen Früchten gefunden. Wenn du mir folgst, zeige ich ihn dir!« Der Strauß ging mit ihr zu einem Baum, der voller gelber Pflaumen war. Als der Strauß davon zu essen begann, sagte sie: »Die beste Frucht ist ganz oben!« Als der Strauß sich auf die Zehenspitzen stellte und dabei seine Flügel weit ausbreitete, um das Gleichgewicht zu halten, stahl ihm die Sonnenanbeterin das Feuer. Seit dieser Zeit versuchte der Strauß nie wieder, zu fliegen, sondern drückt die Flügel immer fest an den Körper.

Später, so heißt es in der Geschichte weiter, starb die Sonnenanbeterin im eigenen Feuer, und aus ihrer Asche und ihren Knochen entstanden zwei verschiedene Sonnenanbeterinnen; die eine zurückhaltend und nachdenklich, die andere kühn und voller Unternehmungsgeist. Eines Tages töteten die Paviane den Sohn der kühnen Sonnenanbeterin und nahmen ihm ein Auge heraus. Der Geist der Sonnenanbeterin sah in einem Traum, was passiert war, besiegte die Paviane im Kampf und erhielt das Auge zurück. Sie tauchte es ins Wasser, und es wuchs zu einer neuen Sonnenanbeterin heran.

weg, bis er auf einen Elefanten stößt, dem er dieselbe Geschichte erzählt. Dann geht er zur Mitte des Seils und zerrt an beiden Seiten daran. Flußpferd und Elefant beginnen zu ziehen, und ihr Kräftemessen dauert bis zum Sonnenuntergang. In dieser Zeit haben sie einen großen Teil des Busches abgeholzt und gepflügt, und der Hase kann schließlich seine Hirse anbauen.

In vielen afrikanischen Mythologien helfen heilige Tiere bei der Erschaffung der Welt und bei der Gestaltung der Kultur. Wichtigste Beispiele dafür sind die weitverbreitete »kosmische Schlange« (siehe Randspalte rechts) und die Gottesanbeterin der Khoisaniden in Südwestafrika. Die Khoisaniden schreiben der Gottesanbeterin die Erfindung der Wörter zu; auch habe sie dem Strauß das Feuer gestohlen und es den Menschen gebracht (siehe Kasten gegenüberliegende Seite).

Zu den Umgestaltern gehört auch der Bleiche Fuchs, der im Schöpfungsmythos der weitgehend vom Ackerbau lebenden Dogon in Mali (siehe auch S. 266) auftaucht. Bleicher Fuchs gilt als Erfinder des Ackerbaus; er stahl Samen vom Schöpfergott Amma und säte ihn in die Erde, die seine Mutter war. Die Folge dieses Diebstahls aber war, daß es notwendig wurde, den Boden für die Saat zu reinigen, denn er war wegen des Inzests ausgetrocknet. Deshalb säten die Menschen Samen, die nicht gestohlen, sondern ein Geschenk Ammas eigens für diesen Zweck waren.

Als Ausgestoßener floh Bleicher Fuchs in die Wüste, die zu seiner Heimat wurde, doch die Menschen folgten ihm und kultivierten das Land. Auf diese Weise führten die Wanderungen des Fuchses zur Ausbreitung der menschlichen Zivilisation, und es heißt, daß Amma durch den Fuchs sowohl Unordnung als auch Ordnung in die Welt brachte. Aus der menschlichen Gesellschaft verstoßen, kann der Fuchs nun nur noch durch das Sandorakel mit den Menschen in Kontakt treten, indem er Abdrücke seiner Pfoten hinterläßt, um den Menschen den Weg in die Zukunft zu weisen.

Die ebenfalls in Mali lebenden Bambara schreiben die Erfindung des Ackerbaus einem urzeitlichen Kulturheros in Gestalt einer Antilope zu, der vom Schöpfergott Faro vom Himmel herabgeschickt wurde, um die Menschen in der Kunst der Feldbestellung und der Ernte zu unterweisen. Darstellungen dieser göttlichen Antilope sind überall in der Region zahlreich zu finden (siehe Abbildung rechts).

Eine Bambara-Skulptur aus Holz, welche die göttliche Antilope darstellt, einen Kulturheros, der die Geheimnisse des Ackerbaus auf die Erde brachte.

DIE GROSSE SCHLANGE

Die Schlange gehört zu jenen Lebewesen, die in der afrikanischen Mythologie am häufigsten auftauchen. Die Vorstellung von einer »kosmischen Schlange« als Urkraft der Schöpfung ist dabei von besonderer Bedeutung. Die Fon von Benin beispielsweise glauben, die zweigeschlechtliche Zwillingsgottheit Mawu-Lisa habe die Welt durch eine Schöpferkraft errichtet, die sich wie eine Riesenschlange fortbewegt und Da Ayido Hwedo heißt. Diese Kraft erscheint auch im Regenbogen und in den Gewässern. Am Anfang ringelte sich die Schlange um die ungeformte Erde, um sie zusammenzuhalten, eine Aufgabe, die sie bis heute erfüllt. Durch ihre unablässige spiralförmige Bewegung setzt sie die Himmelskörper in Gang.

Eine ähnliche Rolle wird in Süd- und Zentralafrika der Urschlange Chinaweji oder Chinawezi zugeschrieben, die in der Mythologie Südostzaires als der Regenbogenkönig Nkonogolo auftaucht (siehe S. 271). In einem weitverbreiteten nordafrikanischen Mythos heißt es, das erste Wesen, das die Schöpfergottheit schuf, sei die kosmische Schlange Minia gewesen, deren Kopf sich im Himmel befindet und deren Schwanz bis zum Wasser unter der Erde reicht. Ihr Körper bestand aus sieben Teilen, aus denen der Gott die Welt machte (siehe S. 266).

Der Schlangenkopf aus Bronze stammt aus dem westafrikanischen Königreich Benin, das vom 15. bis zum 18. Jh. seine Blütezeit erlebte.

AUSTRALIEN

Ayers Rock, eine Felsenformation aus Sandstein, auch unter dem Namen Uluru bekannt, ist eine der heiligsten Stätten Australiens und Schauplatz zahlreicher Mythen, so auch der Geschichte der Glockenvögel-Brüder (siehe S. 286).

Man nimmt heute an, daß Australien seit mindestens 50 000 Jahren besiedelt ist und daß die Vorfahren der heutigen Aborigines während der letzten Eiszeit mit dem Boot von Südostasien her kamen. Der spätere Anstieg des Meeresspiegels hat wohl die ältesten Siedlungen im Norden überschwemmt.

Bis zur Kolonisation durch die Europäer im späten 18. Jahrhundert waren die Ureinwohner Australiens fast ausschließlich Jäger und Sammler. Die Gesellschaft der Aborigines war egalitär, dezentral und in voneinander unabhängige Stämme mit jeweils 50 bis 500 Mitgliedern gegliedert, die gemeinsame Vorfahren hatten. Dieses System hat sich in australischen Reservaten der Aborigines teilweise bis heute erhalten.

Obwohl jeder Stamm an ein bestimmtes Gebiet gebunden war, in dem er besondere Rechte hatte, gab es häufig Bündnisse zwischen benachbarten Stämmen, um gemeinsam ein größeres Gebiet zu durchstreifen. Auch gewährten sich die Stämme untereinander Zugang zu ihren Territorien, wenn es zeitweilig – oder jahreszeitlich bedingt – Nahrungsüberschüsse gab; und Heirat zwischen den Mitgliedern verschiedener Stämme festigte den Zusammenhalt. Ein Mosaik mythischer Elemente, das mehreren Stämmen gemeinsam ist, spiegelt diese wirtschaftlichen Verflechtungen.

Trotz dieser Beziehungen gibt es keinen in sich geschlossenen Mythenkomplex, der auf dem ganzen australischen Kontinent erzählt worden wäre. Im allgemeinen handeln die Erzählungen von den Abenteuern eines Kulturheros und Vorfahren, der in dem Gebiet eines bestimmten Stammes umherzog. Der benachbarte Stamm wiederum erzählt von den Taten dieses Helden in seinem Gebiet, und so weiter. Kein Stamm weiß, wo die Reise des Helden begann und wo sie endete. So entdeckten Männer aus Zentralaustralien erst als Viehtreiber in Port Augusta, daß hier die Geschichte der Sieben Schwestern endete (siehe S. 287 und Karte gegenüberliegende Seite). Einer Theorie zufolge stellen die Pfade dieser Heroen die Wege dar, auf denen religiöse Kulte weitergegeben wurden.

DIE TRAUMZEIT

Die Wurzeln der Mythologie der Aborigines liegen in der Schöpfungsperiode oder Traumzeit, die bei den Worora der Kimberleys *Laliya*, bei den Yolngu von Arnhem Land *Wongar* und bei den Pitjantjatjara der westlichen Wüstenregion *Jukurpa* heißt. Die Traumzeit (Dream Time oder Dreaming) bezeichnet sowohl einen Zeitraum als auch einen Seinszustand. Zeitlich bezieht sich der Begriff auf jene Urzeit, in der die Ahnen Australien durchwanderten, die Landschaft formten (siehe S. 286f), die gesellschaftliche Ordnung festlegten und die Geister ungeborener Kinder hervorbrachten. Als Seinszustand bleibt das Dreaming in bestimmten Ritualen zugänglich: Die Teilnehmer verwandeln sich für kurze Zeit selbst in jene Ahnen, deren Reise sie nachgestalten oder deren Kraft sie entfesseln, indem sie heilige Zentren aufsuchen.

Die Aborigines unterscheiden gewöhnlich zwischen der Gegenwart, der Vergangenheit innerhalb der lebendigen Erinnerung und der fernen Vergangenheit, in der die Ahnen wirkten. Die Übergänge zwischen diesen Zeiträumen sind verschwommen, und die Lebenszeit der kürzlich Verstorbenen fließt unmerklich mit der ihrer Urahnen zusammen: ein Prozeß, der bereits vor dem Tod eines Menschen beginnen kann.

MYTHOS UND RITUAL

Bei den Ritualen der Aborigines sind zwei Haupttypen zu unterscheiden. Der erste ist öffentlich und dient der Vergegenwärtigung der Traumzeit, in der wichtige Zeremonien, etwa das Initiations- und das Begräbnisritual, begründet wurden. Jeder Stamm besitzt seine eigenen Lieder und eigene Körperbemalungen, die im Verlauf dieser Zeremonien verwendet werden.

An dem zweiten Ritentypus, einem »Wachstums«-Ritual, nehmen häufig nur wenige teil. Es findet an einem heiligen Zentrum statt, etwa an einem Felsen, in dem die Schöpferkraft eines Ahnen konzentriert ist. Man wirft Staub von dieser Stätte in die Luft, schlägt gegen den heiligen Felsen oder zündet ein Feuer an und lenkt den Rauch auf den Felsen. Bei all diesen Handlungen ist das Ziel die Entfesselung der Schöpferkräfte des Ahnen und die Fortpflanzung der Tierart, die das Totemtier des Ahnen oder der Ahnin ist.

MYTHOS UND KUNST

Die Aborigines waren bis in die neueste Zeit hinein schriftlose Völker; deshalb ist die bildende Kunst auch die wichtigste Quelle der australischen Mythologie neben der mündlichen Überlieferung. Im Norden sind Menschen, Tiere und andere Wesen im Silhouetten-Stil umriß- und skizzenhaft dargestellt (siehe Abbildungen S. 280f, 281, 284, 285); dieser ist mindestens 15 000 Jahre alt. In Zentralaustralien sind Menschen und Tiere durch die Abdrücke dargestellt, die sie im Sand hinterlassen: Tiere durch ihre Fußspuren, der Mensch häufig durch den Abdruck, den er hinterläßt, wenn er mit überkreuzten Beinen dasitzt (siehe Abbildung S. 287). Diese Tradition ist zwischen 10 000 und 30 000 Jahre alt. Mythologische Motive werden auch auf Felsen, Körpern, der Erde oder auf Baumrinde dargestellt. Die jahrtausendealte Felsmalerei bezeugt die kulturellen Traditionen der Aborigines.

Baumrindenmalerei aus den Kimberleys, die eine wandjina-*Gestalt darstellt, einen Ahnengeist aus der Traumzeit der Aborigines. Jeder Clan besitzt eine solche* wandjina-*Gestalt, die jeweils mit einem bestimmten Tier als seinem Schutzgeist in Verbindung gebracht wird.*

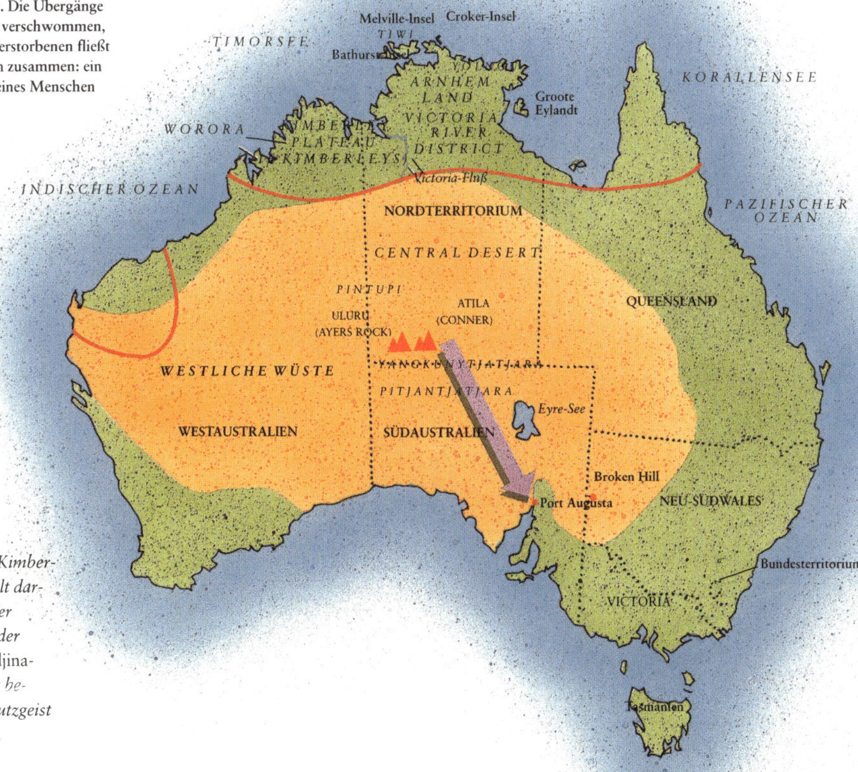

LEGENDE

- Südliche Grenze des Silhouetten-Stils in der Kunst
- Heiliger Berg
- Aborigines: *TIWI*
- Region: *ARNHEM LAND*
- Australischer Bundesstaat: QUEENSLAND
- Pfad der Sieben Schwestern
- Wüste

DAS ERZÄHLEN VON MYTHEN

Die Geschichten der Aborigines wurden im allgemeinen mündlich weitergegeben. Da jeder Geschichtenerzähler eigene Varianten hinzuerfindet, gibt es nicht nur eine einzige verbindliche Version eines Mythos. Welche Ereignisse erzählt werden, hängt stark von der Stellung der Zuhörer ab oder auch von der Stellung des Geschichtenerzählers. Ein »Mythos« im Sinne einer Erzählung ist häufig nur die Zusammenfassung einer viel komplizierteren Geschichte, die in Liederzyklen wiedergegeben wird. Diese umfassen Hunderte von Versen und werden meist nur während einer Zeremonie vorgetragen (siehe S. 281).

Die Zukunft dieser mündlichen Kultur ist ungewiß, da die Sprachen der Aborigines langsam verschwinden. Von den etwa 200 Sprachen, die vor der Kolonialzeit gesprochen wurden, haben nur etwa 50 überlebt, die von einem Viertel der heute 160 000 Aborigines gesprochen wird. Am besten erhalten haben sich die Sprachen im Landesinnern und im Norden, wo die europäische Besiedlung weniger flächendeckend war.

DIE GROSSE FLUT

Ursprungsmythen

Felszeichnung aus dem Victoria River District mit einer Schlange (vielleicht die Schlange der Großen Flut) und einem Känguruh, einem Dingo und anderen Motiven.

Die Mythen der Aborigines über den Ursprung der Welt handeln nicht von der Erschaffung des Kosmos aus dem Nichts, sondern vom Ursprung und der Gestaltung der heutigen Umgebung und der heutigen Gesellschaft in einer Welt, die schon immer existiert hat. Mehrere Völker, insbesondere die der nördlichen tropischen Küstenregion Australiens, führen ihre Entstehung auf eine große Flut zurück, die die vorherige Landschaft und Gesellschaft vernichtet hat. Wie neueste archäologische Untersuchungen nahelegen, lassen sich diese Mythen möglicherweise auf eine tatsächliche Flut zurückführen. Demnach hat der Anstieg des Meeresspiegels nach der letzten Eiszeit die Gesellschaften Nordaustraliens stark beeinflußt, was sowohl aus den Siedlungsformen als auch aus den Felsbildern ersichtlich ist. Die Höhlenbilder im westlichen Arnhem Land, die die Große Schlange der Urflut darstellen, entstanden wahrscheinlich in der nacheiszeitlichen Periode, in der sich der Meeresspiegel stabilisierte und der heutige nordaustralische Küstenverlauf herausbildete.

Die Urflut wird auf verschiedene – menschliche und tierische – Wesen zurückgeführt. Für die Worora in den Kimberleys Nordwestaustraliens verursachten die Ahnen und Kulturheroen der mythischen Urzeit, die *wandjina* (siehe S. 279), eine Überschwemmung, durch die die vorher bestehende soziale Ordnung vernichtet wurde. Dann begab sich jedes *wandjina*-Wesen in sein eigenes Land, malte die Bilder an die Felshöhlen und schuf eine neue Gesellschaftsordnung. Die Tiwi der Inseln Melville und Bathurst vor der australischen Nordküste beschreiben, wie ihre Inseln in der »Zeit der Schöpfungsperiode« oder »Traumzeit« durch eine blinde alte Frau vom Festland getrennt wurden. Diese alte Frau, Mudungkala mit Namen, kam mit drei kleinen Kindern auf ihrem Arm, den ersten menschlichen Wesen, die die Inseln bevölkerten, aus der Erde im Südosten der Melville-Insel hervor. Als die Frau die gestaltlose Landschaft durchquerte, sprudelte überall, wohin sie ihren Fuß setzte, Wasser aus dem Boden und trennte die Inseln vom Festland ab.

In zahlreichen australischen Ursprungsmythen ist es die Große Regenbogenschlange, die die Flut verursacht hat. Tiefe Teiche oder küstennahe Strudel gelten bis heute als ihr Aufenthaltsort. Die Schlange spielt auch in der Geschichte von den Wawilak-Schwestern eine Rolle, die die Yolngu im nordöstlichen Arnhem Land erzählen. Es ist eine jener Geschichten, in denen erzählt wird, wie die Ahnen während der Schöpfungsperiode durch das Land zogen, das jetzt unter mehreren Stämmen aufgeteilt ist. Wie in solchen Mythen üblich, kennen die

Yolngu nur jenen Teil der Reise der Wawilak-Schwestern, der in ihrem Gebiet stattfindet. Jeder Stamm entlang der Route besitzt bestimmte totemistische Tiere, Pflanzen und andere Objekte, die mit den Schwestern und ihren jeweiligen Abenteuern verknüpft sind. Der Morgenstern, so heißt es etwa, gehe an jener Stelle auf, an der die Schwestern ihre Reise begannen; die Moskito, die den Beginn der Regen- und Überschwemmungszeit kennzeichnet, wird mit Yurlunggur in Verbindung gebracht, jener Schlange, die im Mythos als die Verursacherin einer großen Flut gesehen wird.

Die Schwestern zogen irgendwo vom Landesinnern aus in Richtung Nordküste von Arnhem Land. Die jüngere Schwester war schwanger, die ältere hatte ein kleines Kind, das sie in einer aus dünner Rinde gefertigten Wiege unter ihrem Arm trug. Unterwegs jagten sie Eidechsen, Beutelratten und Bandikuts und sammelten Pflanzen als Nahrung. Jeder Pflanzen- und Tierart, der sie begegneten, gaben sie einen Namen, ebenso den Plätzen, an denen sie vorbeizogen. Und als die jüngere Frau ihre Wehen bekam, sammelte ihre Schwester weiche Rinde und machte daraus ein Bett. Als das Menstruationsblut der älteren Schwester, ohne daß sie es merkte, in ein Wasserloch floß, wurde Yurlunggur, eine halbmenschliche Pythonschlange, die dort lebte, wütend und schickte einen Sturm und eine große Überschwemmung. Die Schwestern sangen Lieder, um die Schlange zu vertreiben, doch sie verschlang sie und ihre Söhne zur Strafe dafür, daß sie die Quelle verschmutzt hatten.

Als die Flut zurückging, stieg die Schlange Yurlunggur, die sich über den Fluten aufgebäumt hatte, zur Erde herunter und schuf an der Stelle, wo sie zuerst die Erde berührte, die erste Initiationsstätte der Yolngu. Dann spie die Schlange die Schwestern und deren Söhne wieder aus: sie wurden die ersten Initiierten der Yolngu. Zwei andere Männer, die das Brausen des Sturms gehört hatten, wollten sehen, was geschehen war. Sie lernten die Lieder, die die Schwestern gesungen hatten und vollzogen später auch die erste Initiationszeremonie (siehe Kasten unten).

Die Vergegenwärtigung des Wawilak-Mythos

Bei den Yolngu wird während der Initiationszeremonie der Knaben d e Verschlingung der Wawilak-Schwestern und ihrer Söhne nachvollzogen. Jede Episode des Ritus, die einen symbolischen Tod vor der Wiedergeburt als Erwachsener darstellt, wird von Gesängen begleitet, die die wichtigsten Teile des Mythos in allen Einzelheiten wiedergeben. Diese Gesänge sind Teil eines riesigen Zyklus, aus dem im Verlauf der Zeremonie mehrere hundert Strophen vorgetragen werden.

Die Rolle der wandernden Schwestern übernehmen Yolngu-Frauen, und mit den sie begleitenden Gesängen werden die Geschehnisse an jeder Landmarke der Reise, etwa an Wasserlöchern und Felsen, in Erinnerung gerufen.

Im weiteren Verlauf der Zeremonie »verschlingen« die Männer, die die Schlange Yurlunggur darstellen, die Knaben, indem sie sie hochheben und zum abgegrenzten Bezirk der Initiation tragen, zu dem Frauen keinen Zutritt haben. Nach der Initiation werden die Knaben als von der Schlange wieder »ausgespuckt« betrachtet.

Die Geschichte der Wawilak-Schwestern war Objekt intensiver ethnologischer Forschung, doch sie stellt nur einen kleinen Teil eines riesigen, spirituell und rituell bedeutsamen Mythenkomplexes der Yolngu dar.

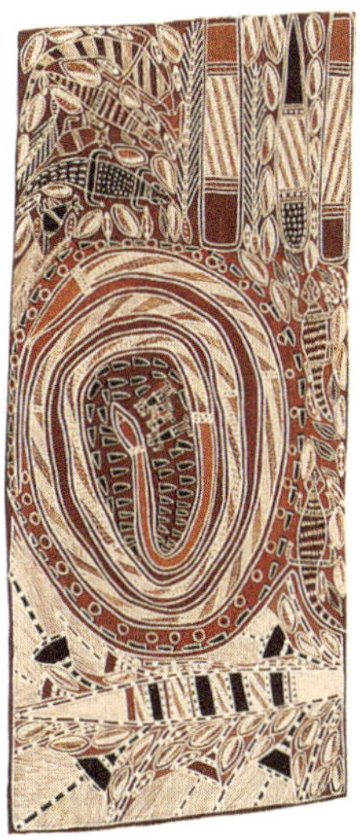

Die Schlange Yurlunggur; moderne Baumrindenzeichnung des Aborigine Paddy Dhatangu. Yurlunggur windet sich um die Wawilak-Schwestern und deren Söhne; um diese herum sind die Fußstapfen zu sehen, die die Schwestern bei dem vergeblichen Versuch, der Schlange zu entkommen, hinterlassen haben.

TOD UND TRAUER

Der Ursprung der Sterblichkeit

Diese Baumrindenmalerei (oben) aus dem nordöstlichen Arnhem Land zeigt ein Begräbnisritual für drei Tote, die in ihren Gräbern liegend dargestellt sind. Die Kreise stellen die Wasserlöcher dar, aus denen die Geistkinder emporsteigen und in die die Geister der Toten mit Booten in Form der Gräber zurückkehren. Ein Mann (oben rechts) schlägt Stöcke aneinander – vermutlich im Rhythmus der zeremoniellen Gesänge, die das Ritual begleiten. Andere Trauernde tragen Körbe aus Papierrinde auf dem Kopf. Das Hintergrundmuster symbolisiert den Stamm, aus dem die Verstorbenen kommen.

In den Mythen der Aborigines wird die Sterblichkeit des Menschen als Folge groben Fehlverhaltens verstanden. Die heroischen Ahnen der Schöpfungsperiode (siehe S. 279) sollen noch im Besitz des ewigen Lebens gewesen sein. Doch durch Bosheit, Dummheit und Gier verloren die Menschen das Geschenk der Unsterblichkeit, das von da an nur noch der Mond besitzt, der jeden Monat zu- und wieder abnimmt, und die Krabbe, die ihre alte Schale abwirft, damit eine neue entstehen kann.

Nach der Vorstellung der Worora in den westlichen Kimberleys war der erste Mensch, der starb, Widjingara; er wurde im Kampf gegen die *wandjina*, urzeitliche Wesen (siehe S. 279), getötet. Diese Geister wollten eine Frau entführen, die bereits einem anderen zur Ehe versprochen war, und Widjingara kämpfte dafür, daß die Heiratsregeln, die die beiden Männer Wodoy und Djunggun aufgestellt hatten (siehe S. 284), nicht verletzt wurden. Sein Leichnam wurde in einen schwarzen Sarg gelegt, und seine Frau, die Schwarzköpfige Python, begann zu trauern. Sie schor sich die Haare und streute Asche auf ihr Haupt und ihren Körper. Damit begründete sie die bis heute gültige Trauerzeremonie der Aborigines.

Als dann Widjingara, mit wiederhergestelltem Körper, aus seinem Grab zurückkehrte, fragte die Schwarzköpfige Python zornig: »Weshalb bist du zurückgekommen? Sieh mich an, ich habe mir schon das Haar geschoren und mit Asche gefärbt!« Widjingara, der nun seinerseits über den unfreundlichen Empfang zornig war, kehrte empört ins Grab zurück. Später verwandelte er sich in die Wildkatze (Dasyurus), ein australisches Beuteltier, das Ähnlichkeiten mit einer Hauskatze hat und nachts auf Beutefang geht. Seither ist die Möglichkeit der Verjüngung endgültig verspielt. Alle Menschen müssen sterben, und die Python hat immer das Aussehen einer Trauernden. Bevor die Missionare Anfang des 20. Jahrhunderts kamen, war es bei den Worora Sitte, den Leichnam auf einer Begräbnisplattform liegenzulassen, bis er verfallen war; dann wurden die Knochen in eine Höhle gebracht, die innerhalb des Stammesgebiets lag. Wenn die Begräbnisplattform nicht gut gebaut war, konnte die Wildkatze, die Manifestation Widjingaras, manchmal dabei beobachtet werden, wie sie sich über den verwesenden Leichnam hermachte.

Die Murinbata im Nordosten des Victoria River District erzählen, wie einst die Krähe und die Krabbe über die beste Art des Sterbens einen Disput führten. Die Krabbe meinte, sie wüßte, wie es am besten zu bewerkstelligen sei, und bat die Krähe zu warten, bis sie zurückkäme. Die Krabbe suchte sich ein Loch in der Erde, streifte ihre alte runzelige Hülle ab, betrat das Loch und wartete, bis sich eine neue bildete. Doch die Krähe war ungeduldig, und nach einiger Zeit wollte sie wissen, was geschehen war. Als die Krabbe die Krähe durch das Loch spähen sah, bat sie sie, noch ein bißchen zu warten. Dann trat sie mit ihrer neuen Hülle heraus, doch die Krähe rief: Das dauert mir zu lange, ich kenne einen schnelleren Weg zu sterben!« Sie rollte ihre Augen nach hinten und fiel auf den Rücken. »Arme Krähe!« sagte die Krabbe. Sie holte Wasser und bespritzte die Krähe damit, konnte sie aber nicht wieder lebendig machen, denn sie war tot. Die Murinbata vergleichen den Tod der Krähe und den Tod der Krabbe mit den Tänzen, bei denen sich zwei Tänzer zum profanen Tanz wählen. So wie sich jeder Tänzer den aussucht, der für ihn am besten geeignet ist, sowar für den Menschen die beste Art zu sterben die der Krähe.

Einen anderem Mythos über den Ursprung des Todes kennen die Tiwi der Inseln Melville und Bathurst vor der Nordküste Australiens. Die Tiwi leben zwar nur 25 Kilometer vom Festland entfernt, doch waren sie mehrere tausend Jahre lang von den anderen Aborigines vollkommen isoliert. In ihrer Mythologie wird erzählt, daß die Insel von den Nachkommen Mudungkalas, einer alten blinden Frau (siehe S. 280), besiedelt wurde. Deren Sohn Purukupali heiratete (unklar ist, woher seine Frau kam) und zeugte einen Sohn. Purukupali lebte mit Tjapara, dem Mondmann, zusammen, der unverheiratet war und Purukupalis Frau zu verführen trachtete. An einem sehr heißen Tag ging sie mit Tjapara in den Wald und ließ ihr Söhnchen im Schatten eines Baumes allein zurück. In ihrer Abwesenheit zog die Sonne weiter und schien auf das Kind, welches starb. Purukupali war sehr zornig und bestimmte, daß von nun an alle sterben müßten. Tjapara aber bat, den toten Körper des Kindes mitnehmen zu dürfen, denn er könne ihn nach drei Tagen wieder zum Leben erwecken. Purukupali lehnte dies ab, und nachdem er auch Tjaparas wiederholtem Bitten kein Gehör geschenkt hatte, abgewehrt hatte, nahm er den Leichnam des Kindes und stieg damit ins Meer; an der Stelle, an der er unterging, bildete sich ein starker Strudel. Tjapara verwandelte sich in den Mond und erhob sich in den Himmel, wobei die Narben, die er sich im Kampf mit Purukupali zugezogen hatte, noch zu sehen waren. Nun versammelten sich die anderen Bewohner der Insel zur ersten Totenzeremonie und fertigten große bemalte Pfähle, wie sie heute von allen Tiwi bei Begräbniszeremonien benutzt werden.

In den Ursprungsmythen der Aborigines tauchen häufig Urwesen auf, die als Geschöpfe oder Nachkommen eines Elternpaares Bruder und Schwester sind. Auf verschiedene Weise wird erzählt, wie sie nach dem Verlust ihrer Unsterblichkeit heiraten können, um spätere Generationen zu zeugen. Manchmal heißt es, daß sich zu jener Zeit auch Geschwister paaren konnten, da das Inzestverbot erst später aufkam.

In anderen Mythen verbindet sich der Urheld oder die Urheldin mit einem anderen Urwesen, dessen Herkunft, wie im Fall von Purukupalis Frau, unbekannt ist. Da der Mythos in einer Welt spielt, die sowieso ständig in Veränderung begriffen, dem Wechsel unterworfen und daher nicht an die Bedingungen der gegenwärtigen Welt gebunden ist, ist es auch nicht notwendig, die Existenz aller auftretenden Urwesen zu erklären.

Begräbnismythen der Tiwi

Die Tiwi sind berühmt für die farbenprächtigen Begräbnispfähle, die erstmals nach dem Kampf zwischen Purukupali und Tjapara (siehe oben) errichtet worden sein sollen.

Wenn ein Mitglied des Tiwi-Stammes stirbt, wird der Leichnam zwar sofort begraben, das Begräbnisritual findet jedoch erst mehrere Monate später statt, wenn der Schmerz der Familie in den Hintergrund getreten ist. Beim Begräbnis, *pukimani* genannt, werden bunt bemalte Pfähle über dem Grab errichtet, deren Anzahl je nach dem Alter des Toten und dessen Stellung schwankt. Diese Pfähle symbolisieren die Verbindung der Welt der Lebenden mit der Welt der Toten.

Pukimani-*Pfähle aus hartem Eisenholz von einer Begräbnisstätte auf der Insel Bathurst. Die Holzschnitzer werden entsprechend der Qualität ihrer Arbeit bezahlt.*

DER URSPRUNG DER EHE

Habichtsadler und Krähe; Wodoy und Djunggun

In regionalen Mythen wird der Ursprung der Ehe erklärt: In den Mythen des Südostens heißt es, die Männer Habichtsadler (Biljara) und Krähe (Wagu) hätten die Ehe begründet, indem sie den Verwandtschaftsgrad festlegten, ab dem eine Verbindung erlaubt war. Krähe versuchte häufig, Habichtsadler zu überlisten. In einer Geschichte war Habichtsadler der Beschützer zweier Mädchen, die zu heiraten er Krähe verbot. Aus Rache tötete Krähe Habichtsadlers Sohn und versuchte, den Mord jemand andern anzulasten, doch Habichtsadler erfuhr die Wahrheit und begrub Krähe zusammen mit seinem Sohn. Krähe konnte entkommen, und die Fehde ging weiter. In einer anderen Geschichte verwandelte Habichtsadler Krähe (Wagu) in eine Krähe; doch er wurde selbst zu einem Vogel, als Krähe ihn durch eine List dazu brachte, in den Himmel aufzusteigen.

Die Gemeinschaften der Aborigines sind gewöhnlich in zwei Gruppen geteilt, von denen eine jede mit einem der Hauptkontrahenten, Habichtsadler oder Krähe, in Verbindung gebracht wird. Nur Angehörige unterschiedlicher Gruppen dürfen heiraten; die Kinder gehören entweder der Hälfte des Vaters (wie in den Kimberleys) oder der Hälfte der Mutter an (wie im Südosten).

Wodoy und Djunggun

Dieser Mythos aus den westlichen Kimberleys entspricht den Mythen um rohe oder gekochte Nahrung aus dem Flachland Südamerikas, die der französische Ethnologe Claude Lévi-Strauss (siehe S. 13 und S. 262f) einer Deutung unterzog. Er interpretierte das Kochen von Honig als Inzestmetapher. In Südamerika gibt es z. B. Honig, der so süß schmeckt, daß man bei seinem Genuß glaubt, das Feuer der Liebe würde einen verbrennen.

In früher Zeit, als die Menschen noch nicht zwischen Generationen oder Familien unterschieden, waren inzestuöse Beziehungen allgemein üblich. Doch dann traten die beiden Männer Djunggun und Wodoy auf, die Regeln für die Ehe aufstellten und zwischen Schwester und Ehefrau unterschieden. Sie tauschten holzgeschnitzte sakrale Geschenke aus und sagten: »Laßt uns jeder die Tochter des anderen heiraten, damit wir einander respektieren können und gut miteinander auskommen.« (In den Kimberleys entstehen zwischen den Stämmen heute noch Bindungen durch den regelmäßigen Austausch von Holzschnitzereien, rotem Ocker, Papageienfedern und Frauen in heiratsfähigem Alter.) Djunggun sammelte wilden Honig, wickelte ihn in das Blatt einer Lilie und kochte ihn in einer Grube. Wodoy war über die Dummheit Djungguns entsetzt, denn er wußte, daß Honig roh am besten schmeckte. Doch er konnte ihn nicht mehr zurückhalten, es war bereits zu spät. Wodoy probierte den gekochten Honig, und er schmeckte ihm nicht.

Als Djunggun, der nicht nur dumm, sondern auch gierig war, seine Tochter für sich behalten wollte, nahm Wodoy einen Stock und hieb ihm den Kopf ab. Von da ab heiratete kein Mann mehr seine eigene Schwester. Wodoy und Djunggun wurden in Vögel verwandelt, und zwar in zwei Arten von Nachtschwalben.

Diese Baumrindenmalerei aus dem westlichen Arnhem Land stellt eine weibliche Gestalt mit seltsam verrenkten Beinen dar; möglicherweise handelt es sich um eine Frau, die durch einen Zauberspruch dafür bestraft wurde, daß sie gegen die Regeln der ehelichen Gemeinschaft verstoßen hat.

TRICKSTER

Die gestörte Ordnung der Ahnen

In vielen Teilen Australiens wird von Geistern erzählt, die unvorhergesehene Ereignisse hervorrufen. Zwar können sie auch Wohltaten bewirken, doch meist bringen sie die Ordnung der Vorfahren ins Wanken, indem sie erlegtes Wild stehlen oder Menschen zum Diebstahl, zum Kampf oder zu anderen Verstößen gegen die soziale Ordnung verleiten. Einige Forscher gehen davon aus, daß diese Geister oder Trickster in einem frühen Stadium der Mythologie der Aborigines entstanden, noch vor jenen heldenhaften Urahnen, die mit der Aufteilung der Gesellschaft in Stämme in Verbindung stehen.

In den westlichen Kimberleys wird von Gruppen solcher Wesen, den Ngandjala-Ngandjala und den Wurulu-Wurulu erzählt, die durch den Busch wandern und Gelegenheiten suchen, um Unheil anzurichten. So zerstören sie die Höhlen, in denen die heldenhaften Urahnen Darstellungen von sich selbst hinterlassen haben, und übermalen sie mit eigenen Bildern. In der Kunst der Aborigines sehen diese Geister fast alle gleich aus. Die Ngandjala-Ngandjala gelten jedoch nicht überall als bösartig; in einigen Regionen glaubt man, daß sie die Ernte zerstören, in anderen wiederum, daß sie die Erträge steigern und eßbare Früchte reifen lassen, indem sie sie kochen. Während der Monsunzeit sind sie, so heißt es, manchmal in den Wolken zu sehen, und Nebelschwaden, die nach dem Regen aus dem Busch aufsteigen, lassen die Lagerfeuer erkennen, an denen sie ihre Früchte kochen. Sie gelten selbst als Opfer eines anderen Geistes namens Unguramu, der aus dem Feuer der Ngandjala-Ngandjala schmorende eßbare Wurzeln raubt. Die Ngandjala-Ngandjala packen aus Rache Unguramus Schwanz und ziehen an ihm, bis er das Versteck des gekochten Essens preisgibt.

Die Wurulu-Wurulu stören die Ordnung der Ahnen, indem sie Banksia-Blumen suchen, die sie an schmale Stöckchen binden und als Werkzeug benutzen, um Honig aus dem Nest wilder Bienen zu ziehen. Wenn jemand ein leeres Nest entdeckt, weiß er gleich, daß die Wurulu-Wurulu vorher hier gewesen sind.

Argula, ein weiterer Unhold der westlichen Kimberleys, wird mit Zauberei in Verbindung gebracht. Unsoziales Verhalten kann dadurch bestraft werden, daß eine mißgestaltete menschliche Figur an die Wand einer Felsenhöhle gemalt wird, vor der dann beleidigende Lieder gesungen werden. Dadurch, so glaubt man, kommt Unheil oder Tod über den Übeltäter. Diese Zeichnungen werden manchmal auch als das Werk Argulas verstanden. Auf ähnliche Weise schreiben Aborigines die alten Felsmalereien des westlichen Arnhem Lands – die von Archäologen auf die Zeit vor dem Anstieg des Meeresspiegels nach der letzten Eiszeit datiert werden – einer Gruppe von Geistern namens *mimi* zu. Die anmutigen, behenden Figuren in diesen Zeichnungen gelten als Verkörperungen dieser Wesen, die in den Felsspalten entlang der Steilküste des Arnhem Lands leben. Die *mimi* werden zornig, wenn sie von einer unbekannten Person überrascht werden, die durch das Buschland wandert. Um dies zu vermeiden, rufen Eingeborene, wenn sie das felsige Gebiet durchwandern, den Geistern ständig etwas zu, um sie auf die Anwesenheit von Menschen hinzuweisen. Die *mimi* bestrafen Menschen, die ohne Vorwarnung auftauchen, mit Krankheit. Ansonsten gelten sie im allgemeinen als wohlwollend: so lehrten sie die Menschen zum Beispiel die Jagd. Wenn aber ein Jäger auf ein zahmes Wallaby trifft, soll er es lieber laufen lassen, denn es könnte ein gezähmtes Tier der *mimi* sein, die jeden töten, der ihm etwas antut.

Andere Geister sind eher düsteren Charakters. Die Namorodo des westlichen Arnhem Lands, die so dünn sind, daß sie nur aus Haut und Knochen bestehen, sind besonders gefürchtet. Sie sind nachts unterwegs und geben beim Fliegen zischende Laute von sich. Sie können dem, der sie hört, mit einer ihrer langen Klauen einen tödlichen Schlag versetzen. Kranke und Verletzte sind besonders verwundbar. Wenn der Geist eines Toten von den Namorodo gefangen wird, kann er sich nicht mehr den totemistischen Ahnen anschließen, sondern verwandelt sich selbst in ein böses Wesen. Die Namorodo werden mit Sternschnuppen und – auf Baumrindenmalerei – mit Zauberei in Verbindung gebracht.

Baumrindenmalerei aus Arnhem Land: eine Gruppe männlicher und weiblicher Geister, wahrscheinlich eine Darstellung der mimi. *Manchmal kann man sie in der Nacht hören, wenn sie in den Felsen, die sie bewohnen, singen oder zum Rhythmus eines Liedes Stöcke aneinanderschlagen.*

DIE LANDSCHAFTSFORM

Mythen der wandernden Ahnen

Kreuz und quer durch Zentralaustralien verlaufen die Pfade der heroischen Ahnen, von denen es oft heißt, sie hätten Hunderte von Kilometern zurückgelegt: einige in menschlicher Gestalt, andere in Gestalt von Känguruhs, Wallabys, Eidechsen, Schlangen oder Vögeln. Manche, zum Beispiel die Glockenvögel-Brüder (siehe Kasten unten), die nur regionale Bedeutung haben, wanderten nicht mehr als hundert Kilometer. Andere, etwa Malu, das Rote Känguruh, das aus den Kimberleys ins Landesinnere wanderte, oder die Sieben Schwestern (siehe gegenüberliegende Seite) zogen Hunderte von Kilometern weit und durchwanderten die Gebiete vieler Stämme. Diese Helden hinterließen Höhlen, Felsen und Flüßchen und markierten so die Orte, an denen sie ihr Lager aufgeschlagen, gejagt oder gekämpft hatten. Solche Landmarken werden als heilige Zentren betrachtet, an denen sich die schöpferische Energie der Ahnen konzentriert.

Die Energie eines Urwesens kann entfesselt werden, indem man die Stelle reibt oder schlägt, wo es die Welt verlassen hat und in der Erde verschwunden ist. Der der einer bestimmten Stelle zugeordnete Vorfahre wird in demjenigen wiedergeboren, der an dieser Stelle zur Welt kommt, und so zum Hüter dieser heiligen Stätte wird.

Die Legenden über Wanderungen der Ahnen dienen häufig dazu, regionale Zeremonien zu untermauern und die Bande zwischen Stämmen verschiedener Sprache, die während langer Dürrezeiten zusammenhalten müssen, zu stärken.

Die Glockenvögel-Brüder

Je nach dem Ort, an dem die Mythen erzählt werden, kann sich der Schwerpunkt ändern. Die beiden folgenden Fassungen der Geschichte der Glockenvögel-Brüder, die von einem Kulturheros handeln, wurden 1976 von Pompy Wanampi und Pompy Douglas in Wangka Arkal bzw. von Paddy Uluru am Uluru (Ayers Rock) erzählt.

Die beiden Glockenvögel-Brüder verfolgten einen Emu am Antalanya, einer Wasserstelle bei einem Felsen, die den Emus heute noch als Tränke dient. Unweit davon, bei Wangka Arkal, suchte, von ihnen unbemerkt, eine junge Frau nach Eßbarem. Auf dem Kopf trug sie eine Schale, die auf einem Ring aus Menschenhaar ruhte. Während sie aß, fiel ihr die Schale vom Kopf und schreckte die Emus auf, die nach Norden in Richtung Uluru flüchteten. Die Wölbung des Felsens ist ihre Stirn. Wenn man ruft, wird die Stimme vom Felsen zurückgeworfen, als ob das Mädchen antworten würde. Ein halbkreisförmiger Einschnitt am Fuß des Felsens ist das Kopfpolster des Mädchens. Unweit davon befindet sich die Stelle, wo die Emus Wasser tranken.

In Paddy Ulurus Fassung raubte die Blauzüngige Eidechse Lungkata einen fetten Emu, den die Brüder in Antalanya erlegt hatten. Lungkata verscharrte das Fleisch am Uluru unter der Erde – es verwandelte sich in Felsbrocken – und überließ den beiden Jägern dafür einen mageren Emu. Verärgert darüber, zündete einer der Brüder Lungkatas Hütte an, in der dieser bei lebendigem Leibe verbrannte. Spuren des Feuers kann man heute noch am Uluru sehen, und Lungkata ist ein Felsblock (links). Paddy Ulurus Vater galt als Inkarnation Lungkatas. Er wachte darüber, daß der Felsblock nicht mit Gras überwuchert wurde und gab den Mythos an seinen Sohn und auch an andere junge Männer weiter.

Die Blauzüngige Eidechse Lungkata verwandelte sich in diesen Felsblock am Fuß des Uluru (Ayers Rock).

Die Sieben Schwestern

Die folgende Geschichte fügt jene Ereignisse zusammen, die an einigen Orten entlang der Route durch Zentral- und Südaustralien (siehe Karte S. 279) über die Kungarankalpa oder Sieben Schwestern, urzeitliche weibliche Ahnen, erzählt werden.

Die Sieben Schwestern zogen auf der Flucht vor dem lüsternen Nyiru, der die älteste von ihnen vergewaltigen wollte, nach Süden. Östlich des Uluru ist ihr Weg durch eine Reihe von Tonmulden und durch eine Wasserstelle bei einem Felsen gekennzeichnet. Eine niedrige Felswand in Witapula westlich von Atila (Mount Conner) markiert die Stelle, wo sie die Nacht verbrachten.

Am nächsten Morgen tauchten sie hinunter und kamen an der Quelle Tjuntalitja wieder heraus. Ein Sandhügel zeugt von der Stelle, von der aus Nyiru sie beobachtet hatte. Dann zogen die Mädchen weiter nach Wanukula, einem Felsenloch (einer Vertiefung, in der sich Wasser sammelt), und dann weiter zum Hügel Walinya, wo sie eine Hütte bauten und erneut Rast machten. Diesen Platz markiert heute eine Höhle in einem Wäldchen von wilden Feigenbäumen; einer dieser Bäume, der etwas abseits steht, stellt die älteste Schwester dar. An jener Stelle, wo sie sich niedersetzten, sind nun spiralförmige Muster im Felsen zu sehen. Nyiru beobachtete sie, und als er glaubte, sie schliefen, drang er in ihr Lager ein, indem er durch den Felsen brach. Eine niedrige Öffnung auf der Rückseite der Höhle bezeichnet die Stelle, durch die die Schwestern flüchteten. Schließlich erreichten sie die Küste (in der Nähe von Port Augusta) und stürzten sich ins Meer. Das Wasser war jedoch so kalt, daß sie zum Himmel emporstiegen und sich in das Sternbild Kurialya, die Plejaden, verwandelten. Nyiru verfolgt sie immer noch, und seine Fußspur ist am Himmel zu sehen: seine Zehen sind der »Gürtel«, seine Ferse die Spitze des »Schwerts« im Sternbild des Orion.

Bush Potato Dreaming, *eine moderne Baumrindenmalerei von Victor Jupurrulla Ross. Hier sind die Spuren urzeitlicher Kulturheroen in der Landschaft dargestellt. Die Bögen symbolisieren auf dem Boden sitzende Menschen, die Kreise markieren Orte, wo sich die Kraft der Ahnen konzentriert hat.*

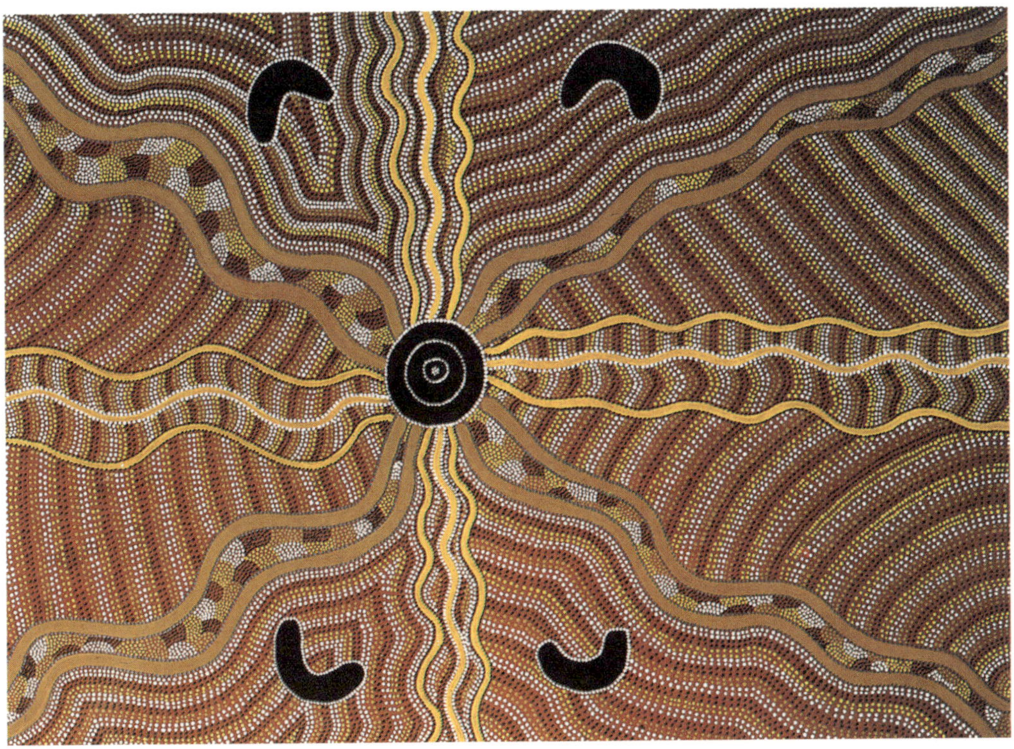

OZEANIEN

Rekonstruktion eines Kulthauses, das ursprünglich zur Erinnerung an vierzehn Ahnen in dem Dorf Medina auf der Insel New Ireland, Papua-Neuguinea, erbaut worden war. Die Figuren sind im malanggan-*Stil geschnitzt, so benannt nach den lokalen Begräbnisritualen, bei denen sie verwendet werden. Bemerkenswert sind die technische Perfektion sowie die Vielfalt der Farben und mythologischen Motive.*

Ozeanien besteht aus den Inselgruppen Melanesien, Mikronesien und Polynesien, auf denen außergewöhnlich viele Sprachen und Kulturen beheimatet sind. Vor dem Kontakt mit den Europäern lebten die Menschen in unterschiedlich organisierten sozialen Gruppen: in Papua in kleinen, nur 300 Mitglieder umfassenden patriarchalischen Stämmen ohne institutionalisierte Führung oder soziale Rangordnung; in Hawaii und Neuseeland dagegen in komplexen Gesellschaften mit einer ausgeprägten politischen und religiösen Hierarchie und Häuptlingen, die sich auf göttlichen Vorfahren stützen.

In Melanesien hat sich – im Unterschied zu Polynesien (siehe S. 294) – keine allgemein verbindliche Götterhierarchie herausgebildet. Es wäre ungenau, die wichtigen Kulturheroen als »Götter« zu bezeichnen, die, wie es heißt, den südlichen Teil Neuguineas durchwanderten und den Menschen Sterblichkeit, Sexualität, Trauer und Krieg brachten (siehe S. 290). Geheime Kosmogoniemythen, die nur Eingeweihten bekannt sind, gibt es in der Küstenregion Melanesiens, etwa im Massim-Gebiet Neuguineas. Die Mythen aus dem Landesinnern Neuguineas handeln hauptsächlich von moralischen und kosmologischen Konflikten, die in Allegorien und Bildern einer Jenseitswelt zum Ausdruck gebracht werden.

Es gibt jedoch eine Reihe zentraler Motive, die in der Mythologie der gesamten Region immer wieder auftauchen: etwa die Vorstellung urzeitlicher Kulturheroen, die unter ihren menschlichen Nachkommen stets lebendig und wirkungsmächtig bleiben.

Der Kontext in den Mythen Ozeaniens ist von Region zu Region unterschiedlich. Ihren lebendigsten und bedeutsamsten Ausdruck haben sie im Ritual gefunden, in dem das »Werk der Götter« gefeiert wird. Dies gilt insbesondere für Polynesien und dort vor allem für die Bewohner Hawaiis und die Maori: deren in vorkolonialistischer Zeit abgehaltenen Opferrituale für die Götter Lono und Ku (siehe S. 296) sind das beste Beispiel.

In Mikronesien werden Mythen häufig zu Zwecken der Unterhaltung und nicht in einem rituellen Kontext vorgetragen. In Melanesien wiederum dienen die Mythen der Küstenregion im allgemeinen einem ernsten Zweck, während im Landesinnern wiederum der Unterhaltungsaspekt vorherrscht.

CHRONOLOGIE

um 2000 v. Chr. Indonesische Einwanderer siedeln sich in Melanesien an
um 1300 v. Chr. Siedler erreichen Fidschi und gelangen über Tonga und Samoa ins westliche Polynesien
um 300 v. Chr. Östliches Polynesien besiedelt
um 850 n. Chr. Erste Siedler kommen aus dem östlichen Polynesien nach Neuseeland
um 1000–1300 Alle großen polynesischen Inselgruppen sind besiedelt
1513 Der spanische Seefahrer Vasco Nunez de Balboa sichtet als erster Europäer den Pazifik
1768–79 Mit den drei Expeditionen des englischen Seefahrers James Cook (1768–71, 1772–75, 1776–79) ist die Entdeckung Ozeaniens durch die Europäer abgeschlossen

Detail (rechts) einer Holzschnitzerei im malanggan-Stil aus New Ireland. Solche Gegenstände wurden auf eine geschmückte Plattform gestellt, um die Toten zu ehren. Die Schnitzereien wurden manchmal von Angehörigen des Clans angefertigt, dem der Tote angehörte.

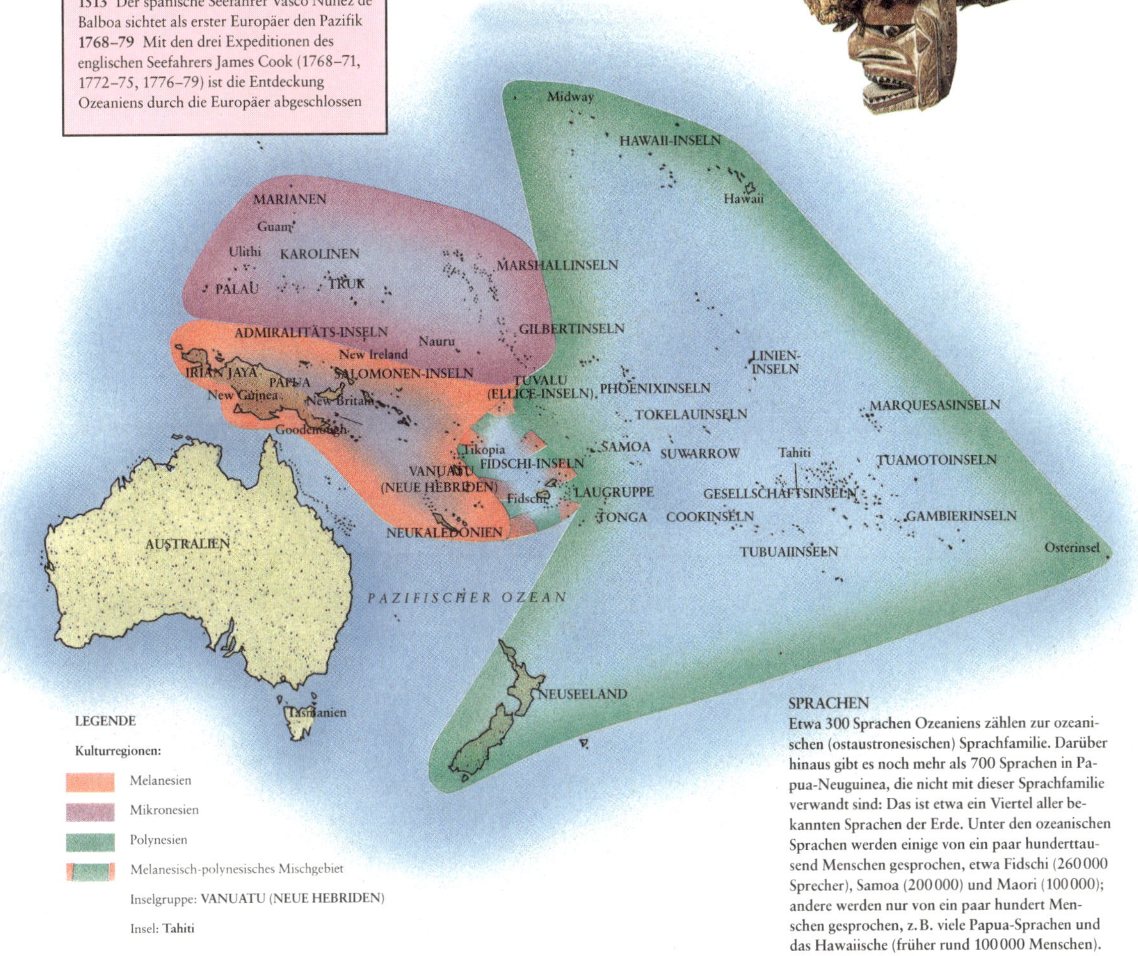

SPRACHEN

Etwa 300 Sprachen Ozeaniens zählen zur ozeanischen (ostaustronesischen) Sprachfamilie. Darüber hinaus gibt es noch mehr als 700 Sprachen in Papua-Neuguinea, die nicht mit dieser Sprachfamilie verwandt sind: Das ist etwa ein Viertel aller bekannten Sprachen der Erde. Unter den ozeanischen Sprachen werden einige von ein paar hunderttausend Menschen gesprochen, etwa Fidschi (260 000 Sprecher), Samoa (200 000) und Maori (100 000); andere werden nur von ein paar hundert Menschen gesprochen, z. B. viele Papua-Sprachen und das Hawaiische (früher rund 100 000 Menschen).

MIKRONESIEN

Mikronesien ist das am dünnsten besiedelte Gebiet Ozeaniens; es umfaßt die Karolinen-, die Marshall- und Marianeninseln sowie Kiribati (v. a. die Gilbert- und Phoenixinseln). In vielen Mythen Mikronesiens wird von der Ankunft Fremder von jenseits des Ozeans erzählt, die die Einheimischen besiegen und sich selbst als herrschende Klasse etablieren. Diese Geschichten erklären die bis heute bestehende Zweiteilung der Gesellschaft in Herrschende und einfache Bürger.

MELANESIEN

Dieses Gebiet umfaßt Papua-Neuguinea und die Inseln des Südwestpazifiks bis Fidschi im Osten. Melanesische Mythen sehen den Ursprung der Menschen in einem Tier, einer Pflanze oder in einer landschaftlichen Besonderheit. Doch häufiger liegt ihnen die unausgesprochene Annahme zugrunde, daß die Menschheit immer schon existiert habe und keinen Ursprung besitze: Die gegenwärtige Ordnung sei von Kulturheroen bei ihren Wanderungen durch das Land geschaffen worden (siehe S. 290).

POLYNESIEN

Polynesien ist die größte Region Ozeaniens, zu der als wichtigste Teile die Inselgruppen Neuseelands und Hawaiis gehören. In einem größeren Ausmaß als Mikronesien und Melanesien besitzt die Region einen großen Schatz an kosmologischen Mythen, von denen die Geschichten der Maori über den männlichen Himmel (Rangi) und die weibliche Erde (Papa) zu den bekanntesten zählen (siehe S. 294 f). Wie bei den Mikronesiern sind auch die Mythen über die Ankunft Fremder von Bedeutung.

URSPRUNGSMYTHEN

Schöpfergottheiten und Kulturheroen

Eine bemalte hölzerne Ritualmaske von den Torres-Inseln. Sie stellt einen urzeitlichen Kulturheros – wahrscheinlich Sida – dar.

Die wichtigsten Mythen Ozeaniens über die Schöpfung und den Ursprung der Welt stammen aus Polynesien und Mikronesien. Unter jenen, die die urzeitliche Trennung des Himmels von der Erde beschreiben, ist die polynesische Geschichte (siehe S. 294) am bekanntesten. Dasselbe Motiv taucht in Mikronesien auf, etwa auf den Gilbert-Inseln (Kiribati), wo von der Urgottheit Nareau erzählt wird, die einen Aal bittet, Himmel und Erde zu trennen. Auf Nauru wird erzählt, wie die Urspinne Areop-enap eine Muschel fand und ein Schalentier bat, sie zu öffnen. Da dies nicht vollständig gelang, bat Areop-enap eine Raupe um Hilfe. Diese öffnete zwar die Schale ganz, strengte sich aber dabei so sehr an, daß ihr salziger Schweiß sich auf der unteren Hälfte der Muschelschale sammelte und dort einen Teich bildete, sie selbst aber an Erschöpfung starb. Die obere Muschelhälfte wurde das Himmelsgewölbe und die tote Raupe die Sonne; ihr Schweiß wurde das Meer und das Schalentier der Mond.

Melanesische Ursprungsmythen handeln selten von der Erschaffung der Welt und des Menschen durch Urgottheiten. Typischer sind Mythen, die von der Formung der Landschaft und der Bildung der Gesellschaft erzählen. Dabei spielen urzeitliche, die Erde durchwandernde Kulturheroen eine wichtige Rolle. Da ähnliche Mythen in Australien erzählt werden (siehe S. 286), sind sie wohl von dort aus nach Papua-Neuguinea gelangt. An der Südküste Papuas, entlang der Flüsse Fly und Purari und im bergigen Landesinnern erzählen viele Mythen von den Wanderungen eines Kulturheroen, der wahlweise Sido, Sosom, Soido, Souw oder ähnlich heißt. Jede soziale Gemeinschaft betrachtet diesen Helden als ihren Vorfahren, schließt aber auch in ihre Vorstellung ein, daß ihr Held sein Ursprungsgebiet verlassen und auch bei anderen Völkern Abenteuer erlebt hat. Der Verlauf seiner Reise läßt sich anhand landschaftlicher Besonderheiten nachvollziehen, die er unterwegs geschaffen hat: An einer Stelle etwa schlug er einen Durchgang durch einen Gebirgskamm, an einer anderen urinierte er, woraus ein kleiner See entstand.

Meist sind diese Abenteuer des Helden an einen geheimen Kult für Männer gebunden und werden im Verlauf einer Zeremonie nur den Initiierten enthüllt. Dieser Kulturheros wird als ausgesprochen männlich geschildert: Er besitzt einen sehr langen Penis, und in allen Geschichten heißt es, daß er von den Frauen geschmäht wurde, weil er mit ihnen Geschlechtsverkehr haben wollte. Aufgrund dieser Schmach strafte er die Menschheit, die bis dahin unsterblich war, mit dem Fluch des Todes.

Die Daribi erzählen, wie eine junge Frau auf eine Schlange trifft, die sich als Souws Penis herausstellt. Als Souw versucht, in sie einzudringen, schreit sie vor Angst laut auf, worauf er von ihr abläßt. Zornig darüber, auf diese Weise geschmäht worden zu sein, bringt Souw Tod, Krieg und Hexerei über die Menschheit. Später jedoch durchwandert er die Hochebenen und hinterläßt Haare, aus denen Hunde und Schweine – die Haustiere des Menschen – entstehen. In vielen Regionen heißt es darüber hinaus, der Held habe den Menschen Fische und die ersten Gemüsesorten geschenkt.

Holzskulptur eines Kulturheros aus dem Sepik-Flußgebiet in Neuguinea. Die Bemalung mit leuchtenden Farben soll die magischen Kräfte der Skulptur steigern.

Stimmen der Geister

In der traditionellen Religion und in der Mythologie Ozeaniens spielen Klanginstrumente eine bedeutende Rolle. Deren Geräusche gelten oft als Stimmen der Wesen oder Götter, denen die Schöpfung und die gegenwärtige Gesellschaftsordnung zugeschrieben wird.

In vielen hawaiischen Tempelanlagen ist der heiligste Bereich das Trommelhaus, in dem sich die »Trommeln Gottes« befinden. Mit ihnen werden die Menschen in den Tempel gerufen, Botschaften ausgesendet und Positionswechsel während der Zeremonien angekündigt; in früheren Zeiten dienten sie auch dazu, Menschenopfer zu weihen. In Melanesien sind Klanginstrumente Bestandteil der meisten traditionellen Geheimrituale der Männer. So auch das Schwirrholz, ein elliptisch geformtes Stück Holz mit einem Loch an einer Seite, durch das ein Faden geführt wird: Man schwingt es über den Kopf und erzeugt so einen sehr lauten wimmernden Ton, der als Stimme des Geistes gilt. Das Schwirrholz und seine mythische Bedeutung gelangten wahrscheinlich aus Zentralaustralien über das Nördliche Territorium und die Torres-Straße nach Papua-Neuguinea. Sie sollen von den Kulturheroen (siehe gegenüberliegende Seite) mitgebracht worden sein.

In männlichen Initiationsritualen wird das Schwirrholz verwendet, um die Knaben zu erschrecken; und in der Tat ist es aufgrund seiner phallischen Form das ideale Sinnbild der Männlichkeit. Bei den Kiwai im südlichen Papua ist das Wort für Schwirrholz *madubu*, was soviel wie »ich bin ein Mann« bedeutet. Bei den Marindanim und den Völkern des Trans-Fly-Gebiets gehörte das Schwirrholz einst zur homosexuellen Initiation, welche dazu diente, den Knaben zusätzliches Sperma zu geben; dies, so glaubte man, benötigten sie, um erwachsene Männer zu werden. Der Name des Schwirrholzes im Trans-Fly-Gebiet ist Tokijenjeni, das auch die Kriegskeule der Kopfjäger bezeichnet. Tokijenjeni war der Sohn von Tiv'r, dem Kulturheros des Trans-Fly-Gebiets. Als Tiv'r im Bauch seiner Frau ein schwaches Dröhnen hörte, schickte er Vögel, die den Gegenstand, der das Geräusch verursachte, herausziehen sollten. Doch erst als sich die Frau mit gespreizten Beinen vornüberbeugte, gelang es einem Vogel, den Gegenstand herauszuziehen: es war das erste Schwirrholz.

Das Schwirrholz ist bis zum Kutubu-See im südlichen Hochland Papua-Neuguineas verbreitet. Noch weiter nördlich, im zentralen Hochland, ist das phallische Ritualinstrument die Flöte. Querflöten gehören zur männlichen Initiation, insbesondere im Osten, wo der Kult am stärksten ausgeprägt ist. Die Flöten wurden nur von Männern zu besonderen rituellen Gelegenheiten und in abgegrenzten Räumen gespielt. Die Existenz der Flöten und ihre Identität war das bestgehütete Geheimnis der Männer. Doch in vielen Mythen dieser Völker wird erzählt, daß die Flöten ursprünglich den Frauen gehörten. Die Männer raubten sie entweder oder gewannen sie durch eine List, woraufhin den Frauen jegliches Wissen über das heilige Instrument verboten war. Früher, so hieß es, töteten die Männer jede Frau, die eine heilige Flöte ansah.

Nicht alle Mythen über heilige Instrumente sind ernsten Inhalts. In ganz Melanesien erzählt man heitere Geschichten über einen häßlichen Mann, der immer nur dann ansehnlich wird, wenn er bei öffentlichen Zeremonien die Flöte oder die Harfe spielt. Mit seinem schönen Spiel lockt er Frauen von überallher an, bis schließlich eine von ihnen seinem Geheimnis auf die Spur kommt.

Diese aufwendig verzierte Trommel aus dem Sepik-Flußgebiet ist mit dem Bild eines Ahnengeistes versehen, der sich als ein Zwitterwesen – halb Mensch und halb Vogel – manifestiert.

HIMMELSMYTHEN

Menschliche und himmlische Bereiche

SONNE UND MOND

In vielen Teilen der Erde wird der Mond mit der Weiblichkeit und dem Menstruationszyklus assoziiert; in Ozeanien hingegen gilt der Mond meist als männlich und die Sonne als weiblich. Im Landesinnern Neuguineas werden sie als Bruder und Schwester betrachtet, da der Mond den Männern gestattet, nachts mit ihren Hunden zu jagen, während die Arbeit der Frauen hauptsächlich am Tag stattfindet. Auch in der Mythologie der Maori ist der Mond männlichen Geschlechts. In einer Geschichte begibt sich Rona, eine männliche Gottheit, zum Mond und sucht dort nach seiner Frau. Er kämpft gegen den Mond einen Kampf, der bis heute fortdauert: Sie greifen sich an und essen einander auf, was als Grund für das Abnehmen des Mondes betrachtet wird. Wenn der Mond zunimmt, ruhen sich, so heißt es, die Kämpfer aus und schöpfen neue Kraft für die nächste Kampfrunde.

Geschichten über die Beziehung zwischen Himmel und Erde bilden einen wichtigen Teil der Mythologie Ozeaniens, besonders in Mikronesien und Melanesien. In den Mythen Melanesiens und des Hochlands von Zentralpapua tauchen häufig Himmelswesen auf. Die Kewa glauben, himmlische Wesen hätten mit den Angelegenheiten irdischer Sterblicher nichts zu tun; nur die Himmelsfrauen kämen manchmal auf die Erde, um roten Ocker für die Körperbemalung zu holen. Donner, Nebel, Wolken und Blitz kündigen den Abstieg solcher Wesen an; die Kewa vermeiden es dann, in den Wald zu gehen.

Häufig tauchen in den Himmelsmythen Vögel mit magischer Bedeutung auf. In einer melanesischen Geschichte schießt ein junger Mann einen Pfeil auf einen Paradiesvogel ab, der damit davonfliegt. Auf einem Pfad folgt ihm der Mann zu einem himmlischen Dorf, wo sich ein Mann einen Dorn aus dem Fuß zieht. Der Jäger erkennt, daß dieser Mann der Vogel ist, auf den er den Pfeil abgeschossen hat. In anderen Mythen wird von einem Mann erzählt, der glaubt, er habe einen Vogel getötet; dann aber entdeckt er, daß es eine junge Frau ist, und heiratet sie.

Iolofath oder Olifat, der bekannteste Trickster Mikronesiens, taucht vor allem in den Himmelsmythen auf. Auf dem Ulithi-Atoll gibt wird die Geschichte einer Frau erzählt, die von einem Mann aus Lang, dem Himmelsreich, schwanger ist. Er wird von der älteren Schwester seiner Mutter auf der Erde schlecht behandelt und kehrt in den Himmel zurück, wo ihn Iolofath, die Sonne, an Kindes Statt annimmt. Thilefial besucht ein letztes Mal die Erde, um die Schwester seiner Mutter zu töten. Dann kehrt er für immer zu Iolofath zurück.

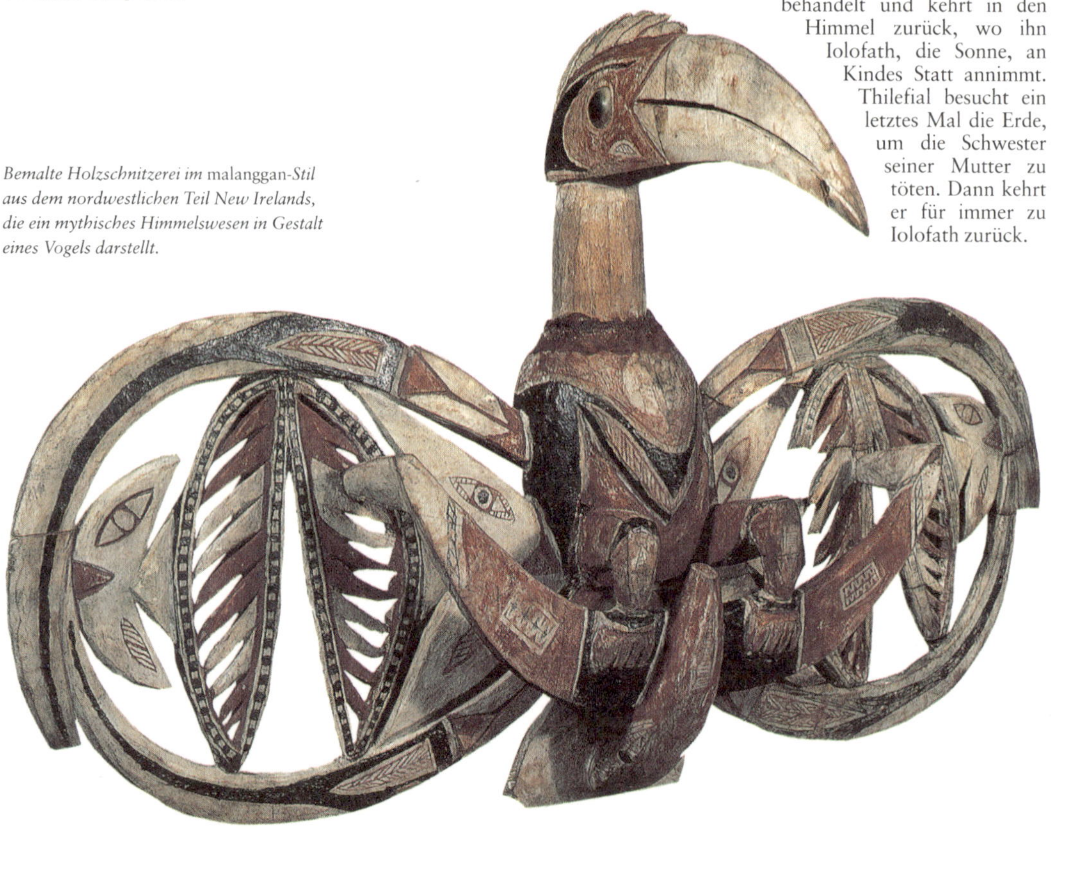

Bemalte Holzschnitzerei im malanggan-*Stil aus dem nordwestlichen Teil New Irelands, die ein mythisches Himmelswesen in Gestalt eines Vogels darstellt.*

FRUCHTBARKEITSMYTHEN

Geschlechtlichkeit und die Ursprünge des Gartenbaus

Vielen Mythen Ozeaniens, die von den Ursprüngen der Nahrung und des Gartenbaus handeln, liegen die geschlechtlichen und häuslichen Beziehungen zwischen Mann und Frau zugrunde. Ein Mythos, der bei der *kava*-Zeremonie (ein Ritual, bei dem das berauschende Getränk *kava* getrunken wird) der Tongan vorgetragen wird, erzählt, wie ein Aal mit Hina Geschlechtsverkehr hat, einer Frau von hoher Geburt, deren Jungfräulichkeit von ihrer Gemeinschaft verehrt und geschützt wird. Als sie ihrem Stamm von ihrer Schwangerschaft berichtet, fangen die Männer den Aal, schneiden ihn in Stücke und essen ihn bis auf den Kopf. Diesen begräbt Hina, und aus ihm sprießt die erste Kokosnuß.

Melanesische Mythen handeln häufig davon, wie Pflanzen aus der Erde sprießen, der durch Samen oder Menstruationsblut fruchtbar gemacht wurde. So versucht Soido, der Kulturheros der Insel Kiwai vor der Südküste Papuas, mit einer Frau Geschlechtsverkehr zu haben, doch sein Penis ist so groß, daß er sie dabei tötet. Dann ejakuliert er und verspritzt seinen Samen über die Insel. Wo dieser hingelangt, wachsen die verschiedenen Gemüsesorten. Die Kiwai erzählen auch von einem Mann, der ein Loch in die Erde gräbt, damit kopuliert und dabei unwissentlich eine unterirdisch lebende Geisterfrau schwängert. Aus ihr gehen die ersten Yams hervor (siehe Kasten unten).

Der Ursprung der Yam

Die Süßkartoffel oder Yam ist eines der wichtigsten Grundnahrungsmittel Ozeaniens. Um sie ranken sich viele Geschichten. Im folgenden werden zwei sehr unterschiedliche Versionen ihrer Herkunft nacherzählt.

Nach Vorstellung der Maori stieg der Gott Rongo-maui zu seinem Bruder Wahnui in den Himmel auf, der der Hüter der Süßkartoffel war. Rongomaui gelang es, seinen Bruder zu täuschen und ihm die Yam zu stehlen. Er versteckte sie unter seinem Lendentuch und kehrte auf die Erde zurück; dort schwängerte er seine Frau Pani, die daraufhin die erste irdische Yam gebar.

Ein Mythos, der im Innern Neuguineas weit verbreitet ist, erzählt, wie einst, als es keine Nahrung auf der Erde gab, eine junge und eine alte Frau einen Mann beobachteten, der in einem Bach seine Geschäfte verrichtete. Als die Frauen später seinen Kot untersuchten, sahen sie, daß es Süßkartoffeln waren, die sie mitnahmen und einpflanzten.

Steinfigur der Maori, die einen Gott in Yam-Form darstellt, wahrscheinlich Rongo-maui in seiner Doppelgestalt als Phallus und als Uterus.

MYTHEN DER MAORI

Rangi, Papa und das polynesische Pantheon

Diese Skulptur aus Vulkangestein aus Nord-Taranaki auf der Nordinsel Neuseelands stellt wahrscheinlich den Gott Maui dar.

Charakteristisch für die Mythen der Maori und anderer Völker Polynesiens ist eine Götterhierarchie, die man durchaus als Pantheon bezeichnen könnte. An dessen Spitze stehen zwei oberste Schöpfergottheiten: Rangi, der Himmel, und Papa, die Erde, die der Kosmologie der Maori zufolge in der urzeitlichen Leere eng umschlungen waren. Eingeschlossen zwischen ihren Körpern waren ihre Kinder, die Götter Tane, Tangaroa, Tu, Rongo, Haumia und Tawhiri, die sich zu befreien trachteten und deshalb überlegten, ob sie ihre Eltern töten sollten. Doch Tane, der Gott der Wälder und Bäume, schlug vor, Himmel und Erde gewaltlos zu trennen. Dies gelang keinem der Götter, die es nacheinander versuchten: Rongo, der Gott der Kulturpflanzen, Tangaroa, der Gott des Meeres, der Fische und Reptilien, Haumia, der Gott der wilden Früchte und Pflanzen, Tu, der Gott des Krieges, und Tawhiri, der Gott der Winde und anderer Naturgewalten; allen mißlang es. Schließlich aber stieß Tane seinen Kopf gegen die Mutter Erde und seine Füße gegen den Vater Himmel, streckte sich und trennte so die beiden, die daraufhin ihre jetzige Position erhielten.

Doch Tanes Erfolg verursachte Neid und Erbitterung bei seinen Geschwistern. Tawhiri ließ die Winde wehen und heftige Stürme aufkommen, die die Bäume in Tanes Wald vernichteten. Die Fische, die ursprünglich nicht im Meer, sondern im Wald lebten, flüchteten in Tangaroas Ozean. Seither liegen Tane und Tangaroa in beständigem Streit: Tangaroa, der Herr des Meeres, will die Wälder vernichten, und Tane, der Herr der Wälder, liefert Holz zum Bau von Kanus, mit deren Hilfe der Mensch das Meer bändigen und befahren kann.

Später suchte sich Tane eine Gefährtin. Als ihn seine Mutter Papa zurückwies, paarte er sich mit verschiedenen anderen Wesen und zeugte eine Vielzahl von Nachkommen, darunter Tiere, Steine, Gras und Wasserläufe. Doch Tane sehnte sich nach einer Gefährtin in menschlicher Gestalt wie er selbst es war; deshalb folgte er Papas Rat und schuf aus dem Sand der Insel Hawaiki den ersten

Mythos und Architektur der Maori

Bei den Maori hat das Reich des Himmels zwölf Terrassen, und zuoberst befindet sich der Wohnsitz des Gottes Rangi-atea. Dieser Vorstellung entsprechend wurde das Haus der regierenden Oberhäupter der Maori gebaut. Die holzgeschnitzten Täfelungen dieser Häuser haben eine große rituelle und mythologische Bedeutung.

Die Maori glauben, ein Gott namens Rua habe als erster Holzschnitzereien angefertigt. Die auf den Holzreliefs der Maori dargestellten Figuren sind durch stark hervortretende Augen wie bei einer Eule gekennzeichnet: Rongo, der Handwerker, der als Begründer dieser Holzschnitztradition gilt, opferte den Göttern eine Eule und legte sie unter die Rückwand des Hauses. Die Figuren haben auch eine herausgestreckte Zunge und über und über mit Tätowierungen versehene Körper. Die Zungen sind ein Zeichen für die Macht der Rede, die Tätowierungen der Körper weisen auf die soziale Stellung der Figur hin.

Bei Schnitzereien wie diesem Türschmuck werden magische Formeln und Techniken verwendet, die nur jene Baumeister beherrschen, die für Maori-Häuptlinge tätig sind.

Menschen, eine Frau. Er hauchte ihr Leben ein, und sie wurde Hine-hau-one, das »erdgeschaffene Mädchen«. Sie gebar ihm eine Tochter, Hine-titama (»Mädchen der Morgenröte«), die er später ebenfalls zur Frau nahm. Als Hine-titama erfuhr, daß Tane ihr Vater war, floh sie aus Scham in die Finsternis der Unterwelt. Tane folgte ihr, doch sie rief ihm zu, sie habe das Weltenseil abgeschnitten und wolle in der dunklen Unterwelt bleiben und seine Kinder zu sich in den Tod hinunterziehen. Auf diese Weise wurde die Menschheit sterblich. Hine-hau-one besitzt also eine Doppelrolle als Gebärerin des ersten Menschen und als der Ursprung der menschlichen Sterblichkeit.

Tu hatte einst vorgeschlagen, Rangi und Papa zu töten. Tu, der in Hawaii (siehe S.296) Ku genannt wird, ist der Gott des Krieges, dem in Neuseeland und in den anderen polynesischen Königreichen einst Menschenopfer dargebracht wurden. Tawhiri richtete nun seinen Zorn gegen Tu, der wiederum nach Rache an allen seinen Brüdern trachtete, die ihm ihre Hilfe im Kampf gegen Tawhiri verweigerten. Er schuf Tier- und Fischfallen, um die Nachkommen Tangaroas und Tanes einzufangen; er riß die Pflanzen, die Nachkommen Haumias und Rongos, aus und aß sie. Tu erwarb sich magisches Wissen, um Macht über die Nachkommen seiner Brüder zu gewinnen; zu ihnen gehörten das Wetter, Pflanzen, Tiere, Reichtum und andere Besitztümer.

In der Mythologie der Maori gibt es auch menschliche Helden, von denen Tawhaki und Rata die bekanntesten sind. Von ihren Taten wird in Neuseeland, Tuomotu, Rarotonga, Tahiti und Hawaii erzählt.

Hema, der Sohn der Himmelsgöttin Kaintangata und des Kannibalenhäuptlings Whaitiri, heiratet eine Göttin, die zwei Brüder zur Welt bringt: Tawhaki und Kariki. Hema wird von Ungeheuern getötet, und Tawhaki reist an den Ort, an dem sein Vater den Tod fand, um ihn zu rächen. Die Geschichten, die mit diesem Abenteuer verbunden sind, bilden den Hauptteil des Mythenzyklus. Dabei wird häufig der edle und erfolgreiche Tawhaki dem tölpelhaften und törichten Kariki gegenübergestellt. Das Motiv des gegensätzlichen Brüderpaares kommt in allen Mythen Ozeaniens vor. Unterwegs findet Tawhaki eine Frau und zeugt Wahieroa, von dem wiederum Rata abstammt. Rata muß seinen Vater suchen, der schließlich aus Eifersucht von den Eidechsen, den Wächtern seines Feindes Puna, getötet wird.

Rata ist mutig und stark wie Whaitiri, doch besitzt er nicht das ausgewogene Urteilsvermögen seines Großvaters, und seine Ungestümheit bringt Tawhaki in Bedrängnis. Schließlich entreißt Rata den Kopf seines Vaters dem Bauch Matukus, des großen Hais, und den Rumpf seines Vaters den Eidechsenungeheuern, die seinen Tod verursacht haben. Auf dem Heimweg ereilt Rata das gleiche Schicksal: Er wird von den Eidechsenwächtern Punas zerstückelt.

Holzgeschnitzte Figur des Gottes Tangaroa von den Austral- oder Tubuai-Inseln (oder A'a). Er ist im Augenblick der Erschaffung anderer Gottheiten dargestellt.

Der Götterhimmel der Maori

Rangi = **Papa**
Himmelsvater — *Erdmutter*

- **Tane** – *Gott der Wälder*
- **Tangaroa** – *Meeresgott*
- **Tu** – *Kriegsgott*
- **Rongo** – *Gott der Kulturpflanzen*
- **Haumia** – *Gott der Wildpflanzen*
- **Tawhiri** – *Gott der Naturgewalten*

Diese Statue eines Versammlungshauses in Rotorua (Nordinsel Neuseelands) symbolisiert die Bedeutung des Ortes für Gespräche.

KU UND LONO

Der Ritualzyklus Hawaiis

Diese typische, furchterregende Darstellung von Kukailimoku oder Ku, dem Gott der Erde und des Krieges, stammt aus Hawaii.

Die neueren Entwicklungen haben die Sprache und die kulturellen Eigenheiten Hawaiis beinahe zum Verschwinden gebracht, doch hatten die Inseln in vorkolonialer Zeit eines der größten und beststrukturierten Gemeinwesen ganz Ozeaniens. Der hawaiische Jahreszyklus war durch den Wechsel zwischen dem Kult des Gottes Ku (Erde und Krieg; in anderen Teilen Polynesiens auch als Tu bekannt) und dem Kult des Gottes Lono (Himmel, Frieden und Ackerbau; in anderen Teilen Rongo genannt) gekennzeichnet.

Den Oberhäuptern der Stämme, die den Lono-Kult überwachten, schrieb man die Gewalt über die Fruchtbarkeit der gesamten Insel zu. Die Regenzeit im hawaiischen Winter kündete von der Ankunft Lonos, die vier Monate lang mit dem angeblich von Lono selbst gegründeten Makihiki-Fest gefeiert wurde. Doch es war der Gott Paao, der die Opferriten einsetzte, die mit dem Fest verbunden waren. Es heißt, er sei von dem unsichtbaren Land jenseits des Meeres auf die Hawaii-Inseln gekommen, um eine neue Religion zu gründen und eine neue Herrscherlinie zu etablieren. Die eigentümliche Vorstellung, daß die herrschende Klasse von Fremden gegründet worden ist, die an die Stelle der einheimischen Stammesführer traten, ist typisch für Hawaii; doch das Motiv der Ankunft bedeutender Fremder von jenseits des Meeres ist in ganz Polynesien und Mikronesien verbreitet.

Der Ritualzyklus Lonos begann, wenn die Plejaden bei Sonnenuntergang am Himmel sichtbar waren, also im Frühherbst. Im ersten Teil des Makihiki-Festes wurde das Bild des Gottes im Uhrzeigersinn von Insel zu Insel getragen – ein Akt, mit dem der König offenbar seinen Herrschaftsbereich absteckte. Unterwegs wurde der Gott von den Oberhäuptern der Inseln in einem Ritual »genährt«. In der Hoffnung, von Lono mit einem heiligen Kind belohnt zu werden, brachten die Frauen Geschenke dar.

Nach dem Rundgang wurde das Bildnis Lonos zu seinem Ursprungstempel zurückgebracht, wo sich sein ritueller »Tod« vollzog; er kehrte daraufhin in sein unsichtbares Land Kahiki zurück und überließ seinem Pendant, dem Gott Ku, das Feld. Erst mit dem neuen Makihiki-Zyklus im darauffolgenden Jahr trat Lono wieder in Erscheinung.

Lono und der Tod Captain Cooks

Von Wissenschaftler wurde vermutet, der Lono-Mythos sei der Grund für den Tod des englischen Seefahrers James Cook gewesen, der als erster Europäer die Hawaii-Inseln besuchte.

Cook erreichte die Inseln im November 1778 – also zu Beginn der Prozession Lonos – und umsegelte sie im Uhrzeigersinn. Die Bewohner von Hawaii nahmen daraufhin an, dieses Jahr sei Lono persönlich gekommen, und als Cook in Kealakekua an Land ging, wurde er sofort zu Lonos Haupttempel geführt. Bereitwillig folgte Cook den Versuchen seiner Gastgeber, ihm bestimmte rituelle Antworten beizubringen, war sich aber nicht bewußt, daß er die Worte Lonos sprach und somit dem Glauben Nahrung gab, er sei dieser Gott. Als der Moment kam, da Lono »sterben« und nach Kahiki aufbrechen sollte, sahen sich die Häuptlinge erneut in ihrer Annahme bestärkt, denn Cook gab zu verstehen, daß seine Abreise bevorstünde.

Doch dann entschloß sich Cook, nach Kealakekua zurückzukehren, um eines seiner Schiffe instandzusetzen. Das war am 11. Februar 1779. Die Hawaiianer waren zuerst verwirrt, dann aber zornig und feindselig, da Lono ihrer Vorstellung nach doch jetzt tot sein sollte. Hundert Häuptlinge, die alle bestrebt waren, ihren Gott sterben zu lassen, töteten »Lono« mit ebenden Eisendolchen, die er ihnen erst ein paar Monate zuvor gegeben hatte.

MAUI

Der Trickster-Held Ozeaniens

Die berühmteste Mythengestalt der ozeanischen Mythologie ist Maui, ein polynesischer Trickster und Kulturheros, dessen Taten – absichtlich oder unabsichtlich – die Bemühungen anderer zunichte machten und zum heutigen Zustand der Welt führten. Er ist ein Rebell, ein Verführer und Umstürzler der bestehenden Hierarchien. Maui verhöhnte die Konventionen der strengen sozialen Ordnung und die Sitten des tapu (Tabu); er repräsentierte die Macht der Schwachen über die Starken, des gemeinen Mannes und Außenseiters über die Privilegierten und Herrschenden.

Maui war eine Frühgeburt. Einer Version des Mythos zufolge, die auf dem Arawa-Atoll erzählt wird, wickelte ihn seine Mutter in eine ihrer Haarlocken und warf ihn ins Meer; doch das Kind wurde von der Sonne, der Tama des Himmels, auf wundersame Weise gerettet und später wieder zu seiner Mutter gebracht. Eine der ersten Heldentaten Mauis war die Verlangsamung des Sonnenlaufs, indem er mit dem magischen Kieferknochen seiner toten Großmutter auf die Sonne einschlug; denn er wollte seiner Mutter, die *tapa* (Schiffsleinen) herstellte, mehr Tageslicht verschaffen. An anderen Orten Polynesiens heißt es, Maui habe damit den Menschen mehr Zeit für die Zubereitung ihrer Nahrung geben wollen.

Wie Souw und Sosom in Melanesien, wird Maui mit dem Verlust der menschlichen Unsterblichkeit in Verbindung gebracht. Maui reist in die Unterwelt, wo er Hine-Nui-Te-Po, die riesenhafte Göttin der Unterwelt und des Todes, schlafend daliegen sieht. Er bittet seine Begleiter, die Vögel, still zu sein, während er seine Kleider ablegt, und in sie einzudringen versucht; auf diese Weise will er den Tod besiegen. Doch einer der Vögel muß angesichts des unbeholfenen Maui, der sich an die riesenhafte Göttin heranmacht, laut lachen, worauf diese aufwacht und ihn tötet. Die Arawa erzählen, daß Mauis eigener Vater ihn glauben macht, er werde unsterblich werden, wenn er durch die Vagina der schlafenden Göttin in sie eindringe und durch den Mund aus ihr austrete. Auch in dieser Version lacht einer der Vögel, die den Vorgang beobachten, und die Göttin tötet Maui, indem sie ihn in ihrem Körper zermalmt. In beiden Geschichten ist das Ergebnis dasselbe: wegen Mauis Vergehen können die Menschen niemals Unsterblichkeit erlangen.

Maui ist jedoch nicht nur eine Figur des Umsturzes. Er gilt auch als der Schöpfer des Landes (der Inseln), das er mit seiner Angelschnur aus dem Meer gezogen hat. Auf dem Tuomotuan-Archipel wird erzählt, Maui sei einmal mit seinen Brüdern weit hinaus aufs Meer gefahren, um zu fischen. Nachdem sie lange Zeit ohne Erfolg blieben, legten sie sich schlafen, wobei Maui seine Angel im Wasser hängen ließ.

Als die Brüder erwachten und Mauis Angel einzogen, war ein Fisch an der Leine, der so groß war, daß sie erstaunt ausriefen: »Das ist kein Fisch, das ist eine Insel!« Doch da riß sich der Fisch von der Angel los und verschwand. Dasselbe geschah ein zweites Mal, doch nun gelang es Maui, den Fisch zu packen, worauf sich dieser in die Hawaiki-Insel oder Te-ika-a-Maui, den Fisch von Maui (jene Insel, die wie ein Stachelrochen geformt ist), verwandelte. Das Kanu, mit dem die Brüder unterwegs waren, sei, so heißt es, auf der Spitze des höchsten Berges der Insel, dem Berg Hikurangi, gelandet. Aus Mauis Angelhaken sei die Hawke-Bucht geworden.

Maui gilt auch als derjenige, der für die Menschen das Feuer stahl. Er brachte die Hüterin des Feuers, Mahui-ike, eine Heldin der Urzeit, die in der Unterwelt lebte, durch eine List dazu, ihm – einen nach dem anderen – ihre brennenden Fingernägel, die Quelle des Feuers, zu überlassen. Den letzten aber schleuderte sie zu Boden und löste damit eine Feuersbrunst aus. Maui rief den Regen, der das Feuer löschen sollte, doch Mahui-ike konnte einige Funken retten, indem sie sie auf die Bäume warf. Seither wissen die Menschen, daß man mit Holz Feuer machen kann.

Das holzgeschnitzte Maori-Relief zeigt Maui, den großen Trickster und Kulturheros der ozeanischen Mythologie, der das Land, auf dem die Menschen leben sollen, in Form eines Fisches aus dem Meer herauszieht.

CARGO-KULTE

Der Einfluß Europas

Diese Souvenirs mit dem Porträt von Prinz Philipp, dem Herzog von Edinburgh und Gatten von Königin Elizabeth II., stammen von der Insel Tanna (Vanuatu), wo der Prinz im Mittelpunkt eines Cargo-Kults steht.

Durch den Kontakt mit den Europäern und ihrer Kultur entstanden in Ozeanien eine Reihe neuer Mythen; ebenso wurden alte Mythen verändert, um der Stellung der Europäer im Kosmos Rechnung zu tragen. Was die Melanesier und andere Völker Ozeaniens an den Europäern am meisten beeindruckte, waren die ungeheuren Mengen materieller Güter, die sie in ihren Schiffen mitbrachten. Die Bewohner Neuguineas schlossen daraus, daß es das Schicksal der Europäer sei, ihre Kultur immer mit sich herumschleppen zu müssen; und »cargo« (Ladung, Fracht) wurde zum Pidgin-Wort *kago*, was soviel bedeutet wie »Waren«, »Besitz« oder »Reichtum«.

Die Melanesier glaubten, die Europäer müßten besonders starke Zauber- und Ritualkräfte besitzen, um solchen Reichtum zu erwerben; auf diese Weise entstanden »Cargo-Kulte« mit dem Ziel, an diesem Wissen teilzuhaben. Man glaubte, *kago* würde durch einen Ahnen, einen Gott oder eine andere verehrte Gestalt (manchmal auch durch die europäischen oder amerikanischen Kolonialherren selbst) überbracht werden. Mit dessen Ankunft begänne ein neues Zeitalter des Reichtums, der Gerechtigkeit und – wie manche hofften – der Freiheit von Fremdherrschaft. Deshalb wurden Cargo-Kulte im allgemeinen von den Kolonialbehörden verfolgt.

Eine nicht explodierte Bombe aus dem Zweiten Weltkrieg, die vor einer Hütte auf den Salomoninseln als Cargo-Kultobjekt hängt. Die Luftangriffe während des Weltkriegs wurden häufig als Vorboten des neuen kago*-Zeitalters gedeutet.*

Im Zweiten Weltkrieg glaubte man, die Japaner seien von Gott geschickt worden, um die Europäer niederzuschlagen und den Einheimischen Zugang zu den geheimen Quellen des *kago* zu verschaffen. Die Bewohner von Vanuatu, die vor dem Krieg zum Christentum bekehrt worden waren, hatten zuvor an ein Wesen namens Karaperamun geglaubt, von dem alles Leben abstamme. Im Jahr 1940 wandten sie sich von der Kirche ab und kehrten zu ihren alten Traditionen zurück; sie hatten gehört, daß ein Mann namens »John Frum«, eine Inkarnation Karaperamuns, ein neues *kago*-Zeitalter bringen würde. Bei einer nächtlichen Zeremonie erhob sich ein Mann und verkündete, er sei eine Manifestation John Frums. Er prophezeite eine Naturkatastrophe, auf die ein mächtiges Königreich folgen würde; das Land würde sich ebnen und fruchtbarer werden, Krankheiten und Alter würden verschwinden und alle Mühsal würde ein Ende haben. Die Europäer würden abziehen, und John Frum würde jedem nach seinen Bedürfnissen Geld zuteilen.

In den folgenden Jahren und mit der Verschärfung des Zweiten Weltkriegs im Pazifik flogen viele Flugzeuge über Vanuatu hinweg, die man als Bringer des *kago* und des neuen Zeitalters betrachtete. Seither haben immer wieder Menschen behauptet, sie seien John Frum. Doch im Lauf der Zeit haben die Melanesier erkannt, daß sie nur durch eigene Arbeit nach den wirtschaftlichen Bedingungen und Vorgaben der Europäer Zugang zu den Gütern des *kago* erlangen können. Entsprechend zurückgedrängt – aber noch nicht vergessen – sind die Kulte heute.

MYTHOS UND MAGIE

Lebendige Mythen auf der Insel Goodenough

Die Kalauna von Goodenough in Papua-Neuguinea besitzen eine Reihe von Mythen, die sogenannten *neineya*, die die wichtigsten magischen Formeln für das Wetter, die Fruchtbarkeit des Bodens und die Bekämpfung des Hungers enthalten. *Neineya*-Geschichten dürfen nur dann öffentlich vorgetragen werden, wenn der Rezitierende die geheimen Namen, die Sprüche und andere magische Inhalte verschweigt.

Solche Mythen sind im Besitz einzelner Männer, vorwiegend von Zauberern der Kalauna-Stämme, die sie an ihre Erben weitergeben. Diese *toitavealata* (»die sich um das Dorf kümmern«) genannten Männer verwandeln sich selbst in die mythischen Charaktere. Doch mit ihren magischen Fähigkeiten befördern sie nicht nur das Gemeinwohl ihres Stammes; sie bekämpfen auch Feinde, indem sie die düsteren Zauber der Unersättlichkeit (*tufo'a*) und der Hungersnot (*loka*) über sie verhängen. Als Ursprung dieser Übel gilt der mythische Schlangengott Honoyeta.

Um ihn rankt sich folgende Geschichte: Er schickte seine beiden Frauen täglich zur Arbeit fort, streifte seine Haut ab und verwandelt sich in einen hübschen jungen Mann. Als eine der Frauen Honoyetas Geheimnis entdeckte und seine Schlangenhaut zerstörte, brachte der Schlangengott aus Rache Dürre, Hunger und Tod über die Menschen.

Kannibalismus

Der Austausch der abutu-*Geschenke, der Früchte des Feldes, mit denen sich die Bewohner der Goodenough-Inseln heute gegenseitig zu übertrumpfen versuchen, war ursprünglich ein Ritual, um den Appetit des Malaveyovo zu befriedigen, eines gefräßigen Kann oalen, der, wie es heißt, die Inseln durchstreifte. Die Insell ewohner glaubten, wenn sie Malaveyovo Gemüse zu essen gäben, würde er keine Menschen mehr verschlingen. Kannibalismus ist ein häufiges Thema der ozeanischen Mythologie; charakteristisch ist dabei das Motiv der Feindseligkeit zwischen den Geschlechtern.*

Viele Geschichten Papua-Neuguineas handeln von einem Helden, der eine Frau oder ein Jagdtier bis in eine Region jenseits der von Menschen bewohnten Gebiete verfolgt und dabei ins Land der Kannibalen gelangt. Sein erfolgreicher Versuch, sich dem Zugriff der Kannibalen zu erwehren, steht im Zentrum dieser Mythen. Geschichten von Kannibalenfrauen gibt es in Tahiti und den Chatham-Inseln im Osten Neuseelands. Ein tahitianischer Mythos erzählt von der weiblichen Ahnin »Rona Langzahn«, deren Tochter Hina eine hübsche junge Frau wurde und sich in einen Mann namens Monoi verliebte. Rona jedoch fing Monoi und fraß ihn. Daraufhin setzte Hina mit Hilfe des »haarigen Oberhaupts« No'ahuruhuru der raubtierhaften Kannibalin ein Ende.

Dieser Korb wurde auf den Fidschi-Inseln einst für gekochtes Menschenfleisch verwendet, das dem Häuptling geschenkt wurde. In Teilen Melanesiens und Polynesiens konnte sich der Kannibalismus bis in die Neuzeit erhalten.

SÜDOSTASIEN

Der Pura Beji-Tempel in Sangsit auf der Insel Bali. Die Balinesen praktizieren einen mit Elementen des Buddhismus und der indigenen malaiischen Glaubensvorstellungen vermischten Hinduismus.

Südostasien ist eine der kulturell vielfältigsten Regionen der Erde, und in seiner Mythologie spiegeln sich die verschiedensten kulturellen Einflüsse der Vergangenheit. Der Hinduismus, der schon früh hier Fuß faßte, wurde in Laos, Thailand, Vietnam und Kampuchea (Kambodscha) ab dem 14. Jahrhundert von den Lehren des Theravada-Buddhismus überlagert. Der Islam stieg bald nach seinem Eindringen in Java um 1600 zur beherrschenden Religion des insularen Südostasien auf. Er wurde jedoch durch Hinduismus, Buddhismus und ältere animistische Glaubensvorstellungen beeinflußt, die in abgelegeneren Regionen im Landesinnern bis heute lebendig geblieben sind.

Trotz dieser religiösen Vielfalt besitzt die Mythologie Südostasiens aufgrund gewisser immer wiederkehrender Vorstellungen einen ganz eigenen Charakter. Am meisten verbreitet ist die Vorstellung eines Universums, das aus mehreren Schichten besteht: sieben befinden sich oberhalb und sieben unterhalb dieser Welt (siehe S. 303). Die sozialen Schichten werden häufig als Spiegel dieser Struktur des Universums betrachtet – was besonders im Osten Indonesiens ausgeprägt ist.

Die Einheit aller Lebensformen ist eine weitere charakteristische Vorstellung der gesamten Region, insbesondere bei der eingeborenen Bevölkerung Borneos und Malaysias (siehe S. 305). Der Welt der Erscheinungen liegt demnach eine alles durchdringende geistige Kraft zugrunde, die Metamorphosen vom Menschen zum Tier, ja sogar zu pflanzlichen Formen (und umgekehrt) ermöglicht.

Für viele Eingeborene ist der Kopf des Menschen in besonderem Maß eine Quelle spiritueller Kraft. Kopfjagd wird in diesen Gesellschaften häufig praktiziert: der Krieger, so glaubt man, der den Kopf eines Feindes erjagt hat, vermehrt auf diese Weise seine eigene spirituelle Kraft.

Der größte Teil der Bevölkerung – ausgenommen die Bewohner der Städte, die nomadisierenden Gruppen und die in den Wäldern lebenden Jäger und Sammler Malaysias, Thailands, Borneos und der Philippinen – lebt in überschaubaren dörflichen Gemeinschaften und ist vom Naßreis-Anbau abhängig. Dies spiegelt sich in den zahlreichen und weitverbreiteten Mythen über den Reis (siehe S. 307) wider.

BEVÖLKERUNG UND SPRACHGRUPPEN

Die frühesten Bewohner Südostasiens waren wohl Negrito-Gruppen, die um 23 000 v. Chr. von Norden her eindrangen; sie sind mit den Aborigines Australiens verwandt. Ihre Nachkommen leben heute als Jäger und Sammler in abgelegenen Waldgebieten im Innern Malaysias, Thailands, Borneos und der Philippinen. Um 2500 v. Chr. durchzogen weitere Wanderungswellen aus dem Norden das südostasiatische Festland und gelangten auf die Inseln, wo heute ihre Sprache, das Westaustronesische (früher Malayo-Polynesisch genannt) dominiert. Als Ergebnis späterer Wanderungsbewegungen sind heute austronesisch-, austro-asiatisch-, Tai- und sino-tibetischsprachige Bewohner auf dem Festland in der Mehrheit (siehe Karte). In jüngerer Zeit wanderten viele chinesischsprachige Menschen nach Malaysia, Borneo und auf die Philippinen ein.

LEGENDE

Die wichtigsten Sprachgruppen:

- Überwiegend Austro-Asiatisch (mit Vietnamesisch, Khmer)
- Überwiegend Austronesisch (mit Malaiisch, Indonesisch, Filipino)
- Tai (mit Thai, Lao)
- Sino-Tibetisch (mit Chinesisch, Burmanisch)
- Austro-Asiatisch/Tai (Mischgebiet)
- Heutige Grenzen
- Region, Insel oder Inselgruppe: *JAVA*
- Heutiges Land: LAOS
- Volk: *DUSAN*

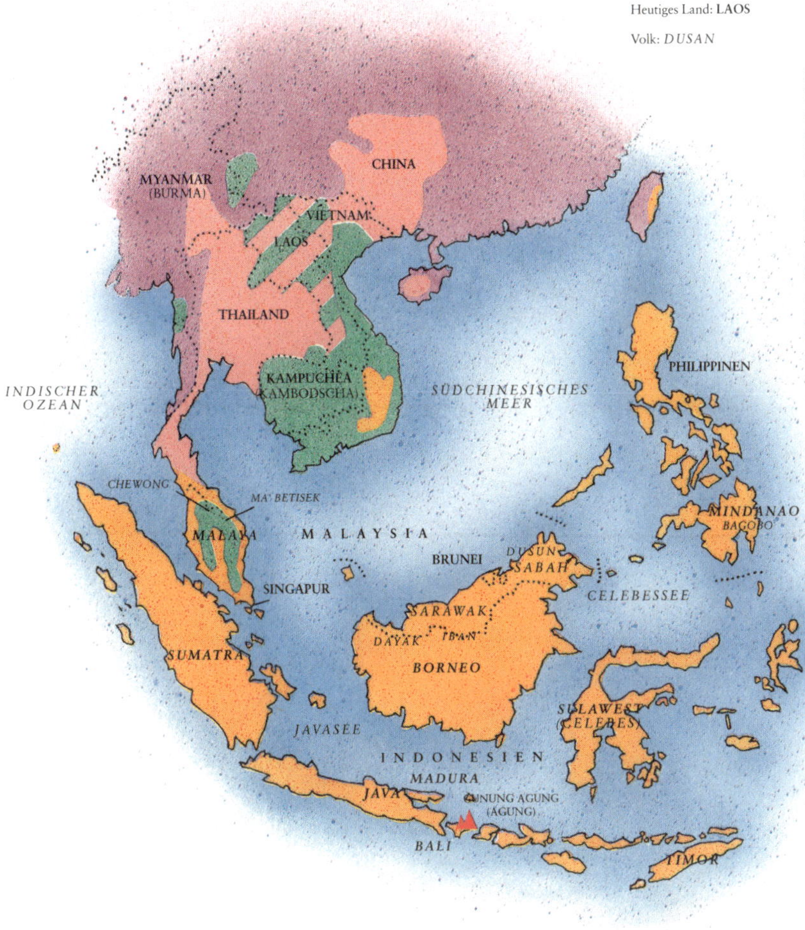

MYTHEN UND IHRE DARSTELLUNG

Die Dramatisierung von Mythen ist auf den indonesischen Inseln Bali und Java am meisten ausgeprägt. Auf Bali stellen Maskentänzer den Kampf zwischen Barong, dem guten Dämonenkönig, und Rangda, der bösen Königin der Hexen, dar (siehe S. 306). Eine Art rituelles Drama, das auf Java von besonderer Bedeutung ist, heißt *wayang*; in diesem Schattentheater werden aufwendig kostümierte Puppen vor einem erleuchteten Bühnenhintergrund bewegt. Das Schattentheater ist zwar in vielen Teilen Südostasiens zu finden, doch nur auf Java wurde es zum Medium für religiöse oder mystische Inhalte. Die Technik dieses Spiels stammt angeblich aus dem Indien des 10. Jahrhunderts – vielleicht ist dies ein Grund dafür, daß die beliebtesten Themen des javanischen Schattenspiels den großen Epen der hinduistischen Mythologie, dem *Ramayana* und dem *Mahabharata*, entnommen sind, obwohl Java eine vorwiegend muslimische Insel ist. Die Abenteuer der fünf heldenhaften Pandava-Brüder sind besonders populär. Diese Vorführungen dauern die ganze Nacht und können von beiden Seiten der Leinwand beobachtet werden. Üblicherweise erscheinen die Figuren, die die Kräfte des Guten darstellen, auf der rechten Seite (von vorne, als Schatten gesehen), die Kräfte des Bösen auf der linken Seite. *Wayang*-Spiele werden traditionell bei allen wichtigen Feierlichkeiten aufgeführt.

CHRONOLOGIE

vor 50 000–25 000 Jahren	Wanderung eingeborener Negrito-Völker nach Südostasien
vor 4500 Jahren	Beginn der Wanderung austronesischer Völker nach Südostasien
3. Jh. n. Chr.	Gründung von Hindu-Königreichen in Kampuchea, Malaysia und Indonesien
1100–1200	Theravada-Buddhismus gelangt aus Sri Lanka über Burma nach Laos und Kampuchea
15. Jh.	Zunehmender islamischer Einfluß in der gesamten Region
1509	Ankunft des portugiesischen Seefahrers Vasco da Gama in Malakka, Malaysia: Beginn des europäischen Einflusses und der Kolonialisierung
um 1600	Islamisierung Javas abgeschlossen
1945–57	Kolonialmächte (Niederlande, USA, Frankreich und Großbritannien) ziehen sich aus dem größten Teil Südostasiens zurück

URSPRUNGSMYTHEN

Die Erschaffung der Welt und des Menschen

Detail eines bestickten Gewandes aus Indonesien; der stilisierte Nashornvogel ist eine Manifestation himmlischer Geister. Fabeltiere, insbesondere Vögel, spielen in den Schöpfungsmythen vieler Regionen Südostasiens eine wichtige Rolle.

Die südostasiatischen Mythen schreiben die Erschaffung der Welt in der Regel einem Schöpfergott zu, häufig aber auch einem mit schöpferischen Kräften begabten Vogel oder einem anderen Tier. In Sumatra beispielsweise soll Gott in der Urzeit statt einer Frau ein sagenhaftes blaues Huhn mit dem Namen Manuk Manuk besessen haben. Manuk Manuk legte drei riesige Eier, aus denen jene drei Götter hervorkamen, die im Verlauf der Urgeschichte die drei Ebenen des Universums schufen: die obere Welt (den Himmel), die mittlere Welt (die Erde) und die Unterwelt.

Zu jener Zeit war die mittlere Welt ein unendlicher Ozean. Boru Deak Parudjar, die Tochter des Himmelsherrschers und Vaters der Menschen, Batara Guru, sprang aus der oberen Welt in den Ozean, um den Nachstellungen des bösen Gottes Mangalabulan zu entkommen. Als Batara Guru durch eine Schwalbe erfuhr, was geschehen war und daß seine Tochter nun im Ozean schmachtete, schickte er den Vogel mit einer Handvoll Erde, die er auf das Wasser legen sollte. Das Erdreich breitete sich auf dem Meer aus, bis es festes Land wurde, auf dem Batara Guru Samen ausstreute und so alle Arten von Tieren hervorbrachte. Dann schickte der Gott einen Heldenmenschen als Inkarnation seiner selbst, der die Erde sicher machen sollte, indem er Naga Padoha, den Schlangenherrscher der Unterwelt (eine Gestalt hinduistischen Ursprungs) vernichtete und für alle Zeiten in die tiefsten Tiefen des Kosmos verbannte.

Eine mächtige Schlange sowie die Vorstellung einer oberen und einer unteren Welt finden sich auch im Schöpfungsmythos der Dayak, der indigenen nichtmuslimischen Bevölkerung im Innern des südlichen und westlichen Borneo. In diesem Mythos wird von einer Urzeit erzählt, als »alles noch im Mund der sich ringelnden Wasserschlange eingeschlossen war«. Dann aber erhob sich der Goldene Berg, der Sitz der höchsten Gottheit der unteren Region des Kosmos, sowie der Juwelenberg, der Sitz der höchsten Gottheit der oberen Region. Diese Berge prallten mehrmals mit großer Wucht aufeinander, und jedesmal entstand ein Teil des Universums; als erstes die Wolken, danach das Himmelsgewölbe, dann die Berge und die Felsen, die Sonne und der Mond, der Himmelsfalke und der große Fisch Ila-Ilai Langit, zwei Fabeltiere, Rowang Riwo mit dem goldenen Speichel und Didis Mahendera mit den Juwelenaugen; schließlich entstand der goldene Kopfschmuck des Gottes Mahatala, der von einem herabhängenden Juwel gekrönt wurde. Dies war der erste Schöpfungsabschnitt. Im zweiten Abschnitt entstanden die Flüsse, und Jata, die göttliche Jungfrau, erschuf das flache Land und alle Hügel. Im dritten Abschnitt entstand der Baum des Lebens mit goldenen Blättern und elfenbeinernen Früchten. Dieser Baum verband die obere mit der unteren Welt.

Bronzefigur eines naga, *eines Schlangenwesens hinduistischer Herkunft, das in der gesamten südostasiatischen Mythologie eine Rolle spielt. Der hier abgebildete* naga *stammt aus Angkor Wat in Kampuchea.*

SCHÖPFUNGSMYTHEN DER IBAN

Die Iban, ein Dayak-Volk aus Borneo, glauben, daß am Anfang die beiden Geistern Ara und Irik waren, die in Gestalt von Vögeln über das endlose Wasser schwebten. Die Vögel stürzten herab und holten aus dem Wasser zwei große Eier; Ara formte aus dem einen den Himmel, Irik aus dem anderen die Erde. Doch die Erde war zu groß für den Himmel, und deshalb preßten die beiden Schöpfungsgeister die Erde so weit zusammen, bis sie die richtige Größe hatten; dies verursachte auf der Erdoberfläche große Verwerfungen, und es entstanden Flüsse und Ströme zur Bewässerung der Täler und Ebenen. Sogleich wuchsen Bäume und Pflanzen. Als die Vogelgeister sahen, daß niemand diese neue Welt bewohnte, beschlossen sie, den Menschen zu erschaffen. Zuerst versuchten sie, aus dem weißen und roten Saft der Bäume Menschen zu bilden; doch es gelang ihnen nicht, diesen Geschöpfen Leben einzuhauchen. Dann wandten sie sich der Erde zu. Sie formten die ersten Menschen aus Lehm und erweckten sie mit ihren Vogelstimmen zum Leben.

Dem Schöpfungsmythos der Dusun aus Sabah im Norden Borneos zufolge existierte am Anfang nur ein großer Felsen mitten im Meer des Universums. Der Felsen brach entzwei, und aus ihm ging ein Gott hervor, der ein Schmied war, und eine Göttin. Der Gott schuf das Himmelsgewölbe, das Speichen wie ein Regenschirm hatte, die Göttin schuf die Erde aus dem Schmutz auf ihrem Körper und dem Körper ihres Begleiters.

Häufig folgt die Erschaffung der Menschen unmittelbar aus der Erschaffung der Welt. So erhielt etwa in der Schöpfungsgeschichte Sumatras der göttliche Held, der den Unterweltdrachen Naga Padoha besiegte, zum Lohn Boru Deak Parudjar, die Tochter des Himmelsherrschers Batara Gurus, als Frau; aus ihrer Verbindung gingen die ersten Menschen hervor. Im Schöpfungsmythos der Dusun wandten sich nach der Erschaffung von Himmel und Erde die beiden Gottheiten der Erschaffung des Menschen aus Stein zu.

Doch diese Geschöpfe aus Stein konnten nicht sprechen, also machten sie Menschen aus Holz. Doch das Holz verrottete allzu schnell, und so entstand die Menschheit schließlich aus der Erde eines Termitenhügels. Andere Völker dieser Region erzählen ebenfalls von der Erschaffung der Menschen aus Erde, was erst nach mehreren Versuchen glückt.

Der Mythos von den Anfängen des Menschen, wie er bei den Karabaulo auf Timor im östlichen Indonesien erzählt wird, erklärt die soziale Ordnung auf die folgende Weise: Ursprünglich gab es keine Menschen, sondern nur das Meer der Urflut. Aus den Wassern tauchten zwei Teile Land auf, die zur Insel Timor wurden. Dann tauchte aus der Erde eine riesige Vagina auf, aus der die Vorfahren der heutigen Bevölkerung hervorkamen: diejenigen, die als erste erschienen, wurden landbesitzende Adelige, die nachfolgenden wurden Bürger und Pächter. Auf diese Weise etablierte sich die gesellschaftliche Hierarchie der Bevölkerung. Um aus der Vagina herauszusteigen, zogen sich die ersten Menschen an den Kletterpflanzen eines Baumes hinauf. Es heißt, daß die Stelle, an der sie auftauchten, heute noch sichtbar ist, doch darf niemand den unterirdischen Gang betreten, der von hier aus in die Tiefe führt.

DER MEHRSCHICHTIGE KOSMOS

Die Vorstellung, daß das Universum aus mehreren Schichten besteht, ist in südostasiatischen Mythen weit verbreitet. So glauben etwa die Kédang auf der Insel Lembata in Indonesien, daß es sieben Ebenen überhalb und fünf Ebenen unterhalb der Erde gibt. Jeder, der stirbt, wird auf der nächstniedrigeren Ebene wiedergeboren, bis er schließlich als Fisch wieder zum höchsten Punkt aufsteigt und der Kreislauf der Wiedergeburt und des Todes neu beginnt. Für die Chewong des malaiischen Regenwaldes bildet die untere Seite der einen Ebene den Himmel der nächstniedrigeren Ebene; der Himmel dieser Erde, der siebten Erde, ist also die Unterseite der sechsten Erde. Er besteht aus Steinen und berührt die Erde an zwei Stellen: dort, wo die Sonne aufgeht, und dort, wo sie untergeht. Wenn unsere Sonne untergeht, wird sie die Sonne der achten Erde, die unter dieser Erde liegt. Für die Ma'Betisék, ein anderes Volk Malaysias, ist das Universum eine siebenschichtige Zwiebel, die im Wasser schwimmt. Unsere Erde ist die sechste Schicht, die siebte Schicht ist die Überwelt, die von den durchscheinenden Ahnengeistern der Menschen bevölkert ist. Böse Geschöpfe wie etwa Kannibalen leben in den Schichten unterhalb der Erde.

Die Schlange und die Schildkröte

Dem balinesischen Schöpfungsmythos zufolge gab es am Anfang der Welt weder Himmel noch Erde. Dann schuf die Weltschlange Antaboga durch die Kraft der Versenkung die Weltschildkröte Bedawang.

Auf der Weltschildkröte liegen zwei gewundene Schlangen und der Schwarze Stein, der die Höhle der Unterwelt, wo es weder Sonne noch Mond gibt, verschließt. Die Höhle der Unterwelt wird von dem Gott Batara Kala und der Göttin Setesuyara regiert und ist Heimstatt der großen Schlange Basuki. Kala erschuf das Licht und die Mutter Erde, über der sich eine Wasserschicht ausbreitete, darüber viele Kuppeln oder Himmelsgewölbe. Über dem mittleren Himmel liegt der fließende Himmel, wo Semara sitzt, der Gott der Liebe. Darüber wölbt sich der dunkelblaue Himmel mit Sonne und Mond, und darüber wiederum der wohlriechende Himmel, der wunderschön und voller seltener Blumen ist. Dieser Bereich ist der Wohnsitz von Tjak, des Vogels mit dem menschlichen Gesicht, der Schlange Taksaka, die Beine und Flügel hat, und der *awan*-Schlangen, die fallende Sterne sind. Noch höher liegt der flammende Himmel der Ahnen, und darüber erhebt sich als oberste Schicht der Wohnsitz der Götter, den Tintiya, das höchste aller männlichen Wesen, überwacht.

Die Götter schufen die Insel Bali als einen flachen, kargen und unfruchtbaren Ort. Doch nachdem das benachbarte Java muslimisch geworden war (in einem langen Prozeß, der von 1250 bis 1600 dauerte), zogen die empörten Hindu-Götter nach Bali und bauten an allen vier Himmelspunkten Berge, die ihrem hohen Stand angemessen waren. In der Mitte schufen sie den Vulkan Gunung Agung (»Großer Berg«), der auch »Kosmischer Berg« oder »Nabel der Welt« genannt wird.

Eine Schattenfigur (18. Jh.) aus Klung-klung, Bali, die die Weltschlange Antaboga aus dem balinesischen Schöpfungsmythos darstellt.

MENSCHEN UND GEISTER

Die Ursprünge der Zivilisation

Viele südostasiatische Mythen erklären die Regeln zivilisierten Verhaltens als Enthüllung oder Entdeckung eines ihrer Vorfahren, eines Kulturheroen, der sie von einem göttlichen oder einem geistigen Wesen erhalten hat. Die Chewong, ein malaiisches Volk von Jägern und Sammlern, erklären *maro*, ihre Sitte, Essen miteinander zu teilen, mit der Geschichte des Jägers Bujaegn Yed. Eines Tages kochte und aß er seine Beute, als er Yinlugen Bud entdeckte, den Geist des Baumstumpfes, der älter war als alle Menschen. Dieser warnte Bujaegn Yed, daß er einen gefährlichen und möglicherweise tödlichen Verstoß begehen würde, wenn er alles allein essen würde. Bujaegn Yed nahm das Fleisch mit nach Hause und teilte es mit seiner schwangeren Frau. Als sie gebären sollte, nahm der Jäger ein Messer und wollte ihr den Bauch aufschlitzen, wie es Sitte war; da zeigte ihm Yinlugen Bud, wie man ein Kind richtig zur Welt bringt. Er lehrte das Paar auch alle magischen Formeln für eine gute Geburt sowie die Regeln der Geburt und wie man ein Kind stillt. Seit dieser Zeit starben die Mütter nicht mehr bei der Geburt ihrer Kinder, und die Menschen teilten von nun an die Beute miteinander, die sie erlegt hatten.

Die Iban von Borneo erzählen von einem Mann namens Surong Gunting, der seinen Großvater, den Geist Sengalong Burong, besucht. Unterwegs erzählen ihm die Sterne von der Fruchtfolge im Ackerbau; sein Großvater lehrt ihn bestimmte Rituale und wie man aus dem Verhalten der Vögel Anweisungen für Landwirtschaft und Kopfjagd entnehmen kann (die Iban halten Vögel für Boten der Geister). Als Surong Gunting seine Tante, Dara Chempaka Tempurong, schwängert, wird er aus dem Langhaus seines Großvater vertrieben; er lernt, daß die Paarung naher Verwandter eine schwere Verfehlung ist, die für die Ernte schlimme Folgen hat. Nachdem er zu seinem eigenen Langhaus zurückkehrt, gibt er sein neues Wissen an die Iban weiter.

NACHT UND FEUER
Nach den Chewong in Malaysia gab es ursprünglich auf dieser Erde – der siebten Schicht des achtschichtigen Universums – weder Nacht noch Feuer. Wenn die Menschen Tapioka kochen wollten, stellten sie es auf die Erde, und es kochte von selbst. Eines Tages fiel einem Jungen sein Messer durch ein Loch in die Erde, und beim Versuch, es wiederzuholen, stürzte er durch die achte Erde hinab, wo die dort Lebenden ihm etwas zu essen gaben. Als es dunkel wurde, fürchtete sich der Junge, und die Bewohner zündeten ein Feuer an. Doch auch das Feuer kannte er nicht, und erneut fürchtete er sich. Das freundliche Volk gab ihm in einem Bambusrohr Nacht und Feuer für seine eigene Erde mit nach Hause. Dann zeigte es ihm, wie die Menschen das Essen kochen sollten und half ihm, mit seinen Geschenken in diese Welt zurückzuklettern.

Steinfiguren, die die göttlichen Ahnen darstellen. Die Abbildung zeigt einen Opferplatz der Toba-Batak in Ambarita auf der Insel Samosi im östlichen Indonesien.

DER JÄGER UND DER MOND
Die Ma'Betisék aus Malaysia erzählen, daß die Menschen am Anfang keine Gesetze hatten und Mord, Inzest und Kannibalismus an der Tagesordnung waren. Zu jener Zeit wurden die Verhaltensnormen von dem Geist Moyang Melur geheimgehalten, der auf dem Mond lebte. Eines Nachts lehnte er sich, fasziniert von dem Durcheinander auf der Erde, zu weit aus dem Mond und fiel hinunter; auf der Erde begegnete er dem Jäger Moyang Kapir, dem er schwor, er werde jeden Menschen töten, wenn er nicht sofort wieder auf den Mond zurückkäme. Moyang Kapir schlang ein Seil um den Mond, an dem sie beide hinaufkletterten. Moyang Melur traf heimlich Vorbereitungen, Moyang Kapir zu töten und zu verspeisen, doch dieser ließ sich am Seil zur Erde hinuntergleiten; dabei nahm er die Tasche mit den Regeln des menschlichen Verhaltens mit und übergab sie seiner Verwandtschaft.

Die Then und die drei großen Männer

In Laos und Nordthailand werden die Ursprünge der Gesellschaft, die praktischen Fähigkeiten der Menschen und die Bereicherung ihres Lebens durch Kunst und Kultur auf drei göttliche Vorfahren, die Then, und auf drei irdische Vorfahren, die sogenannten drei großen Männer, zurückgeführt.

Vor langer Zeit gab es Erde, Himmel und Pflanzen. Im oberen Königreich über der Erde lebten die Then; die Herren der unteren Welt, die Urmenschen, waren die drei großen Männer Pu Lang Seung, Khun K'an und Khun K'et, die von Fischfang und Reisanbau lebten. Zu jener Zeit waren diese beiden Welten nicht voneinander abgetrennt, sondern durch eine riesige Brücke aus Schilfrohr miteinander verbunden.

Eines Tages forderten die Then, die Menschen sollten ihnen zum Zeichen der Verehrung einen Teil ihres Essens geben. Doch die Menschen weigerten sich; erzürnt darüber schickten die Then eine Flut, die die Welt überschwemmte und verwüstete. Pu Lang Seung, Khun K'an und Khun K'et bauten ein Floß, auf dem sie ein kleines Haus errichteten. Mit ihren Frauen und Kindern reisten sie ins obere Königreich, um dem König der Then die Ehre zu erweisen und ihn um Beistand und Erbarmen zu bitten.

Als er hörte, was geschehen war, bot er den Menschen an, mit einem seiner Verwandten, Großvater Then Lo, im Himmel zu leben. Zur gleichen Zeit zog sich die Flut zurück, und als sie das sahen, gingen die drei großen Männer zum König und sagten: »Wir können in dieser substanzlosen Welt weder gehen noch laufen. Wir wollen zurück in die untere Welt, wo der Boden flach und fest ist.« Da gab ihnen der König einen Büffel und schickte sie auf die Erde zurück, wo sie von nun an wieder lebten.

Drei Jahre später starb der Büffel, und bald darauf wuchs eine Kriechpflanze aus seinen Nüstern, aus der drei Kürbisse hervorsprossen; aus ihnen drangen seltsame Geräusche. Als Pu Lang Seung ein Loch in jeden Kürbis bohrte, krochen Menschen daraus hervor – das eingeborene Sklavenvolk. Pu Lang Seung lehrte sie, mit Brandrodung Ackerbau zu betreiben.

Doch es waren noch mehr Menschen in den Kürbissen, und um ihnen den Austritt zu ermöglichen, schnitt Khun K'an eine weitere Öffnung hinein. Drei Tage und drei Nächte lang strömten Menschen heraus, bis die Kürbisse schließlich leer waren. Diejenigen, die aus der zweiten Öffnung hervorkamen, waren die Thai, denen die drei großen Männer beibrachten, wie man Felder bebaute und Stoffe webte. (Das Volk der Thai gelangte im 10. Jahrhundert aus China in dieses Gebiet.)

Später sandten die göttlichen Vorfahren den Baumeister Then Teng und den Konstrukteur Pitsanukukan auf die Erde hinab. Dann lehrte Teng die Menschen die Berechnung der Zeit und stellte Regeln für die Bearbeitung der Felder, Obst- und Gemüsegärten auf. Pitsanukukan wiederum lehrte die Menschen die Bearbeitung von Metall und die Herstellung von Werkzeug; auch gab er ihnen Anweisungen, wie sie Baumwolle und Seide weben, Kleider machen und Essen zubereiten sollten.

Danach schickte der König des Himmels Sik'ant'apatewada, den Herrn der Gandharva, der himmlischen Musikanten. So lernten die Menschen das Gong-, Flöten- und Trommelspiel, Gesang und Tanz.

Als Sik'ant'apatewada seine Aufgabe als Vermittler von Tanz und Musik erfüllt hatte und in den Himmel zurückgekehrt war, wurde die Schilfrohrbrücke zerstört. Seitdem ist den Menschen nur die untere Welt verblieben, und den göttlichen Vorfahren und den Nachkommen der drei großen Männer ist es nicht mehr möglich, einander zu besuchen.

DIE EINHEIT DES LEBENS

Südostasiatische Mythen über den Ursprung der Zivilisation gehen von der Einheit oder engen Verbundenheit aller Dinge dieser Welt aus. So glauben die Dayak von Borneo, daß Menschen, Tiere und Pflanzen alle von demselben Geist abstammen und deshalb miteinander verwandt sind. Besonders bei den älteren Eingeborenenvölkern ist außerdem die Vorstellung weit verbreitet, daß das Leben in verschiedene Formen übergehen kann. Die Chewong von Malaysia sind überzeugt, daß Kinder verwandelte Blumen sind. Die Bagobo von Mindanao auf den Philippinen sagen, Affen hätten einst wie Menschen ausgesehen und sich wie diese verhalten. Ihre gegenwärtige Gestalt hätten sie erst angegenommen, als der Gott Pamalak Bagobo die Menschen als eigene Gattung erschaffen habe. Die Affinität beider Arten spiegele sich in der Tatsache wider, daß sich manche Menschen willentlich in Affen verwandeln könnten.

Die Ma'Betisék drücken ihren Glauben an die Beziehung zwischen allen Lebensformen im Gedanken der Reinkarnation aus. Die Guten werden belohnt, indem sie als Menschen wiedergeboren werden, doch da sie frei von Gier, Ehrgeiz, Gewalttätigkeit und Eifersucht sein müssen, sind solche Menschen selten. Die meisten Menschenseelen werden als Tiere wiedergeboren, manchmal auch als Pflanzen. Die Ma'Betisék erzählen auch, daß sie sich so stark vermehrten, daß das Land zu klein wurde. Mit Zustimmung der Menschen löste Gott das Problem dadurch, daß er die Hälfte der Menschen in Bäume verwandelte.

BEGEGNUNGEN MIT MAGIE

Barbaren, Dämonen und Hexen

Statue, die die Hexenkönigin Rangda als eine Figur im balinesischen Tanz darstellt.

Balinesische Tanzmaske, die Barong, den Widersacher des Bösen und Gegner Rangdas, darstellt.

Ein der gesamten südostasiatischen Mythologie gemeinsames Thema ist die Begegnung mit magischen Kräften, häufig mit dunklen Mächten des Bösen oder der Barbarei, die die Widersacher der zivilisierten Gesellschaft sind. Diese Kräfte nehmen gewöhnlich menschliche oder halbmenschliche Gestalt an, sie können männlichen – wie der Tigermensch Moyang Melur (siehe S. 304) – oder weiblichen Geschlechts – wie Bota Ili sein (siehe unten).

Die schreckliche balinesische Dämonin Rangda ist die Anführerin einer Bande böser Hexen, deren unsterblicher Widersacher der Geisterkönig Barong ist. Rangda wird gewöhnlich als halbnackt dargestellt, mit langem Haar und klauenartigen Finger- und Zehennägeln. Der Kampf dieser beiden magischen Kräfte, in dem Rangda unterliegt, wird von balinesischen Maskentänzern nachgespielt (siehe S. 301). Der Name *rangda* bedeutet Witwe, und manche Wissenschaftler bringen sie mit der balinesischen Königin Mahendradatta in Verbindung, die im 11. Jahrhundert lebte und von ihrem Ehemann, König Dharmodayana verstoßen wurde, weil sie angeblich seine zweite Frau verhext hatte. Nach dem Tod Dharmodayanas soll die verwitwete Mahendradatta ihren Sohn und Thronfolger Erlangga verfolgt haben, da er seinen Vater nicht davon abgebracht hatte, eine zweite Frau zu nehmen. Sie soll versucht haben, das Königreich durch schwarze Magie zu vernichten. Die Hälfte der Bevölkerung starb an Seuchen, bis sie durch die Magie eines heiligmäßigen Mannes besiegt wurde.

Bota Ili

Die Kédang im Osten Indonesiens erzählen, wie die wilde Frau Bota Ili gebändigt wurde.

Bota Ili lebte auf einem Berg. Ihr Körper war stark behaart, und sie hatte sehr lange Finger- und Zehennägel. Sie aß Reptilien, die sie kochte, wobei sie zum Entfachen des Feuers ihren Rücken an einem Felsen rieb.

Ein Mann namens Wata Rian lebte am Strand. Eines Tages bemerkte er Rauch auf dem Berg und wollte wissen, wer dort lebte. Früh am Morgen machte er sich auf und nahm Fisch und Palmwein mit. Gegen Mittag erreichte er den Gipfel und entdeckte eine Feuerstelle. Dann kletterte er auf einen Baum und wartete, bis Bota Ili mit ihrer großen Jagdbeute – Schlangen und Eidechsen – zurückkam. Nachdem sie sich ausgeruht hatte, rieb sie ihren Rücken an einem Felsen und wollte Feuer machen, aber es gelang ihr nicht. Da entdeckte sie Wata Rian und rief wütend aus: »Du hast verhindert, daß ich mein Feuer entfache, komm herunter, damit ich dich in tausend Stücke zerbeiße!« Wata Rian antwortete ihr: »Sei friedlich, oder ich hetze meinen Hund auf dich!«

Bota Ili lenkte schließlich ein, und Wata Rian stieg herunter. Nun gelang es Bota Ili, Feuer zu entfachen, und sie kochten das Essen. Wata Rian schenkte ihr viel Palmwein ein, so daß sie betrunken zu Boden fiel. Er rasierte ihr alle Haare ab, während sie schlief, und sah, daß sie eine Frau war. Später lernte Bota Ili, Kleider zu tragen; sie lebte mit Wata Rian zusammen und heiratete ihn.

DER LEBENSSPENDER

Reismythen

Im gesamten südostasiatischen Raum gibt es eine enge Verbindung zwischen der »Lebenskraft« des Grundnahrungsmittels Reis und der Kraft der Menschen. Die Dayak auf Borneo sagen, die Seele der Toten in der Unterwelt löse sich in Tau auf, der in die Ähren des Reis eindringe und auf diese Weise in Form von Nahrung wieder zu den Lebenden zurückkehre. Wenn die Menschen sterben, beginne der Kreislauf von neuem. Die Iban bringen dem Erdgeist Pulang Gana Opfer dar, damit der Reis wachse. Sie sagen, daß vor langer Zeit die Menschen den Dschungel rodeten, um Reis zu pflanzen, doch am nächsten Morgen standen alle Bäume wieder an ihrem alten Platz. Nachdem dies dreimal geschehen war, rodeten sie den Wald noch einmal, hielten diesmal aber in der Nacht Wache. Da sahen sie, daß durch die Kraft Pulang Ganas die Bäume wieder lebendig wurden und sich fest im Boden verwurzelten. Als sie versuchten, den Geist zu fangen, enthüllte er ihnen, wer er sei, und erklärte, daß die Erde und alles, was auf ihr wachse, ihm gehöre; nur er habe die Macht, den Reis wachsen zu lassen. Die Menschen fragten, was sie tun sollten, bevor sie ein Feld anlegten, und Pulang Gana erwiderte, sie müßten ihm Krüge, Perlen und Ziermuscheln opfern, dann würde er ihnen erlauben, Reis anzubauen.

Im Norden Thailands werden in den Dorftempeln lange Gebete rezitiert, um das Wachstum des Reis zu fördern und geistige Gaben für die buddhistischen Mönche und das gesamte Dorf zu erwirken. Auf Bali fertigt jede Familie vor der Reisernte eine »Reismutter«, eine Figur aus einer langen Reisgarbe (dem Reismann) und einer kurzen Reisgarbe (der Reisfrau). Diese wird an einem Baum, der auf dem Reisfeld steht, festgebunden, um eine reiche Reisernte zu gewährleisten.

Nach der Ernte werden alle Reismütter eines Dorfes in einer Prozession zum Dorftempel gebracht und von einem Priester gesegnet. Dann wird jede Figur auf einen hölzernen Thron gesetzt und im Erntespeicher der Familien aufgestellt, um die Ernte zu beschützen. Jemand, der gesündigt hat, darf den Speicher nicht betreten, und es ist auch strengstens verboten, die Reiskörner der mit magischen Kräften ausgestatteten Reismutter zu verspeisen.

Sujata und der Buddha

Einer bekannten Thai-Geschichte zufolge bietet Sujata, die Tochter eines reichen Landbesitzers, dem Gott des Bo- oder Feigenbaums (Ficus religiosa) *zum Dank für die Geburt eines Sohnes mit Milch vermischten Reis an.*

Sujata befahl, tausend Kühe auf eine Wiese mit fettem Gras zu treiben. Mit der Milch fütterte sie weitere fünfhundert Kühe, und mit der Milch dieser Kühe fütterte sie weitere zweihundertfünfzig Kühe, und so fuhr sie fort, bis sie acht Kühe hatten, die eine besonders fette Milch gaben. Sujata fügte dieser Milch einer Schale Reis zu, um sie dem Bo-Baum zu opfern. Sie sah eine Gestalt unter dem Bo-Baum, den sie im ersten Moment für den Gott des Baumes hielt; doch es war Buddha selbst am Tag seiner Erleuchtung. Nachdem Sujata Buddha erkannt hatte, überreichte sie ihm voller Freude ihre Reisgabe. Durch dieses wunderbare Mahl genährt, konnte Buddha neunundvierzig Tage lang in seinem Erleuchtungszustand verharren.

Eine nordbalinesische Reisgottheit, um 1800. Solche Figuren werden in Tempeln aufbewahrt; bei bestimmten Festen werden die Reisgottheiten eingeladen, sie in Besitz zu nehmen und zum »Leben« zu erwecken.

WEITERFÜHRENDE LITERATUR

Allgemeines

Campbell, Joseph, *Die Masken Gottes* (Sphinx Verlag, Basel, 1991)
Campbell, Joseph, *The Inner Reaches of Outer Space* (Harper and Row, New York, 1988)
Dundes, Alan (Hg.), *The Sacred Narrative: readings in the theory of myth* (University of California Press, Berkeley, 1984)
Eliade, Mircea, *Kosmos und Geschichte. Der Mythos der ewigen Wiederkehr* (Insel, Frankfurt/Main, 1984)
Lévi-Strauss, Claude, *Mythos und Bedeutung* (Suhrkamp, Frankfurt/Main, 1980)
Maranda, Pierre, *Mythology: selected readings* (Penguin, Harmondsworth, 1972)
Propp, Wladimir, *Morphologie des Märchens* (Carl Hanser Verlag, München, 1972)

Ägypten

Beltz, Walter, *Die Mythen der Ägypter* (Pawlak, Herrsching, 1990)
Faulkner, Raymond O. (Hg. Carol Andrews), *The Ancient Egyptian Book of the Dead* (British Museum, London, 1985)
Hart, G., *Egyptian Myths* (British Museum, London, 1990)
Hart, G., *A Dictionary of Egyptian Gods and Goddesses* (Routledge, London 1986)
Hart, G., *The Valley of the Kings* (Timken, 1990)
Kees, Hermann, *Der Götterglaube im Alten Ägypten* (Akademie-Verlag, Berlin, ²1956)
Lichtheim, Miriam, *Ancient Egyptian Literature*, 3 Bde. (University of California Press, Berkeley, 1973, 1976, 1980)
Lurker, Manfred, *Götter und Symbole der alten Ägypter. Einführung und kleines Lexikon* (Barth, Weilheim, 1974)
Lurker, Manfred, Champdor, Albert, *Das ägyptische Totenbuch in Bild und Bedeutung* (Barth, München u.a., 1977)
Quirke, S., *Ancient Egyptian Religion* (British Museum, London, 1992)
Rundle, Clark, R.T., *Myth and Symbol in Ancient Egypt* (Thames and Hudson, London, 1959)
Shafer, Byron E. (Hg.), *Religion in Ancient Egypt: gods, myths an personal practice* (Routledge, London, 1991)
Spencer, A.J., *Death in Ancient Egypt* (Penguin, Harmondsworth, 1982)
Thomas, Angela P., *Egyptian Gods and Myths* (Shire, 1986)

Vorderer Orient

van Dijk, Jan, *Sumerische Religion*, in: Jes P. Asmussen und J. Laessoe (Hg.): Handbuch der Religionsgeschichte, Bd.1, S. 449f (Vandenhoeck & Ruprecht, Göttingen, 1971)
Ebeling, Erich, *Tod und Leben nach den Vorstellungen der Babylonier* (Berlin und Leipzig 1931)
Falkenstein, Adam u. van Dijk, Jan, *Sumerische Götterlieder* (Winter Verlag, Heidelberg, 2 Bde., 1959-1960)
Gray, John, *Mythologie des Nahen Ostens* (Vollmer, Wiesbaden, 1975)
Gurney, Oliver R., *Some Aspects of Hittite Religion* (Oxford University Press, 1977)
Haas, Volker, *Hethitische Berggötter und hurritische Steindämonen* (Philipp von Zabern Verlag, Mainz, 1982)
Haas, Volker, *Magie und Mythen in Babylonien* (Merlin, Gifkendorf, 1986)
Hinnells, John Russel, *Persian Mythology* (Hamlyn, London, 1973)
Hooke, Samuel Henry, *Middle Eastern Mythology* (Penguin, London, 1963))
Leick, Gwendolyn, *A Dictionary of Ancient Near Eastern Mythology* (Routledge, London/New York, 1991)
Pritchard, James Bennett, *Ancient Near Eastern Texts Relating to the Old Testament* (Princeton University Press, 1950)
Ringgren, Helmer, *Religions of the Ancient Near East* (S.P.C.K., London/Westminster Press, Philadelphia, 1973)
Saggs, Henry William Frederick, *The Greatness that was Babylon* (Sidgwick and Jackson, 2. Aufl. 1988)
von Soden, Wolfram, *Das Gilgamesch-Epos* (Reclam, Stuttgart, 1974)
Wünsche, August, *Die Sagen vom Lebensbaum und Lebenswasser. Altorientalische Mythen* (Leipzig, 1905)

Indien

Daniélou, Alain, *Hindu Polytheism* (Routledge, London, 1964)
Dimmitt, Cornelia, und J.A.B. van Buitenen, *Classical Hindu Mythology: A Reader in the Sanskrit Puranas* (Temple University Press, Philadelphia, 1978)
Ions, Veronica, *Indian Mythology* (Hamlyn, London, 1967)
Kinsley, David, *Flöte und Schwert. Krishna und Kali* (Barth Verlag, Weilheim, 1979)
Kinsley, David, *Indische Göttinnen. Weibliche Gottheiten im Hinduismus* (Insel, Frankfurt/Main, 1990)
Kuiper, Franciscus Bernardus J., *Ancient Indian Cosmogony* (Vikas Publications, New Delhi, 1983)
Mahabharata. Zusammengefaßt und übers. Roy Biren (Diederichs, München, 1990)
O'Flaherty, Wendy Doniger (übers.), *Hindu Myths, A Sourcebook* (Penguin, Harmondsworth, 1975)
O'Flaherty, Wendy Doniger, *The Origins of Evil in Hindu Mythology* (University of California Press, Berkeley, 1976)
Puhvel Jaan, *Comparative Mythology* (John Hopkins University Press, Baltimore, 1987)
Shulman, David Dean, *Tamil Temple Myths* (Princeton University Press, 1980)
Stutley, Margaret und James, *A Dictionary of Hinduism: Its Mythology, Folklore and Development, 1500BD-AD1500* (Routledge, 1977)
Zimmer, Heinrich, *Indische Mythen und Symbole* (Diederichs, Düsseldorf und Köln, 1972)

China

Birch, Cyril, *Chinese Myths and Fantasies* (Oxford University Press, 1961)
Bodde, Derk, »Myths of Ancient China«, in: Samuel N. Kramer: *Mythologies of the Ancient World*, S. 367-408 (Doubleday, New York, 1961)
Christie, Anthony, *Chinesische Mythologie* (Vollmer, Wiesbaden, 1968)
Münke, W., *Die klassische chinesische Mythologie* (Klett Verlag, Stuttgart, 1976)
Meier, Franz J., *Die Mythologie des chinesischen Buddhismus* (Klett Cotta, Stuttgart, 1988)
Waley, Arthur, *Ballads and Stories from Tun-huang* (Allen and Unwin, London, 1960)
Werner, Eduard Theodore Chalmers, *Myths and Legends of China* (Harrap, London, 1922)
Werner, Eduard Theodore Chalmers, *A Dictionary of Chinese Mythology* (Kelly and Walsh, Shanghai, 1932)
Zengh, Chantal, Mythen des alten China (Diederichs, München, 1990)

Tibet und Mongolei

Altangerel, Damdinsurengijn, *How Did the Great Bear Originate? Folktales from Mongolia* (State Publishing House, Ulaanbaatar, 1988)
Campbell, Joseph, *The Way of the Animal Powers: Historical Atlas of World Mythology*, Bd. 1 (Times, London, 1983)
Eliade, Mircea, *Schamanismus und archaische Ekstasetechnik* (Suhrkamp, Frankfurt/M., 1989)
Essen, Gerd-Wolfgang und Tsering Tashi Thingo, *Die Götter des Himalaya* (Prestel, München, 2 Bde., 1989)
Hoffmann, Helmut, *Symbolik der tibetischen Religionen und des Schamanismus* (Anton Hiersemann, Stuttgart, 1967)
Norbu, Namkhai, *The Necklace of Gzi, a Cultural History of Tibet* (Information Office of H.H. Dalai Lama, Dharamsala, 1981)
Tucci, Giuseppe, *Die Religionen Tibets und der Mongolei* (Kohlhammer, Stuttgart, 1970)
Yeshe De Project, *Ancient Tibet* (Dharma Publishing, Berkeley, 1986)

Japan

Die historischen Quellen der Shinto-Religion. Aus dem Altjapanischen und Chinesischen übersetzt und erklärt von Karl Florenz; darin: *Kojiki und Nihongi (= Nihonshoki)* (Vandenhoeck & Ruprecht, Göttingen, 1919)
Jensen, Adolf E., *Mythos und Kult bei Naturvölkern* (Franz Steiner, Wiesbaden, 1951)
Littleton, C. Scott, »Some Possible Arthurian Themes in Japanese Mythology and Folklore«, in: *Journal of Folklore Research 20*, S. 67-81, 1983
»Susa-no-wo Versus Yamata no Worochi: An Indo-European Theme in Japanese Mythology«, in: *History of Religions 20*, S. 269-280, 1981)
Saunders, E. Dale, »Japanese Mythology», in: *Mythologies of the Ancient World* (Hg. Samuel Noah Kramer), S. 409-442 (Doubleday, New York, 1961)

Griechenland

Blake Tyrrell, W., und Frieda Brown, *Athenian Myths and Institutions* (Oxford University Press, 1991)
Dodds, E.R., *Die Griechen und das Irrationale* (Wissenschaftliche Buchgesellschaft, Darmstadt, 1970)
Graves, Robert, *Griechische Mythologie, Quellen und Deutung* (Rowohlt, Reinbek, 1984)
Hunger, Herbert, *Lexikon der griechischen und römischen Mythologie*; mit Hinweisen auf das Fortwirken antiker Stoffe und Motive in der bildenden Kunst, Literatur und Musik des Abendlandes bis zur Gegenwart (Rowohlt, Reinbek, 1976)
Kerenyi, Karl, *Die Mythologie der Griechen. Die Götter- und Menschengeschichten* (Deutscher Taschenbuch Verlag, München, 1988)
Kerenyi, Karl, *Die Mythologie der Griechen. Die Heroen-Geschichten* (Deutscher Taschenbuch Verglag, München, 1988)
Nichols, Marianne, *Götter und Helden der Griechen: Mythos und historische Wirklichkeit* (Gondrom, Bindlach, 1987)
Rose, Herbert J., *Griechische Mythologie* (Rowohlt, Reinbek, 1984)
Vernant, J-P., *Mythos und Gesellschaft im alten Griechenland*, (Suhrkamp, Frankfurt/M., 1987)

Rom

Donaldson, Ian, *The Rapes of Lucretia: a myth and its transformations* (Clarendon Press, Oxford, 1982)
Dowden, Ken, *Religion and the Romans* (Bristol Classical Press, London, 1992)
Grant, Michael und Hazel, John, *Lexikon der antiken Mythen und Gestalten* (Deutscher Taschenbuch Verlag, München, 9. Aufl. 1993)
Ogilvie, Robert M., *Und bauten die Tempel wieder auf. Religion und Staat im Zeitalter des Augustus* (Klett Cotta, Stuttgart, 1982)
Scullard, Howard H., *Römische Feste: Kalender und Kult* (von Zabern, Mainz, 1985)

Welt der Kelten

Botheroyd, Sylvia, *Lexikon der keltischen Mythologie* (Diederichs, München, 1992)
Clarus, Ingeborg, *Keltische Mythen: der Mensch und seine Anderswelt* (Olten, Freiburg i.Br., 1991)
Coenen, Dorothea, *Germanische und keltische Mythologie* (Herder, Freiburg, 1982)
Jarman, Alfred Owen Hughes, *The Legend of Merlin* (University of Wales Press, Cardiff, 1960)
Hope, Murry, *Magie und Mythologie der Kelten. Das rätselhafte Erbe einer Kultur* (Heyne, München, 1990)

Loomis, Roger Sherman (Hg.), *Arthurian Literature in the Middle Ages. A Collective History* (Oxford University Press, 1959)
Markale, Jean, *Die keltische Frau* (Goldmann, München, 1990)
Nagy, Joseph Falaky, *The Wisdom of the Outlaw. The Boyhood Deeds of Finn in Gaelic Narrative Tradition* (University of California Press, Berkeley und Los Angeles/London, 1985)

Nordeuropa
Davidson, H.R. Ellis, *Gods and Myths of Northern Europe* (Penguin, Harmondworth, 1964)
Davidson, H.R. Ellis, Pagan *Scandinavia* (Hamlyn, London, 1984)
Germanische Götterlehre, Hg. und mit mythologischem Wörterbuch versehen von Ulf Diederichs (Diederichs, Köln, 1984)
Jones, G., *A History of the Vikings* (Oxford University Press, 1984)
Owen, Gale R., *Rites and Religions of the Anglo-Saxons* (David and Charles, Newton Abbot, 1981)
Simek, Rudolf, *Lexikon der germanischen Mythologie* (Kröner, Stuttgart, 1984)
Todd, Malcolm, *The Early Germans* (Blackwell, Oxford, 1992)
Turville-Petre, E.O.G., *Myth and Religion of the North* (Weidenfeld, London, 1964)

Mittel- und Osteuropa
Chadwick, H. Munro, und N. Kershaw Chadwick, *The Growth of Literature, Bd. 2, Teil 1:* »Russian Oral Literature«, *Teil 2:* »Yugoslav Oral Poetry« (Cambridge University Press, 1936)
Ivanits, Linda J., *Russian Folk Belief* (M.E. Sharpe Inc., Armonk, New York/London, 1989)
Jakobson, Roman, »Slavic Mythology«, in: *Funk and Wagnalls Standard Dictionary of Folklore, Mythology and Legend, Bd. 2,* S. 1025-1028, hg. M. Leach und J. Fried (Funk and Wagnalls, New York, 1949-50)
Oinas, Felix J., *Essays on Russian Folkore and Mythology* (Slavica, Columbus, Ohio, 1985)
Perkowski, Jan L., *Vampires of the Slavs* (Slavica, Cambridge, Mass., 1976)
Perkowski, Jan L., *The Darkling: Essays on Slavic Vampirism* (Slavica, Columbus, Ohio, 1989)
Popovic, Tatyana, *Prince Marko. The Hero of South Slavic Epic* (Syracuse University Press, Syracuse, N.Y., 1988)
Warner, Elizabeth, *Heroes, Monsters and Other Worlds from Russian Mythology* (Peter Lowe, London, 1985)

Arktische Regionen
Damar, D., *Handbook of North American Indians:* Arctic (Smithsonian Institution, Washington, 1984)
Fienup-Riordan, Ann, *Eskimo Essays* (Rutgers University Press, London 1990)
Nelson, Edward, *The Eskimo about Bering Strait* (Smithsonian Institution, Washington, 1983)
Rasmussen, Knud, *Intellectual Culture of the Hudson Bay Eskimos* (Nordisk Forlag, Kopenhagen, 1929)
Ray, Dorothy Jean, *Eskimo Masks: Art and Ceremony* (University of Washington Press, Seattle, 1967)
Spencer, Robert, *The North Alaskan Eskimo* (Bureau of American Ethnology, Washington, 1959)
Weyer, Edward, *The Eskimos* (Yale University Press, New Haven, 1932)

Nordamerika
Boas, Franz, *Tsimshian Mythology* (Johnson, New York, 1970)
Burland, Cottie A. und Marion Wood, *North American Indian Mythology* (Newnes, London, 1985)
Brown, Joseph Epes (Hg.), *Die heilige Pfeife.* Die sieben geheimen Riten der Sioux-Indianer (Walter, Olten, Freiburg i. Br., 1956).
Campbell, Joseph, *The Way of the Animal Powers* (Times, London, 1984)
Curtin, J., *Seneca Indian Myths* (E.P. Dutton, New York, 1923)
Dooling, D.M. (Hg.), *The Sons of the Wind* (Harper, San Francisco, 1992)
Erdoes, Richard und A. Ortiz (Hg.), *American Indian Myths and Legends* (Pantheon, New York, 1988)
Haile, Berard, *Navajo Coyote Tales* (University of Nebraska, Lincoln, 1984)
Mariott, Alice und Carol K. Rachlin, *American Indian Mythology* (Mentor, New York, 1968)
Mariott, Alice und Carol K. Rachlin, *Plains Indian Mythology* (Thomas Crowell, New York, 1975)
Müller, Werner, *Glauben und Denken der Sioux* (Reimer, Berlin, 1970)
Müller, W., Die Religionen der Waldlandindianer Nordamerikas (Reimer, Berlin, 1956)
Parsons, Elsie Clews, *Pueblo Indian Religion* (University of Chicago, Chicago, 1939)
Radin, Paul, *Der göttliche Schelm* (Rhein Verlag, Zürich, 1954)
Tooker, Elisabeth, *Native American Spirituality of the Eastern Woodlands* (Paulist Press, New York, 1979)
Turner, Frederick W. (Hg.), *Portable North American Indian Reader* (Penguin, Harmondsworth, 1977)
Walker, James R., Lakota Myth (University of Nebraska, Lincoln, 1983)

Mittelamerika
Burland, Cottie A., *Die Azteken. Menschenherzen für die Götter* (Atlantis-Verlag, Herrsching, 1986)
Coe, Michael D., Elizabeth P. Benson und Dean Snow, *Atlas of Ancient America* (Facts on File, Oxford, 1985)
Hellmuth, Nikolas M., *Monster und Menschen in der Maya-Kunst; eine Ikonographie der alten Religionen Mexikos und Guatemalas* (Akademische Druck- und Verlags-Anstalt, Graz, 1987)
Nedíz Bolio, Antonio, *Legenden der Maya. Das Land des Fasans und des Hirsches* (Deutsche Verlags-Anstalt, München, 1992)
Pasztory, Esther, *Aztec Art* (Abrams, New York, 1983)
Schele, Linda, *Die unbekannte Welt der Maya; das Geheimnis ihrer Kultur entschlüsselt* (Knaus, München, 1991)
Tedlock, Dennis, *Popol Vuh* (Simon and Schuster, New York, 1985)
Townsend, Richard, *The Aztecs* (Thames and Hudson, London, 1992)

Südamerika
Bray, Warwick, *The Gold of El Dorado* (Times, London, 1978)
Das Buch der Hopi: nach den Berichten der Stammesältesten aufgezeichnet, Hg. Frank Walters (Diederichs, Düsseldorf, 2. Auflage 1982)
Chagnon, Napoleon A., Yanomamo: *The Fierce People* (Holt, Rinehart and Winston, New York, 1977)
Coe, Michael, *Amerika vor Kolumbus* (Christian, München, 1991)
Coe, Michael, Elizabeth P. Benson und Dean Snow, *Atlas of Ancient America* (Facts on File, Oxford, 1985)
Fagan, Brian, *Kingdoms of Jade, Kingdoms of Gold* (Thames and Hudson, London, 1991)
Die Mythen sehen: Bilder und Zeichen vom Amazonas, Hg. Dezernat für Kultur und Freizeit (Museum für Völkerkunde, Frankfurt/M., 1988)
Ein Kosmos im Regenwald: Mythen und Visionen der Lakandonen-Indianer, Hg. K'ayum Ma`ax (Diederichs, Köln, 1984)
Harner, Michael, *The Jivaro* (Robert Hale, London, 1973)
Moseley, Michael E., *The Incas and their Ancestors* (Thames and Hudson, London, 1992)
Saunders, Nicholas J., *People of the Jaguar* (Souvenir Press, London, 1989)

Afrika
Afrikanische Mythen und Fabeln (Lang, Frankfurt/M., 1987)
Bonin, Werner F., *Die Götter Schwarzafrikas* (Verlag für Sammler, Graz, 1979)
Davidson, Basil, *Urzeit und Geschichte Afrikas* (Rowohlt, Reinbek, 1961)
Finnegan, Ruth, *Oral Literature in Africa* (Clarendon Press, Oxford, 1970, Neuauflage 1976)
Forde, Daryll (Hg.), *African Worlds: studies in the cosmological ideas and social values of African peoples* (Olxford University Press, London, 1954)
Guman, Istvan, *Die Astrologie in der Mythologie der Dogon* (Berlin-Treptow, 1989)
Mbiti, John S., *Afrikanische Religion und Weltanschauung* (de Gruyter, Berlin/New York, 1974)
Willis, Roy, *There Was A Certain Man: spoken art of the Fipa* (Clarendon Press, Oxford, 1978)
Woyengi, die Mutter der Welt: *Mythen und Legenden westafrikanischer Völker* (Kiepenheuer, Leipzig u.a., 1991)
Zerries, Otto, *Wild und Buschgeister in Südamerika* (Steiner, Wiesbaden, 1954)

Australien
Layton Robert Uluru: *An Aboriginal History of Ayers Rock* (Aboriginal Studies Press, Canberra, 1986)
Layton, Robert, *Australian rock art* (Cambridge University Press, 1992)
Morphy, Howard, *Journey to the crocodile's nest* (Aboriginal Studies Press, Canberra, 1984)
Neidjie, B., *Kakadu Man* (Mybrook/Allan Fox Associates, Sydney, 1985)
O'Brien, M., *The Legend of the Seven Sisters* (Aboriginal Studies Press, Canberra, 1990)
Sutton, P. (Hg.), *Dreamings the Art of Aboriginal Australia* (Braziller, New York, 1988)
Utemorra, D., u.a., *Visions of Mowanjum* (Rigby, Adelaide, 1980)
Warlukurlangu Artists, *Kuruwarri: Yuendumu Doors* (Aboriginal Studies Press, Canberra, 1987)
Western Region Aboriginal Land Council, *The story of the falling star* (Aboriginal Studies Press, Canberra, 1989)

Ozeanien
Gifford, Edward Winslow, *Tongan Myths and Tales*, Bulletin 8 (Bernice P. Bishop Museum, 1924)
Grey, Sir George, *Polynesian Mythology* (Whitcombe and Tombs, London and Christchurch, 1965)
Handy, Edward Smith Craighill, *Marquesan Legends*, Bulletin 69 (Bernice P. Bishop Museum, 1930)
Landtman, Gunnar, *Folktales of the Kiwai Papuans* (Finnish Society of Literature, Helsinki, 1917)
Lawrence, Peter, *Road Belong Cargo* (Manchester University Press, Manchester, 1964)
Lawrie, Margaret E., *Myths and Legends of Torres Strait* (University of Queensland Press, 1970)
Lessa, William A., *Tales from Ulithi Atoll*, Folklore Studies 13 (University of California Press, Berkeley, 1961
Luomala, Katharine, *Maui-of-a-thousand-tricks*, Bulletin 198 (Bernice P. Bishop Museum, 1949)
Malinowski, Bronislaw, *Magic, Science and Religion* (Anchor Books, 1954)
Steinbauer, Friedrich, *Melanesische Cargo-Kulte* (München 1971).
Powdermaker, Hortense, *Life in Lesu* (Williams and Norgate, 1933)
Young, Maribelle, *Magicians of Manumanua* (University of California Press, Berkeley, 1983)

Südostasien
Coedès, George und C. Archaimbault, Davids, T.W.R. (Hg.), *Buddhist Birth Stories, or, Jataka Tales* (Trubner and Co., London, 1980)
Coèdes, G. und C. Archaimbault (Hg.), *Buddhist Suttas* (Clarendon Press, Oxford, 1981)
Davis, R.B., *Muang Metaphysics. A Study of Northern Thai Myth and Ritual* (Pandora, Bangkok, 1984)
Izikowitz, Karl-Gustav, *Fastening the Soul. Some Religious Traits among the Lamet* (Göteborgs Högskolas Arsskrift, 47, 1941)
Trankell, I.-B., *Cooking, Care and Domestication. A Culinary Ethnography of the Tai Yong, Northern Thailand* (Almqvist & Wiksell, Uppsala, 1994)

ABBILDUNGSNACHWEIS

MH: Michael Holford
BM: British Museum, London
BAL: Bridgeman Art Library
DBP: Duncan Baird Publishers
JG: Japanese Gallery, London
V&A: Victoria and Albert Museum, London
WFA: Werner Forman Archive

1 WFA/National Museum of Anthropology, Mexico City
2 MH/BM 3 Zefa/Damm

Einführung
11 Zefa/Damm 12 oben Scala/Roma, Museo Arte Orientale
12 unten MH/BM 14 BAL
17 Hutchison Library

Motive, Figuren und Stoffe
18 MH/BM 20 Nationalmuseum Kopenhagen/Kit Weiss
21 DBP/Privatsammlung
23 BAL/Musée Condé, Chantilly
24 Christie's Images
25 BAL/BM 27 BAL/V&A
28 Axel Poignant Collection
29 MH 30 BM 31 BAL/National Museum of Delhi 32 WFA/Eugene Chestow Trust 33 BAL/Giraudon 34 MH 35 BAL/Privatsammlung

Ägypten
36 Zefa/Damm 38 oben DBP 38 unten MH
39 links BAL 39 rechts MH/BM
39 unten MH/BM 40 MH 41 MH
42 oben BAL 42 unten MH/BM 43 BAL/Louvre 44 oben MH/BM 44 unten BAL/BL 45 WFA/Kairo Museum
46 oben BAL/Giraudon 46 unten BAL/Giraudon/Ägyptisches Nationalmuseum
47 Zefa 48 oben MH/BM
48 unten BAL/Louvre 49 BM
50 links Zefa/Damm 50 rechts MH/BM
51 WFA/Kairo Museum
52 oben Scala/Museo Archeologico, Firenze 52 unten WFA/Kairo Museum 54 BM 55 BAL/BM
56 BAL/Louvre/Giraudon

Vorderer Orient
58 E.T. Archive 59 oben BAL/BM
59 unten Pierpont Morgan Library, NY
60 oben BM 60 unten BM 61 MH/Louvre 62 BM 63 DBP 64 DBP
65 MH/Louvre 66 oben DBP
66 unten, 67 oben Mansell Collection
67 unten DBP

Indien
68 BAL/National Museum of India, New Delhi 70 WFA/ Nationalgalerie, Prag 71 MH
72 BAL/V&A 73 BAL/V&A
74 V&A 75 oben BAL/National Museum of India 75 unten V&A
76 BAL/V&A 77 V&A 79 MH
80 V&A 81 oben Rajasthan Institute of Oriental Studies 81 unten MH
82 oben BAL/National Museum of India 82 unten MH 83 MH
84 oben BAL/V&A 84 unten V&A
85 MH 86 MH 87 unten BAL/ National Museum of India
87 oben BAL/Bm

China
88 Zefa/Scholz 90 MH/Wellcome Collection 91 DBP 92 oben Zefa/ Damm 92 unten Robert Harding Library 93 DBP 94 BAL/BM
95 DBP 96 E.T. Archive/Nelson Gallery of Art, Kansas City
97 MH/Horniman Museum
98 oben und unten links DBP 98 unten rechts Christie's Images 99 oben und unten DBP 100 Christie's Images 101 E.T. Archive

Tibet und Mongolei
102 DBP/Privatsammlung
103 MH 105-106 DBP/Privatsammlung
107 links DBP/ Privatsammlung
107 rechts Courtesy of Richard Williamson 108/9 DBP/Privatsammlung

Japan
110 Spectrum/DJH 112 JG
115 JG 116 JG 118 JG
120 JG 121 Christie's Images
122 JG 123 oben BAL/BM
123 unten MH

Griechenland
124 Scala 126 oben BM 126 unten Louvre/Réunion des Musées Nationaux 127 MH/BM 128 Istanbul Archäologisches Museum
130 Scala/Museo Gregoriano Etrusco
131 Ashmolean Museum, Oxford
132 Scala/Nationalmuseum Athen 133 unten Virginia Museum of Fine Arts 133 oben Scala/Olympia Museum 135 MH 136 oben Louvre/ Réunion des Musées Nationaux
136 unten BM 137 oben Nationalmuseum Kopenhagen/Kit Weiss
137 unten Bildarchiv Preußischer Kulturbesitz 138 oben MH
138 unten Bildarchiv Preußischer Kulturbesitz/Laurentius
140 MünchenAntikensammlung/ Studio Koppermann
141 oben Bildarchiv Preußischer Kulturbesitz 141 unten Scala/Museo Nazionale, Napoli 142 Scala/ Acropolis Museum 143 MH
144 DBP 145 BM 146 München Antikensammlung/Studio Koppermann 147 Ny Carlsberg Glyptothek 148 Metropolitan Museum, NY/Joseph Pulitzer Bequest 149 MH 150 oben Louvre/ Réunion des Musées Nationaux
150 unten BM 151 BM
153 Scala/ Ruvo di Puglia, Jatta
154 BM 156 oben MH 156 unten Bildarchiv Preußischer Kulturbesitz/ Laurentius 157 oben BM 157 unten Scala/Museo Clementino, Vaticano
158 BM 159 Scala/Museo Gregoriano Etrusco 160 MH
161 Boston Museum of Fine Arts/Wm Frances Warden Fund
163 oben Universität Tübingen
163 unten Scala/Museo Gregoriano Etrusco 164 BM 165 Martin von Wagner Museum, Würzburg

Rom
166 Spectrum 168 Scala 169 oben MH/BM 169 unten Scala/Museo Nazionale, Napoli 170 Scala/Città del Vaticano 171 oben WFA/Museo Nazionale, Roma 171 unten Scala/ Milano Soprintendenza Antichità Silva 172 Scala/Museo Nazionale, Napoli 173 oben Somerset Country Museum Service 173 unten BAL
174 oben Leeds Leisure Services
174 unten DBP 175 Spink & Son

Welt der Kelten
176 WFA 178 oben Nationalmuseum Kopenhagen/kit Weiss
178 unten links Corinium Museum/Rex Knight
178 unten links WFA/Musée de Rennes 179 Nationalmuseum Kopenhagen/Kit Weiss 181 Nationalmuseum Kopenhagen/Kit Weiss 182 City of Bristol Museum & Art Gallery 184 Réunion des Musées Nationaux 186 oben Musée d'Alesia
186 unten WFA/ Musée de Rennes
187 WFA/National Museum of Ireland
198 BAL/BM, Ms Add 10294

Nordeuropa
190 Universitetets Oldsaksamling, Oslo/Foto Johnsen 192 oben MH/Musée de Bayeux
192 oben MH/Musée de Bayeux
192 unten WFA 193 oben WFA
193 unten Gotlands Fornsal Museum/Raymond Hejdstrom 194 WFA/Arhus Kunst Museum 196 WFA/Statens Historiska Museum, Stockholm 197 oben WFA 197 unten, 198 oben, 198 unten WFA/Statens Historiska Museum, Stockholm
199 WfA 200 oben, 200 unten WFA/Statens Historiska Museum, Stockholm 201 oben WFA/Viking Ship Museum 201 unten, 202 WFA/ Statens Historiska Museum, Stockholm 204 links WFA/ Universitetets Oldsaksamling, Oslo 204 rechts WFA/Universitetets Oldsaksamling, Oslo 205 WFA

Mittel- und Osteuropa
206 DBP 208 oben und unten DBP
209 DBP
210/11 DBP 212 Metropolitan Museum of Art, New York

Arktische Regionen
214 Robert Harding Library
216 oben WFA/Smithsonian Institute
216 unten WFA/Museum of Natural History, Chicago 217 WFA/ Smithsonian Institute
218 American Museum of Natural History

Nordamerika
220 Wheelwright Museum of the American Indian 222 oben WFA/ Provincial Museum of British Columbia 222 unten WFA/Field Museum of History, Chicago 223 WFA/Haffenreffern Museum of Anthropology, RI
224 WFA/BM 225 oben und 225 unten WFA/Centennial Museum, Vancouver 226 links WFA/Chandler Point Collection 226 rechts, 227 oben WFA/James Hooper Collection, Watersfield 227 unten WFA/Provincial Museum of British Columbia
228 Wheelwright Museum of Indian Art 231 WFA/Museum of the American Indian 232 oben WFA/ Denver Art Museum 232 unten Zefa/Paolo Koch 233 WFA/BM

Mittelamerika
234 WFA 236 oben E.T. Archive
236 unten St Louis Museum of Art, Gift of Morton B. Day
237 oben WFA/Liverpool Museum
237 unten WFA/ Museum für Völkerkunde, Basel 238 WFA/ National Museum of Anthropology, Mexico
239 oben WFA/Biblioteca Università, Bologna 239 unten WFA/BM
240 oben MH
241 oben DBP/ artwork auf Grundlage des Codex Magliabechiano
241 unten WFA/Museum für Völkerkunde, Basel 243 E.T. Archive 244 oben Bibliothèque Nationale de l'Assemblée
244 unten WFA/Museum für Völkerkunde, Basel 245 links WFA/Philip Goldman, London
245 rechts WFA/National Museum of Anthropology, Mexico
246 oben und unten Bibliothèque Nationale del'Assemblée
248 oben MH/BM 248 unten DBP
249 oben E.T. Archive
249 unten DBP

Südamerika
250 Zefa/Presho 252 oben South American Pictures 252 unten E.T. Archive 253 South American Pictures 254 South American Pictures 255 unten BAL/BM
256 South American Pictures
258 Zefa/Luz 260 Robert Harding Picture Library
261 Hutchison Picture Library
262 Robert Harding Picture Library 263 South American Pictures

Afrika
264 Dr. Georg Gerster/John Hillelson Agency 266 unten links WFA/Museum of Art, Dallas
266 unten rechts WFA
267 WFA/Museum of Art, Dallas
268 WFA/MRAC Terveuren 269 oben WFA/Privatsammlung
269 unten WFA/Robert Sainsbury Collection 270 unten WFA/Allan Brandt Collection
272 unten WFA
273 WFA/Robert Aberman 275 links WFA/Entwistle Gallery, London 275 rechts WFA/ Freide Collection, New York
276 MH 277 links WFA
277 rechts BAL/BM

Australien
278 WFA/Tambaran Collection, New York 280 Zefa/Bagli
281 oben Robert Harding Picture Library 281 unten National Gallery of Australia © Paddy Dhatangu
282 Rebecca Hossack Gallery
283 National Gallery of Australia
284 WFA/Auckland Gallery of Art
285 WFA 286 Professor Robert Layton 287 BM

Ozeanien
288 Hans Hinz
289 BAL/Bonhams 290 links MH/BM
290 rechts MH/BM
291 MH/BM
292 MH/BM
293 Axel Poignant Collection 294 oben WFA/National Museum of New Zealand
294 unten MH/BM
295 oben MH/BM
295 unten Robert Harding Picture Library/Israel Tabley 296 BAL/ BM 297 Hamburgisches Museum für Völkerkunde

Südostasien
300 Spectrum 302 MH/Musée Guimet 303 WFA/Klung-klung, Bali 304 Zefa
306 links MH/BM
306 rechts WFA
307 WFA/Privatsammlung

REGISTER

Fett gedruckte Seitenzahlen beziehen sich auf die Haupteinträge, *kursiv* gesetzte Seitenzahlen auf die Bildunterschriften.

A

H

L

M

P

Q

R

S

T